Cord Arendes

Zwischen Justiz und Tagespresse

Sammlung Schöningh
zur Geschichte und Gegenwart

Herausgegeben von Edgar Wolfrum

Begründet von Kurt Kluxen

Cord Arendes

Zwischen Justiz und Tagespresse

»Durchschnittstäter« in regionalen NS-Verfahren

FERDINAND SCHÖNINGH
Paderborn · München · Wien · Zürich

Umschlagabbildung:
© Frank-Peter Funke – Fotolia.com

Der Autor:
Cord Arendes, Dr. phil., ist Privatdozent und Akademischer Rat am Historischen Seminar der Universität Heidelberg

Bibliografische Information der Deutschen Nationalbibliothek

Die Deutsche Nationalbibliothek verzeichnet diese Publikation in der Deutschen Nationalbibliografie; detaillierte bibliografische Daten sind im Internet über http://dnb.d-nb.de abrufbar.

Gedruckt auf umweltfreundlichem, chlorfrei gebleichtem und alterungsbeständigem Papier ISO 9706

(Verlag Ferdinand Schöningh GmbH & Co. KG, Jühenplatz 1, D-33098 Paderborn)

Internet: www.schoeningh.de

Umschlaggestaltung: Evelyn Ziegler, München
Printed in Germany. Herstellung: Ferdinand Schöningh, Paderborn

ISBN 978-3-506-77320-3

INHALTSVERZEICHNIS

EINLEITUNG

»Es ist das Jahr der Greise.«[1] So lautete im Sommer 2009 eine Titelzeile in der *Süddeutschen Zeitung* zu den bevorstehenden NS-Verfahren gegen den 89-jährigen gebürtigen Ukrainer John »Iwan« Demjanjuk, einen ehemaligen Angehörigen der ausländischen *Hilfstruppen der Waffen-SS* und Heinrich Boere, einen 88-jährigen ehemaligen Angehörigen der *Germanischen SS in den Niederlanden.*[2] Demjanjuk, der bis heute leugnet, zur Tatzeit am Tatort im Vernichtungslager Sobibor gewesen zu sein, wurde die Beihilfe an Massentötungsverbrechen vorgeworfen. Boere hingegen konnten die ihm zur Last gelegten Erschießungen niederländischer Zivilisten individuell zugerechnet werden. Er hatte seine Täterschaft außerdem schon mehrfach eingestanden.[3] Beide Prozesse gehören, über 65 Jahre nach Ende des Zweiten Weltkrieges, mit hoher Wahrscheinlichkeit zu den letzten vor deutschen Gerichten verhandelten Strafverfahren wegen nationalsozialistischer Gewaltverbrechen, auch wenn bei den *Zentralen Stellen* (ZSt) in Ludwigsburg, Dortmund und Köln[4] noch einzelne Verfahren in Vorbereitung sind.[5] Ging die öffentliche Diskussion in der Vergangenheit bereits mehrfach davon aus, dass es in Deutschland nur noch vereinzelt zu NS-Prozessen kommen könne,[6] so haben gerade einige aufsehenerregende NS-Verfahren in den 1990er Jahren gezeigt, dass die Arbeit der *ZSt* sowie der Justizbehörden in Deutschland und im europäischen Ausland noch nicht beendet ist, auch wenn zwischen den ersten Vorermittlungen und der letztlichen Anklageerhebung oft ein für alle Beteiligten quälend langer Zeitraum liegt.[7] Unter der Überschrift »Alte Männer, späte Urteile« hatte die *Süddeutsche Zeitung* im April 2009 im Zusammenhang mit dem deutschen Auslieferungsersuchen für Demjanjuk einen Überblick über NS-Verfahren gegen ehemalige SS-Angehörige gegeben, die noch im hohen Alter wegen ihrer Verbrechen verurteilt worden waren.[8] Eine verstärkte Ermittlungstätigkeit vor allem in Italien und Griechenland führte auch nach der Jahrtausendwende noch zur Aufnahme von Vorermittlungen und in einigen Fällen auch zur Eröffnung neuer Verfahren, zumeist wegen Kriegsverbrechen die in Italien von Angehörigen deutscher Verbände in den Jahren 1944 und 1945 begangen worden waren.[9]

Der Umgang mit den Hinterlassenschaften des NS-Systems ist heute aber auch in anderen europäischen Ländern zum Gegenstand geschichtswissenschaftlicher und vor allem öffentlicher Erörterung geworden: Durch die zum Teil heftigen Debatten über Form und Ausmaß der nationalen Kollaboration in verschiedenen west-, mittel- und osteuropäischen Staaten wurde die bisherige Fokussierung auf die deutsche NS-Vergangenheit durchbrochen.[10] In den einzelnen Ländern liefern mit Blick auf den Zweiten Weltkrieg bzw. die deutsche Besatzungszeit jeweils andere nationale Basiserzählungen den gültigen Interpretationsrahmen für die kollektiven und individuellen Erinnerungsstränge. Diese Basiserzählungen sind aber nicht starr, sondern häufig umkämpft und ein ständiges Ziel politischer Neuverhandlungen. Die »Öffnung« des NS-Verbrechensdiskurses (Kretzer) schließt auch den Umgang mit deutschen Kriegsverbrechern in verschiedenen europäischen und nichteuropäischen Staaten ein.[11] Dennoch: »Wo eigens herausgearbeitet werden muss, dass Opa kein Nazi war, hat man es schwerer mit der Vergangenheit als in den Ländern, wo ganz selbstverständlich vorausgesetzt wird, dass alle Opas keine Nazis *sein konnten.*«[12] Im internationalen Maßstab dient der Nationalsozialismus seit ungefähr zwei Jahrzehnten als *die* Metapher des absolut Bösen: »Nazism has fulfilled and continues to fulfill the function of the *enemy per se.*«[13] Als Kernelement dieser kulturellen und zugleich medialen Trans- und Internationalisierungsprozesse[14] fungiert der *Zivilisationsbruch Auschwitz*: Das 20. Jahrhundert wird so nicht mehr primär als »chronologische Einheit«, sondern auch als »moralische Epoche« verstanden.[15] Die Erinnerung an den Holocaust gilt zur Stunde als zentrale Negativreferenz des europäischen wie des globalen Gedächtnisses.[16] Fern ab der notwendigen Frage nach der empirischen Überprüfbarkeit der postulierten Internationalisierung der Holocaust-Erinnerung oder ihrer gezielten Indienstnahme etwa zu politischen Zwecken[17] interessiert hier vor allem der zeitliche und räumliche Spannungsbogen, in dem über NS-Verbrechen und Täter diskutiert wird.

Auch die Vorgeschichte des Verfahrens gegen Heinrich Boere verweist auf den europäischen Kontext der juristischen Aufarbeitung des Nationalsozialismus: Der bis in das Jahr 2010 andauernde Justizmarathon begann mit einem Urteil in Abwesenheit vor einem Amsterdamer Sondergericht am 18. Oktober 1949. Die dort verhängte Todesstrafe wurde später in eine lebenslange Freiheitsstrafe umgewandelt. Boere galt in Deutschland, wo er sich seit den frühen Nachkriegsjahren aufhielt, offiziell als staatenlos – so der Tenor der Ablehnung eines niederländischen Auslieferungsantrages durch das Oberlandesgericht Köln im Jahr 1980.[18] Im Jahr 2003 ersuchte das niederländische Justizministerium die zuständigen deutschen Behörden das Urteil vom Oktober 1949 auf der Grundlage eines in der Zwischenzeit auch von der Bundesrepublik ratifizierten Übereinkommens der EU-Staaten in Deutschland zu vollstrecken.[19] Im Februar 2007 erklärte das Landgericht Aachen das niederländische Urteil zwar grundsätzlich für vollstreckbar, da Mord nach geltendem deutschen Recht nicht der Verjährung unterliege. Boere legte gegen diese Entscheidung jedoch umgehend Einspruch ein: Im Juli 2007 erging ein Beschluss des Oberlandesgerichts Köln mit dem Tenor, dass die Strafe nicht mehr vollstreckt werden könne.[20] Die Staatsanwaltschaft der *ZSt* Dortmund leitete gleichwohl ein neues Vorermittlungsverfahren ein und im Juli 2009 ließ das Kölner Oberlandesgericht eine Anklage, die vom Landgericht Aachen noch im Januar des gleichen Jahres wegen Verhandlungsunfähigkeit des Angeklagten erneut abgelehnt worden war, schließlich zu.[21]

Nicht nur dieses Beispiel zeigt: Die Nachgeschichte von »Menschheitsverbrechen« ist lang. Über politische Verantwortung wird, dies gehört offensichtlich zur politischen Kultur nicht nur der Europäer, erst aus großer zeitlicher Distanz öffentlich gesprochen oder debattiert. Hierbei stellt sich die Frage, ob die »neue ›Meistererzählung‹ eines ›bewältigenden‹ Umgangs mit der eigenen Vergangenheit nicht zu einem Signum postnationaler Gemeinschaften und als solches sogar zu einem deutschen ›Exportartikel‹ geworden ist«.[22] Nicht nur die Erinnerung an den Nationalsozialismus oder der strafjuristische Umgang mit NS-Verbrechen und Tätern findet heute grenzübergreifend statt. Auch die verschiedenen Maßnahmen der juristischen Aufarbeitung diktatorischer Vergangenheiten in Lateinamerika, Asien und vor allem in Ostmittel- und Osteuropa, in der Forschung als *Transitional Justice* (Übergangsjustiz) bezeichnet,[23] stehen in einem Spannungsverhältnis, das durch regionale, nationale und transnationale Aspekte geprägt ist: Vor dem Hintergrund der diktatorischen Vergangenheit geht es in den Auseinandersetzungen unterschiedlicher gesellschaftlicher Gruppen um politische und kulturelle Deutungsmacht immer auch um die grundlegenden Interpretationslinien der jüngsten Geschichte, um Opfer- und Täterrollen sowie die Zuschreibung politischer, juristischer aber auch moralischer Verantwortung für die »staatsverstärkte Kriminalität« in der Zeit der Diktatur.[24] Demokratisierungsprozesse in Übergangsgesellschaften bleiben ohne eine kritische Aufarbeitung der Vergangenheit prekär und unvollkommen.[25] Die Bestimmung von Opfer- und Täterrollen auf der Basis begangener Verbrechen ist im Rahmen der Transition zentral, denn von ihr hängt die Durchsetzbarkeit von Reparationen (Opfer) und Sanktionen (Täter) ab. Die juristische Bewältigung von Vergangenheit befindet sich somit jeweils in einem Dilemma zwischen einem »Schlussstrich« und »der politischen Durchleuchtung und Disqualifikation der früheren Eliten«.[26]

Das politische und vor allem auch juristische (Nicht-)Vorgehen gegen Systemtäter hatte auch Konsequenzen für die *zweite Aufarbeitung* diktatorischer Erfahrung in Deutschland: Der Entschluss, einen Großteil der Funktionärsschicht der ehemaligen DDR unbestraft zu lassen, führte nicht zu der erwarteten Versöhnung, sondern, wie beispielsweise die »Machtdemonstrationen« ehemaliger Stasioffiziere in Berlin im März 2006 nachdrücklich zeigten, zu einem in aller Öffentlichkeit demonstrierten »negativen« Unrechtsbewusstsein. Hubertus Knabe ist dennoch ausdrücklich *nicht* zuzustimmen, wenn er eine »Fixierung auf die Verbrechen der Nazis« und die »Folie des Nationalsozialismus« für die Blindheit gegenüber den Opfern »anderer Regime« verantwortlich macht.[27] Wie im Folgenden anhand einzelner NS-Verfahren und ihrer öffentlichen Rezeption dargestellt wird, ist eher von der gegenteiligen Annahme auszugehen. Selbst der deutsche Begriff der sogenannten Vergangenheitsbewältigung hat sich in den letzten Jahren aus dem ursprünglichen Bedeutungskontext eines ethisch-moralischen Umganges mit der nationalsozialistischen Vergangenheit in Deutschland herausgelöst[28] und ist ein »Gattungsbegriff geworden, der heute in politik- und sozialwissenschaftlichen Analysen der Ablösung von Diktaturen durch Demokratien einen festen Platz hat«.[29] In diesem Zusammenhang wird auch von einer »zweiten Geschichte des Nationalsozialismus« gesprochen.[30] In beiden Fällen steht somit eine deskriptive Verwendung der Begrifflichkeit im Vordergrund:

> »Unter Vergangenheitsbewältigung ist die Gesamtheit jener Handlungen und jenes Wissen zu verstehen, mit der sich die jeweiligen neuen demokratischen Systeme zu ihren nichtdemokratischen Vorgängerstaaten verhalten. Es geht dabei vor allem um die Frage, wie die neu etablierten Demokratien mit den strukturellen, personellen und mentalen Hinterlassenschaften ihrer Vorgängerstaaten umgehen und wie sie sich in ihrer Selbstdefinition und in ihrer politischen Kultur zu ihrer jeweiligen belasteten Geschichte stellen.«[31]

Den beschriebenen Entwicklungen gemeinsam ist, dass sie einen Bogen von rein national definierten zu »kosmopolitischen Erinnerungskulturen«[32] ziehen, in deren Zentrum nicht mehr allein der Holocaust oder eine bestimmte Diktatur, sondern der Imperativ »Verbrechen Erinnern«[33] steht. Ohne hier Chancen und Grenzen transnationaler oder globaler Erinnerungsräume diskutieren zu können,[34] so enthalten alle beschriebenen Konzeptionen und Entwicklungen doch einen wichtigen gemeinsamen Kerngedanken: Partikulare und universale Gedächtnisformen werden nicht mehr als schroffe Gegensätze verstanden; stattdessen werden nun vor allem ihre sich gegenseitig definierenden Charakteristiken betont. In einem »Sowohl-als-auch-Prozeß« kommt insbesondere »lokalen Eigenheiten« eine entscheidende Rolle zu.[35] Anstatt von einer homogenen globalen Kultur zu sprechen, so erscheint es analytisch weitaus sinnvoller, von hybriden Gebilden auszugehen, die sich aus regionalen, nationalen und globalen Elementen zusammensetzen:[36] Obwohl das Völkerrecht normative Gültigkeit im globalen Maßstab beansprucht, so zeigt doch der Vergleich pragmatischer und erfolgreicher Versuche der juristischen Aufarbeitung von Diktaturerfahrungen in einzelnen Staaten Lateinamerikas, welche Bedeutung den jeweiligen lokalen Eigenheiten zukommt.[37] Ein bestimmtes Maß an historischer Kontingenz ist nicht nur ein Kennzeichen der Taten, sondern in einem nicht geringen Maß auch des juristischen Umganges mit Verbrechen, Tätern und Tatfolgen während des Überganges zur Demokratie.

Ein vergleichbares Spannungsverhältnis findet sich auch in den Entwicklungsprozessen der kulturellen Erinnerung auf nationaler Ebene, die immer auch die gesellschaftliche Auseinandersetzung um die Deutung des Vergangenen widerspiegeln.[38] Klaus Naumann hat die Lesart nahegelegt, die Struktur der Erinnerungs- und Geschichtspolitik nicht als Verdrängung abzuhandeln, sondern als »ambivalente Suchbewegung«[39] einer Jahrzehnte währenden Suche nach einer legitimationsfähigen Basiserzählung zu interpretieren. In den nationalen Verdichtungsprozessen setzen sich dabei oft »Mainstream-Deutungen«[40] oder »Meistererzählungen«[41] durch, welche die Positionen einzelner gesellschaftlicher Gruppen jeweils stärken, schwächen oder vernachlässigen. Gerade lokale oder regionale Aspekte der kulturellen Erinnerung drohen auf diesem Wege verloren zu gehen. Die deutsche Zeitgeschichtsschreibung hat in den letzten beiden Jahrzehnten eine Fülle an Forschungsliteratur hervorgebracht, die sich der Analyse der deutschen Vergangenheitsnarrative der Jahre nach 1945/1949, vor allem im Westen, aber auch im Osten, sowie den ihnen jeweils zugrunde liegenden Konstruktionsbedingungen gewidmet hat.[42] Fragen und Probleme politischer bzw. gesellschaftlicher Natur wurden in der Bundesrepublik dabei zumeist auf rechtlichem Wege zu klären versucht:[43] Der Beitrag des Rechts zur Aufarbeitung von Vergangenheit ist »nicht die Weise, wie Gesellschaft das Vergangene konstruiert und in die Biographie integriert, sondern wie sie sich für die Weise der Konstruktion und Integration entscheidet«.[44] Die bisherigen Forschungen zur juristischen Aufarbeitung des Nationalsozialismus in Deutschland fokussieren mehrheitlich die politischen und gesellschaftlichen Prozesse auf nationaler Ebene und kommen in der Regel ohne explizite regionale oder lokale Bezüge aus.[45] Auch die mediale Rezeption bewegt sich auf der Ebene großer und öffentlichkeitswirksamer NS-Verfahren. Eine angemessene Berücksichtigung kleinerer bzw. regionaler NS-Prozesse steht hingegen noch aus. Sowohl aus Sicht der Zeitgeschichte wie auch einer Regional- und Landesgeschichte, die sich gezielt dem Zeitraum nach 1945 widmet, gilt es deshalb, bestehende Lücken zu schließen. Um zu entsprechenden Ergebnissen zu gelangen, ist es auch in der zeithistorischen Forschung unerlässlich, die groben, am nationalgeschichtlichen Raster herausgearbeiteten Strukturen und Erkenntnisse in regionalen Mikrostudien auf ihren Gehalt hin zu überprüfen und gegebenenfalls um neue Fragestellungen und Ergebnisse zu erweitern. Dieser lokale oder regionale Zugriff hat als »Blick in kleine Welten«[46] den Vorteil, dass er dem Historiker erlaubt, vergleichsweise tief in gesellschaftliche Strukturen einzutauchen: Dies gilt insbesondere für diejenigen Akteure *vor Ort*, die als handelnde Personen sonst kein historisches, oder genauer: zeitgeschichtliches, Interesse geweckt hätten, deren Handlungsrahmen aber, genauso wie ihre individuellen Handlungsspielräume, exemplarisch für die jeweilige Zeit zu stehen vermögen.

Eine viel versprechende Möglichkeit, sich der Dekonstruktion vorherrschender nationaler Deutungsmuster über die juristische Aufarbeitung des NS-Systems und seiner Hinterlassenschaften zu nähern, besteht im stärkeren Einbezug der Kategorie des *Ortes* auf lokaler oder regionaler Ebene. *Orte* werden hier in einem ganz allgemeinen Sinne als gesellschaftliche Bezugssysteme verstanden. In dieser Funktion dienen sie in der Geschichtswissenschaft als zentrale Argumentationshilfen zur Etablierung, Legitimierung und Verfestigung von Machtverhältnissen. Geht man davon aus, dass eine verstärkte Einbeziehung lokaler und regionaler Perspektiven im Rahmen der Analyse nationaler Erinnerungskulturen dazu beiträgt, Mainstream-Erzählungen aufzubrechen und Überlieferungslinien zu stärken, die in der Lage sind, Meistererzählungen zu ergänzen oder in Teilen zu revidieren, so bedarf es einer konsequenten Historisierung und Kontextualisierung von NS-Verfahren *vor Ort*, auf lokaler oder regionaler Ebene, unter Rückgriff auf *direkte* bzw. *konkrete* Erfahrungsräume für breitere Gesellschaftsschichten. Eine solche Schwerpunktverschiebung auf den *Nahbereich* muss eine Entsprechung in der historischen Analyse des öffentlichen Diskurses über NS-Verbrechen und Täter finden. Anette Kretzer versteht unter NS-Verbrechensdiskursen im weitesten Sinne:

> »Diskurse, die sich – erinnernd, ermittelnd, anklagend, strafend, forschend, darstellend, funktionalisierend, instrumentalisierend, repräsentierend etc. – auf NS-Verbrechen beziehen. [...] NS-Verbrechensdiskurse finden sich im kriminologischen, strafrechtlichen, juristischen, ebenso wie im historiografischen Zusammenhang.«[47]

Im Sinne eines gezielten Zugriffes auf historisches Geschehen in einem begrenzten Raum geht es hier auch um Handlungsspielräume in kleinräumigen Bezugssystemen, in gewachsenen kommunalen oder regionalen Zusammenhängen. Durch entsprechend zielgerichtete zeithistorische Analysen erweist sich dann »der konkrete Ort des historischen Geschehens nicht länger als lediglich landesgeschichtlich zu behandelnder ›Nebenschauplatz‹«.[48] Die Verbindung lokaler, regionaler, nationaler und transnationaler Perspektiven zu einem multiperspektivischen Blick erlaubt es, unter Rückgriff auf die Erfahrung mit der juristischen Aufarbeitung in Deutschland, Entwicklungen in anderen Nationen historisch vergleichend einzuordnen. Der Versuch, den regionalen Umgang mit der NS-Vergangenheit in Deutschland in einer historischen Perspektive zu vergegenwärtigen und damit einen Erfahrungswert zu formulieren, bewahrt gleichzeitig davor, Maßnahmen der *Transitional Justice* mit zu hohen Erwartungen und Anforderungen zu überfrachten.[49] Die in den entsprechenden Kapiteln vorgenommenen *dichten Beschreibungen* ausgewählter NS-Prozesse vor baden-württembergischen Gerichten sollen in diesem Sinne dazu beitragen, Referenzfolien für den justiziellen Umgang mit der Vergangenheit in anderen Regionen in Deutschland, aber auch in anderen Staaten oder auf europäischer bzw. globaler Ebene zu entwikkeln.[50] Roland Robertson hat diese ergänzende Verbindung von lokalen und globalen Entwicklungen unter dem Begriff der »Glokalisierung« zusammengefasst.[51] Das Globale bildet diesem Verständnis nach den kulturellen Horizont, an dem Menschen ihre lokale Existenz bestimmen. Entscheidend ist dabei, dass sie diese Operation nur vor dem Hintergrund ihrer lokalen Erfahrungen und ihres Alltagswissens, das sich in der Hauptsache aus dem Nahbereich speist, vornehmen bzw. vornehmen können.[52] *Transitionssensible* Studien zur juristischen Aufarbeitung von Staatsverbrechen müssen sich zukünftig diesen Interdependenzbeziehungen stellen.

Die NS-Verfahren vor deutschen Gerichten und ihre Rezeption in der Bevölkerung verfügen in mehrfacher Hinsicht über eine Vorbildfunktion für die aktuellen Versuche, in anderen Staaten der Welt zu einem neuen politischen System und einer neuen politischen Kultur nach Kriegen und Diktaturen zu gelangen. Dies gilt auch für den versprochenen Nutzen, der sich hinsichtlich des Völkerstrafrechts wie auch aus dem deutschen Umgang mit der Vergangenheit für die vielschichtigen internationalen Demokratisierungsprozesse ziehen lässt.[53] Die alliierten Kriegsverbrecherprozesse im Nachkriegsdeutschland fungieren als ein wesentlicher Aspekt internationaler völkerrechtlicher und rechtshistorischer Debatten um realistische Formen der juristischen Aufarbeitung von Diktaturen.[54] Dass eine völkerrechtliche Satzung von außen neue demokratische Staaten vor immense Probleme stellen kann, zeigt nicht allein der Umstand, dass die alliierten Militärgerichtsverfahren des sogenannten Interregnums formaljuristisch lange Zeit nicht als Teil der bundesdeutschen Rechtsgeschichte wahrgenommen wurden, sondern als Strafverfolgung von außen bzw. »Siegerjustiz« galten.[55] Die Gesetzesgrundlagen kleinerer oder regionaler NS-Verfahren in Deutschland, die strafrechtlichen Definitionen von Täterschaft und die regionalen Ausprägungen der Strafverfolgung geben wichtige Impulse für die Praxis des internationalen Völkerrechts *vor Ort*: Sie geben *erstens* den Rahmen vor, innerhalb dessen die Entwicklung der juristischen Aufarbeitung in anderen postdiktatorischen Staaten bewertet werden kann. Sie definieren *zweitens* die juristischen, politischen und gesellschaftlichen Grenzen, die dem strafrechtlichen Umgang mit Regimeverbrechen bzw. staatsverstärkter Kriminalität gesetzt sind. Und sie verweisen *drittens*, jenseits der Großverfahren vor Internationalen Gerichtshöfen, auf die entscheidende Ebene bei der juristischen Aufarbeitung diktatorischer Vergangenheiten, nämlich die Gerichte vor Ort. Gerade in den kleinen bzw. regionalen Verfahren hat sich auf mittlere wie lange Sicht der Erfolg von juristischen Aufarbeitungsbemühungen zu erweisen. Hier agieren die von den Verbrechen direkt Betroffenen als eigenständige Akteure (Opferzeugen o. ä.) und hier kollidieren die unterschiedlichen Diskurse über Verbrechen, Täterschaft oder Täterbilder, direkt und für die Adressaten der juristischen Aufarbeitung sicht- und spürbar:[56] Diese »Bezugnahmen auf gefühlte und reale Vergangenheiten haben weitreichende Folgen für die Begründung kultureller und sozialer Zugehörigkeiten und wirken sich auf die Verhandlung politischer Positionen und Optionen aus.«[57] Regionalstudien bieten damit eine Möglichkeit, allgemeine Interpretationslinien der juristischen Aufarbeitung sowie des öffentlichen Umgangs mit der Aufarbeitung und den Tätern auf ihre Gültigkeit zu überprüfen und gegebenenfalls zu dekonstruieren oder zu revidieren. Gerade exemplarische *Mikro*studien sind in der Lage, Antworten auf *Makro*fragen zu geben.

Im Folgenden wird in einem ersten Schritt das vielfach verwobene Verhältnis zwischen Zeitgeschichte und neuerer Täterforschung skizziert: Im Rahmen der Forschungsbemühungen der letzten 20 Jahre haben sich die zeithistorischen Untersuchungen zum Nationalsozialismus bzw. zum nationalsozialistischen Vernichtungskrieg, aber auch zu Profilen bzw. Bildern von einzelnen Tätern oder Täterkollektiven, extrem ausdifferenziert. Grundlegende Muster und zählebige Stereotypen bei der Zuschreibung von Tätereigenschaften entstanden aber schon während des Nürnberger Hauptkriegsverbrecherprozesses 1945/1946 und insbesondere der frühen NS-Verfahren mit weiblichen Angeklagten. Die verbale Kennzeichnung der Exzeptionalität[58] von Haupttätern und Täterinnen als »Ungeheuer« oder »Hexen« erleichterte eine Unterscheidung zwischen »bösen Nazis« auf der einen und »normalen Deutschen« auf der anderen Seite und sollte gleichzeitig den weiteren Umgang mit Tätern innerhalb der juristischen Aufarbeitung des Nationalsozialismus prägen. In einem zweiten Schritt folgt die Beschreibung der konkreten *Ört*lichkeit der NS-Verfahren: Gerichte, als Räume mit begrenzter Öffentlichkeit, lieferten die Bühnen für das juristische Geschehen in den Verfahren wie auch für die Präsentationsmodi der Angeklagten, die in ihren unterschiedlichen sprachlichen und optischen Ausprägungen in nicht wenigen Fällen durchaus den Charakter von Inszenierungen aufwiesen. Die Vielstimmigkeit in den Verfahren und bei den Täterbeschreibungen im Rahmen der begrenzten Gerichtsöffentlichkeit wurde durch die Medien, in diesem Fall die örtlichen bzw. regionalen Tageszeitungen, gleichsam kanalisiert, kommentiert und interpretiert, an die Öffentlichkeit weitergegeben.

Nach einer knappen Beschreibung der Vorgehensweise bei der Analyse der exemplarischen Fallbeispiele in Form *dichter Beschreibungen* wird dann die getroffene Auswahl der vier südwestdeutschen NS-Verfahren vor den Landgerichten Heidelberg (1949 und 1984) und Mannheim (1946/1947 und 1965) sowohl hinsichtlich ihres jeweiligen Verfahrensgegenstandes (Inhalt) wie auch ihrer Einordnung im Rahmen der westdeutschen Bemühungen, die Zeit des Nationalsozialismus mit juristischen Mitteln aufzuarbeiten (Zeitpunkt), begründet und ergänzend der Quellenwert juristischer Urteile diskutiert. In den nachstehenden Kapiteln folgen dann die *dichten Beschreibungen* der ausgewählten NS-Verfahren. Die Rechtsprechung in demokratisch verfassten politischen Systemen ist sowohl Ausdruck gesellschaftlicher Meinungen und gesellschaftlichen Wandels, wie auch in der Lage, dominante gesellschaftliche Auffassungen mitzuprägen. Für eine fundierte Darstellung der Fallbeispiele ist es unerlässlich, am Anfang der einzelnen Kapitel die empirische Analyse in Bezug zu alliierten wie deutschen Rechtsgrundlagen und -normen zu setzen und die gesellschaftlichen und politischen Rahmenbedingungen sowie kollektiven Dispositionen und Verhaltensweisen im Nachkriegsdeutschland und in der Bundesrepublik zu berücksichtigen. Der Studie liegen somit nicht nur zeit- und rechtshistorische, sondern auch politik- und mentalitätsgeschichtliche Fragestellungen zugrunde.[59]

Bei der inhaltsanalytischen und rechtswissenschaftlichen Analyse der Urteile werden sowohl kodifizierte normative wie auch nicht kodifizierte außernormative Vorstellungen berücksichtigt. Zudem gilt es, die Täterbilder der Rechtsprechung in ein Verhältnis zur historischen Realität zu setzen[60] und die unterschiedlichen Repräsentationsmodi zu beachten, die sich in der Nachkriegszeit herausgebildet haben und seitdem in den NS-Verfahren, den juristischen Normenkatalogen und in der Öffentlichkeit *tradiert* worden sind.[61] Die Analyse der öffentlichen Meinung erfolgt auf Basis der Presseberichterstattung zu den ausgewählten NS-

Verfahren: Der Fokus liegt dabei auf der regionalen Tagespresse, je nach Bekanntheitsgrad des Verfahrens ergänzt um Agenturmeldungen und die überregionale oder ausländische Presseberichterstattung. Fundstücke aus regionalen Archiven, die sich dem zeitgenössischen Hintergrund widmen, treten Fallweise hinzu. Marc von Miquel hat in seiner Untersuchung zur Amnestiepolitik in den 1950er und 1960er Jahren die These formuliert, dass die Annahme, »in der Medienöffentlichkeit habe sich im Laufe der 60er Jahre eine wachsende Sensibilität gegenüber den NS-Verbrechen entwickelt, der Differenzierung bedarf«.[62] So »genügten« der Medienberichterstattung für die Aufklärung über die NS-Vergangenheit einige Aufhänger wie Skandale um Einzelpersonen oder die Berichterstattung über große NS-Prozesse: »Wie die nationalsozialistischen Verbrechen in den Gerichtsverfahren und in der westdeutschen Öffentlichkeit dargestellt wurden, wie die Prozesse in Politik und Justiz, von Journalisten, Intellektuellen und der Bevölkerung *rezipiert* worden sind, ist in vielerlei Hinsicht noch unerforscht.«[63] Die im Rahmen dieser Studie vorgenommene Fokusverschiebung auf den gesellschaftlichen Nahbereich, auf NS-Verfahren und Täter »fern ab der großen Prozesse«, verspricht zu dieser Fragestellung erste Antworten beizutragen.

1. NS-VERFAHREN, TÄTERFORSCHUNG UND TÄTERBILDER

In der NS-Täterforschung hat die (Zeit-)Geschichtswissenschaft den Status der »Leitwissenschaft« inne.[1] Wissenschaftliche Studien, die sich mit massenhaft verübten nationalsozialistischen Gewaltverbrechen befassen, stehen gleichwohl vor unzähligen Hürden, von denen eine die wichtige Frage nach der Widerspiegelung individueller Verantwortlichkeit der »gewöhnlichen Deutschen« für die begangenen Verbrechen in den historischen Quellen berührt:

> »One of the most elusive tasks facing historians of any event is to uncover the attitudes and mindset of the ›ordinary‹ people who ›make history‹ but leave behind no files of official documents and precious few diaries and letters. When ›ordinary‹ people behave in ways completely at odds with the previous patterns of their everyday life and become the perpetrators of ›extraordinary‹ crimes, this task becomes both more difficult and more essential to undertake.«[2]

Wer waren die NS-Täter?[3] Abgesehen davon, dass diese Frage bereits die Antwort »im Zweifelsfall die anderen« impliziert, ist das öffentliche Bild von NS-Tätern auch heute noch durch unzählige Simplifizierungen und Stereotypisierungen geprägt: Schon die Riege der sogenannten Nürnberger Haupttäter trug zur Verfestigung eines Denkens bei, das Verantwortung und Schuld für die NS-Verbrechen an die oberste politische Ebene abgab und alle anderen Schuldigen zu Tätern ohne eigenen Tatvorsatz machte, die sich allenfalls als Gehilfen für die Taten anderer zu verantworten hatten. Zu den »Ungeheuern«, »Bestien« und »Exzesstätern« der frühen Verfahren, die durch die Brutalität und Exzeptionalität ihres Vorgehens aus diesem Entschuldungsraster heraus fielen,[4] traten in den folgenden Jahrzehnten willenlose »Befehlsempfänger« hinzu,[5] »Gehilfen«, die zum Teil aus menschlicher Schwäche als fremd gesteuerte Statisten in einem anonymen Getriebe wirkten oder sich auf einen Befehlsnotstand oder Verbotsirrtum beriefen: »Im populären Bewusstsein verschränkte sich der geschichtswissenschaftliche Täterdiskurs mit dem durch die Rechtsprechung geschaffenen Täterbild und dem visuellen Täterdiskurs in Form von Filmen und Ausstellungen zu einem *hochkünstlichen Bild* von den *Tätern* der Shoah.«[6] Dass Bilder als Stützpfeiler des Gedächtnisses dienen, war schon einer der Grundgedanken der »Gedächtniskunst« im Rahmen der Rhetorik in Gerichtsprozessen in der antiken Welt.[7]

Die im Rahmen einer Titelgeschichte des Magazins *Der Spiegel* im März 2008 getroffene Aussage, »(j)edes Forschungsprojekt fördert neue Täter ans Licht. Feingeistige Planer, brutale Kommandeure, ängstliche Mitläufer, gedankenlose Gelegenheitsverbrecher«,[8] erscheint deshalb nur wenig übertrieben. Aber nicht nur die Präsenz künstlicher Täterbilder, auch der zumeist amorphe Täterbegriff stellt die zeithistorische Forschung vor Schwierigkeiten, die schon mit der einfachen Frage beginnen, ob NS-Täterschaft immer eine aktive Tatbeteiligung – wie es der juristische Täterbegriff suggeriert[9] – oder sogar eine gerichtliche Verurteilung voraussetzt. Begriffe wie Tat, Täter oder Täterschaft umreißen sowohl das Spannungsfeld zwischen juristischem und historischem Diskurs, in dem sich die hier präsentierten Fallstudien regionaler NS-Verfahren und Täter zu verorten haben, wie auch die Schnittmenge in der sich Recht, Politik und Geschichte, trotz ihrer unterschiedlichen Logik und Methodik, überkreuzen.[10] Auch wenn der Täterbegriff primär juristisch geprägt und determiniert ist, geht es hierbei nicht allein um terminologische Fragen. Recht und Unrecht sind aus Sicht der Juristen keine »neutralen« Begriffe. Der Staat bestimmt auf dem Wege des zeitgenössischen Verständnisses geltenden Rechts mit, wer als Täter, in diesem Fall als NS-Täter, zu gelten hat. Es gibt somit gute Gründe, den Täterbegriff auch im historischen Kontext nur im Zusammenhang mit benennbaren Einzelpersonen und justiziablen Handlungen zu verwenden, d. h., bei einem sachlich abgrenzbaren Fall und einer Straftat, der eine individuelle Verantwortung bzw. Schuld zuzurechnen ist.

Die ausgewählten Fallbeispiele dienen aber nicht genuin der Feststellung von Schuld oder Nichtschuld im juristischen Sinne. Sie sollen hauptsächlich einen Einblick in den Alltag der NS-Diktatur und die öffentliche Rezeption des Umgangs mit NS-Verfahren *und* Tätern von der Nachkriegszeit bis in die 1980er Jahre vermitteln. Der *Täterbegriff* weist in dieser Arbeit deshalb auch über den eng gefassten Rahmen strafrechtlich relevanter NS-Verbrechen hinaus:[11] Die vielfältigen personalen und institutionellen Funktionszusammenhänge des NS-Systems legen es nahe, verallgemeinernd von Tätern zu sprechen, auch wenn eine Täterschaft nicht in allen Einzelfällen juristisch nachgewiesen wurde.[12] Täterbilder werden deshalb auch den Angeklagten zugeschrieben, deren Urteil auf Freispruch lautete, weil ihnen keine persönliche Schuld *eindeutig* nachzuweisen war – bei denen es sich also im streng juristischen Sinne nicht um Täter handelt. Der Begriff des Täters ist somit, wenn es um NS-Verfahren geht, in seiner zeithistorischen Konnotation von der juristischen entkoppelt.[13]

Die nachstehenden Abschnitte geben einen Überblick über den Forschungsstand der *neueren* Täterforschung, ihre Täterbilder und ihr Verhältnis zur zeithistorischen Forschung. Im Anschluss daran steht eine knappe Skizze männlich konnotierter Täterbilder, die in Folge der breiten Öffentlichkeitswirkung des Nürnberger Prozesses 1945/1946 zu gewichtigen Vor*bildern* des Täterdiskurses in Justiz, Öffentlichkeit und historischer Forschung geworden sind. Um die auch heute noch in der Presseberichterstattung nachweisbaren Stereotypisierungen von

NS-Tätern einordnen zu können, wird die Skizze der Haupttäter zudem um ausführlichere Überlegungen zu NS-Täterinnen ergänzt: Obwohl diese nur einen verschwindend geringen Anteil der Angeklagten in den alliierten und deutschen NS-Verfahren ausmachten, lassen sich für Täterinnen auf der Basis zeitgenössischer weiblicher Devianzvorstellungen durchweg drastischere Stereotype finden als bei männlichen Tätern.

1.1 Täterbilder in der zeithistorischen Forschung

Zeitgeschichte und »neuere Täterforschung«

Wie verhalten sich sprachliche und visuelle Konstruktionen von Geschichte zu dem, was als geschichtliche Wirklichkeit erfahren und bezeichnet wird? Es kann keine absolute Übereinstimmung zwischen geschichtlicher Wirklichkeit und posthumer Sprachhandlung, welche die Erinnerung an die Vergangenheit schriftlich fixiert, geben: »Geschichtliche Wirklichkeit kommt nie zur Deckung mit dem, was sprachlich in ihr und über sie artikuliert werden kann.«[14] Die Zeitgeschichtsforschung geht, wie auch alle anderen Bereiche der historischen Forschung, in ihrem Erkenntnisansatz von einem der Gegenwart innewohnenden Änderungspotenzial aus. Sie ist in diesem Sinne ein kritisches Unternehmen, bei dem die Gegenwart den Ausgangspunkt historischer Überlegungen und Fragestellungen bildet und beeinflusst. Insbesondere visuelle Darstellungen gewaltsamer und grausamer Verhaltensweisen von Tätern werfen weithin die Frage auf, wie »Menschen zu Tätern« werden. Diese ist auf zweifache Weise in aktuelle politische und gesellschaftliche Diskurse eingebettet: Zum einen sichern die vielfältigen Formen der Aufarbeitung von Diktaturen, autoritären Regimen, Völkermorden bzw. ganz allgemein »staatsverstärkter Kriminalität«[15], ihre Aktualität im internationalen Maßstab.[16] Zum anderen haben auch neue Forschungsansätze einer kulturwissenschaftlich ausgerichteten Geschichtswissenschaft eine Fokussierung auf das Thema Gewalt und Gewaltakteure nach sich gezogen.[17]

Zugespitzt lassen sich die Hauptstränge der zeithistorischen Forschung zu NS-Tätern und Täterinnen auf die knappen Formeln »radikalisierte Desperados« (Kogon), »ganz normale Männer« (Browning) oder »fanatisierte Nazis« (Goldhagen) bringen. Alle drei Kurzformeln stehen für den Versuch, eine Erklärung für einen historischen Vorgang zu finden, der mit wissenschaftlichen Mitteln nicht adäquat zu erklären ist – einen Völkermord, umgesetzt im Rahmen eines Weltanschauungs- und Vernichtungskrieges bisher unbekannter Dimension und unter Ausnutzung der Nischen eines Besatzungsregimes. Die NS-Täter zählen nicht zu den gesellschaftlichen Randexistenzen, die ihre dunklen Triebe unbehelligt ausleben. Es handelte sich um ein heterogenes Feld, das Angestellte der Zivilverwaltung ebenso einschließt wie einheimische Kollaborateure, gelegentliche Profiteure oder sadistische und abgestumpfte Exzesstäter. Die Kennzeichnung der Täter als »Psychopathen«, »Technokraten des Terrors«, »Techniker des Todes« usw. stellt in Anbetracht des breiten Spektrums an Tatbeteiligten aus allen Gesellschaftsschichten, das Täterkollektive wie Individualtäter einschloss, allenfalls eine begriffliche Grenzmarkierung, einen eingeschränkten Täterbegriff, dar.

Die Forschung hat deshalb ihren Schwerpunkt von »Groß-« oder »Exzesstätern« auf die »kleinen Leute«, »Mitläufer«, »Aktivisten« oder »Profiteure der Tat«[18] verlagert, ohne deren aktive Beteiligung weder der NS-Staat bestehen konnte noch die Gewaltverbrechen im Rahmen einer »arbeitsteiligen Täterschaft« (Hilberg) hätten begangen werden können. Beim juristischen wie beim historischen Täterbegriff handelt es sich jeweils um eine Zuschreibung vonseiten Dritter, die Täter selbst haben sich während der Verfahren nie so bezeichnet. Sie sahen sich vielmehr als »Teile des Systems«, »kleine Rädchen im Getriebe«, die »nur« ihrer Pflicht nachkamen. Als Befehlsempfänger verfügten sie entweder über keinen Handlungsspielraum oder waren nicht in der Lage gewesen, einen solchen für sich auszumachen.[19] Als brave Bürger wurden sie zu Tätern »wider Willen« oder »aus menschlicher Schwäche« heraus. Trotz äußerlicher Mitwirkung an NS-Verbrechen hielten sie sich innerlich für anständig und das zumeist fortgeschrittene Alter bei Prozessbeginn warf zusätzlich ein mildes Licht auf sie. Eingefordert wurden in den zeithistorischen Debatten deshalb wiederholt Studien zu Tätern des Holocaust, die eine umfassende Analyse der Instanzen Rechtssystem, Wissenschaft und Medien einschlossen und auf dieser Basis eine »Typologie der Täter« zu entwickeln halfen, die auch sozialpsychologische Forschungen miteinbezog.[20]

Im Verlauf der intensiven zeithistorischen Erforschung des Vernichtungskrieges in den 1990ern Jahren etablierte sich so eine »neue Disziplin innerhalb der NS-Forschung« (Paul, Mallmann), eine »Nebendisziplin der Holocaustforschung« (Benz) bzw. die »neuere Täterforschung« (Roth). Der Begriff schien von Anfang an geeignet »höchst unterschiedliche, teilweise sich sogar widersprechende Herangehensweisen und Interpretationen zu verbinden, ja zu harmonisieren«.[21] Nach Thomas Sandkühler lässt sie »sich auch als Forschung über staatliche Massenverbrechen in sozialgeschichtlicher Absicht charakterisieren«.[22] In das Zentrum der zeitgeschichtlichen Forschungsbemühungen rückte in der Folge verstärkt das Verhältnis von Intention, Disposition, sozialer Praxis und situativer Dynamik von Gewalt.[23] NS-Täter werden heute nicht mehr als kleine Rädchen im Getriebe der Befehlsketten, sondern als eigenständige Akteure verstanden, die gleichsam an vielen Orten und auf vielen Ebenen als »Schwungräder des Genozids«[24] den Vernichtungsprozess am Laufen hielten.

Die zeitgeschichtliche Täterforschung lässt sich rückblickend in mehrere, sich zum Teil inhaltlich überschneidende, Phasen unterteilen, die sich durch unterschiedliche wissenschaftliche Akzentuierungen, Methoden, Täterbilder und spezifische politisch-kulturelle Umgangsformen mit den Tätern unterscheiden:[25]

Im frühen Täterdiskurs bis zum Beginn der 1960er Jahre dominierten Strategien, die auf eine eindeutige Kriminalisierung und Diabolisierung der Täter abzielten. Die deutsche Gesellschaft versuchte *Distanz* zu den Tätern zu gewinnen, in dem sie diese aus dem öffentlichen Diskurs quasi »exterritorialisierte«. Taten und Täter wurden begrifflich abstrahiert und entwirklicht bzw. sozial ausgegrenzt.[26] Es gab keine konkreten Täter und ebenso wenig sichtbare Tatorte, wie nicht nur das viel gebrauchte Diktum der »Taten, die im Namen des deutschen Volkes begangen wurden«, zeigte. Täterschaft blieb somit anonym, Sprachschablonen raubten dem Täterbegriff seine Trennschärfe. Die Planung der »Endlösung« wurde noch als ein zentraler, von oben befohlener Vorgang wahrgenommen, der allenfalls den – bereits im Nürnberger Prozess verurteilten – Haupttätern anzulasten war. Bis auf wenige Ausnahmen hatte der »Rest« des deutschen Volkes, die unzähligen Tatgehilfen, unter einem kollektiven Befehlsnotstand gestanden. Das Täterbild erwies sich somit als stark bipolar: Der Masse der Tatgehilfen stand eine Minderheit von Kriminellen mit pathologischem Charakter gegenüber, die unmenschlichen »Bestien«, die zu großen Teilen den sozialen Unterschichten entstammten.

Im Zentrum einer zweiten Phase der Distanzgewinnung, die vom Beginn der 1960er bis zum Ende der 1980er Jahre andauerte, standen erneut Strategien der Entpersonalisierung und Abstrahierung: In der Forschung wird heute diesbezüglich von einem neuen bzw. zweiten Vermeidungsdiskurs oder einer »zweiten Verdrängung« gesprochen.[27] Die Täterbegriffe waren weiterhin amorph angelegt und die im öffentlichen Diskurs gezeichneten Täterbilder blieben funktionalistisch begründet.[28] Dem aus der Gesellschaft ausgeschlossenen Exzesstäter des frühen Diskurses folgte nun der kalt-distanzierte Systemtäter, wiederum gesichtslos und als Befehlsempfänger selbst zu den Opfern des NS-Systems zu rechnen: Männer »ohne Eigenschaften« und »Schreibtischtäter« lösten das »Nürnberger Ungeheuer« (Mallmann) als Leittypus ab.[29] Auf der Ebene der Taten spiegelte sich die Distanzgewinnung in einer technizistisch-kalten Begrifflichkeit wider: »Todesfabriken« oder »Verwaltungsmassenmord« dienten als Synonyme für ein industrielles, bürokratisches und anonymes Morden. In der Praxis unterschied sich die Vernichtungsmaschinerie aber nicht grundlegend vom deutschen Gesellschaftsgefüge, auch wenn viele der Täter in den NS-Verfahren selbst nicht den Eindruck von »Mörder(n)«, sondern von »Technikern des Todes« vermittelten.[30] Der Schreibtischtäter fungierte dabei als »austauschbare Erscheinung moderner Zivilisation: Ohne innere Bewegung bringt er Menschen zur Vernichtung, indem er stempelt, Knöpfe drückt und gegenzeichnet. Die fröhliche Menschenjagd als Arbeit, Dienst als Pflicht«.[31]

In den 1990er Jahren wurden diese starren Deutungsmuster durchbrochen: Entscheidende Impulse lieferten die Bücher Christopher R. Brownings über das *Reserve-Polizeibataillon 101* und Daniel J. Goldhagens *Hitlers willige Vollstrecker* sowie im visuellen Bereich die Wehrmachtsausstellung.[32] Gerhard Paul sieht die große Bedeutung der beiden Studien in ihrer Funktion als »Türöffner« bzw. »Schneisenbrecher«[33] für weitere zeithistorische Veröffentlichungen. Ein neuer, quellengesättigter Forschungsdiskurs wandte sich jetzt konkreten Verbrechen, Tatorten und Tätern zu: Im Rahmen eines multikausalen Erklärungsansatzes wurde die Shoah zu einem arbeitsteiligen Prozess, bei dem auf allen Handlungsebenen einzelne Täter oder Tätergruppen auch *eigene* Ziele verfolgten.[34] Arbeitsteilige Taten setzen zudem starke »persönliche Gefolgschaftsverhältnisse« (Orth) voraus. Helgard Kramer zufolge kommt den emotionalen Beziehungsstrukturen der in den Massenmord direkt einbezogenen Täter sogar eine »mafiatypische Qualität« zu.[35]

In der Folge kam es in der Forschung zu NS-Verbrechen und Tätern zu weiteren Konkretisierungen und Differenzierungen. Begünstigend für einen umfangreichen Perspektivenwandel wirkten ein Generationswechsel aufseiten der Forscher und nun zunehmend auch Forscherinnen, ein verbesserter Zugang zu Archiven, insbesondere in den ostmittel- und osteuropäischen Staaten sowie eine offene Diskussion über Methodeninnovationen in der Geschichtswissenschaft. Die neuen Studien widmeten sich nicht mehr allein den Exzess- und Systemtätern, nun wurden verstärkt auch die Weltanschauungs- und Funktionseliten sowie das »Fußvolk der ›Endlösung‹«[36] in die Untersuchung einbezogen: Vor allem Frauen und ausländische Täter, letztere in der Regel Angehörige der Hilfstruppen der Wehrmacht oder entsprechender SS-Einheiten, die in den besetzten Ländern zwangsrekrutiert worden waren. Der Täterdiskurs zielte nicht mehr länger nur auf die Entscheidungszentren und die Regimespitze, sondern schloss an der Peripherie agierende Täter ein. Auch in Deutschland wurde die Shoah nun dezidiert als gezielte Vernichtungspolitik mit konkreten Tätern, die außerhalb anonymer Strukturen handelten, wahrgenommen.[37] In der Täterdebatte der 1990er Jahre entstanden zwei gegensätzlich denkende und argumentierende Lager: Die eine Seite stützte sich mit Goldhagen auf ein kognitives Modell, welches das Denken und Handeln der Täter beinahe ausschließlich auf einen »eliminatorischen Antisemitismus« zurückführte. Die andere Seite verwies auf Browning und zog situative Faktoren und allgemeine Eigenschaften der menschlichen Natur als Erklärung heran, warum aus »ganz normalen Männern« nationalsozialistische Mörder wurden.[38] Auf dieser Basis gilt es heute bei der Bestimmung von Tätern und Täterschaft unsystematische, situative oder milieuspezifische Faktoren und deren Wechselwirkungen in dem auf strikter Ausgrenzung beruhenden nationalsozialistischen Referenzrahmen der Jahre nach 1933 zu berücksichtigen.[39] Darüber hinaus darf keine gesellschaftliche Schicht oder Gruppe von vornherein von der Frage der Täterschaft freigesprochen werden.[40]

Deutliche Kritik an dieser inhaltlichen und methodischen Neuausrichtung der NS-Forschung hat wiederholt Hans Mommsen formuliert.[41] Ihm erscheint es insgesamt als

> »unzulässig, den Aspekt der Berücksichtigung des ›Holocaust‹ und damit der erweiterten Opferperspektive als maßgebliches Bewertungskriterium eines sowohl fachwissenschaftlichen wie politisch-moralischen Umgangs mit der Geschichte des Nationalsozialismus zu verabsolutieren. [...] Eine *selbst Amok laufende Gesinnungs-*

> *theorie*, die den Maßstab der Stellung zur Shoah zum einzigen Maßstab macht und bei der Feststellung individueller und kollektiver Schuld stehen bleibt, wird zu der notwendigen Erklärung politischer Prozesse innerhalb des NS-Regimes und deren Antriebskräfte schwerlich hilfreich sein.«[42]

Mommsen wehrt sich gegen die Kritik, der er die deutschen Zeithistoriker der älteren Generation(en) durch die neuen Forschungsansätze ausgesetzt sieht: den Vorwurf, in ihren Studien von der Vernichtungspolitik gegen die Juden abgelenkt und »die Mitverantwortung des gesamten deutschen Volkes zugunsten eines eingeengten Täterbegriffs verdeckt oder verschwiegen« zu haben.[43] Dem Täterbegriff der neuen Forschungsansätze hafte etwas Statisches an, da er vor allem die Tat, nicht Sozialisation oder Werdegang des Täters, in den Vordergrund rücke. Dieses Täterbild erscheint Mommsen zudem vonseiten der Justiz wie auch der Gesellschaft von vornherein festgelegt.[44] Die Darstellung von Tätern, ihren Taten und Motiven dürfe aber nicht losgelöst vom Bedingungsrahmen des NS-Systems, nicht ohne den zeitgenössischen politischen und gesellschaftlichen Kontext, erfolgen. Gegen Gerhard Paul und Klaus-Michael Mallmann gibt er zu bedenken:

> »(D)ie zahlreichen biographischen Untersuchungen, die primär die Gruppe der Vollstrecker betreffen, haben nicht zur Herausbildung eines *einheitlichen Tätertypus* geführt und relativieren die Bedeutung der politischen Sozialisation der ›Vollstrecker‹ während des Ersten Weltkrieges und der Weimarer Zeit im Verhältnis zur politisch-ideologischen Indoktrination der Tätergruppen innerhalb des Regimes.«[45]

Im Sinne Mommsens hat Stefan Hördler vorgeschlagen, das »primäre Erkenntnisinteresse« der Täterforschung »von der Person oder dem Kollektiv auf die Umgebung desselben zu verlagern«.[46] Nur auf diesem Wege rücke der »Handlungsrahmen der Akteure, der sich in permanenter und wechselseitiger Abhängigkeit mit den Handlungen anderer befindet« wieder in das Zentrum der Forschung: Betont würden so spezielle Organisations- und Aufgabenstrukturen bzw. Vernetzungen *vor Ort*. Als erster Schritt erfolgt bei Hördler auch nicht die Modellierung eines herkömmlichen Täterprofils, sondern eine Spiegelung der historischen Prozesse, an denen das Subjekt teilgenommen hat.[47] Erst im zweiten Schritt werden dann die Handlungsorientierungen, -potenziale und -optionen offengelegt. Insgesamt zielt Hördlers Ansatz auf die »Verlagerung des Erkenntnisinteresses auf die Dekodierung historischer Verläufe mittels der analytischen Verkettung menschlicher Aktionsradien«.[48] Der Schwerpunktverschiebung der Forschung hin zu situativen Momenten von NS-Verbrechen entsprechen in dieser Studie die *dichten Beschreibungen*, die auf der Ebene lokaler bzw. regionaler NS-Verfahren vor baden-württembergischen Gerichten zwischen der Nachkriegszeit und den 1980er Jahren verhandelt wurden.

Täterforschung, Täterprofile und Täterbilder

Im Rahmen der verschiedenen Phasen der zeithistorischen Täterforschung haben Mallmann und Paul fünf grundsätzliche Tätertypen unterschieden:[49] »Opportunisten« bzw. »willige politische Konformisten« oder »band wagon nazi(s)«, die aber keineswegs frei von rassistischen Vorurteilen sein müssen. Zum anderen »Weltanschauungstäter« im Projekt der rassischen Neuordnung Europas bzw. »Exzesstäter« oder »Hardcore Nazis«. Weiterhin »Schreibtischtäter«, die nicht selten ebenfalls rassistisch eingestellt waren und nicht allein auf ausdrücklichen Befehl handelten, sondern selbst versuchten, den Vernichtungsprozess voranzutreiben. Der vierte Typus besteht aus einer *Mischung* von »Schreibtisch-« und »Direkttätern« bzw. »Vordenkern« und »Vollstreckern«. Dieser Typus konkretisiert sich zum Beispiel in den SS-Rängen, die im turnusmäßigen Wechsel die »praktische Arbeit vor Ort« zu leisten hatten. Den fünften Typus bildet eine weitere gemischte Tätergruppe, der allenfalls der Status einer »Residualkategorie« zukommt, die von allen anderen Typologien »ein bisschen enthält« und »die Grenzen zwischen den zuvor beschriebenen Kategorien wieder verschwimmen lässt«.[50]

Erscheint diese Unterteilung auf den ersten Blick nur als ein grobes Raster, so erweist sie sich im Vergleich mit älteren Versuchen, Täter in Tätergruppen einzuordnen, doch als analytisch anschlussfähig. Raul Hilberg hatte bereits Ende der 1980er Jahre versucht, NS-Täter in sechs große Gruppen zu unterteilen, die aber jeweils auf völlig unterschiedlichen Kriterien basierten.[51] Zum einen wurden zwei Gruppen von Tätern aufgrund des Grades ihrer Einbindung in das NS-System unterschieden: Neben die »alten Funktionäre«, die sich als Funktionseliten bzw. Beamte oder Opportunisten grundsätzlich an die Weisungen des Staates gebunden fühlten, trat die zahlenmäßig große und weit gefächerte Gruppe der »Neulinge«. Zu ihnen zählte Hilberg die Parteigenossen der NSDAP, aber auch sogenannte Neudeutsche.[52] Bemüht, eine Alternativkarriere im NS-System einzuschlagen und ebenfalls in Führungspositionen aufzusteigen, stand diese vom Altersdurchschnitt her sehr junge Gruppe teilweise in Spannung zu den alten Funktionären.[53]

Auch bereits in der wirtschaftlichen und gesellschaftlichen Hierarchie »Positionierte« scheuten sich oft nicht, ihre Kenntnisse und Qualifikationen dem NS-System bereitzustellen. Als eigene Gruppe gelten Hilberg deshalb Ärzte und Juristen. Für die jüngeren Kader dieser beiden Funktionseliten, die oft aus Karrieregründen der SS beigetreten waren, ergab sich nach 1945/1949 in den meisten Fällen die Möglichkeit, »zweite Karrieren« zu beginnen.[54] Die vierte Gruppe unterschied sich von den drei ersten sowohl hinsichtlich ihrer Sozialisation wie auch ihres Handelns im »Alltag« des Vernichtungskrieges: Auf Basis von Persönlichkeitsmerkmalen, die keiner Schablone folgten, bezeichnet Hilberg sie als »Fanatiker«, »Rohlinge« und »seelisch Belastete«. Sie bildeten die aktive Mehrheit bei den Vernichtungsmaßnahmen, als Initiatoren und Freiwillige, als Fanatiker, die immer »sachbezogen« blieben oder als Exzesstäter, die aus Ungeduld zur völligen und willkürlichen Brutalisierung übergingen. Bei den beiden letzten Tätergruppen handelt es sich zum einen um »ausländische Regierungen«, die entweder als Alliierte (Italien, Bulgarien, Rumänien, Ungarn), als Satellitenstaaten (Slowakei, Kroatien) oder aufgrund der Besatzung mit dem NS-System kollaborierten (Norwegen, Frankreich, Niederlande). Zum anderen die »ausländischen Freiwilligen«, die als übernommene oder neu eingesetzte Amtsträger und manchmal auch als selbst organisierte Kräfte mehr oder weniger »freiwillig« Anteil an NS-Verbrechen hatten.

Die Formen potenzieller und faktischer Täterschaft differenzierten sich im Zuge der neuen Forschungsansätze der letzten zwei Jahrzehnte deutlich aus,[55] auch wenn in der Öffentlichkeit Täterbilder auf der semantischen Ebene weiterhin um wohlbekannte Extreme, wie die Clique von »Psychopathen« oder »Ausnahme-Radikalen« (Overy), die Verfolgung und Mord organisierten, die »willigen Befehlsempfänger«, »Technokraten des Terrors« oder »Schreibtischtäter« kreisen[56] und einer überzogenen Diabolisierung der Erstgenannten eine Verharmlosung Letzterer gegenübersteht. Diese Untersuchung lässt sich im Folgenden von der Überlegung leiten, dass sich die hier beschrieben Typisierungen, Kategorisierungen und Täterbilder zumindest ansatzweise auch bei der Analyse bisher weder inhaltlich noch juristisch aufgearbeiteter regionaler Prozesse wiederfinden lassen. Im Mittelpunkt der vier Fallbeispiele stehen aber keine paradigmatischen Haupttäter, sondern die »›kleinen Täter‹ weit ab von den politischen Führungs- und Endscheidungsebenen, ohne die das NS-Herrschaftssystem nicht durchzusetzen gewesen wäre und die den Machterhalt des Regimes garantierten«.[57] Diese agierten in einem gesellschaftlichen Klima der Verrohung und Brutalisierung, in dem eine Nachfrage *nach* und eine staatliche Belohnung *von* negativen Verhaltensweisen auf der Tagesordnung stand. Bei der situativen Analyse einzelner NS-Verbrechen und Verfahren gilt es deshalb den »Konnex von Täterschaft und sozialer Machtausübung bzw. Machtpartizipation«[58] nicht außer Acht zu lassen. Diese »kleinen Täter« werden im Folgenden mit dem Begriff *Durchschnittstäter* charakterisiert. Hinter dem gewählten Begriff verbergen sich aber nicht imaginäre Durchschnittstäter mit einem eindeutigen oder gar typischen Täterprofil. Der Begriff *Durchschnittstäter* ist geeignet, »Täter jenseits der sozialen oder soziologischen Eliten der deutschen Gesellschaft in der NS-Zeit«[59] analytisch zu beschreiben und historisch einzuordnen. In diesem Sinne handeln alle vier Fallbeispiele von durchschnittlichen Deutschen, deren jeweilige Tat- und Handlungsmotive es offenzulegen gilt. Die politische Indoktrination durch den Nationalsozialismus war zweifelsfrei von hoher Bedeutung, wenn sie auch nicht den alleinigen Grund für die späteren Verbrechen darstellt. NS-Täterschaft basierte zu einem nicht geringen Maß auf persönlicher Handlungsfreiheit. Hinzutraten, dies machen alle Fallbeispiele deutlich, die situativen Aspekte der Taten und ihres Umfeldes, wie sie Harald Welzer in seiner Täter-Studie paradigmatisch herausgearbeitet hat.[60] Auch die institutionelle Einbindung der Täter in die Strukturen des NS-Systems spielte eine wichtige motivationale Rolle: Durch sie war ein Identifikationsangebot auf einer Schwelle unterhalb von Staat und Partei gegeben, das als solches auch angenommen wurde.

Bei Bildern handelt es sich auf einer ersten Ebene ganz allgemein um Darstellungen bzw. Wiedergaben von Dingen und Vorgängen aus der Wirklichkeit, um Informationen auf visueller Basis. In diesem ursprünglichen Sinn ist ein Täter*bild* eine Lichtbildaufnahme einer Person, das durch die Polizei im Rahmen einer erkennungsdienstlichen Behandlung, für die »bürokratische Katalogisierung der Welt«[61] aufgenommen wurde, um gegebenenfalls in einem juristischen Verfahren Verwendung zu finden. In der Öffentlichkeit treten uns diese Bilder zumeist posthum gegenüber. Zum einen in der Presseberichterstattung über NS-Verfahren, zum anderen im Rahmen von Ausstellungen.[62] In Ausstellungskatalogen formen diese Fotos, zumeist verbunden mit den Lebensläufen der Angeklagten, oft eine eigene Sequenz. Sie zeigen die Angeklagten zumeist in einer Ganzkörperaufnahme von vorne, also nicht nur im Profil bzw. einer verkleinerten Aufnahme der Gesichtszüge. In Verbindung mit den Lebensläufen erzeugen die Fotos eine *Normalbiografie* der Täter.[63] Die Angeklagten bzw. Täter präsentieren sich auch optisch als brave Bürger bzw. Biedermänner, sie tragen in der Regel Anzüge in gedeckten Farben und Krawatten. Obwohl die Abgebildeten in *Zivil* sind, suggerieren die Schwarzweißfotografien eine Uniformität: Einen Auftritt in »befohlener« Haltung und Kleidung, die gerade bei Tätern, die aus vergleichbaren Geburtsjahrgängen entstammen, unweigerlich an die Uniformität der realen Polizei- oder Wehrmachtseinheiten denken lässt. Angeklagte bzw. Täter verschwinden als Individuen auch auf den Fotografien in einer nahezu amorphen Masse.

Bilder transportieren aber auch Vorstellungen, die wir auf der Basis aller uns zur Verfügung stehenden Informationen und in einem assoziativen Verfahren erstellen oder die sogar völlig unserer Fantasie entspringen: Erst im übertragenen Sinn wird das Bild so auf einer zweiten Ebene zu einem Inbegriff bzw. einer Verkörperung eines konkreten Argumentationszusammenhangs und vorformulierter Zuschreibungen. Täterbilder sind dann nicht mehr allein Fotografien von Tätern, sondern Verdichtungen der Informationen, die uns über die jeweilige Person zugänglich sind. Kurzum, das Bild, welches *wir* uns vom Täter machen.[64] Diese Perspektivität gilt auch für Fotos: Die Betrachter haben jeweils *ihren* Blick auf Fotografien, der hinsichtlich der NS-Zeit auch nicht mit den Vorgaben übereinstimmen muss, die Journalisten, Ausstellungskuratoren oder Wissenschaftler für das Fotomaterial vorsehen. Aufseiten der Betrachter gilt es die »Zufälligkeit und Unberechenbarkeit von ›Repräsentations-Effekten‹« nicht aus den Augen zu verlieren.[65] Gelten beispielsweise die Aufnahmen, die die Alliierten zum Beweis deutscher Täterschaft angefertigt hatten, in der unmittelbaren Nachkriegszeit noch als unbestrittene Beweise, deren Urheberschaft und konkretem Ortsbezug aber kaum Bedeutung zukam,[66] so lehnte die deutsche Bevölkerung die Betrachtung dieser Bilder rasch ab: Sie erkannte sich nicht wieder. Fotografien von NS-

Verbrechen und Tätern gewannen erst im Verlauf großen Verfahren der 1960er Jahre einen neuen Wert für die deutsche Öffentlichkeit.[67]

Es gibt eine weitere wichtige »Lesart« von Täterbildern. Diese zielt nicht auf den Prozess der Bildherstellung, sondern auf die konkreten Fotografen: Täterbilder sind in diesem Verständnis Bilder, die Täter von ihren Taten *und* damit von ihren Opfern gemacht haben. Mit anderen Worten: »Fotos aus der Hand der Täter«.[68] Diese Bilder entstanden zumeist, im Gegensatz zu den Fotografien *von* den Tätern im Rahmen polizeilicher Ermittlungen, bis zum Sommer 1945, entweder im Reichsgebiet oder in den besetzten Ländern, insbesondere in Osteuropa. Sie wurden später, entgegen der (selbst-)dokumentarischen Absicht der Fotografen, teilweise als Beweise gegen diese verwendet. Ein großer Teil der hinterlassenen offiziellen und inoffiziellen Fotografien aus dem Zweiten Weltkrieg fällt in diese Kategorie.[69] Und die Mehrheit der Bilder, die aus den Konzentrationslagern aus der Zeit vor ihrer Befreiung überliefert worden sind, entspringt ebenfalls der Täterseite.[70] »Fotografie war immer eine besondere Form der Erinnerung«,[71] dieser Satz gilt auch für das Fotoalbum Karl Höckers, Adjutant des Lagerkommandanten Richard Baer in Auschwitz zwischen Mai 1944 und der Evakuierung des Lagers im Januar 1945: Neben (Erholungs-)Ausflügen, Jagden und dem Entzünden des Weihnachtsbaumes zeigen seine privaten Bilder Wachmannschaften beim »wohlverdienten« Feierabend oder Josef Mengele im angeregten »Plausch« mit Rudolf Höß.[72] Bilder wie diese können dabei helfen, Gewalt aus ihrem Kontext als stolze Selbstdarstellung der Täter in den Kontext der juristisch illegalen Tötung von Wehrlosen umzucodieren.

Aufmerksamkeit für den Holocaust, ebenso wie historisches Wissen über denselben, wird heute gewöhnlich über Fotografien generiert. Diesen wird im Zusammenhang mit dem Holocaust eine universale (Bild-)Sprache zugeschrieben, auf die die jeweiligen Betrachter unabhängig von Ort und Zeit, Rasse, Klasse, Geschlecht oder Generation zu reagieren in der Lage sind.[73] Historiker müssen sich bewusst sein, dass Bildquellen *nur* eine weitere Form historischer Quellen sind, *atrocity images* (Bilder von Greueltaten) somit den Lackmustest für den Gebrauch und Missbrauch von Bildquellen darstellen.[74] Bilder dokumentieren nicht nur einen historischen Augen*blick*, sondern sie unterliegen immer auch kommunikativen Deutungsprozessen, die Bedingungen und Kontext ihrer Entstehung oft völlig außer Acht lassen. Der Kontinuität des Fotos steht eine Diskontinuität seines Gebrauchs in unterschiedlichen Interpretationsrahmen gegenüber.[75] In ihrer Anonymität – es sind in der Regel weder Beteiligte, noch Ort, Zeit oder situative Zusammenhänge vermerkt – handelt es sich bei diesen Fotos *nicht* um Bildikonen oder Ikonen des Holocaust.[76] Sie geben, in scharfen Kontrast zu »Schnappschüssen«, ein Gefühl der absoluten Unfreiwilligkeit der Opfer wieder – sowohl hinsichtlich der Anwesenheit auf dem Bild als auch der von ihnen geforderten Handlungen. Sie können nicht anders betrachtet werden als »mit dem Blick des Täters«.[77] Anonymität ist natürlich auch ein Kennzeichen der Fotos, die sich in »normalen« Familienalben befinden: Sie basieren auf der Annahme, dass die gezeigten Fotos den Mit-Sehern, in der Regel Freunden und Bekannten, »etwas sagen«. Familienalben erscheinen deshalb für die Betrachter nach Jahrzehnten oft seltsam fremd – in ihnen ist eine Zeitphase gespeichert, die für die Zeitgenossen einen höheren Wiedererkennungsfaktor hat als für zufällige Betrachter oder auch Historiker in späterer Zeiten.[78]

Inwieweit helfen uns im Folgenden die öffentlich debattierten Täterbilder, aber auch die in der Forschung diskutierten Kriterien und Einteilungen weiter? Sie lassen sich in dieser eindeutigen Form nicht in den Urteilen finden. Hier dominieren Unterscheidungen aus dem Sprachgebrauch der Juristen, die sich in der Regel an der im amnestiepolitischen Sinn »notwendigen« Auslegung des materiellen Rechts bzw. der neu geschaffenen Gesetze und Verordnungen orientierten. Zugespitzt ließe sich formulieren, dass im juristischen Diskurs in vielen Fällen versucht wurde, erst gar kein Täterbild entstehen zu lassen. Der öffentliche Sprachgebrauch favorisierte nicht umsonst Wendungen wie »Belastete« und »unglücklich Verstrickte«, als von konkreten Tätern zu sprechen.

Nürnberg 1945/1946: Männerbilder als »Vorbilder«?

Adolf Eichmann entsprach, als er im Sommer 1961 vor einem Jerusalemer Gericht stand, als Täter nicht den Erwartungen des Publikums, das sowohl von seiner Person als auch von seinem Auftreten her eine andere Vorstellung von einem Beteiligten am größten Massenverbrechen in der Geschichte der Menschheit hatte: Statt einer »diabolischen Größe« fand man einen »organisationswütigen Spießer ohne jedes persönliche und intellektuelle Format« vor.[79] In der Hierarchie des *Reichssicherheitshauptamtes* (RSHA) war Eichmann nur ein untergeordneter Mitarbeiter und unter den Führern des SS-Terrorapparates wirkte er nahezu atypisch. So hat es sich »historiographisch möglicherweise verhängnisvoll ausgewirkt, dass von nun an der nationalsozialistische ›Schreibtischtäter‹ in den Kategorien des beflissenen Befehlsempfängers Eichmann betrachtet wurde«.[80] Ein zählebiges NS-Täterbild war geboren, noch in den 1980er Jahren, dies wird das vierte Fallbeispiel zeigen, stand *Eichmann* als ein wichtiges Synonym für Täterschaft im Rahmen nationalsozialistischer Gewaltverbrechen.

Am 18. Oktober 1945 wurde in Berlin das mit Vertretern der USA, Großbritanniens, Frankreichs und der Sowjetunion besetzte *Internationale Militärtribunal* (IMT) eröffnet.[81] Vor dem *IMT* wurde erstmals das vollständige Ausmaß der NS-Verbrechen sichtbar: Für die deutsche Bevölkerung, aber auch für die Weltöffentlichkeit.[82] Der Nürnberger Prozess war *das* Medienereignis der frühen Nachkriegszeit und die Verhandlung und die Urteile prägten die Vorstellungen, die sich in der deutschen Bevölkerung von NS-Verbrechen und insbesondere NS-Tätern rasch festsetzen sollten.[83] Die Lebenswelt der internationalen Teilnehmer des Prozesses, insbesondere der Berichterstatter, kollidierte gleichwohl mit dem Nachkriegsalltag der deutschen Bevölkerung.[84] Das öffentliche Interesse beschränkte sich deshalb größtenteils auf den Kreis der Intellektuellen und die Medien selbst:[85]

»218 Prozesstage dauerte es, 2.630 Dokumente über das größte Verbrechen der Geschichte legten die Ankläger vor, 270 Zeugenaussagen wurden aufgenommen. Den 23 Angeklagten standen 27 Hauptverteidiger, 54 Assistenten und 67 Sekretärinnen zur Verfügung. Die Vervielfältigung aller Schriftstücke in den vier Verhandlungssprachen verschlang fünf Millionen Blatt des knappen Nachkriegspapiers. 27.000 Meter Tonband und 7.000 Schallplatten hielten jedes Wort fest. Mehr als 250 Journalisten folgten dem grausigen Spektakel.«[86]

Die Akzeptanz des Nürnberger Verfahrens war in der Bevölkerung anfangs durchaus vorhanden, der Prozess geriet aufgrund seiner langen Dauer aber zunehmend an den Rand des öffentlichen Interesses.[87] Es hatte sich sowohl innerhalb wie auch als Folge der Berichterstattung schnell eine strikte Trennung von »Täterschaft« und bloßem »Mitläufertum« herausgebildet – die Lösung der allgemeinen Schuldfrage blieb offen. Wie und mit welchen Bildern berichteten die Medien über die angeklagten Haupttäter? Schon am Beginn des Verfahrens spiegelte sich die Niederlage des »Dritten Reiches« auch in den Schilderungen des Auftretens der Angeklagten wider. Der amerikanische Hauptankläger Robert W. Jackson beschrieb bereits in seiner Anklagerede die Hauptangeklagten als »*gebrochene Männer*«. Beim »Anblick dieser *jämmerlichen Gestalten*« auf der Anklagebank könne man sich kaum vorstellen, dass sie als »Naziführer einstmals über einen großen Teil der Welt herrschten«.[88] Vergleichbare Beschreibungen finden sich auch in den Tagebucheintragungen William L. Shirers, der während der NS-Zeit mehrere Jahre als Korrespondent englischer und amerikanischer Tageszeitungen in Deutschland verbracht hatte. Dieser vermochte in seinem Eintrag vom 20. November 1945 die ehemals Mächtigen des »Dritten Reiches« kaum wiederzuerkennen:

»Und wie tief sind die Mächtigen gefallen? Entkleidet der Macht und des Ruhms und der glitzernden Insignien des Nazitums, wie klein und unbedeutend und mittelmäßig sehen sie doch aus – die zwanzig Angeklagten heute in ihren Bänken! Wie war es nur möglich, fragst du dich voller Erstaunen, daß diese unscheinbar aussehenden Gestalten, die da nervös in ihrer ziemlich schäbigen Kleidung herumzappeln, nur fünf Jahre zuvor, als du sie zum letzten Mal sahst, eine so monströse Macht ausüben konnten? Wie hatten *sie*, die da ohne jede Spur von Haltung auf ihren Stühlen hocken, eine große Nation und fast die ganze Welt erobern können? Ihre Metamorphose verblüfft dich. Waren *das* die Eroberer, die sich brüstenden Anführer der Herrenrasse? Nun, der plötzliche Verlust ihrer Macht scheint sie aller Arroganz, Unverschämtheit und Grausamkeit entkleidet zu haben, die in all den Jahren, die ich sie kannte, ihr Wesen ausgemacht hat. Wie schnell sind aus ihnen gebrochene, elende kleine Männer geworden!«[89]

Bei den Angeklagten handelte es sich aber nicht nur um »gebrochene, elende kleine Männer«.[90] Auch in Shirers Tagebucheintragungen finden sich erste Formen der Bestialisierung und Vertierung von NS-Tätern. So hatte er am 18. Mai 1945 vermerkt: »Einer der schlimmsten Naziverbrecher ist am Mittwoch aufgegriffen worden – Dr. Robert Ley, ein Trinker, *eine Bestie, ein Entarteter.*«[91] Stereotype, wie sie schon Golo Mann in einem privaten Brief im Jahr 1933 gebraucht hatte. Dieser hielt die »nationalsozialistischen Führer [...] teils für Geisteskranke (Hitler), teils für aufgeblähte Morphinisten (Göring), teils für Dreigroschenzyniker (Goebbels)«.[92] Die Zuschreibungen setzen sich in Shirers Notizen zum Nürnberger Prozess in zum Teil drastischer Sprache fort: Hermann Göring wirkte für ihn, wenn er »mit einer bescheidenen, fast demütigen Geste nach seinen Kopfhörern [greift, ...] damit er der deutschen Simultanübersetzung von englisch, französisch oder russisch vorgetragenen Erklärungen folgen kann«, nicht mehr »wie der frühere Tyrann«, sondern »eher wie ein eifriger Schiffsfunker auf hoher See«.[93] Zu Joachim Ribbentrop bemerkte er, »nur in der Unterwelt der Naziverbrecher konnte eine solche *Kreatur* solch eine Karriere machen«. Hans Frank »erscheint auf Anhieb als jener Typ des verfeinerten Mörders, der [...] ungerührt töten und töten konnte, ohne daß er persönlich besonders brutal wirkte«. Wilhelm Frick kommt in »seiner karierten Sportjacke als verlorene Figur« daher und Walter Funk »gleicht noch mehr als früher einer gealterten, schlüpfrigen und durchtriebenen *Kröte*«. Fritz Sauckel wirkte auf Shirer »wie ein *Schwein*«, er hätte unter »normalen« Umständen »wohl hinter dem Ladentisch einer Metzgerei« seinen Platz gefunden, »denn er wirkt wie ein kleinstädtischer Fleischer«.[94]

Die Angeklagten wurden nicht nur als »Monster« und »Psychopathen« sondern auch als Spießer und biedere Familienväter beschrieben.[95] *Die Neue Zeitung*, eine amerikanischen Lizenzzeitung, informierte beispielsweise am 7. Dezember ihre Leser mit folgender Skizze der Personen auf der Anklagebank:

> »Wer sie so vor sich sieht, auf der hölzernen Anklagebank – Hermann Göring, der wie ein arbeitsloser Chauffeur wirkt; Seyß-Inquart, der einem durchgefallenen Studenten ähnelt; Sauckel, der wie ein diebischer Trambahnschaffner aussieht – der versucht vergebens, sich die Zwanzig als Herren Deutschlands oder der Welt vorzustellen, er kann sie nicht anders sehen als eine ertappte Bande von Straßenjungen, die eine Zeitlang in gestohlenen Anzügen umherliefen und die Passanten belästigten.«[96]

Mit dem Bild »der bösen Buben, die etwas ausgefressen haben und es nun partout nicht zugeben wollen«, korrespondierten die Strategien, die sich die Angeklagten zurechtgelegt hatten, wenn es darum ging ihre Macht im NS-System posthum einzuordnen.[97] Wie hölzern vorgetragen und schlecht gespielt diese Auftritte der ehemaligen NS-Größen vor dem *IMT* verliefen, illustrieren in deutlicher Weise auch zufällig ausgewählte Überschriften lizensierter deutscher Tageszeitungen aus dem Jahr 1946: »Schacht war ›gegen alles‹ und macht ›Stellungswechsel‹«[98], »Ein Höriger im Schatten des Dämon« (von Ribbentrop),[99] »Wie ein schlechter Schüler im Examen« (ders.), »Yes-man« (ders.),[100] »Keitel, ein Mann der allen diente«[101], »Der Chef der Reichskanzlei, ein ›routinierter Biedermann‹« (Lammers),[102] »Kaltenbrunner – ›das Ohr des Dritten Reiches‹«, »Seine Methode: ›Keine Ahnung‹« (ders.),[103] »Schacht: ›Wir sind Verbrechern in die Hände gefallen‹«,[104] »Neurath: die Tragödie eines alten Mannes«[105], »Der getreue Diener seines Herrn« (Fritzsche)[106] usw. In den Schlussworten der Angeklagten spiegelte sich, als logische Konsequenz ihres Auftretens, die Lösung wider: »Hitler, der Urheber allen Unglücks ...«.[107] In der Berichterstattung in der sowjetischen Besatzungszone sprach man, wie Christine Bartlitz in ihrer Auswertung von Berichten des *Berliner Rundfunks* gezeigt hat, oft von »ganz gewöhnliche(n) Ganoven, Hochstapler(n) und erbärmliche(n) Kreaturen«.[108] Auch diesen Denkfiguren liegt am Ende die Vorstellung eines »betrogenen« Volkes zugrunde, das zum Opfer, aber nicht zum Mitschuldigen geworden ist.[109] Die auch in den NS-Verfahren der späteren Jahre immer wieder erfolgreich bemühte Trennung zwischen »bösen Nazis« und »guten Deutschen« hatte hier ihren Ausgangspunkt. Aber nicht nur die Bilder, die sich in der Öffentlichkeit von den Hauptangeklagten im *IMT* niederschlugen, fanden weite Verbreitung und wirkten noch Jahrzehnte später in den öffentlichen Diskursen über NS-Verbrechen und Täter fort. Auf eine vergleichbare »Erfolgsgeschichte« können auch die Stereotype und Zuschreibungen zurückblicken, die im Umfeld der NS-Verfahren entstanden, in denen Frauen wegen nationalsozialistischer Gewaltverbrechen angeklagt waren. Täterinnen hatten im *IMT* eine sichtbare Leerstelle gebildet.[110]

Frauen im NS-System: Mitläuferinnen – Opfer – Täterinnen

Die wissenschaftliche Beschäftigung mit weiblicher Täterschaft spielte sich lange Zeit außerhalb der Geschichts- und der Rechtswissenschaft ab. Erst in den letzten Jahren hat sich die zeitgeschichtliche Forschung verstärkt auch NS-Täterinnen zugewandt. Nicht nur hier, auch aus Sicht der Öffentlichkeit, galten Frauen in der frühen Bundesrepublik entweder als Opfer des NS-Systems, als unbeteiligte Zeitgenossinnen oder allenfalls als Mitläuferinnen. Diese Rollen wurden ihnen, nicht zuletzt im Rahmen von NS-Verfahren, aus männlicher Perspektive zugeschrieben, in vielen Fällen von Frauen aber auch selbst, sei es in verteidigender oder entschuldigender Absicht, verinnerlicht. Breitere Beachtung hat die wissenschaftliche Beschäftigung mit den geschlechterspezifischen Aspekten des Nationalsozialismus allein in der Frauenforschung erfahren. Diese thematisierte die weibliche Hälfte der Bevölkerung als Ganze und erfuhr im Zuge der Frauenbewegung der zweiten Hälfte der 1960er Jahre einen personellen und später auch institutionellen Aufschwung. Jenseits des nationalsozialistischen »Mutterkultes« standen im Rahmen historischer Forschungsprojekte erstmals die Frauen im Vordergrund, die in unterschiedlicher Form in die Strukturen des NS-Systems eingebunden waren und hiervon in vielfältiger Weise profitiert hatten: In finanzieller Hinsicht,[111] oder dadurch, dass das breite Feld an »Angeboten« und Karrieremöglichkeiten im NS-System besonders auch Frauen einen Zuwachs an Selbstständigkeit und Prestige versprach und ihnen eine beträchtliche Erweiterung ihrer zeitgenössisch und geschlechtsspezifisch begrenzten Handlungsräume bot. Müssen weibliche »Karrieren« im Nationalsozialismus deshalb als Teil eines Emanzipationsprozesses gedeutet werden? »Dienstbereitschaft und Loyalität vieler Frauen im Nationalsozialismus« können, wie Marita Krauss die Diskussion zusammengefasst hat, ohne einen Verweis auf die »langen Kontinuitätslinien« im Kampf von Frauen um »Teilhabe an der Macht« nicht verstanden werden.[112] So gilt es in der intensiven wissenschaftlichen Auseinandersetzung der Frauenforschung mit den unterschiedlichen Ausgangspositionen und Zielsetzungen sowie dem Anteil weiblicher Deutscher am Aufbau und Erhalt des NS-Systems, drei große Phasen zu unterscheiden:[113]

Während der *ersten* Phase, die ungefähr vom Anfang der 1970er bis zur Mitte der 1980er Jahre reichte, wurden Frauen, auch aus Sicht der Frauenforschung, zumeist als Opfer angesehen, die quasi unterschiedslos unter den patriarchalischen Strukturen des NS-Systems zu leiden hatten: Als Hausfrauen und Mütter, als Arbeiterinnen in Rüstungsbetrieben oder bei der Organisation des eigenen Überlebens im Alltag an der sogenannten »Heimatfront«. Die Frauenbewegung fragte nicht oder nur selten, was die Mütter und Großmütter in der Zeit des »Dritten Reichs« getan und wie sie diese Zeit persönlich erlebt hatten.[114] Die politischen Dimensionen des weiblichen Verhaltens wurden nicht bzw. nur am Rande thematisiert.[115] Einzelne Frauen wurden in zeithistorischen Studien allenfalls in der Rolle aktiver Widerstandskämpferinnen gegen die Strukturen des männlich dominierten Nationalsozialismus gewürdigt. Dieser verengte Blick, der gegen die Intention der Frauenforschung das männliche Bild der Frau als Opfer reproduzierte,[116] erklärt sich aus dem zeitgenössischen Kontext: Nicht die vielfältige Verstrickung der Bevölkerung in den nationalsozialistischen Alltag stand im Vordergrund der Forschungsbemühungen,[117] sondern die Herstellung von Solidarität zwischen Frauen und die Suche nach einer emanzipierten weiblichen Identität.

Ab Mitte der 1980er Jahre wurde in einer *zweiten* Forschungsphase den passiven Mitläuferinnen und Opfern nun das Rollenbild aktiver und karriereorientierter Frauen im NS-System gegenübergestellt, die in unterschiedlichen politischen, wirtschaftlichen und sozialen Zusammenhängen (mit-)halfen, das NS-System im Inneren zu stabilisieren.[118] Die negativen Seiten des nationalsozialistischen Frauenbildes und die spezifische Rolle von Frauen als Mittäterinnen bzw. deren direkte Teilnahme an NS-Verbrechen wurden nun wiederholt zum Gegenstand von Studien.[119] Die Frauenforschung hatte sich in Ansätzen im wissenschaftlichen System etabliert und institutionalisiert, als direkte Folge differenzierte sich das Themenspektrum geschlechterspezifischer Forschungsansätze auf der Grundlage der beteiligten Disziplinen, insbesondere der neuzeitlichen Geschichte, aus.[120]

Die *dritte* Phase ab Ende der 1980er Jahre stand im Zeichen der Überwindung der idealtypischen »Opfer-Täter-Dualität«.[121] Krauss spricht in diesem Zusammenhang von einem »Historikerinnen-Streit«, an dessen Ende aber die Überwindung eines wissenschaftlich unproduktiven Gegensatzes gestanden habe.[122] Gerade die theoretisch-methodische Unterscheidung zwischen Sex und Gender, zwischen biologischem und sozialem Geschlecht, hatte sich hierbei als hilfreich erwiesen: Mithilfe analytischer Differenzierungen ließen sich nun die vielfältigen Rollen von Frauen im nationalsozialistischen Alltag, ihre soziale und gesellschaftliche Stellung und ihre Funktionsstufen innerhalb des NS-Systems genauer erfassen.[123] Frauen wurden nun nicht mehr als homogene Gruppe sondern als ein heterogenes Ensemble einzelner Individuen verstanden.

Die Rolle von Frauen ging jetzt deutlich über ihre Funktion als Mütter, Zuschauerinnen oder Mitläuferinnen hinaus.[124] Sie »dienten« dem NS-Staat auch als Arbeiterinnen in Rüstungsbetrieben, als »Führerinnen im ›Führerstaat‹« oder als Angehörige und Leiterinnen nationalsozialistischer Massenorganisationen wie der NS-Frauenschaft, dem Deutschen Frauenwerk[125] oder dem Bund Deutscher Mädel.[126] Nicht nur die Massenorganisationen boten Frauen unzählige Möglichkeiten, sich in der »Volksgemeinschaft« zu bewähren. Frauen arbeiteten auch als Verwaltungsangestellte bei der Schutz- und Kriminalpolizei und der Gestapo, wo sie durch Schreibtischtätigkeiten im Bereich der »Erfassung« *indirekt* an Verfolgung, Vertreibung und Vernichtung beteiligt waren.[127] Im Bereich der Auslese und »Ausmerze« durch Fürsorgerinnen im Sozial- und Gesundheitsdienst und der Beteiligung an Krankenmorden in den Heil- und Pflegeanstalten wurden Frauen bereits in der Vorkriegszeit auch zu *direkten* Täterinnen.[128] Hebammendienste dienten dem propagierten Ziel der nationalsozialistischen Rassenpflege.[129] Die genannten Lebens- und Arbeitsbereiche im NS-System bildeten lange Zeit ein Randgebiet der zeithistorischen Forschung. Auch heute beschränkt sich das Wissen um die vielfältigen Funktionen von Frauen im Nationalsozialismus in der Regel auf diejenigen, die aus beruflichen Gründen mit diesen Themen beschäftigt sind: Wissenschaftlerinnen, insbesondere aus dem Bereich der Zeitgeschichte und Pädagoginnen im Rahmen der Gedenkstättenarbeit. Ein öffentliches Bewusstsein für die Rollen der Frau im Nationalsozialismus ist allenfalls rudimentär vorhanden, die Handlungsspielräume »ganz normaler Frauen«[130] liegen für die breite Öffentlichkeit jenseits bekannter Histotainmentformate im Dunkeln.[131]

Die unzähligen Exklusions- und Inklusionsprozesse der »Volksgemeinschaft« bildeten eine zentrale Dichotomie innerhalb des NS-Systems. Es gelang in der Alltagspraxis immer wieder, den Gegensatz zwischen »Schauer und Idylle«[132] heraufzubeschwören und »produktiv« umzusetzen: Auch in ihrer Rolle als Ehefrauen von SS-Männern konnten Frauen sich zur Elite der »SS-Sippengemeinschaft« zählen.[133] Den wenigen modernisierenden Aspekten im Rahmen einzelner Organisationen und Tätigkeitsfelder, die eine eigene weibliche Tüchtigkeit entsprechend eines modernen Mädchenbildes betonten, stand im Nationalsozialismus insgesamt ein konservatives Frauen- und Gesellschaftsbild gegenüber, das die ideologisch begründete weibliche Pflichterfüllung im völkischen Staat an die erste Stelle rückte.[134] Mit der kollektiven Aufwertung der Frau als »deutscher Mutter«

ging gleichzeitig eine weitgehende Abwertung als Einzelperson einher, die durch »Pflichterfüllung« im Kriegseinsatz und die verschiedenen Formen der Belohnung für regimekonformes Verhalten und Loyalität nicht aufgewogen werden konnte. Frauen waren – wie auch die Männer – in vielfacher Hinsicht organisatorisch, ideologisch und psychologisch im NS-System verwurzelt.

»Braune Schwestern« und »Schwarze Engel«[135]

Unter den 161 Angeklagten vor dem *UN-Kriegstribunal für das ehemalige Jugoslawien* befand sich mit der bosnischen Serbenführerin Biljana Plavšić, wie die *Frankfurter Allgemeine Sonntagszeitung* wenig überrascht feststellte, nur *eine* Frau.[136] Auch in den NS-Verfahren standen von Anfang an fast nur Männer vor Gericht.[137] Ein gesteigertes publizistisches und somit öffentliches Interesse bestand immer dann, wenn sich Frauen, die sich aktiv am nationalsozialistischen Vernichtungsprozess beteiligt hatten, als Täterinnen vor Gericht verantworten mussten: Neben Ärztinnen und Pflegerinnen in erster Linie das »weibliche Gefolge« der SS und die Aufseherinnen der Konzentrationslager.[138] Der Anteil von Frauen am Bewachungspersonal der Konzentrationslager belief sich auf etwa zehn Prozent.[139] Sie waren innerhalb des inneren Ringes tätig, die äußere Bewachung blieb den SS-Wachmannschaften überlassen. Als Aufseherinnen waren sie für den täglichen Rapport, die Arbeitsdienstführung, Blockleitung, Arrest- und Hundeführung sowie als technische Aufseherinnen für den Innendienst zuständig und standen so in unmittelbarem Kontakt mit den Häftlingen.[140] Trotzdem gelang es nur wenigen Frauen, in leitende Funktionen wie die der Lagerführerin aufzusteigen, es gab aber eine Reihe von Oberaufseherinnen. In der Regel verblieben diese Frauen auf der Stufe des sogenannten »SS-Gefolges«.[141] Die Meldung zu den Wachaufgaben erfolgte in der Anfangszeit zumeist freiwillig: Als Reichsangestellte erhielten Frauen eine bessere Bezahlung und einen, so zynisch es klingen mag, vergleichsweise sicheren »Job«, da die Arbeit als Kriegseinsatz gewertet und auf die Rente angerechnet wurde. Im Zuge der Expansion des Lagersystems und dem Anwachsen der Häftlingszahlen ab Ende 1941[142] kam es zu einer gezielten Anwerbung von geeigneten Kandidatinnen durch die Dienststellen des Reichsarbeitsamtes oder durch Werbefahrten der SS, zum Beispiel in Rüstungsfabriken. Ab der Jahreswende 1942/1943 wurden in größerem Umfang Aufseherinnen, zumeist aus der Rüstungsindustrie, dienstverpflichtet.[143]

Verbrechen von Frauen riefen Bestürzung und besonderes Unverständnis hervor, da sie konventionellen Vorstellungen eines vermeintlich friedfertigen und fürsorglichen weiblichen Wesens entgegenstanden. Die an Frauen gestellten höheren moralischen Anforderungen waren oft auch ein Grund, ihnen Gewalthandlungen stärker anzulasten als Männern: Ihnen wurde ein Versagen hinsichtlich ihrer vermeintlich weiblichen »Bestimmung« vorgeworfen. Die Frage, inwieweit die gesteigerte Aufmerksamkeit auch als Mittel diente, das Bild exzessiver männlicher Gewalt zu relativieren, ist nicht ohne weiteres zu beantworten, da über die im tagespolitischen Umfeld der Verfahren erschienenen punktuellen Presseberichte hinaus eine tiefer gehende Beschäftigung mit weiblichen Tätern in der deutschen Öffentlichkeit ausgeblieben ist. Nach einer jahrzehntelangen Phase der Ignoranz und Marginalisierung der Verstrickung von Frauen in das NS-Unrechtssystem sind diese in ihrer Rolle als »Täterinnen vor Gericht«[144] erst seit Mitte der 1990er Jahre in den Fokus der zeitgeschichtlichen Forschung gerückt. Die geschichts- und sozialwissenschaftliche Analyse weiblicher Täterschaft hat zu einer großen und thematisch breit gestreuten Zahl an Veröffentlichungen geführt.[145] Eine Gesamtübersicht über die justizielle Ahndung der durch Frauen begangenen NS-Verbrechen vor deutschen und österreichischen Gerichten existiert bis heute nicht,[146] gleichwohl genug Zahlenmaterial vorhanden ist, um einem kurzen Überblick über die wichtigsten Tendenzen der Verfahren gegen NS-Täterinnen zu geben:[147]

Beschränkt man sich allein auf die wegen Tötungsdelikten ergangenen Urteile, so lag der Frauenanteil in den 526 NS-Prozessen, die zwischen 1945 und 1955 vor österreichischen Gerichten geführt wurden, bei 17,3 Prozent (Anklagen) bzw. 15,2 Prozent (Urteile). In der Bundesrepublik lagen die Werte für insgesamt 912 NS-Tötungsverfahren im Zeitraum zwischen 1945 und 1997 bei 4,3 Prozent (Anklagen) bzw. 4,7 Prozent (Urteile).[148] In der DDR kam es zwischen 1945 und 1990 zu 788 Urteilen.[149] Damit waren 23 Prozent der Angeklagten und 18,4 Prozent der in den ostdeutschen NS-Prozessen Verurteilten Frauen. Die Verhandlungsgegenstände in den NS-Verfahren gegen Frauen fielen hauptsächlich in die Kategorien Denunziation (DDR, Österreich) und Euthanasie (Bundesrepublik).[150] Während die persönliche Beteiligung von Pflegerinnen und Ärztinnen an NS-Verbrechen zumeist leicht nachzuweisen ist, werfen Denunziationsdelikte[151] zusätzliche Fragen an das Quellenmaterial auf: In vielen Fällen gestaltet es sich als schwierig, zu klären, wer im Rahmen einer Anzeige Denunziant und wer nur »Ratgeber« oder Mitwisser gewesen ist. Zumal offizielle Anzeigen oft über den Umweg der (Ehe-)Männer erstattet wurden. Nicht allein das Geschlecht, auch soziale Zugehörigkeit und Generationenfragen spielten bei Denunziationsdelikten eine Rolle.[152] Jenseits offensichtlicher Klischees wie dem des »tratschsüchtigen Weibes«,[153] konnte der »naturgegebene Hang von Frauen zur Mitteilsamkeit« in einigen Fällen sogar strafmildernd wirken.[154]

In der Öffentlichkeit herrscht hinsichtlich von NS-Verfahren und Täterinnen bis heute die Ansicht vor, Frauen hätten sich, so das ganz und gar geschlechtsspezifische Stereotyp, bei ihrer Tatbeteiligung eher durch Unterlassenshandeln denn aktives Tathandeln hervorgetan. Hierbei wird – bewusst oder unbewusst – außer Acht gelassen, dass das Wissen um die oft fatalen Konsequenzen einer Unterlassungsleistung im NS-System bereits ausreichte, um von einer bewussten Handlung sprechen zu können.[155] Eine aktive Tatbeteiligung reichte somit unter Umständen vom reinen Abtippen der Berichte über Massenexekutionen, das Protokollieren von Verhören und Folterungen über die direkte Mitwirkung an Euthanasieaktionen bis hin zu den unterschiedlichen Bewachungs- oder Aufsichtstätigkeiten innerhalb des nationalsozialistischen Lagersystems. Letztere schlossen in der Regel auch die Gewaltanwendung gegenüber den Gefangenen mit ein.

Rechtswissenschaftliche Theorien beziehen sich bei ihren Erklärungsversuchen zu Tätern im makrokriminellen Gefüge des NS-Systems nahezu ausschließlich auf Männer. Und dies im Gegensatz zur Kriminalitätsforschung, die heute auch gezielt danach fragt, inwiefern das Geschlecht der Angeklagten, insbesondere die Kategorie Weiblichkeit, Einfluss auf die Kriminalitätsdefinition und Täterschaftsrekonstruktion hat.[156] An die allgemeine Diskussion der Handlungsspielräume, über die Frauen im NS-System verfügten,[157] schließen die übergeordneten und in den *Legal Gender Studies* diskutierten Fragen an, ob das Strafrecht über ein Geschlecht verfügt, oder ob das Recht als ein geschlechtsneutraler Diskurs aufzufassen sei.[158] Folgen Gerichte in ihrer Rechtsprechung am Ende explizit oder zumindest implizit und wohlmöglich unreflektiert einem doppelten Maßstab, der auf das Geschlecht der Angeklagten zurückzuführen ist? Insbesondere abweichendes kriminelles Verhalten erscheint in historischer Perspektive als normativ aufgeladen, wie bereits die Gegenüberstellung alltäglicher Begriffe wie »Lustmörder« oder »Kinderschänder«, die generell auf männliche Täter verweisen bzw. »Giftmörderin« oder »Kindsmörderin«, die sich auf Täterinnen beziehen, zeigt. Nicht nur hinsichtlich stereotyper Täterinnenbilder in NS-Prozessen nach 1945, sondern ganz allgemein gilt es zu fragen, wie die Konstruktionsmechanismen von Geschlecht im Strafrechtssystem zu analysieren sind.

Ungeheuer, Hexen, Tiere und andere Stereotype

Schon in den ersten großen Prozessen mit weiblichen Angeklagten wie dem Verfahren vor dem *Military Court for the Trail of War Criminals* in Lüneburg vom 17. September bis zum 17. November 1945, in dem unter anderem 16 Aufseherinnen des Konzentrationslagers Bergen-Belsen vor Gericht standen,[159] oder dem britischen Militärgerichtsverfahren gegen Angehörige des Bewachungspersonals des Konzentrationslagers Ravensbrück in Hamburg zwischen dem 5. Dezember 1946 und dem 3. Februar 1947 mit sieben weiblichen Angeklagten,[160] zeigte sich ein hohes Irritationspotenzial im Umgang mit Täterinnen. Diese »andauernde Rätselhaftigkeit weiblicher Täterschaft«[161] wird in den Verfahren, in denen sich unter den Angeklagten Frauen befanden, in der Folgezeit immer wieder bemüht, wenn es auch nach dem zweiten Verfahren gegen Ilse Koch in Augsburg 1951 bis zum Düsseldorfer Majdanek-Prozess (1975-1981) dauern sollte, bis wieder Täterinnen in einem großen NS-Verfahren öffentlichkeitswirksam vor einem westdeutschen Gericht standen:

> »Schon dass sie sich als Frauen für NS-Gewaltverbrechen verantworten mussten, war nicht der Normalfall. Noch viel unwahrscheinlicher erschien es da, dass bloße Herz- und Gedankenlosigkeit ausgereicht haben könnten, sie zu Täterinnen zu ma-

> chen: Auch waren sie nicht wie militärisch organisierte Männer in eine traditionelle Kette von Befehl und Gehorsam eingebunden, konnten sich also auch mit viel weniger Aussicht auf Erfolg zu Befehlsempfängerinnen stilisieren.«[162]

Claudia Kuretsidis-Haider hat für 91 österreichische NS-Tötungsverfahren auf Grundlage der Anklage- und Urteilsschriften versucht, einen Katalog von Frauenbildern zu erstellen, die in NS-Prozessen wiederholt »kolportiert wurden« und heute durchweg als beinahe angestaubt oder trivial erscheinen.[163] Vier Grundmuster tauchen in den Prozessakten immer wieder auf – oft parallel und sich zum Teil überschneidend:[164] Erstens die *von Männern abhängige Frau.* Das vermutete persönliche Abhängigkeitsverhältnis gegenüber dem Ehemann oder einem Vorgesetzten ist als Stereotyp nur bei weiblichen Angeklagten und teilweise mit dem Verweis auf das Vorliegen einer sexuellen Hörigkeit zu finden. Zweitens die *für ihre Handlungen nicht selbst verantwortliche Frau*, die nicht in der Lage war, die Tragweite ihres Tuns zu erfassen oder den politischen Charakter ihrer Tat zu erkennen.[165] Das dritte Grundmuster zeigt die *rachsüchtige Frau*, deren Taten aktiv von Rache oder Eifersucht befördert wurden.[166]

Viertens tritt bei Kuretsidis-Haider das für NS-Verfahren geradezu klassische Grundmuster hinzu, nämlich die dem *gängigen Frauenbild nicht entsprechende Frau.* Frauen sind in diesem Fall nicht unschuldige oder verführte Wesen, sondern werden als besonders grausam dargestellt.[167] Die »immanenten Normalitätserwartungen«[168] an Weiblichkeit konnten nicht mit den vor den Gerichten verhandelten Verbrechen in Einklang gebracht werden. Gerade in Euthanasie-Verfahren und Prozessen wegen NS-Lagerverbrechen rückten geschlechtsspezifische Argumente in den Blick.[169] Für Frauen – als Repräsentantinnen des »Friedens« und des »Guten« – galten höhere moralische Ansprüche.[170] Insgesamt führten so weniger die konkreten Tatvorwürfe als die Abweichung von den herrschenden Weiblichkeits- bzw. Mütterlichkeitsvorstellungen zu Entsetzen, weil es beispielsweise »einer Wienerin gar nicht liegt, so brutal zu sein«.[171] Normabweichendes Verhalten, d. h. das Abweichen der Frauen von der traditionellen weiblichen Geschlechterrolle, wurde als besonders brutal wahrgenommen, als klarer Verstoß gegen die weibliche Natur *und* gleichzeitig als anmaßender Einbruch in das Feld des Mannes.[172] Die nicht vorhandene Übereinstimmung mit dem herkömmlichen Bild des weiblichen Geschlechts sollte in den 1970er Jahren auch im Fall der weiblichen RAF-Mitglieder mit ähnlichen Stereotypen, hier zum Beispiel im Wochenmagazin *Der Spiegel*, öffentlich thematisiert werden: »Klar war Männern wie Frauen, daß hier *Mädchen tief aus ihrer angestammten Rolle gefallen waren.* Ihre Tat fügt sich nicht ins herkömmliche Bild von jenem Geschlecht, das im Englischen ›the fair sex‹ genannt wird, das schöne, das anständige, das helle.«[173]

Bei den angeklagten Frauen wurden in vielen Fällen psychologisierende oder verharmlosende Argumentationsstrategien wirksam,[174] allerdings neigten Gerichte und Öffentlichkeit auch stärker zu Stereotypisierungen als bei männlichen Angeklagten.[175] Die Frauen wurden als Ausnahme von der »Normalität« wahrgenommen und teilweise unter Zuhilfenahme von Stereotypen wie »Tier« oder »Bestie« männlich codiert:[176] Ihre Devianz zeigte sich dann in Zuschreibungen wie »Mannweib« oder »Flintenweib«.[177] Strafrechtliche Schuld wurde in diesen Fällen auch als politische Schuld betrachtet: Das Bild der Bestie oder des Ungeheuers war für die Öffentlichkeit bequem, ließ sich so auf relativ einfachem Wege eine Distanz zu den abnormen Charakteren weiblicher wie männlicher NS-Täter schaffen und gleichzeitig auch die eigene Verantwortung auf einen kleinen, begrenzten Personenkreis abschieben. Und dies, obwohl Täterinnen wie Täter, dem typischen Querschnitt der deutschen Gesellschaft entsprachen.[178] Stereotype weiblicher NS-Täterschaft haben sich insgesamt »als zentrale diskursive Bausteine der Vergangenheitsaufarbeitung der BRD erwiesen«.[179]

Diese Stereotypen wurden allerdings nicht direkt durch die Anklageschrift oder die Urteilsverkündung in die Öffentlichkeit transportiert. Sie entsprangen in erster Linie der Medienberichterstattung und den hierdurch angeregten Vorstellungen sensationssüchtiger Zeitgenossen. Dies zeigen Zuschreibungen und Benennungen wie »Hyäne von Auschwitz« bzw. »SS-Megäre von Bergen-Belsen« (Irma Greese),[180] »Hexe« bzw. »Bestie von Buchenwald« (Ilse Koch),[181] »Blutige Brygida von Majdanek« (Hildegard Lärchert)[182] »Kobyla (Stute) von Majdanek« (Hermine Braunsteiner-Ryan)[183] oder »Monster von Ravensbrück« bzw. »Schwarzer Engel« (Carmen Mory).[184] Die Zuschreibungen wurden zumeist aus den Zeugenaussagen vor Gericht übernommen: Das nicht-militärische Personal der Wach- und Ordnungsmannschaften der Konzentrationslager trug keine Namen oder Dienstränge. »Benennungen« oder »Spitznamen« waren damit die einzige Möglichkeit der Zeugen, die Angeklagten im Lager zuzuordnen bzw. vor Gericht zu identifizieren.[185] Interessanterweise setzte sich die Bezeichnung mit Spitznamen bis in den Gerichtssaal fort: Weibliche Angeklagte wurden unter bürokratischen Gesichtspunkten nicht als »vollwertige« SS-Mitglieder angesehen, die männlichen Angeklagten vor Gericht hingegen selbstverständlich mit ihrem Rang in der SS-Hierarchie »adressiert«. Männer wurden somit zu befehlenden Tätern, Frauen zu ausführenden Täterinnen.[186] Die Ausübung direkter körperlicher Gewalt hingegen wurde vor Gericht als »außergewöhnlich« bzw. für das weibliche Geschlecht »untypisch« angesehen. Kriegsverbrechen waren männlich codiert, verantwortliche Täterschaft von Frauen wurde durch das »Merkmal der Geschlechterrollenübertretung potenziert«.[187]

Die Presse war nicht nur bemüht, den Gegenstand der Verfahren wiederzugeben, sondern wollte auch die »Lücke des Begreifens zwischen Frauenideal und tatsächlicher Handlung der Täterinnen« schließen. Dies bedeutete oft, den bösen Charakter der Angeklagten im Verfahren »freizulegen«.[188] Die Berichterstattung der DDR-Presse zu den ostdeutschen NS-Verfahren erweiterte das Frauenbild der westdeutschen Prozesse um eine explizit politische Komponente:[189] Der ehemaligen Ravensbrück-Aufseherin und später von einem ostdeutschen Gericht zum Tode verurteilten »Kommandeuse« Erna Dorn wurde beispielsweise die fragwürdige Ehre zu Teil, zu einer faschistischen Rädelsführerin des Volksaufstandes vom 17. Juni 1953 stilisiert zu werden.[190]

In der Regel »würdigte« die Presseberichterstattung aber das äußerliche Erscheinen der weiblichen Angeklagten und dokumentierte dieses nach Möglichkeit in Fotos: Carmen Mory, »dunkelhaarig und fremdländischen Aussehens«, wurde als eine Frau geschildert, »die gern mit der Gefahr spielt? Die das Feuer liebt?«[191] Dabei konnte, so Ulrike Weckel und Edgar Wolfrum, körperlicher Attraktivität den angeklagten Frauen »ebenso zum Nachteil gereichen wie die Feststellung des Gegenteils«.[192] In der Tageszeitung *Die Welt* wurde Ilse Koch im Jahr 1947 als »fesche Dame« bezeichnet, die über eine Vorliebe für »allerlei kunstgewerbliche Gegenstände [...] aus Menschenhaut« sowie »›Schrumpfköpfe‹ nach indianischem Muster« verfügte.[193] In der Wochenzeitung *Die Zeit* hieß es im Herbst 1967 über Ilse Koch, sie sei »ein perverser, mannstoller, machtbesessener Dämon«[194] gewesen. Auch in den späteren Verfahren, in denen nun ältere Frauen vor Gericht standen, sollten die Bilder aus den 1940er Jahren die Fantasie in Gang setzen. Und selbst vonseiten der Opferverbände wurde zum Teil auf äußerliche Stereotype zurückgegriffen. So beschrieb beispielsweise im Zusammenhang mit dem dritten Ravensbrück-Prozess in der britischen Besatzungszone ein Aushang der *Mindener Kreisvereinigung der Verfolgten des Naziregimes* die spätere Angeklagte Johanna Braach, bis zu ihrer Verhaftung im Sommer 1947 Leiterin der weiblichen Polizei im Regierungsbezirk Minden, als »eine auffallend hellblonde schlanke Frau mit grossen kalten blauen Augen«, erst danach folgten knappe Angaben zu ihrer Tätigkeit im Konzentrationslager Ravensbrück.[195] Der Aushang war erstellt worden, um potenzielle Opferzeugen auf das anstehende Verfahren aufmerksam machen.

Die Zuschreibungen sollten auf individuelle Dispositionen der Aufseherinnen zur Gewalt, einen bösen Charakter oder ein unnatürliches Wesen verweisen. Auffällig an den Stereotypen und Klischees ist, dass sie entweder auf den Bereich des mythisch-bösen, wie Hexe, Monster, schwarzer Engel und Teufel in Verkleidung[196] verweisen oder aus der Tierwelt, so Bestie, Furie, Hyäne und Stute entlehnt sind. Zuschreibungen, denen sich auch die Gerichte kaum entziehen konnten: Der zuständige Staatsanwalt im Düsseldorfer Majdanek-Prozess, Dieter Ambach, musste nach eigener Aussage während des fünfjährigen Verfahrens eine große Selbstdisziplin entwickeln, um die Angeklagten als normale Menschen und nicht als »Monster« zu betrachten.[197] Richter Günter Bogen bemerkte über die Angeklagte Hermine Braunsteiner-Ryan, sie »sei eigentlich eine harmlose Frau, die vor roten Fußgängerampeln auf Grün wartet. Der Nationalsozialismus habe die in ihr ruhende *Monstrosität* erweckt«.[198] Und selbst der Zeithistoriker Wolfgang Scheffler, als langjähriger Gutachter in NS-Verfahren ein Experte für das Verhalten von Tätern vor Gericht, äußerte sich vor einer Fernsehkamera eindeutig negativ über die weiblichen Angeklagten des Majdanek-Prozesses:

> »Es ist eine zum Teil auf einem sehr niedrigen Niveau stehende Schicht von Frauen gewesen. Das ist keine Voraussetzung und das ist keine Erklärung dafür, dass einzelne davon zu *Bestien* geworden sind. Macht über Menschen zu haben, zumal

Menschengruppen, die als verabscheuungswürdig angesehen werden, ist eine enorme Verführung«.[199]

Die Aussage Schefflers spricht auch hinsichtlich der Zählebigkeit einzelner Täterinnenstereotype Bände. Die begrifflichen und gesellschaftlichen Konnotationen und Täterinnenbilder sind eindeutig negativ besetzt, zudem mit sexuellen bzw. sogar pornografischen Stereotypen aufgeladen und mit Verweisen auf Widernatürlichkeit behaftet. In der Berichterstattung über Ilse Koch blieb

> »kein Eigenschaftswort ungenannt in dem Bemühen, bildhaft auch das letzte an menschlicher Erniedrigung darzustellen. Entartet, rücksichtslos, sadistisch, niederträchtig, pervertiert, abartig, satanisch, heimtückisch waren die Begriffe, die selbst in kürzesten Nachrichtenmeldungen auftauchten. Die umfangreicheren Berichte, die um einen etwas literarischeren Stil bemüht waren, benützten Bezeichnungen wie ›kulleräugige Grüblerin‹, ›sexuelle Psychopathin‹, ›schmutzige Schlampe‹, rothaarige Hexe‹, unheilbare Nymphomanin‹ oder ›moralisch anrüchige Hure‹.«[200]

Präsentation und Selbstinszenierung der Frauen basierten zum Teil auf völlig anderen Prämissen, hatten aber vergleichbare Auswirkungen.[201] In ihren Verteidigungsstrategien verwiesen Täterinnen immer wieder auf ihre niedere Stellung im institutionellen Gefüge des NS-Systems, zumeist ohne ihre eigenen Handlungsspielräume zu thematisieren sowie auf den immensen Druck, der zum Tatzeitpunkt auf ihnen gelastet habe, die erhaltenen Befehle auszuführen. »Weiblichkeit« wurde zu einem Entschuldungsmotiv: Die geschlechtsspezifische Unterlegenheit der auf männliche Hilfe angewiesenen Frauen diente als Argument, sich der Verantwortung zu entziehen. Ein vergleichbares Argumentationsmuster hatte schon die Auftritte ehemaliger Aufseherinnen in den Spruchkammerverfahren gekennzeichnet.[202] Die Dämonisierung einzelner Täterinnen gab der Masse der nicht direkt beteiligten »normalen« Frauen insgesamt eine Möglichkeit der Exkulpation.

Die Wahrnehmung der weiblichen Angeklagten in den NS-Prozessen blieb, verglichen mit den unterschiedlichen und ausdifferenzierten Täterbildern der männlichen Angeklagten, statisch, ohne dass sich von einer typischen Aufseherinnenkarriere mit entsprechend engen Täterbildern sprechen lässt:[203] Es gab vergleichsweise wenige Prozesse mit Täterinnen, diese fanden zu einem überwiegenden Teil bereits in den unmittelbaren Nachkriegsjahren statt und bezogen sich »nur« auf wenige Anklagepunkte wie Euthanasie oder NS-Tötungsverbrechen in Lagern. Folgt man der Darstellung Pauls, so differenzierte sich die Täterforschung mit dem Fortschreiten der NS-Prozesse und des gesellschaftlichen Umgangs mit dem Nationalsozialismus allmählich aus.[204] Dies geschah mit nur wenigen Ausnahmen auf der Basis von NS-Verfahren gegen männliche Angeklagte. Die Täterbilder, die sich innerhalb des langen Zeitraums von heute über 60 Jahren ergeben haben, verfügen über kein Pendant an Täterinnen.

Auch das Bild der treusorgenden Ehefrau, die die NS-Zeit ohne Politisierung und Ideologisierung »überstanden« hatte, wurde öffentlich thematisiert, wenn Frauen bekannter NS-Größen sich zur Person und den Verbrechen ihrer Ehemänner äußerten.[205] Dies geschah nicht nur in Autobiografien, Rechtfertigungsschriften oder auf dem Wege der Herausgabe von Werken noch in alliierter Haft einsitzender oder bereits verstorbener Ehemänner, sondern zu Beginn der 1950er Jahre auch sehr reißerisch in breitenwirksamen Illustriertenberichten. So wird eine Interviewreihe in der Hamburger illustrierten Wochenzeitung *die strasse* wie folgt eingeführt:

> »Um also mit dem Problem des Nationalsozialismus ›fertig‹ zu werden, muß man sich zunächst über die Führer dieser Bewegung ein möglichst klares Bild machen können. [...] Die menschlichen Schwächen und Vorzüge, die persönlichen Motive, die diese Männer im Guten oder Bösen zu den Taten veranlasst haben, lassen oft viel tiefer blicken. [...] Dafür haben wir hier ein Experiment gewagt, das zumindest neue Perspektiven eröffnet. Wir haben einfach die Frauen führender Nationalsozialisten gebeten, uns ihre Männer einmal aus ihrem Blickpunkt zu schildern. Wir gingen dabei von der Erwägung aus, daß Frauen ihre Männer am ungezwungensten erleben und daher in vieler Hinsicht am besten kennen. In langen Fahrten kreuz und quer durch Deutschland haben wir die Frauen der ›Hauptkriegsverbrecher‹ aufgesucht, um zu sehen, wie sie leben und zu hören, was sie erlebt haben. Die merkwürdigsten Dinge kamen dabei zutage.«[206]

In diesem Abschnitt wurde, einerseits hinsichtlich verschiedener Stereotype und Täterinnenbilder, andererseits mit ersten Hinweisen auf methodologische Schwierigkeiten, versucht, den Rahmen für die späteren Fallbeispiele zu umreißen. Auf Täterinnenbilder ist auch deshalb ausführlicher eingegangen worden, weil es sich bei den Angeklagten in den regionalen Fallbeispielen durchweg um Männer handeln wird. Weibliche Stereotype und Täterinnenbilder stellen dennoch eine wichtige Vergleichsfolie dar: In analytischer Hinsicht zeigen sie deutlich die unterschiedlichen Strategien, durch Täterinnen- und Täterzuschreibungen weibliche wie männliche Angeklagte in der Öffentlichkeit negativ zu chrakterisieren und mit Hilfe von Stereotypen zu degradieren. In beiden Fällen finden wir aber auch historische Momentaufnahmen gesellschaftlicher Rollenbilder vor: Statt »großer Männer die Geschichte machen« standen banale und unehrenhafte Biedermänner vor Gericht. Statt »treusorgender deutscher Frauen und Mütter« sah man Frauen mit »falschen« weiblichen Charakterzügen auf den Anklagebänken der NS-Verfahren.

Abseits wissenschaftlicher Untersuchungen zu NS-Verfahren und Tätern rückt damit die Frage in den Vordergrund, wem die Aufgabe obliegt, dem »irrationalen Widerstreben« der Bevölkerung gegen die Prozesse rationale historische Argumente entgegenzustellen.[207] Diese *aufklärende* Funktion der NS-Verfahren kann nicht allein vonseiten der Justiz erfolgen, sondern muss auch von anderen gesellschaftlichen Akteuren mitgetragen bzw. übernommen werden. Für jedes konkrete Täterbild gilt zu fragen, wie von außen vermittelte Bilder mentale Bilder generieren und wie mentale Bilder die weitere Rezeption äußerer Bilder beeinflussen.[208] Im entscheidenden Schnittfeld, in dem Täterbilder in der Öffentlichkeit ihre Wirksamkeit erlangen, überlagern sich mindestens *vier* verschiedene Aspekte: Die realen »Bilder«, wie sie auf Fotografien im Rahmen der polizeilichen Ermittlungen aktenkundig geworden sind, die Präsentation der Angeklagten vor und durch das Gericht, deren Selbstinszenierung im Gerichtssaal und die inhaltlich-juristische Charakterisierung der Angeklagten als Täter vonseiten der Justiz in den Ermittlungsakten, der Anklage sowie in der Urteilsbegründung. Der Prozess liefert aber nur die Blaupause, die entscheidenden Wechselwirkungen zwischen den einzelnen Bildern entstehen erst bei der Übermittlung in die Öffentlichkeit, wie die folgenden Abschnitte, die sich mit Gerichtsverhandlungen als konkreten Erfahrungsräumen befassen, zeigen.

1.2 »Durchschnittstäter« vor Gericht und in der Medienberichterstattung

Die Sprache des Rechts im historischen Diskurs

Der öffentliche Umgang mit dem »Dritten Reich« reduzierte sich lange Zeit auf die Strafverfolgung von NS-Verbrechen. Die großen NS-Prozesse galten, sowohl in den Augen der Zeitgenossen wie später auch der Publizisten, Zeithistoriker oder Politikwissenschaftler, als Katalysatoren der Vergangenheitsbewältigung, als »Beweise« der Bereitschaft der Deutschen zur Auseinandersetzung mit der NS-Vergangenheit. Dies mag überraschen, ist doch der spezifisch juristische Diskurs, mit dessen Hilfe die Richter versuchen, Vergehen und Verbrechen in *Worte zu fassen*, für Nicht-Juristen nicht ohne weiteres nachzuvollziehen: »Teilsprachen«[209] und »Sprachbrüche«[210] kennzeichneten schon die ersten alliierten NS-Verfahren und trugen ihren Teil dazu bei, eine umfassende Konfrontation der deutschen Bevölkerung mit den Massenverbrechen zu erschweren.

Geschichtswissenschaft, Politik und Recht operieren, mit unterschiedlicher Logik und voneinander abweichenden diskursiven Praktiken, an der gleichen Materie:[211] Gemeinsam ist Richtern und Historikern die sprachgebundene Rekonstruktion vergangener Ereignisse. Sie bewegen sich dabei in der Nähe zu den Untersuchungsfeldern einer historisch orientierten Sprachwissenschaft.[212] Richter wie Historiker nutzen leitende Ideen oder Hypothesen, um Ordnung in einen Nachrichtenstrom zu bringen. Gilt es für den Richter, die vorgegebenen Normen zu beachten, so ist der Historiker in der Wahl seiner Mittel frei: Der Richter fällt ein Urteil, die Meinung des Historikers bleibt in der Regel »ohne« Folgen. Der

Rechtshistoriker Michael Stolleis befürwortet deshalb die möglichst scharfe Aufgabentrennung von Justiz, Politik und Historiografie und plädiert »für eine Dämpfung der hochgespannten Erwartungen von ›Gerechtigkeit‹ und zugleich für den Verzicht auf den Fetisch historische Wahrheit, die in dieser einfachen Form nicht zu haben ist.«[213]

Die Bevölkerung im Nachkriegsdeutschland war nicht nur bemüht, die *Lingua Tertii Imperii*, die Sprache des »Dritten Reiches«, aus ihrem Sprachschatz zu entfernen.[214] Der politische und gesellschaftliche Umbruch zeigte sich auf sprachlicher Ebene auch im allgemeinen Schulddiskurs der ersten Nachkriegsdekade: Bei der Beschäftigung mit dem NS-System und seinen Hinterlassenschaften legten die Opfer Zeugnis ab und die Täter suchten nach Strategien der Schuldabwehr oder der Rechtfertigung. So blieb es an den Nicht-Tätern bzw. Zuschauern,[215] das Phänomen des Nationalsozialismus zu analysieren.[216] Auf der sprachlichen Ebene entstanden auf diesem Weg auch Figuren wie das »schuldige Opfer« oder der »unschuldige Täter«, dies zeigen auch die entsprechenden Fallbeispiele. Neben autobiografischen Zeugnissen war der Gerichtssaal einer der wenigen Orte, an denen sich NS-Täter in der Nachkriegszeit öffentlich äußern konnten:[217] Sowohl im forensischen Kontext des Strafverfahrens wie auch im allgemeineren gesellschaftlichen Kontext. Dieser örtlich fixierte Interaktionszusammenhang in den Gerichten strukturierte gleichzeitig die sprachliche Argumentation: Begründen bzw. Rechtfertigen bildeten die gängigen Handlungsmuster. Die kommunikativen Strategien aufseiten der Angeklagten umfassten hierbei vor allem Ausweichen und Leugnen, nur in sehr wenigen Fällen kam es zum Eingeständnis der Taten.[218] Zu Schlüsselbegriffen in den Verbrechensdiskursen avancierten *Wahrheit* (Täter) bzw. *Schuld* (Nichttäter).[219] Der Diskurs der Täterseite war dabei an eine allein reagierende Strategie gebunden und ohne eine Selbstsicht der Täter als Unschuldige oder Opfer nicht zu denken. Heidrun Kämper spricht in diesem Zusammenhang von einem strategischen Reden über den Nationalsozialismus vor dem Hintergrund eines fehlenden Schuldgefühls: Schuld sei weder ein Wort der Opfer noch der Täter, es sei ein Wort der Analyse und Täter analysierten nicht.[220] Analysen blieben das ureigene Terrain der Historiker.

Begrenzte Öffentlichkeit? – Geschichte vor Gericht

Dem Detailwissen der Zeithistoriker über NS-Verfahren und Täter steht ein oft nur geringes Wissen in der Bevölkerung gegenüber: So stellte sich beispielsweise im Rahmen der Vorbereitung einer Ausstellung zum 50. Jubiläum des sogenannten Ulmer Einsatzgruppenprozesses (28. April bis 29. August 1958) heraus, dass bei einer zufälligen Befragung auf dem Ulmer Münsterplatz *keiner* der Befragten schon einmal von diesem Verfahren gehört hatte.[221] Wohlgemerkt: von einem Prozess, der in der zeithistorischen Forschung gemeinhin als Auslöser wichtiger öffentlicher Debatten und als Startpunkt einer zweiten Welle von NS-

Verfahren in den 1960er Jahren gilt. Deutlicher als dies bisher in der zeithistorischen Forschung zu NS-Verfahren, Tätern und Täterbildern geschehen ist, gilt es die lokalen und regionalen Ortsbezüge von NS-Prozessen zu untersuchen und deren Bedeutung herauszustreichen: Was auf nationaler Ebene dem Alltag enthoben ist, lässt sich im Kleinen, auf der regionalen Ebene oft wie unter einem Brennglas nachvollziehen.[222] Auch fern ab von großen Prozessen finden wir das Wechselspiel zwischen juristischen Vorgaben, politischen Erwartungshaltungen, öffentlicher und veröffentlichter Meinung – greifbar im Prozessgeschehen der Gerichtssäle und in den Artikeln der regionalen Tagespresse.

Die Bedeutung der Medien bei der gesellschaftlichen Auseinandersetzung mit den nationalsozialistischen Gewaltverbrechen ist in der historischen Forschung unumstritten: Für Jürgen Wilke spielte sich in den NS-Verfahren »ein wesentlicher Teil der ›Vergangenheitsbewältigung‹ in den betroffenen Ländern ab. Diese wurde damit zu einem Gegenstand öffentlicher Auseinandersetzung. Von Bedeutung für die öffentliche Wirkung dieser Prozesse war vor allem die journalistische Berichterstattung«.[223] Norbert Frei schreibt »der veröffentlichten Meinung eine wesentliche, nicht selten *aktiv mitgestaltende* Rolle« im »Prozeß der Vergangenheitspolitik« zu.[224] Ähnlich positiv äußert sich auch Axel Schildt: »Die Bedeutung der Massenmedien als publizistischer Begleiter der politischen und sozialen Umbrüche der fünfziger Jahre [wuchs]. Begleitung heißt mehr als nur die bloße Spiegelung von Ereignissen im Medium, sondern den *aktiven* Beitrag der Massenmedien zur Formung von Politik und Gesellschaft der frühen Bundesrepublik.«[225]

Die Entstehung einer medialen Öffentlichkeit in der Nachkriegszeit ist eng mit der Frage des zeitlichen Verlaufs der Demokratisierung in der durch die Erfahrungen des Nationalsozialismus und des Zweiten Weltkriegs traumatisierten deutschen Nachkriegsgesellschaft verknüpft. In der zeithistorischen Forschung zur Frühgeschichte der Bundesrepublik besteht der Konsens, den Durchbruch zu einer demokratischen Gesellschaftsordnung und die Liberalisierung der politischen Kultur bereits in den 1950er Jahren beginnen zu lassen.[226] Die 1960er Jahre, in denen sich die Demokratisierungs- und Liberalisierungstendenzen auf allen gesellschaftlichen Ebenen durchsetzen konnten, werden aus diesem Blickwinkel zur »Wendezeit der Bundesrepublik«.[227] Die juristische Aufarbeitung von Vergangenheit in postdiktatorischen Gesellschaften setzt die Einsicht der Bevölkerung »in die Realität staatlich legitimierter Verbrechen«[228] voraus. Es wird heute davon ausgegangen, dass die westdeutsche Presse, nachdem sie die vergangenheitspolitischen Konzepte der Regierung Adenauer und die soziale und politische Integration der Mitläufer und kleinen NS-Täter mitgetragen hatte, seit Mitte der 1950er Jahre den Demokratisierungsprozess unterstützt und beispielsweise durch ihre Kommentierung rechtsextremer Vorfälle die Handlungsweise der Eliten sogar beeinflusst hat.[229] Die Aneignung von Wissen über die NS-Prozesse erfolgte in Deutschland so eben auch nach kritisch-emanzipativen Kriterien, die Justiz befand sich ab der zweiten Hälfte der 1950er Jahre »fast nie im Einklang mit der öffentlichen Meinung«.[230] Ob die Rubrizierung der NS-Prozesse unter das normale deutsche Strafrecht zu einer tieferen Verankerung der NS-Verfahren im öffentlichen Gedächtnis geführt hat[231], ist in Zweifel zu ziehen, auch wenn die Prozesse in ihrer durch starke Personalisierungen hervorgerufenen »Konkretheit« als historisch-prozessurale Form der Auseinandersetzung mit dem Nationalsozialismus den philosophischen und theologischen Schulddebatten deutlich überlegen waren. Die Bedeutung der NS-Verfahren ist auch weniger an der Zahl der tatsächlich Verurteilten zu messen als an dem Umstand der Konfrontation der deutschen Öffentlichkeit mit den NS-Verbrechen. Und die Öffentlichkeit nahm, von der unmittelbaren Nachkriegszeit abgesehen, im Verlauf der 1950er Jahre immer weniger Notiz von den NS-Prozessen: »Ganz anders war das in der frühen Nachkriegszeit bei Strafverfahren gegen mutmaßliche NS-Verbrechen vor Militärgerichten der drei westlichen Besatzungsmächte. Dort wurden oft Einlaßkarten verteilt, so groß war der Andrang«.[232]

Die eingeschränkte Wirksamkeit von NS-Prozessen in der Öffentlichkeit gilt auch für die meisten größeren Verfahren: Auch wenn im Verlauf der 1950er Jahre die Anzahl der Verfahren stärker anstieg und es somit »im Prinzip immer wieder Anlässe für die journalistische Berichterstattung« gegeben habe, so hätten »nur einzelne von ihnen [der Prozesse; C. A. ...] zumal über eine längere Zeit die Aufmerksamkeit der Medien gefunden.«[233] Für Scheffler ist der öffentliche Bewusstseinsstand deshalb weit hinter dem zurückgeblieben, was sich seit Jahrzehnten in den deutschen Gerichtssälen abspielte: Die Prozesse fanden im Windschatten von Öffentlichkeit und Wissenschaft, allenfalls vor der *begrenzten Öffentlichkeit der Gerichte*, statt.[234] Scheffler will dies ausdrücklich auch als Kritik an den Medien in ihrer Funktion als Schaltstelle zwischen den NS-Prozessen und der breiten Öffentlichkeit verstanden wissen. Aber: Gerade der kleinräumige Zugriff auf den alltäglichen Ablauf der Strafverfolgungspraxis bildet die Basis für die mediale Vermittlung und gesellschaftliche Rezeption der NS-Verfahren.[235] Da die große Mehrheit der Bevölkerung nicht über die *Primärerfahrung* der Teilnahme an einem NS-Verfahren verfügte, schufen die Massenmedien für viele Menschen überhaupt erst einen Zugang zur Wirklichkeit in den Gerichtssälen. Sie prägten auf diesem Weg aber auch die gesellschaftliche Wahrnehmung der Prozesse und trugen zur Reproduktion der von den Gerichten entworfenen Täterbilder bei. Die Berichterstattung über NS-Prozesse gehörte zu den wenigen Anlässen, bei denen die Deutschen, mehr oder weniger direkt, mit NS-Verbrechen im öffentlichen Raum – im Unterschied zum privaten Gespräch – in Berührung kamen: »Dabei versorgten die Gerichtsverfahren die öffentliche Auseinandersetzung mit diversen konkreten Figuren und Namen, mit Bildern, Schauplätzen und Episoden, aber eben auch mit strafjuristisch geprägten Begriffen, Kategorien und Deutungsmustern.«[236]

Als originäre Informations- und Quellenbasis unterstützen Presseberichte die Festlegung des historischen Handlungsablaufes. Dabei besteht für den Historiker die Gefahr, der Diskrepanz zwischen öffentlicher Meinung und veröffentlichter

Meinung aufzusitzen: Eine nachweisliche und ausführliche Presseberichterstattung über den Nationalsozialismus in den 1950er Jahren ist eben nicht mit einer erfolgreichen Bewältigung der Vergangenheit gleichzusetzen, sie dient nicht automatisch als »Spiegel der Vergangenheitsbewältigung«.[237] Wenn wir im Zusammenhang von NS-Verfahren von öffentlicher Meinung sprechen, so umfasst diese alle Personen, die nicht hauptberuflich als Richter oder Staatsanwälte in den Prozess eingebunden waren. Presseberichte dienen in der zeithistorischen Forschung sowohl als deskriptive wie auch als formative Quellen.[238] Die zeitgenössischen Leitmedien, zuerst die Tageszeitungen und die auflagenstarken Wochenzeitungen und Magazine,[239] später auch die audiovisuellen Medien, trugen die Täterbilder in die Öffentlichkeit.[240] Die dabei nicht selten anzutreffende Form der Skandalisierung brach die starren Fronten und Rollenverständnisse in zunehmendem Maße auf. Die Darstellung der NS-Prozesse in den Medien unterlag jedoch höchst selektiven Kriterien: Journalistische »Aufmerksamkeits- und Selektionsregeln« galten auch für die Berichterstattung über und die Kommentierung von NS-Verfahren.[241]

Presseberichterstattung als erweiterte Öffentlichkeit

Öffentlichkeit lässt sich als ein Kommunikationssystem oder eine Arena beschreiben, in dem verschiedene Akteure und Akteursgruppen ihre Standpunkte austauschen. Sie konstituiert sich somit durch die Medien *und* ihr Publikum. Politisches und gesellschaftliches Geschehen, wie zum Beispiel die NS-Verfahren, wird nur in Ausnahmefällen direkt von den Bürgern »erlebt« – in der Regel ist es medienvermittelt. Öffentlichkeit übernimmt somit die Funktion der Transparenz, der Validierung und der Orientierung.[242] Während sich also die Meinung der Bevölkerung als »Aggregat von Individualmeinungen darstellt, lässt sich öffentliche Meinung beschreiben als Summe öffentlicher Sprecherbeiträge«.[243] In liberalen Demokratien ist Öffentlichkeit immer eine *kritische* Öffentlichkeit, in der Akteure mit unterschiedlichen Interessen und Überzeugungen agieren. Den Medien kommt dabei eine primär chronistische Funktion zu; ihre Aufgabe besteht darin, Politik für die Bürger transparent zu machen. Als gesellschaftliche Akteure formulieren die Medien hierbei ihrerseits aber auch »Deutungsmuster« und agieren fallweise als »Themenunternehmer«:[244] Dem »Agenda-Building als Thematisierung oder Dethematisierung durch externe Akteure« steht das »Agenda-Setting als Thematisierung und Investigation durch die Medien« selbst gegenüber.[245] Medien verfügen über eigene Filtermechanismen und Strategien bei der Auswahl von Themen, sie sind als »Gatekeeper« zudem in der Lage, Themen zu »verhindern«.[246] Eine interessante Variante dieser Doppelfunktion der Medien findet sich in der konkurrierenden regionalen Berichterstattung im vierten Fallbeispiel dokumentiert.[247] Wählen die Medien ihre Inhalte gezielt aus, so werden sie zu aktiven Diskurskonstrukteuren. Die höchste Aktivitätsstufe erreichen sie, wenn sie selbst zu Diskurs*produzenten* werden, d. h. wenn Journalisten in Kommentaren und Leitartikeln ihre Stimme erheben und öffentlich Position beziehen oder ein Thema selbst aufgreifen, recherchieren und lancieren.[248] In den Kommentaren und Leitartikeln verschiebt sich das Thema von einer Nachricht hin zu Hintergründen, Umständen, Bedeutungen und Folgen. Dem Prinzip der Trennung von Nachricht und Meinung folgend, liegt hier, im »Kontrastprogramm zu den Beiträgen im Nachrichtenteil«,[249] der eigentliche Freiraum der Journalisten.

Die orientierende Funktion der Medien findet sich deshalb besonders in den gängigen »Mischformen von Information und Meinung«, den Leitartikeln und Kommentaren.[250] Durch die Kommentierung filtern die Medien aus den aktuellen Nachrichten die Themen und Ereignisse heraus, denen sie eine herausgehobene Bedeutung zumessen. Aus der Perspektive deliberativer Demokratietheorien gelten Medien als autonome Akteure im Feld der politischen und gesellschaftlichen Kommunikation. Dieser Status kommt in den Pressekommentaren am deutlichsten zum Ausdruck: Kommentatoren agieren in unterschiedlichen Sprecherrollen, sie haben als Moderatoren, Advokaten oder Agenda-Setter eines Themas »eine Art Relaisfunktion in der politischen Öffentlichkeit« inne.[251] Pressekommentare bilden das Aushängeschild einer Zeitung, sie repräsentieren deren redaktionelle Linie und dienen somit der Abgrenzung von anderen Printmedien.[252] Im hochselektiven Format des Kommentars nehmen »Medien legitimermaßen Stellung zum aktuellen Tagesgeschehen«: Als autonome Sprecher in der Öffentlichkeit heben sie dabei gezielt »Themen und Akteure hervor, deuten und bewerten das Geschehen.«[253] Sie produzieren damit quasi automatisch öffentliche Meinung. Nicht nur die Zahl der Kommentarplätze in der Qualitätspresse, auch der Kreis der Kommentatoren, die zur Öffentlichkeit sprechen, ist sehr klein: das sogenannte Kommentariat.[254]

Kommentare beziehen sich in der Regel auf »Struktur und Prozessthemen«.[255] Für viele Interessengebiete – so auch die NS-Verfahren – findet sich deshalb aus unterschiedlichen Gründen nur selten ein »Patron«.[256] Innerhalb der Zeitungslandschaft haben sich die beiden Themenbereiche *Rechtsordnung* und *Rechtspolitik*, obwohl sie immer wieder Gegenstand wichtiger öffentlicher Debatten sind, nicht zu eigenständigen Ressorts entwickeln können. Sie bilden in der Regel ein Querschnittsressort, welches sich von der journalistischen Rolle des Gerichtsreporters, der sich mit einzelnen bzw. spektakulären Verfahren beschäftigt und kein eigenes Ressort bedient, deutlich unterscheidet.[257] Obwohl die Justiz eine demokratische Kontrollinstanz darstellt, nehmen die Medien gerade ihr gegenüber gerne die Rolle einer kritischen Instanz ein.[258] In demokratischen Rechtsstaaten besteht nicht nur die Notwendigkeit Recht zu sprechen, Recht muss auch öffentlich vermittelt und begründet werden. Im Modell »offener Rechtskommunikation« wird hierbei zwischen drei Stufen unterschieden:[259] Um Wirksamkeit zu erlangen, muss das Recht dem Bürger kommuniziert werden. Höchstrichterliche Gerichtsentscheidungen müssen zudem durch entsprechende Begründungen nachvollziehbar und einsichtig gemacht werden. Und schließlich sollten Veröffentlichung und Begründung zu Diskursen über allgemeine Fragen von Recht und Gerechtigkeit führen.

Presseberichte geben die Chronologie der Verfahren direkt und zeitnah wieder. Im Gegensatz zu Justizakten sind sie üblicherweise frei zugänglich und die Namen der Angeklagten sind nicht anonymisiert. Als Aufbereitung für ein breiteres Publikum geben sie nicht nur den formalen Ablauf des Verfahrens wieder, sie dokumentieren auch die Atmosphäre und die Emotionen der Angeklagten bzw. Zeugen und reflektieren die Erwartungshaltung des Publikums. Es lässt sich allerdings anhand der Artikel nicht immer zweifelsfrei klären, ob ein Berichterstatter während des gesamten Verfahrens anwesend war oder ob er nur Anklageschrift und Urteil referiert und an welchen Stellen seine eigene Meinung einfließt. Der Wert von Presseberichten, ihr »öffentliches Echo«, ermisst sich deshalb in ihrer Funktion als *ergänzende* Primärquelle zu den Prozessakten und Urteilen,[260] auch wenn die lokale Tagespresse in der Regel nicht die komplette Bandbreite des politischen Spektrums abdeckt:[261] »Nicht alle Titel sind oder waren [...] (medien-) geschichtlich von gleicher Bedeutung.«[262] Diese auf den ersten Blick einleuchtende Feststellung Jürgen Wilkes weist auf das wenig triviale Auswahlproblem bei Medienanalysen hin.[263] Auf überregionaler Ebene verschärft sich das Auswahlproblem nach Ablauf der alliierten Lizenzierungspflicht gerade für die 1950er Jahre durch eine unübersehbare Flut an Druckerzeugnissen auf einem sich rasch und stark wandelnden Zeitungsmarkt.[264]

Lauter vertraute Lesarten? – Die regionale Tagespresse

Zeitgenössische Tageszeitungen liefern Historikern eine Fülle an Informationen über soziale, politische, ökonomische und kulturelle Zusammenhänge in der Vergangenheit – und dies aus enger Nähe zum realen Geschehen. Vordergründig geben uns Tageszeitungen somit einen Überblick über Ereignisse, die auch die zeitgenössischen Leser beschäftigt haben. Sie dokumentieren, wenn auch in der Regel nicht explizit, durch thematische Auswahl und optische Präsentation[265] und die persönliche Sichtweise des Berichterstatters oder Herausgebers.[266] Ihre vielfache Verortung im sozialen Kontext vor Ort ist bei der Analyse zu berücksichtigen: An welches Publikum richtet sich die Berichterstattung (lokal oder regional, Massen- oder Spezialpublikum)? Welches Alltagswissen wird von der Redaktion als mit den Lesern »geteilt« vorausgesetzt? Tageszeitungen verfügen über einen vergleichsweise festen Rahmen, der ihren Lesern eine Einordnung und ein Verständnis der Nachrichten als veröffentlichter Meinung ermöglicht. Journalismus ist eine »art of structuring reality, rather than recording it«.[267] Als Folge greifen wir beim Lesen uns bekannter Zeitungen nach einiger Zeit auf ein mehr oder weniger festes Netz an »habitualized assumptions« zurück.[268] Regionale Tageszeitungen verfügen über den Vorteil, dass sie quasi »per öffentlichem Auftrag« das gesellschaftliche Spektrum ihrer Leserschaft einigermaßen gut abdecken und deren Rezeptionsgewohnheiten entsprechen wollen.

Wie muss nun ein Ausschnitt der massenmedialen Öffentlichkeit angelegt sein, damit er als repräsentativ gelten kann? Bei einer Betrachtung der bundesrepublikanischen Öffentlichkeit darf insbesondere der Hörfunk, und ab der Mitte der 1950er Jahre auch das Fernsehen, nicht vernachlässigt werden. Für die lokale und regionale Berichterstattung stellt sich die Situation anders dar: Berichte über NS-Verfahren *vor Ort* finden sich nahezu ausschließlich in Tageszeitungen.[269] Der regionale Bezug geht in den Fallbeispielen aber über inhaltliche Aspekte der Verfahren hinaus, da zum größten Teil Tageszeitungen ausgewertet wurden, die seit 1945/1949 ununterbrochen erscheinen, wie zum Beispiel der *Mannheimer Morgen* oder die Heidelberger *Rhein-Neckar-Zeitung*. Lokalblätter verfügen über einen überaus großen und stabilen Leserkreis, da sie die Aufgabe übernehmen, insbesondere über Ereignisse im Nahbereich umfassend zu informieren. Der Markt ist hierbei auf der Anbieterseite in der Regel übersichtlich. Selbst in mittleren Großstädten konkurrieren selten mehr als zwei Tageszeitungen um die Gunst der Leser und auch die übrige regionale Presselandschaft ist zumeist von überschaubarer Größe. Die Landgerichte Heidelberg und Mannheim liegen genau am Schnittpunkt der Ländergrenzen von Baden-Württemberg, Hessen und Rheinland-Pfalz. Deshalb wurden bei der Analyse zum Teil auch *trans*regionale Tageszeitungen berücksichtigt, die über keinen eindeutigen Bezugspunkt zu den beiden genannten Städten verfügen.[270]

Die Phase der Vor- und Nachberichterstattung fällt bei regionalen NS-Verfahren zumeist nicht länger aus als in der überregionalen Presse: Die Beschränkung auf Prozessauftakt und Urteilsverkündung ist auch hier einem eher tagesdenn gesellschaftspolitischen Interesse geschuldet. Im Gegensatz zur überregionalen Berichterstattung lassen sich aber vereinzelte Meldungen finden, die die Eröffnung eines kleinen NS-Verfahrens oder eine entsprechende Anklageerhebung ankündigen.[271] Zu unterscheiden ist weiterhin zwischen »Leitmedien« und »Zielgruppenorganen«:[272] Während die Tagespresse auch auf der regionalen Ebene zu den Leitmedien zählt – dies gilt trotz der Annahme, dass die gesellschaftlichen Eliten zusätzlich eine der großen überregionalen Tageszeitungen lesen –, zielt die zweite Gruppe allein auf die historisch-politische Befindlichkeit einzelner, gesellschaftlich maßgeblicher Zielgruppen.[273] Um die Wechselbeziehungen zwischen juristischem und öffentlichem Täterdiskurs nachzuvollziehen, muss die Berichterstattung im Rahmen einer einfachen Medienanalyse immer wieder auf die eigentlichen Primärquellen, in diesem Fall die Prozessakten und Urteile, zurückbezogen werden. Mithilfe einer solchen Analyse steht zu erwarten, dass zeitgenössische NS-Verfahren und Täterbilder sich leichter in den jeweils vorherrschenden gesellschaftlichen Kontext der juristischen Vergangenheitsbewältigung einordnen lassen. Die Berichterstattung zu kleineren, lokal bzw. allenfalls regional bedeutsamen NS-Prozessen hängt von einem ganzen Set an Faktoren *vor Ort* ab. Ein knapper Katalog an Überlegungen, die es im Rahmen der Untersuchung zu berücksichtigen gilt, schließt folgende Fragen ein: Stehen Tat, Tatort oder Täter in einem konkreten regionalen Bezug zum Verhandlungsort? Wie gestaltet sich die regionale Presselandschaft (Anzahl der Tageszeitungen, politisches Spektrum usw.)? In welchen historischen Kontext ist der Prozess eingebettet (zeitliche Überschneidung mit anderen politischen oder kulturellen Ereignissen, Verhandlung in der Ferienzeit etc.)?

Die Prozessbühne als öffentlicher Ort

Wie lässt sich der Stellenwert des Gerichtssaals für die Produktion und Konstruktion von Wissen und Vorstellungen, mithin von kollektivem Gedächtnis und Historie, näher bestimmen? Die Prozesse zielten auf den Abschluss der Auseinandersetzung mit dem Nationalsozialismus. Sie waren sozusagen der typisch deutsche Weg, sich der unabweisbaren Konfrontation mit der NS-Vergangenheit zu stellen, vielleicht aber auch ihr auszuweichen, in dem sie an die Gerichte übergeben wurde.[274] Die NS-Verfahren verfügten, da sie in den Tageszeitungen medial repräsentiert und vermittelt wurden, über öffentliche bzw. katalytische Effekte. Öffentliche Effekte finden wir aber auch in Verhandlungen bzw. den Gerichtssälen selbst: Die *Vorstellungen*, welche die Täter für das Publikum *gaben*, wurden schon während des Nürnberger Prozesses gezielt als solche kommentiert: Für den Korrespondenten Peter de Mendelssohn war beispielsweise Hermann Göring »der Star in Hellgrau«.[275] Auch Markus Wolf, im November 2006 verstorbener Chef des DDR-Geheimdienstes, der als jüngster ständiger Berichterstatter für den *Berliner Rundfunk* an den Nürnberger Kriegsverbrecherprozessen teilgenommen hatte, sah in dem Mann im weißen Anzug und roten Schal den Star der Vorstellung, auch wenn dieser eher eine »theatralische Figur« abgab.[276] Und nicht zuletzt: Die samtbezogenen roten Klappsitze im Saal des Nürnberger Prozesses stammten aus einem deutschen Stadttheater.[277] Die Figur Görings – als Star der Vorstellung – verweist zudem auf eine außergewöhnliche Inszenierung, die über dezidierte Hauptrollen verfügte.[278] Der Verlauf vieler, besonders auch regionaler NS-Verfahren seit den 1950er Jahren, ähnelte formal dagegen eher dem Drehbuch einer *Serie*: Im Gerichtssaal agierte ein eingespieltes Ensemble, dessen Rollenverteilung vorgegeben war.[279] Es gab nur wenig Raum für Improvisation und auch das Drehbuch verzeichnete wohlbekannte Handlungsstränge, wenn auch ständig in einem neuen Gewand: Staatsanwaltschaft, Richter und Verteidigung arbeiteten sich an den vorliegenden Paragrafen des deutschen *Strafgesetzbuches* (StGB) und der *Strafprozessordnung* (StPO) ab. Die Anklage griff, abhängig vom Fall, auf bestimmte juristische Figuren zurück, die Verteidigung plädierte auf Unschuld, Amnesie oder Verhandlungsunfähigkeit. Ankläger, Verteidiger, Angeklagte, Zeugen und sogar das Publikum spielten ihre *klassischen* Rollen bzw. trugen *kanonische* Texte vor. Allenfalls die Zeugen waren nicht von vornherein »berechenbar«.[280]

Die Assoziation von Prozess- und Theaterbühne rückt die Interpretation des Stückes und der Performance der Akteure in den Vordergrund. Der Vergleich zwischen Gerichtssaal und Theater erscheint auch deshalb als gerechtfertigt, da Prozessbeobachter immer wieder auf ähnliche Verhaltensmuster aufseiten der Angeklagten verwiesen haben, die nicht allein von der ebenfalls nur begrenzten Anzahl juristischer Denkfiguren abhängig waren.[281] So beschreibt einer der bekanntesten deutschen NS-Prozessbeobachter, Heiner Lichtenstein, in seinen Berichten die Verteidiger zum Teil wie »gute alte Bekannte«, deren Repertoire und inhaltlich-argumentative Variationsbreite für die vorgesehene Rolle ihm, dem Experten, schon im Voraus zumeist geläufig war.[282] Allenfalls überraschende Abweichungen vom *erwarteten* Spiel vermochten noch Aufsehen erregen. Ulrich Herbert spricht in diesem Zusammenhang treffend vom Aufkommen einer »Wissenschaft der NSG-Verfahren«,[283] deren Hauptakteure die jeweils wenigen Insider aufseiten der Staatsanwaltschaften, der Verteidigung und der Sachverständigen waren. Vergleichbare Schemata liefern Lichtenstein, Grabitz und andere wiederholt auch für die schauspielerische Leistung der Angeklagten bei der vermuteten Simulation schwerer Krankheiten und Gebrechen: Nicht selten wurden nach einem erfolgten Freispruch beim Überschreiten der magischen Schwelle des Gerichtssaals die zuvor noch in Anspruch genommenen Krücken nicht mehr benötigt.[284] Auf einige der hier genannten Motive wird später in den Fallbeispielen noch weiter einzugehen sein.

Strafjuristische Konstruktionen von Täterbildern greifen nicht auf mediengerechte Stereotypisierungen zurück, da diese dem rechtsstaatlichen Verfahren widersprechen. Stereotype finden sich deshalb in Urteilstexten nur sehr selten – und dann auch nur *zwischen den Zeilen*. In der öffentlichen Berichterstattung wird der Gegensatz zwischen dem gesellschaftlichen *Täterbild* und dem *Bild der Täter von sich selbst* allerdings schnell auf den Punkt gebracht: Auf der einen Seite werden die Täter vor Gericht öffentlich präsentiert. Hierbei lassen sich einige Grundformen unterscheiden, die in jedem Prozess auftauchen: Der Angeklagte nimmt, in der Regel in ziviler Kleidung, auf der Anklagebank Platz. Er tritt nicht als Täter, sondern als Angeklagter auf. Diese generelle Unschuldsvermutung dient als Hintergrundannahme für den gesamten Verfahrensverlauf. Die Ergebnisse von Beweisaufnahme und Voruntersuchungen gehen als eine erste Charakterisierung in die Anklageschrift ein. Auch die Verhöre – gleichgültig ob durch Anklage oder Verteidigung – sind zuallererst als eine indirekte Präsentation des Angeklagten durch das Gericht zu interpretieren. Die offizielle Einschätzung der Person des Angeklagten findet sich schließlich in der Urteilsbegründung und der rechtlichen Würdigung.

Bild- und Tonbandaufnahmen kommt bei der Präsentation der Angeklagten eine besondere Bedeutung zu: Sie geben Einblicke in die Details und den Alltag der Prozessführung. Sie erzeugen dabei eine Tiefenwirkung, da sie die Atmosphäre und die Intensität des Verfahrens einfangen. Mit Blick auf die Rolle von »Tätern im Verhör« (Meyer), die normalerweise durch Vernehmungsprotokolle überliefert wird, lassen sich leicht vergleichbare Aussagestrategien wie Schutzbehauptungen und die Leugnung der in der Anklage vorgeworfenen Verbrechen ausmachen. Während auf dem Papier eine Wiederholung jedoch immer eine sprachlich-formale Rekapitulation eines Arguments bleibt, spiegeln sich in den Stimmen und Gesten auch Charakter, Kalkül und persönliches Verhandlungsgeschick der Angeklagten wieder.[285] Die Nutzung eindeutiger NS-Redewendungen, oft bei ehemaligen Angehörigen der Polizei oder des Militärs, lässt in einigen Fällen auf die tiefe Durchdringung und anhaltende Wirkung der NS-Sprache oder eine auch zum Verfahrenszeitpunkt noch vorhandene Nähe zum NS-System und seiner Ideologie schließen. Auf diesem Weg entsteht ein eindrückliches Bild vom Geschehen im Gerichtssaal. Man kann der Persönlichkeit des Täters weitaus näher kommen, als dies auf Basis der schriftlichen Protokolle möglich ist. Erst durch eine Novellierung der Strafprozessordnung Mitte 1965 wurden die Gerichte verpflichtet, den wesentlichen Inhalt einer Zeugenaussage durch den Protokollführer festzuhalten und nicht nur die prozessualen Formalien zu dokumentieren.[286] Seit Mitte der 1950er Jahre hatten Juristen deshalb den Gebrauch von Tonbandmitschnitten als Hilfsmittel der Richter bei der Protokollführung diskutiert.[287] Die Tonbänder sollten aber nur dem Gericht zur Verfügung stehen und nach der Urteilsfindung bzw. dessen Rechtskräftigkeit wieder gelöscht werden.[288]

Äußere Täterbilder zielen auf Darstellung von Normalität, die Angeklagten inszenierten sich selbst als brave Bürgerinnen und Bürger, als treu sorgende Hausfrauen und Biedermänner. Paradigmatisch zeigt dies auch die Berichterstattung zum Düsseldorfer Majdanek-Prozess im Wochenmagazin *Der Spiegel*. Im Winter 1975 fanden sich auf der Anklagebank »betuliche ältere Damen mit Strickkostüm, Wollmütze und Kuchengesicht, Hausfrauen von Heim, Herd und Kaffeekränzchen«,[289] »nette Omis, die ihr Gesicht vor dem Blitzlichtgewitter der Photographen schützten«.[290] Von Schrecken verbreitenden Bestien und Exzesstäterinnen keine Spur. Die Beschreibung der Täterinnen bleibt auf Äußerlichkeiten zugeschnitten – hier wiederholt sich ein Vorgang, der sich schon in den Beschreibungen der erst 20 bis 25 Jahre alten Angeklagten in den Nachkriegsprozessen finden lässt, als deren schönes Aussehen in einem scharfen Kontrast zu den grausamen Tatvorwürfen gesetzt wurde.[291] Bei den männlichen Angeklagten zeigt sich die gesellschaftliche Normalität weniger über ihre Kleidung als über ihren gesellschaftlichen Status, als »Familienväter mit Eigenheim und Reputation«.[292] Auch sie hatten mit den Tätern von einst nicht mehr viel gemein, eine Wiederholung der Tat war unter rechtsstaatlichen Bedingungen von ihnen nicht zu erwarten.

Den Angeklagten bot sich im Gerichtssaal auf diesem Wege eine nicht zu unterschätzende Möglichkeit, ihre mediale Selbstinszenierung als *Nicht*-Täter *aktiv* zu gestalten: Die Verfahren fanden zwar nur vor einem begrenzten Publikum statt und zielten aus Sicht der Angeklagten in erster Linie auf den Freispruch und weniger auf eine Medienpräsenz,[293] das Bild, welches von den Tätern in der Presseberichterstattung gezeichnet wurde, zielte aber auch auf die Dokumentation optischer Qualitäten. Die Selbstinszenierung der Angeklagten konnte so mindestens vier unterschiedliche optische wie inhaltliche Strategien einschließen: *Erstens* bestand für sie durch die Wahl ihrer Kleidung und ein entsprechend sicheres Auftreten die Möglichkeit, dem Publikum aktiv ein gewünschtes Bild ihrer Person zu vermitteln: »korrekt gekleidet, sorgfältig rasiert«.[294] Dieses Bild war allerdings zwangsläufig nur ein aktuelles und kollidierte häufig unübersehbar mit den Tatvorwürfen. Die Abweichung von den gesellschaftlichen Normen im Rahmen der Tat wurde durch die Darstellung gesellschaftskonformer Normalität zu kaschieren versucht. Die Angeklagten präsentierten sich, *zweitens*, inhaltlich-argumentativ als Nicht-Täter,[295] d. h. aufgrund der undurchsichtigen Situation zur Tatzeit, den sogenannten Kriegswirren,[296] musste es sich um eine Verwechselung oder gar um bösen Willen der Zeugen handeln. *Drittens* führte eine Variante der Figur des Nicht-Täters zu einer Selbststilisierung als unschuldiges Opfer oder, *viertens*, gar als »tragischer Held«.[297] Die Angeklagten plädierten auf »unschuldig« im Sinne der Anklage: Sie bestätigten zwar, dass Verbrechen stattgefunden und sie selbst sich in der Nähe des Tatorts aufgehalten hatten, wiesen eine persönliche Schuld aber, z. B. unter Berufung auf einen übergeordneten Befehlsnotstand,[298] weit von sich. Eine zusätzliche *fünfte* Variante bezieht sich auf das Schuldeingeständnis, auch wenn es dieses nicht in signifikanter Zahl gegeben hat.[299]

Auch der aktuelle Gesundheitszustand bzw. die Frage nach der Prozess- und Haftunfähigkeit der zum Teil schon älteren Angeklagten bildet ein immer wiederkehrendes Motiv der Berichterstattung über die NS-Verfahren.[300] Ein neutraler Umgang mit dem Verhalten der Angeklagten erscheint nicht nur aus diesem Grund in vielen Fällen als schwierig, drängte sich doch dem Beobachter nicht selten die Frage auf, ob die Auftritte vor den Richtern *nur gespielt* waren.[301] Die Öffentlichkeit kann nur durch die begleitende Medienberichterstattung Kenntnis von diesen, zum Teil brisanten Vorgängen erlangen. Dabei stehen aber nicht *die* Medien als Ganzes im Mittelpunkt, sondern nur eine vergleichsweise kleine Gruppe von Akteuren, die bei der wissenschaftlichen Untersuchung sowohl von Verlauf wie Wirkung der NS-Verfahren bisher zumeist nur am Rande thematisiert wurde. Ausgehend von der Annahme, dass Prozesse immer auch als eine Form ritualisierter Inszenierung von Wahrheitsfindung[302] verstanden werden müssen, kommt ihnen bei der öffentlichen Vermittlung der Verfahren und der mit ihnen transportierten Täterbilder jedoch eine Schlüsselrolle zu: den *Prozessbeobachtern*.[303]

Prozessberichterstatter agieren als Performanzverstärker. Die in den Verfahren situationsabhängig benutzte Sprache des Rechts, aber auch der ins Juristische gewendete politische und gesellschaftliche Rahmen, die Normen, werden in der Regel durch professionelle Prozessberichterstatter, zumeist Journalisten, in die Öffentlichkeit übertragen. Sie agieren als Mittler zwischen den Sphären Justiz und Öffentlichkeit. Sie *übersetzen* Täterbilder aus der juristischen Rahmenhandlung in die gesellschaftliche Praxis, erzeugen aber auch eigene Täterbeschreibungen. Ohne *ihre* »Erzählung« gibt es für die breite Öffentlichkeit keinen Fall. Diese

Erzählung ist aber nicht in idealtypischer Weise mit dem Prozessgeschehen gleichzusetzen. In die Geschichte*n* fließen bestimmte, zum Teil sogar stereotype, Täterbilder ein. In der Person des Prozessbeobachters bzw. -berichterstatters laufen somit zwei zentrale Handlungsfäden der öffentlichen Vermittlung von NS-Täterbildern zusammen, nämlich die *passiv-neutrale* Darstellung des Verfahrens und die *aktiv-emotionale* Interpretation von Prozessverlauf und Urteil. Prozessbeobachter bringen in die Berichterstattung ihr gesammeltes Wissen als Experten ein. Sie verfügen somit über ein Höchstmaß an Prozesskompetenz und sind – oft in noch stärkerem Maße als Richter oder Staatsanwälte – in der Lage, die einzelnen Verfahren zu vergleichen und die rhetorisch-narrativen und rituell-performativen Strategien für ein breites Publikum zu entschlüsseln. Dabei unterliegen sie allerdings stets der Gefahr, sich mit ihrer Interpretation im Dickicht von Stereotypen und Zuschreibungen zu verfangen – ein Problem, das nicht nur auf die Expertenkulturen inhärente personale Konkurrenz zurückzuführen ist.

Täterbilder unterliegen so mindestens zwei Einflüssen: *Erstens* dem Bild, das während der Gerichtsverhandlungen erzeugt und später zur Basis der Berichterstattung wird und *zweitens* dem Bild, das sich in der öffentlichen Rezeption verfestigt und zurück in die NS-Prozesse bzw. auf die juristische Ebene selbst wirkt. Mit der Präsenz von Täterbildern ändert sich aber zugleich die Erwartung an die Ausgestaltung der Rolle durch die Angeklagten: Gerichtsverfahren als *Aufführungen* beinhalten auch die eingeforderten Erzählungen des Publikums. So entstehen neue Erzählfragmente, die wiederum die Basiserzählungen verändern.

Die Vielstimmigkeit der Akteure bei der Interpretation des Skriptes

Was sich in Gerichtsakten an Quellenmaterial findet, ist außerhalb der Kontrolle durch den Historiker, oder, in anderen Worten: der juristische Blickwinkel, dem die Quellen und Justizakten unterliegen, deckt sich nur partiell mit historischen Fragen und Betrachtungsweisen. Die Aktenstücke dienen allein der juristischen Aufklärung des Tatherganges und sind stets vor dem Hintergrund der auf Selbstlegitimation bzw. Verteidigung gerichteten Strategien der Prozessbeteiligten zu betrachten. Im Rahmen von Strafverfahren ergeben sich auch keine freien Sprechakte, es handelt sich um Gesprächssituationen im offiziellen Rahmen, vor Gericht oder den Strafverfolgungsbehörden.[304] Die Rede und das »Sagbare« unterliegen somit von vornherein einer starken Formalisierung und Ritualisierung: Gesprochen wird nur nach direkter Aufforderung; die Zeugen erzählen nicht, sondern beantworten allein die ihnen gestellten Fragen. Allerdings trägt das Mittel des rechtlichen Zwanges zur Rede auch dazu bei, die fast unüberwindlichen Kommunikationsbarrieren zumindest ansatzweise zu überwinden.[305] Die demokratischen Gesellschaften eigene indirekte öffentliche Kommunikation über Gewalt von Menschen an Menschen wird in den NS-Verfahren stellenweise ausgehebelt.

Gerichtsprotokolle und -urteile sind vielsprachig und multiperspektivisch angelegt, auch wenn sie auf den ersten Blick als homogene Textkorpora erscheinen: In den Verlaufsprotokollen sind die Befragungsergebnisse nicht in der Alltagssprache (Zeugen), sondern in einem juristischen Duktus hinterlegt. Eine eindeutige Autorenschaft dieser Quellen ist somit faktisch nicht gegeben.[306] Vernehmungsprotokolle geben keine Auskunft über historische Fakten, sondern schildern diese allein in der Erinnerung der Täter bzw. Opfer. Diese Erinnerungsfragmente sind somit vielfach vermittelt oder gebrochen und Ergebnis sozialer Konstruktionen in einem gesellschaftlichen Referenzrahmen.[307] Im Gegensatz zu *politischen* Prozessen im weitesten Sinne, in denen die Angeklagten den Gerichtssaal als öffentlichen Raum benutzen, um ihre politischen Ansichten *frei* äußern zu können, oder die Politik die Verfahren nutzt, um ihre Sicht der Dinge darzustellen, blieb es in der Mehrzahl der NS-Verfahren eigentümlich »still«: Der Verhandlungsgegenstand mochte weder vonseiten der Angeklagten noch vonseiten der Politik breitgetreten werden.[308] Täter stellten sich oft »dumm«: Sie zeigten sich ihrem Selbstverständnis nach und im Einklang mit dem politischen Grundkonsens als ahnungslose, aber gehorsame Befehlsempfänger, denen die Ziele der nationalsozialistischen Vernichtungs- und Verfolgungspolitik nicht bekannt gewesen sein wollten – Argumentationsformen und Präsentationsmodi, die von den Gerichten im Rahmen der Unterscheidung zwischen Täterschaft und Teilnahme nur allzu gern übernommen worden sind.[309]

In den Gerichtssälen der Schwurgerichte hatten NS-Verfahren auch deshalb den Charakter von »Aufführungen«, da Anklage wie Verteidigung daran gelegen war, den Ablauf der Verfahren zu optimieren: In Gerichtsverfahren ergibt sich aus einem komplexen Geflecht individueller (und kollektiver) Narrative der Ermittler, Zeugen etc. auf Basis der verfahrensrechtlichen Vorgaben am Ende als Ergebnis *ein* Narrativ, das dem Nachweis einer individuellen Schuld dient, in dem sich die Widersprüche der Teilnarrative zumeist aber noch aufspüren lassen. Gerade aufseiten der (Opfer-) Zeugen läuft dabei die individuelle Erzählung der (eigenen) Vergangenheit oft den juristischen Regeln zuwider. Die Formulierung des Gerichts, eine Aussage sei »frei von Hass«, findet sich nicht nur im zweiten Fallbeispiel dieser Studie. Die Richter wollten hiermit dokumentieren, dass sie den Opferzeugen, trotz widersprüchlicher Angaben, zumindest hinsichtlich ihrer Kernangaben Glauben schenkten.[310] Die Prozessberichterstattung dient dabei einer Art öffentlicher Vermittlung zwischen den Narrationen, die zudem in Wechselwirkung mit übergeordneten gesellschaftlichen Mainstream-Deutungen, Leitnarrativen oder Meistererzählungen stehen.

Die persönlichen Spielräume der einzelnen Beteiligten sind durch das Script des Strafverfahrens im Großen und Ganzen vorgegeben, deshalb rückt das »Strafverfahren als ein komplexes Interaktionsgefüge«[311] in den Mittelpunkt der *dichten Beschreibungen* in den Fallbeispielen. Der Akt der Rechtsprechung muss für die Öffentlichkeit sichtbar und nachvollziehbar gemacht werden, er muss in die Gesellschaft hineinwirken, dies sieht schon das Öffentlichkeitsprinzip der *StPO* vor.

Allerdings müssen bei so einem ritualisierten Vorgehen die »Regeln« des Inhalts und der Aufführung beachtet werden.[312] Dem Verfahren als solches kommt ein eigenes Gewicht zu, indem das »reale« Geschehen vor Gericht im Mittelpunkt steht, eine justiziell hergestellte Wirklichkeit. Dieser Punkt ist in der zeithistorischen Forschung zu NS-Verbrechen oft gar nicht oder nur sehr unzureichend thematisiert worden. Es ist nicht unpassend, beim Ablauf der notwendigen juristischen Prozeduren eines Verfahrens an ein Ritual zu denken. Der gesamte Verfahrensablauf, nicht wie so oft in der historischen Forschung nur das Urteil, muss deshalb in die Analyse miteinbezogen werden. Der Charakter einer Aufführung weist über den Text, also das Urteil, hinaus, das Verfahren wird so zu einer Interpretation *und* einer Art Realisierung des Rechts vor und für die Öffentlichkeit bzw. das Publikum.[313]

Erinnerung ist ortsgebunden, wie Charles S. Maier an der »Aura« Buchenwalds beispielhaft zu erklären versucht hat.[314] Dies gilt ganz allgemein auch für die Erinnerung an NS-Verbrechen. Nur wie und vor allem wo manifestiert sich diese, wenn die realen Orte bzw. Tatorte, nicht mehr existieren oder zugänglich sind? Ist dann nicht neben den offiziellen Gedenkstätten der Gerichtssaal einer der Ersatzorte, an dem sich Erinnerung, ganz konkret in den Aussagen der Opferzeugen, manifestiert? Aleida Assmann unterscheidet bezüglich des Holocaust *vier* Grundtypen von Zeugenschaft, den juristischen, den religiösen, den historischen und den moralischen Zeugen.[315] Der Überlebende des Holocaust, der sich als ein »Paradigma von Zeugenschaft«[316] etabliert hat, gehört dem vierten Typus an, der gleichzeitig Aspekte des juristischen, religiösen und historischen Zeugen beinhaltet: Verkörperte Wahrheit (Teilhabe am Trauma des Holocaust durch die persönliche Erfahrung körperlicher Gewalt),[317] Konstruktion einer öffentlichen Arena einer moralischen Gemeinschaft (der unbeteiligte Adressat, der Dritte als Appellationsinstanz)[318] und Wahrheitsmission (das Zeugnis als ethische Verpflichtung) treten in der Gestalt des moralischen Zeugen gleichzeitig auf.[319]

Das klassische Modell des Zeugnisses ist der juristische Zeuge: Während er als unbeteiligter Dritter im Zivilprozess als unabhängige Instanz agiert, tritt im Strafprozess das Opfer selbst als Zeuge – in eigener Sache – auf. In beiden Fällen haben die Zeugen sich aber der ihnen im Rahmen des übergeordneten und (hoch) formalisierten Verfahrens zugewiesenen Rolle bei der nachträglichen Wahrheitssuche und -findung zu beugen. Dabei steht nicht die Form des Dialogs im Vordergrund, sondern die Reduzierung der Sprechsituation auf juristisch relevante Fakten. Assmann spricht diesbezüglich vom »konstruierten Akt des Zeugens« in einem »juristischen Setting«.[320] In den Verfahren geht es um die Schuld oder Unschuld der Angeklagten. Sie sind auf Basis der deutschen *StPO* »täterzentriert«.[321] Zeugen werden aus diesem Grund stets einzeln vernommen, im Interesse des Täters, den Zeugen einzeln gegenübergestellt zu werden.[322] Hier liegt ein entscheidender Unterschied zu einem weiteren Instrument der Transitional Justice, den Wahrheitskommissionen. Diese sind, da sie sich den Grundsatz zu eigen gemacht haben, dass eine Erneuerung der politischen und gesellschaftlichen

Strukturen auf einem Abschluss der Greueltaten der Vergangenheit beruhen muss, mehr an den Erfahrungen der Opfer denn an einer Verurteilung der Täter interessiert.[323] Den »formalen Ritualen des Prozesses« müssen sich allerdings Täter wie Opfer gleichermaßen unterordnen. Hier wird eine erste Kompensation der strukturellen Ungleichheit während der Tat, wenn auch nur auf der symbolischen Ebene, greifbar.[324]

Zeugen, Historiker und Juristen verfügen über verschiedene Wahrheitskonzepte.[325] Während der Zeuge die Wahrheit aus seiner Erfahrung bzw. unmittelbaren Erinnerung ableitet, verfolgt der Historiker eine Wahrheit, die mit bestimmten geschichtswissenschaftlichen Kriterien erfasst werden kann. Die Justiz gibt sich dagegen mit der prozessualen Wahrheit, wie sie sich aufgrund des Prozessverlaufs ergibt, »zufrieden« – diese beansprucht aber Ewigkeitswert.[326] Auch das »Hören« des Zeugen unterliegt mindestens zwei verschiedenen Modi, die im Englischen mit *hearing* and *listening* recht klar voneinander getrennt sind: Während *hearing* sich eher auf die Aufnahme der Informationen der Aussage bezieht und zu einer »forensischen Wahrheit« führt, beinhaltet *listening* eine starke bzw. stärkere intersubjektive Komponente, die Wahrheit entspricht der subjektiv »erlebten« Wahrheit des Gesprächspartners.[327] Im ersten Fall muss der Historiker in der Lage sein, das Gehörte in den historischen Kontext einzupassen, es mit anderen Aussagen, Wissensbeständen und Quellen abgleichen. Im zweiten Fall tritt eine Sympathie für die Person, den Menschen hinter der Aussage hinzu – hier ist der Historiker gezwungen, sich jeweils die Grenzen dieser Sympathie vor Augen zu halten.

Zeugnisse bzw. Zeugenschaft bilden im Zusammenhang mit NS-Verfahren wichtige historische Quellen – gleichzeitig müssen aber der Wert wie die Grenzen der Zeugenschaft mitgedacht werden.[328] Eine zentrale Bedeutung des Zeugnisses liegt in dem Umstand, dass es immer an eine persönliche bzw. direkte Erfahrung gebunden ist, bei den Opfern *und* den Tätern. Darüber hinaus ist seine Aussagekraft begrenzt. Zeugenschaft ist stark an die Oralität der Aussage gebunden. Abschriften oder Übersetzungen wie auch ein langer zeitlicher Abstand zwischen Tat und Zeugnis reduzieren deren »Wert« als Bericht einer direkten Erfahrung.[329] Zeugenaussagen sind zudem immer auf einen Adressaten angewiesen, d. h. nach außen gerichtet. Gerade der Zeuge vor Gericht bildet in dieser Hinsicht einen Prototyp. An seinem Beispiel lässt sich die dialogische Struktur des Zeugnisses festmachen: Es muss zwischen einem Sprecher und einem Publikum im weitesten Sinne abgelegt werden; der Zeuge muss zudem vom Publikum prinzipiell als glaubwürdig und persönlich integer angesehen werden können. Im Gegensatz zur Person des Zeugen wird bei technisch erzeugten Beweisen wie Fotos oder Filmaufnahmen auf den Nachweis dieser Integrität verzichtet, sie erscheinen als grundsätzlich glaubhaft und objektiv – eines der Grundprobleme bei der Nutzung von Bildern als historischen Quellen.[330]

Wissen basiert auf Informationen, die wir in der Regel von anderen oder durch andere erlangen. Die Berichterstattung über vergangene Ereignisse erfolgt neben den quellengesättigten historiografischen Werken der professionellen Geschichtswissenschaft über Zeitzeugen, die, direkt oder indirekt, an einem historischen Ereignis beteiligt waren oder zumindest Mitlebende dieses Ereignisses gewesen sind.[331] Hierzu zählen auch Prozessberichterstatter und Journalisten. Neben den juristischen Zeugen tritt so der Zeitzeuge. Während der eine für das historische Geschehen der Tat zeugt, steht der andere für einen alltagsgeschichtlichen Zugang zu historischen Ereignissen, in diesem Fall den NS-Verfahren.

Eine sachliche Aufarbeitung von Geschichte setzt eine klare Trennung von Historikern und Zeitzeugen voraus – gerade diese strikte Trennung ist aus den oben genannten Gründen im Zusammenhang mit den NS-Prozessen nicht durchzuhalten. Wenn Zeugen in historischen Untersuchungen thematisiert werden, sei es als Zeitzeugen oder als Augenzeugen in Gerichtsverhandlungen, so steht aber in den seltensten Fällen der reine Informationscharakter der Zeugenschaft im Vordergrund. Zeitzeugen fungieren als Vermittler zwischen Gegenwart und Vergangenheit; ihre »Vermittlungsleistung« sollte aber an den Werthorizont der jeweiligen Gegenwart angepasst werden. Dabei rücken die ethischen, politischen und kulturellen Dimensionen der Zeugenschaft in den Blick: Zeugnisablegen erfolgt in Form der Vermittlung positiven Wissens oder als ethisch-politischer Akt. Während zum Beispiel Interviews im Rahmen der Oral History auf die Widersprüchlichkeit individueller Erinnerung und Erfahrung abzielen, zielt Zeitzeugenschaft auf autorisierte Beglaubigung, inklusive der Vermittlung von Katharsis und auratischer Unmittelbarkeit.[332] Zu Verzerrungen aufseiten der Rezipienten der Zeugenaussagen kommt es dann, wenn die Authentizitätserfahrung in den audiovisuellen Medien durch den Transport von visuell-atmosphärischen Stimmungsbildern ›ersetzt‹ wird und die Opfererfahrung quasi emphatisch nachvollzogen wird.[333]

Täterbilder in Justiz und Öffentlichkeit

»Urteilen« bedeutet in erster Linie »werten« und Wertungen sind durch persönliche und soziale, institutionelle und politische Determinanten oder Intuition aufgrund von Lebens- und Berufserfahrung beeinflusst. Diese gilt auch für die Richter und Staatsanwälte. Auch sie stehen und leben nicht außerhalb der Gesellschaft. Annahmen über Verbrechen und Täter, die von sehr vielen Menschen geteilt werden, können auch auf diesem Weg ihre Wirkungsmacht entfalten. Jedem Täterbild sind also Vorstellungen und Werturteile, ist eine implizite Ätiologie (Lehre von den Ursachen) des Verbrechens inhärent. Vorstellungen und Urteile sind nicht schrankenlos, sondern an ein relativ festes Repertoire kultureller Bilder gebunden. Der oftmals latente Sinn dieser Bilder muss nicht zwangsläufig konsistent und eindeutig sein. Er ist, durch die unterschiedlichen Assoziationen die Bilder hervorrufen, im Gegenteil, häufig ambivalent und schwankend. Die »Wahrheit« des Richters ist formell, reduktionistisch, sie zieht unmittelbare Folgen nach sich und sie ist rechtskräftig, d. h. dauerhaft. Nichts hiervon trifft auf historische Erkenntnisse zu: Der Historiker sagt seine Meinung und geht von dannen. Seine Wahrheit ist steter Revision unterworfen. Dieses Strukturproblem wird noch verschärft, wenn neben der Justiz und der Wissenschaft mit der Politik noch eine dritte Instanz unmittelbar Interventionsmacht für sich beansprucht.[334] Historische Wahrheit wird, so folgern die beiden französischen Zeithistoriker Eric Conan und Henry Rousso mit Blick auf die Geschichte der Aufarbeitung des Vichy-Regimes, »zerrieben zwischen den Erfordernissen der dominierenden Erinnerungskultur, den Sophistereien einer Rechtsprechung, die politische Rücksichten nehmen muss, und dem Ritual der Geschworenengerichte«.[335] Oder, mit anderen Worten: Große Verbrechen haben »jenseits der juristischen Aufklärung eine lange Nachgeschichte«.[336]

Person und Persönlichkeit des Täters sind in vielen Verfahren für den reinen Verhandlungsverlauf von nur untergeordneter Bedeutung. Ein öffentlich wirkmächtiges Täterbild entsteht erst durch die Interpretation der *Vorstellung*. Diese erfolgt durch Kritiker, unter anderem die Prozessberichterstatter. Insgesamt ist es deshalb durchaus von Belang, dass die einzelnen Rollen richtig verteilt bzw. besetzt werden, auch wenn Paraderollen mit ihren stereotypen Charakteren oft nur hart am Rande des Klischees vorbeischrammen. Die Wirkung von Bildern, die etwas Grausames, etwas Abscheuliches darstellen, bemisst sich für den Betrachter oft an der Frage, ob es ihm gelingt, die richtigen, also die von seinem gesellschaftlichen Umfeld erwarteten Reaktionen auf die Bilder hervorzurufen. Sind auch Täterbilder deshalb auf ihre »emotional correctness«[337] hin zu untersuchen? Nicht nur die überlebenden Opfer, auch die Täter erhalten vor Gericht ein Gesicht. Letztere sogar oft in unerwarteter Form: Gerichtsverhandlungen, dies gilt auch für Strafverfahren wegen nationalsozialistischer Tötungsverbrechen, verfügen über »humanizing aspects«, d. h., in NS-Prozessen kann es zu einer »›de-demonization‹ of the perpetrator« kommen, der Angeklagte wird dann nicht mehr nur als Monster oder Bestie, sondern wieder bzw. auch als gewöhnlicher Mensch wahrgenommen.[338] Die Stereotype, mit denen die Auftritte von Tätern vor Gericht beschrieben wurden, fanden sich, durchaus als solche kommentiert, auch in der kritischen Berichterstattung zu NS-Prozessen wieder: So wurde in einem Verfahren in Frankfurt am Main im Dezember 1970, das die »Anlage einer Sammlung jüdischer Skelette an der ›Reichsuniversität‹ Straßburg« zum Gegenstand hatte, die Aussage einer Täterzeugin wie folgt eingeordnet:

> »[Sie] ist heute 56 Jahre alt; sie bezeichnet sich als Hausfrau. Zeuginnen und Zeugen treten in solchen Prozessen immer wieder auf. Niemand erhebt einen strafrechtlichen Vorwurf gegen sie; sie waren seinerzeit irgendwo ganz unten in den Staats-, Partei- oder SS-Apparat eingebaut, sie waren Hilfskräfte, sie hatten von sich aus nicht zu entscheiden oder in Bewegung zu bringen, sie waren kleine Angestellte, sie standen in einem auf den ersten Blick geradezu ›normal‹ anmutenden Dienstverhältnis. Im Prozeß erwartet man von Ihnen nicht viel.«[339]

Täterbilder sind Objekte, die jeweils in einer konkreten Zeit für ein bestimmtes Publikum vor dem Hintergrund zeitgenössischer gesellschaftlicher Problemlagen geschaffen wurden. Um den Wert dieser Bilder für spätere Zeiträume festzustellen, muss versucht werden, zu den zeitgenössischen Fragen zurückzufinden, auf welche die benutzten Bilder eine Antwort geben sollten. Dieser Schritt stellt die eigentliche Interpretation der Täterbilder dar. Der Rückgriff der Prozessberichterstattung auf bereits bestehende und bekannte Täterbilder garantiert einen gesellschaftsübergreifenden Wiedererkennungseffekt. Ein wahnsinniger Killer wie Charles Manson ist interessanter als ein sich bei der Staatsanwaltschaft und im Gericht über Jahre hinziehender NS-Komplex.[340] Die mehrfach gebrochene Zeitgebundenheit einzelner Bilder und Zuschreibungen lässt neben die klassischen Täterbilder, die keiner Zeitgebundenheit unterliegen, auch Täterbilder treten, die sich nur aus ihrem zeitgenössischen Kontext erklären lassen und die nur über schwach ausgeprägte oder keine überzeitlichen Anteile verfügen.

Die Berichterstattung der Prozessbeobachter erweitert die eingeschränkte Öffentlichkeit des Gerichts über den Ort des Gerichtssaals hinaus. Sie liefert dabei weniger eine schlichte Abbildung oder Spiegelung der Prozessereignisse, sondern vielmehr eine medienspezifische Re-Inszenierung. Diese knüpft zwar an grundlegende juristische Argumentations- und Interpretationsmuster an, folgt aber dennoch eigenen Regeln und einer eigenen Logik. Dies geschieht in einem öffentlichen Feld, das sich aus unterschiedlichen Arenen zusammensetzt: Haupt- und Nebenräumen, Ersatz- oder Halböffentlichkeiten. Das juristische Verfahren findet nach dieser Lesart in einem Nebenraum statt, vor einer eingeschränkten bzw. einer Halböffentlichkeit. Über die auf der Basis juristischer Normen gefällte Urteilsverkündung *im Namen des Volkes* hinaus bedürfen Prozesse einer nach-ge-schalteten Instanz, um in der Gesamtöffentlichkeit Wirkung zu erzielen: »›Im Namen des Volkes‹ wird jedoch zu einer leeren Formel, wenn die Verhandlungen vor unbesetzter Pressebank stattfinden, ›unter Ausschluß der Presseöffentlichkeit‹«.[341] Der Historiker hat sich dieser Situation auf seine Weise zu stellen:

> »Am Schreibtisch noch einmal Anklage zu erheben und die aus heutiger Sicht moralisch überlegene Position ungebrochen im Hinblick auf das historische Verfahren einzunehmen, führt daher wenig weiter. Wissenschaften, deren Erkenntnisinteresse eher auf abstrahierte Strukturen als auf die Zeitlichkeit von Ereignisfolgen zielt, also zum Beispiel die Politikwissenschaft, stehen dieser Historisierung manchmal skeptischer gegenüber, zumal die Berufung auf die moralisch bessere Lösung eine scheinbar sichere Abwehr des Unrechts bietet.«[342]

Die Frage, inwiefern die Rechtsprechung öffentliche Täterbilder mitbestimmt, ist weder leicht noch abschließend zu beantworten. Der Versuch, durch Lektüre und Interpretation von Strafprozessakten als historische Quellen, die an ein juristisches Relevanzsystem gebunden sind und zugleich Konstruktionen und Festschreibungen gesellschaftlicher Art enthalten, eine Antwort auf das Problem der Täterbilder zu geben, scheint zumindest vielversprechend.[343]

1.3 NS-Verfahren und Täterbilder als »dichte Beschreibungen«

Welche praktischen Vorteile bietet ein regionaler Zugriff bei der Analyse von Wechselwirkungen zwischen dem juristischen und öffentlichen Diskurses über NS-Verfahren und Täter? In der Einleitung und den vorangegangenen Abschnitten wurde bereits darauf verwiesen, dass juristische Aufarbeitungsbemühungen eines direkten Bezuges zu Prozessen als gesellschaftlichem Resonanz- und Erfahrungsraum bedürfen: Entweder durch direkte Teilnahme breiter Bevölkerungsschichten an einem Verfahren oder durch öffentliche Rezeption, zum Beispiel im Rahmen der Presseberichterstattung. Beide Formen des Zugangs lassen sich im gesellschaftlichen Nahbereich, d. h. auf lokaler oder regionaler Ebene, leichter herstellen als durch die Beschäftigung mit den wenigen großen NS-Verfahren in der Bundesrepublik, die heute auf eine überregionale Rezeptionsgeschichte zurückblicken können. Die *Nah*erfahrung ist auch für zeithistorische Untersuchungen von Nutzen: Zum einen lassen sich einzelne NS-Verfahren mit größtmöglicher Tiefenschärfe analysieren, die den juristischen Verlauf, den gesellschaftlichen und politischen Kontext und die öffentliche Rezeption in den Medien miteinschließt. Zum anderen können NS-Verfahren auch extensiv, im Rahmen eines seriellen Untersuchungsansatzes, analysiert werden. In diesem Fall rückt in der Regel allein das Urteil, als kleinster gemeinsamer Nenner aller NS-Verfahren, in das Zentrum der Untersuchung.[344]

Im Folgenden geht es, aufbauend auf der ersten Variante, um eine *dichte Beschreibung* von NS-Verfahren. In einer tiefenscharfen Analyse wird versucht, für vier ausgewählte Fallbeispiele den historischen Hintergrund, den gesellschaftlichen und politischen Rahmen sowohl für den Tat- wie den Prozesszeitpunkt zu beleuchten, den juristischen Rahmen der Prozesse zu erläutern und die öffentliche Rezeption nachzuzeichnen. Die *dichten Beschreibungen* weisen an einem entscheidenden Punkt über bisherige Versuche tiefenscharfer Analysen von NS-Verfahren hinaus, indem sie besonders die Situation *vor Ort* betonen, der auf lokaler und regionaler Ebene die entscheidende Rolle im Diskurs über NS-Verbrechen und Tätern zukommt, da sich hier die vielfältigen Verschränkungen und Wechselwirkungen zwischen juristischer und öffentlicher Ebene präzise nachzeichnen und offenlegen lassen. Die Ergebnisse der regionalen Fallstudien werden abschließend mit dem Forschungsstand der neueren Täterforschung abgeglichen und in diesen eingeordnet.

Bevor der gewählte Ansatz kurz skizziert wird, noch einige generelle Bemerkungen zur Bedeutung zeithistorischer Untersuchungen von NS-Verfahren und

Tätern im regionalen Rahmen: Regionalstudien bieten sich vor allem für Gesamterhebungen von NS-Verfahren an, die entweder ein *abgrenzbares Gebiet* (Bundesland,[345] Regierungsbezirk, Region, Oberlandesgericht oder Landgericht[346]) oder einen *ausgewählten Tatkomplex* (Kriegsverbrechen, Endphaseverbrechen etc.) zum Gegenstand haben. Auch die Zugangsbedingungen zu Archiven und die schiere Quantität des vorhandenen Quellenmaterials (Urteile, Akten, juristische Kommentare, Zeitungsartikel usw.) sprechen aus arbeitsökonomischer Sicht für die Wahl eines regionalen Ansatzes. Regionalstudien bilden darüber hinaus, und dies ist hier das entscheidende Kriterium, ein Desiderat der neueren Täterforschung, in der bisher kollektivbiografische Ansätze dominieren.[347] Eine Engführung, die sich zunehmend als problematisch erweist, da sie sich auch auf bestimmte Zeitabschnitte erstreckt. So gelten die Jahre des Interregnums zwischen 1945 und 1949 hinsichtlich der klassischen Form der Vergangenheitsbewältigung durch deutsche Justizbehörden heute als noch nicht abschließend erforscht:[348] »Über Qualität und Gehalt dieser Rechtsprechung ist bis heute allerdings nur wenig bekannt; die zeitgeschichtliche Forschung ist auf diesem Feld eher noch weiter zurück als hinsichtlich der Rechtsprechung der Alliierten.«[349]

Auffällige Leerstellen in der zeithistorischen Forschung bestehen – im Widerspruch zu dem großen Medieninteresse, das Zeitungen, Rundfunk und Fernsehen den NS-Verfahren bis heute entgegenbringen – auch für die Zeit ab der Mitte der 1970er Jahre und, der in der Einleitung beschriebenen Internationalisierung der Erinnerung an den Holocaust zum Trotz, gerade auch für die Jahre nach 1989/1990. In der Regel haben Historiker für ihre Untersuchungen deshalb besonders öffentlichkeitswirksame oder juristisch bedeutsame Verfahren ausgewählt:[350] Über das Interesse am *IMT* in Nürnberg (1945/1946)[351] hinaus sind vor allem der Ulmer Einsatzgruppenprozess (1958),[352] der erste Auschwitzprozess in Frankfurt am Main (1963-1965),[353] der Bielefelder Białystok-Prozess (1958-1967),[354] das Düsseldorfer Majdanek-Verfahren (1975-1981)[355] und der Kölner Lischka-Prozess (1979-1980)[356] wiederholt Gegenstand zeithistorischer, politikwissenschaftlicher oder juristischer Untersuchungen gewesen. Aber nicht nur NS-Verfahren, auch andere große und öffentlichkeitswirksame Prozesse sind in der Lage, Geschichte zu machen. Dies gilt gleichermaßen für politische Strafverfahren wie Kriminalfälle.[357] Das gesellschaftliche Interesse an aufsehenerregenden Verfahren gibt Historikern die Möglichkeit, die Prozesse *und* ihren öffentlichen Nachhall als Quellenmaterial zu nutzen, in dem sich die Einstellungen und Befindlichkeiten der Bevölkerung zu einem bestimmten Zeitpunkt widerspiegeln.

Im Folgenden soll ein neuer Weg eingeschlagen werden: Nicht ein ausgewähltes Bundesland, eine juristische Instanz, eine Verbrechenskategorie oder ein NS-Mammutverfahren steht im Mittelpunkt: Stattdessen bilden *vier* ausgewählte *regionale Fallbeispiele*, die als »kleine« NS-Verfahren vor den Landgerichten Mannheim und Heidelberg über eine maximal mittlere Reichweite in der Öffentlichkeit verfügten, den Gegenstand einer zeithistorischen Untersuchung. Damit wird insbesondere der Umstand berücksichtigt, dass *erstens* für den überwiegenden Teil der NS-Verfahren vor deutschen Gerichten bisher keinerlei zeithistorische Aufarbeitung stattgefunden hat; im regionalen Umfeld der Prozesse *zweitens* keine oder bestenfalls rudimentäre Überlieferungen vorliegen und *drittens* die NS-Verfahren nur in sehr wenigen Fällen zu einem Bestandteil des Wissensbestandes oder gar der offiziellen Erinnerung einer Stadt oder einer Region geworden sind. Dieser Befund steht in deutlicher Diskrepanz zu dem Umstand, dass die Öffentlichkeit bezüglich der NS-Verfahren und NS-Täter schon lange »alles« zu wissen glaubt. Ein weiterer Unsicherheitsfaktor der Untersuchungen zu NS-Verbrechen zeigt sich darin, dass juristische Kategorien, Täterbilder und gesellschaftspolitische Folgerungen, die im Rahmen der Analyse bekannter NS-Großverfahren gewonnen wurden, in der Regel nicht am Beispiel kleinerer Prozesse überprüft worden sind. Auch die Ergebnisse einzelner historischer bzw. politikwissenschaftlicher Untersuchungen zur Resonanz der NS-Verfahren in der Bevölkerung und der »teil-aktiven« Rolle der Tages- und Wochenpresse sind nicht auf regionale Fallbeispiele rückgebunden oder kritisch hinterfragt worden.[358]

Strafakten und vor allem Gerichtsverfahren geben immer auch einen »Einblick in die besonderen sozialen Problemlagen und in die mentalen Handlungen, die das Lokalkolorit einer Region ausmachen.«[359] Der hier gewählte Ansatz der *dichten Beschreibung* versteht sich in diesem Sinne auch als ein erster Schritt in Richtung einer *Alltagsgeschichte* der NS-Verfahren vor deutschen Gerichten. Dabei stehen insbesondere zwei Fragen im Zentrum: Lassen sich die am Beispiel weniger öffentlichkeitswirksamer NS-Großverfahren auf nationaler Ebene entwickelten analytischen Kategorien und Theorien auch bei der Untersuchung einzelner lokaler und regionaler Fallbeispiele aus vier verschiedenen Zeitperioden der Geschichte der Bundesrepublik nach 1945 mit Erfolg anwenden? Und: Welche Bedeutung kommt insgesamt dem jeweils hochsensiblen zeitgenössischen Kontext *vor Ort* zu?[360]

Dabei wird davon ausgegangen, dass die nationale Ebene den kulturellen Horizont bildet, an welchem sich lokale Ereignisse bemessen lassen müssen. Wenn sich dieser äußere Rahmen ändert, dann verändern sich auch die Elemente im Inneren – gleich, ob es sich dabei um politische, juristische oder gesellschaftliche Aspekte handelt. Die vier ausgewählten Fallbeispiele sollen helfen, tiefer in die Materie der NS-Verfahren und Täter einzudringen. Dabei dürfen natürlich die auf der Makroebene der bisherigen Studien gewonnenen abstrakten und zugleich systematisierbaren Kategorien und Täterbilder nicht unberücksichtigt bleiben. Ohne einen mikroskopischen oder gar ethnologischen Blick zu präferieren, der selbst bei der Fülle bzw. Dichte des vorhandenen Quellenmaterials ex post nur unzureichend zu leisten wäre, werden die einzelnen Fallbeispiele in den folgenden Kapiteln in *dichten Beschreibungen* präsentiert. Die *dichten Beschreibungen* korrespondieren dabei vor allem auf der *begrifflichen* Ebene mit den »thick descriptions« des amerikanischen Ethnologen Clifford Geertz, teilen sie doch einige seiner methodologischen Prämissen.[361] Leitend hierbei ist die plausible Annahme, dass historische Diskurse, also auch der Umgang mit den NS-Verbrechen in der deutschen Öffentlichkeit, im weitesten Sinne *ortsgebunden* sind und gerichtsförmigen Narrativen folgen.[362] Diese Narrative, symbolisiert in den einzelnen Gerichtsverhandlungen *vor Ort* und auf Basis juristischer Kategorien auch empirisch fassbar, bilden im Weiteren die Grundlage der Konkretion nationalsozialistischer Verbrechen und Täter, der Rückwirkungen öffentlicher Diskurse auf das Recht und der Wechselwirkungen zwischen beiden.[363]

Prozesse sind aufgrund juristischen Aktenmaterials allein nur sehr schwer zu *erzählen*: Die »Lektüre« von Anklageschriften und Urteilen setzt ein grundsätzliches Verständnis juristischer Sprachgewohnheiten sowie die Kenntnis der zum Tat- wie zum Verhandlungszeitpunkt geltenden Strafprozessordnung und des Rechtssystems voraus.[364] Beim Studium von Quellenbeständen zu NS-Verfahren gilt es immer auch allgemeine Fragen nach Moral und Ethik oder nach Wahrheit und Gerechtigkeit zu beachten. Die *dichte Beschreibung* eines NS-Verfahrens vereint somit ein weites Spektrum von Einzelaspekten, die punktuell, d. h. im Prozess und vor Gericht, über eine gemeinsame Schnittfläche verfügen und sich somit an einem Ort verdichten: Die in der Gesellschaft vorhandenen Täterstereotype oder -vorstellungen fließen über die Be- und Entlastungszeugen, aber auch über die Staatsanwälte und Richter in den Prozess ein. Sie lassen sich deshalb direkt, in der Alltagskommunikation im Rahmen der mündlichen Verhandlung, aber auch indirekt, zumeist in der schriftlichen Anklage, finden. Die Verbindung zwischen einzelnen Akteuren, zwischen Mündlichkeit und Schriftlichkeit, setzt sich bei der Urteilsbegründung und der Verkündung des Strafmaßes fort: Für den kleinen Kreis der direkten Prozessteilnehmer als *Teil*öffentlichkeit durch das Gericht erneut in mündlicher, für eine breitere Öffentlichkeit in schriftlicher Form, zumeist in der tagesaktuellen Berichterstattung der Tages- und Wochenzeitungen.

Für den Historiker ergibt sich nun eine zusätzliche Abstraktionsleistung, da er in der Regel sowohl die Anklage und den Prozessverlauf wie auch das Urteil und die Berichterstattung nur in schriftlicher Form nachvollziehen kann, für diese schriftlichen Quellen aber wiederum eigene bzw. abweichende Interpretationsregeln gelten: Gerichtsprotokolle können nicht einfach *gelesen* werden, sie setzen einen umfangreichen Interpretationsprozess voraus und *zwingen* den Historiker zur Überprüfung seiner eigenen soziokulturellen Filtersysteme. Auch die unterschiedlichen Denkmuster der Beteiligten müssen bedacht werden: Diese verfolgen im Verfahren in der Regel völlig entgegengesetzte Ziele: Verurteilung bzw. Freispruch. Die vorhandenen schriftlichen Quellen stellen, um erneut Geertz zu bemühen, noch eine *dünne* Beschreibung dar, der die reine Datensammlung in der Ethnologie entspricht.[365] *Dichte Beschreibungen* müssen diese Daten auch mit den zum Teil komplexen und vielschichtig miteinander verwobenen menschlichen Vorstellungswelten abgleichen. Für die Fallbeispiele gilt darüber hinaus zu klären: Wie sind Umfang und Inhalt vor ihrem zeitgenössischen regionalen Hintergrund zu bewerten? Spiegelt sich in der Bericht- bzw. Nicht-Berichterstattung allein der reine Nachrichtenwert wider oder können darüber hinaus manifeste Gründe aus dem Nachrichtenumfeld der jeweiligen Prozessberichterstattung erschlossen werden?

Auch wenn die Fallbeispiele jeweils Tatbestände zu ihrem Gegenstand haben, die in größerer Zahl vor bundesdeutschen Gerichten seit 1945 verhandelt worden sind, so wurden sie nicht allein mit der Absicht ausgewählt, *typische* NS-Prozesse abzubilden. Die Verfahren zeigen nicht nur den mehr oder weniger typischen Verlauf von Strafprozessen, sondern den spezifischen Verlauf *eines* NS-Verfahrens, in dem unter anderem Täterbilder produziert und reproduziert werden, die über eine gesellschaftliche bzw. kulturelle Einbettung verfügen. Ort und Gegenstand der Untersuchung sind nicht deckungsgleich: Nicht allein die Untersuchung *von* NS-Verfahren steht im Mittelpunkt, sondern die Untersuchung *in* ausgewählten regionalen NS-Verfahren.

Eine, wenn nicht die wichtigste Gruppe von Akteuren in dem gerade beschriebenen Schnittfeld vor Ort bzw. vor Gericht ist die der ständigen Verfahrensbeobachter. Je nachdem, wie eng man die Kriterien der Zugehörigkeit zu dieser Gruppe fasst, gelangt man zu einem größeren oder einem kleineren, quasi elitären, Personenkreis. Eine besonders weit gefasste Definition stammt von der Juristin und langjährigen Staatsanwältin in Hamburg, Helge Grabitz. Grabitz versteht unter Prozessbeobachtern nicht nur Personen, »die persönlich gelegentlich oder kontinuierlich im Gerichtssaal die Verhandlungen verfolgen, sondern gleichermaßen diejenigen, die, durch Presse, Funk und Fernsehen mehr oder weniger gut informiert, positiv, negativ oder gleichgültig distanziert sich zu der Tatsache und der Art der Durchführung der Prozesse äußern.«[366] Dem Alltagsverständnis folgend ist einer solch weit gefassten Definition durchaus zuzustimmen. Im Rahmen dichter Beschreibungen sollte dieser Begriff aus analytischen Gründen jedoch deutlich enger gefasst und auf die Gruppe der *professionellen Prozessbeobachter* beschränkt werden: Diese bilden hinsichtlich der NS-Verfahren eine eigene Expertenkultur aus, die an der wichtigen Schnittstelle zwischen Justiz, Wissenschaft, Politik und Presse agiert.

Auch wenn seit den ersten Verfahren in der Nachkriegszeit immer wieder neue Generationen an die juristische Aufarbeitung des Nationalsozialismus herangeführt wurden, so zeichnen sich die professionellen Prozessbeobachter in ihrer Rolle als Experten zumeist durch eine gemeinsame Generationszugehörigkeit aus: Sie sind vergleichsweise »alte Hasen«, die während der Prozesspausen in den Gerichtskantinen *ihre* Tätergeschichten und Täterbilder austauschen.[367] Da NS-Prozesse in nicht unerheblichem Maße geschichtliche Vorgänge und Zusammenhänge vermitteln, werden Berichterstatter auch zu Geschichtsschreibern: Sie halten die Tatbestände für die Nachwelt fest *und* dokumentieren die Geschichte der Prozesse.[368] Die Prozessberichterstatter liefern – wenn auch nach ihrer eigenen Logik und ihren eigenen Regeln im Rahmen der sprachgebundenen Rekonstruktion vergangener Ereignisse – eine medienspezifische Re-Inszenierung des juristischen Geschehens. Als Journalisten stehen sie in einem direkten Bezug zur Öffentlichkeit und sind in der Lage, den schwierigen Übersetzungsprozess des juristisch-abstrakten Prozessgeschehens in das *Herz* der Gesellschaft zu leisten. Mit ihren Berichten und Kommentaren dienen sie gleichzeitig als Multiplikatoren und Kritiker der Verfahrensabläufe und -inhalte. Bei der Übertragung von Täterbildern agieren sie als gesellschaftliche Transmissionsriemen – sowohl als Produzenten *neuer* wie auch als *Re*produzenten *alter* Täterbilder.[369] Insgesamt gibt ihnen ihre herausgehobene Expertenrolle ausreichend Möglichkeit die Dominanz des juristischen Diskurses sprachlich und inhaltlich aufzubrechen und auf diesem Weg die notwendige Erweiterung der Öffentlichkeit – über die eingeschränkte Gerichtsöffentlichkeit hinaus – zu erreichen.

1.4 Nur ein kleiner Ausschnitt? NS-Prozesse in Südwestdeutschland

Urteile in NS-Verfahren als historische Quelle

Aufgrund der in den letzten Jahren erfolgten zahlreichen zeithistorischen, politikwissenschaftlichen und rechtsgeschichtlichen Publikationen besteht heute erstmals die Möglichkeit eines Erfolg versprechenden synchronen oder diachronen Vergleiches von NS-Verbrechen und Tätern im Rahmen der juristischen Aufarbeitung staatsverstärkter Verbrechen im europäischen Maßstab. Gleichwohl wird sich die vorliegende historische Untersuchung, die auf die Nachzeichnung von Wechselwirkungen zwischen juristischem und gesellschaftlichem Diskurs über NS-Verbrechen und Täter vor einem regionalen Hintergrund abzielt, auf den deutschen Kontext beschränken. Dies geschieht aus mehreren Gründen: *Erstens* lässt sich im deutschen Fall auf umfangreiches und leicht zugängliches Quellenmaterial zurückgreifen; *zweitens* erschwert die unterschiedliche Ausformung nationaler Rechtssysteme – sowohl hinsichtlich des formellen wie des materiellen Rechtes – einen Vergleich. Dies gilt *drittens* auch für die Schwierigkeiten, die sich bei der Übersetzung bzw. Übertragung von Justizakten und anderer Quellenmaterialien aus einer fremden Sprache zwangsläufig ergeben. Weitaus höher zu veranschlagen ist aber ein *viertes* Argument: Der Umgang der deutschen Gesellschaft mit den Hinterlassenschaften des Nationalsozialismus erfolgte aus regionaler Sicht *flächendeckend*, hinsichtlich des deutschen Justizsystems *Instanzen übergreifend* und über den *gesamten Zeitraum* von 1945/1949 bis heute, auch wenn unterschiedliche Konjunkturen, ein auf und ab des öffentlichen und privaten »Bedürfnisses« sich mit dem Nationalsozialismus zu beschäftigen, zu verzeichnen waren.[370] Nur vor diesem umfassenden Hintergrund ist die Bearbeitung einzelner regionaler Fallbeispiele analytisch als sinnvoll anzusehen.

Eine statistische Gesamterhebung der Strafverfolgung von NS-Verbrechen durch die westdeutschen Justizbehörden war in den Nachkriegsjahren nicht erfolgt und sollte sich auch in späteren Jahrzehnten als schwierig herausstellen.[371] Zu den Erhebungsproblemen trug unter anderem die föderale Struktur des deutschen Justizsystems mit ihren unterschiedlichen Zuständigkeits- und Dokumentationsebenen bei. Mit der unzulänglichen Zahlenbasis ist eine der Schwierigkeiten zeithistorischer Forschungsvorhaben zur strafrechtlichen Verfolgung von NS-Verbrechen benannt: Die entscheidenden »Hausnummern« basieren zumeist auf offiziellem Zahlenmaterial, das 20 Jahre und älter ist. Eine Basis für das überfällige »Update« ist in den letzten Jahren durch ein gemeinsames Datenbankprojekt des *Instituts für Zeitgeschichte* (IfZ) in München und der Holocaust-Gedenkstätte *Yad-Vashem* in Jerusalem gelegt worden. Die Datenbank[372] versteht sich als ein umfassendes Findmittel zu NS-Strafverfahren und erlaubt erstmals einen kompletten Überblick über die NS-Prozesse in der Bundesrepublik:[373] Zwischen 1945 und 2005 wurden insgesamt 36.393 Strafverfahren wegen NS-Verbrechen vor deutschen Gerichten geführt.[374] Die Verfahren richteten sich gegen 172.294 Beschuldigte, von denen 6.340 (3,7 Prozent) Frauen waren. In 2.378 Verfahren konnten keine namentlich Beschuldigten mehr festgestellt werden, die Ermittlungen liefen »gegen unbekannt«.[375]

Die Datenbank basiert auf Akten und Aktenverweisen aus Landesarchiven, Staatsanwaltschaften, den 1965 im Auftrag des Bundesministeriums der Justiz von den Staatsanwaltschaften erstellten Listen über die bis dahin von den Gerichten durchgeführten NS-Verfahren[376] sowie den umfangreichen Karteien der 1958 gegründeten *Zentralen Stelle der Landesjustizverwaltungen zur Verfolgung nationalsozialistischer Verbrechen* (ZSt) in Ludwigsburg.[377] Hinzu kamen weitere Einzelakten aus Archiven, Behörden und Gerichten, Periodika, Presse- und Urteilssammlungen. Die durch den niederländischen Juristen Christiaan F. Rüter begründete Edition *Justiz und NS-Verbrechen* bleibt trotz allen Fortschritts in der historischen Forschung weiterhin die einzige Möglichkeit, außerhalb der staatlichen Archive Urteile in NS-Verfahren einzusehen.[378] Die ursprünglich für private Forschungszwecke angelegte Sammlung[379] umfasst allerdings nur Urteile, »die nach dem Ende des Zweiten Weltkrieges in westdeutschen Strafverfahren ergangen sind und nach dem 1. September 1939 begangene nationalsozialistische Verbrechen zum Gegenstand haben.«[380] Die erfassten Straftatbestände beschränken sich zudem auf Verbrechen, durch welche der gewaltsame Tod eines Menschen verursacht wurde oder ein entsprechender Versuch stattfand, konkret auf »Urteile wegen Mordes, Totschlags, sowie wegen Körperverletzung, Freiheitsberaubung, Rechtsbeugung, Kriegsverbrechen und Verbrechen gegen die Menschlichkeit, jeweils mit Todesfolge«.[381] Als maßgebliches Kriterium für die Aufnahme der Urteile galt nicht eine Verurteilung, sondern allein die Anklage durch eine zuständige deutsche Staatsanwaltschaft.[382]

Wenn im Folgenden dennoch auf die Urteilsedition *Justiz und NS-Verbrechen* zurückgegriffen wird, dann aus zwei Gründen: *Erstens* verfolgt die Studie nicht das Ziel einer Vollerhebung von NS-Verfahren im Land Baden-Württemberg, einzelnen Regierungsbezirken oder Regionen. Dies gilt gleichfalls für eine Vollerhebung von NS-Verfahren vor ausgewählten Gerichten. Die Edition dient allein als Hilfestellung bei der Auswahl aussagekräftiger Fallbeispiele von NS-Verfahren mit lokaler bzw. regionaler Bedeutung. Zudem ermöglichen die Urteile einen Überblick über Verfahren wegen nationalsozialistischer Gewaltverbrechen vor baden-württembergischen Gerichten. *Zweitens* greift die in Teilen berechtigte Kritik an der eingeschränkten Aussagekraft der Urteilsedition mit Blick auf die hier behandelte Fragestellung nicht, da Wechselwirkungen zwischen öffentlichem und juristischem Diskurs nur in den Fällen nachgewiesen und interpretiert werden können, in denen ein rechtskräftiges Urteil vorliegt und es eine öffentliche Berichterstattung durch die Tagespresse gegeben hat. Wie bei regulären Strafprozessen, so richtet sich die öffentliche Aufmerksamkeit bei NS-Verfahren mehrheitlich auf spektakuläre oder für den Alltag der Zeitgenossen bedeutsame Prozesse, zu denen vor allem Verfahren wegen Straftaten gegen das Leben (Mord oder Totschlag) gehören.[383] Zeitgenössische Quellen, die direkte Auskünfte über Täter und ihre Taten geben, sind nur in Ausnahmefällen in ausreichendem Umfang vorhanden. Neben Zeugenberichten handelt es sich hierbei vor allem um verbliebene Aktenbestände oder -reste einzelner Einheiten der Wehrmacht, SS und Polizei oder private (Selbst-) Zeugnisse der Täter wie Briefe, autobiografische Skizzen etc. Die an den Verfahren beteiligten Juristen und später auch die Zeithistoriker sind jeweils auf zusätzliche Materialien angewiesen. Zeithistoriker tragen zudem als sachverständige Experten dazu bei, die politischen und gesellschaftlichen Rahmenbedingungen und Hintergründe von NS-Verbrechen zu klären. Die überlieferten Urteile der Justiz helfen, den zeitgenössischen Umgang der Gesellschaft mit NS-Verbrechen und die Geschichte der juristischen Aufarbeitung nachzuzeichnen.[384] Urteile in NS-Verfahren sind Quellen für die Zeit des »Dritten Reiches« *und* geben Auskunft über die Ausrichtung und Intensität der Strafverfolgung der letzten 60 Jahre. Sie leisten den Zeithistorikern eine unschätzbare Hilfestellung bei der Nachzeichnung und Einordnung der Reaktionen von Justiz und Öffentlichkeit auf die während der NS-Zeit begangenen Verbrechen.

Die systematischen Verfahrensbeschreibungen der Edition *Justiz und NS-Verbrechen* verstehen sich in diesem Sinne nicht als reine Urteilsdokumentation, sondern als ein wichtiges Findmittel der historischen, juristischen und kriminologischen Forschung bei der Erschließung von NS-Tötungsverfahren.[385] Die chronologisch aufgeführten Urteile gliedern sich nach den Regeln der Unterteilung deutscher Strafurteile: Darstellung der persönlichen Verhältnisse des Angeklagten, Feststellung des Sachverhalts (gegebenenfalls mit den Einlassungen des Angeklagten), Beweisführung, rechtliche Würdigung, Strafzumessung und Entscheidung über entstandene Kosten. Die Gerichtsentscheidungen wurden »grundsätzlich ungekürzt, unverändert und ohne Kommentar veröffentlicht«.[386] Zu den wenigen Ausnahmen gehören die zum Daten- bzw. Persönlichkeitsschutz gesetzlich vorgeschriebene Kürzung von Personennamen der Angeklagten, Zeugen und Sachverständigen »auf die Anfangsbuchstaben«, die Streichung von Angaben über die Wohnsitze der Betroffenen und eindeutig nachgewiesene Schreibfehler:[387]

»In den bis 1981 veröffentlichten Verfahren [...] durften die Namen der Angeklagten, die zu einer (zeitigen oder lebenslänglichen) Zuchthausstrafe oder zur Todesstrafe verurteilt worden waren, ungekürzt wiedergegeben werden. Aufgrund der dann geänderten gesetzlichen Lage und der dieser entsprechenden Auflage der Landesjustizverwaltungen, ist das seitdem nur noch bei den zu lebenslanger Freiheitsstrafe Verurteilten erlaubt. [...] Ausgenommen von der Namenskürzung bleiben Personen der Zeitgeschichte, sowie diejenigen Verurteilten, deren (spätere) Verfahren bereits in den bis 1981 veröffentlichten Urteilen mit voller Namensnennung erwähnt werden.«[388]

Zur Wahrung der Persönlichkeitsrechte der in den Akten bzw. Urteilen namentlich aufgeführten Personen unterliegen auch die Bestände der Archive des Bundes und der Länder *personenbezogenen Schutzfristen*.[389]

Die Präsenz von Staatsanwaltschaft und Verteidigung sowie die Macht des Gerichtes, eine Einsicht in Quellen bzw. Akten anordnen zu können, führen insgesamt zu einer guten Quellensituation. Alle juristischen Quellen, in denen die formalrechtlichen Rahmenbedingungen der NS-Verfahren vor deutschen Gerichten für die einzelnen zeitlichen Untersuchungsabschnitte erfasst sind (*StGB*, *StPO* usw.), liegen in edierter Form vor. Die Akten zu den Gerichtsverfahren können direkt in den Registraturen der Staatsanwaltschaften und Gerichte eingesehen werden, da Staatsanwaltschaften zu den »aktenführenden Behörden« zählen.[390] Über den Erschließungszustand oder die Überlieferungslage sind damit noch keine Angaben getroffen. Umfang und Inhalt der Gerichtsakten unterliegen einer gewissen Kontingenz, die sowohl den Verlust wie auch die planmäßige Vernichtung von Aktenmaterialen mit einschließt – je nach juristischen Gebräuchen und archivalischen Traditionen. Gerade in der unmittelbaren Nachkriegszeit brachte der Wiederaufbau der deutschen Justiz auch vielfältige praktische Beschränkungen mit sich. Raum- und Personalmangel gingen mit einer gleichzeitigen Arbeitsüberlastung einher.[391] Die alliierte Oberhoheit über die Justiz wirkte sich in den einzelnen Besatzungszonen in der Praxis zwar unterschiedlich aus, schloss aber generell eine Kontrolle des Personals, der Justizpolitik und die Möglichkeit direkter Eingriffe in die Verfahren mit ein.[392] Die Aufbewahrungsorte der Unterlagen der Landgerichte richten sich nach dem Zuständigkeitsbereich der Staatsarchive der Landesarchivverwaltungen.[393] Trotz Mindestfristen der Aufbewahrung weisen sowohl Zustand wie Umfang der Justizakten bei NS-Tötungsverfahren

»eine große Varianz auf: erst recht bei vordergründig erfolglosen Ermittlungsverfahren, die nie in eine Anklage mündeten; nicht selten aber auch bei ›großen‹ Strafprozessen, deren Bedeutung oder frühere Publizität jüngeren Staatsanwälten nicht mehr bewusst ist. Besonders Verfahren der ersten Nachkriegsjahrzehnte, deren Aufbewahrungsfristen zwischen den 1960er und 1980er Jahren endeten, sind für viele Gerichte notorisch schlecht dokumentiert.«[394]

Eine wichtige »Komplementärüberlieferung« zu den Gerichtsakten bieten deshalb die in der *ZSt* in Ludwigsburg gesammelten Unterlagen des Koblenzer *Bundesarchivs* zu den NS-Verfahren in der Bundesrepublik. Diese sind bereits von Schriftstücken »befreit«, die sich nicht direkt auf den Verfahrensinhalt beziehen. Als »komprimierte Akte« enthalten sie in der Regel Vernehmungsniederschriften, Vermerke im Verlauf der Vorermittlungen sowie Anklagen und Urteile.[395] Der unbestrittene Vorteil dieser Sammlung liegt darin, dass die Verfahren an einem Ort vorhanden sind und nicht über das Bundesgebiet verstreute Staatsanwaltschaften einzeln kontaktiert und um Unterstützung bei der Recherche gebeten werden müssen. Die Bestände der *ZSt* sind, nachdem diese zu einem Außenstandort des *Bundesarchivs* geworden ist, sukzessive den dort üblichen Signaturen angepasst worden.[396]

Rechtliche Standards, Normen und Regeln bestehen in jeder Gesellschaft, ihnen wird Geltung verschafft, sie werden im Alltag mehr oder weniger eng ausgelegt oder gar gebrochen. Gerichtsakten und Sammlungen mündlicher oder schriftlicher Aufzeichnungen über individuelle Verbrechen dokumentieren somit auch den Spagat zwischen »den Erwartungen der Menschen, wie sie sein wollten *und* wie sie wirklich waren, zwischen ihren Idealen *und* der Wirklichkeit, Theorie *und* Praxis, Regel *und* Ausnahme«.[397] Moderne Gerichtsakten schließen unterschiedlichste Quellenarten ein. Für Historiker vergleichsweise leicht zugänglich wie inhaltlich aufschlussreich sind Vernehmungsprotokolle, Anklageschriften, Verfahrensprotokolle, Plädoyers von Staatsanwaltschaft und Verteidigung und insbesondere Urteile und Urteilsbegründungen.[398] Sie ermöglichen es, Strategien der Angeklagten und ihrer Verteidiger, partielle Aneignungen konstruierter Selbstbilder von Angeklagten usw. nachzuvollziehen. Ein Vorteil von Urteilen als zeithistorischen Quellen liegt in dem Umstand, dass sie das Ergebnis eines juristischen Verfahrens sind, dessen Ziel letztlich in der Erforschung der Wahrheit, d. h. der Beantwortung der Frage liegt, ob der Angeklagte im Sinne der Anklage schuldig oder unschuldig ist.

Die Aufgabe der Strafjustiz im demokratischen Rechtsstaat ist es, »die empirischen Sachverhalte der Tatvorwürfe zu prüfen, die normativen, vom Gesetzgeber formulierten Tatbestände zu interpretieren und auf diese Weise die Schuld der Angeklagten zu beurteilen«.[399] Ingesamt gelangen so wichtige Voraussetzungen zur Geltung: Dem Täter »muss eine ganz konkrete, nach Ort und Zeit genau festgestellte Tat, die unter Strafe gestellt ist, nachgewiesen«, sein Fall individuell behandelt werden. Das Tatgeschehen muss dabei in »einer ununterbrochenen Kausalkette durch Fakten belegt werden«. Dem Täter ist zudem nachzuweisen, dass der die Strafbarkeit der Tat kannte.[400] Im Zweifel ist nach dem Grundsatz »in dubio pro reo« zu urteilen, eine bestehende Lücke im Kausalzusammenhang darf somit nicht einfach mit dem nach Stand der zeithistorischen Forschung zu vermutenden Geschehen geschlossen werden. Die Definition von Verbrechen und Schuld sowie ihrer Verfolgung richtet sich nicht nur nach den Angeklagten, den Tätern und ihren Taten, sondern auch nach dem Kläger, dem Staat, vertreten durch die zuständige Staatsanwaltschaft. Im Strafrecht ist, abweichend vom Zivilrecht, welches die Rechtslage zweier formal gleichberechtigter Parteien regelt, der Strafanspruch des Staates über das Verhältnis zwischen Gewaltmonopol bzw. Ordnungsmacht und dem Täter verwirklicht. Eine Tat soll deshalb nur dann eine Strafe nach sich ziehen, wenn die Strafbarkeit der Handlung schon in gesetzliche Normen gefasst worden war, bevor es zur Tat kam.[401] Für die Ermittlung von Täterbildern ist darüber hinaus entscheidend, dass der Staat bzw. das kodifizierte Recht und dessen Anwendung, den Täter und damit auch den NS-Täter definieren.[402] Stereotypisierungen widersprechen dieser Staatszentriertheit der Verfahren. Sie werden in Urteilstexten daher auch nicht *ausformuliert*. Die Bestimmung von NS-Tätern unterliegt somit immer einem »zeitbedingten Verständnis von Recht«.[403]

Datenbank »NS-Verfahren in Baden-Württemberg«

Im Folgenden wird auf Basis der Urteilssammlung *Justiz und NS-Verbrechen* in einem ersten Schritt ein Überblick über die Verbrechenskomplexe und die Zahl der Angeklagten in den baden-württembergischen NS-Verfahren zwischen Juni 1946 und Mai 2002 gegeben.[404] Die Ergebnisse sind als Datensatz *NS-Verfahren Baden-Württemberg* in einer im Rahmen der Studie erstellten Datenbank zusammengefasst worden. In einem zweiten Schritt wird die Auswahl der vier regionalen Fallbeispiele begründet. Diese behandeln unterschiedliche NS-Tötungsverbrechen, die zwischen der unmittelbaren Nachkriegszeit und der Mitte der 1980er Jahre vor den Schwurgerichtskammern der Landgerichte Mannheim (1947/1948 und 1965) und Heidelberg (1949 und 1984) verhandelt wurden. Eine ausführlichere Darstellung der zeitgenössischen Rechtsgrundlagen, nach denen NS-Verbrechen jeweils geahndet werden konnten, steht am Beginn der einzelnen Kapitel. Die detaillierten Ausführungen zu den juristischen Grundlagen sind notwendig, da sie die entscheidende Instanz darstellen, vor deren Hintergrund die in den Verfahren und der Presseberichterstattung gezeichneten Täterbilder überhaupt sinnvoll erschlossen und diskutiert werden können. Zudem stehen sich, je nach Verhandlungszeitpunkt und Verfahrensgegenstand, verschiedene Rechtsverständnisse und Auslegungsregeln in der juristischen Praxis der alliierten wie der deutschen Justiz zum Teil diametral gegenüber: Während in der Nachkriegszeit die von den alliierten Besatzungsmächten gesetzten rechtlichen Grundlagen Inhalt und Ablauf der Verfahren gleichsam vorsortierten und filterten, besaß nach dem Ende der Besatzungszeit das deutsche Strafrecht wieder Gültigkeit für *alle* Strafverfahren vor deutschen Gerichten, auch für diejenigen, die NS-Verbrechen zum Gegenstand hatten. Das Set an Urteilsbegründungen in den NS-Verfahren wurde zudem seit Beginn der 1960er Jahre durch einige aufsehenerregende und zum Teil nicht unumstrittene Entscheidungen des Bundesgerichtshofes strukturiert. Immer wieder versuchten auch Teile der Öffentlichkeit Einfluss auf den innerjuristischen Diskurs über die verfahrenstechnischen Grundlagen der Strafprozesse zu nehmen und so »von außen« die Frage zu beantworten, ob NS-Verbrechen überhaupt (weiter) verfolgt werden sollten.

Insgesamt umfasst der Datensatz *NS-Verfahren Baden-Württemberg* 105 Verfahren wegen NS-Tötungsdelikten,[405] die zu 179 Urteilen bzw. Entscheidungen unterschiedlicher gerichtlicher Instanzen geführt haben:[406] 118 Entscheidungen ergingen vor *Landgerichten* (LG):[407] Je ein Urteil in Baden-Baden und Konstanz,[408] zwei in Mosbach,[409] drei Urteile ergingen in Hechingen, Heidelberg und Rottweil.[410] Zu fünf Entscheidungen kam es in Offenburg, Ravensburg und Waldshut,[411] zu sechs in Ellwangen, Mannheim und Ulm.[412] In Tübingen[413] ergingen acht Urteile, in Heilbronn und Karlsruhe[414] jeweils zehn. In Freiburg fielen zwölf Gerichtsentscheidungen,[415] in Stuttgart insgesamt 32.[416] 26 weitere Urteile wurden an den zuständigen *Oberlandesgerichten* (OLG)[417] gesprochen, davon drei in Tübingen,[418] sechs in Freiburg[419] und 17 in Stuttgart.[420] Die Urteile der Land- und Oberlandesgerichte ergänzen 35 Entscheidungen des *Bundesgerichtshofs* (BGH)[421] in Karlsruhe.[422] Gezählt wurden auch die Neuverhandlungen derjenigen Strafverfahren, die von der Revisionsinstanz an die zuständigen Gerichte zurückverwiesen wurden.

Zu den Ergebnissen:[423] Nur knapp die Hälfte der NS-Verfahren wegen Tötungsverbrechen endete mit einem erstinstanzlichen Urteilsspruch (Tabelle 1). In weiteren 38 Prozent erfolgte ein zweites Urteil, entweder durch die Revisionsinstanz (OLG) oder durch Beschluss der Revisionsinstanz an einem anderen Landgericht, an einer anderen Strafkammer desselben Landgerichts und, wenn keine juristischen Verstöße nachzuweisen waren, erneut vor der Strafkammer des Landgerichts, welche das Urteil in der ersten Instanz gesprochen hatte.[424] Um die Verfolgungsbemühungen der deutschen Justiz empirisch zu erfassen, bedarf es eines Überblicks über die Zeitspannen, in denen sich entweder eine rege Urteilstätigkeit der Gerichte feststellen lässt oder in denen es nur zu wenigen Entscheidungen gekommen ist. So überrascht es vor dem Hintergrund der Gesamtbilanz der westdeutschen Urteile in NS-Verfahren nicht, dass auch in Baden-Württemberg über 85 Prozent der Urteilssprüche wegen NS-Tötungsverbrechen vor dem Ende der zweiten großen Welle von NS-Prozessen in den 1960er Jahren ergangen sind. Danach sank die Zahl der Verfahren, die mit einem rechtskräftigen Urteil endeten, rapide ab und pendelte sich auf niedrigem Niveau ein (Tabelle 2). Es fällt auf, dass ohne Differenzierung der einzelnen Instanzen die Gesamtzahl der Urteile wegen NS-Tötungsverbrechen in Baden-Württemberg in den 1950er und 1960er Jahren beinahe konstant (hoch) blieb und sogar an das Niveau der Nachkriegszeit heranreichte. Dass es für die Nachkriegszeit nicht zu einer höheren Amplitude kommt, ist größtenteils dadurch zu erklären, dass die Urteilssammlung *Justiz und NS-Verbrechen* die Verbrechen, die vor dem 1. September 1939 begangen wurden, nicht berücksichtigt. Diese bildeten in der unmittelbaren Nachkriegszeit aber den Hauptgegenstand der Verhandlungen. In den ersten Nachkriegsjahren wurden insbesondere Denunziationsdelikte,[425] Verbrechen, die im Zusammenhang mit der Errichtung der ersten Konzentrationslager im Reichsgebiet standen und Verbrechen, die um Umfeld der »Reichspogromnacht« 1938 begangen worden waren, vor (west-)deutschen Gerichten verhandelt.[426] Zudem waren die deutschen Gerichte von den Alliierten anfangs nur zu Verfahren ermächtigt worden, in denen Taten zur Verhandlung standen, die von Deutschen an Deutschen begangen worden waren. Der Einfluss der offiziellen Verjährung von Totschlagdelikten, dem zähen Ringen um die Verjährung für den Straftatbestand des Mordes und den Leitentscheidungen des BGH zur Differenzierung von Täterschaft und Beihilfe auf das Absinken der Zahl der NS-Prozesse kann an dieser Stelle nur kurz angedeutet werden. Um Verzerrungen zu vermeiden, die sich aus der Einbeziehung der zweit- und drittinstanzlichen Urteile (OLG/BGH) ergeben, muss die zeitliche Verteilung der Urteile noch mit dem Anteil der erstinstanzlichen Urteile (LG) abgeglichen werden (Tabelle 2). Hier zeigt sich der Tendenz nach ein ähnliches Bild, der Rückgang der Verfahren in den 1950er Jahren fällt unter Berücksichtigung der erstinstanzlichen Urteile (LG) aber deutlicher aus.

An diesen Befund schließt sich eine für die Geschichte der juristischen Vergangenheitsaufarbeitung nicht uninteressante Frage an, der bisher noch nicht nachgegangen worden ist: Sind die Verfahren wegen nationalsozialistischer Gewaltverbrechen durch das Kriterium *Urteilsspruch* hinlänglich erfasst? Oder verfügen zwischen Entscheidung und Revision schwebende Verfahren bzw. Urteile, die noch keine Rechtskraft erlangt haben, nicht ebenfalls über eine signifikante gesellschaftliche Wirkungsmacht?[427] Auf Rezipientenseite zieht eine Bestätigung oder Aufhebung eines Urteils in einem NS-Prozess durch eine höhere gerichtliche Instanz zumeist kein oder kein dem ursprünglichen Verfahren bzw. erstinstanzlichem Urteil vergleichbares Presseecho nach sich. Dies zeigen auch die vier Fallbeispiele in aller Deutlichkeit. Ein Beleg für die weiter oben formulierte These, dass allein das Prozessgeschehen und seine Vermittlung in der Öffentlichkeit den Kern der NS-Verfahren und der Vermittlung von Täterbildern ausmachten, Urteil und Urteilsbegründung in der Öffentlichkeit dagegen schon eine nur untergeordnete Bedeutung zukommt. Und, auch dieser Punkt wurde in den bisherigen Untersuchungen zumeist vernachlässigt: Gerade NS-Verfahren blieben in der Zeitspanne, in der die Entscheidung der nächst höheren Instanz noch nicht getroffen war, ein wichtiger Bestandteil des zeitgenössischen juristischen Binnendiskurses – dies auch dann, wenn es sich nicht um Grundsatzentscheidungen des *Bundesverfassungsgerichts* (BVerfG) in Karlsruhe handelte.[428] Trotz einer insgesamt sinkenden Zahl von Verfahrenseröffnungen blieben NS-Verfahren im Justizalltag präsent – wenn auch unbemerkt von der Öffentlichkeit: Im Instanzengang wechselt die Berichterstattung von der lokalen zur überregionalen Tagespresse. Der Bestätigung oder Aufhebung von Urteilen wird, dies zeigen die Fallbeispiele, nur noch dann eine größere Bedeutung für die lokale Berichterstattung beigemessen, wenn sie in einem besonders markanten Gegensatz zum ursprünglichen Urteil (LG) standen. BGH- und BVerfG-Entscheidungen waren der überregionalen

Tagespresse, da sie über »Grundsatzcharakter« verfügten, neben einer Meldung im Politikteil, zumeist auch einen eigenen Leitkommentar wert.[429]

Wie viele Täterinnen und Täter standen in den 105 baden-württembergischen Verfahren vor Gericht? In den Prozessen wurde sowohl gegen einzelne wie auch mehrere Angeklagte gemeinsam Anklage erhoben (Tabelle 3). In weit mehr als der Hälfte der Verfahren stand jeweils nur ein Angeklagter vor Gericht, in dreiviertel der Prozesse jeweils ein oder zwei Angeklagte. Es kam aber auch zu NS-Verfahren, in denen gegen bis zu 15 Personen Anklage erhoben wurde.[430] Mit Blick auf den bereits diskutieren Zusammenhang zwischen NS-Verbrechen und Geschlecht nehmen sich die Zahlen recht nüchtern aus: Nur elf der 226 Angeklagten waren weiblichen Geschlechts (4,8 Prozent). Frauen standen zudem nur in sechs Verfahren (5,7 Prozent) vor Gericht: Die verhandelten Tatkomplexe galten den Zeitgenossen zudem als »typiusch weiblich«:[431] In drei der Verfahren ging es um den Vorwurf der Denunziation, je einmal um den Vorwurf eines Euthanasie-, eines Schreibtisch- und eines Endphaseverbrechens.

Legt man die gängige Unterscheidung nach Tatkomplexen zugrunde,[432] so hatte jeweils ein gutes Fünftel der NS-Tötungsverfahren entweder ein Endphaseverbrechen, ein Verbrechen in Haftstätten oder ein Massenvernichtungsverbrechen, das weder durch Einsatzgruppen erfolgte noch in einem Lagern stattfand, zum Gegenstand (Tabelle 4). Denunziationsdelikte und Euthanasieverbrechen machen nur einen vergleichsweise kleinen Teil der Tatkomplexe aus, da sie oft schon in die Zeit vor 1939 fielen und die Denunziation in den berücksichtigten Fällen zudem ursächlich und nachweislich zum Tod des oder der Denunzierten geführt haben musste. Die geringe Anzahl von Verfahren wegen Kriegsverbrechen erklärt sich aus der anfänglichen (Allein-)Zuständigkeit der alliierten Militärgerichtsbarkeit für diesen Tatkomplex. In einer Reihe von Fällen, zumeist dann, wenn es sich um eine größere Zahl an Angeklagten handelte, kam eine Kombination der verschiedenen Tatkomplexe zur Anklage. Diesen Verfahren ist gemeinsam, dass sie Massenvernichtungsverbrechen und/oder Kriegsverbrechen zum Gegenstand hatten. Aus der Verteilung der Tatkomplexe erschließt sich die Verteilung der Tatorte bzw. -länder (Tabelle 5). Knapp über die Hälfte der NS-Tötungsverbrechen fand auf »Reichsgebiet«, also in Deutschland und Österreich, statt, weniger als drei Prozent in Westeuropa. 45 Prozent der Verbrechen wurden in den baltischen, ostmittel- und osteuropäischen Staaten begangen, die Mehrzahl im heutigen Polen und der Sowjetunion.

Verlagerten sich das Schwergewicht der Tatkomplexe, die geografische Zuordnung und die nationale Zugehörigkeit der Opfer im Erhebungszeitraum? Stichproben zeigen, dass die in Baden-Württemberg verhandelten NS-Tötungsverfahren nicht von der durch die Gesamtbilanz der westdeutschen Verfahren vorgegebenen Linie abweichen: Im Zeitverlauf zeigt sich ein signifikanter Schwenk von deutschen Tatorten und deutschen Opfern in Richtung Osteuropa und damit gleichzeitig zu polnischen, sowjetischen und vor allem jüdischen Opfern.[433] Jüdische Opfer bilden mit einem Anteil von 37 Prozent die größte, Häftlinge und Zivilisten mit einem Anteil von jeweils rund 20 Prozent die beiden nächsten Opferkategorien (Tabelle 6).[434] Entscheidend bei der Zuordnung zu den einzelnen Opferkategorien ist die Eingruppierung, die dazu beitrug, dass die Opfer zu Opfern des NS-Systems wurden: Sie wurden zum Beispiel Opfer als jugoslawische Widerstandskämpfer, polnische Juden, französische »Fremdarbeiter« oder als deutsche Zivilisten in der Endphase des Zweiten Weltkrieges.

Von den insgesamt 226 Angeklagten wurden 70, d. h. insgesamt 31 Prozent, von den gegen sie erhobenen Tatvorwürfen freigesprochen (Tabelle 7). In weiteren knapp sechs Prozent der Fälle wurde das Verfahren eingestellt, die Angeklagten verstarben vor der Urteilsverkündung oder, und dies war weitaus häufiger der Fall, vor einer rechtskräftigen Revisionsentscheidung, die mitunter lange auf sich warten lassen konnte. Weitere sechs Prozent der Angeklagten erhielten eine lebenslange Freiheitsstrafe. Unter Berücksichtigung des Faktums, dass nur Tötungsverbrechen Gegenstand der hier ausgewerteten NS-Verfahren waren, ist dieser Prozentsatz nicht besonders hoch. Für deutlich über die Hälfte der Angeklagten (57 Prozent) endete das Verfahren mit einer zeitigen Freiheitsstrafe.[435] Fast zwei Drittel dieser Verurteilten hatten eine Freiheitsstrafe im unteren Bereich des Strafspektrums, von bis zu fünf Jahren, anzutreten.

NS-Verfahren »vor Ort«: Auswahl der Fallbeispiele

Die öffentliche Wirkung des Ulmer-Einsatzgruppenprozess des Jahres 1958 blieb, obwohl Rundfunk und Fernsehen insbesondere zur Urteilsverkündung ausdrücklich zugelassen waren, auf die Berichterstattung in der Presse beschränkt. Überregionale Tageszeitungen wie die *Frankfurter Allgemeine* und die *Süddeutsche Zeitung Zeitung* widmeten dem Prozess größere Artikel und Kommentare. Eine begleitende Berichterstattung des Verfahrens erfolgte aber vorwiegend in der lokalen und regionalen Tagespresse in Ulm, Stuttgart, Mannheim und Karlsruhe.[436] War der Ulmer Einsatzgruppenprozess, trotz der Schlüsselrolle, die ihm in der Literatur über die juristische Vergangenheitsaufarbeitung in der Bundesrepublik zugeschrieben wird,[437] doch »nur« ein regionales Ereignis? Wie es sich mit anderen regionalen NS-Tötungsverfahren vor Landgerichten in Baden-Württemberg verhielt, das zeigen im Folgenden die *dichten Beschreibungen* vier paradigmatischer Fallbeispiele.

Wenn schon nicht von typischen NS-Verbrechen oder typischen NS-Tätern gesprochen werden kann, so zielt die Auswahl der Fallbeispiele doch auf die Herstellung von größtmöglicher *Repräsentanz*, die sich in einem nicht unerheblichen Maß aus dem im letzten Abschnitt vorgestellten groben Raster für die 105 nationalsozialistischen Gewaltverbrechen zwischen den Jahren 1946 und 2002 ergibt:[438] Sowohl hinsichtlich des Instanzenweges, der zeitlichen Verteilung der erstinstanzlichen Urteile oder der Zahl der Angeklagten repräsentieren die Fallbeispiele die Untersuchungseinheit. Die Auswahl hat vor allem auch das gesamte Spektrum nationalsozialistischer Gewaltverbrechen zu berücksichtigen, die von den ersten Gewaltmaßnahmen gegen politische Gegner, dem »Terror der ersten Stunde« im Januar 1933[439] über die Ermordung innerparteilicher Konkurrenten und die Errichtung von Konzentrationslagern bis hin zur Vernichtung der Juden reichten.[440] Auch mit Blick auf die größten Opferkategorien decken die ausgewählten Verfahren den durch die nationalsozialistischen Verbrechen vorgegebenen Rahmen nahezu vollständig ab. In allen vier Verfahren wurde jeweils mindestens einer der Angeklagten zu einer Haftstrafe verurteilt. Aufgrund der zeitlichen Verteilung – die Prozesse fanden in den Jahren 1947/1948, 1949, 1965 und 1984 statt – ist es im Rahmen der Analyse möglich, *erstens* Verfahren aus unterschiedlichen Jahrzehnten der juristischen Vergangenheitsaufarbeitung in Relation zu einander zu setzen. *Zweitens* stehen die Fallbeispiele für unterschiedliche Zugänge der deutschen Justiz zu den NS-Verbrechen: Unmittelbare Nachkriegszeit, die Zeit nach der Gründung der Bundesrepublik, die Hochzeit der juristischen Vergangenheitsbewältigung in den 1960er Jahren und die Zeitphase ab den 1980er Jahren, den bis heute andauernden Prozessen gegen (hoch-)betagte Täter, in die bereits die Erfahrung des fast 40-jährigen Umgangs der Justiz mit deutschen Vergangenheiten eingeflossen ist. *Drittens* bleibt trotz kontingenter Faktoren ein regionaler Zusammenhang gewahrt, da alle vier ausgewählten NS-Verfahren vor Landgerichten in zwei benachbarten Städten, Mannheim und Heidelberg, verhandelt wurden. Die Vorteile, die diese Nähe gerade für die Nachzeichnung der öffentlichen Rezeption mit sich bringt, liegen auf der Hand: Es lässt sich ohne weiteres von einem gemeinsamen lokalen Erfahrungsraum und einer gemeinsamen regionalen Öffentlichkeit sprechen (Rhein-Neckar-Region). An dieser Stelle hätte sich auch eine Vollerhebung der NS-Verfahren vor beiden Landgerichten angeboten, die als Ergebnis aber nur ein weiteres Überblicksgerüst geliefert hätte. Unter Rückgriff auf die in der Einleitung und den vorangestellten Abschnitten formulierten Überlegungen lässt eine *dichte Beschreibung* aussagekräftiger exemplarischer Fallbeispiele dagegen neue und in die Tiefe gehende Einsichten bezüglich von NS-Verfahren, Täterbildern und der Geschichte der juristischen Aufarbeitung des Nationalsozialismus und seiner Hinterlassenschaften in der Bundesrepublik erwarten.

Die Fallbeispiele stehen jeweils paradigmatisch für eine zeitgemäße Lesart des Umgangs mit der justiziellen Aufarbeitung des NS-Systems. Sie sind zeitgenössisch sowohl hinsichtlich ihres jeweiligen Verhandlungsgegenstandes wie auch der gefällten Urteile und formulierten Urteilsbegründungen. Im ersten Fallbeispiel, einem Prozess vor dem Mannheimer Landgericht gegen drei Ordnungspolizisten im Jahr 1947, war noch der Geist der alliierten Rechtsetzung und Re-Education-Maßnahmen, aber auch der Einfluss einer ehrlichen deutschen Aufbruchstimmung und Verurteilung des NS-Systems zu spüren. Beide Aspekte trugen ihrerseits zur notwendigen »Neuauflage« des Verfahrens im Jahr 1948 bei. Das gesellschaftliche und politische Umfeld, in dem das zweite Verfahren stattfand, unterschied sich im Winter 1949, kurz nach der Gründung der Bundesrepublik, schon deutlich von dem der unmittelbaren Nachkriegszeit. Der Prozess gegen einen ehemaligen Kapo vor dem Heidelberger Landgericht spiegelte bereits die öffentlichen Reaktionen wider, die Hermann Lübbe über drei Jahrzehnte später als Zeit des notwendigen und gezielten kollektiven »Beschweigens« beschrieben hat.[441] Die Deutschen sahen sich selbst als Opfer des Nationalsozialismus, einzelne Täter galt es aus dem Kollektiv der Nachkriegsdeutschen zu externalisieren. Das zweite Fallbeispiel stand somit bereits im Schatten der kurze Zeit später ihre volle Wirkung entfaltenden Amnestiepolitik, die von lautstarken öffentlichen Forderungen nach Begnadigung und Freilassung der in alliierten Gefängnissen einsitzenden (letzten) deutschen »Kriegsverurteilten« begleitet wurde. Beide Verfahren verfügten jeweils über einen lokalen Wirkungsbereich, zeigten aber hinsichtlich der Wechselwirkung zwischen Urteil und öffentlicher Resonanz und in Bezug auf die transportierten Täterbilder signifikante Unterschiede. Letzteres dokumentiert auch der Rang, der dem Mannheimer NS-Prozess aus den Jahren 1947/1948 im kollektiven Gedächtnis der Stadt zukommt.

Das NS-Verfahren im dritten Fallbeispiel, ein Massentötungsverbrechen an polnischen Zivilisten durch Angehörige des westpreußischen Selbstschutzes im Herbst 1939, fiel in die Hochzeit der zweiten Welle der NS-Verfahren in der Mitte der 1960er Jahre. Zeitlich parallel zu dem Verfahren mit vier Angeklagten vor dem Mannheimer Landgericht fand der Frankfurter Auschwitz-Prozess statt. Die vermuteten Wechselwirkungen zwischen dem Frankfurter und dem Mannheimer Verfahren lassen sich aber nur im weiteren Prozessumfeld nachweisen. Das Urteil des Mannheimer Landgerichts erging zudem vor dem Abschluss des Frankfurter Verfahrens und hatte nur eine begrenzte, wenn zum Teil auch überregionale Wirkung. Schon die reine Verhandlungsdauer von 25 Sitzungen lässt die Unterschiede zu den Verfahren der Nachkriegszeit greifbar werden, die jeweils nur zwei Verhandlungstage in Anspruch genommen hatten: Sowohl hinsichtlich der historischen Quellenlage wie auch der juristischen Erfahrungswerte fand das Verfahren in einem gesellschaftlichen Klima statt, das bereits auf zwei Jahrzehnte intensiv betriebener Vergangenheitspolitik, aber auch juristischer Aufarbeitung des Nationalsozialismus zurückblicken konnte: Ein wichtiger Aspekt, der umso mehr für das vierte Beispiel, wiederum ein NS-Verfahren vor dem Heidelberger Landgericht im Jahr 1984, gilt. Dieser Prozess gegen einen ehemaligen Gestapo-Angehörigen ist typisch für die späten Verfahren, in denen sich nach oft jahrelangem Ringen schon sehr alte Täter und Zeugen gegenüberstanden und die Urteilsfindung der Gerichte aus juristischer Sicht vor anderen »Problemen« stand als in der Nachkriegszeit oder den 1960er Jahren. Auch Teile der kritischen Öffentlichkeit hatten ihrerseits gestiegene Erwartungen an den Verlauf und den Ausgang regionaler NS-Verfahren. Und sogar der transnationale Rahmen hatte sich seit den 1960er Jahren merklich zu wandeln begonnen: Auch in anderen (west-) europäischen Ländern kam es jetzt verstärkt zu einer Beschäftigung mit NS-Verbrechen. Gerade in Frankreich wurde der Status des Landes als eines Opfers des Nationalsozialismus nun auch von offizieller Seite zunehmend thematisiert und die Rolle französischer Staatsbürger und Institutionen bei der Judenvernichtung, oder kurz: der Kollaboration, hinterfragt.[442] Gerade die Presseberichterstattung zum vierten Fallbeispiel lässt erkennen, wie sich die öffentliche Resonanz hinsichtlich der NS-Verfahren, gleichsam reziprok zur immer weiter sinkenden Zahl der verhandelten Prozesse, erneut ausgeweitet hatte.

Die vier Fallbeispiele decken also das *ganz normale* Spektrum von Verfahren wegen NS-Tötungsdelikten vor westdeutschen Gerichten ab und beschäftigen sich dabei mit *Durchschnittstätern.* Als einziger Wehmutstropfen bleibt die Einschränkung, dass sich unter den Fallbeispielen keines mit einer weiblichen Angeklagten findet. Alle im Sample vorhandenen Verfahren mit weiblichen Angeklagten fanden bereits zwischen 1946 und 1953 statt und konzentrierten sich nur auf eine sehr kleine Zahl an Verfahren. Alle vier Fallbeispiele verfügen über *klassische* Täterbilder und juristische Argumentationsfiguren, die es im Rahmen einer *dichten Beschreibung* ermöglichen, die Wechselwirkungen zwischen juristischem und öffentlichem Diskurs nachzuzeichnen und die Verfahren in gesellschaftlicher, politischer und vor allem juristischer Hinsicht in ihren zeitgenössischen Kontext einzubetten.[443]

2. ALLIIERTE RECHTSSETZUNG ODER TRADITIONELLES DEUTSCHES STRAFRECHT? NS-VERFAHREN UND TÄTERBILDER IM NACHKRIEGSDEUTSCHLAND

Politische und völkerrechtliche Ausgangssituation im Jahr 1945

Die Planungen der alliierten Siegermächte, die von den Deutschen während des Zweiten Weltkrieges begangenen Verbrechen strafrechtlich zu ahnden, hatten nicht erst mit der Kapitulation der deutschen Wehrmacht im Mai 1945 eine konkrete Gestalt angenommen. Schon während des Krieges gab es erste Bestrebungen, die Verbrechen, die in den von Deutschen besetzten Gebieten Europas begangen worden waren, zu erfassen und juristische Kriterien aufzustellen, nach denen diese nach dem Sieg der Alliierten geahndet werden konnten.[1] Am 13. Januar 1942 unterzeichneten die amtierenden Regierungschefs von acht Exilregierungen im Rahmen einer *Inter-Allied Commission for the Punishment of War Crimes* in London eine gemeinsame Erklärung.[2] Aus ihr ging am 20. Oktober 1943 die *United Nations War Crimes Commission* (UNWCC) hervor, die bereits 17 Staaten zu ihren Mitgliedern zählte. Ihre Hauptaufgabe war es, Kriegsverbrechen weltweit und zeitnah zu dokumentieren.[3] Zwischen dem 19. und dem 30. Oktober 1943 versuchten die Außenminister der UdSSR, Großbritanniens und der USA, Molotow, Eden und Hull, sich in Moskau über die nach der Beendigung des Krieges in Europa anstehenden Probleme, insbesondere die Regelung der Nachkriegsverhältnisse in Deutschland, zu verständigen. Das Schlussdokument des Treffens, die sogenannte *Moskauer Deklaration*, »übergab« die Bestrafung der deutschen Hauptkriegsverbrecher in die Hände der Alliierten, während sie den Nachkriegsregierungen der besetzten Länder zusagte, die Verantwortlichen für die auf ihrem Territorium begangenen Verbrechen ebendort selbst vor Gericht stellen zu können. Mit der *Berliner Erklärung* vom 5. Juni 1945 ging die oberste Regierungsgewalt in Deutschland in die Hände der Militärbefehlshaber der vier alliierten Siegermächte USA, Großbritannien, Frankreich und UdSSR über. Die Entscheidung, die deutschen Hauptkriegsverbrecher gemeinsam in einem *International Military Tribunal* (IMT) anzuklagen, fiel nur wenig später, zwischen dem 17. Juli und dem 2. August 1945, im Rahmen der *Potsdamer Konferenz*. Unter Ausschluss Frankreichs legten hier die »Großen Drei«, Stalin, Truman und Churchill (bzw. sein Nachfolger im Amt, Attlee), die gemeinsamen Richtlinien für die Behandlung Deutschlands fest. Die zentralen Bestandteile der Verwaltung des ehemaligen Deutschen Reiches wurden ab dem 30. August unter die Leitung des *Alliierten Kontrollrates* gestellt, der sich paritätisch aus den militärischen Oberbefehlshabern zusammensetzte und dem die Oberhoheit über alle staatlichen Aufgaben zukam. Hierzu zählte auch die Zuständigkeit für das deutsche Justizwesen.[4]

Waren das gemeinsame Ziel und die geplante Vorgehensweise bei der Bestrafung der Kriegsverbrecher in Deutschland bereits durch die Teilnehmer der alliierten Konferenzen des Jahres 1943 ausführlicher erörtert worden, so legte die am 8. August in London unterzeichnete *Charter of the International Military Tribunal* nun die konkreten (Rechts-)Grundlagen für das *IMT* fest (Statut zum Londoner Abkommen). Die politischen Absichtserklärungen wurden damit auch rechtlich gefasst. Der sogenannte Hauptkriegsverbrecher-Prozess begann am 18. Oktober 1945 mit der Eröffnungssitzung in Berlin und wurde kaum einen Monat später, am 20. November, nach Nürnberg verlegt.[5] Die Urteile gegen die ursprünglich 24 deutschen Hauptkriegsverbrecher wurden ein knappes Jahr später, am 30. September bzw. 1. Oktober 1946 gesprochen: Es ergingen zwölf Todesurteile und sieben zum Teil erhebliche Freiheitsstrafen, in drei Fällen erkannte das Gericht auf Freispruch. Die Korps der politischen Leiter von SS, SD und Gestapo wurden zu verbrecherischen Organisationen erklärt und verboten. Im politischen Raum hatte das »Dritte Reich« ein Vakuum hinterlassen, das die Besatzungsmächte zu füllen suchten – auch wenn die Demokratisierungsbemühungen der einzelnen Militärregierungen auf unterschiedlichen Erfahrungen und Vorbildern beruhten. Der Nürnberger Prozess diente als alliiertes Musterverfahren deshalb auch nicht allein dem Nachweis der individuellen Schuld der einzelnen Angeklagten. Er war darüber hinaus als ein wichtiger und öffentlichkeitswirksamer Bestandteil des alliierten Programms der Demilitarisierung, Denazifizierung, Dekartellisierung und Demokratisierung gedacht,[6] mit dem in Deutschland die politischen, militärischen, wirtschaftlichen und gesellschaftlichen Grundlagen des Nationalsozialismus beseitigt werden sollten.[7]

Auf den Nürnberger Prozess sollte in Europa für Jahrzehnte kein weiterer internationaler Prozess mehr folgen.[8] Stattdessen kam es schon in der unmittelbaren Nachkriegszeit zu einer Reihe von NS-Großverfahren unter der Hoheit einzelner Besatzungsmächte. Nur in wenigen Fällen ergab sich dabei eine die Besatzungszonen übergreifende Zusammenarbeit, zumeist der Briten und Amerikaner.[9] Von den bekannteren NS-Verfahrenskomplexen fanden die zwölf sogenannten Nürnberger-Folgeprozesse gegen die Funktionseliten des »Dritten Reiches« zwischen Dezember 1946 und April 1949[10] und die Dachau-Trials[11] in der amerikanischen Zone statt. Die Verfahren zu den im Konzentrationslager Ravensbrück begangenen Verbrechen verteilten sich auf die britische[12] und auf die französische Zone.[13] Zu den in Dachau verhandelten Verfahren gehörten zum Beispiel auch die Malmédy-Prozesse, in denen ab Mai 1946 die Misshandlung und Tötung von rund 650 alliierten Soldaten bzw. Kriegsgefangenen im Verlauf der Ardennenoffensive im Dezember 1944 verhandelt wurde: Angeklagt waren insgesamt 74 Angehörige der ehemaligen 6. SS-Panzerarmee *Leibstandarte »Adolf Hitler«*, unter anderem auch deren Kommandant, General Sepp Dietrich. Wie auch bei den anderen großen Nachkriegsverfahren, so waren Taten wie Täter im Malmédy-Prozess Gegenstand umfassender Berichterstattung in den von den alliierten Verwaltungen lizenzierten deutschen Tageszeitungen.[14] Aber nicht nur in Deutschland, auch in den während des Kriegs von deutschen Truppen besetzten europäischen Staaten kam es zu einer beträchtlichen Zahl von Verfahren gegen Deutsche und Einheimische wegen NS-Verbrechen bzw. der Kollaboration mit der deutschen Besatzungsmacht.[15] Diese Verfahren unterlagen zumeist keinem einheitlichen politischen oder gar völkerrechtlichen Konzept sondern richteten sich jeweils an der nationalen Gesetzeslage und der »empfundenen« Schwere der begangenen Verbrechen aus.[16]

Rechtliche Grundlagen der NS-Verfahren in der Nachkriegszeit

Die unterschiedlichen Vorstellungen der alliierten Siegermächte hinsichtlich der Zielsetzung und des Umfangs der Bestrafung von NS-Verbrechen ließen sich in der Praxis des Besatzungsalltages nur schwer auf einen gemeinsamen Nenner bringen.[17] Trotzdem führten einige in der unmittelbaren Nachkriegszeit gemeinsam erlassene alliierte Kontrollratsgesetze zu teilweise weitreichenden Eingriffen in die deutsche Strafrechtsgesetzgebung.[18] So wurden durch die *Kontrollratsgesetze* (KRG) *Nr. 1, Nr. 11, Nr. 34* und *Nr. 55*,[19] die *Allgemeinen Anweisungen an die Richter*[20] sowie die *Militärregierungsgesetze* (MRG) *Nr. 1* und *Nr. 2*[21] beträchtliche Teile des bestehenden deutschen Strafrechts geändert oder außer Kraft gesetzt: *KRG Nr. 1* regelte die sofortige Rücknahme von NS-Gesetzen, einschließlich »aller zusätzlichen Gesetze, Durchführungsbestimmungen, Ordnungen und Erlasse«.[22] Allein durch diese erste gesetzliche Maßnahme wurden insgesamt 25 Gesetze des nationalsozialistischen Staates aufgehoben. *KRG Nr. 11* hob neben ausgewählten Vorschriften des *Strafgesetzbuchs des Deutschen Reiches* (RStGB) erneut einzelne nationalsozialistische »Gesetze, Durchführungsbestimmungen, Ordnungen und Erlasse« auf.[23] *KRG Nr. 55* verfolgte das gleiche Ziel. *KRG Nr. 34* setzte darüber hinaus »(s)ämtliche die Organisation der Wehrmacht und der militärischen Verbände betreffenden gesetzlichen Vorschriften sowie alle Gesetze, Befehle, Dienstanweisungen, Erlasse, Anordnungen und Verordnungen, das Militärstrafprozessrecht und die Militärstrafgerichtsordnung« außer Kraft.[24] Auch *MRG Nr. 1* ordnete unter anderem die sofortige Aufhebung von NS-Gesetzen[25] an und definierte Bestimmungen über die »Nichtanwendung von Rechtssätzen«[26] sowie aktualisierte »Auslegungsvorschriften« deutscher Gesetze.[27] Aber nicht nur die Grundlagen des materiellen Rechts, auch die juristischen Institutionen wurden zum Gegenstand alliierter Initiativen: *MRG Nr. 2* verfügte nicht nur eine weitgehende Einschränkung der Zuständigkeit der deutschen Gerichte, sondern ferner die »vorübergehende Schließung von ordentlichen und Verwaltungsgerichten«.[28] Das Gesetz regelte ebenfalls deren spätere Wiedereröffnung auf entsprechende Anweisung der Militärregierungen[29] und die Zuständigkeit der deutschen Gerichte nach erfolgter Wiedereröffnung.[30]

Für die einzelnen Besatzungszonen traten zu diesen übergreifenden gesetzlichen Richtlinien nach 1946 auf Landesebene noch sogenannte *Ahndungsgesetze* hinzu, die helfen sollten, etwaige Verjährungsfristen zu suspendieren und andere Hindernisse bei der Verfolgung von NS-Straftaten zu beseitigen.[31] Die durch *MRG Nr. 2* vorübergehend geschlossenen deutschen Gerichte wurden ebenfalls wiedereröffnet. Dieser Schritt erfolgte in den einzelnen Besatzungszonen nicht zeitgleich. Bis zum Jahresende 1945 hatten die meisten der Amts-, Landes- und Oberlandesgerichte ihre Tätigkeit aber schon wieder aufgenommen. Auf Basis des *Kontrollratsgesetzes Nr. 4* bildeten die Oberlandesgerichte nun die höchste Revisionsinstanz – das Reichsgericht blieb weiterhin »suspendiert«.[32] Die Zuständigkeit für die Aburteilung von NS-Tötungsverbrechen lag bei den Landgerichten. *KRG Nr. 4* hatte den Befugnisrahmen der deutschen Gerichte in die Hände der Militärbefehlshaber der Besatzungszonen gelegt. Diese setzten in der Folgezeit die Zuständigkeit der deutschen Gerichte mit den beschriebenen Ausnahmen sukzessive auf den alten Stand zurück.

Bereits am 19. September 1945 wurden den neu errichteten Ländern Bayern, Württemberg-Baden und (Groß-)Hessen unter dem Vorbehalt, dass die übergeordneten Machtbefugnisse bei der Militärregierung verblieben, legislative, exekutive und judikative Kompetenzen des ehemaligen Deutschen Reiches übertragen – in der Praxis blieb die Rechtsprechung allerdings noch eingeschränkt.[33] Am 5. März 1946 trat in der amerikanischen Zone das *Gesetz Nr. 104 zur Befreiung von Nationalsozialismus und Militarismus* in Kraft. Die Entnazifizierung wurde damit den Deutschen, genauer: den zuständigen deutschen Behörden und Gerichten, übertragen.[34] Letztere wurden in den Besatzungszonen mit Datum des 1. April auch offiziell wieder geöffnet.[35] Trotzdem bestanden schon im Frühjahr 1946 für eine »eigene und einheitliche deutsche strafrechtliche Reinigung von der NS-Vergangenheit wenig Chancen«,[36] da sich bei der Strafverfolgung von NS-Verbrechen ein weitgehend selbstständiges Vorgehen der einzelnen Besatzungsmächte abzeichnete. Auch die Entnazifizierung der Justiz verlief von Zone zu Zone unter unterschiedlichen Vorzeichen und mit abweichender Intensität.[37] Insbesondere in der sowjetischen Besatzungszone rückte das Ziel der politischen Säuberung vor die Neuorganisation der Justiz.[38] In der britischen Besatzungszone war die politische Säuberung »erheblich kürzer« und »im Ergebnis weniger drastisch«.[39] In Württemberg-Baden, also im amerikanisch besetzten Teil Südwestdeutschlands, wurde ein *Ministerium für die politische Befreiung* gebildet. Als »Staatsekretariat mit Sonderaufgaben« befasste es sich ausschließlich mit der Denazifizierungsproblematik und wurde erst zum 1. Oktober 1950 aufgelöst.[40]

Nach Annahme der Länderverfassungen wurde durch die *Proklamation Nr. 4* der amerikanischen Militärregierung Anfang März 1947 den Ländern in der amerikanischen Besatzungszone die volle gesetzgebende, vollziehende und richterliche Gewalt zurückgegeben. Zum Kriegsende geltende deutsche Gesetzes- und Rechtsgrundlagen, die nicht ausdrücklich aufgehoben worden waren, traten wieder in Kraft.[41] Ab Ende 1947 wurden zudem die 1939 durch die Nationalsozialisten abgeschafften Geschworenen- oder Schwurgerichte wieder eingeführt. Bei diesen handelte es sich formal um Schöffengerichte, in denen Berufsrichter und Geschworene alle Tat- und Rechtsfragen gemeinsam berieten und entschieden.[42] Eine Option mit offenem Ausgang: Martin Broszat geht davon aus, dass der direkte Einfluss lokaler politischer und gesellschaftlicher Milieus zum Beispiel in der britischen Besatzungszone ab 1948 gerade dadurch erhöht wurde, dass in der Regel gemischt besetzte Schwurgerichte für NS-Verfahren zuständig waren.[43]

Gesetz Nr. 10 des Alliierten Kontrollrates

Für die deutsche Justiz kam es somit rasch zu einer – nicht von allen beteiligten Personen und Institutionen gewollten – Einbindung in die strafrechtlichen Maßnahmen der Alliierten gegen NS-Verbrecher. Die wichtigste und zugleich umstrittenste rechtliche Grundlage für NS-Prozesse unter alliierter Hoheit in der Nachkriegszeit bildete das durch die Besatzungsmächte gemeinsam beschlossene *KRG Nr. 10* vom 20. Dezember 1945.[44] Dieses Gesetz stützte sich ausdrücklich auf den Inhalt der *Moskauer Deklaration* (1943) und des *Londoner Statuts* (1945) und betraf Kriegsverbrechen, Verbrechen gegen den Frieden oder die Menschlichkeit. Für die von den Alliierten angestrebte Ahndung der deutschen bzw. nationalsozialistischen Verbrechen bedeutete *KRG Nr. 10* eine entscheidende Zäsur: Zum einen wurde der Status des Nürnberger *IMT* direkt auf die Gerichtsbarkeit der einzelnen Siegermächte übertragen. Zum anderen, und dies stellt die weitaus bedeutendere Konsequenz dar, waren nun auch deutsche Gerichte von den Besatzungsbehörden zumindest formal dazu ermächtigt, NS-Verbrechen zu bestrafen. *KRG Nr. 10* verband alliierte Rechtsnormen – ausdrücklich auch rückwirkende – mit traditionellen deutschen Rechtsgrundsätzen. Es öffnete den Gerichten somit quasi eine Hintertür auch Verbrechen anzuklagen, die im deutschen Strafrecht nicht definiert waren.[45] Die deutschen Gerichte unterlagen weiterhin strengen Auflagen: Die Erteilung einer speziellen Ermächtigung durch die alliierten Militärregierungen war auf Grundlage von *KRG Nr. 4* außerdem an die Einschränkung gebunden, dass es sich um Anklagen wegen Verbrechen handelte, die von Deutschen an Deutschen bzw. an Staatenlosen begangen worden waren:

> »Die Zuständigkeit der deutschen Gerichte erstreckt sich auf alle Zivil- und Strafsachen mit folgenden Ausnahmen: a) Strafbare Handlungen, die sich gegen die Alliierten Besatzungsstreitkräfte richten; b) Strafbare Handlungen, die von Nazis oder anderen Personen begangen wurden und die sich gegen Staatsangehörige Alliierter Nationen oder deren Eigentum richten, sowie Versuche zur Wiederherstellung des

Naziregimes oder zur Wiederaufnahme der Tätigkeit der Naziorganisationen; c) Strafbare Handlungen, in die Militärpersonen der Alliierten Streitkräfte oder Alliierte Staatsangehörige verwickelt sind; d) Andere Zivil- oder Strafsachen, die der Zuständigkeit der deutschen Gerichte nach den Anordnungen des Alliierten Militärbefehlshabers entzogen werden; d) Wenn die strafbare Handlung ihrem Wesen nach die Sicherheit der Alliierten Streitkräfte nicht gefährdet, kann der Militärbefehlshaber sie den deutschen Gerichten zur Aburteilung überlassen.«[46]

In der Praxis wurde die Möglichkeit, NS-Verbrechen auf Basis von *KRG Nr. 10* anzuklagen, nur selten in vollem Umfang genutzt, geltende Rechtslage und faktische Rechtspraxis wiesen diesbezüglich erhebliche Unterschiede aus.[47] Fallbeispiel 1, die Verhandlung vor dem Mannheimer Landgericht gegen Otto Hugo Böse und seine Mitangeklagten, bildet hier eine Ausnahme. In der offensichtlichen Diskrepanz von Rechtslage und Rechtspraxis lag einer der Gründe dafür, dass die alliierten Verfahren selbst in ihrer Hochphase kaum zum Verständnis der Deutschen für ihre jüngste Vergangenheit beitrugen, sondern stattdessen mithalfen, die Dichotomie von »guten Deutschen« und »bösen Nazis« zu stützen.[48]

Von der Möglichkeit der Zuständigkeitserklärung für deutsche Gerichte ist von den einzelnen Besatzungsmächten in unterschiedlichem Umfang Gebrauch gemacht worden:[49] Während es in der britischen Zone für bestimmte Straftatkomplexe wie Denunziation oder Verbrechen in Haftstätten und Lagern rasch zu einer generellen Ermächtigung der deutschen Gerichte kam,[50] wurden in der amerikanischen Zone in der Regel nur fallweise Einzelermächtigungen ausgesprochen.[51] Hier hatte *KRG Nr. 10* zudem keinen direkten Einfluss auf den Ablauf der Strafverfahren, es wurden stattdessen gleichlautende Ländergesetze erlassen.[52] Für das Land Württemberg-Baden fanden sich die Bestimmungen bezüglich *KRG Nr. 10* in dem im Frühjahr 1946 erlassenen *Württemberg-Badischen Gesetz Nr. 28 zur Ahndung nationalsozialistischer Straftaten* vom 31. Mai 1946.[53]

Das praktische Vorgehen in den beiden südwestdeutschen Besatzungszonen führte quasi zu einer Neufassung von Artikel IV § 10 *MRG Nr. 2*, denn in der französischen Zone wurde für das Land Baden eine allgemeine Ermächtigung erteilt, die den Gerichten die Möglichkeit gab, ein breiteres Spektrum an NS-Verbrechen zur Anklage zu bringen.[54] Die Ausdehnung der Vorschriften auf die gesamte französische Besatzungszone fand erst über zwei Jahre später statt.[55] Von Anfang an bestand in der amerikanischen Besatzungszone eine merkliche Diskrepanz zwischen der Überwachung der deutschen Gerichte durch die Militärregierung (*Supervision*) und dem in offiziellen Erklärungen postulierten Wunsch nach Unabhängigkeit der deutschen Justiz.[56] Für den Wunsch nach Unabhängigkeit sprach allerdings auch der Umstand, dass in der amerikanischen Zone neben dem *KRG NR. 10* von Beginn an das deutsche *RStGB* in der Fassung vom 15. Mai 1871, bereinigt um die Paragrafen des NS-Sonderstrafrechts, die zweite wichtige Rechtsgrundlage der NS-Verfahren bildete. In bestimmten Fällen kam darüber hinaus das *Militärstrafgesetzbuch* (MStGB) in der Fassung vom 10. Oktober 1940 zur Anwendung. NS-Verbrechen wurden somit in der Regel nach den herkömmlichen Straftatbeständen des deutschen Strafrechts bestraft. Es hatte sich im deutschen Justizwesen schnell der Standpunkt durchgesetzt, dass einschlägige Straftatbestände wie Mord, Totschlag oder Freiheitsberaubung während des »Dritten Reiches« weder ganz noch teilweise aufgehoben worden waren. Die Aburteilung der Angeklagten wegen NS-Verbrechen erfolgte deshalb durchgängig auf der Basis der §§ 211, 212 *StGB* (Mord bzw. Totschlag). Der Nachweis einer Tat war somit immer an eine bestimmte Person und den Beweis individueller Schuld gebunden.

Kriegsverbrechen sind im Sinne des deutschen Straf- und Strafprozessrechts *als solche* nach 1945 nicht unter Strafe gestellt worden.[57] Kriegsverbrechen verletzten in der Regel auch das Kriegsvölkerrecht:[58] So waren Kriegsgefangene durch das *Genfer Abkommen* vom 27. Juli 1929 geschützt und die Verbrechen an der Zivilbevölkerung wegen (angeblicher) Partisanentätigkeit entsprachen nicht den Kriterien einer völkerrechtlich zulässigen Repressalie – sie waren somit auch nach deutschem Strafrecht strafbar. Im Gegensatz hierzu handelt es sich beim Völkermord an den Juden, dem »Euthanasie-Programm« und einer Mehrzahl der Justizverbrechen ausschließlich um NS-Verbrechen: Sie waren nicht an das Bestehen eines Kriegszustandes gebunden – völkerrechtliche Rechtfertigungsgründe griffen nicht, es galt das deutsche Strafrecht.[59] Der Nürnberger Prozess trug allerdings entschieden dazu bei, die Vernichtung der europäischen Juden im Bewusstsein der meisten Deutschen als Kriegsverbrechen festzulegen. Die Taten verloren damit aber gleichzeitig den Charakter einer kriminellen Handlung, Kriegsverbrechen wurden als (logische) Folgeerscheinung von Kriegen angesehen. In der Umgangssprache wurde die Bezeichnung »Kriegsverbrecherprozesse« umgehend auf die gesamte justizielle Ahndung von NS-Verbrechen ausgedehnt.[60]

Ein Tatbestand für Völkermord wurde erst im Jahr 1954 in das deutsche Strafgesetzbuch aufgenommen. Aufgrund des Rückwirkungsverbotes konnte er bei der Anklage wegen NS-Verbrechen keine Verwendung finden.[61] Das Statut des *IMT* in Nürnberg und das *KRG Nr. 10* hatten das Rückwirkungsverbot ausdrücklich suspendiert. Um NS-Verbrechen dennoch bestrafen zu können, wurde in der Bundesrepublik auf die Forderung von Gustav Radbruch zurückgegriffen, dass ein positives Gesetz, wenn es in einem unerträglichen Maß im Widerspruch zur Gerechtigkeit steht, dieser Gerechtigkeit (als unrichtiges Recht) weichen müsse.[62] Laut einer Entscheidung des *Bundesverfassungsgerichts* (BVerfG) gilt das Rückwirkungsverbot absolut – allerdings bezogen auf Taten, die im Gültigkeitsbereich des Grundgesetzes verübt wurden.[63] Taten im Geltungsbereich anderer staatlicher Verfassungen können nur dem relativen Rückwirkungsverbot unterliegen.[64] Das Rückwirkungsverbot, welches eigentlich die Bürger vor staatlicher Willkür zu bewahren hatte, schützte auf diesem Weg auch die Machthaber vor der Verfolgung und Strafbarkeit ihrer politisch motivierten Taten:

> »Aus einem Instrument, das die Strafbarkeit politischer Handlungen ermöglichen sollte, wird das Rückwirkungsverbot hier zu einer Garantie grundsätzlicher Straf-

freiheit für die Inhaber staatlicher Macht. [...] Diese Auslegung mag dem Buchstaben des Rückwirkungsverbots entsprechen, seinem Geist entspricht sie nicht.«[65]

Insgesamt waren die juristischen Diskussionen und Kontroversen um die Anwendung des *KRG Nr. 10* in hohem Maße politisch aufgeladen. Der Anwendung des alliierten Rechts, das nicht in allen Punkten dem deutschen bzw. kontinentaleuropäischen Rechtsverständnis entsprach, kam beim »Kampf« gegen die alliierte Siegerjustiz eine symbolisch aufgeladene Rolle zu (s. u.). Die »Kann-Bestimmung«, die es den Zonenbefehlshabern ermöglichte, auch deutsche Gerichte zur Anwendung des über das deutsche Strafrecht hinausgehenden *KRG Nr. 10* zu ermächtigen, diente aber auch der Entlastung der Alliierten. Sie wurde von der deutschen Justiz also nicht nur wegen des »Zwanges« zur rückwirkenden Anwendung von Besatzungsrecht als »Zumutung« empfunden.[66]

So ist Michael S. Bryants Einschätzung zuzustimmen, wenn er anführt: »(C)riminal indictments issued between 1946 and 1951 reflect a strange mixture of Control Council, international humanitarian, and German domestic law.«[67] Aufgehoben wurde die Einschränkung der Zuständigkeit der deutschen Gerichte (*KRG Nr. 4*) erst durch *Gesetz Nr. 13* der Alliierten Hohen Kommission, das zum 1. Januar 1950 in Kraft trat.[68] Die alleinige Zuständigkeit der deutschen Gerichte für alle Formen von NS-Verbrechen war von diesem Zeitpunkt an somit auch offiziell festgeschrieben. *KRG Nr. 10* fand bis Mitte des Jahres 1951 Verwendung und wurde 1956 schließlich aufgehoben.[69] Von diesem Zeitpunkt an konnten Verfahren, die ein NS-Tötungsverbrechen als Anklagepunkt aufwiesen, nur noch unter Anwendung des deutschen Strafrechts durchgeführt werden. Am 8. Mai 1949 wurde das Grundgesetz verabschiedet und am 23. Mai, nach Genehmigung durch die westalliierten Behörden, im Bundesgesetzblatt veröffentlicht. Erst das Grundgesetz sollte eine umfassende rechtsstaatliche Neuorientierung des deutschen Straf- und Strafprozessrechts einleiten. Ein hervorstechendes Ziel der Gesetzgebung in der frühen Bundesrepublik war es, die Rechtseinheit, die durch die alliierten Bestimmungen außer Kraft gesetzt worden war, wieder herzustellen, Eingriffe der Besatzungsmächte zu korrigieren und die noch verbliebenen Reste der Gesetzgebung der Nationalsozialisten zu entfernen. Sämtliche diesbezügliche Bestimmungen finden sich im *Gesetz zur Wiederherstellung der Rechtseinheit auf dem Gebiete der Gerichtsverfassung, der bürgerlichen Rechtspflege, des Strafverfahrens und des Kostenrechts.*[70] Eine größere Zahl nach 1945 ergangener Gesetze und Verordnungen der Länder- und Besatzungszonenbehörden wurde in Folge dieser Vereinheitlichungsmaßnahme aufgehoben.[71] Nach einer Reihe von Änderungen sollte am 25. August 1953 schließlich das Strafgesetzbuch in seiner neuen Fassung verkündet werden.

Südwestdeutschland in der Nachkriegszeit

Die Hauptbruchlinie, die sich aus der Aufteilung des Deutschen Reiches in vier Besatzungszonen ergeben hatte, stand in engem Zusammenhang mit den ordnungspolitischen Konzepten und demokratietheoretischen Leitlinien der Besatzungsmächte. Hinzu traten unterschiedliche historische Traditionen im Verwaltungssystem und insbesondere auch im Rechtswesen. Die folgenden ersten beiden Fallbeispiele wurden vor deutschen Gerichten verhandelt, die im Land Württemberg-Baden ihren Sitz hatten und damit der amerikanischen Verwaltungszone angehörten. Die Stadt Mannheim lag in einer Region, in der die Grenzen von drei späteren Bundesländern, Baden-Württemberg, Hessen und Rheinland-Pfalz verliefen. Kann man diesen Teil Südwestdeutschlands, den Rhein-Neckar-Raum, aufgrund seiner gemeinsamen Geschichte mit guten Gründen als eine gewachsene »Identitätslandschaft« bezeichnen,[72] so blieb es nicht ohne Folgen für die späteren Verfahren, ob sie in der amerikanischen oder französischen Besatzungszone stattfanden, deren Trennlinie direkt an der westlichen Mannheimer Stadtgrenze, dem Rhein, verlief.

Der Südwesten Deutschlands war im März und April 1945 von amerikanischen und französischen Truppen besetzt worden.[73] Diese *doppelte* Besetzung der südwestdeutschen Staaten erfolgte in einigen Städten und Gebieten, so zum Beispiel in Landau in der Südpfalz, in direkter Abfolge.[74] Sie hatte außerdem Auswirkungen auf die Aufteilung der Besatzungszonen. Für die USA bestand die Priorität, die wichtige Autobahnverbindung zwischen den Versorgungshäfen in Bremen und Bremerhaven bis nach München in der eigenen Hand zu behalten. Dieses Ansinnen schloss gleichzeitig – gekoppelt an die vorhandene Trassenführung der Reichsautobahn – die südwestdeutschen Städte Mannheim, Karlsruhe, Stuttgart und Ulm mit ein. Diese Aufteilung konnte nur gegen starken französischen Widerstand durchgesetzt werden: Die französische Regierung betrachtete, den historischen Grenzlinien und gleichzeitig ihrer traditionellen »Deutschland«-Politik folgend, den gesamten badischen Staat entlang der französischen Ostgrenze seit den Napoleonischen Kriegen und der Inbesitznahme des linken Rheinufers durch Frankreich als quasi »angestammte« Einflusssphäre.[75] Diese Doktrin hatte schon 1806 zu einer Neugliederung der zersplitterten und kleinräumig strukturierten südwestdeutschen Staatenwelt geführt: Mit der Gründung des Großherzogtums Badens und des Königreichs Württemberg zielte Napoleon I. auch auf die Etablierung von zwei verlässlichen und ausreichend großen Verbündeten, ohne sich gleichzeitig einer potenziellen Gefahr durch einen starken benachbarten Nationalstaat auszusetzen.

Da die Amerikaner diese bisherigen historischen Grenzlinien aus praktischen Erwägungen ignorierten und die von Frankreich ins Spiel gebrachten nationalen Sicherheitsinteressen gegenüber seinem deutschen Nachbarn eher niedrig ansetzten, erfolgte in der durch Frankreich verwalteten Besatzungszone die Gründung von drei »übersichtlichen« Ländern: Rheinland-Pfalz, Baden bzw. (Süd-)Baden und Württemberg-Hohenzollern. Der mondäne und von Zerstörungen weitgehend verschonte Kurort Baden-Baden wurde zum gleichzeitigen Sitz der französischen Militärregierung und der französischen Zivilverwaltung.[76] Die Vertreter der amerikanischen Besatzungsbehörden vereinigten bereits im August 1945 die nördlichen Teile Badens und Württembergs im neu geschaffenen Land Württemberg-Baden und bestimmten Stuttgart zum Regierungssitz.[77]

Aus der Menge der akuten Probleme der Bevölkerung wie der kommunalen und regionalen Politik in der Nachkriegszeit ragten insbesondere zwei heraus, auf die im Rahmen der ersten beiden Fallbeispiele punktuell zurückzukommen sein wird: die Entnazifizierung der deutschen Bevölkerung[78] und die Integration der Heimatvertriebenen und Flüchtlinge aus den ehemaligen deutschen Ostgebieten. Nicht nur bei den rechtlichen Grundlagen der NS-Verfahren, auch bei der Entnazifizierung standen sich im Südwesten Deutschlands das amerikanische und französische Modell gegenüber: Letzteres war durch eine größere Effizienz gekennzeichnet, da die Vorgaben zumeist pragmatisch, also direkt »vor Ort«, umgesetzt wurden.[79] Da sich Frankreich zuerst strikt weigerte, deutsche Flüchtlinge in seiner Besatzungszone aufzunehmen, ließ sich das Gros der Flüchtlinge in der amerikanischen Besatzungszone, in Nord-Baden und Nord-Württemberg, nieder.[80] Die Integration der größtenteils katholischen Flüchtlinge, die mehrheitlich aus der Tschechoslowakei, Ungarn und den Balkanländern stammten und nicht nur die bisherigen Konfessionsverhältnisse auf den Kopf stellten, führte zuerst zu Spannungen, galt aber bereits in den 1960er Jahren als schließlich doch geglückt.[81]

NS-Verfahren und regionale Tagespresse im Südwesten

Medialisierungsschübe werden heute allgemein mit gesellschaftlicher Emanzipation und Fortschritt gleichgesetzt. Medien agieren ihrem Selbstverständnis nach als gleichberechtigte Akteure in der politischen Arena. In demokratischen Staatswesen nehmen sie als sogenannte »vierte Gewalt« eine Vermittlungs- und Kontrollfunktion ein. Dieses aktive und gestaltende Verständnis von Medien setzt eine Öffentlichkeit voraus, die ihre eigenen demokratischen Voraussetzungen kritisch zu reflektieren in der Lage ist.[82] Nicht nur der Nationalsozialismus, auch die übrigen totalitären Systeme des 20. Jahrhunderts haben gezeigt, dass mediale Innovationen und Demokratisierungsbestrebungen nicht immer im Gleichschritt verlaufen: »Medialisierung bezeichnet insofern keine Einbahnstraße in Richtung Modernisierung und Liberalisierung der Gesellschaft, sondern einen offenen, und politisch wohl ambivalenten Prozeß.«[83] Dies gilt insbesondere für die Leitmedien der Nachkriegszeit und der ersten Hälfte der 1950er Jahre, die Tages-, Wochenzeitungen und Zeitschriften unterschiedlichster politischer und gesellschaftlicher Couleur. In der Nachkriegszeit zeichnete sich die deutsche Presselandschaft durch eine Vielzahl an Organen mit unterschiedlichsten Ausrichtungen aus. Ab den 1960er Jahren dominierten dagegen nur noch wenige großen Tages- und Wochenzeitungen, flankiert von der regionalen Tagespresse, den Markt. Diejenigen Presseorgane, die sich in den beiden Randbereichen des politischen Spektrums platziert hatten, verfügten spätestens ab der Mitte der 1960er Jahre über keine markante Leserschaft mehr.

NS-Verfahren fanden, dies geht aus den vorherigen Abschnitten zu den politischen und rechtlichen Grundlagen hervor, nicht in einem luftleeren Raum statt, sondern in der Mitte der deutschen Nachkriegsgesellschaft. Sowohl die Tagespresse als auch die unzähligen wöchentlich erscheinenden Zeitschriften begleiteten die justizielle Ahndung von NS-Verbrechen als »passive« Berichterstatter und als Chronisten von Skandalen. Sie agierten in einzelnen Fällen als Kommentatoren aber auch »aktiv«, als Auslöser oder Antreiber gesellschaftlicher Debatten.[84] Die gesellschaftspolitische Reichweite der Medienberichterstattung über lokale oder regionale NS-Verfahren wird in der Forschung bis heute allerdings als eher gering eingeschätzt:

> »NS-Prozesse bildeten im Prinzip zwar immer wieder Anlässe für die journalistische Berichterstattung. Aber nur einzelne von ihnen haben zumal über längere Zeit die Aufmerksamkeit der Medien gefunden. Es waren nur die spektakulären, journalistisch besonders nachrichtenwürdigen, die zur Kenntnis einer breiteren Öffentlichkeit gelangten.«[85]

Ungeachtet dessen, dies zeigen insbesondere die Fallbeispiele 1 und 2, war die Berichterstattung über die Hinterlassenschaften des Nationalsozialismus ein sowohl vom Inhalt wie vom Umfang her wichtiger Bestandteil des täglichen Angebotes der regionalen Presse an ihre Leserschaft. Der Bereich der Lokalberichterstattung gehört bis heute in der Regel zu den Hauptkriterien bei der Kaufentscheidung für eine bestimmte Tageszeitung.[86] Die Lokalberichterstattung ermöglicht eine umfassende Partizipation am regionalen Informationsangebot und legt somit den Grundstein für eine von vielen Bürgern geteilte ortsnahe Diskussionskultur. Gleichzeitig entscheidet die lokale Tagespresse aber auch in einem beträchtlichen Maß darüber, welches diese lokalen Gesprächsthemen sind: Gerade der Lokalpresse stehen in ihrem regionalen Umfeld nicht unerhebliche Mittel zur Verfügung, ein erfolgreiches Agenda-Setting[87] zu betreiben. Im Mittelpunkt der Berichterstattung in der amerikanischen Zone standen zuvorderst die Entnazifizierungsverfahren vor den örtlichen Spruchkammern, die auf Grundlage der *Kontrollratsdirektive Nr. 38* die betroffene deutsche Bevölkerung in die fünf Kategorien Hauptschuldige (I), Belastete (II), Minderbelastete (III), Mitläufer (IV) und Entlastete (V) einzuteilen hatten.[88] So verfügten viele Blätter, wie zum Beispiel das zwischen 1946 und 1950 in Stuttgart verlegte *Das neue Vaterland*, mit dem Untertitel »Freie demokratische Wochenschrift für Politik, Wirtschaft und Kultur« über eine eigene Rubrik »Vor der Spruchkammer«.[89] Hier wurden, dem liberalen und überregionalen Anspruch des Blattes entsprechend, nur die Spruchkammerverfahren und -urteile der Leserschaft bekannt gemacht, die sich gegen ehemalige »Persönlichkeiten« des NS-Systems richteten. Ähnliche Rubriken lassen sich mit lokalem oder regionalem Bezug auch in den meisten südwestdeutschen Tages- und Wochenzeitungen zumindest für die ersten Nachkriegsjahre nachweisen. Um die Bedeutung der NS-Verfahren in der Medienberichterstattung einschätzen zu können, muss natürlich der Einfluss der Lizenzierungspolitik Berücksichtigung finden. Die lokale und regionale Berichterstattung sollte vor allem in der frühen Nachkriegszeit aber auch immer wieder in Relation zum Umfang und dem übrigen Zeitungsinhalt gesetzt werden: Wenn beispielsweise eine wöchentlich erscheinende Zeitung wie die kommunistische *Volksstimme* im Bezirk Württemberg-Baden insgesamt nur über eine Papierzuteilung für vier Druckseiten verfügte, dann waren zwei oder drei längere Berichte über NS-Verfahren in einer einzigen Ausgabe von nicht unerheblicher Bedeutung bei der inhaltlichen »Vorgabe« für die Leserschaft des Blattes.[90]

Die Regeln und Vorgaben der alliierten Presse-, Lizenzierungs- und Reeducationpolitik[91] gilt es insbesondere beim folgenden ersten Fallbeispiel, dem Verfahren gegen Otto Hugo Böse und seine beiden Mitangeklagten vor dem Landgericht Mannheim in den Jahren 1947 und 1948, zu beachten. Die Hauptquelle beim Nachzeichnen der lokalen Berichterstattung bildet der in Mannheim erscheinende *Mannheimer Morgen.* Die zuständigen amerikanischen Stellen hatten den beiden Herausgebern Eitel Friedrich Freiherr Schilling von Canstatt und Oskar Hörrle im Jahr 1946 die Lizenz für den Druck einer Zeitung für das Stadtgebiet Mannheim erteilt. Diese erschien ab dem 6. Juli 1946 und hieß zunächst *Der Morgen*; der Name musste aber schon nach kurzer Zeit des Erscheinens im Oktober des Jahres wegen Urheberrechtsproblemen in *Mannheimer Morgen* geändert werden.[92] Im Jahr 1951 übernahm der *Mannheimer Morgen* zudem das seit 1949 wieder erscheinende *Heidelberger Tageblatt*, 1967 kam die sozialdemokratische Mannheimer *Abend-Zeitung*[93] hinzu. Heute erstreckt sich das Verbreitungsgebiet des *Mannheimer Morgens*, inklusive der kooperierenden Tochterzeitungen, auf das gesamte rechtsrheinische Gebiet der Rhein-Neckar-Region.[94]

Das zweite Fallbeispiel, der Prozess gegen Johann Herzog vor dem Heidelberger Landgericht im Dezember 1949, fiel schon in eine neue Zeitphase der Medienberichterstattung, in der keine alliierten Vorgaben mehr bestanden und die Bundesrepublik als Staats- und Gesellschaftsordnung eigenständige Wege finden musste, sich mit den NS-Verbrechen juristisch wie moralisch auseinanderzusetzen.[95] Auch die Weichen in der Presse- und Zeitungslandschaft waren in der Zwischenzeit neu gestellt worden: »Erst mit der Währungsreform und der Gründung der Bundesrepublik wurden für weite Bereiche der Printmedien überhaupt wieder marktwirtschaftliche Bedingungen hergestellt.«[96] Die Heidelberger *Rhein-Neckar-Zeitung*, die dominierende Tageszeitung in der Region Heidelberg, war schon am 5. September 1945 als direkte Nachfolgerin der *Mitteilungen* bzw. später *Süddeutschen Mitteilungen* unter der Lizenz der *Information Control Division* (ICD) gegründet worden.[97] Die *Süddeutschen Mitteilungen* waren zuvor von der *Psychological Warfare Division* der 12. US Army Group herausgegeben worden.[98] Die

Zeitungen der Alliierten Heeres- bzw. Armeegruppen hatten während des Krieges den Auftrag, die Bevölkerung in ihrer Landessprache zu informieren. Nach Kriegsende zielte die Militärverwaltung durch die von ihr offiziell lizenzierten Presseerzeugnisse auf politische Umerziehung und den Wiederaufbau hin. Die Zeitungen enthielten zudem amtliche Bekanntmachungen, inklusive der Benachrichtigung der Bevölkerung über die Aufhebung von NS-Gesetzen oder die Herausgabe alliierter Verordnungen.[99] Ihre Nachfolger waren Lizenzausgaben wie die *Rhein-Neckar-Zeitung*, die nach den *Aachener Nachrichten* und der *Frankfurter Rundschau* die dritte der schon unmittelbar nach Kriegsende genehmigten Zeitungen in Deutschland war. Die Herausgeber bei der Gründung waren Rudolf Agricola (KPD), Theodor Heuss (Liberale) und Herrmann Knorr (SPD). Das Herausgebertrio repräsentierte damit die wichtigsten parteipolitischen Strömungen der unmittelbaren Nachkriegszeit.[100] Sogenannte »Altverleger« sollten aus der neuen Presselandschaft herausgehalten werden. Die Zeitungslizenzen wurden immer mindestens zwei, später auch mehreren Herausgebern erteilt, die zudem unterschiedlichen antinazistischen politischen Lagern angehören sollten.[101] In den ersten Jahren ihres Erscheinens galt die Zeitung als eher sozialdemokratisch orientiert, später, insbesondere seit den 1970er Jahren, als bürgerlich-konservativ – eine Richtungsänderung, der im Rahmen des vierten Fallbeispiels noch eine wichtige Rolle zukommen wird.

Als weitere und ergänzende Quellen für die folgenden Abschnitte und Kapitel dienen die in Ludwigshafen seit dem 29. September 1945 erscheinende *Rheinpfalz*, heute mit zwei Haupt- und zehn Regionalausgaben die größte Tageszeitung in der gesamten Pfalz. Die erste Ausgabe des im gesamten südhessischen Raum verbreiteten *Darmstädter Echo(s)*, der Regionalzeitung für Darmstadt und Umgebung, erschien am 21. November 1945 unter amerikanischer Lizenz. Die *Badische(n) Neuesten Nachrichten* verfügen heute im Stadt- und Landkreis Karlsruhe über eine Monopolstellung. Die Zeitung erscheint seit dem 1. März 1946, nachdem Hans Wilhelm Baur und Walter Schwerdtfeger von der amerikanischen *ICD* die Lizenz zur Herausgabe einer Tageszeitung in Karlsruhe erhalten hatten. Die Zeitung gilt bis heute als konservativ, katholisch und antikommunistisch ausgerichtet. Die *Stuttgarter Zeitung* berichtet als Regionalzeitung mit überregionalem Anspruch als einzige Tageszeitung aus allen Landesteilen Baden-Württembergs. Sie steht in der Tradition des *Neuen Stuttgarter Tagblatts*, das 1945 von den Alliierten eingestellt wurde. Direkter Vorläufer war vom 3. August bis zum 14. September 1945 die *Stuttgarter Stimme*, bevor die Zeitung den neuen Herausgebern Josef Eberle, Karl Ackermann und Henry Bernhard von der *ICD* übergeben wurde und am 18. September die erste Ausgabe erschien.[102] Die *Stuttgarter Nachrichten* sind neben der *Stuttgarter Zeitung* die zweite Tageszeitung in der baden-württembergischen Landeshauptstadt. Ihr Verbreitungsgebiet erstreckt sich heute auf den gesamten Ballungsraum Stuttgart. Die Zeitung erschien erstmals am 12. November 1946 unter der Lizenz der amerikanischen Militärregierung. Herausgeber waren Henry Bernhard, Otto Färber und Erwin Schoettle.[103]

Die zu den beiden extremen Polen des politischen Meinungsspektrums tendierenden Blätter zeigten hinsichtlich der Berichterstattung über NS-Verfahren schon in der unmittelbaren Nachkriegszeit deutliche Unterschiede: Die rechtskonservativen Blätter beschränkten sich zumeist auf ein Kommentaritat der »großen« vergangenheitspolitischen Fragen, so der Nürnberger Prozesse, der Behandlung der noch in alliierter Haft einsitzenden deutschen Kriegsverbrecher oder der Amnestiegesetzgebung der Bundesregierung. Die diesbezüglichen Forderungen an die Alliierten wie auch die deutsche Regierung wurden nach Gründung der Bundesrepublik innerhalb nur weniger Monate immer konkreter und drängender, wie die Darstellung des historischen Hintergrundes zum Fallbeispiel 2, dem Heidelberger Verfahren gegen Johann Herzog im Dezember 1949, noch im Einzelnen verdeutlichen wird.

Dem linken politischen Spektrum nahestehende Tages- und Wochenzeitungen, so beispielsweise das »Mitteilungsblatt der kommunistischen Partei Deutschlands«, die *Volksstimme*, berichteten in ihren Bezirksausgaben auch über die in der jeweiligen Region bedeutsamen NS-Verfahren. Wie das erste Fallbeispiel zeigt, spielte der konkrete Verfahrensinhalt dabei durchaus eine wichtige Rolle: Stammten die Opfer wie im vorliegenden Fall aus der Arbeiterschaft, also der vermuteten Leserschaft der Zeitung, so war in der Berichterstattung der Tenor der »Empörung« deutlich auszumachen. Im Verlauf der Jahre nahmen aber auch in diesem Segment der Tages- und Wochenpresse Umfang und Intensität der Berichterstattung über NS-Verfahren ab. Selbst Prozesse wie das zweite Fallbeispiel erfuhren trotz gewachsenem Umfang des Blattes[104] keine nachweisliche Resonanz. Dies überrascht umso mehr, da in dem Prozess gegen einen ehemaligen Kapo des Konzentrationslagers Buchenwald Tötungshandlungen gegenüber Mitgefangenen im Zentrum der Anklage standen und zu den vermuteten Opfern deutsche wie auch ausländische Sozialdemokraten und Kommunisten gehörten. Inwieweit der Umstand eine Rolle spielte, dass ein Großteil der Opferzeugen über einen Wohnsitz auf dem Gebiet der DDR verfügte, kann an dieser Stelle nur vermutet werden.

Für die unmittelbare Nachkriegszeit lässt sich noch eine andere Form der Tages- bzw. Wochenzeitungen nachweisen, nämlich die von den Alliierten herausgegebenen regionalen Nachrichten für das in den deutschen Städten stationierte Militärpersonal und deren Familien. Diesen Veröffentlichungen kam nach Gründung der Bundesrepublik allerdings fast keine Bedeutung mehr zu. In Zusammenhang mit den hier behandelten NS-Verfahren ist *The Heidelberg Post* ein Beispiel für diese Zeitungsart.[105] Trotz des vergleichsweise geringen Seitenumfangs[106] enthielt die Zeitung Nachrichten aus der Region Heidelberg und Mannheim, eine umfangreiche Sportberichterstattung und eine Art »Feuilleton«, das Kino- und Theaterprogramme sowie gemeinsame deutsch-amerikanische Kulturveranstaltungen im weitesten Sinne enthielt. Die alliierten und deutschen NS-Verfahren gehörten hingegen nicht zum Gegenstand des öffentlichen Interesses der Streitkräfte und ihrer Angehörigen: Wenn über Prozesse berichtet wurde, dann nur in den Fällen, in denen amerikanische Interessen direkt betroffen waren, wie bei Einbrüchen in amerikanische Wohnungen, Benzin- und Materialdiebstählen in Kasernen, Schlägereien zwischen Deutschen und Angehörigen der amerikanischen Streitkräfte oder beim Handel mit Drogen und verbotenen Substanzen.[107]

2.1 Drei ehemalige Ordnungspolizisten vor dem Landgericht Mannheim 1947/1948

Verfahrensgegenstand: Endphaseverbrechen

Rüter und de Mildt haben auf Basis der Urteilssammlung *Justiz und NS-Verbrechen* die Geschichte der NS-Prozesse in sieben Zeitabschnitte unterteilt, in denen sich jeweils unterschiedliche Bezüge hinsichtlich der Schwerpunkte der Strafverfolgung bzw. -ahndung und der Zahl der Angeklagten ergeben haben:[108] In die erste Zeitperiode, die erweiterte Nachkriegszeit zwischen 1945 und 1952, fielen, nimmt man die Gesamtzahl der Angeklagten als Grundlage der Berechnung, fast 40 Prozent aller erfolgten Verurteilungen bis 1998.[109] Die Ermittlungsbemühungen der Justiz konzentrierten sich dabei hauptsächlich auf die sogenannten *tatnahen* Täter, also diejenigen, die am Ende der Befehlsketten standen und die mörderischen Taten selbst ausgeführt hatten. Knapp über die Hälfte der Verfahren in diesem Zeitraum beschäftigte sich mit in den letzten Kriegsmonaten begangenen Verbrechen der Endphase bzw. Endphaseverbrechen.[110] In der Mehrzahl handelte es sich dabei um *in* Deutschland und *von* Deutschen *an* Deutschen begangene Verbrechen,[111] zu denen auch die Wehrmachtsverbrechen zählen. Diesen Umstand nur mit dem Verweis auf die Alleinzuständigkeit der deutschen Justiz für diese Verbrechen erklären zu wollen (vgl. die Ausführungen zu *KRG Nr. 4, Nr. 10* weiter oben), greift insgesamt aber zu kurz, wie ein Blick auf die konkreten Inhalte der Verfahren zeigt:[112]

Die Endphaseverbrechen,[113] chronologisch grob in den letzten Monaten und Wochen des Zweiten Weltkrieges verortet, beziehen sich, wie die nationalsozialistischen Gewaltverbrechen allgemein, auf ein sehr breites Spektrum von Tatkomplexen. Sie verfügen allerdings über ein distinktives Moment, das sie von anderen nationalsozialistischen Gewaltverbrechen unterscheidet: Sie fanden in der Regel im Inneren des Deutschen Reiches statt und wurden in den meisten Fällen in und vor den Augen der Öffentlichkeit begangen. Das Täterspektrum erweiterte sich dabei ebenfalls grundlegend und beschränkte sich nicht mehr nur auf die Angehörigen des klassischen nationalsozialistischen Verfolgungs- und Täterapparats wie der Gestapo, der SS oder der Einsatzgruppen, sondern schloss auch viele »ganz normale« Volksgenossen mit ein. Während die Endphaseverbrechen über eine strukturelle Homogenität verfügen, kennzeichnet sie gleichzeitig eine lokale

Disparität. Gerade im Vergleich mit den NS-»Staatsverbrechen« unterliegen sie dem starken Einfluss lokaler und regionaler Gegebenheiten.[114] Strukturelle wie auch situative Grundmuster, die im Zusammenhang der Endphaseverbrechen und damit auch in den entsprechenden NS-Verfahren nach 1945 immer wiederkehren, sind direkte Tötungsdelikte oder Delikte, die den Tod eines Menschen zur Folge hatten, die auf das Hissen einer weißen Fahne beim Einmarsch bzw. bevorstehenden Einmarsch alliierter Truppen erfolgten usw. Den noch im Kampf stehenden NS-Formationen bzw. Wehrmachtseinheiten fielen dabei in der Regel deutsche Zivilisten zum Opfer, »die am Sinn des Kampfes ›bis zum letzten Mann‹ zweifelten, die diesen Kampf vermeintlich gefährdeten oder sich ihm aktiv widersetzten«.[115]

Wie in den einleitenden Abschnitten bereits mehrfach betont, so lassen sich in der Forschungsgeschichte zu NS-Tätern und NS-Prozessen verschiedene, sich zum Teil überlagernde Phasen mit unterschiedlichen wissenschaftlichen Akzentuierungen, Methoden und Täterbildern sowie spezifisch politisch-kulturellen Umgangsformen unterscheiden.[116] Eines der bekanntesten Motive des frühen Täterdiskurses, für das sich zahlreiche Beispiele bis zum Ende der 1950er Jahre finden lassen, ist in der Forschung als »Distanzgewinnung durch Exterritorialisierung« zusammengefasst worden. Die Taten und die Täter wurden in diesen Fällen von den geltenden gesellschaftlichen Normen und der Alltagssprache abstrahiert, entkoppelt und somit quasi »entwirklicht«, d. h. aus der Realität und Erfahrungswelt der Nachkriegsdeutschen und Bürger der frühen Bundesrepublik ausgeschlossen. Die NS-Verfahren trugen somit auch zu einer Separierung von Schuld, nicht zu deren Individualisierung bei. Das »Böse« wurde vom Rest der Gesellschaft abgetrennt. Diese »Distanzgewinnung« vonseiten der deutschen Öffentlichkeit, aber auch vonseiten der Politik, basierte, in kurzen Stichworten zusammengefasst, auf zwei Annahmen, die beide in ihrer breitenwirksamen Form bereits in den Nürnberger Kriegsverbrecherprozessen zu finden waren:

Die Externalisierung aus der deutschen Nachkriegsgesellschaft erfolgte *erstens* auf dem Wege der politischen Hierarchie: Verantwortlich für die Verbrechen war allein der kleine Kreis der nationalsozialistischen Führungsschicht, zugespitzt im NS-»Dreigestirn«, bestehend aus Hitler, Himmler und Heydrich. Die restliche deutsche Bevölkerung war, mit den jeweils gebotenen Abstufungen, höchstens schuldig, die Taten auf Befehl oder in der Annahme eines sogenannten militärischen Befehlsnotstandes ausgeführt zu haben. Pointierter formuliert: Der »Nürnberger Trichter« machte eben doch nicht »alle Köpfe lichter«.[117] Die *zweite* Form der Externalisierung beruhte auf der sozialen Ausgrenzung der Angeklagten. Gängige oder zumindest von breiten Bevölkerungsschichten geteilte Annahmen über Verbrechen und Verbrecher, die in der Gesellschaft ihre zum Teil öffentliche Manifestation erfuhren und auch in die Rechtsprechung einflossen, bezogen sich neben dem sozialen Status ebenso auf Annahmen über generationen- oder geschlechterspezifische Typisierungen.[118] Das dominierende Bild der Täter war das der »Bestien«, die sich hinsichtlich der ihnen vorgeworfenen Taten und Vergehen als *un*-menschlich bzw. *nicht*-menschlich gezeigt hatten (s. o.). Den oft aus den sozialen Unterschichten stammenden Angeklagten, und nicht zuletzt basierend auf den Annahmen über ihren sozialen Status, wurden teilweise pathologische Charaktereigenschaften zugeschrieben, die sie in die Nähe von Tieren oder anderen nichtmenschlichen Kreaturen rückten.[119] Auch Richter und Staatsanwälte standen nicht außerhalb dieser gesellschaftlichen Sprach- und Normkonventionen: Schon in den ersten Prozessen mit weiblichen Angeklagten hatte sich ein hohes Irritationspotenzial von Justiz und Öffentlichkeit im Umgang mit Täterinnen gezeigt. Nicht die Taten, allein die Abweichung von den gebräuchlichen Weiblichkeits- und Mütterbildern, führten zum Entsetzen der Öffentlichkeit und zur – teilweise sogar offensichtlichen – Beeinflussung des juristischen Diskurses in Person der Staatsanwälte und Richter.[120] In vielen Fällen vermischten sich aber die Kategorien der Opportunisten und Exzesstäter zu einem nicht immer eindeutigen Bild. Lea Rosh und Jörg Friedrich haben das traditionelle Bild der NS-Täter in der frühen Bundesrepublik später so zusammengefasst: »Ausschließlich die KZ-Bestien, Hitlers Clique und die Richter kamen für die ›Täterschaft‹ in Frage. Letztere theoretisch.«[121]

In den späten 1940er und frühen 1950er Jahren gab es aber auch Fälle, in denen zwar ausdrücklich auf Befehlsnotstand und Einordnung als »Gehilfentat« plädiert wurde, das im Prozess erzeugte Täterbild eines »Befehlsempfängers« aber in Teilen der Öffentlichkeit (noch) nicht auf eine entsprechende Resonanz traf. Dies sollte im »Mannheimer-Böse-Prozess« nicht allein auch daran liegen, dass sowohl Täter wie Opfer deutsche Volksgenossen waren und ein »klassisches« Endphaseverbrechen zur Verhandlung anstand. Damit sind Rahmen und Ausgangssituation für den Tathergang abgesteckt, mit dem sich das Landgericht Mannheim gleich zweimal, im Februar 1947 und im Juni 1948, beschäftigen sollte.

Weiße Fahnen und drei tote Zivilisten: Ein Kriegsende in Mannheim

Am 17. März 1945 hatte das Alliierte Oberkommando im Namen General Dwight D. Eisenhowers per Flugblatt der Zivilbevölkerung im Südwesten Deutschlands mitgeteilt,[122] dass die Gebiete »Frankfurt am Main und Mannheim-Ludwigshafen« von diesem Zeitpunkt an als »Kampfzonen« zu betrachten seien: Die »Kriegsindustrien Frankfurts und Mannheim-Ludwighafens werden von jetzt ab einem erbarmungslosen Bombardement ausgesetzt.« Die Bevölkerung wurde ultimativ aufgefordert, »sich selbst und ihre Familien unverzüglich ausserhalb der Kampfzone in Sicherheit zu bringen«.[123] Größere Teile der Bevölkerung verließen in den folgenden Tagen panikartig die Stadt. Am 25. März, Palmsonntag, wurde ein ausdrücklicher, auf eine Anweisung Hitlers zurückgehender, NSDAP-Befehl bekannt gemacht, der eine planmäßige Evakuierung des Kampfgebietes – mit Ausnahme der wehrfähigen Männer, »die im Kampfeinsatz des Volkssturmes stehen oder zur Unterstützung der kämpfenden Truppen dringend notwendig sind« – ankündigte.[124] Obwohl die Bevölkerung den Aufrufen Folge leistete, befanden sich Ende März nach offiziellen Schätzungen noch zwischen 50.000 und 100.000 Menschen im Stadtgebiet Mannheims. Ebenfalls am 25. März erfolgte die Sprengung der Neckarbrücken. Die Brückenverbindungen über den Rhein nach Ludwigshafen waren bereits am 20. März, nur einen Tag nach Hitlers sogenanntem Nero-Befehl,[125] »planmäßig« gesprengt worden. Am 26. März kam es zu weitläufigen Plünderungen von Weinlagern, Lebensmittelgeschäften und Eisenbahnwaggons; der Mannheimer Kampfkommandant Major Fohr verhängte deshalb am 27. März den Belagerungs- bzw. Ausnahmezustand über die Stadt, der insbesondere ein nächtliches Ausgangsverbot zwischen 20:00 und 6:00 Uhr vorsah.[126] Nach mehrtägigem Dauerbeschuss rückten Panzer und Bodentruppen am 29. März bis in die Innenstadt vor, nachdem es am frühen Morgen einigen Bürgern und Kommunalpolitikern gelungen war, Mannheim kampflos den Amerikanern zu übergeben. Die Führungsspitzen der NSDAP hatten sich zum Teil schon einige Tage zuvor aus der Stadt abgesetzt, die verbliebenen deutschen Einheiten Mannheim in der Nacht verlassen.[127]

In genau diese kurze Zeitphase des Übergangs zwischen den letzten Tagen des Krieges und dem ersehnten Frieden fiel das tragische Geschehen, das zwei bzw. drei Jahre später jeweils zu einem Verfahren vor dem Mannheimer Landgericht führen sollte und das in der Forschungs- und Sachbuchliteratur, die sich mit dem unmittelbaren Kriegsende in Mannheim befasst, eine vielgestaltige Resonanz erfahren hat. Einige Beispiele für diese in einigen Fällen auch ungenau oder sogar fehlerhaft angeführte Episode werden aus diesem Grund hier ausführlicher zitiert:

> »Während schon über die Übergabe verhandelt wird, fordert der Nationalsozialismus weitere Opfer. Trotz des allgemeinen Durcheinanders in diesen Tagen war der Befehl Himmlers auf dem Polizeipräsidium eingetroffen, daß alle *Männer vom 14. Lebensjahr* (!) an sofort zu erschießen seien, wenn sie in Häusern mit weißen Fahnen angetroffen würden. Das Ufa-Palast-Hochhaus in N 7 ist eines der Häuser, auf dem eine weiße Fahne gehißt ist. Im Keller des Gebäudes spürt die Polizei den Fabrikationsleiter Hermann Adis, den Expeditionsleiter Erich Paul und den Hausmeister Adolf Doland auf. Sie werden ergriffen und sofort in den Lauerschen Gärten standrechtlich erschossen.«[128]
>
> »Von Stunde zu Stunde wächst die Erregung. Weiße Fahnen erscheinen, auch in der unter Artilleriebeschuß liegenden Innenstadt an den Häusern. Standrecht ist verkündet. Auf dem Polizeipräsidium trifft Himmlers Befehl ein, alle Männer vom 15. Lebensjahr [sic!] ab sofort zu erschießen, die in Häusern mit weißen Fahnen angetroffen würden. Ein mit dem Vollzug beauftragter Polizeihauptmann zögert nicht, den verbrecherischen Befehl blindlings auszuführen, obwohl die Absetzung der Schutzpolizei bereits im Gange ist. Drei Männer, die beim Durchsuchen des mit weißen Fahnen versehenen Hochhauses N 7 im Keller aufgefunden werden,

fallen sofortiger Exekution zum Opfer. Sie werden von Polizeiwachtmeistern in den Lauerschen Gärten erschossen. Als unvermeidliche Erfüllung einer Gehorsamspflicht wird dieser übersteigerte Fanatismus bei der späteren Gerichtsverhandlung [sic!] begründet.«[129]

»Die Erschießung von Hermann Adis, Erich Paul und Adolf Doland in den Lauerschen Gärten, weniger als 24 Stunden vor dem Eintreffen der Amerikaner, legt Zeugnis dafür ab, mit welcher Brutalität die Handlanger des NS-Regimes noch fünf Minuten nach zwölf den verständlichen Wunsch, das Kriegsende abzukürzen, zu unterdrücken versuchten, welches Risiko mithin ein zu frühes »Anpassen« an die zu erwartende Änderung bedeutete. Adis, Paul und Doland, alle drei Angestellte der Firma »Samt und Seide« waren im Kaufhaus N 7 festgenommen worden, an dessen Turm eine weiße Fahne wehte.«[130]

Wie ließ sich das zum Zeitpunkt der ersten Verhandlung bereits fast zwei Jahre zurückliegende Geschehen nun vor Gericht rekonstruieren?[131] Die Beschreibung der »Erschießung in den Lauerschen Gärten« einer »(t)raurigen Berühmtheit« des Kriegsendes in Mannheim, geht nach Ansicht des bearbeitenden Redakteurs des Bildbandes »Mannheim 1945. Kriegsende und Neubeginn«, Volker Keller, »minutiös aus den Urteilen des Landgerichts Mannheim hervor«.[132] Auch die folgende Darstellung der Tat und ihres historischen Hintergrundes orientiert sich in erster Linie an der Darlegung der beiden Urteile des Landgerichts Mannheim vom 28. Februar 1947 bzw. vom 11. Juni 1948:

Am Morgen des 28. März wurde vom kommandierenden General im Kampfabschnitt, in dem Mannheim lag, Generalmajor Pettersdorf, der im Original von Keitel, Himmler und Bormann unterzeichnete sogenannte »Flaggenbefehl« an die Mannheimer Kampfbunker fernmündlich weitergeleitet und vom Mannheimer Kampfkommandanten Major Fohr in der Anwendung auf das Mannheimer Stadtgebiet umgehend bestätigt:

»Das feige Verhalten der Bevölkerung nimmt in der letzten Zeit überhand, so dass mit den schärfsten Mitteln eingegriffen werden muss. Ich befehle, ab sofort in den Häusern, an denen weiße Tücher oder Fahnen geflaggt werden, die männliche Bevölkerung über 14 Jahre an Ort und Stelle zu erschiessen. Wer diesen Befehl nicht ausführt, wird erschossen.«[133]

Um die Mittagszeit des gleichen Tages war der spätere Angeklagte, der Hauptmann der Schutzpolizei Otto Hugo Böse, mit dem Befehl versehen worden, mit zwei ihm unterstellten Panzernahbekämpfungstrupps, bei deren Angehörigen es sich ausschließlich um Beamte der Ordnungspolizei handelte, den Bunker am Mannheimer Goetheplatz von den anwesenden Zivilisten räumen zu lassen, damit dort das Kampfkommando einziehen konnte. Während die Räumung des Bunkers erfolgte, wurde er als Truppführer vom »Flaggenbefehl« in Kenntnis gesetzt. Böse selbst bestätigte die Entgegennahme des Befehls per Unterschrift, leitete sie aber nicht direkt an seine Untergebenen weiter.[134] Wie die Beweisaufnahme später feststellte, wurden bereits auf dem Weg sowohl weiße Fahnen am Hochhaus N 7 wie auch am Q-Bunker – einem Bunker im Innenstadtbereich Q – bemerkt, am letzteren auch entfernt, auf weitergehende Maßnahmen aber verzichtet. Erst auf dem Rückweg ließ Böse nun auch die Fahnen am Gebäude N 7 herabholen und das vermeintlich leer stehende Geschäftshaus durchsuchen.

Beim Hochhaus N 7, auch Ufa-Palast oder Turmhaus Vetter genannt[135] handelte es sich um ein Geschäftshaus im Innenstadtbereich N 7, das architektonisch zu den Hauptwerken der Neuen Sachlichkeit im Mannheim der 1920er Jahre zählte. Es wurde zwischen 1927 und 1929 vom Architekten Fritz Nathan, seines Zeichens Frankfurter Regierungsbaumeister, erbaut. Der komplexe Geschäftsbau[136] beherbergte ursprünglich drei verschiedene Einrichtungen, nämlich in einem lang gestreckten fünfgeschossigen Trakt (N 7, 4) die Samt und Seide GmbH, ein seit langer Zeit in Mannheim ansässiges jüdisches Unternehmen, das auf die Fabrikation und den Großvertrieb von Damenhüten spezialisiert war. Daneben residierte in einem architektonisch markanten Eckturm (N 7, 3) in den oberen Etagen eine Warenhausniederlassung des Deutschen Beamtenwirtschaftsverbundes (DeBeWa) und im Erdgeschoss das Universum-Kino, ein Lichtspieltheater der Ufa-Handelsgesellschaft mbH und mit über 1.200 Plätzen eines der führenden Häuser im »filmfreudigen« Mannheim.[137] Im Jahr 1936 hatte das 1885 gegründete Mannheimer Kaufhaus Vetter die gesamten Räumlichkeiten und 1938 auch die Leitung des Unternehmens Samt und Seide übernommen.[138]

Bei der Durchsuchung des Gebäudekomplexes wurden die drei späteren Opfer, Hermann Adis und Erich Paul, Angestellte der im Haus ansässigen Firma Samt und Seide, sowie Adolf Doland, der Hausmeister des Gebäudes, verhaftet. Sie gaben während der folgenden Befragung durch den Polizeitrupp unter Böses Führung auch sofort zu, die Flaggen am Hochhaus gehisst zu haben. Böse offenbarte nun den allgemeinen Schießbefehl an seine Untergebenen und wählte die Lauerschen Gärten aus, um das gefällte Urteil umgehend bzw. »an Ort und Stelle« vollstrecken zu lassen. Die späteren Mitangeklagten der Polizeimeister Karl Otto Hermann Hecker und der Hauptwachtmeister Josef Lauber, die schon etwas längere Zeit zu seiner Gruppe gehörten und deren »Gefolgschaft er nach dem Subordinationsprinzip einigermaßen sicher sein konnte«,[139] erhielten nun den Befehl, die drei verhafteten Bürger »standrechtlich« zu erschießen. Diese führten den Befehl um ca. 14:45 Uhr aus.[140] Der Tatort, die Lauerschen Gärten in M 6, befanden sich in direkter Nachbarschaft. Sie bildeten neben dem Lameygarten in R 7 die zweite große innerstädtische Grünanlage, die ursprünglich in Privatbesitz befindlich, in einen öffentlich zugänglichen Park umgewandelt worden war.[141] Benannt wurde die Anlage nach dem früheren Eigentümer, dem Präsidenten der Handelskammer und Landtagsabgeordneten Friedrich Lauer. Die Stadt Mannheim hatte das Gelände im Jahr 1918 erworben. In der Mitte der heutigen, nach dem Zweiten Weltkrieg erweiterten, Anlage befindet sich als architektonisches

Relikt ein Mauerzug der alten Mannheimer Festung aus dem 18. Jahrhundert.[142] Zum Tatzeitpunkt bildete diese Mauer noch den Abschluss der Parkanlage und an dieser Stelle fand die Erschießung statt.

Das erste Verfahren im Februar 1947

Im Februar des Jahres 1947 sollte die Erschießung der drei Mannheimer Bürger ein entsprechendes Gerichtsverfahren nach sich ziehen: Vor dem Mannheimer Landgericht standen unter Anklage der ehemalige Hauptmann der Schutzpolizei Otto Hugo Böse,[143] der ehemalige Polizeimeister Karl Otto Hermann Hecker[144] und der ehemalige Polizeihauptwachtmeister Josef Lauber.[145] Ihnen wurde von der Staatsanwaltschaft zur Last gelegt, nur zwei Tage vor dem Einmarsch amerikanischer Truppen in Mannheim am 28. März 1945 die beschriebene Erschießung veranlasst und durchgeführt zu haben. Die Biografien der drei Angeklagten lassen zumindest bei oberflächlicher Betrachtung keine außergewöhnliche »Gewaltsozialisation« erkennen, wie sich bei vielen NS-Exzesstätern dieser Generation in Folge der Teilnahme am Ersten Weltkrieg und den politischen Wirren der Anfangsphase der Weimarer Republik oft nachweisen ließ.[146] Sie verfügten aber alle über langjährige Erfahrung im Dienst bei der Ordnungspolizei, weshalb eine entsprechende Disposition zum Gehorsam und zur Befehlsausführung von vornherein zumindest nicht ausgeschlossen werden konnte. Die drei Angeklagten kannten sich zudem persönlich durch ihre Zugehörigkeit zur Polizeieinsatzreserve im nördlichen Mannheimer Stadtteil Käfertal.

Böses Polizeidienstlaufbahn hatte im August 1920 in Mülheim/Ruhr begonnen und ihn bis 1941 über die Stationen Aurich, Emden und Düsseldorf in den Rang eines Polizeimeisters geführt. Sein Eintritt in die NSDAP erfolgte bereits im Jahr 1933. Nach erfolgreicher Absolvierung der Polizeioffiziersschule[147] war er bis zu einer Verwundung im »Osteinsatz« 1944 aktiver Oberleutnant bzw. Hauptmann der Schutzpolizei. Nach seiner Genesung übernahm er zuerst die Polizeieinsatzreserve in Mannheim-Käfertal und wurde schließlich im März 1945 dem Polizeipräsidium Mannheim zugewiesen. Hecker stand seit Januar 1921 im badischen Polizeidienst, den er ab Ende 1922 in Mannheim fortsetzte. Nach dem Eintritt in die NSDAP bekleidete er in Mannheim seit 1937 den Rang eines Polizeimeisters. Nach vorübergehender Verwendung »im Osten« wurde auch er im April 1943 zur Einsatzreserve der Mannheimer Polizei abgeordnet. Nach einer zwischenzeitlichen Tätigkeit als Ausbilder und Kompanieführer des Volkssturms kehrte er am 25. März, nur drei Tage vor der Tat, wieder unter die Leitung Böses zurück. Lauber war im April 1924 in Karlsruhe der badischen Landespolizei als Polizeianwärter beigetreten. Von hier aus führte ihn sein Weg über Freiburg im Breisgau 1931 nach Mannheim, wo er, abgesehen von einem kurzen Intermezzo in Heidelberg 1935, durchweg tätig blieb. Er bekleidete zuletzt den Rang eines Hauptwachtmeisters. 1942/1943 war er zum Dienst bei einem Gendarmerie Ski-

Bataillon in Frankreich abkommandiert worden, bevor er zurück nach Mannheim kam und der Einsatzreserve in Käfertal zugeordnet wurde. Eine Parteizugehörigkeit Laubers ließ sich durch das Gericht nicht nachweisen.

Dass dem Verfahren gegen die drei ehemaligen Polizeiangehörigen eine hohe regionale Bedeutung zugemessen wurde, ist an der »Besetzung« des Gerichts abzulesen. Der Prozess fand unter der Leitung von Landgerichtsdirektor Max Silberstein und in Anwesenheit des Vizepräsidenten des Oberlandesgerichtes Stuttgart, Wilhelm Martens,[148] sowie dem Beauftragten der amerikanischen Militärregierung, Reymond Bring, statt. Oberstaatsanwalt Albert Woll hatte mit ausdrücklichem Bezug auf *KRG Nr. 10* fünf Jahre wegen Totschlags für den Angeklagten Böse und für die beiden Mitangeklagten wegen fahrlässiger Tötung ein Jahr und sechs Monate (Hecker) bzw. ein Jahr (Lauber) gefordert.[149] Die »Fahrlässigkeit« ergab sich für die Staatsanwaltschaft aus dem Umstand, dass »die drei Angeklagten sich zum Vollzug eines rechtlich unwirksamen und von ihnen auch als nicht rechtsverbindlich empfundenen Befehls durch die damit verbundene Drohung sie würden selbst erschossen, wenn sie den Befehl nicht ausführten, genötigt glaubten«.[150] Die Verteidigung plädierte mit Verweis auf §§ 52, 54 *RStGB* (Nötigungsstand bzw. Notstand) auf Freispruch, weil sie es als erwiesen ansah, dass das Leben der Angeklagten bei Zuwiderhandlung gegen die gegebenen Befehle selbst in Gefahr geraten wäre.[151]

Das Urteil des Landgerichts Mannheim vom 28. Februar lautete auf zwei Jahre Gefängnis wegen Totschlags im Sinne der §§ 212, 213 *RStGB* für Böse und auf Freispruch für Hecker und Lauber.[152] Im Falle Böses erfolgte die Verurteilung auf Basis der für den Angeklagten »günstiger« ausfallenden Neufassung der Rechtsgrundlagen für Mord in § 211 *RStGB*. Eine Verurteilung des Angeklagten wegen Mordes war ausgeschlossen, da die Bestimmungen, die für einen Mord vorliegen mussten, in der Neufassung deutlich enger gefasst waren: Böses Tat war, wie das Gericht ausführte, nämlich »weder aus Mordlust noch aus irgendeinem der anderen in § 211 aufgeführten Beweggründe, noch heimtückisch, noch grausam, noch mit gemeingefährlichen Mitteln, noch um eine andere Straftat zu ermöglichen oder zu verdecken, begangen worden«.[153] Es handelte sich also, dies geht aus der Urteilsbegründung deutlich hervor, um keine Verurteilung wegen Mordes sondern »lediglich« um die Anwendung der §§ 212, 213 *RStGB*, also eine Bestrafung wegen Totschlags. Diese grundlegende und vom Gericht ausführlich erläuterte Unterscheidung sollte bei der auf das Urteil folgenden Diskussion in der Öffentlichkeit eine entscheidende Rolle spielen.

Von großem Interesse bei der Klärung der Täterschaft Böses, der die Erschießung der drei Opfer ja »nur« befohlen und ihr nicht persönlich beigewohnt hatte, war die diesbezügliche Begründung des Urteils. Das Gericht sah eine Beteiligung des Angeklagten an der unmittelbaren Ausführung der Tötungshandlung für das gefällte Urteil *nicht* als notwendig an:

»Bei mehreren Mittätern zum Beispiel ist es erforderlich und ausreichend, dass jeder Beteiligte den ganzen Erfolg einer Straftat als eigenen verursachen will, aber auf Grund eines gemeinschaftlichen Entschlusses und mit vereinten Kräften, dass also jeder seine eigene Tätigkeit als mittelbarer Täter durch die Handlungen des oder der Genossen vervollständigen und auch diese sich zurechnen lassen will. Jeder Mittäter muss hiernach zwar mit einer inneren Einstellung zur Tat in irgend einer Weise zur Ausführung mitwirken. Es reicht aber aus, dass er dies durch die unmittelbare Tätigkeit des oder der Genossen tut, während er seine persönliche Tätigkeit auf Handlungen beschränkt, die sich äusserlich als Vorbereitungs- oder Beihilfehandlungen darstellen. Es ist also nicht erforderlich, dass jeder Tatgenosse ein Tatbestandsmerkmal verwirklicht.«[154]

Aufgrund der geänderten Rechtsprechung in den 1960er Jahren (Teilnahmelehre, s. u.) hätte das Gericht durch die in der Rechtsprechung zu NS-Verfahren etablierte Unterscheidung zwischen Täter- und Gehilfenwillen im Fall Böses auch ein ganz anderes Urteil fällen können, da Böse ein eigener Täterwille unter Berücksichtigung der Zeugenaussagen nur schwer nachzuweisen war und er während des Verfahrens darauf beharrte, einen ausdrücklichen und unmissverständlichen Befehl durch seine Vorgesetzten erhalten zu haben. Auch das Mannheimer Gericht berücksichtigte formal den Umstand, dass Böse ein untergeordneter Befehlsempfänger im Rahmen einer Vorgesetztenkette gewesen sei, die bis »auf den Befehl von Himmler-Keitel-Bormann« zurückgeführt werden könne. Gleichzeitig sah man ihn im Sinne des § 47 *MStGB* (Teilnahme) selbst als militärischen bzw. befehlenden Vorgesetzten an, der »allein verantwortlich ist, wenn durch die Ausführung seines Befehls in Dienstsachen ein Strafgesetz verletzt ist, wobei allerdings den gehorchenden Untergebenen in gewissen noch zu erörternden Ausnahmefällen die Strafe des Teilnehmers treffen kann.« Auf Basis dieser Bestimmungen sah ihn das Gericht neben seinem direkten Dienstvorgesetzten als verantwortlichen Teilnehmer der Tat an.[155]

Das Gericht verwies zudem auf den Passus der Rechtsgrundsätze im Nürnberger Prozess, der besagt, dass keine Straffreiheit erlangt werden könne, wenn die Handlung in Staatshoheit zwar gutgeheißen werde, aber sich darüber hinaus außerhalb der Schranken des Völkerrechts bewegen würde.[156] In diesem Zusammenhang erlangten allerdings nicht die Bestimmungen des *KRG Nr. 10* unmittelbare Anwendung, sondern, wie in der amerikanischen Besatzungszone üblich, der Passus des entsprechenden Landesgesetzes (s. o.): *Gesetz Nr. 28* für das Land Württemberg-Baden. *Gesetz Nr. 28* sah unter anderem vor, dass eine Handlung auf Befehl eines Vorgesetzten nicht automatisch von der Verantwortlichkeit für eine Straftat entbinde, allenfalls als strafmildernd berücksichtigt werden könne.[157] Auch ein objektiver oder wenigstens subjektiver Nötigungsstand im Sinne § 52 oder ein Notstand im Sinne § 54 *RStGB* lagen nach Ansicht des Gerichts im Falle Böses nicht vor.[158] Anders verhielt es sich mit den beiden Mitangeklagten Hecker und Lauber. Sie waren nach Ansicht des Gerichts

»von der Anklage freizusprechen, ohne dass freilich von ihrer Unschuld die Rede sein kann, noch von der Tatsache, dass das Verfahren dargetan habe, es liege kein begründeter Verdacht vor. Es ist vielmehr lediglich ihre Schutzeinwendung des nicht auf Fahrlässigkeit beruhenden Putativnotstandes nicht mit einer die Verurteilung gestattenden Bestimmtheit zu widerlegen.«[159]

Skandalurteil! Lautstarke Proteste in Teilen der Bevölkerung

Das Urteil sollte bereits unmittelbar nach seiner Verkündung lautstarke Proteste in Teilen der Mannheimer Bevölkerung hervorrufen. Bei der Berichterstattung gilt neben den Tätermerkmalen vor allem zu beachten, wie von der Person Böses direkte Linien zu einer allgemeinen Kritik am Nachwirken des NS-Regimes in Politik und Gesellschaft bzw. an der deutschen Justiz gezogen wurden. Von den vier ausgewählten Fallbeispielen liegt das erste Mannheimer Verfahren gegen Böse im Februar 1947 zeitlich noch sehr nah an den Urteilen, die am 30. September und 1. Oktober 1946 im Nürnberger Hauptkriegsverbrecherprozess ergangen waren. Über den völkerrechtlichen Aspekt hinaus hatte das *IMT* aufgrund der Ungeheuerlichkeit der dort verhandelten Verbrechen und der überwältigenden Masse an Beweismaterial durchaus eine große aufklärende Wirkung in der deutschen Bevölkerung gehabt.[160] In der Folgezeit verblasste diese aber rasch. Die Presseberichterstattung zum Urteil gegen Böse atmet deshalb noch etwas vom Nürnberger Geist. Der Appell an die Kräfte der Demokratisierung ist nicht nur zwischen den Zeilen zu lesen.

Der *Mannheimer Morgen* konstatierte am Tag nach der Verkündung des Strafmaßes, es handele sich um ein »herausforderndes Urteil«.[161] Der Artikel richtete neben einer knappen Beschreibung des Prozessverlaufs sein Augenmerk besonders auf die vermuteten Verbindungen Böses und auch Heckers zur SS: Durchaus mit der unverhohlenen Absicht, diese sowohl aus der Gruppe der zur Demokratie bereiten Bürger auszuschließen wie sie auch von den mutigen Opfern ihrer Tat abzugrenzen. Konkrete Angaben zum Auftreten der drei Angeklagten vor Gericht oder einfache Stereotypisierungen lassen sich in dieser wie auch in den folgenden Meldungen nicht finden. Auch der Urteilstext vermeidet größtenteils stereotype Zuschreibungen (s. u.). Die Zuschreibungen, die ein umfassenderes Täterbild ermöglichen, offenbaren sich zwischen den Zeilen und vor allem in den öffentlichen Reaktionen. Da das Urteil erst kurz vor Redaktionsschluss ergangen war, wurde vom *Mannheimer Morgen* auf die umfassende Berichterstattung in der nächsten Ausgabe verwiesen, der Tenor des Urteils allerdings schon eindeutig kommentiert:

»Die Verurteilung eines dreifachen Mörders und SS-Hauptsturmführers zu zwei Jahren Gefängnis und der Freispruch seiner Komplicen [sic!] ist eine Verhöhnung der Hetakomben [sic!] schuldlos hingemordeter Naziopfer und eine Herausforderung aller aufbauwilligen demokratischen Kräfte, die keineswegs widerspruchslos hingenommen werden wird.«[162]

Neben den konkreten Taten der Täter rückte bereits bei diesem ersten Pressekommentar die mangelhafte »Verantwortung« des Gerichtes in den Mittelpunkt. Das »Skandalpotenzial« sollte durch die Ausdehnung der Verhöhnung der Opfer auf alle NS-Opfer und der demokratischen Kräfte im Nachkriegsdeutschland greifbar gemacht werden.

Am folgenden Dienstag berichtete der *Mannheimer Morgen* dann, wie angedeutet, erneut über den Prozess, oder genauer: über das Urteil. Wer ein tieferes Eindringen in den Gegenstand des Verfahrens erwartet hatte, sollte weitere Informationen zu den Tätern und den Opfern vermissen. Im Mittelpunkt der umfangreichen Berichterstattung stand allein das Strafmaß und die Reaktion der Mannheimer Bürger und Regionalpolitiker auf das Urteil: In der Zwischenzeit, am Montag, den 3. März, hatte eine »von stürmischer Erregung getragene Versammlung« in der »überfüllten Wandelhalle« des Mannheimer Rosengartens[163] stattgefunden, auf der Gewerkschaftsvertrauensleute und Betriebsräte scharfe Kritik und offenen Protest am Urteil geübt hatten.[164] In wie weit bei den zahlreich erschienenen Bürgern zwischen »normaler« Bevölkerung und gewerkschaftlich organisierter Arbeiterschaft zu unterscheiden gewesen ist, lässt sich vom heutigen Standpunkt aus dem Wortlaut der offiziellen Berichterstattung wie auch aus den Erinnerungen der namentlich beteiligten Vertreter der Gewerkschaften und der Politik nicht mehr ausmachen. In Rechnung zu stellen bleibt natürlich der Umstand, dass es sich bei den drei Opfern – hierauf wurde sowohl im Urteil wie auch in der Berichterstattung immer wieder hingewiesen – um völlig unschuldige wie zugleich mutige Bürger der Stadt Mannheim gehandelt hatte. Um »treue« Arbeiter, die das noch intakte Gebäude, in dem auch ihr Arbeitgeber seine Fabrik betrieb, im Angesicht des unmittelbar bevorstehenden Kriegsendes vor sinnloser Zerstörung bewahren wollten. Die Ausgrenzung der Täter erfolgte auf der einfachen Unterscheidung zwischen »guten Deutschen« und »bösen Nazis«, zu denen die drei Polizisten aufgrund ihrer sinnlosen Tat gerechnet wurden.

Der Vorsitzende des Ortsausschusses Mannheim der Gewerkschaft der Metallarbeiter, der kommunistische Landtagsabgeordnete Paul Schreck,[165] prangerte auf der Veranstaltung öffentlich die Rechtspraxis des Mannheimer Gerichts an und sprach im Zusammenhang mit dem milden Urteil von »*Justizschande*« und einem »Schlag ins Gesicht des deutschen Volkes«.[166] Er wies aber auch auf die politischen und gesellschaftlichen Folgen des Urteilsspruches hin, nämlich darauf, dass nach seinen Ansichten

»durch solche unverständlichen Urteile einerseits die faschistischen *Gegner* des demokratischen Neuaufbaus in Deutschland nur *neu gestärkt* werden sowie andererseits jedes Stück mühsam errungenen Vertrauens bei den Besatzungsbehörden und außerhalb der deutschen Grenzen verloren gehen.«[167]

Hier rückte neben der deutschen Bevölkerung zum ersten Mal auch der zweite große Referenzrahmen der Berichterstattung in den Blick: die amerikanische Militärregierung. Auch ihr gegenüber war das Urteil durch die Vertreter der lokalen und regionalen Politik zu »vertreten«. Für »(g)roßes Aufsehen und höchste Empörung« unter der anwesenden Bevölkerung sorgte besonders die Darstellung eines anwesenden Mannheimer Stadtrats, Jakob Sommer (SPD):[168] Das Gericht hatte es bei der Ermittlung der Tatumstände und des Strafmaßes nicht für nötig befunden, außer den mittel- und unmittelbar beteiligten Polizeibeamten weitere Zeugen zur Sache zu vernehmen. So auch nicht einen der wenigen Augen- und Ohrenzeugen der Tat, Sommer selbst, der ebenfalls nur knapp der Erschießung entkommen war. Alles in allem, so der Bericht des *Mannheimer Morgens*, stünde »(d)as Signal der Mannheimer Bevölkerung [...] angesichts des herausfordernden Urteilsspruches in diesem Mordfall auf *Sturm*.«[169] Wie auch schon zu Beginn des Artikels – »dreifache(r) Mord«, so wird auch am Ende von einem »Mordfall« gesprochen – und dies, obwohl selbst die Anklage durch die Staatsanwaltschaft »nur« auf Totschlag gelautet hatte.[170] Auf den juristischen Tatbestand des Totschlags wird in den Berichten und Kommentaren nicht weiter rekurriert; auch die regionale Berichterstattung wird allein von Mord sprechen (s. u.). Die Bevölkerung, dies zeigen die deutlichen Reaktionen, sah das Verbrechen ebenfalls als Mord an. Erstaunlich ist es deshalb, dass die Presseberichterstattung im Zusammenhang mit den Protesten nicht auch auf die dementsprechend »falsche« Anklage durch die zuständige Mannheimer Staatsanwaltschaft, sondern allein auf das Urteil einging.[171]

Diese Diskrepanz zeigt sich auch in anderen Berichten zum Thema: In der gleichen Ausgabe des *Mannheimer Morgen* finden sich noch zwei weitere Artikel, die sich dem Geschehen widmeten: Unter der Schlagzeile »Die Antwort des Volkes« wurde der Wortlaut der offiziellen Entschließung abgedruckt, die am Tag zuvor im Rosengarten ergangen war. Die Vertrauensleute und Betriebsräte des Gewerkschaftsbundes Württemberg-Baden (Ortsausschuss Mannheim) nahmen darin Stellung zu dem »Urteil der Mannheimer Strafkammer gegen die Mörder von aufrechten Antifaschisten«. Das Urteil wurde als »eine Verhöhnung des Rechtsgefühls des schaffenden Volkes« bezeichnet und die Kritik in den allgemeinen Rahmen des gewerkschaftlichen Kampfes gegen den »Faschismus und für die Demokratie« gerückt. Die »nazistische Untergrundbewegung« würde durch »solche Urteile ermutigt, neue Verbrechen gegen die aufbauwilligen Kräfte Deutschlands zu begehen.«[172] Zugleich wurde neben der »Kassierung des Urteils«, der »Abberufung der verantwortlichen Richter« und der »Aburteilung der Mörder« auch ein »härteres Zupacken der Spruchkammern gegenüber Naziaktivisten« und eine »wirkliche Säuberung und Demokratisierung von Verwaltung und Wirtschaft« gefordert.[173]

Darüber hinaus sah sich die Redaktion des *Mannheimer Morgen* durch das »Böse-Urteil« herausgefordert, einen grundsätzlichen Kommentar zur Situation der Justiz abzudrucken.[174] Neben allgemeinen Bemerkungen zur Rolle der Justiz in der Demokratie rückten hier endlich auch wieder die Täter, d. h. der Hauptangeklagte Böse, in den Mittelpunkt. Der Kommentator Fritz Wecker verwies darauf, dass dem Angeklagten die verbrecherische Komponente des Befehls – wie vielen anderen Trägern der Wehrmacht auch schon weitaus früher – zum Zeitpunkt der Tat in der unmittelbaren Endphase des Krieges klar gewesen sein müsse. In diesem Zusammenhang kam es erneut zur Zurechnung der Polizisten zur verbrecherischen SS: »Kein Befehl hat den SS-Gewaltigen *gezwungen*, jene drei Mannheimer Bürger zu finden. Er *wollte* sie finden!«[175] Die Tat könne nur begreiflich werden, wenn man »dem Gesetz und der Denkart der SS zutiefst verhaftet« gewesen sei. Im Kommentar wurde erstmals in der Berichterstattung nicht nur mit Zuschreibungen, sondern auch im juristischen Sinne argumentiert, indem auf die »völlig Außerachtlassung der individuellen Verantwortlichkeit« verwiesen wurde: »(D)ie *Unterwürfigkeit eines Hetzhundes* ist keine Entschuldigung, sondern nichts anderes als ein Merkmal des verbrecherischen *Tatwillens.*«[176]

Gerade in den Fällen, in denen Polizeibeamte wegen NS-Verbrechen auf der Anklagebank standen, rückte die Frage von Befehl und Gehorsam wiederholt ins Zentrum der juristischen Argumentation – mit zum Teil bizarren Argumentationsfiguren: In einem »Einsatzkommandoprozess« vor dem Landgericht Wuppertal sollte sich im Oktober 1955 einer der angeklagten Polizisten, ein Kriminaloberkommissar, auf eine recht eigenwillige Auslegung des Befehlsnotstandes mit den Worten berufen: »Die Befehle kamen mir *unmenschlich* vor, aber ich wußte nicht, ob sie nicht doch vielleicht *kriegsnotwendig* waren.«[177] Es haben sich in den Untersuchungen der *ZSt* in Ludwigsburg keine Fälle nachweisen lassen, in denen die Nichtausführung eines Befehls in direkter Folge eine Gefahr für Leib und Leben bedeutet hätte (sogenannter Befehlsnotstand).[178] Die Lesart entsprechender Entscheidungen des *BGH* sah für die Anerkennung einer Notstandslage eine »gegenwärtige« Gefahr vor, also eine nach menschlicher Überlegung sichere Schädigung des Betroffenen.[179] Die Annahme einer bloßen Möglichkeit einer Schädigung reichte für die Annahme eines Befehlsnotstandes nicht aus.

Neben dieses *direkte* Täterbild, das Böse als einen fanatischen Anhänger des NS-Systems beschreibt, der auch »kurz vor Schluss« noch keine Gnade zeigen konnte oder wollte, trat auch hier eine scharfe Kritik an Justiz und Politik. Der Kommentator zeigte die Bedeutung von NS-Verbrechen und lokalen NS-Prozessen auf und subsumierte die Angeklagten erneut unter die aus nazistischer Gesinnung exzessiv mordenden »SS-Typen« bzw. »SS-Schergen«:

> »Das ist kein ›Kriegsverbrecherprozeß‹, der sich in den weiten Fernen der hohen Politik abspielte; es handelt sich hier um Vorgänge, die jeder Mannheimer konkret miterlebte. Es sprach ein *deutsches Gericht* in einer *deutschen Sache.* Eben deshalb ist das Urteil wichtig – und bedauerlich. [...] Wir können die ganze Denazifizierung aufstecken, wenn der letzte Mannheimer SS-Scherge mit einem gelinden Stupser davonkommt und seine ausführenden Organe freigesprochen werden! Auch sie hätten sich entziehen *können* und entziehen *müssen*! Niemand wird uns weisma-

chen, daß das im März 1945 nicht möglich war. Ein Verbrechen, das damals uns alle zur Siedehitze empörte wird heute mit einer schwarzhändlerischen Kavalierstrafe und zwei Freisprüchen erledigt. [...] Dieses Urteil der Strafkammer ist keine Sühne, sondern eine Ehrenrettung. Wir protestieren und *warnen*. Das Gericht thronte in den Wolken. Es möge nach Mannheim herabsteigen – ehe es wieder einmal zu spät ist!«[180]

Kam dem Urteil über seine lokale Tagesaktualität hinaus auch eine regionale Bedeutung zu? Die anhaltenden Proteste aus Reihen der Arbeiterschaft betonte auch die kommunistische *Volksstimme*: »Das Urteil hat einen Sturm der Empörung hervorgerufen. Annähernd zweitausend Gewerkschaftsfunktionäre und Betriebsräte protestierten in einer überfüllten Versammlung gegen das Urteil.« Im Mittelpunkt stand hier die vehemente Forderung nach Absetzung des Vorsitzenden Richters und des zuständigen Staatsanwalts.[181] Auf den bzw. die Täter ging die *Volksstimme* indessen nicht ein. Auch sie rückte das Urteil in einen größeren gesellschaftspolitischen Kontext, verdeutlicht durch ein erneutes Zitat aus der Rede des Vorsitzenden der Mannheimer Metallarbeitergewerkschaft, Schreck, der zu bedenken gab, »daß die Arbeiterschaft noch nie großes Vertrauen zur Justiz gehabt habe, aber durch solche Urteile würde sie in ihrem Mißtrauen bestärkt.«[182]

Die Heidelberger *Rhein-Neckar-Zeitung* befasste sich am 6. März unter der Überschrift »Unverständliches Urteil« in einem kurzen Bericht mit dem Verfahren gegen Böse. Der Prozess selbst wurde nur kurz angerissen, der Artikel thematisiert neben den Protesten der Mannheimer Bürger und Politiker auch die unzureichende Arbeit der Spruchkammern in der amerikanischen Besatzungszone.[183] Auch die *Badischen Neusten Nachrichten* berichteten zwei Tage später über ein »unverständliches Urteil«. Im Gegensatz zur *Rhein-Neckar-Zeitung* befanden die *Badischen Neusten Nachrichten* sowohl das Urteil, die Proteste der Mannheimer Bevölkerung wie auch die allgemeine Rolle der NS-Verfahren im Rahmen des demokratischen Neuaufbaus eines Kommentars für würdig: Der Kommentator folgerte, dass nun auch den Mannheimern »ein aufrüttelnder« Tatbestand durch ein »Organ der neuen deutschen Justiz« geschaffen worden sei.[184] Aus heutiger Sicht interessant ist die Einordnung des Urteils, das aufgrund der gewählten Formulierung keinen Einzelfall darzustellen schien, in einen regionalen Bezugsrahmen jenseits der bestehenden alliierten Zonen- und deutschen Ländergrenzen:

»Nordbaden steht damit, das muß bedauernd festgestellt werden, nicht mehr hinter Südbaden zurück, das schon vor einigen Monaten durch den von der Freiburger Strafkammer gefällten Freispruch im Tillessen-Prozeß seinen aufsehenerregenden Justizskandal hatte. Diese Vorfälle im Südwesten sind heute umso bedauerlicher, als wir in Baden von alters her uns auch nach 1918 mit einem gewissen Stolz einer zeitnahen und volksverbundenen Rechtspflege rühmen können.«[185]

Das Mannheimer Urteil war nach der Ansicht des Kommentators viel zu milde ausgefallen, es handele sich um einen »Schlag gegen das Rechtsbewußtsein unseres Volkes«.[186] Der Richter sei durch sein Urteil »vom Volk und dem Geist der Demokratie auf die Anklagebank versetzt« worden. Aber auch die Rolle der Presse wurde ins Spiel gebracht: Die scharfe Kritik an Urteil und Strafmaß »besitzt ihre innere Rechtfertigung in der Aufgabe der Presse, dem Aufbau einer in der Wurzel gesunden Demokratie zu dienen«.[187] Die Justiz, insbesondere ihre Unabhängigkeit und ihr Funktionieren, gehörten zu den wichtigsten Errungenschaften einer modernen Demokratie, für die der Grundsatz der Gewaltenteilung essenziell sei: Die Doppelmoral der deutschen Justiz habe schon in der Weimarer Republik die Republikaner der Wehrlosigkeit preisgegeben. Diese dürfe sich nicht wiederholen, eine funktionierende Rechtspflege setze aber voraus, dass die Justiz

> »Dienerin am Recht und an der Gerechtigkeit sei. Begriffe, die offenbar in dieser verworrenen Übergangszeit auch bei einigen von denen nicht immer festzustehen scheinen, die als Repräsentanten des Rechts zwischen Gesetzgebung und Volk stehen. [...] Wir sind deshalb der Meinung, daß auch der Justizminister in Stuttgart zu diesem Urteil etwas zu sagen hat.«[188]

Wie auch in den Kommentaren und den öffentlichen Protesten in Mannheim selbst wurde das Urteil, oder genauer gesagt: das Strafmaß, auch in der regionalen Berichterstattung einer harschen Kritik unterzogen, die auch die Person des Richters – wenn auch nicht namentlich genannt – nicht aussparte. Die Tat wurde als Mord qualifiziert, eine Auseinandersetzung mit der juristischen Begründung des Strafmaßes durch das Gericht unterblieb auch hier. Die Kommentare zielten über die eigentliche Ebene des Verfahrens hinaus: Die Täter als solche, dies gilt unisono auch für die drei Opfer, ebenso wie die konkreten Tatumstände und die Urteilsbegründung, standen nicht im Zentrum der Kommentierung. Stattdessen wurde immer wieder auf die Rolle einer »funktionierenden« Justiz beim Aufbau der Demokratie wie auch für das Ansehen der Deutschen im Ausland verwiesen und politische Konsequenzen gefordert. Zumindest die öffentlichen Proteste im Mannheimer Rosengarten direkt nach dem Urteil vermögen eine Ahnung davon zu geben, wie tief das Rechtsempfinden des Volkes wirklich verletzt worden war. Der vorhandene Bezug zu den Opfern, die alle drei Mannheimer Mitbürger waren – auch die Angeklagten Hecker und Lauber stammten aus Baden – wurde zwar thematisiert, aber nicht kommentiert: Es ist, ohne die Redlichkeit des Protestes im Geringsten anzweifeln zu wollen, recht unwahrscheinlich, dass eine Erschießung dreier »Fremdarbeiter« unter vergleichbaren Umständen eine ähnliche Protestwelle hervorgerufen hätte. Dass es sich sowohl bei den Opfern wie auch bei den Angeklagten um Deutsche handelte, die zudem noch in einem engen regionalen und somit auch sozialen Bezugsverhältnis standen, war nicht ohne Wirkung auf die Proteste. Die spätere Etablierung eines entsprechenden Mannheimer »Erinnerungsortes« (s. u.) deutete sich in dieser ersten öffentlichen Reaktion bereits an.

Wie später auch im Heidelberger Verfahren gegen Johann Herzog (s. u.), so war die Berichterstattung zum Urteil im Böse-Prozess keine singuläre Erscheinung in der Tagespresse. Auf der gleichen Seite des *Mannheimer Morgens*, auf der zum ersten Mal über den Böse-Prozess berichtet wurde, findet sich unter der Zwischenüberschrift »Wieder zwei Denunzianten« auch noch eine kürzere Meldung, die sich unter anderem mit zwei ebenfalls am Vortag ergangenen Urteilssprüchen gegen Denunzianten befasste.[189] Auffällig ist in beiden Verfahren, in denen die Opfer jeweils mit dem Leben davon kamen, dass die Urteile im Strafmaß leicht über die Anträge des »öffentlichen Klägers« hinausgingen: Im ersten Fall wurde eine »Einreihung in die Gruppe II und ein Jahr Arbeitslager«, im zweiten Fall »3 Jahre Arbeitslager« gefordert. Die Urteile lauteten auf die Einordnung als »Belasteter, 2 Jahre Sonderarbeiten für die Allgemeinheit, Vermögenseinzug insbesondere in Sachwerten (mindestens jedoch 1.000 Mark)« im ersten und Einordnung als »Belasteter, 5 Jahre Sonderarbeiten für die Allgemeinheit, Vermögenseinzug (mindestens jedoch 5.000 Mark)« im zweiten Fall.[190] Der zweite Angeklagte war Mitglied der Partei und »Propagandawalter« gewesen. Zudem hatte sich ein weiterer ehemaliger Parteigenosse wegen seiner »formalen Belastung« – er gehörte seit 1923 der NSDAP an – und einer schweren Körperverletzung zu verantworten. In diesem Fall wurde eine »Einreihung als Aktivist, 2 ½ Jahre Arbeitslager und sofortige Festnahme« beantragt. Das Urteil der Spruchkammer lautete auf die Einordnung als »Belasteter, 3 Jahre Sonderarbeiten, Vermögenseinzug (mindestens jedoch 3.000 Mark)«.[191]

Von der »Normalität« solcher Verfahren zeugt die Kürze der Meldungen hinsichtlich der Kernbestandteile der Urteile: Mit der Beschreibung als »Aktivist« oder »Belasteter« dürfte dem Leser bereits ohne weitere Erläuterungen klar gewesen sein, dass es sich nur um die bekannte Einordnung in die fünf Gruppen der alliierten Entnazifizierungsverfahren handeln konnte. Auf das vorhandene Alltagswissen bezüglich des sogenannten »Fragebogens« deuten kurze Verweise wie die vom Staatsanwalt beantragte »Einreihung in Gruppe II« hin. Eine mögliche Erklärung, warum in der Nachkriegszeit über NS-Verfahren zwar berichtet wurde, die Berichterstattung aber auch bei lokal oder regional bedeutenden Verfahren meist nur einen geringen Umfang einnahm, könnte in der Häufigkeit der Meldungen und der »Gewöhnung« der Bevölkerung an diese zu suchen sein. Aufsehen erregten dann nur noch die NS-Verfahren, deren gesellschaftliche Bedeutung »unübersehbar« war. Im Gegensatz zu den beiden Fallbeispielen aus den 1960er und 1980er Jahren, in denen die Presseberichte insbesondere auch die politischen und gesellschaftlichen Umstände zur Tatzeit zu erläutern hatten, standen NS-Verfahren bis zum Beginn der 1950er Jahre durchaus auf der Tagesordnung. Sie waren damit »trauriger Alltag« der Presseberichterstattung. Dies zeigt auch eine posthum erfolgte Einschätzung der Heidelberger Presselandschaft in der fraglichen Zeit: »In der RNZ [*Rhein-Neckar-Zeitung*; C. A.] erscheinen 1946 und 1947 fast täglich die ›Spruchkammerfälle‹ aufgelistet in den Lokalseiten, kaum ein Tag ohne Spruchkammerverfahren.«[192]

Revision? Reaktionen der Landespolitik und der Militärregierung

Die öffentlichen Proteste hatten zur Konsequenz, dass sich auch der Württemberg-Badische Landtag mit dem »Mannheimer Justizskandal« beschäftigte. Der Versuch einer offiziellen Rechtfertigung des Urteils und des verantwortlichen Justizpersonals in der Landtagssitzung am 27. März 1947 durch den zuständigen Justizminister Josef Beyerle (CDU) führte aber nur zu weiteren Protesten durch Vertreter der politischen Linken. Beyerle hatte zuvor erklärt, dass »das Gericht außerhalb jedes Verdachts stehe, aus politischen Gründen so milde geurteilt zu haben«.[193] In der Zwischenzeit hatten sowohl die Mannheimer Staatsanwaltschaft wie auch Böse Revision gegen das Urteil eingelegt. Die Anträge wurden als »unbegründet« (Staatsanwaltschaft) bzw. »verspätet« (Böse) durch einen vorläufigen Beschluss des Oberlandesgerichts Karlsruhe vom 20. April abgelehnt. Ein entsprechendes Urteil vom 26. Juni 1947 bestätigte die Rechtskräftigkeit dieser Entscheidung.[194] Die zuständigen amerikanischen Militärbehörden Württemberg-Badens befassten sich erst im Verlauf des folgenden Jahres mit dem Urteil und erwirkten eine Nachprüfungsentscheidung. In dieser wurde am 12. April 1948 das Urteil des Mannheimer Gerichts im Rahmen einer Aktenrevision für »null und nichtig« erklärt, weil weder der Staatsanwalt noch die Richter in der Beweisaufnahme ihrer notwendigen Sorgfaltspflicht nachgekommen waren.[195] Die Militärregierung stellte fest, dass diese »es an einer angemessenen Erfüllung ihrer Verantwortlichkeiten in einer solchen Weise und in einem solchen Umfange fehlen ließen, dass dies eine flagrante Verletzung der Richtlinien und Absichten der Militärregierung darstelle«.[196] Die Behörden rügten damit offiziell, dass im Prozess die geltenden Bestimmungen hinsichtlich des Verfahrensverlaufes und der Beweiserhebung verletzt worden waren.

Der Direktor der amerikanischen Militärregierung für Württemberg-Baden, Charles M. LaFollette, hatte bereits am 28. März 1948 in einem Schreiben Justizminister Beyerle mitgeteilt, er betrachte die Verhandlungsführung im Mannheimer Verfahren gegen Böse, Hecker und Lauber als eine »flagrante Verletzung der Politik der Militärregierung.«[197] Öffentliche Reaktionen ließen auch diesmal nicht lange auf sich warten: Die kommunistische *Volksstimme* meldete zu den notwendig gewordenen Eingriffen in die Belange der deutschen Justiz: »Es ist dies der erste Fall seit Beginn der Besetzung, in dem die Entscheidung eines deutschen Gerichts von der Revisionsbehörde der Militärregierung in Württemberg-Baden aufgehoben wurde.«[198] Die insgesamt nur sehr kleine Zahl an offiziellen Eingriffen in die Entscheidungspraxis der deutschen Justiz durch die zuständigen amerikanischen Besatzungsbehörden bestätigt der Vergleich mit NS-Verfahren in der Nachkriegszeit im Land Hessen: Auch hier war sich die Militärregierung der Problematik der Durchführung der NS-Verfahren durch die deutschen Behörden bewusst und verfolgte in der Regel genauestens den Verlauf der Prozesse. Im Zweifelsfall zeigten die Behörden aber eine »merkwürdige Undifferenziertheit« und betonten den hohen Stellenwert der Unabhängigkeit der deutschen Gerichte.[199] Aber auch in den bürgerlichen Tageszeitungen wurde über die Maßregelung der Mannheimer Justiz berichtet. Die Karlsruher *Süddeutsche Allgemeine/Karlsruher Neue Zeitung* setzte ihre Leser darüber in Kenntnis, dass das Mannheimer Urteil »kassiert« worden sei. Nicht ohne ebenfalls zu betonen, dass es sich um einen Vorgang handele, für den es in Württemberg-Baden seit der Besetzung bis dahin noch keinen Präzedenzfall gegeben habe. Aus dem 14-seitigen Schreiben LaFollettes an Justizminister Beyerle zitiert die Zeitung, dass die »Prüfung der Akten« klar gezeigt habe, dass »das Gericht seine Pflicht gegenüber dem deutschen Gesetz verletzt hat, indem es versäumte, die Wahrheit durch die Ueberprüfung alles verfügbaren Beweismaterials festzustellen«.[200]

Wie schon in Hessen, so hatte das Eingreifen der Militärregierung keine spürbaren Konsequenzen für das Württemberg-Badische Justizwesen. LaFollette hatte sich, sechs Monate nach seinem Amtsantritt in einer Rundfunkansprache an die Bevölkerung im Dezember 1947, zudem schon gewollt positiv über die jüngsten Entwicklungen in seinem Zuständigkeitsbereich geäußert: »Ich kann heute wohl sagen, daß die vergangenen Monate, in denen ich mit dem Volk von Württemberg-Baden gearbeitet habe, gezeigt haben, daß ein wahrhaft demokratischer Geist nicht nur auf gewisse ›bevorzugte Nationen‹ beschränkt ist.« Und, so fuhr er fort, die »unermüdliche praktische Demokratie, wie sie von vielen Beamten von Württemberg-Baden geübt wird«, ihn insgesamt ermutigt habe, auch wenn »an einigen Orten Anzeichen für eine Tendenz vorhanden sind, die jeden echten Demokraten enttäuschen, sei er nun Deutscher, Amerikaner oder Engländer.«[201]

Die Kritik an Staatsanwaltschaft und Richtergremium im Mannheimer Böse-Verfahren sollte aber noch ein anderes Abweichen von den Vorgaben der Alliierten ans Licht bringen. *KRG Nr. 4* der Alliierten hatte im Sommer 1945 in Artikel 4 verfügt:

> »Zwecks Durchführung der Umgestaltung des deutschen Gerichtswesens müssen alle früheren Mitglieder der Nazipartei, die sich aktiv für deren Tätigkeit eingesetzt haben, und alle anderen Personen, die an den Strafmethoden des Hitlerregimes direkten Anteil hatten, ihres Amtes als Richter und Staatsanwälte enthoben werden und dürfen nicht mehr zu solchen Ämtern zugelassen werden.«[202]

Die deutsche Justiz hatte im Rahmen der nationalsozialistischen Verfolgungspolitik eine tragende Rolle gespielt.[203] Unter den bekannten Defiziten bei der Ahndung der NS-Verbrechen bleiben bis heute besonders die Freisprüche für belastete Juristen, die aus den eigenen Reihen erfolgten, skandalös. Die angestrebte Selbstreinigung der deutschen Behörden und Verwaltungen ging an der Justiz nahezu vollständig vorbei.[204] An ihre Stelle trat stattdessen eine Privilegierung der Justiz durch das Strafmonopol der Juristen. Auf eine politische Lösung war verzichtet worden, mit der Konsequenz, dass die Ahndung der nationalsozialistischen Gewaltverbrechen durch einen Rechtsstaat erfolgte, in dem die Repräsentanten der Justiz über eine nicht geringe Schnittmenge mit den potenziellen Tätern verfügten. Zumindest in personeller Hinsicht muss deshalb von einer partiellen »Renazifizierung« der Justiz in den Westzonen gesprochen werden.[205] Diese stand in scharfem Gegensatz zu der »erfolgreichen« Säuberung der Justiz in der sowjetischen Besatzungszone, in der rigoros gegen belastete Juristen vorgegangen wurde.[206]

Eine konsequente Entnazifizierung der Justiz hätte in den westlichen Besatzungszonen zu diesem Zeitpunkt größerer Anstrengungen von deutscher Seite sowie eines härteren Vorgehens und strengerer Auflagen vonseiten der zuständigen Besatzungsmächte, besonders der Amerikaner und Briten, bedurft. Um die akute Juristennot bei den anstehenden NS-Verfahren zu beheben, die sich aus der Anwendung alliierter Gesetze wie des *KRG Nr. 4* ergab, wurden zuerst die Richter, die bereits vor 1933 pensioniert worden waren, »reaktiviert«. Darüber hinaus wurde diese Bestimmung auf nach 1937 in die NSDAP eingetretene Juristen in der Regel nicht angewandt. Da beide Maßnahmen den Richtermangel nicht zu lösen vermochten, kam es zu weiteren Aufweichungen der Gesetze der Militärregierung. Das sogenannte Huckepack-Verfahren sah in Form einer Quotierung vor, für jeden belasteten Richter auch einen unbelasteten Kollegen einzustellen.[207] Im Juni 1946 hatten die westlichen Alliierten ihre Richtlinien schon weitgehend revidiert: Juristen, die ein Entnazifizierungsverfahren »erfolgreich« durchlaufen hatten, durften umgehend wieder in den aktiven Dienst zurückkehren. Auch in diesem Kontext stand die Aufhebung des Urteils im Mannheimer Böse-Prozess: In der Person des die Anklage vertretenden Staatsanwaltes Albert Woll, bis 1945 Amtsgerichtsrat am Mannheimer Sondergericht und nach dem Kriegsende Oberstaatsanwalt, spiegelte sich das eben beschriebene Vorgehen wider. LaFollette selbst hatte in seinem Schreiben an Justizminister Beyerle auf diesen Sachverhalt hingewiesen.[208] Der Vorsitzende Richter Silberstein konnte auf eine juristische Laufbahn ohne dunkle Flecken aus der Zeit des Nationalsozialismus zurückblicken.[209] Silberstein, selbst jüdischen Glaubens, war ab 1927 Staatsanwalt und seit Dezember 1931 Landgerichtsrat am Landgericht Mannheim gewesen. Nach seiner Entlassung aus dem Justizdienst 1933 hatte er sich mit Aufträgen aus der Wirtschaft über Wasser zu halten versucht. Nach der Internierung im Konzentrationslager Buchenwald im Herbst 1938 emigrierte Silberstein nach Frankreich. In Südfrankreich gelang es ihm, sich der Verfolgung durch die deutschen Besatzungsbehörden zu entziehen. Im Dezember 1946 wurde er als Landsgerichtsrat am Mannheimer Landgericht »wiedereingestellt«.[210]

Das Wiederaufnahmeverfahren im Juni 1948

Im Sommer 1948 hatte das Mannheimer Landgericht erneut die Beweisaufnahme im Fall Böse anzutreten, und zwar so, als habe die erste Hauptverhandlung niemals stattgefunden.[211] Im Wiederaufnahmeverfahren unter Richter Silberstein,

Generalstaatsanwalt Schmid vom Stuttgarter Landgericht und zwei neuen Beisitzern[212] sprach die 2. Mannheimer Strafkammer am 11. Juni 1948 nach zwei Verhandlungstagen folgendes Urteil: Der Hauptangeklagte Böse erhielt eine Strafe von drei Jahren Gefängnis wegen »in gleichartigem rechtlichen Zusammentreffen begangener Verbrechen des Totschlags von drei Menschen«. Seine beiden Mitangeklagten Hecker und Lauber wurden erneut freigesprochen.[213]

Die Staatsanwaltschaft Mannheim hatte in ihrem Antrag fünf Jahre Gefängnis für Böse wegen Totschlags »im Sinne des § 212 StGB«[214] gefordert: Ein Notstand habe nicht bestanden und dem Angeklagten hätte klar sein müssen, dass seine Tat rechtswidrig und unsittlich gewesen sei. Für Hecker und Lauber wurde je ein Jahr Gefängnis beantragt.[215] Der Vorwurf lautete somit auf vorsätzliche, nicht mehr nur auf fahrlässige Tötung und alle drei Angeklagten hatten sich eines Totschlagsdeliktes zu verantworten. Wie der *Mannheimer Morgen* berichtete, führte der Staatsanwalt zudem in seiner Begründung aus, »man müsse die Maßlosigkeit der nationalsozialistischen Ideenwelt endlich abstreifen, und es sei eine neue Aufgabe der Justiz zur maßvollen Objektivität, die durch keine Polemik, Rache oder Haß getrübt werden dürfe, zurückzufinden.«[216] Die drei Verteidiger – die die Angeklagten auch schon im ersten Prozess vertraten – hatten, wie erwartet, erneut auf Freispruch plädiert.[217] Auch im Wiederaufnahmeverfahren erging ein vergleichsweise mildes Urteil. Trug gerade die Furcht vor einem erneuten Erstarken des Antisemitismus dazu bei, dass der Strafrahmen durch Richter Silberstein erneut nicht vollständig ausgeschöpft wurde? Die Frage lässt sich weder aus damaliger noch aus heutiger Sicht eindeutig beantworten. Die Sprache des Urteils – dies gilt für beide Mannheimer Verfahren – ließ durchaus eine notwendige »Härte« gegenüber den Tätern wie auch eine klare Sympathie für ihre drei Opfer erkennen (s. u.).[218]

Sowohl die Darstellung des Tatherganges wie auch die rechtliche Bewertung im Text des zweiten Urteils vermitteln wenig neue Erkenntnisse. Die rechtliche Würdigung der Böse vorgeworfenen Straftaten entsprach nicht nur dem Sinn, sondern in weiten Passagen auch dem Wortlaut nach dem ersten Verfahren vom Februar 1947.[219] Sie wurde aber in einigen Punkten nochmals mit dem offensichtlichen Ziel ergänzt, bestimmte und dem Gericht wichtige Zusammenhänge zu verdeutlichen: Einmal hinsichtlich der Auslegung von § 47 *MStGB*, der die Befehlsausführung und die Rechtswidrigkeit von Befehlen darlegt.[220] Zum anderen diskutierte das Gericht ausführlich die Rechtswidrigkeit des sogenannten Flaggenbefehls und ordnete diesen in die geltende Rechtsprechung des Nürnberger *IMT*, in die Bestimmungen des *KRG Nr. 10* sowie erneut in die gültigen Bestimmungen des *Gesetzes Nr. 28* ein.[221] Ausführlicher ging das Gericht im Sommer 1948 auch auf die Strafbemessungsgründe ein:[222] Grundsätzlich sah sich die Strafkammer dabei in Übereinstimmung mit der geltenden Auslegung des *Gesetzes Nr. 28* durch das Justizministerium. Das Gericht vertrat den Standpunkt, dass

> »für eine sogenannte ›Nacht- und Nebeljustiz‹ während der letzten Tage der nationalsozialistischen Gewaltherrschaft, für ein sogenanntes ›Umlegen‹ während der ganzen Dauer und speziell während der Endphase des nationalsozialistischen Terrors keine mildernden Umstände gefunden werden dürfen und dass demokratische Toleranz in der Rechtsprechung nicht zu einem schwächlichen Geschehenlassen von Unrecht ausarten darf.«[223]

Allerdings dürfe deshalb auch nicht in jeder Tat, »die im Zusammenhang mit den Geschehnissen der letzten Epoche des nationalsozialistischen Regimes stand« ohne eine ausführliche gerichtliche Prüfung des Tätervorsatzes, d. h. des Willens des Täters, die Tat als solche auch zu begehen, sowie seiner speziellen Beweggründe »eine als terroristisch zu bezeichnende, auf politischen Motiven beruhende kriminelle Handlung« erblickt werden.[224] Das Gericht bemühte sogar das Motto »Si duo faciunt idem, non est idem«,[225] um eine »gewissenhaft erwägend(e) demokratisch(e) Strafjustiz« von der »sogenannten Rechtsprechung der Nazizeit« abzusetzen und sich »einzig und allein von der Beurteilung der individuellen Schuld des Täters« leiten zu lassen.[226]

Aus dem Verlauf des zweiten Verfahrens sollen im Folgenden nur die Aspekte herausgegriffen werden, die über das erste Urteil hinaus in direkter Form auf das Bild der Täter in der Öffentlichkeit einwirken konnten. Rechnet man die Reaktion der Mannheimer Öffentlichkeit, aber auch die Aufhebung des Urteils durch die alliierten Behörden mit ein, so steht zu erwarten, dass die Täterbilder in den beiden Verfahren gegen Böse voneinander abwichen, d. h., ein Täterprofil oder gar eine Täterpersönlichkeit erst im zweiten Prozess des Jahres 1948 deutlich wurde: Welche Täterbilder wurden im Verlauf der beiden Prozesse vom Angeklagten gezeichnet? Welche ergaben sich im Zusammenhang mit der öffentlichen Reaktion auf das als skandalös empfundene erste Urteil?

Es bestand aufseiten aller am Verfahren beteiligten Institutionen und Personen ausreichend Zeit, auf das Täterbild einzuwirken: Böse konnte an seiner Persönlichkeit arbeiten und sein Angeklagtenprofil verbessern. Aufseiten von Staatsanwaltschaft und Gericht flossen – zumindest subkutan – die Erfahrungen der ersten Verhandlung und der öffentlichen Diskussionen in das Täterbild ein, welches Böse zugeschrieben wurde. Und noch ein weiterer Punkt verdient unsere Aufmerksamkeit: Die beiden Mitangeklagten Hecker und Lauber fielen als Täter quasi aus: Weder in den beiden Urteilen noch in der Darstellung in der Presse erreichten sie einen entscheidenden Widerhall. Das Urteil und besonders die Berichterstattung verengten die Täterschaft allein auf den Hauptangeklagten. Hecker und Lauber schienen in das grausame Geschehen unter unglücklichen Umständen »hineingeraten«, ein Geschehen, dem sie sich dann wider besseres Wissen um die Unzulässigkeit des Erschießungsbefehls nicht zu entziehen vermochten. Ohne dass dieser Zusammenhang in der einen oder anderen Form thematisiert worden wäre, stilisierte das Gericht beide zu willenlosen Befehlsempfängern.

Schon das erste Urteil hatte Böse als einen Menschen geschildert, »der von frühester Jugend auf nur das [sic!] Gehorsam gewohnt war und dessen ganze Stärke in Normalzeiten nur im Gehorsam bestand.« Diese Gehorsamspflicht gegenüber den Befehlen seiner Vorgesetzten versuchte er deshalb auch »noch im letzten Aufzucken der Bewegung«, unbedingt durchzusetzen. Als strafmildernd konnte allenfalls die Tatsache angeführt werden, »dass er als uniformierter und kasernierter Polizeibeamter, der über ein Jahrzehnt unter dem Einfluss der volksverdummenden, hetzerischen und noch weniger als einseitig eingestellten Lügenpropaganda gestanden hatte«, die ihm die Möglichkeiten nahm, die Realitäten um ihn herum wahrzunehmen. Die ebenso rationale wie einleuchtende Argumentation, dass er als langgedienter Polizeibeamter und Dienstvorgesetzter in einem höheren Rang um die Zulässigkeit und das Auslegungspotenzial von Befehlen gewusst haben müsse, vertrat das Gericht in dieser Form nicht. Berücksichtige man Böses »ultra-militaristische(n) Einstellung«, so führe, wie der Mitangeklagte Lauber zu Protokoll gab, dieser »seinen Namen mit Recht«.[227] Das Täterbild Böses wurde vom Gericht nicht klar herausgearbeitet. Es vermischte mehrfach einzelne Komponenten aus Täter- und Opferbildern. Böse blieb immer auch Opfer der Zeitumstände, denen er nicht entrinnen konnte. Gerade der Kontrast zwischen dem Täter Böse und den wahren Opfern der Tat erhellt aber das Täterbild, wie es sich im Urteil vom 28. Februar 1947 widerspiegelt:

> »Der Angeklagte hat drei Menschenleben auf dem Gewissen. Drei Menschenleben, die er buchstäblich in den letzten Minuten des Krieges aus keinem anderen Grunde denn aus purer Sturheit hinopferte. Diese Menschen waren alles andere als Verräter gewesen, Sie waren gute Bürger, die aus vernünftiger Erkenntnis der gegebenen Sachlage die einzig vernünftige Folgerung zogen, nun endlich Schluss mit sinnlosem Blutvergießen zu machen. Ihre Handlung war also von Vernunftsgründen getragen, denen ein beschränkter Geist eines B. nicht gewachsen war.«[228]

Auch im zweiten Prozess im Juni 1948 rückte die Frage in den Mittelpunkt, in wieweit Böse eine »innerliche Verbundenheit [...] mit der SS-Idee« nachzuweisen sei.[229] Böse wurde von einem der geladenen Zeugen zwar als »SS-Typ« geschildert, aber nicht in dem »Sinne, dass er den Zwecken und Zielen jener Organisation besonders verhaftet gewesen sei, vielmehr im Sinne des ›Leuteschinders‹ gegenüber Untergebenen, des überforschen Offiziers.«[230] Interessant scheinen auch die Zuschreibungen, die die beiden Mitangeklagten Böse im zweiten Verfahren zuordneten: Während Hecker von ihm »einen guten Eindruck« gewonnen hatte, gab Lauber erneut zu Protokoll, dass Böse durchaus über ein »straffes Auftreten« verfügt habe, ihn einige Polizisten als Vorgesetzten gefürchtet hätten, dies oft mit dem Hinweis, »er trage seinen Namen ›B[öse]‹ zu Recht«.[231]

Das Vorliegen eines Täterwillens vermochte das Mannheimer Gericht aus den Zeugenaussagen nicht zu folgern. Der schlechte Ruf des Angeklagten in Reihen der Mannheimer Polizei und Polizeireserve wurde im Urteil stattdessen mit einer quasi anthropologischen Entschuldungskonnotation versehen, indem das schlechte Ansehen des Angeklagten auf »landsmannschaftliche Missverständnisse« zurückgeführt wurde:

> »Diese Beurteilung durch den Zeugen [...] ist umso leichter verständlich, als [... dieser] der ausgesprochene Süddeutsche ist, der, etwas behäbig in der äusseren Erscheinung, sicherlich die Pflichterfüllung genauso gewohnt ist, wie der derb-vierschrötige, hagere Norddeutsche aus dem Pommernland (mit ostfriesischem Einschlag), den der Angeklagte B. in geradezu schulbeispielmäßiger Form verkörpert, nur mit dem Unterschied, dass es der Letztgenannte in einer schroffen, dem Süddeutschen unbekannten, ja sogar manchmal fernliegenden Weise tut, während der Badener zum gleichen Ergebnis in nahezu gemütlich-familiärer Aussprache und in weitaus verbindlicheren Formen zu gelangen pflegt. Mit anderen Worten: das, was [der] Zeuge [...] an dem Angeklagten B. tadelt, ist nicht eine Eigenschaft, die ihm durch den Nationalsozialismus überkommen wäre, sondern eine abstammungsgemäße Veranlagung [...] die schlecht in die Kreise passt, in die der Angeklagte B. hineinversetzt wurde, als er nach seiner Verwundung zum Polizeipräsidium Mannheim abgeordnet wurde.«[232]

Bei der Mutmaßung der Mannheimer Richter über eine mögliche Verbindung zwischen Charaktereigenschaften der Angeklagten, ihren Taten sowie ihrer regionalen Herkunft handelte es sich allerdings um keinen skurrilen Einzelfall: In der Berichterstattung über einen Prozess gegen Angehörige der Wachmannschaften des Konzentrationslagers Natzweiler-Struthof vor einem Militärgericht im französischen Metz im Juli 1954 bemerkte beispielsweise die *Süddeutsche Zeitung* über die Angeklagten, sie seien »ebenso wie ihre Opfer hinsichtlich ihrer Landsmannschaft auf keinen einheitlichen Nenner zu bringen.« Die Angeklagten stammten aus Sachsen, dem Saarland, Baden, Franken sowie aus dem Sudentenland.[233] Diese Aussage enthält implizit die zynische Frage, ob etwa eine »geeignetere« Auswahl unter landsmannschaftlichen Gesichtspunkten NS-Verbrechen hätte verhindern können. Oder wäre, im Gegenteil, das blinde Verständnis der Täter untereinander noch erhöht worden?

Immer wieder zitierte das zweite Urteil Zeugen, für die Böse »ein sturer Befehlsempfänger und Befehlsausführender« war.[234] Das Gericht folgerte: So »stand der Angeklagte B. unter dem Drucke eines von ihm ganz bestimmt nicht gewollten und von ihm ohne jede Frage als äusserst unangenehm und unmenschlich empfundenen Befehles [...] dessen Nichtbefolgung, objektiv gesehen, für ihn selbst gefährlich sein *konnte.*« Von einem Entlastungszeugen, einem Oberregierungsrat a. D., der auch als öffentlicher Hauptankläger der Spruchkammer Ostfriesland und Vorsitzender der Entnazifizierungskommission der Polizei im Regierungsbezirk Ostfriesland tätig war, wurde Böse dagegen als »hochwertiger aber weicher Mensch geschildert, der einen Befehl, der ursprünglich von Bohrmann [sic!], Keitel und Himmler stammte [der sogenannte Flaggenerlass; C. A.], nicht hätte bezweifeln oder gar verweigern können.«[235] Der »Fehler« des Angeklagten, »dessen ganze Stärke in Normalzeiten nur in Gehorsam bestand« lag nach Ansicht des Gerichtes deshalb schlicht und ergreifend in dem Umstand, dass dieser »gegenüber der Gehorsamspflicht seine Menschenpflicht vergessen« habe.[236] In diesem Zusammenhang wiederholte der Urteilstext die Ausführungen zur Propaganda, der sich der Angeklagte als »uniformierter und kasernierter Polizeibeamter« über einen sehr langen Zeitraum ausgesetzt gesehen habe und die nicht ohne Wirkung auf diesen geblieben sein könnte.[237]

Böses Berufswunsch, Polizist bzw. »Gendarm« zu werden, führte dazu, dass ihm vonseiten des Gerichts zumindest vordergründig eine Fixierung auf autoritäre Strukturen unterstellt wurde – und er sich zudem nachweislich auch kaum außerhalb dieser Strukturen bewegte. Dieser Zusammenhang spiegelt sich in einer Reihe von Ausführungen des Urteils und der Strafmaßbegründung wider (s. o.). Während andere »vernünftig« handelten, »verstrickte« sich Böse indessen durchgängig. Die Ausführung des Befehls rückte damit in den Rang einer logischen oder doch zumindest unausweichlichen Konsequenz. Dem durchaus scharf formulierten Täterprofil stand allerdings das vergleichsweise milde Urteil gegenüber: Die Einbettung in militaristische und Gehorsam verlangende Strukturen wurde, wenn nicht zu einem Entschuldigungs-, so doch zu einem Strafmilderungsgrund. Die unschuldigen Opfer, die sich für die Gemeinschaft der Bürger und ihren Arbeitgeber einsetzten, machten die Tat in den Augen nicht nur der Mannheimer Öffentlichkeit umso verwerflicher. Allerdings ergab sich aus der Handlung der »gute(n) Bürger«, durch »das Hissen der weißen Flagge« in den Augen des Gerichts auch eine Art von Entschuldigung des Verhaltens des Angeklagten: »Die drei Opfer der Tat wussten also bis zu einem gewissen Grade, dass sie sich opferten, und um so anerkennenswerter wird ihre Handlungsweise. Im gleichen Ausmass aber minderte sich auch die Schwere der Schuld des Angeklagten B., da er nicht Ahnungslose ins Verderben gesandt hat.«[238] Die exzeptionellen Verhältnisse im Dritten Reich – Kriegsgeschehen, ideologische Beeinflussung und Verhetzung – entwickelten sich zu einem zentralen Argument für die Schuldmilderung in NS-Verfahren: Unter den schwierigen Umständen der NS- bzw. Kriegszeit hätten sich Menschen in einer »sittlich verwirrenden, mitunter ausweglosen Lage« befunden. Vor allem bei Menschen mit geringer Schulbildung und einfacher Denkweise habe sich dies feststellen lassen. Dies gelte auch für diejenigen, und hier gerät Böse als konkreter Täter wieder in den Blick, die über eine ausgeprägte militärische Denkweise verfügten und somit der Propaganda besonders leicht erlegen seien. Gerade bei Berufsoffizieren und Polizeibeamten wurde in diesem Sinne mitunter mildernd berücksichtigt, dass sie »von Jugend an daran gewöhnt waren«, Befehle auszuführen und dass ihnen ein berufsbedingter Pflichteifer zu Eigen gewesen sei.[239]

Auch im zweiten Urteil flossen zum Abschluss der Strafbemessungsgründe erneut Täter- und Opferbilder in der Person Böses zusammen. Wie schon im Februar 1947 wurde auch im Juni 1948 erneut für einen starken Kontrast gesorgt, der trotz des vergleichsweise milde ausgefallenen Urteils den Hauptangeklagten als im wahrsten Sinne des Wortes »bösen« Täter kennzeichnete: Das Täterbild ergab sich zu einem nicht unbedeutenden Teil auf Basis der Schwarz-weiß-Zeichnung der Gegenüberstellung von unschuldigen Opfern und schuldigem Täter. Interessanterweise war Böse die Person, auf die die Tatmerkmale in der Hauptsache bezogen wurden, die Tatbeteiligung der Mitangeklagten, bei denen es sich in beiden Fällen um badische Landsmänner handelte, wurden mehr oder weniger zu Randfiguren degradiert. Auch mögliche charakterliche oder wenigstens äußerliche Zuordnungen, die sich auch für die beiden Mitangeklagten zu einem Täterbild verdichten könnten, fehlen in der Urteilsschrift. Einige der geladenen Entlastungs- bzw. Leumundszeugen bescheinigten für das Gericht in glaubhafter Weise, dass Böse »alles andere denn ein SS-Terrorist, ja sogar alles andere als ein überzeugter Nationalsozialist gewesen« sei.[240] Für die Öffentlichkeit präsentierten sich Sachlage und Urteil naturgemäß in einem völlig anderen Licht. Am Ende der Verhandlung steht folgendes Bild Böses:

> »Er hat aus einem Mangel an Mut, Entschlossenheit und Entschlussfähigkeit, also letztlich aus einem Charakterdefekt und aus berufsmäßiger Verbildung [sic!] seines Willens dem von ihm innerlich abgelehnten Befehl gehorcht, wobei er die eigene Gefahr zu hoch und die Sicherheit, insbesondere des Lebens seiner Mitmenschen zu nieder [sic!] bewertete. Er ist also *kein* Verbrechertyp; er ist insbesondere *kein* nationalsozialistischer Verbrechertyp.«[241]

Ein Urteil ohne Wirkung?

Über ein Jahr nach den erfolgreichen Protesten schlug der zweite Prozess in der regionalen Tagespresse aber kaum noch Wellen, wie das kurze Referat des Urteils auf der Titelseite des *Mannheimer Morgen* vom 12. Juni 1948 zeigt.[242] Auch im zweiten Bericht im Regionalteil werden zuerst noch einmal die bisherigen Stationen der Prozessgeschichte aufgerollt und dem Leser erklärt, dass im Unterschied zum ersten Verfahren im Februar des Vorjahres die Anklage nun auf »*vorsätzliche* Tötung« lautete, wohingegen im ersten Prozess eine Anklage wegen »*fahrlässiger* Tötung« erhoben worden war.[243] Der gesellschaftspolitische Referenzrahmen, in dem das Urteil im Wiederaufnahmeverfahren gesprochen wurde, hatte nur noch wenig mit der Situation im Februar 1947 gemein. Böse war nun ein Befehlsempfänger unter vielen anderen, dem es aus nachvollziehbaren Gründen nicht oblag – oder, wenn man das Bild »ernst« nimmt – gar nicht obliegen konnte, auch in den letzten Tagen des Krieges einen offensichtlich sinnlosen und zudem rechtswidrigen Durchhaltebefehl in Frage zu stellen. Andere Zeugen hatten, wie der *Mannheimer Morgen* seinen Lesern mitteilte, glaubhaft auf die Möglichkeit verwiesen, den Auftrag bzw. Befehl nicht auszuführen. Ein Verhalten, wie es sich in den letzten Kriegstagen und auch am Tag der Tat, in Mannheim mehrfach, und ausnahmslos ohne Folgen für die Betroffenen, nachweisen ließ.[244] Böse hatte aber nichts unternommen, was zur Rettung der drei späteren Opfer hätte beitragen können, obwohl mit einfachen passiven Mitteln – dem ›Nichthinsehen‹ – drei Menschenleben zu retten gewesen wären. Einer größeren Gefahr, wie sie andere Angehörige der Polizei, Wehrmacht oder der SS im Rahmen des »Rettungswiderstandes« und trotz zumeist eigener Verstrickung in das NS-Unrechtssystem auf sich genommen haben, um Menschenleben zu retten, hätte er sich dabei nicht ausgesetzt.[245] Gerade im Kontrast zu den aktiven Rettern sind die Verhaltensmuster und Legitimationsstrategien von NS-Tätern wie Böse auch moralisch zu bewerten.

Nach der Verkündung des zweiten Urteils gegen Böse und die beiden Mitangeklagten blieben größere Reaktionen in der regionalen Presse aus. Die kommunistische *Volksstimme* rückte erneut die politischen Implikationen des Urteils in den Vordergrund. Die handelnden Personen wurden hier entpersonalisiert – sie standen symbolisch für das »System«: »(E)s fällt schwer, darin [im Urteil; C. A.] nicht das gleiche System zu sehen, das nach 1918 soviel zum Schutze der Elemente beigetragen hat, die im Dritten Reich zur Geißel unserer Volkes wurden.«[246] Das Urteil war zudem einige Tage später – auch hier kommentarlos – Gegenstand einer kurzen Meldung in der Heidelberger *Rhein-Neckar-Zeitung*.[247] Am gleichen Tag schob auch der *Mannheimer Morgen* noch einmal einen abschließenden Kommentar nach.[248] Nicht die Höhe des Urteils sei für die Öffentlichkeit von Bedeutung, diese sei allein für den Angeklagten entscheidend. Von großer Bedeutung sei es indessen, dass das Motiv des Verbrechens im zweiten Verfahren einer erneuten Prüfung unterzogen worden sei: »(O)b ein vom Geist des Militarismus Besessener wegen Fahrlässigkeit oder wegen vorsätzlicher Tötung zur Rechenschaft gezogen wird, ist für die *moralische Rechtfertigung* der Tat ein *prinzipieller Unterschied*«.[249] Die gescheiterte Entnazifizierung der Justiz wurde im Kommentar mit der Gefahr ihrer Renazifizierung und dem Korpsgeist der Offiziere in Verbindung gesetzt:

> »(W)enn uns Augen und Ohren nicht trügen, so ist man gerade heute in einem großen Kreis deutscher Juristen dabei, den Kriegsverbrechern wieder zu Hilfe zu eilen. Hätte man das Böse-Urteil in seiner ersten Fassung bestehen lassen, so wäre damit in erster Linie nicht jener unsinnige Mensch Böse von dem Verbrechen des Militarismus freigesprochen, sondern vor allem jener unheilvolle Offiziersgeist [...], dem Tausende von unglücklichen Landsern ihre schimpfliche Erhängung an den Telegraphenstangen zu verdanken hatten.[250]

Um ein erneutes Abgleiten der Deutschen in ein politisches System wie den Nationalsozialismus zu verhindern und um schon den ersten Anzeichen zu widerstehen, bedürfe es einer starken und freien Presse. Der *Mannheimer Morgen* sah sich als deren Bestandteil und hob zum Anschluss – durchaus mit einigem Recht – die Rolle der Zeitung bei der Wiederaufnahme des Verfahrens hervor: Um »zu verhindern, daß die Mörder der ungezählten Antifaschisten und der Patrioten des 20. Juli nicht nachträglich entschuldigt werden, haben wir Journalisten am Mannheimer Marktplatz die Fenster weit aufgemacht und unsere Empörung laut hinausgerufen.«[251]

2.2 Ein Täterbild als regionaler Erinnerungsort

Nicht das Verfahren, aber sein juristischer Gegenstand, der Tod von drei unschuldigen Bürgern in den letzten Kriegstagen, lebt bis heute in der Mannheimer Stadtgeschichte fort. Eine Aussage, die so nur für wenige regionale NS-Verbrechen Geltung beanspruchen darf. Auf eine vergleichbare, in diesem Fall sogar überregionale Bedeutungsgeschichte können allein noch die drei Prozesse gegen den SS-General Max Simon und eine Reihe von Mitangeklagten wegen der Tötungen mehrerer Zivilisten im kleinen hohenlohischen Ort Brettheim zurückblicken.[252] Die Begründungslinien und Argumentationsfiguren, die in den Verfahren vor dem Landgericht im bayerischen Ansbach in den Jahren 1955,[253] 1958[254] und 1960[255] gleich dreimal zum Freispruch des Hauptangeklagten führten, ähneln denen im Mannheimer Verfahren gegen Böse. Wie im Fall der »Männer von Brettheim« durch eine offizielle Erinnerungsstätte,[256] so ist auch die Erschießung von Hermann Adis, Adolf Doland und Erich Paul in den Lauerschen Gärten zu einem lokalen Erinnerungsort[257] geworden. Das traurige Ereignis hatte schon in der Erinnerung an das Kriegsende 1945 eine große Resonanz gefunden (s. o.). Es soll im Folgenden noch um einige zeitgenössische erinnerungskulturelle Versuche ergänzt werden, die das Geschehen als konkrete bzw. aktive »Widerstandshandlung« einordnen.

Vom 7. September bis zum 15. Oktober 2002 fand im ehemaligen Freya-Kino im nordöstlichen Mannheimer Stadtteil Gartenstadt die Ausstellung »Widerstand gegen den Nationalsozialismus« der Geschichtswerkstatt des Bürgervereins Gartenstadt statt.[258] Unter dem Unterpunkt »Der 20. Juli 1944« wird u. a. auch an den mutigen Widerstandsversuch sowie die anschließende Verhaftung und Erschießung der drei Mannheimer Bürger gedacht und zumindest darauf verwiesen, dass nach Kriegsende eine Gerichtsverhandlung erfolgte – ohne allerdings auf das Urteil einzugehen.[259] Als im Jahr 2005 an die 60. Wiederkehr des Kriegsendes erinnert wurde, erschienen neben den bekannten Dokumentationen, die sich der deutschen Geschichte im Ganzen widmeten, auch viele regionale Geschichten des Kriegsendes, zumeist mit umfangreichem Bildmaterial unterlegt.[260] Auch hier spiegelte sich die seit den 1970er Jahren vielfach dokumentierte und zum Teil regelrecht beschworene Verschiebung des Fokus des historischen Interesses auf die Geschichte vor Ort, sei es als im Rahmen von Geschichtswerkstätten betriebene sogenannte Geschichte »von unten«, sei es als erstarktes Interesse an regionalen historischen Zusammenhängen, wider.[261] Themen wie »Das Kriegsende in …« stehen in der Gunst nicht nur des Lesepublikums dabei immer wieder ganz weit oben, auch wenn es viele dieser schnell produzierten Bände mit den historischen Details nicht immer so genau nehmen. In einer Sammelbesprechung lokalgeschichtlicher Neuerscheinungen und in Anspielung auf den saisonalen Kinoerfolg von Bernd Eichinger mit der Überschrift »Untergang vor Ort« betitelt, wurden auch Begebenheiten aus der Stadt Mannheim gestreift.[262] Sowohl der konkrete Tathergang, die Motivation zum Widerstand aufseiten der späteren Opfer und auch die Zuordnung der Täter zur deutschen Ordnungspolizei gingen in dieser kurzen Beschreibung allerdings verloren bzw. werden verzerrt dargestellt:

> »Ganz anders dagegen Mannheim. Hier hat sich etwa in den Stadtteilen Sandhofen und Käfertal die Kampfgruppe Schultz festgesetzt, um den Krieg unbeirrt weiterzutreiben. Jedem, der den Glauben an den ›Endsieg‹ verliert, droht – Erschießung. So wie den Bürgern Herman Adis und Erich Paul. Sie hatten weiße Fahnen aus ihren Häusern gehängt.«[263]

An eine prominentere Stelle wurden die Ereignisse gerückt, als Mannheim im Jahr 2007 sein 400-jähriges Stadtjubiläum feierte. Eines der erklärten Ziele des Stadtjubiläums war es, verschiedenste Teile der Geschichte und Entwicklung Mannheims zu beleuchten – und dabei auch die Jahre des Nationalsozialismus nicht auszusparen. Ein Projekt, das Initiatoren des Deutschen Gewerkschaftsbundes (DGB), des Arbeitskreises Justiz (AK Justiz) und der Vereinigung der Verfolgten des NS-Regimes (VVN) vereinigte, hatte sich zur Aufgabe gemacht, im Rahmen »antifaschistischer Stadtrundgänge« interessierte Einzelpersonen und Gruppen an die Orte und Plätze sowie die bekannten »Stolpersteine« zu führen, an denen Opfern des Widerstandes und des Nationalsozialismus gedacht wird.[264] Zu den erklärten Zielen der gemeinsamen Initiative gehörte es zudem, Orte im Stadtbild zu zeigen, an denen Täter ihre Opfer gedemütigt, verfolgt, deportiert, eingesperrt oder umgebracht hatten. Zu den Stationen beim ersten Rundgang gehörten die Lauerschen Gärten, »de(r) letzt(e) Tatort des NS-Terrors.« Hierzu wurde im *Mannheimer Morgen* vermerkt:

> »Noch am 28. März 1945, 24 Stunden vor dem Einmarsch der Amerikaner, kostete der sinnlose Durchhalte-Wahn von Polizeihauptmann und SS-Hauptsturmführer Otto Hugo Böse drei Mannheimern das Leben: Adolf Doland, Herman Adis und Erich Paul, die vom Turmhaus in N 7 erwartungsfroh mit einer weißen Fahne gewinkt hatten, wurden an der Festungsmauer der Grünanlage [gemeint sind die Lauerschen Gärten; C. A.] standrechtlich erschossen.«[265]

Zudem sind in den vergangenen Jahren von der Stadt Mannheim, über das gesamte Innenstadtgebiet verteilt, sogenannte STADTPUNKTE eingerichtet worden, die jeweils auf einer Infostele Bürger und Gäste der Stadt Mannheim über

»Mannheimer Geschichte vor Ort« bzw. die entsprechenden Kulturdenkmale informieren.[266] Insgesamt erzählen die 115 einzelnen Stadtpunkte spannende Stadtgeschichte(n), die fünf historischen Oberthemen zugeordnet sind und der Sicht auf die Stadt und ihre vielgestaltige Vergangenheit eine charakteristische Profilierung geben sollen. Die Lauerschen Gärten sind dabei dem Bereich »Festung – Planstadt – Residenz« zugeordnet.[267] Die entsprechende Infostele Nr. 17 im Mannheimer Planquadrat M 6 enthält den folgenden Text:

> »Im ehemaligen Garten von Friedrich Lauer findet sich der letzte oberirdisch erhaltene Rest der Mannheimer Befestigung. Das in rotem Sandstein ausgeführte Fundament stammt aus der Zeit zwischen 1727 und 1739, als die Stadt nach der Zerstörung von 1688/89 erneut ummauert wird. 1918 geht die Anlage in städtisches Eigentum über. Das Hochbauamt plant 1921 die Errichtung eines Bürogebäudes im Zusammenhang mit der Ingenieurschule, doch die Inflation rettet die grüne Oase. Später forderte die nationalsozialistische Herrschaft hier ihre letzten Opfer: Am 28. März 1945, unmittelbar vor der Besetzung durch die US-Army, werden Hermann Adis, Adolf Doland und Erich Paul an der Mauer erschossen, weil sie auf dem Kaufhaus Vetter in N 7 die weiße Fahne gehisst haben sollen. Die geringen Strafen für die an der Erschießung beteiligten Polizeibeamten rufen nach dem Krieg Empörung hervor.«[268]

Auf zum Teil verschlungenen Wegen sind ein brutales Endphaseverbrechen und zwei NS-Verfahren zu einem Mannheimer Erinnerungsort geworden, der sogar seinen Weg in aktuelle Reiseführer gefunden hat.[269]

Die Einbettung in die Erinnerung an die Opfer des Widerstandes in der Stadt Mannheim erfolgte aber noch auf einem anderen Wege, nämlich über die öffentliche Erinnerung der Tat hinaus: Die Opfer erhielten eine gemeinsame Grabstätte auf dem Mannheimer Hauptfriedhof: »Grabstätte für H. Adis, A. Doland und E. Paul, die wegen Hissens einer weißen Fahne am 28. 3.1945 in den Lauerschen Gärten erschossen wurden, sowie für V. Link, der am 11. 9.1944 wegen Wehrkraftzersetzung im Käfertaler Wald erschossen wurde.«[270] Bei der Grabstätte auf dem Mannheimer Hauptfriedhof handelt es sich um ein Ehrengrab der Stadt Mannheim.[271] Die sterblichen Überreste Links wurden erst nach 1955 hinzugefügt.[272] An den Resten der alten Mannheimer Festungsmauer in den Lauerschen Gärten erinnert seit 1981 zusätzlich eine kleine Gedenktafel an die drei Opfer des Endphaseverbrechen des 28. März 1945.[273] Diese Tafel bildet zumindest einen deutlich sichtbaren Beleg für eine intensive Rezeption der Geschehnisse. Die genannten Beispiele heben die Mannheimer Erinnerung damit weit aus der allgemeinen Rezeption von lokalen und regionalen NS-Verfahren heraus. Im Gegensatz zu vielen anderen Fällen, in denen den Opfern das Hissen einer weiße Fahne zum Verhängnis wurde, ist der Widerstand im Mannheimer Beispiel bereits in der zeitgenössischen Rezeption durchweg positiv konnotiert. Hier bleibt die Frage zu klären, ob dies allein mit der Zugehörigkeit der Opfer zum aktiven sozialdemokratischen Milieu einer Arbeiterstadt erklärt werden kann. Die Tat ist »als ›Verbrechen der Endphase‹ als Justiz- und Zeitgeschichte auch ein Stück Mannheimer Stadtgeschichte.«[274] Die Verurteilung Hugo Otto Böses hängt in entscheidendem Maße auch davon ab, dass er eines NS-Verbrechens für schuldig befunden wurde, bei dessen Opfern es sich um unschuldige deutsche Volksgenossen handelte. Straftaten und Verbrechen, die von Mitgliedern der Polizeibataillone im Vernichtungskrieg in Osteuropa begangen wurden, führten dagegen oft nicht zu einer Ahndung. Als Gründe werden in der Forschungsliteratur neben mangelhaften bzw. zu späten Ermittlungen (Verjährungsproblematik) und einer allgemeinen Schlussstrichmentalität in der Bevölkerung insbesondere auch Absprachen zwischen den Beschuldigten und Staatsanwälten und insbesondere innerhalb des beteiligten Personenkreises – Polizisten ermittelten nur ungern gegen Polizisten – angeführt.[275]

Während die öffentliche Erinnerung an den Holocaust in den unmittelbaren Nachkriegsjahren klein geschrieben wurde – ein Phänomen, was sich nicht allein in Deutschland sondern auch in Israel, den USA und anderen europäischen Ländern beobachten ließ,[276] so folgte daraus nicht automatisch, dass keine öffentliche Beschäftigung mit den NS-Verbrechen stattgefunden hätte. Nur bezog sich diese, die Gründe sind im Einzelnen angedeutet und erläutert worden, bis auf Ausnahmen auf Verbrechen, die von Deutschen an Deutschen begangen worden waren. Auch in den NS-Prozessen und Täterbildern auf lokaler und regionaler Ebene spiegeln sich, wenn auch in einem geringeren Maße, die Distanzierungsmechanismen wider, mit denen sich der Großteil der Bevölkerung von »den Nazis« und »kriminellen Akteuren« zu unterscheiden wusste: auf der sprachlichen, der juristischen und auf der politischen Ebene.

3. REVISIONSFORDERUNGEN »AN ALLEN FRONTEN«: NS-VERFAHREN UND TÄTERBILDER IN DER FRÜHEN BUNDESREPUBLIK

Wegscheide 1949: Veränderungen im Umgang mit NS-Verbrechen

Im Verlauf ihrer Beratungen in Washington vom 6. bis zum 8. April 1949 einigten sich die drei Außenminister der Westmächte auf die Errichtung einer *Alliierten Hohen Kommission* (AHK) als höchste alliierte Kontrollbehörde der zukünftigen Bundesrepublik und über den endgültigen Inhalt des Besatzungsstatutes. Nachdem am 8. Mai das Plenum des Parlamentarischen Rates dem revidierten Grundgesetzentwurf mit großer Mehrheit zugestimmt und auch die Militärgouverneure vier Tage später ihre offizielle Genehmigung erteilt hatten, konnte das Grundgesetz der Bundesrepublik am 23. Mai schließlich offiziell verkündet werden. Die Staatsgründung hatte unmittelbare Auswirkungen auf die Verfolgung nationalsozialistischer Straftaten: Diese lag nun vollständig in den Händen der deutschen Justizorgane, auch wenn im Rahmen des Besatzungsstatutes einige von den Alliierten erlassene und den Umgang mit dem Nationalsozialismus und seinen Hinterlassenschaften betreffende Gesetze noch für einige Jahre ihre formale Gültigkeit behalten sollten.[1] So konnte beispielsweise *KRG Nr. 10* noch bis Mitte 1951 Anwendung finden und wurde erst im Jahr 1956 schließlich aufgehoben.[2] Nach der Ratifizierung der *Pariser Verträge* durch Bundestag und Bundesrat hatte die Bundesrepublik am 5. Mai 1955 ihre endgültige Souveränität zurückerhalten; als erstes sichtbares Zeichen wurde die *AHK* aufgelöst. Von diesem Zeitpunkt an konnten Verfahren, die ein NS-Tötungsverbrechen als Anklagepunkt aufwiesen, nur noch unter Anwendung des deutschen Strafrechts durchgeführt werden. Der sogenannte *Überleitungsvertrag* sah zudem vor, dass Strafverfahren gegen NS-Täter, die von den alliierten Besatzungsbehörden bereits rechtsgültig abgeschlossen waren, nicht mehr vor deutschen Gerichten verhandelt werden konnten.[3] Diese »Sperrklausel« galt auch für diejenigen Verfahren, die aus Mangel an Beweisen eingestellt worden waren und selbst dann, wenn im Rahmen zukünftiger Ermittlungen noch neue Erkenntnisse ans Licht kommen sollten.[4]

Die nach dem Untergang des »Dritten Reiches« in Teilen der deutschen Bevölkerung gezeigte Bereitschaft zur schonungslosen Aufdeckung, Verfolgung und Bestrafung der NS-Verbrechen sollte nach der Gründung der Bundesrepublik zu

Beginn der 1950er Jahre rasch abflauen. Die allgemeine Stimmung in der Öffentlichkeit spiegelte die von einer Mehrheit der Deutschen geteilte Auffassung wider, dass die juristische Bewältigung der NS-Vergangenheit durch die Prozesse während der Besatzungszeit abgeschlossen sei. Endlich einen »Schlussstrich unter die Vergangenheit« zu ziehen, so lautete die wiederholt und lautstark vorgetragene Forderung.[5] Die wenigen Versuche, die notwendige Trauerarbeit bezüglich der unzähligen NS-Verbrechen in rechtliche Formen zu gießen, wurden von einer Mehrheit der Bürger politisch wie innerlich abgelehnt und auch die deutsche Justiz installierte eine »Fülle von Abwehrmechanismen«[6] gegen die Fortsetzung von NS-Verfahren.

Bereits in der unmittelbaren Nachkriegszeit war die Strafverfolgung von NS-Verbrechen von vielen Deutschen als ein alliierter Angriff auf die nationale Souveränität empfunden worden und Forderungen nach ihrem frühzeitigen Ende blieben deshalb nicht aus. Wegen der unterschiedlichen politischen und gesellschaftlichen Ausgangslage im Nachkrieg hatte die strafrechtliche »Selbstreinigung« in den drei unmittelbaren Nachfolgestaaten des NS-Systems jeweils einen unterschiedlichen Verlauf genommen: Während die spätere DDR[7] und Österreich[8] bereits gegen Ende der 1940er Jahre einen großen Teil des gesamten Prozessaufkommens nach 1945 »zu den Akten« gelegt hatten, ohne jedoch die NS-Verbrechen systematisch und umfassend geahndet zu haben, sollte sich die strafrechtliche Aufarbeitung in der Bundesrepublik über die folgenden Jahrzehnte hinziehen und von öffentlichen Debatten begleitet werden.[9] Die bundesdeutschen Bemühungen, die Strafverfolgung durch Entschädigungsmaßnahmen für die Opfer[10] und eine breite massenmediale Aufklärung über die NS-Staatskriminalität zu begleiten, blieben in der DDR und Österreich weitgehend aus: Beiden Staaten gelang es zwar, eine quantitativ eindrucksvolle Bilanz der NS-Verfahren vorzulegen, diese diente allerdings schnell nur noch als »gedächtniskulturelle Chiffre« und half langfristig einen Opfer-Mythos zu konsolidieren.

In Österreich waren zur Verurteilung von NS-Verbrechen bereits unmittelbar nach Kriegsende zwei Sondergesetze[11] erlassen worden, so das sogenannte *Verbotsgesetz* vom 8. Mai 1945,[12] welches sämtliche NS-Strukturen in Partei und Verwaltung zerschlug und jegliche nationalsozialistische Wiederbetätigung unter Strafe stellte. Am 26. Juni 1945 trat dem *Verbotsgesetz* das *Kriegsverbrechergesetz* an die Seite,[13] das bis 1957 in Kraft bleiben sollte und in weiten Teilen in Gesetzeskonkurrenz zum »regulären« Strafrecht stand. Beide Gesetze kannten als Höchststrafe die Todesstrafe. Als gerichtliche Instanzen zur Umsetzung der beiden Sondergesetze wurden bei den Landgerichten am Sitz der Oberlandesgerichte in Wien (1945), Graz, Linz und Innsbruck (1946) sogenannte Volksgerichte eingesetzt, die auch als Instrumente der bürokratischen Entnazifizierung fungierten.[14] Der Abschluss des Österreichischen Staatsvertrages in Wien am 15. Mai 1955 und dessen Inkrafttreten am 27. Juli hoben in Österreich das Besatzungsstatut auf und leiteten den Abzug der Besatzungstruppen ein. In der neuen, zweiten, österreichischen Republik kam es in der Folge zur umgehenden Einstellung der Tätigkeit der Volksgerichte. Die offizielle *NS-Amnestie* vom 14. März 1957[15] läutete auch das Ende des Kriegsverbrechergesetzes ein. NS-Verbrechen waren von diesem Zeitpunkt an nach dem österreichischen Strafgesetz abzuurteilen.

In der sowjetischen Besatzungszone hatten Entmilitarisierung und Entnazifizierung unter der Leitung der Sowjetischen Militäradministration in Deutschland (SMAD) von Beginn an im Schatten der gezielten Umwandlung von Gesellschaft und Staat nach sowjetischem Vorbild gestanden. Die Ansätze, die zur Ahndung der NS-Verbrechen verfolgt wurden, erscheinen rigoroser als die in den drei westlichen Besatzungszonen.[16] Neben das von vornherein als Strafnorm konzipierte *KRG Nr. 10*[17] trat am 12. Oktober 1946 die *Direktive Nr. 38* des Kontrollrats, die in der sowjetischen Besatzungszone in der Praxis als Strafnorm zur Verurteilung politischen Fehlverhaltens eingesetzt wurde.[18] *Befehl Nr. 201* der SMAD, der die Direktive in der sowjetischen Besatzungszone umsetzten sollte und die letzte Stufe der Entnazifizierung bedeutete, führte de facto zu der Etablierung von Sonderverfahren einer politischen Justiz, in denen unter dem Vorwand, die Wiederkehr des Faschismus zu verhindern, Angriffe auf den Kommunismus unterdrückt wurden.[19] *Befehl Nr. 43* vom 18. März 1948 ermöglichte denjenigen, die bereits durch deutsche Gerichte zu einer Freiheitsstrafe von maximal einem Jahr verurteilt worden waren oder bei ihren anstehenden Verfahren ein Strafmaß von unter einem Jahr zu erwarten hatten, einen Gnadenerlass.[20] Die SED sollte hiermit die begonnene Integrationspolitik nach der Staatsgründung fortsetzen, auch wenn der sozialistische Strafanspruch gegenüber »kleinen Nazis« nicht vollständig aufgegeben wurde. Im Mittelpunkt der ersten SED-Gesetzgebungsmaßnahmen standen zwei größere Gruppen von Personen, die direkt durch die Entnazifizierungsmaßnahmen in der sowjetischen Besatzungszone betroffen waren: Die provisorische Volkskammer der DDR verabschiedete am 9. November 1949 das *Gleichberechtigungsgesetz*, welches den Erlass von Sühnemaßnahmen und die Gewährung der Staatsbürgerschaft für ehemalige NSDAP-Anhänger und Wehrmachtsoffiziere vorsah.[21]

Auch der in den 1960er Jahren vollends zutage tretende Generationenkonflikt sollte an der positiven Selbst- und Außenwahrnehmung in der DDR und Österreich wenig ändern. Im Gegensatz dazu kam es in der Bundesrepublik zu einem allmählichen Identitätswandel, der in gewisser Weise sogar stellvertretend für die beiden kleineren Staaten mit vollzogen wurde. An dieser Transformation zu einer post- bzw. transnationalen Täteridentität hatte die strafrechtliche Selbstaufklärung erheblichen Anteil:[22]

> »Selbst Autoren, die der Vergangenheitsbewältigung in der Bundesrepublik äußerst kritisch gegenüberstehen, können nicht umhin, zuzugestehen, dass die Bundesrepublik durch die von ihren Gerichten vorgenommene rechtliche Ahndung von NS-Verbrechen an ›Glaubwürdigkeit gewonnen‹ habe, der DDR dies aber nicht gelungen sei, da die in diesem Staat durchgeführten NS-Prozesse ›nicht in erster Linie der

Aufarbeitung von NS-Unrecht‹ gedient hätten, ›sondern das Mittel des Rechts zweckentfremdet‹ worden sei, ›um sich auf den Gebieten der Vergangenheits- und Geschichtspolitik von der Bundesrepublik abzugrenzen‹.«[23]

Kurz nach Gründung der Bundesrepublik bestand für eine positive Bewertung der juristischen Aufarbeitungsbemühungen aber noch wenig Anlass: Die offizielle »Vergangenheitspolitik«[24] der ersten Bundesregierung, namentlich zwei weitreichende Straffreiheitsgesetze, das offen betriebene Projekt einer umfassenden gesellschaftlichen Reintegration von NS-Tätern und eine von der Politik demonstrierte Solidarität mit den von der Nürnberger »Siegerjustiz« abgeurteilten Kriegs- und NS-Verbrechern verfestigten insbesondere im Ausland den Eindruck, dass sich die bundesdeutschen Strafverfolgungsbehörden hart am Rande einer »Justizverweigerung« bewegten.[25] Die Bürger der noch jungen Bundesrepublik, sofern sie nicht selbst zu den Verfolgten des NS-Regimes gehörten, hatten die »Kriegsfolgengesellschaft«[26] erfolgreich hinter sich gelassen und waren vergleichsweise »schnell wieder heimisch in der eigenen Welt« geworden, »(i)hr Weltvertrauen war nicht nachhaltig erschüttert«.[27] Von einer umfassenden Aussparung aller Erinnerungen an die Zeit der NS-Herrschaft spricht auch Robert G. Moeller. Er sieht in der deutschen Gesellschaft aber nicht eine kollektive Amnesie am Werk, sondern eine sehr selektive Form der Erinnerung, in der die privaten Erinnerungsbestandteile die öffentliche Erinnerung strukturierten und so die Erfahrung spezifisch deutschen Leids immer wieder in den Vordergrund schoben. Das Leiden der deutschen Opfer und der Opfer der Deutschen wurden dabei auf eine Stufe gestellt.[28] Auch der in der Zeitgeschichtsforschung der 1990er Jahre entwickelte Terminus »Verwandlungszone Nachkriegsdeutschland«[29] verweist auf den bereits kurz vor oder unmittelbar nach dem Ende des Zweiten Weltkrieges einsetzenden »persönlich-politischen Identitätswechsels vormaliger Nationalsozialisten«[30] und beschreibt einen in der Tendenz zahlreich nachweisbaren, letztendlich aber doch nur auf der Ebene des Individuums vollzogenen Einstellungswechsel im Rahmen des umfassenden Systembruchs in Deutschland.

Drei maßgebliche Gesetzesvorhaben sollten im ersten Jahrfünft des Bestehens der Bundesrepublik der allgemein verdrängenden Haltung zum Nazi-Unrecht auf politischer Ebene einen legitimierenden Ausdruck verleihen:[31] Das erste der beiden sogenannten *Amnestiegesetze* datiert auf den 31. Dezember 1949.[32] Obwohl sich das Gesetz ausdrücklich nur auf Delikte aus der Zeit des Schwarzmarkthandels zu beziehen schien, enthielt es doch in §§ 1 und 3 eine generelle Amnestie für Straftaten, die mit einer Haftstrafe von bis zu sechs Monaten bedroht waren – die Tatzeit musste allerdings vor dem 15. September 1949 liegen und die Taten durften nicht aus Grausamkeit, ehrloser Gesinnung oder Gewinnsucht begangen worden sein.[33] Dies schloss beim Vorliegen mildernder Umstände auch Freiheitsberaubung mit Todesfolge (§§ 239 Abs. 3, 341 *StGB*) oder Beihilfe zum Totschlag (§§ 213, 49 Abs. 2 a. F., 44 Abs. 3 a. F. *StGB*) mit ein.[34] Auch wenn nach Schätzungen von Historikern von diesem Gesetz Zehntausende von NS-Tätern profitierten, so entsprach es gleichzeitig doch dem kollektiven Erwartungshorizont der meisten Westdeutschen zu dieser Zeit.[35]

Die zweite Gesetzesmaßnahme, das sogenannte *131er-Gesetz* vom 11. Mai 1951,[36] regelte die »Rechtsverhältnisse von Personen einschließlich der Flüchtlinge und Vertriebenen, die am 8. Mai 1945 im öffentlichen Dienst standen, aus anderen als beamten- oder tarifrechtlichen Gründen ausgeschieden sind und bisher nicht oder nicht ihrer früheren Stellung entsprechend verwendet werden«.[37] In der Praxis ging es dabei insbesondere um die Wiedereingliederung von mindestens 300.000 »verdrängten« Beamten, die 1945 von den Alliierten aus politischen Gründen entlassen worden waren sowie von ehemaligen Berufssoldaten.[38] Die Glaubwürdigkeit des neuen politischen Systems bemaß sich *auch* an den Möglichkeiten und dem politischen Willen, das »Integrationsproblem« für die Mehrheit der deutschen Bevölkerung in einem befriedigenden Maße zu lösen.[39] Der Begriff »Wiedergutmachung« erhielt in diesem Zusammenhang eine völlig neue Bedeutung:[40] Neben den Opfern der NS-Gewaltherrschaft kamen jetzt auch größere Teile der Täter in den Genuss staatlicher Entschädigungen. Aufgrund des offiziell garantierten Wiedereinstellungsanspruchs konnten auch ehemalige Mitglieder der NSDAP in ihre »alten« Positionen in Politik, Justiz und Verwaltung zurückkehren oder neu eingestellt werden.[41] Als eine Art Koppelungsgeschäft mit dem *131er-Gesetz* trat das *Gesetz zur Regelung der Wiedergutmachung nationalsozialistischen Unrechts für Angehörige des öffentlichen Dienstes* in Kraft.[42] Für die juristische Ahndung von NS-Verbrechen war vor allem die Wieder- bzw. Neueinstellung von ehemaligen Angehörigen der Ordnungspolizei oder der Gestapo folgenschwer.[43]

Das zweite *Amnestiegesetz*[44] vom 17. Juli 1954 ging in seinen Bestimmungen noch über das erste hinaus: Diesmal konnten auch bereits verhängte bzw. drohende Gefängnisstrafen von bis zu drei Jahren unter die Generalamnestie fallen.[45] Damit stand auch dieses Gesetz dem Versuch einer systematischen juristischen Aufarbeitung diametral entgegen. Das Gesetz bestimmte:

> »Zur Bereinigung der durch Kriegs- oder Nachkriegsereignisse geschaffenen aussergewöhnlichen Verhältnisse werden bei Straftaten und Ordnungswidrigkeiten, die vor dem 1. Dezember 1953 begangen sind, nach den folgenden Vorschriften Strafen und Geldbußen erlassen sowie Strafverfahren und Bussgeldverfahren niedergeschlagen.«[46]

Zwar schloss das Gesetz eine Gewährung von Straffreiheit für Mord und Totschlag aus, für einen Totschlag, der »unter dem Einfluss der außergewöhnlichen Verhältnisse des Zusammenbruchs in der Zeit zwischen dem 1. Oktober 1944 und dem 31. Juli 1945 in der Annahme einer Amts-, Dienst- oder Rechtspflicht, insbesondere auf Grund eines Befehls« begangen worden war, wurde jedoch dann Straffreiheit gewährt, »wenn nicht dem Täter nach seiner Stellung oder Einsichtsfähigkeit zuzumuten war, die Straftat zu unterlassen und keine schwerere

Strafe als Freiheitsstrafe bis zu drei Jahren oder Geldstrafe, allein oder nebeneinander [...] rechtskräftig verhängt oder zu erwarten« war.[47] Diese Einschränkung galt für die überwiegende Zahl der in der Endphase begangenen Verbrechen. Der im ersten Fallbeispiel ausführlich behandelte NS-Prozess gegen drei Ordnungspolizisten wegen der Erschießung von Zivilisten in Mannheim kurz vor Kriegsende im März 1945, wäre – eine entsprechend »weich« formulierte Anklage durch die zuständige Staatsanwaltschaft vorausgesetzt – unter diesen neuen Bedingungen mit hoher Wahrscheinlichkeit nicht mehr zustande gekommen.

Insgesamt ist Peter Steinbach zuzustimmen, wenn er beim Umgang mit der NS-Vergangenheit die 1950er Jahre vor allem durch »ihre Ambivalenz, ihre Stellung zwischen Vergangenheit und Zukunft« charakterisiert sieht.[48] Der berechtigten Kritik an den unzähligen Unterlassungen der deutschen Justiz zum Trotz[49] muss die Bilanz der juristischen Aufarbeitung bis zur Mitte der 1950er Jahre aber nicht gänzlich negativ ausfallen:

> »Hinzu kam, dass die deutschen Justizbehörden, deren Kompetenzen sich auf den Verfolgungszeitraum bis 1939 beschränkten, bis 1949 mehrere Tausend Strafverfahren wegen NS-Verbrechen eröffneten und etwa 4.000 Personen verurteilten. Berücksichtigt man nun noch, dass die aus den Internierungslagern Entlassenen anschließend ein Entnazifizierungsverfahren durchlaufen und zum Teil massive Beeinträchtigungen im täglichen Leben, vor allem bei der Berufstätigkeit in Kauf nehmen mussten, und dass von den höheren und mittleren Beamten ein sehr hoher Prozentsatz nach 1945 aus politischen Gründen entlassen worden war, so wird deutlich, dass bei allen Lücken, Fehlern und Versäumnissen die Westmächte in ihrem Bestreben, die NS-Eliten auszuschalten und auf Jahre hinaus vom öffentlichen zumal vom politischen Leben in Westdeutschland fernzuhalten, in den Jahren nach Kriegsende ganze Arbeit geleistet hatten.«[50]

NS-Verbrecher oder »Kriegsverurteilte«: Ein erhitztes Meinungsklima

Nach Gründung der Bundesrepublik wurden die Rufe lauter, alle NS-Prozesse sofort zu beenden und die noch in den alliierten Gefängnissen in Landsberg, Werl und Wittlich[51] einsitzenden verurteilten Kriegs- und NS-Verbrecher zu amnestieren, kurz: einen Schlussstrich des Vergessens unter den Nationalsozialismus und seine Hinterlassenschaften zu ziehen. Auch die noch anstehenden Verfahren gegen deutsche Staatsangehörige vor ausländischen Militär- oder Zivilgerichten wurden fünf Jahre nach Ende des Zweiten Weltkrieges mindestens mit großer Skepsis betrachtet.[52] Nicht nur der Prozess gegen 13 ehemalige Angehörige der Gruppe *Geheime Feldpolizei 530*[53] wegen schwerer Misshandlung von Gefangenen vor einem belgischen Kriegsgericht in Brüssel im Herbst 1950 rückte dabei die Diskussion um die Zulässigkeit von Repressalien im Rahmen von Kriegshandlungen auf die Tagesordnung. In den *Kieler Nachrichten* argumentierte ein deutscher Rechtsanwalt: »(D)ie »Zwangsmittel, die [...] angewandt werden mußten, waren keine Kriegsverbrechen, sondern *Kriegshandlungen*« und daher mit dem Völkerrecht – im Kriege erlaubte Mittel zur Verfolgung militärischer Ziele – vereinbar.[54] Ein Artikel, dessen Tenor die Meinung der Bevölkerungsmehrheit wohl widerspiegelte.

Der öffentlich ausgetragene »Kampf« gegen die Urteile des Nürnberger *IMT*, gegen die Anwendung rückwirkenden alliierten Rechts und für die überfällige Befreiung der deutschen »Kriegsverurteilten« zog sich quer durch alle Bevölkerungsgruppen und Gesellschaftsschichten: Die »Opfer« der alliierten Straf- und Sühnemaßnahmen wurden dabei nur noch selten in »fanatische Nazis«, »ihren Befehlen treue Wehrmachtsgenerale« oder »unschuldige Soldaten« unterteilt. Die geforderte Generalamnestie sollte unterschiedslos für alle Betroffenen gelten, auch für die wegen nachgewiesener Verbrechen Verurteilten. In den Kommentaren der Tagespresse wurde die Bundesregierung aufgefordert, ihrer »Pflicht« genüge zu tun und sich ohne Unterschied »für *alle* Deutschen einzusetzen, denen Unrecht geschehen ist. Welchen Rock sie früher einmal getragen haben, (sei) vollkommen gleichgültig«.[55]

Wiederholt wurden vonseiten der Presse die offensichtlichen Mängel und Ungerechtigkeiten der politischen Säuberungsmaßnahmen als Auslöser des Stimmungswechsels in der deutschen Bevölkerung hin zu einem »Schlussstrich« ausgemacht. So fragte beispielsweise die spätere Mitherausgeberin der *Zeit*, Marion Gräfin Dönhoff, im März 1951 auf der Titelseite ebendieser Zeitung: »Woran liegt jene scheinbare Sinnesänderung zwischen 1945 und 1951, wenn sie nicht auf Nationalismus oder Massen-Renazifizierung zurückzuführen ist? [...] Irgendetwas Entscheidendes muß doch inzwischen geschehen sein?«[56] Die »Schuld« fiel den Alliierten zu, denn die »Sieger setzten Gerichte ein, in denen sie selbst Richter und Ankläger waren; sie proklamierten verbrecherische Kategorien, für die der automatische Arrest verfügt wurde; sie schufen neues Recht und verkündeten die These von der Kollektivschuld aller Deutschen.«[57] Im Herbst 1950 hatte in der *Zeit* auch der spätere Bundestagsabgeordnete und Rechtsanwalt Paul Leverkuehn (CDU) ins das gleiche Horn gestoßen: »Zweck der Kriegsverbrecherprozesse war es – neben der Bestrafung der Angeklagten –, das deutsche Volk von der besseren Justiz der demokratischen Länder zu überzeugen. Dieser Zweck ist nicht erreicht worden, eher das Gegenteil.«[58] Als Gründe führt Leverkuehn, der zwischen 1941 und 1944 offiziell den Posten des Chefs der deutschen Abwehr in Istanbul innehatte und nach dem Krieg als Strafverteidiger im Verfahren gegen das Oberkommando der Wehrmacht (1947-1949) und im Manstein-Prozess (1949) tätig gewesen war, die unklare Definition des Angriffskrieges, die rechtlichen Ausnahmevorschriften, den Begriff der *conspiracy* usw. an.[59]

Im Mittelpunkt der Debatten standen zumeist die einsitzenden deutschen Generale wie Erich von Manstein, Albert Kesselring oder August von Mackensen.[60] Öffentlich geäußerte »irrige« Ansichten zum Thema »Werl« unterlagen einem hohen Rechtfertigungsdruck. So wies ein Student der TH Darmstadt in einem

Leserbrief an das *Darmstädter Echo* im Sommer 1951 ausdrücklich daraufhin, dass die im Zuge eines Vortrages des vormaligen stellvertretenden US-Hauptanklägers in Nürnberg, Robert W. Kempner, verabschiedete Resolution, die mit den Vereinten Nationen als Adressaten eine Kodifizierung des Nürnberger Rechts verlangte, keineswegs bedeute, dass »damit das Nürnberger Verfahren in summa anerkannt« worden wäre.[61] Eine Sonderseite des *Westdeutschen Tageblatts* klagte im Oktober 1950 nach einer Schilderung der Fälle Manstein (Werl), Johannes Hassebroek (Werl) und Herbert Kappler (Gaeta, Italien) die Behandlung der »Kriegsverbrecher« in den alliierten Haftanstalten in bitteren Worten an:

> »Bestehen nun trotz der Einhaltung äußerer Formen in Wirklichkeit Unterschiede in der Behandlung der ›Kriegsverbrecher‹ hinter und vor dem Eisernen Vorhang? Der unbefangene Beobachter kann nur mit einem ›nein‹ antworten.
> Hier wie dort ist der ›Kriegsverbrecher‹ auch heute noch macht- und rechtslos. Er ist ohne Revisionsinstanz von der Gnade der Sieger abhängig. Und das fünfeinhalb Jahre nach Abschluss des Waffenstillstandes.
> [...] All diese bedauernswerten Opfer einer Haßpsychose blicken aus ihren Kerkerfenstern Tag um Tag in die Ferne und haben nur eine Hoffnung:
> Daß sich endlich das Weltgewissen regt und ihnen Gerechtigkeit widerfahren läßt.«[62]

Bei den vermeintlichen »Opfern« der alliierten »Haßpsychose« handelte es sich aber in den wenigsten Fällen um »schuldlos Verstrickte«: SS-Offizier Kappler fungierte ab September 1943 als Kommandant der Sicherheitspolizei (SiPo) und des SD in Rom. In seinen Verantwortungsbereich fielen die Deportation der jüdischen Bevölkerung der italienischen Hauptstadt und das Massaker an 350 italienischen Geiseln in den Ardeatinischen Höhlen im März 1943, an der er zudem aktiv als Mittäter beteiligt war. SS-Sturmbannführer Hassebroek leitete als Kommandant ab Oktober 1943 das südwestlich von Breslau gelegene Konzentrationslager Groß-Rosen.

Auch kirchliche Kreise beteiligten sich in vorderster Reihe an den Diskussionen. Eine weit verbreitete Haltung schlägt sich in einer Aussage nieder, die im März 1951 einen Artikel der Stuttgarter Wochenzeitung *Christ und Welt* beendete: Es wurde vorgeschlagen, »in den Kriegsverbrecherprozessen nicht ›Gnade vor Recht‹ ergehen zu lassen, sondern nach Vorgängen ohne Beispiel in einem beispielhaften Vorgang Gnade walten zu lassen«.[63] Die Herabsetzung der Urteile zur Jahreswende 1950/1951 hatte der Redaktion nicht ausgereicht. Dem Hohen Kommissar der US-Regierung und Militärgouverneur in Deutschland, John Jay McCloy, wurde »vorgeworfen«, »dass er überlegtes Recht vor allzu vorschnellen Sprüchen, nicht aber Gnade walten« ließe. Er bleibe deshalb für die Deutschen »ein gemäßigter und mäßigender Nürnberger«, aber eben nicht »der Überwinder von Nürnberg, als dem wir ihm die Hand reichen möchten, ohne Verbrechen zu beschönigen und ihre Täter zu entschuldigen«.[64] Die rechtskonservative *Christ und Welt*, ein offiziöses Blatt der Evangelischen Kirche in Deutschland, war noch im Gründungsjahr 1948 in einer internen Expertise der US-Amerikaner als »under cover Nazi-Paper«[65] charakterisiert worden, gehörte aber zu den Nachkriegsblättern, die bis in die 1960er Jahre hinein in der Bundesrepublik eine beachtliche Breitenwirkung entfalten konnten und über einen hohen Wirkungsgrad in der Bevölkerung verfügten. So nahm das Blatt bis in die frühen 1960er Jahre die Position der auflagenstärksten Wochenzeitung in der Bundesrepublik ein.[66]

In den Diskussionen vermischten sich die unterschiedlichsten Stimmen und Meinungen. Besonders gern wurden alliierte, zumeist britische Offiziere zitiert, die der Deutschen Wehrmacht einen »sauberen Kampf« bescheinigten und das völkerrechtliche Vorgehen gegen einzelne militärische Vertreter des Nationalsozialismus als »Schlinge um den Hals« ihrer eigenen Landsleute sahen, die im Koreakrieg kämpften.[67] In die deutschen Kommentare mischte sich sogar eine klammheimliche »Freude« über die Ankündigung der »kommunistischen Chinesen [...] sie würden Kriegsverbrecher-Prozesse abhalten und alle ›schuldigen Kriegsverbrecher der Vereinten Nationen‹ zur Rechenschaft ziehen«. Für den Kommentator der *Mittelbayerischen Zeitung* in Regensburg entbehrte es »nicht einer gewissen Ironie«, dass die Kriegsgefangenen »in erster Linie Amerikaner, in zweiter Linie Engländer« sind. Er hielt das Schicksal der Soldaten zwar für bedauerlich, gab aber zu verstehen, »daß sich gebeugtes Recht, aus Hass und Rache geboren, leicht zu einem Bumerang auswachsen kann«.[68] Mit Verweis auf »Werl« hieß es im Mai 1953 in den *Aachener Nachrichten* über den Krieg gegen den »asiatischen Feind«: »Die Situation in Korea und Indochina ähnelt in sehr vielen Dingen den Gegebenheiten, mit denen sich die Deutschen in Russland auseinanderzusetzen hatten. Ein unfassbarer, verschlagener Gegner, Partisanen, meuchlerische Überfälle aus dem Hinterhalt und eine gnadenlose Kampfesführung.«[69] Auf der anderen Seite wurden die öffentlichen Forderungen Sir Hartley William Shawcross', des englischen Attorny General (Oberster Rechtsberater der Britischen Regierung) sowie ehemaligem britischen Hauptankläger beim *IMT* in Nürnberg, der Internationale Gerichtshof in Den Haag müsse auch in Zukunft Verbrechen, die den Nürnberger Rechtsgrundsätzen entsprächen, verfolgen und ahnden, in Glossen heftig karikiert: Deutsche Zeitungskommentatoren fragten, ob dies denn auch für den Fall gelte, »daß nicht die Vereinten Nationen sondern der Bolschewismus den Sieg davon tragen würde«.[70] Bei dieser britischen »Idee« könne sich nur um ein »Faules Nürnberger Ei« handeln.[71] So glaubte man in Deutschland nicht falsch zu liegen, wenn man »den wachsenden Abstand von den Ereignissen des Krieges und alles das, was mit Korea zusammenhängt« als Grund dafür anführte, dass zumindest die westliche Welt im Jahr 1951 *anders* über Nürnberg und »die Fragwürdigkeit der Rechtsmethoden« denke.[72]

Es fanden sich aber auch Gegenstimmen, die eine Sonderamnestie mit einem Verweis auf die Alltagspraxis im Nationalsozialismus ablehnten. So wurde in der

Neuen Zeitung zwar die Straffreiheit für Taten begrüßt, die »eine gewisse Höhe« nicht überschritten, hinsichtlich von Tötungsverbrechen eine Generalamnestie aber unmissverständlich abgelehnt:

> »Die Frage nach der Notwendigkeit oder auch nur Tragbarkeit einer solchen Sonderamnestie ist uneingeschränkt zu verneinen. Straffreiheit auch für schwerste Verbrechen war eine typische Erscheinung der ›Rechtsordnung‹ des Dritten Reiches. Es sei nur an die ›nachträgliche Legalisierung‹ der Morde im Rahmen der sogenannten Röhm-Revolte erinnert sowie an die Geheimamnestie vom Herbst 1939 für die ›in der Erregung über die polnischen Greueltaten begangenen strafbaren Handlungen‹. Diese Entwicklungslinie darf nicht fortgesetzt werden!«[73]

Selbst innerhalb der Gruppe der ehemaligen Wehrmachtsangehörigen meldeten sich besonnene Stimmen zu Wort, die in den NS-Verfahren und der Feststellung der individuellen Verantwortung der Angeklagten den einzigen Weg sahen, die wirklich schuldigen NS-Täter zu bestrafen:

> »Den Publizisten und Politikern, die heute mit Herablassung von den Kriegsverbrecher-Prozessen sprechen, ist offensichtlich noch nicht aufgegangen, daß solche Prozesse gegen individuell Schuldige die einzige Möglichkeit sind, irgendwo zwischen Minister und Portier, zwischen Generalfeldmarschall und Landser die Grenze zu ziehen. Ist es Ihnen noch nicht aufgegangen, daß dies die einzige Möglichkeit ist, eine Kollektivschuld zu verneinen?«[74]

Auch das westliche Ausland ließ die »Wünsche« der deutschen Seite nicht unkommentiert. Die Forderung, die einsitzenden »war criminals« freizulassen wurde hier in einer engen Zusammenhang mit dem »planned rearmament of West Germany« thematisiert.[75] Für die Deutschen handelte es sich dagegen um eine grundsätzliche Frage, die nicht mit den »Westverträgen« verkoppelt werden sollte. Man hielt eine »Aufnahme derartiger ›Rechtsbestimmungen‹ in einen Vertrag, der einer *echten Zusammenarbeit* dienen soll, für unsittlich.«[76] Auf der anderen Seite konnte die »Angelegenheit der Kriegsgefangenen und ›Kriegsverbrecher‹ nicht ungelöst« bleiben, wenn die Verträge vom Bundestag ratifiziert werden sollten. Denn: »an dieser Frage entscheidet sich unseres Ermessens mit dem Schicksal der Verträge die Zukunft Westeuropas, der Bestand abendländischen Kultur.«[77] Erhellend für den Blick der ausländischen Medienberichte ist ein Beitrag des deutschen Publizisten Ernst Friedländer im *Spectator*, in dem er auf die in der öffentlichen Meinung in Deutschland gebräuchliche Unterscheidung zwischen *war criminals* und *»war criminals«* eingeht und darüber räsoniert, dass die Anführungsstriche einigen Interpretationsspielraum eröffneten: »They may mean: All these men are innocent. They may also mean: Some of these men are innocent and some are guilty.«[78] Diese Frage wurde in internationalen Zeitschriften und Magazinen vielfach diskutiert.[79]

Auch im Jahr 1953 war die Debatte um die letzten deutschen NS-Verbrecher in alliierter Haft nicht beendet: »WERL – 2.557 Tage und Nächte«, so betitelte die Essener *Westdeutsche Allgemeine* einen Bericht, der sich mit der gesteigerten seelischen Belastung der etwa noch 100 verbliebenen Gefangenen befasste – nachdem viele ihrer Mithäftlinge bereits entlassen worden waren. Der Bericht gab den Lesern basierend auf einer Zusammenstellung von »Heimkehrerberichten« ehemaliger Häftlinge einen Überblick über die Zeit in Werl zwischen 1946 und 1953.[80] Der aufgestaute »Zorn« der deutschen Medien richtete sich insbesondere auf den neuen Kommandanten der Strafanstalt Werl, zumeist nur despektierlich Mr. Meech genannt, dem in der Hamburger *Post* vorgeworfen wurde, einem deutschen Gefangenen nach zwei gescheiterten Selbstmordversuchen sogar das »letzte Abendmahl« verweigert zu haben.[81] Hafterleichterungen für die Gefangenen, die schon seit Jahren bestanden, wurden wieder verschärft: »Das Mitbringen von Blumen ist verboten, der Empfang von Zeitungen gesperrt.«[82] Nach mehreren Selbstmordversuchen innerhalb weniger Wochen fragte Marion Gräfin Dönhoff auf der Titelseite der *Zeit*: »Wem eigentlich soll dies alles dienen? Dem Recht? Einer höheren Gerechtigkeit? Der Sühne des Vergangenen? Der Zukunft?«[83]

Ein völlig anderer Ton wurde in den Blättern der ehemaligen Angehörigen der Wehrmacht angeschlagen, so war beispielsweise im Grußwort der Januar-Ausgabe *Der Notweg* zu lesen, dass es eine Menschenpflicht darstelle, die Neujahrsgrüße zuerst denen zu widmen, »die noch immer gegen jedes göttliche und menschliche Recht als Gefangene zurückbehalten werden. [...] Gerade die Entlassung der Kriegsverurteilten (sei) ja auch ein Mittel der moralischen Stärkung, der Stärkung des Glaubens an das Recht und an die Verteidigung der Freiheit.«[84] Das Grußwort stammte von Franz Blücher (FDP), *Bundesminister für die Angelegenheiten des Marshallplanes* im ersten Kabinett und Stellvertreter von Bundeskanzler Adenauer. Neben dem Jahreswechsel brachte die Adventszeit bzw. die Woche unmittelbar vor dem Weihnachtsfest Jahr für Jahr eine verstärkte Tätigkeit der Politik in Sachen »einsitzende Kriegsverurteilte« mit sich. Auch im Jahr 1955, nach dem Beginn der Freilassung der deutschen Kriegsgefangenen durch die Sowjetunion, brachte der Wuppertaler Bundestagsabgeordnete Eugen Huth (CDU) in einem »Aufruf« im Rundfunk das Schicksal der letzten sich im westlichen Gewahrsam befindlichen deutschen Kriegsverurteilten in Erinnerung: Es solle nicht vergessen werden, »dass noch 163 von dem schweren Schicksal der Haft und der Trennung von ihren Angehörigen betroffen sind und dass ihre an den Ereignissen des Krieges und seinen Folgen unschuldigen Eltern, Frauen und Kinder sehnsüchtig auf ihre Rückkehr harren«.[85]

Bei einer Gegenüberstellung ost- und westdeutscher Reaktionen auf die Freilassung deutscher Kriegsgefangener im Zuge des Moskau-Besuchs Bundeskanzler Adenauers vom 9. bis 13. September 1955 betonte das DDR-Regierungsorgan *Neues Deutschland* nicht nur die unterschiedlichen Umgangsweisen mit NS-Tätern in den beiden deutschen Staaten, sondern bediente sich auch der klassischen Täterbilder der Nachkriegszeit, wenn die plakativen Auszüge aus den Gerichtsakten »einiger der von der Sowjetunion verurteilter Kriegsverbrecher« mit der Zeile »Kreaturen der imperialistischen Kriegspolitik« untertitelt wurden.[86] Dies ist der gesellschaftliche Resonanzrahmen, in dem die Zahl der NS-Verfahren nach Gründung der Bundesrepublik rapide absinken sollte.[87] Die massive Kritik am Festhalten der Alliierten an den gefällten Urteilen sowie Strafmaßnahmen gegen NS-Verbrecher setzte aber nicht erst zeitgleich mit der Gründung der Bundesrepublik ein, sie war auch zuvor schon virulent, wie sowohl das Verfahren, die Urteilsbegründung sowie die öffentlichen Reaktionen im zweiten Fallbeispiel, dem Prozess gegen Johann Herzog vor dem Heidelberger Landgericht im Dezember 1949, zeigen.

3.1 Ein ehemaliger Kapo vor dem Landgericht Heidelberg 1949

Auf dem Weg zu einem gemeinsamen Südweststaat

Zwischen dem Beginn der Ermittlungen gegen den ehemaligen Kapo Johann Herzog im Oktober 1948 und der Verkündung des Urteils vor dem Landgericht Heidelberg im Dezember 1949 lag nicht nur die Gründung der Bundesrepublik. Auch die drei südwestdeutschen Länder hatten eine große politische und gesellschaftliche Aufgabe zu erledigen.[88] Die Aufteilung der alten Staaten Baden und Württemberg auf zwei unterschiedliche Besatzungszonen war weder auf Gegenliebe in der Bevölkerung noch in der Politik getroffen. *Dokument Nr. 2* der von den westlichen Militärgouverneuren den elf deutschen Ministerpräsidenten in Frankfurt am Main am 1. Juli 1948 übergebenen *Frankfurter Dokumente*[89] sah ausdrücklich die Möglichkeit einer Neugliederung der Länder in den drei Westzonen vor.[90] Schon vor der Gründung der Bundesrepublik hatten die Chancen also günstig gestanden, einen alle drei Länder umfassenden Südweststaat ins Leben zu rufen. Der vorgesehene Artikel 29 *GG* war hingegen darauf ausgelegt, die Neugliederung von Ländern zu erschweren.[91] Nicht nur der bekannte Politikwissenschaftler Theodor Eschenburg, an den ersten Gesprächen auf der Burg Hohenneuffen am 2. August 1948 maßgeblich beteiligt, plädierte deshalb vehement dafür, die Neugliederung im Südwesten als Sonderfall zu deklarieren: Artikel 118 des kurze Zeit später verabschiedeten *Grundgesetzes*, der sogenannte Südwestartikel, spiegelte dieses Vorgehen wider.[92] Zu einer raschen Einigung der drei betroffenen Länder sollte es aber nicht kommen, da die Regierung Badens den Plan ablehnte. Auch bundespolitisch war das Vorhaben umstritten, dem wiederholten Eintreten des CDU-Abgeordneten und späteren Bundeskanzlers Kurt Georg Kiesinger ist es zu verdanken, dass der Bundestag am 25. April 1951 mit großer Mehrheit schließlich doch ein Neugliederungsgesetz auf Grundlage von Artikel 118 *GG* erließ. Nach einem heftigen Ringen um die Stimmen der Bürger der drei Länder stand das Ergebnis am 9. Dezember 1951 schließlich fest: Insgesamt hatten 69,7 Prozent der Stimmberechtigten für die Gründung eines gemeinsamen Südweststaates votiert.[93] In den drei Stimmbezirken Nordbaden, Nordwürttemberg und Württemberg-Hohenzollern erbrachte das Referendum – im Gegensatz zu Südbaden – die vom Gesetz gefordert Mehrheit.[94] Obwohl auch um den Namen des neuen Bundeslandes hart gerungen wurde, konnte die neue Landsverfassung schon am 11. November 1953 in Kraft treten.[95] Das neu geschaffene Bundesland Baden-Württemberg galt den Zeitgenossen nicht ohne Grund als ein »Modell deutscher Möglichkeiten«.[96]

Zwischen Fremdenlegion und Konzentrationslager: Eine Täterkarriere?

Auch im Heidelberger Verfahren im Dezember 1949[97] sollte den unterschiedlichen Rechtsgrundlagen und Ausführungspraxen bei der Entnazifizierung der deutschen Bevölkerung in den einzelnen Besatzungszonen[98] eine nicht unbedeutende Rolle zukommen. In der Praxis waren die Verfahren in den einzelnen Besatzungszonen teilweise pragmatisch, so in der britischen und zum Teil auch in der französischen Besatzungszone, teilweise mit hohen moralischen Ansprüchen und bürokratischem Aufwand im Rahmen von Spruchkammerverfahren wie in der amerikanischen Zone, gehandhabt worden.[99] Eine hohe Geschwindigkeit und weitgehende Konsequenzen für die Bevölkerung waren die Kennzeichen des Vorgehens in der sowjetischen Besatzungszone. Hier standen Entnazifizierung und Umbau des kompletten Gesellschaftssystems in einem engen Zusammenhang.[100] Entlassungen, vorübergehende Suspendierungen etc. richteten sich in der Regel auf die Gesamtheit einer Statusgruppe wie Juristen oder Lehrer und waren nicht, wie der Großteil der Strafprozesse in den drei westlichen Besatzungszonen, an den Nachweis eines individuellen Fehlverhaltens gebunden. Es handelte sich somit in der Mehrheit um pauschalisierende Verfahren, die offensichtlich das rechtsstaatliche Prinzip des individuellen Schuldnachweises gravierend verletzten und die Beweislast umkehrten.[101] Als besonders prägnantes wie abschreckendes Beispiel für die Fortsetzung dieser Urteilspraxis in der frühen DDR müssen die sogenannten *Waldheim(er) Verfahren* gelten. Hierbei handelte es sich um eine Reihe von Schnellverfahren, die zwischen dem 21. April 1949 und dem 29. Juni 1950 vor mehreren Strafkammern des Landgerichts Chemnitz gegen die noch verbliebenen Häftlinge der sowjetischen Internierungslager in Bautzen, Buchenwald und Sachsenhausen stattfanden. Der Gerichtsort war das Zuchthaus der sächsischen Kleinstadt Waldheim. Mit Ausnahme ausgewählter Schauprozesse erfolgten Findung und Verkündung des Urteils oft nur in einem Abstand weniger Minuten. 24 Todesurteile wurden umgehend vollstreckt, nur wenige der Angeklagten erhielten zeitige Freiheitsstrafen von unter fünf Jahren. Nach weltweiten Protesten wurden im Verlauf des Jahres 1953 zahlreiche Urteile mehr oder weniger stillschweigend revidiert oder die Strafen herabgesetzt. Zu einer umfassenden Rehabilitation der Verurteilten sollte es aber erst in den 1990er Jahren kommen.[102]

Die Unmenschlichkeit des nationalsozialistischen Terrorsystems symbolisierte sich von Anfang an in der Errichtung von Konzentrationslagern,[103] auch wenn diese der Bevölkerung zunächst weitgehend »als entrückte Orte«[104] erschienen. Wie kein anderes Instrument der nationalsozialistischen Politik symbolisierten die Konzentrationslager »die enge Verbindung zwischen terroristischer Unterdrückung innenpolitischer Gegner des ›Dritten Reiches‹ und der Vernichtungspolitik gegenüber den europäischen Juden und anderen ethnischen und sozialen Gruppen.«[105] In der Forschungsliteratur wird die Genese des Lagersystems in der Regel in drei große Zeitabschnitte unterteilt, nämlich erstens die Entstehung der frühen Lager, zumeist politischer Schutzhaftlager nach der Machtübertragung an Adolf Hitler im Januar 1933, zweitens die Errichtung eines genuinen Systems nationalsozialistischer Konzentrationslager mit einheitlichen Organisations- und Verwaltungsstrukturen bei gleichzeitig massivem Ausbau des gesamten Lagersystems zwischen 1936/1937 und dem Ende der ersten Kriegshälfte und drittens die Phase der Zwangsarbeit und des Völkermordes innerhalb der Konzentrationslager und während deren sukzessiven Räumung und Auflösung ab ca. 1942.[106] Der Verhandlungsgegenstand des zweiten Fallbeispiels fällt in die zweite Phase, die durch die Expansion des nationalsozialistischen Lagersystems gekennzeichnet ist. Im Zuge dieser Erweiterungen änderte sich auch die Zwangsgesellschaft innerhalb der Lager, insbesondere die Zusammensetzung der Häftlingsgruppen.[107] Ebenso nahm die Bedeutung der Häftlingsarbeit noch einmal zu, die Arbeitskraft der Gefangenen wurde insbesondere für die Baustoffproduktion, d. h. die Gewinnung von Baumaterialien aus Steinbrüchen oder den Straßenbau ausgebeutet.

Gerade die sogenannte Häftlings-»Selbstverwaltung«, ein Prinzip, nach dem einzelne Häftlinge über ihre Mitgefangenen herrschten, kam in allen Konzentrationslagern zur Anwendung. Die mit den »Leitungsaufgaben« betreuten Funktionshäftlinge waren dabei in mehrfacher Hinsicht gegenüber ihren Mitgefangenen privilegiert: Sie wurden von der SS, zumindest befristet, von den alltäglichen Schikanen und Gewaltanwendungen ausgenommen, sie waren von körperlicher Schwerstarbeit befreit und verfügten teilweise über eine bessere Unterbringung und Verpflegung. Am schwersten wogen aber die weitreichenden Befugnisse über die Mithäftlinge.[108] Die hohe direkte Abhängigkeit von der Gunst der SS-Wachmannschaften blieb aber bestehen: Ein fehlerhaftes Verhalten oder gar ein »Versagen« im Sinne der Befehlskette der SS hatte sowohl den Verlust der zugestandenen Privilegien wie auch die »Rache« der Mithäftlinge zur Folge. Der Terror wurde von der SS auf diesem Weg in die »Zwangsgesellschaft der Gefangenen«[109] verlagert, mit dem Ergebnis, dass die Grenzen zwischen SS-Wachmannschaften und Häftlingen, zwischen Tätern und Opfern, teilweise verschwammen. Dies gilt besonders für die Täter, die sich in den Konzentrationslagern aufseiten der Häftlinge befanden, die sogenannten Kapos. Auch die Rivalitäten zwischen den Gruppen der »Politischen Häftlinge« und den »Befristeten Vorbeugehäftlingen« bzw. »Berufsverbrechern« müssen in dieser »Zwischenwelt« angesiedelt werden.[110] Die Anklageschrift der Staatsanwaltschaft Heidelberg wird dementsprechend ausführen, dass die »verhältnismässig lange Kapo-Zeit« des Angeklagten »zeigt, dass er zur Zufriedenheit der SS gearbeitet haben muss. Zu solchen Posten wurden nur ›geeignete‹ Leute ausgewählt, von denen feststand, dass sie über die nötige Brutalität zum Antreiben der Häftlingsarbeiter verfügten«.[111]

Anfang Oktober 1948 erstattete die Staatsanwaltschaft am Landgericht Freiburg im Breisgau Anzeige gegen den ehemaligen Kapo im Steinbruch des Konzentrationslagers Buchenwald, Johann Herzog, geboren am 1. März 1901 in Sandhausen in der Nähe von Heidelberg. Das badische Freiburg lag aufgrund der im Frühjahr 1945 vorgenommenen Festlegung der Zonengrenzen in der französischen Besatzungszone. Die Anklage fußte auf eidesstattlichen Versicherungen zahlreicher ehemaliger Mitgefangener Herzogs und umfasste insbesondere die Tatvorwürfe des »Quälens von Häftlingen« und »Verbrechen gegen die Menschlichkeit«.[112] Der Beschuldigte hatte sich, nach Besuch der Volksschule bis zur achten Klasse und einer Maurerlehre mit abgelegter Gesellenprüfung, finanziell durch Gelegenheitsarbeiten über Wasser gehalten.[113] Aufgrund dauerhafter Arbeitslosigkeit in der frühen Weimarer Republik diente Herzog zwischen den Jahren 1919 und 1936, mit einer einzigen mehrmonatigen Unterbrechung zwischen Ende 1929 und Mitte 1930, als Freiwilliger in der französischen Fremdenlegion[114] in Algerien, Marokko und Indochina. Beim letztgenannten Einsatz zog er sich eine schwere Malariainfektion zu. Er verließ die Fremdenlegion im Mai 1936, vermutlich im Mannschaftsdienstgrad eines *Caporal-chef*.[115] Beim Grenzübertritt in das Deutsche Reich wurde er umgehend in »Schutzhaft« genommen.[116] Wegen mehrfachen illegalen Grenzübertritts, Passvergehens, Flucht aus der Haftanstalt Kislau,[117] unerlaubten Besitzes von Hiebwaffen sowie eines Jagdvergehens geriet Herzog in der Folgezeit mehrfach mit dem Gesetz in Konflikt und saß in verschiedenen süddeutschen Haftanstalten jeweils mehrmonatige Freiheitsstrafen ab.

Infolge seines langen Vorstrafenregisters wurde Herzog schließlich als »Gewohnheitsverbrecher« im März 1939 in das Konzentrationslager Buchenwald verbracht, wo auch zahlreiche andere ehemalige Fremdenlegionäre als politische Häftlinge interniert waren.[118] Bis zu seiner Entlassung Weihnachten 1942 arbeitete er zunächst in seinem gelernten Beruf als Maurer, dann als Kantineneinkäufer für einen Häftlings-Block. Nach einer Tätigkeit als Kapo bei Aufräumungsarbeiten im Konzentrationslager Lichtenburg[119] im Winter 1940/41 wurde er im folgenden Frühjahr zum Vorarbeiter im Steinbruch des Lagers Buchenwald »befördert«.[120] Im Herbst 1941 übernahm er als Vorarbeiter eine eigene Kolonne von ca. 25 Arbeitern und hatte zuletzt, bis zu seiner Entlassung Ende 1942, das gesamte Steinbruchkommando inne, welches aus ca. 160 bis 200 Häftlingen bestand. Eine solche »Lagerkarriere« bzw. ein solcher Aufstieg in der Lagerhierarchie konnte in den Konzentrationslagern auf Reichsgebiet, die über eine hohe Anzahl deutscher, oft politischer, Häftlinge, verfügten, nicht ohne die persönliche Protektion durch direkte Vorgesetzte und/oder die SS-Wachmannschaften erfolgen.[121]

Nach der Entlassung aus dem KZ Buchenwald arbeitete Herzog als Drahtzieher bei einer Firma in Heidelberg. Nach dem Kriegsende bewarb er sich – mit hoher Wahrscheinlichkeit wegen seiner in der Fremdenlegion erworbenen Sprachkenntnisse – erfolgreich auf eine Stelle als Wachtmeister bei der Schutzpolizei in Baden-Baden in der französischen Besatzungszone.[122] Zuvor war er in Heidelberg in einem Spruchkammerverfahren entlastet worden.[123] Nach einem Antrag auf Erlangung der französischen Staatsbürgerschaft[124] musste Herzog aus dem deutschen Polizeidienst ausscheiden, arbeitete aber noch kurze Zeit als Dolmetscher für die französische Militärverwaltung.[125] Seine erneute Verhaftung erfolgte im Juli 1947 aufgrund eines Haftbefehls des französischen *Tribunal Général* in Rastatt. Da sich trotz längerer landesweiter Suche nach Zeugen keine stichhaltigen Beweise für eventuelle Vergehen Herzogs gegenüber französischen Staatsbürgern ergeben hatten, wurde das Verfahren eingestellt und dieser am 23. Juli 1948 wieder auf freien Fuß gesetzt. Laut Aussage des Angeklagten wurde »das Verfahren [...] niedergeschlagen, weil die Erhebungen ergaben, dass ein Komplott gegen mich bestand.«[126] Nach seiner Entlassung arbeitet Herzog bis zu seiner erneuten Festnahme am 6. Februar 1949 als Maurer in Heidelberg.

»Herzog machte täglich bis zu 15 Toten.«[127]

Die der Anzeige bei der Staatsanwaltschaft Freiburg im Breisgau beigefügten Abschriften der eidesstattlichen Versicherungen[128] bezüglich der von Herzog begangenen Verbrechen an Mithäftlingen stammten zu einem größeren Teil von Belastungszeugen, deren Wohnsitz sich zur Zeit der Eingabe in der sowjetischen Besatzungszone, d. h. zu Prozessbeginn auf dem Boden der DDR befand. In dieser Gruppe befanden sich zudem mehrere Zeugen, denen vonseiten der DDR die offizielle staatliche Anerkennung als »Kämpfer gegen den Faschismus« zugesprochen worden war.[129] Zum Prozess konnten, bzw. durften, wie die regionale Heidelberger Tagespresse nur wenige Monate nach der »doppelten Staatsgründung«[130] mit einigem Recht spekulierte, allerdings nur einige der benannten Zeugen aus der »Ostzone« erscheinen.[131] Nicht für alle tragenden Elemente der nationalsozialistischen Staatsideologie war das »Verbot« in den 1950er Jahren so deutlich wie für den Antisemitismus oder den Sozialdarwinismus. Gerade der Antikommunismus konnte sich im Rahmen des Kalten Krieges voll entfalten – er wurde »geradezu zu der konsensstiftenden Integrationsideologie«.[132] Mit der im Kalten Krieg »zeitgemäßen« Taktik der Diskreditierung kommunistischer Opfer von NS-Verbrechen beschäftigte sich im Sommer 1951 beispielsweise auch *Die Neue Zeitung* in München: Wenn es sich bei den Opfern der NS-Verbrechen um Kommunisten gehandelt hatte, dann verlief die Verteidigungsstrategie oft so, dass der »weltpolitische Gegensatz zwischen Ost und West« dazu benutzt wurde, »um

Kommunisten, die dem nationalsozialistischen Regime Widerstand geleistet haben, als Anhänger des Stalinismus in seiner heutigen Form zu kennzeichnen und gleichzeitig als Zeugen zu disqualifizieren«.[133] Auf der Zeugenliste des Heidelberger Verfahrensprotokolls wurden für den ersten Tag des Prozesses entgegen den Mutmaßungen der regionalen Presse aber drei Zeugen mit Wohnsitz in der DDR aufgeführt.[134] Die übrigen Zeugen, wie auch die für den zweiten Tag Geladenen, hatten ihre Wohnorte in der Bundesrepublik.

Im Folgenden gilt es dem Umstand Beachtung zu schenken, dass im Verlauf der Vorermittlungen Zeugenaussagen aufgenommen worden waren, die während des eigentlichen Verfahrens nicht mehr vor Gericht »bestätigt« wurden oder werden konnten. Dies gilt insbesondere für die Aussagen der nicht erschienenen ostdeutschen Zeugen. Warum ist eine solche Zweiteilung der Aussagen notwendig? Die vor dem Prozess gemachten Aussagen spiegeln – zumindest in einem gewissen, wenn auch nicht quantifizierbaren Maß – die Einstellungen und Täterbilder wider, die in der Bevölkerung in diesem Zeitraum, d. h. ca. vier bis fünf Jahre nach Kriegsende, Bestand hatten. Zudem erfolgte das Verfahren vor dem Heidelberger Landgericht ja nach Gründung der Bundesrepublik. »Rücksichten« auf die Alliierten waren somit vonseiten der Zeugen nicht mehr zu erwarten. Ein Augenmerk bleibt darauf zu richten, in wie weit es zu Unterschieden zwischen den Aussagen der Zeugen aus den westlichen und der sowjetischen Besatzungszone kam und ob sich in den möglichen Unterschieden politische Implikationen nachweisen lassen. Mit Gründung der DDR waren die im Vergleich mit den anderen Besatzungszonen harten Entnazifizierungsmaßnahmen in der sowjetischen Besatzungszone in den »Bestand« der DDR-Regierung übergegangen, die diese im deutsch-deutschen Systemkonflikt als vermeintliches Druckmittel gegen die Bundesrepublik nutzen sollte.[135] Die in den Zeugenaussagen den Angeklagten zugeschriebenen Täterbilder »wirkten« als Grundlage der Anklage auf den Prozess ein und wurden somit auch zum Gegenstand des Verfahrens. Der Heidelberger Staatsanwaltschaft oblag es nun, die Bilder entsprechenden gesetzlichen Grundlagen zuzuordnen. Die in den Aussagen während des Prozesses getätigten Zuschreibungen wirkten ihrerseits wieder nach außen: Zum einen durch das Urteil, aber mehr noch durch die Presseberichterstattung, flossen sie zurück in die Öffentlichkeit. Hier bestätigten bzw. verfestigten sie dann die vorhandene Bildsprache – oder standen ihr diametral entgegen. Gerade im letzteren Fall ist es schwierig, konkrete Aussagen über ihre Wirkmächtigkeit zu treffen. Im Verfahren gegen Johann Herzog sollten die Zeugen in der Regel aber nicht von ihren im Vorfeld getätigten Aussagen abweichen.

Die Opferzeugen, von denen die Mehrzahl zu den Häftlingen des Konzentrationslagers Buchenwald[136] gehört hatte, schilderten Herzog, bis auf wenige Ausnahmen (Täterzeugen), als einen brutalen Kapo. Sie hatten den Angeklagten von seiner »schlimmsten Seite als *grössten Schläger*«[137] oder »als *äusserst brutalen und gemeinen Schläger*« kennengelernt.[138] Herzogs Brutalität machte auch vor Tötungsdelikten nicht halt. Er galt in den Augen der Zeugen als einer der »größten

Mörder«[139] oder »Massenmörder«[140] im Lager. Kurzum, in Herzog sahen die Opferzeugen »einen der gefürchtesten [sic!] und meist gehassten Leute des KZ-Lagers Buchenwald«.[141] Ähnliche Attribute für das brutale Verhalten des Angeklagten finden sich in nahezu allen der Anzeige beigefügten eidesstattlichen Versicherungen.[142] Sie ähneln bis in die Begrifflichkeiten den Zuschreibungen, die auch für die SS-Kommandoführer im Steinbruch des Lagers Buchenwald gebraucht wurden.[143] Inwieweit Herzog als äußerst brutal handelnder Funktionshäftling durch die übrigen Häftlinge bereits aus der Häftlingsgemeinschaft ausgeschlossen worden war und als Teil der SS-Wachmannschaften »zählte«, muss hier noch offen bleiben. In Kombination mit seiner persönlichen Karriere in der Fremdenlegion deutete sich aber bereits an dieser Stelle an, dass auch Herzog, wie viele andere Täter aus den Reihen der SS, »offiziell« aus der Gemeinschaft der »normalen Deutschen« heraus fiel.

Die Zuschreibung zur Person des Kapos Herzog, die am häufigsten auftauchte, ist die eines »Sadisten« bzw. »gemeinsten Sadisten«.[144] Der Angeklagte soll mehrfach Häftlinge gezielt dazu veranlasst haben, die Postenkette der Wachmannschaften »freiwillig« zu durchschreiten.[145] Dies bedeutete, die Häftlinge gewaltsam dazu zu drängen, sich »verbotener« Weise der SS-Postenkette, die den Arbeitseinsatz bewachte, zu nähern. Auf dieses, zum Teil erzwungene, »Annähern« folgte in der Regel die Erschießung durch die betreffenden Posten, als habe es sich um einen aktiven Fluchtversuch des Häftlings gehandelt.[146] Zudem gab es in einzelnen Lagern eine »Prämie« für die Posten, die Gefangene am »Fluchtversuch« hindern konnten, in der Regel einen Tag »Sonderurlaub«. In wie weit sich Kapos von den Angehörigen der SS-Wachmannschaften für ihr brutales Vorgehen »entlohnen« ließen, kann von Fall zu Fall nur gemutmaßt werden:[147] In Buchenwald soll im Jahr 1940 einer der SS-Posten mit den Kapos, die ihm die Opfer zutreiben mussten, sogar einen »regelrechten ›Vertrag‹« abgeschlossen haben, der den »Zutreibern«, unter anderem Herzog, je ein Paket Tabak zusicherte.[148] Das Verfahren gegen Herzog bildete hinsichtlich dieses Tatvorwurfes bei den Nachkriegsverfahren, die sich mit in den Konzentrationslagern begangenen Verbrechen zu befassen hatten, keine Ausnahme. So wurde unter dem Verfahrenskürzel 3 Ks 2/53 vor der 2. Strafkammer des Landgerichts Kassel am 30. Januar 1953 gegen einen weiteren ehemaligen Wachmann des Konzentrationslagers Buchenwald wegen mehrerer Tötungsdelikte Anklage erhoben. Die Vorwürfe ähneln denen, die auch gegen Herzog vorgebracht wurden, so unter anderem das Treiben von Häftlingen in die Postenkette.[149] Das von den Zeugen beschriebene Verhalten Herzogs, den Tod einzelner Häftlinge schon am Morgen beim Ausrücken der Arbeitskommandos zu verkünden, deutet ebenfalls darauf hin, dass es im vorliegenden Fall eine enge Verbindung zwischen dem Vorgehen der Kapos und einer »Belohnung« durch die SS-Posten gegeben haben muss. Herzog soll Häftlinge mit den Worten angeschrien haben: »Du kannst heute durch die Postenkette, Du verreckst sowieso!«[150] Ähnlich lautende Aussagen stammten von weiteren ehemaligen Kapos, die, zum Teil auf Hinweis der bereits vernommenen Zeugen, ebenfalls für den Prozess befragt wurden. Ihre Aussagen wurden zumeist in Polizeidienststellen in ihrer Heimatregion zu Protokoll genommen.[151] Ein weiterer Zeuge schilderte, wie Kapo Herzog einen neben ihm stehenden neu zugegangenen Häftling, einen sogenannten Wehrmachtler, mit der Faust mehrmals ins Gesicht schlug und diesen anschrie: »Hast Du Dein Testament gemacht? Du musst heute verrecken!«[152] Der Häftling kam nach Arbeitsschluss nicht mehr lebend ins Lager zurück. Für das Lager galt es als ein »Ereignis«, wenn das »Kommando Steinbruch« unter Herzogs Leitung am Abend einmal ohne Tote und Verletzte einrückte.[153] Das alltägliche Arbeitsklima im Steinbruch muss aufgrund der Zeugenaussagen von Grausamkeiten und Gewalthandlungen bestimmt gewesen sein, für Herzog waren Menschenleben dabei nicht von besonderer Bedeutung.[154] Ein Zeuge gab bei der Befragung erschüttert zu Protokoll: »Da ich heute erfahren habe, daß Herzog noch lebt, so muß ich sagen, daß ich mich vor demselben heute noch fürchte.«[155]

Am 28. Januar 1949 erließ das Amtsgericht Heidelberg Haftbefehl gegen Herzog.[156] Schon im Schlussbericht des Vernehmungsprotokolls der Kriminalpolizei schienen sich die Aussagen der Zeugen zu bewahrheiten. Der Kriminalobersekretär, der die Vernehmung vornahm, zeichnete ein eindeutig negatives Bild des Beschuldigten, nämlich das eines gewohnheitsmäßigen Kriminellen:

> »Herzog gibt an wegen gleicher Angelegenheit von dem franz. Militärgericht in Rastatt am 22. Juli 1948 freigesprochen worden zu sein. Bei seiner Einvernahme verhielt er sich sichtlich ruhig. Er gibt zu KZ-Häftlinge mißhandelt zu haben, bestreitet aber irgend einem der Häftlinge den Tod verursacht zu haben. [...] Er macht den Eindruck, daß er nur zugibt was ihm bewiesen werden kann und ich bin der Ueberzeugung, daß die Angaben der angeführten Zeugen zum größten Teil der Wahrheit entsprechen [sic!] die geschilderten Mißhandlungen von ihm tatsächlich vollbracht wurden und er manchen Häftling in den Tod getrieben hat.«[157]

Die Anklage nach erfolgter Beweisaufnahme durch die Staatsanwaltschaft Heidelberg lautete auf vorsätzliche Tötung eines Menschen, Körperverletzung mit Todesfolge in zwei Fällen und fortgesetzt gefährliche Körperverletzung. Herzog wurde angeklagt:[158]

> »1.) fortgesetzt andere mittels gefährlichen Werkzeugs und mittels lebensgefährdender Behandlung körperlich misshandelt und an der Gesundheit geschädigt zu haben,[159]
> 2.) in zwei Fällen andere mittels gefährlichen Werkzeugs und mittels lebensgefährdender Behandlung, dabei in einem Fall gemeinschaftlich mit anderen, körperlich misshandelt und an der Gesundheit geschädigt zu haben, wodurch der Tod des Verletzten verursacht wurde,[160]
> 3.) den Entschluss, einen Menschen vorsätzlich zu töten, durch Handlungen betätigt zu haben, die den Anfang der Ausführung des Verbrechens des Totschlags enthalten,[161]
> 4.) einen Menschen getötet zu haben.[162]

Verbrechen und Vergehen strafbar nach §§ 223a, 226, 212, 43, 47, 74 StGB, Art. 1 des Gesetzes Nr. 28.«

Die Anklage hielt dem Angeklagten zugute, dass er als Funktionshäftling »in gewissem Sinne selbst als Opfer der Verhältnisse angesehen werden« musste, da er unter dem Erwartungsdruck der SS gestanden habe. Allerdings liege »sein brutales Vorgehen in seiner entsprechenden charakterlichen Veranlagung und seiner Sucht, sich der SS willig zu zeigen, begründet«.[163] Herzog selbst bestritt während der Vernehmungen alle ihm vorgeworfenen Anklagepunkte und gab nur einige kleinere Stockschläge zur körperlichen Züchtigung wegen fehlender Arbeitsleistungen, Vergehen der Häftlinge gegen die Lagerordnung oder »Kameradendiebstahls« zu.[164] Die vorgebliche »Unwissenheit« der Angeklagten über ihre eigene Stellung im NS-System ist schon in den frühen amerikanischen NS-Verfahren auf dem Gelände des ehemaligen Konzentrationslagers Dachau dokumentiert. So versuchte beispielsweise einer der Angeklagten im Mauthausen-Prozess im April 1946 bei der Zeugenaussage in eigener Sache mit »wenig Geschick den ›ollen ehrlichen Seemann‹ zu spielen«, der weder seinem Rang als Gestapo-Kommissar noch seiner Funktion als Leiter eines »Geheimen Übersetzungsbüros« eine Bedeutung zugemessen haben will.[165] In einem Verfahren wegen eines Totschlagsvergehens an einem amerikanischen Flieger im September 1944 in Schleiden vor dem Landgericht Aachen im Dezember 1953 wurde der Vorsitzende Richter bezüglich der ungenauen und sich vielfach widersprechenden Aussagen der Angeklagten und Tatzeugen ungewohnt deutlich: »Sie waren damals solche Kerle, heute wissen sie plötzlich nichts mehr davon. Es geht immer nur raus in die Kartoffeln und rin [sic!] in die Kartoffeln. Damals wußten sie nicht wohin vor lauter Anständigkeit, Zackigkeit und Tapferkeit. Heute hören wir nur konfuses Gestammel.«[166]

Welches Bild des Täters zeichnete nun das Verfahren vor dem Landgericht Heidelberg am 15. und 16. Dezember 1949? Auf die Opfer bzw. ihr Profil wurde im Rahmen des Verfahrens nur am Rande eingegangen. Um es vorwegzuschicken: Im Verlauf des Prozesses ging es hauptsächlich um die konkreten Taten im Konzentrationslager Buchenwald; Aussagen, die auch das NS-System als Ganzes in die Argumentation miteinbezogen, fehlten hingegen weitgehend. Hier liegt ein gravierender Unterschied zum Mannheimer Böse-Verfahren vor. Eine mögliche Erklärung dieser Diskrepanz hat mindestens zwei Punkte zu berücksichtigen: Es handelte sich bei den Opfern erstens nicht, wie im Mannheimer Verfahren, um »unschuldige Bürger«, sondern um KZ-Insassen, die zum Teil nicht-deutscher Herkunft waren bzw. um politische, in der Regel kommunistische, Gefangene. Bei einigen Zeugen handelte es sich ebenfalls um ehemalige Kapos des Konzentrationslagers Buchenwald. Alle Aufgezählten gehörten nicht zum Kern der von den Nationalsozialisten propagierten »Volksgemeinschaft« der Deutschen. Zweitens befinden wir uns zeitlich in einer »neuen« Phase bzw. in einer Übergangsphase des juristischen Umgangs mit der NS-Vergangenheit. Nach dem Ende der alliierten Zuständigkeiten kam es in der Bundesrepublik unter dem Leitmotiv der Vergangenheitspolitik rasch zu neuen und von den alliierten Vorgaben abweichenden Entwicklungen. Rücksichten auf die von den Militärregierungen geforderte Beschäftigung mit dem verbrecherischen NS-System als Ganzem oder die Vorgaben der Lizenzierungspolitik mussten weder von den Gerichten noch von der Tagespresse genommen werden.

Einen ersten Aufschluss hinsichtlich des Täterbildes gibt das amtliche Sitzungsprotokoll.[167] Während einige der geladenen Zeugen nicht in der Lage waren, Herzog in der Gegenüberstellung einwandfrei zu identifizieren,[168] erkannten ihn andere wiederum mit Sicherheit als die Person wieder,[169] der die Vorwürfe zuzurechnen waren: Er sei ein willfähriges »Werkzeug der SS« gewesen.[170] Die reale Person und das Bild des Angeklagten flossen dabei zusammen, wie die Aussage eines der Zeugen vor Gericht auf die Frage, ob er den Angeklagten wiedererkenne, verdeutlicht: »Er ist nicht sehr verändert. Nur blass ist er. Das *Böse* aber sieht man ihm noch an.«[171] Der Umstand, dass nicht alle Zeugen Herzog eindeutig zu identifizieren wussten, lag nicht allein darin begründet, dass die Taten aus den Jahren 1940 und 1941 schon länger zurücklagen. Nicht alle Zeugen hatten Herzog persönlich als Kapo kennengelernt, einige der Aussagen basierten allein auf dem »Hörensagen«. Der Kontakt zwischen den Inhaftierten und dem SS-Personal erfolgte in den Konzentrationslagern in der Regel über die Funktionshäftlinge, zudem waren die späteren Opferzeugen in der Lagerhierarchie unterschiedlich situiert. Insa Eschebach hat in Interviews mit ehemaligen Häftlingen des Frauenkonzentrationslagers Ravensbrück festgestellt, dass es »nur vergleichsweise wenige Frauen (sind), die auf Nachfrage sehr präzise *Bilder* von einzelnen oder auch mehreren Aufseherinnen zeichnen.«[172] Die Profile der einzelnen Beteiligten blieben in den Erzählungen der Zeuginnen später zumeist ohne tiefe Konturen. Da in den Konzentrationslagern beim nichtmilitärischen Personal im Rahmen der Wach- und Ordnungsaufgaben keine Namen oder Dienstränge offen getragen wurden, waren die »Benennungen« oder »Spitznamen« oft die einzelne Möglichkeit der Zeugen, die Angeklagten zuzuordnen oder namentlich zu identifizieren. So ist zum Beispiel bezüglich des Frauen-Konzentrationslagers Ravensbrück sehr oft von einer Aufseherin die Rede, die »Klappe« genannt wurde, da sie stets den Befehl »Haltet die Klappe« ausgab.[173]

Ein Entlastungszeuge gab als Grund für Herzogs gewaltsames Handeln an, herausgefunden zu haben, dass sich dieser »während seiner Legionszeit einen Tropen-Koller geholt haben muss. Er ist immer gleich aufgebraust [...] Mir gegenüber war er jedoch ein guter Kamerad«.[174] In anderen Zeugenaussagen hieß es: »Wenn er wütete, war er kein Mensch mehr. Ich weiß auch, dass Herzog Malaria hatte, denn ein normaler Mensch macht solche Ausschreitungen nicht.« Oder: »Er behandelte die Häftlinge nicht als Menschen [...]. Den Begriff Verantwortung kannte er nicht.«[175] Auch im Buchenwald-Report, der Aussagen von ehemaligen Häftlingen über das Lagerleben enthält, finden sich vergleichbare Charakterisierungen der »Un-« oder »Nicht-Menschlichkeit« Herzogs: »Herzog war ein früherer Fremdenlegionär, äußerst brutal, anscheinend homosexuell sadistisch und hatte eine unheimliche Neigung zu [sic!] Blutrausch«.[176] Das vom Gericht eingeforderte psychiatrische Gutachten, erstellt durch einen Dozenten der Psychiatrischen Klinik Heidelberg, beschrieb den Angeklagten als »gemütlich [...] nicht warm, sondern kalt. [...] Er ist gefühlsmäßig stumpf und energisch unbeherrscht.«[177] Daneben wurde ihm aber zugleich »eine gute Intelligenz, Anpassungsfähigkeit und Urteilsfähigkeit« bescheinigt.[178] Darüber hinaus verzeichnet das Sitzungsprotokoll Wiederholungen der Vorwürfe gegen Herzog, im ganzen Lager als brutaler und wenig intelligenter »Schläger« bekannt gewesen zu sein.[179] Menschlichkeit im weitesten Sinne wird ihm dabei wiederholt abgesprochen – ohne den Angeklagten explizit in die Nähe eines Tieres oder Ungeheuers zu rücken.[180] Bei den Beschreibungen durch die Zeugen während der Verhandlung fielen allerdings wiederholt Zuschreibungen, die den Angeklagten mit dem Bild der »Bestie« zumindest in Bezug setzten: Herzog wurde als ein »grosser Wüterich« bezeichnet, der sich »bestialisch benommen« habe bzw. »eine *Bestie* im Lager« war.[181] Der Steinbruch galt unter den Häftlingen während der Zeit, in der Herzog das Kommando innehatte, als ein »Himmelfahrtskommando«.[182] Diese Zuschreibung erhält eine noch deutlichere und abschreckendere Wirkung, wenn man sie mit der für die Zeitphase nach Herzogs Leitung des Steinbruchkommandos vergleicht: Später, als dieser aus dem Lager entlassen war, »konnte man den Steinbruch als ein Sanatorium bezeichnen«.[183] Die hier angesprochenen Zuschreibungen zur Person Herzogs, kurz: das Täterbild, das die Zeugen und ehemaligen Mithäftlinge vom Angeklagten zeichneten, spiegelte sich auch in der nicht allzu umfangreichen Presseberichterstattung zum Verfahren wider.

Der Prozess ist aber auch ein früher Beweis für den Umstand, dass die Staatsanwaltschaft über den Rahmen des Strafrechts hinaus auch historischen Sachverstand zur Urteilsfindung hinzuziehen musste, um sich über die Lagerstrukturen zu informieren: Obwohl Eugen Kogon – als geladener Zeuge – selbst an einer Teilnahme am Prozess gehindert war und sich entschuldigen ließ, dienten Auszüge aus seinem Buch, »Der SS-Staat«[184] als Untermauerung der Anklage bzw. als Vergegenständlichung der Vorgänge im Konzentrationslager Buchenwald: Die Steinbrüche waren, wie es Kogon in seinem Buch ausführt, »die wahren Himmelfahrtskommandos«.[185] Kogon selbst war zwischen September 1939 und der Befreiung des Lagers im April 1945 in Buchenwald inhaftiert. In wie weit es einen direkten Zusammenhang zwischen Kogons Buch und den Aussagen der Zeugen gab, wurde vom Heidelberger Gericht nicht überprüft. Gleiches gilt für den Buchenwald-Report. Die Ähnlichkeit der Argumentation in den beiden Büchern und den Zeugenaussagen sowie die Häufigkeit, mit der bestimmte »Figuren« in den Stellungnahmen auftauchten, lassen einen direkten Zusammenhang zumindest für Kogons Buch aber nicht als unwahrscheinlich erscheinen. Der »SS-Staat« wurde zum Zeitpunkt des Verfahrens bereits in der fünften Auflage ausgeliefert und war mit weit über

150.000 verkauften Exemplaren in der unmittelbaren Nachkriegszeit der »Bestseller« zum NS-System und dem Geschehen in den Konzentrationslagern schlechthin.

Keine vorweihnachtliche Amnestie

Während die Staatsanwaltschaft Heidelberg in ihrer Anklageerhebung 15 Jahre Gesamt-Zuchthausstrafe beantragt hatte, lautete das Urteil vom 16. Dezember 1949 schließlich auf zwölf Jahre Zuchthaus und zehn Jahre Ehrverlust[186] wegen Totschlags, versuchten Totschlags, Körperverletzung mit Todesfolge und gefährlicher Körperverletzung in mindestens 50 Fällen. Die rechtliche Würdigung begründete die Strafe anhand der einzelnen Anklagepunkte wie folgt:[187] Anklagepunkt 1: Einer gefährlichen Körperverletzung nach § 223a *StGB* hatte sich der Angeklagte in mindestens 50 Fällen strafbar gemacht.[188] Anklagepunkt 2: Im Fall der Tötung eines Familienvaters wurde der Angeklagte wegen gemeinschaftlich begangener Körperverletzung mit Todesfolge nach §§ 226, 47 verurteilt, im Falle eines Priesters ließ sich eine Körperverletzung mit Todesfolge nicht eindeutig nachweisen, sodass es »nur« zu einer Verurteilung wegen gefährlicher Körperverletzung nach § 223a *StGB* kam.[189] Anklagepunkt 3: Da die Erschießung eines Häftlings infolge des Zurückholens des Pickels vom Gericht zwar als wahrscheinlich angesehen wurde, aber von keinem Augenzeugen direkt beobachtet worden war, konnte ein vollendeter Totschlag nicht einwandfrei nachgewiesen werden, es kam deshalb zu einer Verurteilung wegen versuchten Totschlags nach §§ 212, 43 *StGB*.[190] Anklagepunkt 4: Auch für die Erschießung des polnischen Häftlings ließen sich auf Basis der Zeugenaussagen keine eindeutigen Beweise für niedrige oder grausame Beweggründe finden. Diese hätten eine Verurteilung wegen Mordes im Sinne § 211 *StGB* nach sich gezogen. So wurde Herzog wegen Totschlags nach § 212 *StGB* verurteilt.[191]

Das Gericht erkannte zugunsten des Angeklagten an, dass dieser »manche Tage seelengut, und dann wieder *bestialisch grausam*« sein konnte. Dieses Täterbild ergab sich aus der »Charakterveranlagung und der sprunghaften Launenhaftigkeit, die despotischen Menschen zu eigen ist«, auch wenn man Herzog zugutehalten müsse, dass der jahrelange Dienst in der Fremdenlegion zu »seiner seelischen Abstumpfung« beigetragen habe.[192] Darüber hinaus wurde berücksichtigt, dass »die Kapos, die aus den Reihen der Häftlinge ausgewählt wurden, sich selbst in einer Zwangslage befanden«.[193] Auf der anderen Seite hätten Charakter und Werdegang [vor allem der Dienst in der Fremdenlegion; C. A.] Herzog für den Posten des Kapos durchaus prädestiniert: Man habe ihm vonseiten des SS-Wachpersonals die »notwendige Härte und Rücksichtslosigkeit« zugetraut, um »Menschen schlechter als ein Stück Vieh zu behandeln«. Die SS-Lagerleitung wusste nach Ansicht des Gerichtes, die »geeigneten *Kreaturen* ausfindig zu machen«. Herzog war deshalb »nicht umsonst das *Schreckgespenst* des Lagers«, er habe sich »lange Zeit hindurch und zahllosen Opfern gegenüber als *Unmensch* gezeigt« und sei am Ende trotz allem zu keiner Einsicht in die Verwerflichkeit seines Tuns gelangt.[194]

Eine dichte Beschreibung von Verfahren wie Täterbild lässt hinsichtlich der Presseberichterstattung nun zwei Fragen in den Blickpunkt rücken: Wie ordnet sich die Berichterstattung zum Fall Herzog in den Verlauf der Berichterstattung zu NS-Prozessen in den späten 1940er und frühen 1950er Jahren ein? Und: In welchem tagesaktuellen regionalen Umfeld wurde über das Verfahren berichtet? Neben den notwendigen Angaben zur Person und zum Lebenslauf des gelernten Maurers und späteren Fremdenlegionärs Herzog dominierten vor allem die Zeugenaussagen die Berichterstattung rund um das Verfahren: Das *Heidelberger Tageblatt* sprach nach dem ersten Sitzungstag von den »fürchterlichen Erinnerungen an eine Hölle«, die die »ehemaligen Häftlinge ohne Haß und Eifer den Richtern und Geschworenen berichteten«. Diese »Neutralität« der Zeugen galt insbesondere für den entscheidenden Karriereschritt in der Lagerhierarchie, der Herzog vom Vorarbeiter zum Kapo aufsteigen ließ: Im »September 1941 war der ehemalige Korporal [sic!] der Fremdenlegion, der zu Unrecht inhaftierte, der Hart- und Grausamgewordene, endlich selbst Kapo und Herr über Leben und Tod«.[195] Zwei Dinge fallen bezüglich der Kommentierung ins Auge: Erstens wurde die »Neutralität« der Zeugen eigens hervorgehoben. Dies bedeutet umgekehrt, dass von deren »fairem Aussageverhalten« in der Öffentlichkeit nicht von vornherein ausgegangen wurde, sei es, weil es sich um kommunistische Häftlinge handelte, die zum Teil nun aus der DDR anreisten, sei es, dass den politischen Häftlingen der Konzentrationslager generell ein »Rachebedürfnis« unterstellt wurde – inklusive der Annahme, dass es für ihre Inhaftierung vielleicht »überzeugende« Gründe gegeben habe. Zweitens wurde auch Herzogs Opferrolle thematisiert. Und dies in einem Klima, da sich die Unterscheidungen zwischen »guten Deutschen« und »bösen Nazis« bereits zur Unkenntlichkeit verwischt hatten. Allerdings: Im Falle Herzogs handelte es sich eindeutig nicht um einen Angehörigen der Wehrmacht, dem ein vermeintliches »Unrecht« durch eine alliierte Strafmaßnahme zugutegehalten werden konnte.

Auch die *Rhein-Neckar-Zeitung* betonte in drastischen Worten Herzogs unmenschliche Züge: »Seine hemmungslose, oft durch Jähzorn hervorgerufene Brutalität kam jedoch erst zur vollen Wirkung, als er (bis dahin Vorarbeiter) den berüchtigten Kapo Vogel im Steinbruch ablöste und damit das Strafkommando des Lagers übernahm.«[196] Darüber hinaus übernahmen beide Darstellungen jeweils eine Auswahl der Zitate aus den Zeugenaussagen, die an der Grausamkeit des Angeklagten nicht zweifeln ließen und kontrastierten diese mit der ständigen wiederholten und monoton vorgetragenen Aussage des Angeklagten, sich weder an die betreffenden Zeugen noch an die ihm zur Last gelegten Verbrechen überhaupt erinnern zu können: »Unbewegt starrte der bleiche Mann auf der Anklagebank«.[197] Auf ergänzende Kommentare und politische Einordnungen des Falles wurde hingegen verzichtet. Im Gegensatz zu den öffentlichen Appellen und

Kommentaren der regionalen Tageszeitungen zum ersten Mannheimer Böse-Prozess galt es im Dezember 1949 nicht mehr, eine alliierte Militärregierung zwecks demokratischer Gesinnung der deutschen Justiz zu überzeugen, noch standen die Verbrechen des NS-Systems auf der von den Debatten um die deutschen »Kriegsverurteilten« bestimmten öffentlichen Agenda.

Diese Form der Berichterstattung sollte sich auch einen Tag später, nach dem Urteilsspruch, fortsetzen: Herzog wurde als »*schuldig der Taten*« bezeichnet, die ihm »von den Richtern und Geschworenen in Heidelberg im einzelnen *bewiesen* wurden.«[198] Das »(scheinbar geringe) Strafmaß« wurde den Lesern mit dem Hinweis nahegebracht, dass dem Angeklagten nach Auffassung des Gerichtes kein Mord nachgewiesen werden könne und die allgemeinen Anweisungen für die Richter vorsähen, dass eine lebenslange Zuchthausstrafe für vorsätzliche Tötung nicht mehr zulässig sei.[199] Wie aber stand es um seine persönliche Verantwortlichkeit? Das Verfahren zeigte einen Fall unter vielen: Herzog war kein selbstständig handelnder Alleintäter, er war Teil eines Systems, in dessen Dienst er sich bereitwillig gestellt hatte:

> »Er steht nicht allein, der grausame Kapo Johann *Herzog*. Unsichtbar stehen hinter ihm und neben ihm, wie der vorsitzende Richter beim Urteilsspruch sagte, die Männer, die diese Lager einrichteten und bewußt solche Steinbrüche zu Vernichtungsstätten machten. Ihrem verbrecherischen Willen stellte sich auch dieser Angeklagte hemmungslos zur Verfügung. [...] Als die Beweisaufnahme geschlossen war, waren die Menschen, die diesen Strafprozeß im Heidelberger Gerichtssaal erlebten, einem Stück NS-Wirklichkeit begegnet, das unfaßbar grauenhaft, aber leider doch so entsetzlich wahr war.«[200]

Handelte es sich bei Herzog also um einen willenlosen Befehlsempfänger? Lag die eigentliche Schuld, wie in so vielen NS-Verfahren zuvor und danach, allein beim diabolischen Dreigestirn Hitler, Himmler und Heydrich? Herzog hatte sich dem verbrecherischen Willen »hemmungslos zur Verfügung« gestellt. Ja, diejenigen, die auf den Zuhörerbänken im Heidelberger Landgericht den Prozess verfolgt oder darüber in den Tageszeitungen gelesen hatten, waren einem »Stück NS-Wirklichkeit« begegnet. Sie hatten aber auch, und darauf wurde nicht weiter verwiesen, an der Realität der NS-Verfahren teilgenommen.

Insgesamt waren die Reaktionen auf das Verfahren in der regionalen Berichterstattung nicht besonders breit gestreut. Die beiden Heidelberger Tageszeitungen, das *Heidelberg Tageblatt* und die *Rhein-Neckar-Zeitung* berichteten in ausführlicher Form, sowohl nach dem ersten Prozesstag[201] wie auch nach dem Urteil am zweiten Tag.[202] Eine Vorberichterstattung zum Prozess lässt sich für beide Zeitungen nicht nachweisen. Im *Mannheimer Morgen* wurden die Leser nur in zwei kurzen Meldungen über den Prozess gegen Herzog informiert, die jeweils nur die Faktenlage, die Anklage und das Urteil beinhalteten, auch wenn letzteres immerhin auf der Titelseite der Samstagsausgabe Erwähnung fand.[203]

Herzog legte schon am 17. Dezember 1949, nur einen Tag nach dem Urteilsspruch, durch seinen Verteidiger Revision ein: Die Heidelberger Staatsanwaltschaft verzichtet ihrerseits auf den Revisionsanspruch.[204] Der Revisionsantrag wurde vom Oberlandesgericht Stuttgart im Februar 1950 abgelehnt. Die Richter hatten ihn »einstimmig für offensichtlich unbegründet erachtet«.[205] Der Verurteilte wurde in die Landesstrafanstalt im badischen Bruchsal überstellt.[206] Von besonderem Interesse für das zeitgenössische Täterbild sind auch die Ausführungen der offiziellen Befürworter der insgesamt drei Gnadengesuche, die Herzog ab April 1954 bis zur Stattgabe im Februar 1956 stellen sollte.[207] Eine wichtige Rolle bei den Gnadengesuchen, über die, je nach Art des Antrags, die zuständigen Staatsanwaltschaften, Strafkammern der Landgerichte oder in der Anfangszeit auch die Militärregierungen zu entscheiden hatten, spielten die Strafanstalten. Diese mussten sich auf Anfrage der zuständigen Staatsanwaltschaft für oder gegen eine Freilassung aussprechen bzw. den Verurteilten »gute Führung« oder die (vorzeitige) Erfüllung des Strafzwecks bescheinigen.[208] Das Personal der Haftanstalten, die verschiedenen Gutachter und/oder der Gefängnispfarrer waren in der Nachkriegszeit aber zumeist ebenfalls noch in der Gesellschaft verankert, die auch das NS-System hervorgebracht und unterstützt hatte.

Das erste Gesuch Herzogs wurde von Anstaltsarzt, Anstaltspfarrer und Anstaltslehrer gemeinsam befürwortet.[209] Der Anstaltsarzt führte vor allem das fortgeschrittene Alter des Angeklagten ins Feld, Herzog war kurz zuvor 53 Jahre alt, und damit »einsichtiger und überlegter geworden« sowie »gefühlsmäßig viel ansprechbarer als früher«. Der Anstaltslehrer sah den »Strafzweck bei H. schon lange erreicht«: Er charakterisierte diesen als einen »kleine(n) Mann«, der »mehr oder weniger unter Zwang gehandelt hat« und mochte daher »einen baldigen Gnadenerweis warm befürworten«.[210] Hebt schon diese Charakterisierung stärker den Opfer- als den Täterstatus hervor, so geht der Anstaltspfarrer noch weiter. Er befürwortet die vorzeitige Haftentlassung des Angeklagten wie folgt:

> »Herzog hält sich im Hause ordentlich. Im Umgang mit *Kriminellen* ist er vorsichtig. Die ihm zu Last gelegten Straftaten haben ihre Hintermänner im 3. Reich. In der Linie der Schlussstrichziehung unter das Geschehen vor 1945 empfehle ich Befürwortung des Gesuchs. H. *war nie* kriminell und *wird nie* kriminell werden.«[211]

Aus den kurzen Auslassungen des Anstaltspfarrers wird deutlich, dass er Herzog nicht zu den »normalen«, d. h. den kriminellen, Häftlingen der Strafanstalt rechnete. Welcher Status kam Herzog aber dann zu? Er zählte wohl zu der großen Gruppe der unschuldig einsitzenden Kriegsverurteilten, denen endlich Gnade zu gewähren war. Der Anstaltspfarrer erwähnte zudem nur die Herzog »zu Last gelegten Straftaten«, obwohl diese im Verfahren hinlänglich *nachgewiesen* worden waren. Das Schlussstrich-Argument rückte aus der öffentlichen Argumentation zumindest sprachlich in den Rang einer »höheren Vorgabe«, wenn von der »Linie der Schlussstrichziehung« gesprochen wurde. Der Vorstand der Haftanstalt Bruchsal sah mit »größter Wahrscheinlichkeit« keine Rückfälligkeit mehr gegeben, »im Hinblick auf den Sühnecharakter der Strafe bei der Schwere seiner Straftaten« konnte nach seiner Ansicht aber »im jetzigen Zeitpunkt [sic!] ein Gnadenerweis noch nicht vertreten werden«. Herzog habe

> »sich schwerster Verfehlungen gegen Leib und Leben seiner Mitgefangenen im KZ zuschulden kommen lassen, wobei er die auch für ihn selbst bestehende Zwangslage aus Unbeherrschtheit und eigenem Vorteilsstreben mehr als überschritten hat. Es bleibt schließlich noch zu berücksichtigen, daß wahrscheinlich auch die Öffentlichkeit und die von den Taten des H. Betroffenen einen Gnadenerweis nach Verbüßung von nicht einmal der Hälfte der Strafe nicht verstehen würden.«[212]

Hatte der Anstaltspfarrer zuvor mit Rekurs auf die Stimmung in der Öffentlichkeit das Gnadengesuch befürwortet, so lehnte es der Anstaltsleiter mit dem gleichen Argument ab – ein Verweis auf die Übergangssituation in der sich sowohl die Rechtsprechung als auch Gesellschaft und Politik in der frühen Bundesrepublik befanden. Nicht einmal ein knappes Jahr später stellte sich die Lage auch für den Anstaltsvorstand – es handelt sich bei allen drei Gnadengesuchen um dieselbe Person – verändert dar: Er bemerkte abweichend im zweiten Gnadengesuch: »Der Sühnecharakter der Strafe wird durch eine bedingte Aussetzung des Strafrestes nunmehr wohl nicht mehr gefährdet. Auch werden in neuerer Zeit derartige – fast 15 Jahre zurückliegende – Straftaten in der Öffentlichkeit wohl in einem etwas milderem Licht gesehen.«[213] Das Argument, dass die Straftaten schon lange Zeit zurück lagen und das gesellschaftliche Sühnebedürfnis stark abgenommen habe oder befriedigt sei, sollte später zu den weit verbreiteten Milderungsgründen im Rahmen der NS-Verfahren der 1960er und 1970er Jahre gehören. Der Argumentationsfigur war zu eigen, dass sie mit zu einer öffentlichen Bagatellisierung von NS-Verbrechen beitrug.

In der Bewertung des Gnadengesuches spiegeln sich die veränderten Verhältnisse in der frühen Bundesrepublik wider: Eine vorzeitige Haftentlassung eines NS-Verbrechers zog in der Regel keine öffentlichen Reaktionen nach sich. Trotzdem blieb Herzog in Haft. Im dritten Gnadengesuch führte er nun eine bisherige Haftdauer von insgesamt 14 Jahren als Hauptgrund für eine vorzeitige Entlassung an, unter anderem bezog er sich auf eine neunmonatige amerikanische Untersuchungshaft in Dachau. Diese war vorher dem Gericht nicht bekannt gewesen und auch von Herzog in keiner der Befragungen zu Protokoll gegeben worden.[214] Im Verlauf einer erneuten Befragung in Bruchsal am 5. Februar 1956 korrigierte Herzog seinen Lebenslauf in mehreren Punkten und belastete sich dabei erneut schwer:

> »Kurze Zeit darauf, vermutlich im Mai 1945 wurde ich von den Amerikanern in Heidelberg festgenommen und dann nach dem KZ Dachau gebracht, um dort Häftlingen gegenübergestellt zu werden. Ich wurde verschiedentlich beschuldigt,

doch gelang es mir, den *Verdacht* auf SS-Hauptscharführer Kästel [sic! Kestel, C. A.] *abzuwälzen*, der *zum Tode verurteilt und hingerichtet* wurde.«[215]

Der Anstaltsvorstand glaubte trotzdem, dass nun hinreichende Gründe vorlägen, um eine vorzeitige Haftentlassung befürworten zu können. Auch in diesem Fall floss die öffentliche Meinung zum Thema NS-Verbrecher nur wenig gefiltert oder verschleiert in die Stellungnahme ein: »Um auch im vorliegenden Fall *unter die Tragödien der Hitlerzeit einen Schlussstrich zu ziehen*, will ich einer bedingten Entlassung nach Verbüßung von ½ der Strafe, d. i. im Sommer 1956, das Wort reden.«[216] Die Staatsanwaltschaft Heidelberg erklärte knapp einen Monat später, dass das Landgericht Heidelberg »einem Gnadenerweis nicht entgegen« treten werde.[217] Auch Herzogs Ehefrau hatte in der Zwischenzeit ein weiteres Gnadengesuch für ihren Mann eingereicht.[218] Mit Beginn des Oktobers 1956 wurde dem nunmehr dritten Gnadengesuch des Verurteilten stattgegeben und eine »Strafaussetzung mit 5 Jahren Bewährungsfrist bewilligt«.[219] Johann Herzog verstarb am 14. März 1958 in der Heidelberger Ludolf-Krehl-Klinik.[220]

Eine Meldung unter vielen: Veränderte gesellschaftliche Interessen

Wie lässt sich die aus heutiger Sicht recht geringe regionale Resonanz des Verfahrens einordnen? Zumindest der Angeklagte stammte aus der Gegend um Heidelberg, wenn auch die ihm zur Last gelegten Taten keinen eindeutigen Bezug zum Rhein-Neckar-Raum aufweisen konnten. Bei der Bewertung der öffentlichen Resonanz gilt es, wie bei allen anderen NS-Verfahren auch – zwei Aspekte zu berücksichtigen: Erstens muss herausgestrichen werden, in welchem Umfang und mit welcher inhaltlichen Ausrichtung zum jeweiligen Zeitpunkt (hier Dezember 1949) in den regionalen Tageszeitungen ganz allgemein über NS-Verfahren berichtet wurde. Und zweitens gilt es, unabhängig von den NS-Verfahren, auch spezifisch regionale Ereignisse und Stimmungslagen herauszufiltern, die ihrerseits Einfluss auf die Schwerpunktsetzung der tagesaktuellen Berichterstattung genommen haben.

Dem Verfahren gegen Herzog kam in der zweiten Dezemberhälfte des Jahres 1949 also keine Stellung als Solitär in der Presseberichterstattung zu. Am gleichen Tag, an dem im Herzog-Prozess das Urteil gefällt werden sollte, berichtete zum Beispiel die *Rhein-Neckar-Zeitung* ebenfalls ausführlich über das Urteil des Landgerichts Karlsruhe gegen den ehemaligen Kriminalsekretär und Aufsichtsführenden SS-Oberscharführer im Minsker Ghetto, Adolf Rübe – den »Mörder von Minsk«.[221] Umfang und Platzierung des Artikels in der Rubrik »Aus Südwestdeutschland« entsprachen dabei in etwa der Wertigkeit, die auch dem Herzog-Prozess zugesprochen wurde. Dies erscheint deshalb als erwähnenswert, da es sich beim Karlsruher Verfahren um einen weitaus »spektakuläreren« Prozess handelte, in dem sich ein »perverser Psychopath« vor dem Richter zu verantworten hatte.[222]

Rübe war angeklagt, am Tod von über 400 deutschen Juden im Minsker Ghetto direkt oder indirekt die Verantwortung zu tragen und in »41 rechtlich selbständigen Fällen« auch des Mordes schuldig zu sein.[223] Das Urteil gegen Rübe erging, obwohl die Vertreter der Anklage sogar sechsmal eine lebenslängliche Freiheitsstrafe gefordert hatten,[224] wegen erwiesenen Mordes in einem und Totschlags in 26 Fällen. Es lautete auf lebenslängliche Zuchthausstrafe sowie Verlust der bürgerlichen Ehrenrechte auf Lebenszeit.[225]

Im *Mannheimer Morgen* wurde das Heidelberger Urteil nur in einer knappen Randmeldung referiert, allerdings auf der Titelseite, platziert.[226] Auch im *Mannheimer Morgen* handelte es sich hierbei nicht um die einzige Meldung zu Verfahren wegen NS-Verbrechen: Für den gleichen Tag kamen aus dem Mannheimer Stadtgebiet bzw. der angrenzenden Pfalz, Mannheim ist von Ludwigshafen nur durch den Rhein getrennt, noch zwei weitere Meldungen hinzu. Diese befassten sich allerdings nicht mit direkten Tötungsdelikten, sondern mit Verbrechen, die im Umfeld der Synagogenzerstörungen in der Nacht vom 9. zum 10. November 1938 begangen worden waren. Im Prozess vor dem Mannheimer Schwurgericht wegen der Sprengung der Mannheimer Synagoge im Stadtquadrat F 2 erging das Urteil gegen den verantwortlichen Obergruppenführer der SA-Gruppe *Kurpfalz*, Ernst Fritsch. Fritsch wurde wegen »Verbrechen nach dem Sprengstoffgesetz in Tateinheit mit Brandstiftung an einem Gotteshaus« zu einer Zuchthausstrafe von zwei Jahren und neun Monaten und zu einer Aberkennung der bürgerlichen Ehrenrechte für die Dauer von drei Jahren verurteilt.[227] Über den zeitlichen Zusammenhang des Urteils mit dem Herzog-Prozess hinaus ist allein die Wertung des Verfahrens als »politischer Prozess«, so der zuständige Oberstaatsanwalt, erwähnenswert.[228] Nur wenige Seiten weiter hinten, im Regionalteil »Mannheim-Ludwigshafen«, schloss sich ein Bericht aus dem laufenden Prozess vor der 1. Strafkammer des Landgerichts Frankenthal an, der den Tatvorwurf der »Beteiligung an der Zerstörung der Synagoge des Judenaltersheims und der Demolierung der Wohnungen von Angehörigen der jüdischen Rasse [sic!]« in Neustadt an der Weinstraße zum Gegenstand hatte.[229] Beim Brand in der Nacht vom 9. zum 10. November 1938 waren zwei über 80-jährige Frauen zu Tode gekommen. Die zum Teil *mehrdeutige* Verwendung von Begriffen wie »Blitzlichter« und »Kristallnacht« im Artikel ist wohl dem Weiterwirken des NS-Idioms im Sprachgebrauch der Nachkriegszeit geschuldet.[230]

Und auch auf der überregionalen Ebene sollte ein wichtiges Verfahren an sein Ende gelangen, nämlich der Prozess gegen Erich von Manstein,[231] einem der prominentesten Generale in Hitlers Wehrmacht, der in den ersten Nachkriegsjahren besonders auch im Ausland eine Würdigung als operatives Genie bzw. unpolitischer »Nur-Soldat« (Manstein über Manstein) erfahren hatte.[232] Im Zweiten Weltkrieg war Manstein ab Herbst 1941 Oberbefehlshaber der 11. Armee auf der Krim und später der Heeresgruppe Süd/Don. Der Streit zwischen Manstein und dem Stab der Einsatzgruppe D unter Otto Ohlendorf um die Verantwortlichkeit für Massenverbrechen an der jüdischen Bevölkerung und russischen Kriegsgefangenen zog sich wie ein roter Faden durch wichtige alliierte Nachkriegsprozesse gegen die Wehrmachtsführung. Gerade Manstein sollte in der Kriegsgefangenschaft schnell zum führenden Kopf der Gruppe der ehemaligen Generale avancieren. Nachdem das Oberkommando der Wehrmacht im Nürnberger Hauptkriegsverbrecherprozess nicht als »Verbrecherische Organisation« eingestuft worden war, wurde Manstein zur wichtigsten zeitgenössischen Stimme der Deutungen des Vernichtungskrieges, die den schwerwiegenden Verbrechen der SS und des SD das »saubere« völkerrechtliche Vorgehen der Wehrmacht entgegenstellten. Die Rehabilitation der Wehrmachtseliten erfolgte im Windschatten der öffentlichen Diskussion um Kriegsverbrecher bzw. »Kriegsverurteilte« und der kontrovers geführten Debatte um die Wiederbewaffnung und den Eintritt in das westliche Verteidigungsbündnis. Ein gekonnt praktiziertes Wechselspiel zwischen radikalen Forderungen und pragmatischer Politik sicherte den Kreisen um Manstein in wichtigen geschichtspolitischen Fragen wiederholt die Deutungshoheit. Dessen vorzeitige Entlassung aus der Haft im Jahr 1953 muss vor dem politischen und gesellschaftlichen Hintergrund der frühen Bundesrepublik deshalb als deutliches »geschichtspolitisches Signal und erinnerungskulturelles Ereignis«[233] verstanden werden.

Der Manstein-Prozess, wie auch das Verfahren gegen Johann Herzog vor dem Heidelberger Landgericht, fand zu einer Zeit statt, in der innenpolitisch eine möglichst rasche und umfassende Revision der alliierten Sanktionen auf der Tagesordnung stand. Trotzdem war beispielsweise der kommunistischen *Volksstimme* die Urteilsverkündung im Manstein-Prozess nur zwei kleine Absätze wert, übernommen aus einer Agenturmeldung und an wenig prominenter Stelle platziert.[234] Ein kritischer Kommentar zur »erschreckenden« Strafe gegen Manstein ist beispielsweise in der in Heidelberg erscheinenden Wochenzeitung *Deutsche Kommentare*, die sich mit Berichten aus Politik, Kultur und Wirtschaft an das »gesamte Deutschland« richtete, abgedruckt.[235] Zeitlich in die gleiche Woche, in der die Urteile gegen Mannstein und Herzog gesprochen wurden, fällt auch ein anderes Ereignis, dessen Hauptprotagonist später in der zeithistorischen Forschung zu einem Synonym für den Stimmungswechsel in der Bevölkerung der Bundesrepublik und die Gefahr eines Wiedererstarkens des Nationalsozialismus werden sollte: In Bad Pyrmont, einem bekannten Kurbad im südlichen Teil Niedersachsens, kam es am 15. Dezember 1949 zu einer »stürmischen« Versammlung der Sozialistischen Reichspartei (SRP), in deren Mittelpunkt einer ihrer Mitbegründer, der ehemalige General Ernst-Otto Remer stand.[236] Remer, Kommandeur des Wachbataillons *Großdeutschland*, hatte eine führende Rolle bei der Niederschlagung des Umsturzversuches vom 20. Juli 1944 gespielt. Bis 1947 in britischer Kriegsgefangenenschaft, trat er danach häufiger in Versammlungen rechtsextremistischer und geschichtsrevisionistischer Kreise auf. Das Landgericht Braunschweig verurteilte Remer im März 1953 wegen »übler Nachrede« und »Verunglimpfung des Andenkens Verstorbener« zu einer dreimonatigen Gefängnisstrafe; er hatte die Beteiligten des Hitler-Attentats vom 20. Juli 1944 als »Landesverräter« bezeichnet.[237] Der Prozess war ein großes Medienereignis und das Urteil sorgte dafür, dass der Remer-Prozess »zu einem öffentlichen Lehrstück wurde, ja zu einem normativen Akt, der entscheidende Grundlagen für die Verankerung des 20. Juli 1944 im Geschichtsbewußtsein der Bundesrepublik schuf.«[238]

Das Verfahren gegen Herzog fiel zudem in eine für die öffentliche Wahrnehmungsbereitschaft ungünstige Jahreszeit: Der Umstand, dass der Prozess mitten in der Adventszeit und nur wenige Tage vor den Weihnachtsfeiertagen, dem ersten Weihnachtsfest nach Wiedererlangung der staatlichen Souveränität stattfand, trug vermutlich ebenfalls mit dazu bei, dass es nicht zu einer Berichterstattung an prominenter Stelle kam.[239] Zeitgleich zeichnete sich zudem die in der deutschen Öffentlichkeit lang ersehnte »Weihnachtsamnestie« ab, in deren Rahmen zur Jahreswende 1949/50 60 von insgesamt noch 670 in der Strafanstalt Landsberg einsitzenden verurteilten Kriegsverbrecher wegen guter Führung entlassen werden sollten. Aber auch in Heidelberg selbst wurde das Verfahren von einem für die Stadt weitaus bedeutenderen Ereignis überlagert: Am 16. Dezember 1949, einem Freitag, weihte Bundespräsident Theodor Heuss im Rahmen eines feierlichen Festaktes die nach einer Bauzeit von zwei Jahren fertig gestellte Friedrichsbrücke über den Neckar ein. Die Brücke verband die Heidelberger Altstadt wieder mit dem Stadtteil Neuenheim.[240] Die alten Brücken über den Neckar waren noch in der Nacht zum 29. März 1945 von der deutschen Wehrmacht in einem Akt letzter Verzweiflung gesprengt worden.[241] Vor diesem lokalen »Großereignis« hatten die übrigen Meldungen zurückzustehen.[242] Allerdings gibt es zumindest noch einen erwähnenswerten Zusammenhang zwischen der Brückeneinweihung und dem Prozess gegen Herzog: Dieser war während seiner Tätigkeit als Maurer in Heidelberg am Neubau der Friedrichsbrücke aktiv beteiligt und ebendort im Februar 1949 von der Polizei verhaftet worden.[243]

3.2 Das große Schweigen: Täterbilder in den 1950er Jahren

Wie für die Mannheimer Böse-Verfahren 1947/48 so bleibt für den Prozess gegen Herzog im Dezember 1949 festzustellen, dass Artikel und Kommentare über Verfahren, die im engeren oder weiteren Zusammenhang mit dem Nationalsozialismus standen, keine erwähnenswerten Ausnahmen der Berichterstattung in den regionalen Tageszeitungen dargestellt haben. Es handelte sich um Meldungen unter vielen anderen. Dies gilt es mit Blick auf die zeithistorische Forschung zu den NS-Verfahren, die sich bisher zumeist entweder mit einzelnen Mammutverfahren oder Gesamtkomplexen von NS-Verbrechen befasst hat, noch einmal ausdrücklich hervorzuheben. Von einem flächendeckenden »Verschweigen« der Prozesse wegen NS-Verbrechen in der deutschen Öffentlichkeit am Übergang von den 1940er zu den 1950er Jahren kann, dies haben die ersten beiden Fallbeispiele gezeigt, insgesamt nicht gesprochen werden.

Allerdings hatten sich die inhaltlichen Schwerpunkte der Berichterstattung, und dies nicht nur in der überregionalen Tagespresse, rasch verschoben. Im Zuge der Wiedergewinnung der staatlichen Souveränität rückten schnell die Ablösung des als »Fremdrecht« empfundenen alliierten Besatzungsrechts und die Forderung nach einer allgemeinen NS-Amnestie in den Mittelpunkt der politischen Debatten. Unter dem Einfluss der Kirchen hatte sich zudem eine breite gesellschaftliche »Gnadenlobby« (Robert M. Kempner) zusammengefunden. Nach außen manifestierten sich diese Entwicklungen in der lautstarken Forderung nach der »Lösung der Kriegsverbrecherfrage«.[244] Eine Entwicklung, die sich in der Folgezeit zuspitzen sollte: als Junktim zwischen deutscher Wiederbewaffnung bzw. Einbindung in das westliche Bündnis und einer Amnestie für die »Kriegsverurteilten«. Erst der Überleitungsvertrag setzte im Mai 1955 einen Schlusspunkt unter die deutsch-alliierte Gnadendebatte. Die letzten der verbliebenen »Landsberger« wurden 1957/1958 in die Freiheit entlassen. Der Überleitungsvertrag zog aber auch einen Schlussstrich unter die umfassende deutsche Gesetzgebung zur Straffreistellung der Täter.[245] Aber nicht nur in der Bundesrepublik, auch in der sowjetischen Besatzungszone und der späteren DDR wurde die Amnestie- und Integrationspolitik als ein legitimes Mittel der gesellschaftlichen Transformation betrachtet.[246] In den 1950er Jahren, und damit parallel zur Entwicklung in der Bundesrepublik, erreichte gemessen an der Zahl der eröffneten Verfahren auch die NS-Strafverfolgung in der DDR einen Tiefpunkt – der deutsch-sowjetische *Staatsvertrag* vom 20. September 1955 setzte die alliierten Rechtsnormen dann auch in der DDR endgültig außer Kraft.[247] Insgesamt bewirkte diese Entwicklung einen Wahrnehmungswandel in der deutschen Gesellschaft, der nur wenige Jahre nach dem Ende des Zweiten Weltkrieges eine nahezu vollständige Ausblendung der NS-Verbrechen nach sich zog. Gerade in der Regionalpresse kam es zu einer Überlagerung der Berichterstattung durch Themen, von denen sich eine größere Attraktivität für die aktuelle regionale Berichterstattung versprochen wurde – ein Vorgang, der nicht per se mit einem Desinteresse an NS-Prozessen gleichgesetzt werden kann.

Um die gesellschaftliche Entwicklung in der Bundesrepublik der 1950er Jahre zu verstehen, bedarf es auch eines Blickes auf die Kontinuitäten mit der Weimarer Republik und dem Nationalsozialismus.[248] Insgesamt hat sich die neue Forschung zur Frühgeschichte der Bundesrepublik heute darauf verständigt, den Durchbruch zu einer demokratischen Gesellschaft und die Liberalisierung der politischen Kultur bereits in den 1950er Jahren beginnen zu lassen und für den langen Zeitraum zwischen 1930 und 1960 die gesellschaftlichen Kontinuitäten zu betonen. Gerade die Gründungsjahre der Bundesrepublik wiesen auch personelle Kontinuitäten auf, die rückwärts über das NS-System hinausreichten: Die Persönlichkeiten des öffentlichen Lebens in Politik und Kultur, die durch den Nationalsozialismus nicht desavouiert waren, hatten oft bereits in der Weimarer

Republik eine offizielle Rolle gespielt. Die Betonung der Kontinuitäten zielt indessen nicht auf Relativierung der politischen Zäsuren ab:

> »Übergeordnet waren sicherlich die skizzierten Kontinuitätslinien, die von der Zwischen- in die Nachkriegszeit reichen. Bei diesen, dies soll noch einmal betont werden, handelt es sich um soziale und kulturelle Kontinuitätsdeterminanten, die keinesfalls gegen politische Zäsuren – schon gar nicht gegen die welthistorische Zäsur von 1945 – auszuspielen sind, sondern eine andere Ebene der Periodisierung anzeigen.«[249]

Diese Lesart der politischen Zäsuren steht in einem auffälligen Widerspruch zum zeitgenössischen Geschichtsbild in der deutschen Öffentlichkeit.[250] Dieses »verneinte« die politischen Zäsuren von 1933 und 1945, sah in den zwölf durch den Nationalsozialismus geprägten »dunklen« Jahren mehr eine »Verirrung« denn eine historische Konsequenz und stellte sich allein in die positive Kontinuität zu der Zeit vor der Machtübertragung an Hitler im Januar 1933.

Die Urteilsbegründungen der Gerichte, wie auch die Presseberichte über sie, sind als »zeit- und damit sprachgeschichtliche Dokumente« zu verstehen.[251] In den ersten Nachkriegsjahren lieferten die Tat- und Täterprofile dabei oft noch ein Bild entschlossener Purifizierung: als »Psychogramm der deutschen Nachkriegsbefindlichkeit«.[252] Ein Teil der Richter gab in seinen Urteilen und Urteilsbegründungen sprachlich offen auch dem persönlichen Entsetzen Ausdruck. Dies zeigen, zumindest stellenweise, auch die Urteile der ersten beiden Fallbeispiele. Die spezielle Situation *vor Ort*, d. h. im Gericht – und im Mannheimer Verfahren auch in der Stadt, hatte einen Einfluss auf das Urteil bzw. seine sprachliche Begründung. Die Täterbilder müssen auf diesem »Umweg« in ihren gesellschaftlichen Bezugsrahmen eingebettet werden. In den 1950er Jahren changierte das NS-Täterbild in der deutschen Öffentlichkeit nach Ansicht Peter Reichels »zwischen Dämonisierung und Verharmlosung«.[253] Beide Elemente sind in den ihnen inhärenten Schattierungen sowohl im Mannheimer wie auch im Heidelberger Prozess wiederzufinden. Dass die idealtypischen Zuschreibungen und Begrifflichkeiten aus der zeitgeschichtlichen Täterforschung bei einer dichten Beschreibung von NS-Verfahren schnell an ihre Grenzen stoßen, wird deutlich, wenn wir noch ein weiteres Begriffspaar, das der »Bestien« und »Befehlsempfänger«,[254] hinzunehmen. Auch diese beiden Zuschreibungen lassen sich den ersten beiden Fallbeispielen ohne weiteres zuordnen. Wie die Verhandlungen und die Reaktionen der Tagespresse gezeigt haben, ist das übergreifende Element der Ausschluss aus der Bezugsgemeinschaft der »guten Deutschen«: Sei es als SS-affiner Ordnungspolizist (Böse) oder als brutaler und krimineller Ex-Fremdenlegionär (Herzog). Die oftmals vordergründige Distanzierung von den »bösen Nazis« als tragenden Stützen des NS-Regimes erfolgte dabei zunächst »in einer sekundären, sozusagen entnazifizierenden Bekräftigung der In- und Exklusionsregeln jener ›Volksgemeinschaft‹, die man 1945 hinter sich gelassen zu haben glaubte«.[255] Eine längerfristige Folge der ersten Prozesse mit Blick auf die Täterbilder war, was man heute mit dem Begriff des »Viktimisierungsdiskurses«[256] beschreibt. Die Deutschen agierten als passiv Duldende, als Leidende oder gar als Opfer einer skrupellosen Führung. In der Bundesrepublik externalisierte man die Verbrechen und den Holocaust als Werke Hitlers bzw. der SS und schuf den Mythos von der deutschen Wehrmacht als Inbegriff zeitloser Soldatentugenden, auch hier basierend auf der Unterscheidung zwischen »Nazis« und »echten Soldaten«:

> »Der Krieg, über den man noch nicht als ›Völkervernichtungs-‹ oder ›Rassenkrieg‹ sprach, wurde so entpolitisiert und der größte Teil der Deutschen entkriminalisiert: Der Weltkrieg – das war Hitlers Krieg, den Deutschen und der Welt mehr oder weniger aufgezwungen. Die Wehrmacht – das waren die tapferen, leidensfähigen, tüchtigen, pflichtbewußten, anständigen deutschen Soldaten, das war, mit einem Wort, der ›echte Soldat‹ auf der einen und der böse Nazi auf der anderen Seite.«[257]

Diese öffentliche Distanzgewinnung zu den NS-Tätern durch Exterritorialisierung und Diabolisierung diente anfangs auch als ein tragendes Element der Demokratisierungsbemühungen, wie gerade die öffentlichen Reaktionen auf das erste Mannheimer Böse-Urteil gezeigt haben. NS-Täter, in diesem Fall sogar die zuständigen Richter und Staatsanwälte, wurden aus den aufbau- und demokratiewilligen Teilen der Gesellschaft herausinterpretiert und diese kollektiv wie auch individuell entlastet. Seit der Staatsgründung verweisen die unzähligen dokumentierten Verfahren auf einen Perspektivenschwenk, der in der Tendenz auf eine vorschnelle und allgemeine Exkulpierung der Angeklagten abzielte und Verfahren oft mit einem Freispruch enden ließ.

Die inhärente Widersprüchlichkeit der Urteilsbegründungen, das Problem, in vergleichbaren Fällen mit gebräuchlichen Argumentationsfiguren des Strafrechts zu unterschiedlichen Ergebnissen zu kommen – »schuldig« bzw. »nicht schuldig« –, lässt neben den Täterbildern besonders auch nach den sprachlichen Mustern fragen, in denen sich die zeitgenössischen gesellschaftlichen und juristischen Grundvorstellungen finden lassen.[258] Urteilsbegründungen stehen demnach für die geltenden Normen der öffentlichen Meinung. In ihnen spiegelt sich aber auch das »Selbstverständnis der rechtsprechenden Instanz«[259] wider, das wiederum die Grundlage für die Entscheidungsfindung darstellt. Nach 1949 war, sichtbar an der gewählten Sprache in der Urteilsbegründung, die Zeit der Selbstreflexion beendet, man konnte sich wieder auf das reine Strafrecht und die zeitgenössische Gesetzeslage berufen, vor der die Angeklagten zu *be*urteilen waren. Nicht nur das Urteil gegen Herzog, das ziemlich genau in diese Übergangsphase fiel, zeigt die »disparaten Ethiken der ersten zehn Nachkriegsjahre«.[260] Heidrun Kämper hat die Trennung bzw. den Übergang zwischen den beiden Zeitphasen der Nachkriegszeit (bis 1949/1950) und der frühen Bundesrepublik (bis 1955) nicht politik- sondern sprachgeschichtlich untersucht: Gerichte, die über NS-Verbrechen zu urteilen hatten, griffen auf eine Reihe stereotyper Argumente oder Topoi zurück: Mit der Feststellung »Gesetz ist Gesetz« konnte nationalsozialistischem Unrecht aus Exkulpationsgründen der Charakter rechtsstaatlicher Gültigkeit zugeschrieben werden. Der Topos »Befehl ist Befehl« lieferte ein Einfallstor für die Gehilfenrechtsprechung ab der Mitte der 1950er Jahre, die die Angeklagten zu Beihelfern, d. h. zu Werkzeugen der alleinverantwortlichen Haupttäter »degradierte«. Die Tat wurde zwar als Unrecht festgestellt, der oder die Täter aber von der Tat – zumindest auf argumentativer Ebene – separiert. So stand insgesamt in der ersten Nachkriegsdekade ein Selbstverständnis, das von positiven Schuldmerkmalen geprägt war, einem Selbstverständnis gegenüber, das auf negativen Schuldmerkmalen gründete. Während ersteres Schuld als einen Verstoß gegen allgemein ethisch-naturrechtliche Grundsätze interpretierte, versuchte letzteres Schuld in den Rahmen der Bedingungen einzufügen, die zur Zeit des Nationalsozialismus herrschten – auf Basis der Trennung von Tat und Täter und der Aufspaltung des Täterbegriffs in Haupttäter und Gehilfen: »Schuldkonzepte in Urteilsbegründungen der Jahre 1945 bis 1955 konstituieren gegensätzliche Wirklichkeitsmodelle eines Unrechts- wie eines Rechtsstaats – unter den Bedingungen der jeweils gültigen gesellschaftlichen Norm.«[261] Die öffentlichen Reaktionen auf das Urteil im ersten Mannheimer Verfahren bzw. deren nahezu völliges Ausbleiben im Prozess gegen Herzog »bestätigen« die Richtigkeit einer solchen Unterteilung.

Erst gegen Ende der 1950er Jahre sollte sich das Interesse der deutschen Öffentlichkeit an NS-Verfahren wieder einstellen: In Warschau hatte sich im Herbst der ehemalige Gauleiter von Ostpreußen und Reichskommissar in der Ukraine, Erich Koch, der »König von Ostpreußen«, vor der Großen Strafkammer für NS-Verbrechen zu verantworten, die im Zweiten Weltkrieg in den ihm unterstellten Gebieten begangen worden waren.[262] Auch in den Leserbriefspalten der Zeitungen wurde die ins Stocken geratene juristische Verfolgung von NS-Verbrechen nicht mehr in allen Fällen als notwendiger bzw. überfälliger Schlussstrich begrüßt, sondern auch sehr kritisch kommentiert:

> »Die meisten deutschen Gerichte sind heute offensichtlich nicht mehr in der Lage, Mordtaten aus der Zeit um 1945 als solche zu erkennen. Eine andere Erklärung findet man jedenfalls nicht dafür, daß viele derjenigen, die sich damals als *Ungeheuer* zeigten, jetzt entweder gänzlich straflos oder mit lächerlichen Strafen davonkommen.«[263]

Vielerorts wurde Bilanz gezogen: Der sozialdemokratische *Vorwärts* nahm dabei kommentierend die Entwicklung der nächsten Jahrzehnte vorweg: »Die KZ-Prozesse werden rollen. Die Gerechtigkeit nimmt ihren Lauf. Die Betroffenen haben das große Halali gehört und flüchten wie das Wild.« Und, unter Anspielung auf die riesige Zahl der Opfer, wurde von den »Kontobüchern des Todes« gesprochen, die die Gerichte immer wieder bemühen müssen: »Die Bilanz ist schrecklich. Sie wird immer wieder gezogen und heißt: *Geschichte.*«[264] Und eine

Bilanz galt es jeweils auch in den NS-Verfahren zu ziehen, die im Folgenden in den Fallbeispielen 3 und 4 in den Mittelpunkt treten: Galt das wiedererwachte Interesse für NS-Verfahren auch auf regionaler Ebene?

4. VERJÄHRUNG, SCHLUSSSTRICH UND »MORD-GEHILFEN«: NS-VERFAHREN UND TÄTERBILDER IN DER HOCHZEIT DER STRAFRECHTLICHEN AUFARBEITUNG

Juristische Aufarbeitung nach einem Jahrzehnt Bundesrepublik

Ende August 1951 hatten die britische und die französische Militärregierung nach mehrmaliger Intervention von deutscher Seite die nach *KRG Nr. 10*, Artikel III ergangene Ermächtigung der deutschen Justiz zur Verfolgung bestimmter NS-Verbrechen in ihren Zuständigkeitsbereichen aufgehoben.[1] Die rechtliche Bewertung des NS-Unrechts wurde in den 1950er Jahren trotzdem nicht an das neue *Grundgesetz* gebunden sondern verblieb im Justizalltag in einer Art Sonderzone. Joachim Perels hält deshalb die juristische Aufarbeitung des Nationalsozialismus für »überwiegend gescheitert«.[2] Gescheitert vor allem deshalb, weil der von Radbruch geprägte Begriff des »gesetzlichen Unrechts« in der Justiz der frühen Bundesrepublik zurückgedrängt und abgelehnt worden sei.[3] Der Auslegung des Rechts nach nationalsozialistischen Wertvorstellungen wurde vonseiten der Nachkriegsjustiz zugutegehalten, den Kern des Rechtes nicht verletzt zu haben. So fanden unter anderem jene Rechtsfiguren breite Resonanz, die eine Ahndung der »Staatsverbrechen« erschwerten bzw. ausschlossen.[4] Erst in Folge der sogenannten »Blutrichterkampagne« der DDR-Regierung sollte es ab dem Ende der 1950er Jahre zu einer systematischeren Bestandsaufnahme des nationalsozialistischen Justizunrechts kommen.[5]

Mit Blick auf die Verstrickung einer großen Zahl der Angehörigen des aktiven Justizpersonals in die Politik und zum Teil auch die Verbrechen des Nationalsozialismus kommentierte die *Allgemeine Wochenzeitung der Juden in Deutschland* im Oktober 1958: »Was wäre, wenn in einem Prozeß, in dem die Verbrechen des Nationalsozialismus eine gerechte Sühne finden sollten, gerade die Opfer dieser Verbrechen zu Gericht sitzen würden? [...] Das Wort ›Befangenheit‹ wäre schnell auf der Zunge der Oeffentlichkeit, die entstehende Polemik lässt sich mit einiger Durchschnittsphantasie ausmalen.«[6] Die Verhandlungen über ein neues Richtergesetz, die 1958 begonnen hatten, bewegten sich ebenfalls in diesem Spannungsfeld: Das Leitmotiv des neuen Gesetzes zielte auf Klarstellung der institutionellen

Diskontinuität zum Nationalsozialismus; das eigentliche Problem der vielfältigen personellen Kontinuitäten blieb in der Diskussion weitgehend unberücksichtigt. Das Gesetz wurde dementsprechend erst im Jahr 1961 verabschiedet.[7] Für die beginnenden 1960er Jahre lässt sich insgesamt feststellen, dass Fragen nach der Interpretation der Vergangenheit der deutschen Justiz in der Zeit des Nationalsozialismus in einen engen Zusammenhang mit einem generellen Reformbedarf der Justiz gerückt wurden:[8] In den juristischen Diskursen stand aber weniger das konkrete Fehlverhalten Einzelner oder die Rolle der deutschen Justiz während der NS-Zeit im Vordergrund. Stattdessen ging es um strukturelle Probleme der bundesrepublikanischen Gesellschaft, um antidemokratische Tendenzen und obrigkeitsstaatliche Strukturen innerhalb der gesellschaftlichen Eliten seit der Weimarer Republik.[9] Die Frühgeschichte der Bundesrepublik lässt sich diesbezüglich mit einigem Recht auch unter dem Motto »Lernen und Schweigen«[10] zusammenfassen:

> »[Es] standen nicht die exemplarischen Fälle, sondern das gesellschaftliche Bild des Nationalsozialismus und seiner Nachwirkungen im Vordergrund. Nicht die Pathologie einzelner Täter, sondern die kollektive mentale Verfassung wurde diskutiert, ebenso wie nicht die Schuld von einzelnen Funktionsträgern im Mittelpunkt des Interesses stand, sondern die Strukturen, die die Täter hervorgebracht hatten.«[11]

Nicht nur den Juristen, auch anderen Angehörigen der Funktionseliten der NS-Zeit war es gelungen, über die Zäsur des Kriegsendes und des politischen Systemwechsels hinweg, ihre persönlichen Macht- und Einflusspositionen zu sichern oder sich neue Betätigungsfelder und Karrieremöglichkeiten zu erschließen. Die Integrationspolitik der jungen bundesrepublikanischen Demokratie war somit für viele ehemalige Angehörige der NS-Funktionseliten, mit Ausnahme der unmittelbaren NS-Führungsschicht, eine »zweite« oder auch »letzte« Chance.[12] In diesen persönlichen »Erfolgsgeschichten« lag gleichzeitig eine Art Garantieversprechen, nicht gegen die neue politische Ordnung »zu kämpfen«. Die Betreffenden standen jetzt aber vor dem Problem, selbst angreifbar zu sein, d. h. für die Duldung oder gar Unterstützung der Verbrechen des NS-Staates nun jederzeit moralisch und politisch in Verantwortung genommen zu werden: »Je mehr die NS-Zeit zur Geschichte wurde, desto länger wurden auch die Schatten der Vergangenheit. Sie erreichten nach und nach auch jene, die sich zunächst in Sicherheit wähnten.«[13] Die Selbstamnestie der Justiz erwies sich deshalb als ein zweischneidiges Schwert: Den Juristen haftet unter den Funktionseliten seitdem der Ruf an, über die größte Kontinuität zum NS-System verfügt und die meisten Täter in den eigenen Reihen niemals zur Rechenschaft gezogen zu haben.[14] Zu Beginn der 1950er Jahre sahen die Vertreter der Strafjustiz die Ahndung des NS-Unrechts durch das herkömmliche deutsche Strafrecht zwar als problematisch an, widersetzten sich gleichzeitig aber jeglicher Form von sonderrechtlichen Bestimmungen für die Verfolgung von NS-Verbrechen.[15]

Allerdings dürfen bei einer Bewertung der Versäumnisse und Fehlleistungen der Justiz in den 1950er und 1960er Jahren die politischen Rahmenbedingungen nicht außer Acht gelassen werden:[16] Der Gesetzgeber tat nie mehr als unbedingt notwendig erschien, oder, anders formuliert, der Erwartungshaltung des Auslandes entsprach. Für die 1960er Jahre kann mit einigem Recht von einer politischen und strafrechtlichen Auseinandersetzung mit dem NS-Unrecht gesprochen werden, auch wenn Verdrängungstendenzen und Widerstände gegen dessen Aufarbeitung noch weit verbreitet waren.[17] Zahlreiche Maßnahmen wurden erst spät ergriffen und erfolgten dann auch nur zögernd und inkonsequent. Insgesamt handelte es sich um eine »wohl dosierte Aufarbeitung des NS-Unrechts«.[18] In den 1960er Jahren fand aber keine aktive Vergangenheitspolitik im eigentlichen Sinn mehr statt, auch wenn die Nachwirkungen der 1950er Jahre noch zu spüren waren.[19] Eine nicht zu verachtende Barriere für das Verständnis der zeitgenössischen NS-Strafverfolgung bilden bis heute die legalistischen Denkstrukturen. Deren »Missverständnis« schlägt sich beispielsweise in der noch immer verbreiteten Vorstellung nieder, die strafrechtlichen Aufarbeitungsbemühungen in West und Ost ließen sich in ihrer Effizienz quasi gegeneinander aufrechnen, indem man sie auf einen einheitlichen Nenner von »Erfolg« oder »Fehlschlag« zu reduzieren versucht:

> »Für das Fortleben dieser Deutungsmuster spricht, daß in der aktuellen Diskussion um das Erbe der westdeutschen NS- und Holocaust-Prozesse auch immer wieder die Vorstellung durchscheint, diese seien ein weitgehend selbstbestimmtes und kohärentes, ja fast schon programmatisches Unternehmen bundesrepublikanischer Eliten gewesen, das gegen Ende der fünfziger Jahre den Wechsel von der trüben Epoche der ›damnatio memoriae‹ zum lichten Zeitalter des Erinnerns eingeleitet habe. Dahinter steht die Annahme, es gebe so etwas wie ein politisch-juristisches ›Muster der Wende‹ […]. In ihrem dialektischen Fortschrittsoptimismus erscheint diese Auffassung jedoch vor allem als nationale Ausprägung einer identitätsstiftenden Interpretation, die in dem idealisierenden Narrativ eines ›Von Nürnberg nach Den Haag‹ seine transnationale Entsprechung findet.«[20]

Bei der Verfolgung von NS-Tätern gab es, ungeachtet aller politischer Unterschiede, zeitlich wie sachlich verbindende Faktoren zwischen der Bundesrepublik und der DDR, so beispielsweise ein sozialpsychologisch begründbares Ruhe- oder Verdrängungsbedürfnis aller Deutschen in der unmittelbaren Nachkriegszeit, das über einen bestimmten Zeitraum hinweg funktional den Aufbau neuer Identitäten erleichterte. Werner Bergmann hat vorgeschlagen, Bewältigung und Verdrängung nicht als moralische Protestbegriffe, sondern deskriptiv, für einen kollektiven Bearbeitungsprozess des Nationalsozialismus zu verwenden und als »Kommunikationslatenz«[21] zu verstehen. Kollektives »Schweigen«, eine auf Gegenseitigkeit und den Bindungen der ehemaligen »Volksgemeinschaft« beruhende Selbstvergewisserung *ohne Worte*, wirkte im kollektiven Rahmen durchaus »produktiv«. Auf das Individuum bezogen führt ein Beschweigen über traumatische oder aufwühlende Erlebnisse indessen oft zu psychischen Schädigungen. Den NS-Opfern, die öffentlich auf ihre Situation aufmerksam machten, kam somit die Rolle der Störer der bundesrepublikanischen Ruhe zu.[22]

Wie schon die thematische Breite und inhaltliche Dichte der lokalen und regionalen Presseberichterstattung hinsichtlich der ersten beiden Fallbeispiele gezeigt hat, wurde in der Alltagspraxis auch weniger »verschwiegen« als »gezielt erinnert«.[23] Der private Diskurs über die deutschen Opfer überlagerte dabei oft die anderen Formen der Erinnerung. Und: Wenn ein NS-Täter vor Gericht gestellt wurde, so konnte er dem Schweigekonsens nicht mehr genügen, da alle am Verfahren Beteiligten nun über *seine* Tat sprachen – und dies im öffentlichen Raum, während eines laufenden Verfahrens und vor Publikum. Thomas Henne sieht gerade hierin einen der wesentlichen Gründe für die Bedeutung der NS-Verfahren in den späten 1950er und 1960er Jahren, im Gegensatz zu den Verfahren der 1970er Jahre, die vor einem weitgehend liberalisierten gesellschaftspolitischen Hintergrund auf dieser Ebene kaum noch eine Wirkung zu erzielen vermochten.[24]

Der allgemeine und teilweise verständliche Wunsch der Bevölkerung, die Geschichte der nationalsozialistischen Verbrechen nicht zu thematisieren, konnte von der Politik, West wie Ost, nicht unberücksichtigt gelassen werden. Die Verfolgung bzw. Nichtverfolgung von NS-Verbrechen bildete einen zentralen Bestandteil einer (gesamt-)deutschen Nachkriegskultur in ihrer Auseinandersetzung mit dem NS-System. Trotz quantitativer und qualitativer Unterschiede waren auch die weitreichenden Amnestie- und Integrationsmaßnahmen ein gesamtdeutsches Phänomen. Während im Westen die nachgiebige Praxis der Strafverfolgung an die Abwehr einer kommunistischen Bedrohung gekoppelt wurde, bemühte sich der Osten, die Täterfrage auf das politische und wirtschaftliche System der Bundesrepublik zu projizieren. Die zum Teil scharfen Reaktionen des Auslandes wurden in beiden deutschen Staaten auf je eigene Art und Weise antizipiert; auch Ermittlungsintensität und -priorität unterlagen Wellenbewegungen. Schlussstrichforderungen und ein »Erwartungsdruck« des Auslands verliehen der innerdeutschen Kontroverse um die justizielle Vergangenheitspolitik ihre spezielle Dynamik.[25] Als Ergebnis stand eine weitreichende Integration von Mitläufern und Belasteten.

Im Bann der NS-Prozesse: Die zweite Verfahrenswelle

Schon früh ließ sich in der Bundesrepublik eine Art Wellenbewegung feststellen, in der sich Phasen der Aufarbeitung der Vergangenheit mit Rufen nach Wiederherstellung von Normalität abwechselten.[26] Die Geschichte der Taten und der Täterschaft wurde dabei in vielen, sich stark voneinander unterscheidenden, »Brechungen« dargestellt.[27] Im Verlauf der 1950er Jahre sollte die Welle der NS-

Verfahren rasch verebben. Bei den in dieser Zeitperiode durchgeführten Prozessen handelte es sich entweder um »Restbestände« oder »Zufallstreffer«.[28] Die von den Gerichten gefällten Urteile wurden aber weiterhin öffentlich diskutiert: »(D)ie Schatten einer Politik, die sich ›national‹ nannte und die Verrat an der Nation ohne Beispiel war, liegen noch über dem Gerichtsurteil von 1958, das so verständnissinnig bei der Strafbemessung die ›Zeitumstände‹ berücksichtige« so ein Kommentar zu einem »milden« Urteil des Schwurgerichts Arnsberg wegen der Erschießung von 208 Fremdarbeitern in einem Wald nahe Warstein im März 1945 in der *Neuen Presse*.[29] Auch einzelne Bundestagsabgeordnete stimmten in den Protest ein: Matthias Hoogen (CDU), Vorsitzender des Rechtsausschusses des Bundestages, äußerte sein »Befremden« über das Urteil und Adolf Arndt, der Vorsitzende des Arbeitskreises Rechtswesen der SPD-Fraktion, wurde vom Berliner *Tagesspiegel* wie folgt zitiert: »Dieses Urteil ist ein Mord am Recht. Dieses Urteil entehrt die Bundesrepublik Deutschland. Ein solches Urteil ermuntert *alle Massenmörder von Katyn bis Tunis*.«[30]

Am Übergang von den 1950er zu den 1960er Jahren sollten die Bundesbürger allerdings von der Geschichte des »Dritten Reiches« mit bisher nicht gekannter Vehemenz eingeholt werden: Verjährungsdebatten im Deutschen Bundestag und spektakuläre NS-Verfahren konfrontierten die deutsche Öffentlichkeit erstmals in großem Ausmaß auch mit den NS-Verbrechen des Vernichtungskrieges.[31] Der Eichmann-Prozess (Jerusalem 1961), der erste Auschwitz-Prozess (Frankfurt am Main 1963-1965), aber auch die Verfahren zu den in den NS-Vernichtungslagern Treblinka (Düsseldorf 1964/65 bzw. 1969-1970), Belzec (München 1965) und Sobibor (Hagen 1965/66) begangenen Verbrechen, bildeten, wie ein Gerichtsreporter in einer Reportage des *Spiegel* seine Beobachtungen in Wort fasste, eine nicht enden wollende »Monotonie des Grauens«.[32] Schon mit Blick auf die rasche zeitliche Abfolge dieser medienwirksamen Verfahren kann von der Hochzeit der juristischen Aufarbeitung des NS-Systems gesprochen werden. In genau diese Zeitperiode fällt auch das dritte Fallbeispiel, das Verfahren gegen Heinz Mocek und seine drei Mitangeklagten vor dem Mannheimer Landgericht im Frühjahr 1965. Das Mannheimer Urteil erging am 12. April, knapp vier Monate vor dem Ende des ersten Frankfurter Auschwitz-Prozesses, der mit der Urteilsverkündung am 19. und 20. August 1965 endete.

Den Auftakt zu dieser für die Entwicklung der juristischen Aufarbeitung der NS-Vergangenheit ab den 1960er Jahren so bedeutsamen zweiten Welle von Verfahren bildete, so weithin die Ansicht der zeithistorischen Forschung, ein gegen ehemalige Angehörige des *Einsatzgruppenkommandos Tilsit* angestrengtes Verfahren vor dem Ulmer Landgericht vom 28. April bis zum 29. August 1958 (»Ulmer Einsatzgruppenprozess«). Zehn ehemaligen Gestapo-, SD- und Polizeiangehörigen wurde die Ermordung von mehr als 5.500 jüdischen Kindern, Frauen und Männern im litauisch-deutschen Grenzgebiet im September 1941 zur Last gelegt.[33] In den Angeklagten zeigte sich zum ersten Mal für weite Schichten der Bevölkerung deutlich die personale Komponente der NS-Verbrechen. Sowohl die Lebensläufe wie auch die Fotografien der Angeklagten in der Tagespresse spiegelten deutsche Normalbiografien wider.[34] Die große Bedeutung des Ulmer Verfahrens lag im Bruch mit der stillschweigenden Übereinkunft des Verdrängens und Vergessens des Holocaust bzw. des Vernichtungskrieges, sie sollten darüber hinaus die weitere Rechtsprechung prägen: Die Angeklagten wurden nicht als Täter (Mord) sondern »nur« als Gehilfen (Beihilfe zum Mord) schuldig gesprochen – ein erster praktischer Ansatz für die spätere sogenannte Gehilfenrechtsprechung.[35] Schon hier zeigte sich, dass sich das gesellschaftliche vom juristischen Täterbild nicht nur analytisch zu lösen begann – auch wenn beide Stränge sich weiterhin gegenseitig bedingen und beeinflussen sollten. In der Presseberichterstattung zum Einsatzgruppenprozess finden sich, nach Jahren der Behandlung deutscher »Nicht-Täter«, auch wieder konkrete Bilder von NS-Tätern. So zitierte die *Frankfurter Allgemeine Zeitung* den Vorsitzenden Ulmer Richter Edmund Wetzel: »Das Bild, das uns diese Männer zeit [sic!], ist das Bild des kalten Henkers.« Zugleich wurden die Reaktionen des Publikums Gegenstand einer einprägsamen Schilderung: »Bei diesen Worten brachen die Zuhörer des überfüllten Schwurgerichtssaales in eine demonstrative Kundgebung der Empörung aus.«[36]

NS-Prozesse fanden nach einer Phase der Verdrängung nun endlich *und* in einer breiten Öffentlichkeit statt. Sie hatten nicht mehr den Rang lokaler oder regionaler »Petitessen«, sondern wurden zu einem innen- wie außenpolitisch bedeutsamem Thema. Dieser öffentliche Status der Verfahren beeinflusste auch das im Rahmen der Verhandlungen erzeugte und durch die Prozessbeobachter und -berichterstatter in die Öffentlichkeit transportierte Täterbild. Vor 1958 hatten in der Bundesrepublik nur wenige größere – und damit öffentlichkeitswirksame – Verfahren wegen nationalsozialistischer Gewaltverbrechen stattgefunden. Jetzt wurde die Bevölkerung nicht nur mit konkreten Aspekten der NS-Vernichtungspolitik konfrontiert, sondern musste sich auch mit dem betroffenen Personenkreis, den realen Tätern, Opfern und überlebenden Zeugen, auseinandersetzen. Ob die *Zäsur Ulm* aber so trennscharf gezogen werden darf, wie zuweilen in politikwissenschaftlichen und zeithistorischen Darstellungen geschehen,[37] ist mit guten Gründen zu bezweifeln. Schon die ersten beiden Fallbeispiele haben gezeigt, dass bei einer stärkeren Berücksichtigung der lokalen und regionalen Ebene ersichtlich wird, in welcher Intensität die Berichterstattung über NS-Verbrechen stattgefunden hat und wie es dabei zu vielfältigen Wechselwirkungen zwischen juristischem und öffentlichem Diskurs kam – allein mit der Einschränkung, dass ein Großteil der Verfahren nicht Verbrechen verhandelte, die im Vernichtungskrieg begangenen worden waren. Zwar wurden weiterhin Forderungen nach einem »Schlussstrich« oder nach einem *dritten* Straffreiheitsgesetz laut. Diese Forderungen, stammten aber aus den »Kreisen [...], die früher mit dem Nationalsozialismus eng liiert waren«.[38] Viele Tageszeitungen, so zum Beispiel die Augsburger *Allgemeine Sonntags-Zeitung* im Dezember 1959 hinsichtlich der bevorstehenden Prozesswelle, kommentierten nun zunehmend kritischer: »Auch die Öffentlichkeit außerhalb der Gerichte mag gespürt haben, daß die Ungeheuerlichkeiten jener Zeit mit politischen Irrungen und Wirrungen nichts zu tun haben, sondern einzig und allein in die Sphäre der Kriminalität gehören«.[39]

In diese veränderte gesellschaftliche Stimmungslage stieß im Jahr 1960 die auf eine private Initiative zurückgehende Ausstellung *Die Vergangenheit mahnt.* Sie war die erste thematisch umfassende Dokumentarausstellung zur Geschichte der Juden und ihrer Verfolgung im »Dritten Reich« in Deutschland.[40] Die Ausstellung sparte die Darstellung des Vernichtungskrieges nicht aus und machte der Öffentlichkeit erstmals zahlreiche Bilddokumente aus osteuropäischen Archiven zugänglich. Sie markiert durch die Vergegenwärtigung des Holocaust ein Umschwenken des öffentlichen Fokus von den deutschen Opfern hin zu den bis dahin ausgeblendeten Opfern eines staatlich organisierten Massenmordes, auch wenn die Konzeption Bezüge zur bundesrepublikanischen Gegenwart ausschloss.[41] Weitere institutionelle Stützpfeiler wurden eingeschlagen: Mitte 1960 verabschiedete die Westdeutsche Kultusministerkonferenz (KMK) neue Richtlinien für den Geschichtsunterricht, die der NS-Zeit eine höhere Aufmerksamkeit einräumten. Die Bundeszentrale für politische Bildung (bpb), am 25. November 1952 als Bundeszentrale für Heimatdienst ins Leben gerufen, sollte ab 1963 mit neu produzierten Schriftenreihen und Veranstaltungen für breite Schichten aufklärend wirken.[42] Seit 1953 »setzte« auch die Beilage *Aus Politik und Zeitgeschichte* (APuZ) zur Wochenzeitung *Das Parlament* »Themen, konnte es aber nicht willkürlich tun. In Erfüllung ihres Auftrages zur Bildung mündiger Staatsbürger reagierte sie auf gesellschaftliche Probleme. Ihr Einfluss reichte bis in die Lehrerzimmer. [...] Die APuZ kann daher als Seismograph für aktuelle Debatten und auch für den Zeitgeist dienen«.[43] Auch kritische Intellektuelle, die sich mit der NS-Vergangenheit auseinandersetzten, fanden nun ein aufnahmebereites Publikum vor.[44]

Die ikonografische Bedeutung des Holocaust wurde auf diese Weise im politischen wie kulturellen Kontext hervorgehoben. Einen ersten Höhepunkt erreichte diese Entwicklung mit dem Prozess gegen Adolf Eichmann, den administrativen Organisator der Judendeportationen in die Vernichtungslager. Eichmann stand 1961 in Jerusalem vor Gericht, nachdem er zuvor vom israelischen Geheimdienst in Argentinien aufgespürt worden war.[45] Nach zeitgenössischen Umfragen fand der Prozess gegen den »Schreibtischtäter« Eichmann die Aufmerksamkeit von 95 Prozent der Bundesdeutschen, was kaum überraschen konnte, angesichts der Vielzahl von Artikeln und Berichten. Alle großen deutschen Zeitungen hatten eigens Korrespondenten nach Jerusalem geschickt, die minutiös über den Ablauf, aber auch über moralische Aspekte des Gerichtsverfahrens berichteten.[46] Zum ersten Mal strahlte das Fernsehen nahezu weltweit Bilder eines NS-Prozesses aus, ein Vorgang, der die ohnehin hohe Wirkung noch verstärkt haben dürfte.[47] Immer wieder rückte besonders die mediokre »Normalität« Eichmanns in den Mittelpunkt, der als gehorsamer Bürokrat am Schreibtisch den Massenmord an den europäischen Juden organisierte, aber im Grunde keine eigenen Interessen verfolgt haben wollte. Hier saß offenbar keine grausame Bestie, kein NS-Dämon oder pathologischer Mörder auf der Anklagebank, sondern ein Glied einer perfekt funktionierenden Vernichtungsmaschinerie. Das Verfahren wurde auch als ein Identitätsangebot für die israelische Öffentlichkeit inszeniert, die sich im Wechsel von der Kriegs- zur Nachkriegsgeneration befand: Der Holocaust war nun kein Ereignis der individuellen Erlebnisgeschichte der Täter oder Opfer mehr.[48]

Hannah Arendt sprach mit Blick auf Eichmann von der »Banalität des Bösen« und prägte damit für lange Zeit das Bild der Holocaust-Täter in Öffentlichkeit und Wissenschaft.[49] Allerdings schlug ihr auch heftige Kritik entgegen, denn andere Prozessbeobachter, Historiker und vor allem Überlebende des Holocaust warfen ihr vor, sie habe ihn mit dieser Zuschreibung eher verharmlost denn eine adäquate Beschreibung des *Täters* Eichmann geliefert.[50] Arendts Täterbild implizierte, dass in der modernen Welt potenziell alle Menschen zu »Eichmännern«, zu Massenmördern in einem anonymen Getriebe werden konnten. Problematisch an dieser Vorstellung war jedoch, dass damit der Holocaust zu einem Automatismus ohne Menschen geriet, dass Einblicke in die Praxis der Gewalt verhindert und Fragen nach Motiven, Interessen, politischer Sozialisation und sozialer Herkunft der NS-Täter, die nur als Marionetten des Systems erschienen, nahezu ausgeblendet wurden. Deutete man indessen den Holocaust als eine Reihe aufeinander folgender Schritte, die wiederum auf Initiative unzähliger Entscheidungsträger ergriffen wurden,[51] und bezog man auch das Leid und die Ängste der Opfer mit ein, dann hatte, so Arendts Kritiker Raul Hilberg, dieses »Böse« nichts »Banales«.[52]

Beim ersten Frankfurter Auschwitz-Prozess handelt es sich um den wohl heute bekanntesten NS-Prozess vor einem deutschen Gericht, ein Verfahren, dass »wie kaum ein anderes Ereignis der deutschen Nachkriegsgeschichte das Selbstverständnis der Bundesrepublik verändert« hat.[53] Im Vergleich mit anderen NS-Prozessen ist das Frankfurter Verfahren historiografisch zudem sehr gut aufgearbeitet.[54] Im Jahr 2003 wurde der 40. Jahrestag des Prozessbeginns vor dem Frankfurter Schwurgericht mit einer Ausstellung des Fritz-Bauer-Instituts in Frankfurt am Main[55] und diversen Erst- und Neuveröffentlichungen gewürdigt. Dabei handelte es sich in der Mehrzahl nicht um Publikationen, die sich fachwissenschaftlichen Kontroversen widmeten, sondern um Dokumentationen, Quellensammlungen[56] oder um Berichte und Erinnerungen zeitgenössischer Prozessbeteiligter und -beobachter,[57] die für ein zeitgeschichtlich interessiertes Publikum wichtige Aspekte des Prozesses (erneut) zugänglich machten. Gerade die Berichte der journalistischen Prozessbeobachter führen noch einmal eindringlich die Bedeutung vor Augen, die den Medien bei der Vermittlung des Prozessgeschehens in NS-Verfahren oblag. Das Frankfurter Verfahren zeichnete sich gegenüber den meisten anderen westdeutschen NS-Verfahren durch eine sehr hohe Medienpräsenz aus. Ob die umfangreiche Berichterstattung in der deutschen Bevölkerung meinungsbildend gewirkt hat oder ob nicht doch eine große Diskrepanz zwischen Bevölkerungsmeinung und veröffentlichter Meinung bestehen blieb, ist weder in Umfragen konkret ermittelt noch in den Geschichts- oder den Sozialwissenschaften im Rahmen rezeptionsgeschichtlicher Untersuchungen überzeugend herausgearbeitet worden.[58] Auch zwischen dem öffentlichen Auftreten der Justiz und ihrer Wahrnehmung in der Gesellschaft klafft zumeist eine große Lücke.[59]

Der Prozess war auch Gegenstand des Theaterstücks *Die Ermittlung* von Peter Weiß, das im Oktober 1965, zwei knappe Monate nach den Urteilen im ersten Frankfurter Auschwitzprozess, in 15 Spielstätten in der Bundesrepublik und der DDR, inklusive der beiden Teile Berlins, (ur)aufgeführt wurde. Inhalt des Stückes wie auch die Person des Autors gerieten spätestens nach einer Lesung des Textes in der Volkskammer der DDR, die sogar das Fernsehen übertrug, zu einem Politikum im Kalten Krieg:[60] nicht zuletzt aufgrund der Interpretation des Verfahrens durch den Autor im Rahmen der damals gängigen marxistisch geprägten Faschismustheorie, die das kapitalistische System Bundesrepublik durch einen fortbestehenden Faschismus gekennzeichnet sah und so schlussendlich einen Nexus zwischen Kapitalismus und Auschwitz suggerierte.[61] Vor dem Hintergrund der Präsenz der NS-Verfahren in der zeitgenössischen Kunst kann vom Entstehen einer neuen Diskursformation in der Holocaustrezeption gesprochen werden:

> »Geprägt von den Regeln der juristischen Praxis, entsteht zu Beginn der sechziger Jahre eine diskursive Formation, die ein bestimmtes Wissen über den Holocaust tradiert und zugleich dessen Wahrheit sichert. Dieser strategisch geeinte frühe Holocaust-Diskurs durchzieht die Zeitungs-, Radio- und Fernsehreportagen, die die Verhandlungen kommentieren und analysieren, wie auch die Essays, Erzählungen, Dramen und Romane, die die Verfahren aufgreifen, reflektieren und kritisieren; er umfasst also alle Dokumente, die im Kontext der Prozesse anzusiedeln sind.«[62]

Der Auschwitz-Prozess, dies zeigt seine komplizierte Entstehungsgeschichte,[63] trug aufseiten der beteiligten Juristen zur Manifestation divergierender Einstellungen gegenüber NS-Großverfahren bei: Während der hessische Oberstaatsanwalt Fritz Bauer[64] diese Großverfahren anstrebte, weil er sich auf diesem Weg erhoffte, durch die Aufdeckung und Erforschung ganzer Verbrechenskomplexe zusätzliches historisches Wissen in weiten Teilen der deutschen Gesellschaft zu generieren, Bewusstsein zu schaffen und die deutsche Öffentlichkeit mit den NS-Verbrechen zu konfrontieren,[65] sprach sich der Vorsitzende Richter im Frankfurter Verfahren, Hans Hofmeyer, wiederholt öffentlich gegen solche »Mammutverfahren« aus: »Derartige Prozesse [... seien] unter allen Umständen« zu vermeiden.[66] Die Zerstückelung der Verfahrenskomplexe in kleine Teile hatte zur Folge, dass weder der Öffentlichkeit noch den Geschworenen ein Blick auf das Gesamtbild des NS-Systems möglich war. Auch die Verteidigung hatte ein Interesse daran, die Handlungen der Angeklagten zu isolieren und die Verbrechen nicht als einen Bestandteil einer gezielten und rational geplanten NS-Politik zu betrachten. Beide Argumentationslinien gegen die NS-Großverfahren spiegeln sich auch im bis in die 1960er Jahre üblichen Begriff der NS-Verfahren als »altpolitische Verfahren« wider.[67]

Allerdings zeigte sich bereits im zeitgenössischen Umgang mit den beiden medienwirksamen Vorzeigeverfahren ein durchaus wichtiger Unterschied: Während der Auschwitz-Prozess in Frankfurt am Main vielfach zum Gegenstand (zeit-)historischer Untersuchungen wurde, diente der Ulmer Einsatzgruppenprozess zumeist als Chiffre, auf die die Forschung gerne verwies, wenn nach einem direkten Auslöser für die zweite Welle von NS-Verfahren ab dem Ende der 1950er Jahre gesucht wurde. Verlauf und Gegenstand des Verfahrens wurden nur am Rande in historischen Studien thematisiert. In der Öffentlichkeit sind sie 50 Jahre nach dem Prozess in Vergessenheit geraten und sogar als Bestandteil der Ulmer Stadtgeschichte weitgehend unbekannt.[68]

Gründung der Zentralen Stelle in Ludwigsburg 1958

Die Strafverfolgung der NS-Verbrechen vollzog sich in den 1950er Jahren in einem auf Verdrängung und Schuldabwehr ausgerichteten gesellschaftlichen und politischen Klima, in dem oft die Solidarität mit den Tätern stärker ausgeprägt war als die mit den Opfern, einerlei, ob diese deutscher Nationalität waren oder nicht. Diese Situation sollte sich nach der Einrichtung der *Zentralen Stelle der Landesjustizverwaltungen zur Aufklärung nationalsozialistischer Gewaltverbrechen* (ZSt) in Ludwigsburg im Jahre 1958 allmählich ändern. Am 3. Oktober 1958 hatte die Konferenz der Justizminister und -senatoren im niedersächsischen Bad Harzburg vor dem Hintergrund der drohenden Verjährung von Tötungsverbrechen aus der Zeit des »Dritten Reiches«[69] und der andauernden Kritik des Auslands an der schleppenden Aburteilung von NS-Verbrechen durch deutsche Gerichte,[70] die Gründung einer Sonderbehörde beschlossen.[71] Nachdem die Bundesländer der entsprechenden Verwaltungsvereinbarung beigetreten waren, nahm die *ZSt* ihre Arbeit bereits zum 1. Dezember 1958 auf.[72] Die Gründung korrespondierte mit einem politischen Kurswechsel,[73] der auch Konsequenzen für die Justiz hatte. Zu den vielschichtigen Gründen, die zur Einrichtung der *ZSt* führten, gehörten auch einige spektakuläre Justizskandale in den vorangegangenen Jahren. Diese hatten mehrfach die vorgebliche Begünstigung antisemitischer Straftäter durch ihrerseits durch den Nationalsozialismus belastete Richter in die öffentliche Diskussion gerückt, so zum Beispiel die gelungene Flucht des ehemaligen SS-Hauptsturmführers und KZ-Mediziners Hans Kurt Eisele nach Ägypten.[74] Als »innenpolitische« Probleme hinzu kamen Hakenkreuzschmierereien im gesamten Bundesgebiet[75] und die »Blutrichterkampagne« der DDR-Behörden.[76] Gerade die »Hakenkreuzwelle« ließ zur Jahreswende 1959/1960 erneut die Frage nach den gesellschaftlichen Spätwirkungen des NS-Systems aufkommen. Die anschließende bildungspolitische Diskussion zielte vor allem auf das Muster der Schuldabwehr, die im politischen Establishment und in den Medien der Bundesrepublik bis dahin eine wirkungsvolle Auseinandersetzung mit der NS-Vergangenheit »erfolgreich« verhindert hatte.[77]

Der eigens formulierte politische wie juristische Auftrag der *ZSt* bestand in der Aufklärung nationalsozialistischer Gewaltverbrechen (NSG) nach Ort, Zeitpunkt und mutmaßlichem Täterkreis – und dies vor allem dort, wo der Zuständigkeit des deutschen Strafprozessrechts zu enge Grenzen gesetzt waren. Aus Sicht der Justizpolitik sollte ihr eine »Doppelfunktion« zukommen, »die sich als eine forcierte selektive Strafverfolgung bei gleichzeitiger Straffreistellung beschreiben lässt«.[78] Eine interne Vorlage für den Bundesminister der Justiz vom 4. Dezember 1959 führte bezüglich der Gründung und der Aufgaben der *ZSt* aus, es handele sich um eine Einrichtung der Landesjustizverwaltungen, die »nur für vorübergehende Dauer bestehen« solle.[79] Bezüglich ihrer Ziele wurde hervorgehoben, dass »die Aufklärung von Verbrechen durch NS-Richter in Form rechtswidriger Urteile *nicht* zu den Aufgaben der Zentralen Stelle gehört.« Die *ZSt* sollte sich »schwerpunktmäßig mit der Ermittlung der Hauptverantwortlichen befassen, nicht so sehr mit der Feststellung der kleineren Mitbeteiligten, insbesondere der untergeordneten Befehlsempfänger«.[80] Im Rahmen der öffentlichen Agitation belasteter ehemaliger NS-Eliten gegen die bevorstehende zweite Prozesswelle wurde die *ZSt* schnell zu *dem* Symbol für Angriffe schlechthin und es kam zu vielfältigen Versuchen der »Abwehr gegen die Ludwigsburger Verfolgungswelle«.[81]

Im Jahr 1965 wurde die eingeschränkte Zuständigkeit – die Ermittlungen bezogen sich anfangs allein auf im Ausland an der Zivilbevölkerung begangene Verbrechen außerhalb von Kriegshandlungen – nach sukzessiven Erweiterungsschritten faktisch ganz aufgehoben. Nun konnte auch im Inland ermittelt werden, aufgrund der Strafverfolgungsverjährung beschränkten sich die Ermittlungen ab Mai 1960 aber nur noch auf Verfahren wegen Mordes (§ 211 *StGB*). Die *ZSt* verfügte als Behörde über keine Exekutivbefugnisse sondern arbeitete den Staatsanwaltschaften zu und koordinierte Informationen über NS-Verbrechen auf europäischer und internationaler Ebene. Mit Wirkung vom 1. Januar 2000 übernahm das *Bundesarchiv* Koblenz die Unterlagen der *ZSt* in seinen Bestand und richtete an deren Sitz eine Außenstelle ein.[82] Die nicht mehr zum Zwecke der Strafverfolgung benötigten Unterlagen sind nun im Bestand B 162 des *Bundesarchivs* in Ludwigsburg der Forschungs zugänglich. Dieser umfasst »sämtlich Ermittlungsunterlagen der Zentralen Stelle, Ausarbeitungen und Gutachten, eine Sammlung von Anklage- und Urteilschriften und eine Sammlung von Kopien zeitgenössischer Dokumente aus den Jahren 1933 bis 1945«.[83] Neben den durch die *ZSt* selbst eingeleiteten Verfahren »liegen zu den meisten seitens der west- bzw. bundesdeutschen Justiz seit 1945 eingeleiteten Verfahren sogenannte Korrespondenzakten vor«,[84] insgesamt ca. 70.000 Aktenbände mit Unterlagen zur Strafverfolgung von NS-Tätern, dem wohl »aufwendigsten Kapitel der jüngeren deutschen Rechtsgeschichte«.[85] Das vorhandene Material liefert Historikern sowohl Erkenntnisse zu den Verbrechen des »Dritten Reiches« wie auch zu deren Strafverfolgung nach 1945, einem wesentlichen Aspekt des Umgangs mit dem Nationalsozialismus in der demokratischen westdeutschen Nachkriegsgesellschaft: Die Ludwigsburger Kripobeamten, Richter und Staatsanwälte der *ZSt* »spüren einer besonderen Klientel von Delinquenten nach, die mittlerweile in die Jahre gekommen ist: Sie jagen deutsche NS-Täter und Kriegsverbrecher«.[86]

Während die Einrichtung einer *Zentralen Rechtsschutzstelle* zur Unterstützung der deutschen »Kriegsverurteilten« (ZRS) in alliierter bzw. ausländischer Haft schon 1950 erfolgt war, ließ die Gründung der *ZSt* bis 1958 auf sich warten.[87] Die Errichtung der *ZSt* markiert eine wichtige Zäsur der juristischen Aufarbeitung des NS-Systems: Ab jetzt konnte von einer aktiv und systematisch betriebenen Strafverfolgung gesprochen werden.[88] Sie blieb über ihren gesamten Bestehenszeitraum das »Herzstück der justiziellen Ahndung von NS-Verbrechen«.[89] Ihr Erfolg oder Misserfolg kann heute nicht allein an der quantitativen Zahl der Ermittlungsverfahren und Prozesse bemessen werden, da die *ZSt* nur versuchen konnte, ein den politischen Vorgaben und Rahmensetzungen geschuldetes Defizit zu kompensieren:[90] Die Strafverfolgung von NS-Verbrechen erfolgte nicht zentral gesteuert, sondern war in eine Vielzahl von Ansätzen aufgesplittert. Der »bundesstaatliche Charakter der Strafverfolgung im Nachkriegsdeutschland« trug zusätzlich zur Auffächerung der Strafverfolgungsaktivitäten bei.[91] Im Jahr 2008 zog die Leitung der *ZSt* folgendes Fazit:

> »Wenn man berücksichtigt, welche Hindernisse und Erschwernisse verschiedenster Art diesem ohnehin schon schwierigen Unterfangen vom ersten Tage an entgegenstanden, wenn man weiter bedenkt, dass allein die Bundesrepublik, als einziger der drei Nachfolgestaaten des Deutschen Reiches, sich, wenn auch erst sehr spät, dazu verstanden hat, zur – zumindest tendenziell – umfassenden Verfolgung der NS-Verbrechen eine spezielle Behörde zu schaffen und sie über nahezu fünf Jahrzehnte zu unterhalten, dann verdient das, was von der Bundesrepublik mit Mitteln des Strafrechts an Vergangenheitsbewältigung geleistet worden ist, in keinem Fall den leider häufig geäußerten Vorwurf, die strafrechtliche Aufarbeitung des NS-Unrechts in der Bundesrepublik sei insgesamt ›gescheitert‹.«[92]

Es wird in der zeithistorischen Forschung weiter kontrovers diskutiert, ob die Einrichtung der *ZSt* zur Aufklärung nationalsozialistischer Gewaltverbrechen eine Kehrtwende im Umgang mit der NS-Vergangenheit dargestellt hat oder doch »nur« als eine konsequente Fortsetzung der Vergangenheitspolitik zu bezeichnen ist.[93] Wiederholt wurde dabei in Abrede gestellt, dass die Gründung der *ZSt* überhaupt auf die Forcierung der Verfolgung von NS-Verbrechen abgezielt habe. Stattdessen sollte damit dem Ausland ein verstärkter Verfolgungswille demonstriert werden: die *ZSt* habe allein einen »Alibicharakter« gehabt.[94] Dazu Weinke: »Der politische Beschluss, die extrem unpopulären NS-Ermittlungen für einen befristeten Zeitraum zu intensivieren, ging im wesentlichen auf taktische Überlegungen zurück, die von außen induziert waren.«[95] Daneben gilt es auch die vermeintliche »›Schockwirkung‹ des Ulmer Einsatzgruppenverfahrens«[96] zu revidieren: Weder konnte ein einziger Prozess einen sofortigen und umfassenden Wandel auslösen, noch lag im Ulmer Einsatzgruppenverfahren der alleinige Grund für die Gründung der Ludwigsburger *ZSt* im Jahr 1958. Christiaan F. Rüter wendet sich gegen die

> »landläufige, seit Jahrzehnten verbreitete, ständig wiederholte und bislang weitgehend unangefochtene Version, [...] dass 1958 ein Strafverfahren in Ulm gegen Mitglieder einer Einsatzgruppe, die im litauischen Grenzgebiet Tausende von Juden und Kommunisten ermordet hatte, schlagartig erhellte, was bislang an Schrecklichem ungeahndet geblieben war. Die Presse berichtete und man sei entsetzt gewesen. Die Justizminister hätten unverzüglich gehandelt und die Zentrale Stelle gegründet, um die Strafverfolgung zu intensivieren und konzentrieren.«[97]

Die Arbeit der *ZSt* hat weiterhin ihre Berechtigung, wenn auch die Zahl der eingeleiteten Verfahren rapide zurückgegangen ist und aufgrund des Alters der letzten potenziellen Angeklagten in Zukunft nur noch wenige Prozesse geführt werden können. So sind es heute zumeist Verfahren vor italienischen Gerichten, die in Deutschland ein Medienecho hervorrufen: Einer der Schwerpunkte der noch laufenden Ermittlungen liegt auf Kriegsverbrechen, die während der deutschen Okkupation Italiens in den Jahren 1944/1945 verübt wurden. Schätzungen gehen dabei von 10.000 getöteten Zivilisten und 15.000 getöteten Partisanen aus.[98]

4.1 Angehörige des »Selbstschutzes« vor dem Landgericht Mannheim 1965

Im Schatten der Prozesse in Jerusalem und Frankfurt am Main

In den 1960er Jahren vermischten sich bei der Auseinandersetzung mit der NS-Vergangenheit Aufklärung, Distanzierung und Apologie: Es kam zu Widersprüchen und Überschneidungen, kennzeichnend blieb der öffentliche Konflikt. Den Gerichtssälen kam dabei der Status des prominentesten Ortes der Aufarbeitung des NS-Systems und der juristischen Ahndung seiner Hinterlassenschaften zu. Der Parteien überspannende Konsens der 1950er Jahre, die NS-Täter in die Nachkriegsgesellschaft zu integrieren, begann brüchig zu werden, eine stärkere normative Abgrenzung vom Nationalsozialismus, aber auch erste Anzeichen zu dessen Historisierung waren die Folge:[99]

> »1964 war die Zeit der großen Prozesse, 1965 das Jahr der Rückblicke, Bilanzen und Jubiläen nach zwanzig Jahren, aber seitdem lässt es deutlich nach, weil es eigentlich kein Fall mehr für mich, den Zeitgenossen, ist. Es ist jetzt ein Fall für den Staatsanwalt. Und für die anderen: die Lehrer, Historiker, vielleicht auch für Dichter wie Hochhuth. Für mich nicht.«[100]

Erschien das Urteil im Eichmann-Prozess in Jerusalem als ein erster Kulminationspunkt bei der Aufarbeitung des dunkelsten Teils der NS-Hinterlassenschaft, so sollten die von der *ZSt* in Ludwigsburg schon bald nach ihrer Gründung in regelmäßigen Abständen präsentierten Zahlen anhängiger Verfahren und Ermittlungsverfahren für deutliche Ernüchterung sorgen: Selbst die konservative *Die Welt* folgerte angesichts der bevorstehenden Lawine von »rund 600 Mordprozesse(n)« im Frühjahr 1963: »Den Gedanken an eine Amnestie wagt niemand auszusprechen. Die Bilanz des Dritten Reichs ist zu schaurig.«[101] In deutlichen Worten sprach sich auch der Rat der *Evangelischen Kirche in Deutschland* (EKD) gegen eine allgemeine Amnestie für NS-Verbrecher aus. Trotz geäußerter schwerwiegender allgemeiner wie juristischer Bedenken: Eine Amnestie »für Verbrechen dieses Ausmaßes wäre moralisch und rechtlich gleich ungeheuerlich, von dem politischen Selbstmord, den die Bundesrepublik damit begehen würde, ganz abgesehen.« Im Kern gehe es bei den NS-Verfahren auch um einen »Dienst an der Rechtsordnung mit der Wiederaufrichtung und Wahrung kraftvoller sittlicher Überzeugungen in unserem Volk«.[102] Selbst konservative Publizisten hielten in den frühen 1960er Jahren einen Schlussstrich für »viel zu früh«: Für Matthias Walden,[103] den späteren stellvertretenden Chefredakteur und Chefkommentator des *SFB* und ab 1980 Mitherausgeber der Tageszeitung *Die Welt*, war die öffentliche Diskussion der »langweiligste deutsche Nachkriegs-Dialog, der sich ausdenken« ließ. Er fasste ihn wie folgt zusammen: »Die einen: ›Wir dürfen nicht immer das eigene Nest beschmutzen!‹ Die anderen: ›Wir beschmutzen es ja nicht. Es ist noch schmutzig und wir wollen es säubern helfen!‹.« Eine Gebrauchsanweisung für einen erfolgreichen Umgang mit der Vergangenheit stand auch Walden nicht zur Verfügung, er sah nur die Pflicht jedes einzelnen Bürgers: »*Interesse* an dem, was war, was verging und was blieb« zu zeigen.[104]

Im Baden-Württembergischen Landtag kam es nach einer »Großen Anfrage« an den Minister der Justiz, Wolfgang Haußmann (FDP), in der letzten Sitzung vor der Sommerpause im Juli 1963 zu einer zweistündigen Aussprache über die teilweise »glimpflichen Strafen«, die in NS-Verfahren verhängt worden waren. In dieser Aussprache stellte der Abgeordnete Hermann Veit (SPD) nach einem Bericht der *Stuttgarter Zeitung* fest, es gehe bei den Verfahren »nicht um einen Racheakt, sondern darum, daß unser Rechtsstaat von der Gerechtigkeit beseelt werde, die nicht manipuliert werden könne. Mord bleibe Mord«.[105] Justizminister Haußmann wies erklärend darauf hin, dass in Baden-Württemberg das Justizministerium die Staatsanwaltschaften angewiesen habe, alle drei Monate über »den Stand und den Fortgang sämtlicher Verfahren gegen NS-Verbrecher zu berichten«, zudem bestehe der Plan, alle noch nicht abgeschlossenen Verfahren mit dem Verhandlungsgegenstand nationalsozialistischer Gewaltverbrechen in den zuständigen Oberlandesgerichtsbezirken zu konzentrieren.[106] Als Folge der öffentlichen Diskussion und der Kritik an Ablauf und Urteilen der NS-Verfahren bereitete das Bundesjustizministerium – die Verjährungsfrist für den Straftatbestand des Mordes drohte abzulaufen – eine Dokumentation der seit Kriegsende vor deutschen

Gerichten geführten NS-Verfahren vor: Für den Zeitraum zwischen dem 8. Mai 1945 und dem 31. März 1963 wurden 12.846 Anklagen und 5.426 rechtskräftige Urteile wegen NS-Verbrechen gezählt, wie Justizminister Ewald Bucher (FDP) am 26. Februar 1965 vor dem Bundestag darlegte.[107]

Spätestens nach dem Jerusalemer Eichmann-Prozess 1961 hatte sich der Umgang mit NS-Tätern in Justiz und Öffentlichkeit allmählich und sichtbar zu wandeln begonnen. Die Distanzgewinnung erfolgte nun nicht mehr auf dem Weg des Ausschlusses aus der Gemeinschaft der »guten Deutschen« und der Einordnung unter die »bösen Nazis«. Stattdessen griffen neue Formen der Abstrahierung der Täterpersönlichkeiten, mit denen wiederum eine Entpersonalisierung einherging: Aus den einzelnen Tätern wurden »kleine Rädchen«, mechanisch agierende Komponenten, die den Vernichtungskrieg am Laufen hielten. In letzter Konsequenz handelte es sich hierbei um einen zweiten Vermeidungsdiskurs, der auf den *un*menschlichen Exzesstäter der Verfahren in den späten 1940er und frühen 1950er Jahren den kalt-distanzierten Systemtäter folgen ließ, den amorphen Täterbegriff aber beibehielt. Die Täter selbst beschrieben sich als Getriebene des Systems und ihrer Vorgesetzten und damit als zumeist passive »Opfer« des Geschehens, welches sie zum Tatzeitpunkt mitgerissen hatte. Dokumentieren die beiden ersten Fallbeispiele ein Endphaseverbrechen und Tötungshandlungen in Haftstätten, bei denen sowohl die Täter wie auch die Opfer Deutsche waren, so weitet sich im dritten Fallbeispiel der Fokus auf den Vernichtungskrieg in Osteuropa.

»Bromberger Blutsonntag« und »Volksdeutscher Selbstschutz«

Polen nahm im Rahmen der nationalsozialistischen Besatzungsherrschaft »einen besonderen Platz ein«, es diente als »praktisches Exerzierfeld und ›Laboratorium‹ für die Lebensraumpolitik« im Rahmen des Vernichtungskrieges im Osten.[108] Die in der Zwischenkriegszeit allmählich schlechter werdenden Beziehungen zwischen der polnischen Bevölkerung und polnischen Staatsangehörigen deutscher Abstammung, den sogenannten Volksdeutschen, kulminierten in den ehemals westpreußischen Gebietsteilen mit Kriegsausbruch am 1. September 1939. Auch in Orten außerhalb des eigentlichen Kampfgebiets kam es zu gewaltsamen Ausschreitungen gegenüber der deutschen Bevölkerung, wie am 3. September in Bromberg, wo sich größere Teile des zurückweichenden polnischen Heeres gesammelt hatten. Angehörige der deutschen Eliten, vor allem die Führer deutscher Vereine, wurden verhaftet und in Richtung Lowitsch, einer Kreisstadt südwestlich von Warschau, in Marsch gesetzt. Während des fast einwöchigen Marsches – die Gefangenen wurde am Ende von Wehrmachtseinheiten befreit – starben mehrere hundert deutsche Zivilisten. Die gewaltsamen Übergriffe auf die nicht geflüchtete deutsche Bevölkerung wurden als »Bromberger Blutsonntag« sofort ein tragender Bestandteil der anti-polnischen Propaganda der Nationalsozialisten.[109]

Schon in den ersten Septemberwochen wurden in den »alten« westpreußischen Kreisen, so auch in Zempelburg, Konitz und Tuchel, die deutschen Verwaltungsstrukturen neu aufgebaut bzw. wiederhergestellt. Kurz nach dem Einmarsch der deutschen Truppen hatte die volksdeutsche Bevölkerung in vielen Gemeinden eine Art Bürgerwehr aufgestellt, die bei etwaigen polnischen Ausschreitungen eingreifen und erwartete Sabotageakte verhindern sollte.[110] Diese irregulären und zum Teil bewaffneten Einheiten gingen ab Mitte September in den westpreußischen *Selbstschutz* über. Dieser verstand sich am Anfang als Organisation der Polizei und sollte der Befehlsgewalt der örtlichen Organe der Ordnungspolizei unterstehen.[111] Die Einheiten des volksdeutschen Selbstschutzes wurden gebildet um die *Einsatzgruppen der Sicherheitspolizei und des SD* in den besetzten polnischen Gebieten bei der »Bekämpfung aller reichs- und deutschfeindlichen Elemente im Feindesland rückwärts der fechtenden Truppe« zu unterstützen.[112] Die milizenähnlichen Organisationen bestanden überwiegend aus einheimischen deutschstämmigen Männern, unterstanden in der Praxis aber zumeist reichsdeutschen SS-Führern. In den nächsten Wochen kam es zu einer Vielzahl an Massakern und Tötungsdelikten.[113] Im Rahmen der gewaltsamen Okkupationspolitik sollte sich zudem schnell zeigen, dass die Besatzungsaufgaben zwischen Polizei, Wehrmacht und SS nicht eindeutig geklärt waren.[114] Obwohl ursprünglich als Unterstützung der Ordnungspolizei gedacht, unterstanden die örtlichen Einheiten in der Praxis allein der Befehlsgewalt der reichsdeutschen SS-Führung. Die Angehörigen des Selbstschutzes stellten nach dessen offizieller Auflösung im November 1939 den größten Anteil des Personals der noch im Aufbau befindlichen NS-Organisationen.[115] Es war im Herbst 1939 somit eine temporäre Grauzone entstanden, in der sich die Zuständigkeitsbereiche und Verantwortlichkeiten einzelner Einheiten nicht immer eindeutig voneinander abgrenzen ließen, dies zeigt insbesondere auch das dritte Fallbeispiel.

Die späteren Angeklagten, Heinz Mocek, Wilhelm Theodor Heinrich Richardt, Werner Erich Sorgatz und Hans Kurt Wollenberg, standen zum Tatzeitpunkt im Herbst 1939 alle in Diensten der SS. Allerdings blickten sie als SS-Angehörige auf eine unterschiedliche generationelle und regionale Sozialisation zurück: Während Richardt und Mocek bereits um die Jahrhundertwende geboren wurden,[116] waren Sorgatz und Wollenberg deutlich jünger.[117] Während die beiden Erstgenannten im Herbst 1939 bereits auf eine lange Zugehörigkeit zu verschiedenen NS-Organisationen und der SS zurückblicken konnten,[118] begann die SS-Laufbahn von Sorgatz und Wollenberg erst kurz vor den Taten im Herbst 1939.[119] Die beiden Haupttäter verfügten damit über die im Deutschland der Zwischenkriegszeit so typische und in der zeithistorischen Forschung wiederholt herausgestellte Gewaltsozialisation,[120] während die beiden anderen Angeklagten auf Biografien zurückblickten, die in den Gebieten, die durch den Versailler Vertrag von Deutschland getrennt und unter polnische Verwaltung gestellt worden waren, den Normalfall beschrieben. Der aktive »Kampf« gegen die französische Besatzung im Ruhrgebiet sollte nicht nur für Mocek, sondern auch für viele andere Angehörige der nationalsozialistischen Funktionseliten den Einstieg in die Gedankenwelt der nationalsozialistischen Ideologie darstellen.[121] Auch die durch die SS-Führung geäußerten Zweifel an der uneingeschränkten Verwendungsfähigkeit des arbeitslosen Moceks, der aber bereits seit 1925 der NSDAP angehörte und somit zu den »alten Kämpfern« zählte, bildete beim Vergleich der Karrieren der SS-Lagermannschaften oder Einsatzkommandos keine erwähnenswerte Ausnahme – sie wurden von der SS-Führung beinahe gegen alle Kommandanten der frühen Konzentrationslager im Emsland gehegt, wie die entsprechende Untersuchung von Hans Peter Klausch eindrücklich gezeigt hat.[122]

Betrachtet man die im Herbst 1939 verübten Massentötungsverbrechen und die konkreten Tatvorwürfe, dann kann zumindest hinsichtlich der Angeklagten Mocek und Richardt somit von einer »Vororientierung« gesprochen werden.[123] Wichtige Weichenstellungen für die Entwicklung der späteren Täter sind bereits zu einem biografisch deutlich früheren Zeitpunkt gefallen, ihre Sozialisation in den national bzw. nationalsozialistisch geprägten Strukturen der Zwischenkriegszeit lieferte für die Richtigkeit dieser Annahme eine ausreichende Zahl lebensgeschichtlicher Bezugspunkte. Eine *andere* Art der Vororientierung lässt sich auch für die »Volksdeutschen« in den Gebieten des Deutschen Reiches ausmachen, die nach dem Versailler Vertrag nicht mehr zu Deutschland gehörten. Ihre Jugend verlief zumeist nicht bruchlos, besonders in der unmittelbaren Nachkriegszeit 1918/1919 kam es zu Unruhen.[124] Auch die Frage nach einer aktiven Bejahung der Staatsbürgerschaft stellte sich für Sorgatz und Wollenberg in besonderem Maße, da beide im Jahr 1920 für die polnische Staatsbürgerschaft optiert hatten.[125] Zum Tatzeitpunkt im Herbst 1939 lässt sich die Situation der späteren Angeklagten wie folgt skizzieren: Der Bezirk Danzig-Westpreußen war dem SS-Obergruppenführer Ludolf von Alvensleben unterstellt und unterteilte sich wiederum in verschiedene Inspektionen, zu denen jeweils mehrere Kreise gehörten. Die Inspektion IV mit den Kreisen Tuchel, Zempelburg und Konitz unterstand Mocek, die Leitung der Kreise Tuchel und Zempelburg oblag Richardt – beide standen zur Tatzeit im Rang eines SS-Standartenführers. SS-Oberscharführer Sorgatz leitete eines der Internierungslager für Angehörige der polnischen Intelligenz der Inspektion IV in Resmin. So die Vorgeschichte des Verfahrens vor dem Mannheimer Landgericht im Jahr 1965 soweit sie die Situation im Herbst 1939 betrifft.

Am 21. November 1961 wurde auf Antrag der Staatsanwaltschaft am Landgericht Mannheim die gerichtliche Voruntersuchung gegen Wilhelm Theodor Heinrich Richardt eröffnet, der Beschuldigte selbst befand sich seit dem Vortag in Untersuchungshaft.[126] Der Haftbefehl gegen ihn wurde bis auf Weiteres wegen drohender Flucht- und Verdunkelungsgefahr aufrechterhalten.[127] Nur einen Monat später sollte auch gegen Kurt Hans Wollenberg eine gerichtliche Voruntersuchung eingeleitet werden.[128] Ein knappes Jahr darauf, am 3. Januar 1963, erhob die Mannheimer Staatsanwaltschaft Anklage gegen die beiden Beschuldigten Richardt und Wollenberg und zusätzlich gegen Werner Sorgatz.[129] Im Zuge der geplanten Eröffnung eines Hauptverfahrens durch Oberstaatsanwalt Willy von Mühlenfels[130] wurde am 11. März 1964 ein Haftbefehl gegen den vierten der späteren Angeklagten im Tuchel-Prozess, Heinz Mocek, erlassen.[131] Am 6. April 1964 kam es dann aufgrund der Ergebnisse von Zeugenaussagen und der Auswertung eindeutiger Indizien hinsichtlich seiner Tatbeteiligung zur Einleitung eines offiziellen Ermittlungsverfahrens gegen Mocek, der sich seit dem 24. März in Untersuchungshaft befand.[132] Mocek musste sich in zwei Vernehmungen durch die Staatsanwaltschaft Mannheim zu den gegen ihn erhobenen Vorwürfen äußern.[133] Dabei erhärtete sich schließlich der Mordverdacht.[134] Die am 8. April begonnene Voruntersuchung fand am 16. April ein rasches Ende: Mocek wurde, allen Vorwürfen gegen seine Person zum Trotz, gegen eine Kaution von 8.000 DM wieder auf freien Fuß gesetzt.[135] Die Vernehmung Moceks hatte direkte Folgen für die Strafsache 1 Js 1/63 des Mannheimer Landgerichts, die über ein Jahr zurückliegende Anklageschrift gegen Richardt, Wollenberg und Sorgatz vom 3. Januar 1963.[136] Die neuerlichen Ermittlungen gegen Sorgatz basierten zu Teilen auf den Ergebnissen der staatsanwaltschaftlichen Vernehmungen Moceks.[137] Da sich die Vorwürfe in allen laufenden Vorermittlungsverfahren auf die »massenhafte« Erschießung polnischer Staatsbürger in der Nähe der Stadt Tuchel konzentrierten, beschloss die Mannheimer Staatsanwaltschaft, die einzelnen Ermittlungen zu einem gemeinsamen Verfahren zu bündeln.[138]

Im Rahmen der Mannheimer Vorermittlungen sowie im späteren Verfahren sollten externe Gutachter eine nicht unwesentliche Rolle spielen – besonders die zeitgenössischen Verhältnisse im Kreis Tuchel erschienen dem Landgericht nach nunmehr 25 Jahren nicht mehr eindeutig und ohne Probleme nachvollziehbar: Bei der Eruierung der Ausgangssituation zur Zeit der Tatvorwürfe rückte erneut auch der »Bromberger Blutsonntag« in den Fokus der Untersuchungen. Als entscheidender Gutachter wurde durch die Staatsanwaltschaft in Mannheim am 20. Mai 1964 Kriminaloberrat Bernhard Wehner vernommen.[139] Wehner war zum Tatzeitpunkt Kommissar bei der Reichskriminalpolizei Berlin und Leiter der von den Nationalsozialisten eingesetzten *Sonderkommission des Reichskriminalamtes zur Aufklärung der polnischen Greueltaten an Volksdeutschen in Bromberg.* In einem Referat vom Mai 1940 hatte Wehner festgestellt:

> »Die kriminalistischen Ergebnisse bei der Aufklärung der polnischen Greuel an Volksdeutschen lassen sich dahin zusammenfassen, daß sie in ihrer schon bisher vorliegenden Gesamtheit den unerschütterlichen Beweis für die furchtbarsten Massenverbrechen der Kriminalgeschichte der letzten Jahrhunderte erbracht haben.
> Sie allein geben aber schon, ohne Heranziehung der sonstigen durch die gesamte Sicherheitspolizei herangeschafften Beweise, ein unwiderlegbares Zeugnis dafür, daß die Volksdeutschen in Polen nicht die Opfer irgendwelcher auf persönlichen Vorteil bedachter Mörderbanden geworden sind, sondern im Rahmen eines einzigen, *behördlich organisierten Massenmordes* gefallen sind.«[140]

Diese abschließenden »Ergebnisse« der offiziellen Untersuchungen waren von Wehner im Jahr 1942 noch einmal in einem von Reinhard Heydrich, Chef der SiPo und des SD sowie des RSHHA, persönlich mit einem faksimilierten Geleitwort versehenen Buch »der Oeffentlichkeit in ausführlicher Form nahegebracht worden«. In Gestalt von, wie der Autor in seinem Schlusswort ausdrücklich vermerkte, »nüchternen Schilderungen erfahrener Kriminalbeamter, die jede niedergeschriebene Tat, jede Behauptung, ebenso lückenlos und bis ins einzelne beweisen können, wie sie ein Ermittlungsergebnis in der Heimat vor einem deutschen Gericht unter Beweis stellen.«[141] An den »Erkenntnissen« aus dem älteren Referat hielt Wehner dabei unbeirrt fest:

> »In Reden und Veröffentlichungen, durch Radio und Propaganda von Mund zu Mund wurde die Mordaktion gegen das Volksdeutschtum in Polen systematisch vorbereitet und die Saat zu der furchtbaren Ernte der ersten Septembertage in den Städten, Dörfern und Wäldern Polens ausgestreut. Nach den letzten amtlichen Ergebnissen werden 58.000 deutsche Männer, Frauen und Kinder vermißt oder wurden ermordet und verstümmelt aufgefunden.«[142]

Diese, in der zeitgeschichtlichen Forschung in dieser Form heute nicht mehr haltbaren, »Ergebnisse«[143] machte Wehner explizit auch zum Inhalt seiner Vernehmung durch die Staatsanwaltschaft Mannheim am 20. Mai 1964.[144] Allerdings gab er in der Vernehmung eine »kleine Einschränkung« zu Protokoll:

> »Im ›Vorwort‹ zu dieser Schrift findet sich als Gesamtbezeichnung der vermissten oder getöteten Volksdeutschen die Zahl 58.000. Diese Zahlenbezeichnung stammt nicht von mir. Es handelt sich vielmehr um eine Übertreibung, die nachträglich durch eine mir damals vorgeordnete Dienststelle ohne mein Zutun in den Text hineinredigiert worden ist. Höchstwahrscheinlich geschah diese deshalb, um die Gesamtzahl in Übereinstimmung zu bringen mit der entsprechenden Zahl, die schon Ende des Jahres 1939 in einem Weißbuch des Auswärtigen Amtes veröffentlicht worden war. Ich meine mich erinnern zu können, daß die Gesamtzahl der Getöteten sowie der Vermissten, die wahrscheinlich getötet worden sind, bei 6.300 gelegen hat. Wie mir der Chefredakteur des bezeichneten Weißbuches, Schadewaldt, persönlich mitgeteilt hat, geschah diese Übertreibung auf unmittelbaren Befehl von Hitler. Die erste Auflage des sogenannten Weißbuches wurde auf Befehl von Hitler eingestampft. Dieses Weißbuch hatte ich persönlich in Händen und weiß deshalb, daß es die richtige Zahl enthielt. Die übrigen Angaben meiner Arbeit sind der Sache nach voll und ganz richtig, und ich kann auch, um es noch einmal zu betonen, vollumfänglich auf sie Bezug nehmen.«[145]

Aber auch ein weiteres »Presseereignis« des Jahres 1964 spielte in die Vorermittlungen zum Mannheimer Verfahren hinein und dokumentiert die vielfältigen Verflechtungen zwischen regionalen Verfahren und der Hauptlinie der juristischen Aufarbeitung des NS-Systems auf der bundespolitischen Ebene: Am 17. Oktober 1963 war Hans Krüger (CDU) von Kanzler Ludwig Erhard als neuer Bundesminister für Vertriebene, Flüchtlinge und Kriegsgeschädigte ins Bonner Kabinett berufen worden. Krüger war zwischen 1961 und 1963 stellvertretender Vorsitzender des Ausschusses für Heimatvertriebene des Bundestages gewesen. Nur wenige Wochen nach seinem Amtsantritt, Anfang Dezember 1963, erhob Albert Norden, Chefideologe der SED,[146] im Rahmen einer Pressekonferenz schwere Vorwürfe gegen Krüger wegen dessen NS-Vergangenheit, unter anderem wurde dessen Verantwortung als Vorsitzender eines Sondergerichts für den Tod von über 2.000 polnischen Bürgern in Konitz unmittelbar nach Ende des Polenfeldzuges herausgestrichen.[147]

Dass solche Vorwürfe aus der DDR, trotz ihrer meist unangemessen zugespitzten und in ihrer politischen Absicht leicht durchschaubaren Form nicht nur als reine Propaganda abzutun waren, zeigte in aller Deutlichkeit auch der Fall Krüger: Dieser verhielt sich zu den ersten Vorwürfen nur ausweichend und leugnete sie zunächst. Infolge eines Artikels im Nachrichtenmagazin *Der Spiegel* ließ sich Krüger dann am 17. Januar 1964 auf eigenen Wunsch vom Ministeramt suspendieren.[148] Nach der Übergabe weiterer Belastungsdokumente durch die oberste DDR-Staatsanwaltschaft an das zuständige Bonner Landgericht reichte Krüger am 31. Januar seinen Rücktritt ein und wurde schließlich am 11. Februar 1964 als Bundesminister entlassen.[149] Zumindest ein nicht unwesentlicher Teil der Vorwürfe Nordens entsprach den Tatsachen: Krüger war, wie der *Spiegel* kurze Zeit später berichtete, »vom Präsidenten des Danziger Obergerichts am 17. Oktober 1939 ›mit der Verwaltung einer Richterstelle bei dem Amtsgericht Konitz und außerdem bei dem Landgericht Konitz beauftragt‹« worden.[150] Am 26. Januar 1942 wurde Oberamtsrichter Krüger dann zum »Stellvertreter in erster Linie« am Sondergericht des Landgerichts Konitz ernannt. An die Mitwirkung an Todesurteilen vermochte er sich auch auf Nachfrage hin nicht mehr erinnern. Die Ursache seiner »mangelhaften Erinnerungskraft« lag für Krüger im »Einerlei richterlicher Tätigkeit(en)« begründet. So äußerte er sich gegenüber dem *Spiegel*: »Wissen Sie, ein Todesurteil, das macht ein Richter doch rein routinemäßig.«[151] Als Reaktion auf die Debatte um das Vorleben des Bundesvertriebenenministers meldete sich per Leserbrief im *Spiegel* auch ein Zeuge zu Wort, der zur Tatzeit [im Herbst 1939; C. A.] als Postschaffner bzw. als Angehöriger des *Postschutzes Westpreußen* in Tuchel eingesetzt gewesen war.[152] Dieser Zeuge wurde von der Mannheimer Staatsanwaltschaft umgehend zur Sache vernommen.[153]

»So, jetzt brauche ich Polen, Polen, Polen.«

Am 6. Oktober eröffnete die II. Strafkammer des Landgerichts Mannheim das Hauptverfahren gegen Mocek, Richardt, Sorgatz und Wollenberg. Der Tatvorwurf lautete in allen Fällen auf Mord.[154] Ihnen wurde vorgeworfen, an mindestens sieben Massenerschießungen polnischer Bürger in den Wäldern rund um Rudabrück, Kreis Tuchel, beteiligt gewesen zu sein. Vor der genannten Strafkammer erging am 28. Oktober der Beschluss, das Verfahren wegen der in der Anklage hervorgebrachten Vorwürfe der Beteiligung der Angeklagten an den Erschießungen vom 30. Oktober sowie vom 2., 6. und 10. November 1939 vorläufig einzustellen und aus Beweisgründen nur die Erschießungen des 24., 27. und 30. Oktober 1939 zu berücksichtigen. Der Termin für den Beginn der Hauptverhandlung wurde auf den 1. Februar 1965 festgelegt.[155] Die Teileinstellung lag dabei nicht in einem eventuell vorauseilenden Gehorsam aufseiten der Mannheimer Staatsanwaltschaft, beispielsweise der Annahme reiner »Gehilfen-Taten«, begründet: Trotz umfangreicher Vernehmungen schien die Beweislage nicht für alle der formulierten Anklagepunkte gleichermaßen auszureichen. Auch hinsichtlich des Verhaltens der ehemaligen SS-Angehörigen zeigte sich das Gericht unsicher: Wie sorgenvoll der Verlauf des Verfahrens vonseiten der Staatsanwaltschaft eingeschätzt wurde, hatte sich schon in der Nachfrage der Mannheimer Staatsanwaltschaft bei der *ZSt* in Ludwigsburg vom Dezember 1964 gezeigt, in der um eine »professionelle« Einschätzung gebeten wurde, wie hoch im Vergleich mit ähnlichen Verfahren die Fluchtgefahr der Angeklagten nach einer möglichen Verurteilung einzuschätzen sei. Die *ZSt* übermittelte der Staatsanwaltschaft auf diese Nachfrage hin einige Beispiele aus anderen Prozessen.[156]

Dass es zu möglichen bzw. schon erwarteten Einflussnahmen auf den Ausgang des Prozesses vonseiten der unterschiedlichen Zeugengruppen kommen konnte, zeigte sich in einem anonymen Schreiben, dass kurz vor Prozessbeginn »Im Namen und Auftrage *unserer westpr. Volksgruppe* der Kreise KonitzTuchel [sic!]« bei der Staatsanwaltschaft in Mannheim einging und einige der Angeklagten über die Anklageschrift der Mannheimer Staatsanwaltschaft hinaus schwer belastete.[157] Das Schreiben verweist gleichzeitig aber auch auf die verschiedenartigsten Probleme, die sich im Justizalltag mit wenig spezifischen Vorwürfen und falsch geschriebenen Namen, die teilweise allein vom Hörensagen bekannt oder nur lautschriftlich wiedergegeben werden, für die Prozessführung gerade in NS-Verfahren ergaben. Diese wurden vonseiten der Verteidigung wie auch der Gerichte zumeist zugunsten der Angeklagten ausgelegt oder sogar benutzt, um die Opferzeugen in ihrer Glaubwürdigkeit zu diskreditieren. Der anonym bei der Mannheimer Staatsanwaltschaft eingegangene Vorwurf lautete:

> »Zu den weiteren ›Schießern‹ zähten [sic!]: Richards/Sorgatz [sic!] als sr. Zt. Kommandant des Straflaers-Resmin [sic!] Wollenberg/Mocek/Märten-Feddler [sic!][158] – der tägl. etwa 5-7 Polen unter dessen [sic!] Obstbäume, nachdem diese ihr Loch gegraben u. durch Genickschuß von ihm erledigt waren – umgebracht haben soll [...].«[159]

Dass es sich bei den anonymen Verfassern nicht um Angehörige der »westpreußischen Volksgruppe« handeln konnte, sondern um vier der geladenen Opferzeugen, folgte nach Überzeugung der Mannheimer Staatsanwaltschaft insbesondere aus dem Umstand, dass sich die Vorwürfe mit konkreter Datumsangabe, nämlich des 15. Februar 1965, auf den am Tage zur Verhandlung stehenden Gegenstand richteten, zu dem die Opferzeugen geladen waren.[160] Darüberhinaus waren der Staatsanwaltschaft Lichtbilder, die Teile der Tatvorwürfe zum 27. Oktober 1939 im Bild festhielten, vom polnischen Opferzeugen Szwaracki zur Verfügung gestellt worden.[161] Die regionale Presseberichterstattung hatte schon kurz vor dem Prozessauftakt begonnen. Die *Stuttgarter Nachrichten* zitierten in einem Vorbericht aus der »über 80 Seiten umfassenden Anklageschrift der Mannheimer Staatsanwaltschaft« und rückten dabei in den Mittelpunkt, dass es dem »Führer des Selbstschutzes [Ludolf von Alvensleben; C. A.] und seinen Untergebenen [den Angeklagten; C. A.] um die Dezimierung des polnischen Bevölkerungsanteils, besonders der polnischen Intelligenz«, gegangen sei.[162] Unter den 60 Opfern, deren Tötung im Tuchel-Verfahren geahndet werden sollte, befanden sich eine hohe Zahl an Priestern, Kaufleuten, Lehrern sowie Funktionären politischer Parteien und Verbände.[163]

Nach über dreieinhalb Jahren der Voruntersuchung, Zeugenvernehmung und Überprüfung einzelner Anklagepunkte begann nach dem hier nur grob angedeuteten Vorlauf am 1. Februar 1965 vor dem Landgericht Mannheim schließlich der Prozess. Das Verfahren war, wie bereits mehrfach angedeutet, das Ergebnis der Zusammenlegung mehrerer anhängiger Einzelverfahren mit anfangs ca. zwei Dutzend Angeklagten. Den verbliebenen vier Angeklagten Mocek, Richardt, Sorgatz und Wollenberg wurde von der Staatsanwaltschaft vorgeworfen, am 24., 27. und 30. Oktober 1939 als Mitglieder der SS bzw. des *Selbstschutzes Westpreußen* an mehreren Tagen hintereinander an der Erschießung von jeweils zwischen 30 und 60 polnischen Bürgern im Wald bei Rudabrück, Kreis Tuchel, beteiligt gewesen zu sein. Was war das auslösende Moment für die konkreten Taten gewesen? In den Abendstunden des 21. Oktober hatte ein volksdeutscher Bauer und Amtskommissar im trunkenen Zustand versehentlich seine eigene Scheune in Brand gesetzt und war noch während der Löscharbeiten einem Herzschlag erlegen.[164] Obwohl der Familie, den Nachbarn und den ermittelnden Gendarmeriebeamten der Ablauf des Geschehens bekannt gewesen war, kam das Gerücht in Umlauf, polnische Saboteure seien die wahren Schuldigen am Brand der Scheune wie auch am Tod des Bauern. Zwei Tage später tagte auf Veranlassung des Landrats und Kreisleiters der NSDAP eine Art »Kriegsgericht«, das die angeblichen Saboteure bestrafen sollte, gegen eine größere Zahl wahllos verhafteter polnischer Zivilisten.[165] Nach nur kurzer Verhandlung wurde verkündet, dass die Festgenommenen, denen keine Schuld nachzuweisen war, zu entlassen seien. In der Zwischenzeit hatten die Angeklagten Mocek und Richardt den Verhandlungsort erreicht und ließen als SS-Autoritäten auf ihre Anweisung hin von Selbstschutz-Angehörigen ca. 20 polnische Zivilisten verhaften und nach Tuchel in das Gerichtsgefängnis bringen.

Eine erste Einschätzung des Hauptangeklagten Mocek als Täterpersönlichkeit ergibt sich insbesondere aus den diesbezüglichen Vernehmungen, die vor der Eröffnung des Prozesses auf Veranlassung der Staatsanwaltschaft Mannheim durchgeführt wurden. Zu den befragten Zeugen gehörte im Juni 1964 auch Ernst Gerth, zum Tatzeitpunkt Leiter des örtlichen Selbstschutzes für die Ortschaften Sehlen, Petzin und Stobno im Amtsbezirk Petzin. Gerth erfüllte in jeder Hinsicht das Profil eines klassischen Täterzeugen im Rahmen der deutschen NS-Verfahren. Er wurde selbst der maßgeblichen Beteiligung an der Verhaftung der polnischen Zivilisten und an der ersten Erschießungsaktion vom 24. Oktober 1939 beschuldigt, beide »Vorgänge« sollen »auf [seinen] Befehl« hin veranlasst worden sein. Er wurde zudem durch polnische Untersuchungsunterlagen schwer belastet.[166] Zu den Tatvorwürfen gegen Mocek äußerte sich Gerth in einer Form, die auch auf sein eigenes Vorgehen kein gutes Licht warf: Mocek erscheint in seinen Schilderungen als der Hauptprotagonist der Verhaftungen der polnischen Zivilisten und als alleiniger Auslöser der Exzesse:

> »Nun wurde Mocek aktiv. Ich will das folgende, da ich es für wichtig halte und ich es auch vor jedem Gericht wiederholen werde, selbst diktieren.
> Nachdem die Kriegsgerichtsherren den Saal verlassen hatten, eröffnete er den Reigen mit folgenden Worten: ›So eine Sauerei, jetzt nehmen wir die Sache in die Hand. So, jetzt brauche ich Polen, Polen, Polen. Bürgermeister, Gendarmerie, Selbstschutzführer, wo seid Ihr. Sie besorgen mir in einer Stunde ungefähr 50 Polen.‹
> Auf meinen Einwand, daß dies nicht möglich ist, sagte er zu mir: ›Ich verlange und befehle von Ihnen allen, daß Sie mir in einer Stunde ungefähr 50 Polen besorgen, andernfalls ist dies Befehlsverweigerung und ich müßte Sie mit den Polen auf eine Stufe stellen.‹«[167]

Bei einer eilig einberaumten Versammlung der Selbstschutzführer des Kreises soll es am folgenden Tag, dem 24. Oktober, zu einem Telefongespräch zwischen von Alvensleben und Heinrich Himmler gekommen sein, von dem es in der Folge hieß, »der Reichsführer [Himmler; C. A.] habe befohlen, in gewissen Zeitabständen Polen zu erschießen, bis sich der Brandstifter gemeldet habe oder der Kreis ›polenfrei‹ sei.«[168] Am gleichen Vormittag hatte eine Gruppe der inhaftierten Polen im Wald zwischen Tuchel und Rudabrück unter Zwang eine Grube ausgehoben, zu der am Abend 50 Häftlinge mit zwei Lastkraftwagen transportiert wurden. Von den Angeklagten anwesend waren Mocek als Berichterstatter für von Alvensleben, Richardt als zuständiger Kreisselbstschutzführer, Sorgatz in ungeklärter Funktion und Wollenberg als Angehöriger des Exekutionskommandos.[169] Bei der anschließenden Erschießung kamen insgesamt 45 polnische Bürgerinnen und Bürger grausam zu Tode. Die Überlebenden wurden mit der Aufforderung »sie sollten den Brandstifter ermitteln und sich nach 48 Stunden wieder im Gerichtsgefängnis melden« vorübergehend entlassen.[170] Weitere Verhaftungen schlossen sich an und die Exekution wiederholte sich am Abend des 27. Oktober, von den vier Angeklagten waren diesmal nur Richardt und Wollenberg, in gleicher Funktion wie drei Tage zuvor, nachweislich am Tatort. Neben den Verhafteten aus dem Tucheler Gefängnis waren jetzt auch Internierte aus dem Lager Resmin unter den 45 Opfern.[171] Das blutige »Spiel« mit der Aufforderung zur Überstellung der Brandstifter wiederholte sich ein drittes Mal, wie auch die Inhaftierung weiterer polnischer Bürger. Bei der dritten Exekutionswelle am Abend des 30. Oktober war der Angeklagte Sorgatz und mit hoher Wahrscheinlichkeit auch der Angeklagte Richardt anwesend.[172] »Mit Sicherheit« ging das Mannheimer Gericht davon aus, dass noch mindestens zwei weitere Erschießungen stattgefunden haben mussten.[173]

Bei den Vernehmungen im Vorfeld des Verfahrens war im Zusammenhang mit einer der Erschießungsaktionen über einen der beteiligten SS-Führer, bei dem es sich mit sehr hoher Wahrscheinlichkeit um Richardt gehandelt hat, zu Protokoll gegeben worden: Auf einen »Priester feuerte nun das ganze Exekutionskommando. Er stürzte schwer getroffen zu Boden, war aber noch nicht tot. Daraufhin trat der SS-Major an die Grube und schrie ziemlich erregt: ›Seht Euch diesen Schweinehund an‹.«[174] Ein weiterer Zeuge charakterisierte Richardt als einen Menschen, der sich »als ›Herrenmensch‹ gefühlt und benommen« habe. Selbst sein Mitangeklagter Mocek räumte ein, Richardt sei »aufgetreten wie ein kleiner König.«[175] Über einen Zeugen, der Richardt nicht als »den Standartenführer« wiederzuerkennen vermochte, bemerkte das Gericht angesichts der Umstände während der Massenerschießungen, »so spricht dies keineswegs gegen seine Glaubwürdigkeit, nachdem zwischenzeitlich über 25 Jahre vergangen sind.«[176] Eine durchaus überraschende Argumentation. Im vierten Fallbeispiel werden wir auf eine nahezu wortgleiche Argumentation des Heidelberger Landgerichts stoßen, die allerdings den Freispruch des Angeklagten zur Folge haben wird. Lag über dem Mannheimer Tuchel-Prozess ein »positiver« Schatten des ersten Auschwitz-Prozesses, der zeitgleich in Frankfurt am Main verhandelt wurde? Auf eine überregional eher geringe Bedeutung des Mannheimer Verfahrens deutet schon eine »Kleinstmeldung« zum Prozessauftakt in der *Frankfurter Allgemeinen Zeitung* hin.[177]

Zum Prozessauftakt schaltete sich auch der *Mannheimer Morgen* in das Verfahren ein. Ein erster Beitrag referierte in sehr nüchternen Stil die Anklagepunkte und die Funktion des *Selbstschutzes Westpreußen*. Wertungen oder Erwartungen an den Prozess wurden nicht geäußert, dass mit einem schwierigen und langen Verlauf zu rechnen war, zeigte allein die Bemerkung, »fürsorglich« würden »an der Verhandlung Ersatzrichter und Ersatzgeschworene« teilnehmen.[178] Der Bericht des *Mannheimer Morgens* zum zweiten Tag des Verfahrens vermerkte, dass die Tatvorwürfe noch nicht zur Sprache gekommen seien und die Verhandlung, in der hauptsächlich die Hintergründe der Tat in der Zwischenkriegszeit beleuchtet wurden, »eher einem zeitgeschichtlichen Forum denn einer Gerichtsverhandlung« geglichen hätte.[179] Der Artikel referierte ebenfalls die historischen Hintergründe, die auch den »Bromberger Blutsonntag« mit einschlossen und die persönliche Einstellung der Angeklagten zum *Selbstschutz*. Von Interesse ist die

Antwort Richardts auf die Frage des Gerichts, was im Falle einer Befehlsverweigerung eines Selbstschutzmitgliedes geschehen wäre: »Ich hätte den Mann einfach nach Hause geschickt oder gesagt geh‹ zur SA oder zur HJ.«[180] Aber auch ein Täterbild liefert der *Mannheimer Morgen*: Neben dem Artikel war ein Foto abgedruckt, dass die vier Angeklagten während einer Verfahrensunterbrechung in einträchtigem Gespräch im Gerichtssaal zeigte. Auch in diesem Verfahren gelang den Angeklagten die erwartet überzeugende Außendarstellung: Adrett gekleidet, im Anzug und mit Krawatte.[181]

Die Heidelberger *Rhein-Neckar-Zeitung* ging zum Verfahrensauftakt noch tiefer ins Detail. Zu den vier Angeklagten hieß es: »Hier im Saal und nach Jahr und Tag sehen sie aller bieder aus, und sicher haben sie auch lange Zeit nicht daran gedacht, daß sie noch einmal zur Verantwortung gezogen werden könnten.«[182] Auch die Lebensläufe der ehemaligen SS-Angehörigen wurden den Lesern ausführlich vorgestellt. Dabei verzichtet die *Rhein-Neckar-Zeitung* auch nicht auf gezielte Täterprofile. Besonders hervorgehoben wurde, dass Mocek schon in der Auftaktsitzung »einmal zu zittern und zu weinen« begann und es »ausgerechnet der Vertreter der Anklage (war), der ihn wieder beruhigte«. Im Gegensatz zu Mocek bewies Richardt »vor Gericht [...] eine ungewöhnliche Ruhe«. Von den vier Angeklagten galt Sorgatz der Zeitung als »sicher der Intelligenteste in der Runde«.[183] Allein zu Wollenberg wollte den journalistischen Prozessbeobachtern nur wenig einfallen, seine Charakterisierung fiel wie folgt aus: »Was man in solchen Prozesse von den Angeklagten immer wieder hört, sie seien nur ganz kleine Würstchen gewesen, bei ihm dürfte es zutreffen.«[184] Im weiteren Verlauf des Verfahrens wurde er zudem als »ein relativ primitiver Mann« beschrieben, der über keinerlei »Talent zum Märtyrer« verfügte.[185]

Mocek hatte sich im Sinne der Anklageschrift von Staatsanwalt Gerhard Klass eines Verbrechens des 30-fachen Mordes und der Anstiftung zum 30-fachen Mord, Richardt des 30-fachen Mordes, Sorgatz und Wollenberg je zwei Verbrechen der Beihilfe zum 30-fachen Mord zu verantworten.[186] Die gesetzlichen Grundlagen für die Anklage gegen Mocek und Richardt beruhten auf §§ 212, 211 (alt & neu), sowie 47, 357 (73, 74) *StGB*, die Beihilfe zum Mord, der Sorgatz und Wollenberg angeklagt wurden, war strafbar nach §§ 212, 211 (alt & neu), 47 (73), 74, § 4 Abs. II Nr. 3 (alt) *StGB* in Verbindung mit Art. 225, 27 des polnischen *StGB* vom 11. Juli 1932. Nicht die erfolgte Gewaltsozialisation in der Zeitperiode der Weimarer Republik oder die Zugehörigkeit zur SS und anderen NS-Organisationen floss also sichtbar in die Anklage ein, sondern die regionale Zugehörigkeit. Nicht ohne Bedeutung für Anklage, Urteil und Urteilsbegründung war die Klärung der Nationalität der Beschuldigten zum Tatzeitpunkt: Mocek und Richardt besaßen durchgängig die deutsche Staatsangehörigkeit, Sorgatz und Wollenberg waren hingegen bei Ausbruch des Krieges im September 1939 polnische Staatsbürger.[187] Dieser Umstand hatte, kombiniert mit dem Tatzeitpunkt im Oktober 1939, einschneidende Auswirkungen auf das zur Anwendung kommende Strafrecht: In allen vier Fällen, so führte das Urteil aus, »galten sowohl hinsichtlich der deutschen Strafkompetenz und der Anwendbarkeit des deutschen Strafrechts (§§ 3ff. StGB in der Fassung vom 24. 4.1934) als auch hinsichtlich des materiellen Strafrechts (§§ 221ff. StGB a. F.) andere Bestimmungen« als zum Verhandlungszeitpunkt. Für Sorgatz und Wollenberg galten »andere Bestimmungen« auch hinsichtlich der §§ 44ff., 47ff. *StGB* in der alten Fassung.[188] Bei Verschiedenheit der Gesetzeslage bezüglich Tat- und Verhandlungszeitpunkt sah § 2 Abs. 2 *StGB* sowohl in der alten wie in der neuen Fassung vor, das jeweils mildere Gesetz anzuwenden. § 3 Abs. 1 *StGB* bestimmte zudem, dass das deutsche Strafrecht für die Tat eines deutschen Staatsangehörigen galt, gleich, ob die Tat im In- oder Ausland begangen wurde. Für Mocek und Richardt stellte sich deshalb besonders die Frage, ob hinsichtlich der Mordvorwürfe die Anwendung von § 211 *StGB* in der alten oder neuen Fassung bei Verurteilung die mildere Strafe ergeben würde. Die Provinz Westpreußen wurde zudem erst mit Wirkung vom 1. November 1939 durch einen Führererlass in das Gebiet des Deutschen Reiches eingegliedert.[189] Dies bedeutet, dass die Erschießungen Ende Oktober 1939 *noch* in Polen begangen wurden und somit *auch* durch den weiterhin gültigen Art. 225 des polnischen *StGB* unter Strafe standen.[190]

Für Sorgatz und Wollenberg traten als polnische Staatsbürger weitere abweichende Bestimmungen hinzu. Nach § 4 Abs. 2 Nr. 1 *StGB* in der neuen Fassung galt für eine von einem Ausländer im Ausland begangene Straftat ebenfalls das deutsche Strafrecht, wenn die Tat durch das Recht des Tatorts mit Strafe bedroht war und wenn der Täter die deutsche Staatsangehörigkeit nach der Tat erworben hatte. Am ersten zur Verhandlung stehenden Tattag, dem 24. Oktober waren die beiden Angeklagten

> »noch zweifelsfrei polnische Staatsangehörige. Es ist aber möglich, dass sie auf Grund des Runderlasses des Reichsministers des Inneren vom 25. 11.1939 und der Eintragung in die ›Volksliste‹ nach dem 4. 3.1941, dem Tage des Erlasses der ›Verordnung über die deutsche Volksliste ...‹, rückwirkend ab 26. 10.1939 Deutsche geworden sind.«[191]

Da die beiden weiteren Tatvorwürfe auf den 27. und 30. Oktober fielen, hatte das Gericht zu prüfen, ob die Angeklagten diese Taten bereits als deutsche Staatsbürger begangen hatten. Dann wären analog die Bestimmungen zur Anwendung gelangt, die auch für Mocek und Richardt galten. Hiervor schützte Sorgatz und Wollenberg allerdings das Rückwirkungsverbot:

> »Somit sind die Angeklagten Sorgatz und W. durch die nach der Tat ergangenen – staatsrechtlich wirksamen – Staatsangehörigkeitsvorschriften nicht rückwirkend als deutsche Täter zu behandeln. In strafrechtlicher Sicht waren die Angeklagten vielmehr auch hinsichtlich der am 27. bzw. 30. 10.1939 begangenen Taten polnische Staatsangehörige und haben die Taten auch an Polen begangen.«[192]

Anzuwenden war auf Sorgatz und Wollenberg das mildere *StGB* in der alten Fassung, da nach den polnischen Gesetzen für Beihilfe zum Mord als Höchststrafe sogar die Todesstrafe möglich war:

> »Gemäss §§ 211, 44 StGB a. F. betrug die Strafe wegen Beihilfe zum Mord 3 bis 15 Jahre Zuchthaus, da beim Versuch und bei der Beihilfe, die für die Täterschaft vorgesehen war, zwingend gemildert werden musste. Eine zwingende Milderung ist im geltenden Recht [StGB n. F.; C. A.] nicht mehr vorgesehen.«[193]

Bei der späteren Zumessung der Strafe für Sorgatz wurde deshalb als strafmildernd berücksichtigt, dass er »in einer aussergewöhnlichen Situation zum Rechtsbrecher geworden sei.« Er habe »von Jugend an in dem Spannungsfeld des deutsch-polnischen Nationalitätskampfes« gelebt.[194]

Am Anfang begleiteten der *Mannheimer Morgen* und die *Rhein-Neckar-Zeitung* das Verfahren ohne Unterbrechung. Auch am dritten Verhandlungstag, an dem die ersten Zeugen vernommen wurden, drehte sich das Geschehen im Gerichtssaal wieder fast ausschließlich um den »Bromberger Blutsonntag« und den »Marsch nach Lowitsch«.[195] Ein Zeuge gab zu Protokoll, dass die Vorgänge nach dem Polenfeldzug, die gewaltsamen Übergriffe auf polnische Zivilisten, allenfalls zu Beginn von der volksdeutschen Bevölkerung gutgeheißen worden wären, »(n)ach einigen Monaten, spätestens aber im Herbst 1940«, so der Zeuge weiter, »hatten wir alle einen moralischen Kater.«[196] Auch die Wehrmacht hätte gegen die außer Kontrolle geratenen Übergriffe des Selbstschutzes mehrfach protestiert. Die Rolle der Wehrmacht im Rahmen der Erschießungsaktionen zieht sogar eine überregionale Berichterstattung nach sich. So verweist zum Beispiel die *Frankfurter Allgemeine Zeitung* in einem Kurzbericht darauf, dass Generalleutnant Fedor von Bock schon am 17. November den Gauleiter für Danzig/Westpreußen, Albert Forster, aufgefordert habe, die Erschießungen einzustellen.[197] Verwundert zeigte sich der Prozessberichterstatter des *Mannheimer Morgens*, Dieter Preuss, darüber, dass jeweils nur an den ersten drei Wochentagen verhandelt wurde: »Die vier Angeklagten reisten in ihre Heimatorte zurück. Keiner der Angeklagten befindet sich nämlich in Haft.«[198] Angesichts der Tatvorwürfe glich der Verlauf des Verfahrens nahezu einer einvernehmlichen Idylle, die sich auch schon im am Vortag abgedruckten Foto angedeutet hatte.[199]

Weitere historische Grundsatzdiskussionen, so beispielsweise um einen nicht näher benannten vermeintlichen Führerbefehl, für jeden ermordeten Volksdeutschen zehn Polen zu töten, schlossen sich in den nächsten Verhandlungstagen an. Auch »in der zweiten Woche ist das Mannheimer Schwurgericht noch weit vom *Kern* des Verfahrens entfernt«, so die lakonische Einschätzung des Verfahrensverlaufs durch Prozessberichterstatter Preuss.[200] Die Angeklagten rückten immer wieder in den Hintergrund, diskutiert wurden mit besonderer Intensität die »Strukturen«, die die Angeklagten, die nach eigenen Aussagen in der Regel »keinen Haß gegenüber den Polen empfanden«, zu Tätern werden ließen. Die Betonung der speziellen historischen Situation im »polnischen Korridor« der Zwischenkriegszeit entpersonalisierte dabei zunehmend das Tatumfeld.[201] Auch die wiederholte Hervorhebung des »Bromberger Blutsonntags« und anderer Ereignisse erzeugte einen Referenzrahmen, in dem zumindest ein allgemeines Verständnis für Rachegelüste an der polnischen Bevölkerung angesiedelt war – wenn auch nicht eine Entschuldigung oder gar Rechtfertigung der begangenen Taten.[202] Die Taten wurden, obwohl sie den Angeklagten im Sinne des deutschen Strafgesetzbuches persönlich zugeordnet und nachgewiesen werden konnten, in der Letztverantwortung an die abwesenden Haupttäter, den Führer des Selbstschutzes in Westpreußen Ludolf von Alvensleben und den Reichsführer der SS, Heinrich Himmler, »übergeben« – auch wenn das Gericht am Ende des Verfahrens mit der Ausnahme Wollenbergs für die übrigen drei Angeklagten weder einen Befehlsnotstand noch einen Verbotsirrtum erkennen konnte.

Höchststrafe »zweimal lebenslange Haft«

Am 12. April 1965 sprach das Mannheimer Gericht unter Vorsitz von Landgerichtsdirektor Heinrich Wendt[203] nach insgesamt 25 Verhandlungstagen das Urteil im Tuchel-Prozess:[204] Mocek wurde zu »lebenslanger Zuchthausstrafe« wegen 17-fachen Mordes, Richardt »zweimal zu lebenslanger Zuchthausstrafe« wegen 45-fachen Mordes in zwei Fällen, Sorgatz zu »einer Zuchthausstrafe von 4 Jahren« wegen der Beihilfe zum 60-fachen Mord verurteilt. Als einziger der vier Angeklagten wurde Wollenberg von der Anklage der »Beihilfe zum Mord in zwei Fällen« freigesprochen.[205]

Die rechtliche Würdigung des Urteilspruches gegen Mocek erkannte auf »ein Verbrechen, strafbar nach §§ 211 StGB alter und neuer Fassung«, da er »durch eine Handlung aus *niedrigen Beweggründen und mit Überlegung vorsätzlich* 17 Menschen getötet« habe. Die Kriterien für Mord galten durch die Anordnung der ersten willkürlichen Verhaftungen vom 23. Oktober 1939 als erfüllt, obwohl Mocek keine aktive bzw. direkte Beteiligung an den Massenerschießungen nachweisbar war.[206] Zu den niedrigen Beweggründen zählte das Gericht insbesondere die Vergeltung eines vermeintlichen Sabotageaktes an offensichtlich Unschuldigen, zur Abschreckung und ohne eine gerichtliche Anhörung der Verhafteten. Nicht vollständig nachgewiesen werden konnte Mocek, »dass er die Art und Weise der Tötung, die als grausam anzusehen ist, schon bei der Anordnung der Verhaftung in seinen Vorsatz aufgenommen hat.«[207] Zur Frage der Täterschaft führte das Gericht mit Verweis auf die subjektive Teilnahmelehre aus:

> »Der Angeklagte Mocek hat die 17 Polen, die er verhaften liess, nicht eigenhändig getötet. Dies bedeutet jedoch nicht, dass er nicht Täter im strafrechtlichen Sinne sein kann. Nach der in der höchstrichterlichen Rechtsprechung herrschenden (vgl. statt aller BGHSt. 18, 87ff. [»Staschynskij-Urteil«; C. A.]) sogenannten subjektiven Teilnahmelehre kommt es bei der Beurteilung der Frage, ob jemand Täter oder nur

> Gehilfe ist, entscheidend auf die innere Einstellung des Handelnden zur Tat an. Danach ist Täter, wer die Tat als eigene will. Wer nur eine fremde Tat unterstützen will, ist Gehilfe. Der Angeklagte Mocek hatte den Täterwillen, er wollte die Tat als eigene. [...]
> Wer sich aber so verhält wie Mocek, kann sich nicht darauf berufen, er habe nur die Tat eines anderen unterstützen wollen. Sein Denken und Handeln deckt sich mit demjenigen des eigentlichen Taturhebers; er ist Täter.«[208]

Bei der Feststellung der Schuld Moceks wurde insbesondere berücksichtigt, dass er an »eine Befehlsverweigerung nicht einmal gedacht« habe, da für ihn »ein Befehl etwas Unantastbares« war und dass er die Erschießung »im Interesse Deutschlands [für] notwendig« gehalten habe.[209] Die Richter waren zudem zu der festen Überzeugung gelangt, dass der »Angeklagte Mocek ein überzeugter Anhänger der nationalsozialistischen Idee war und sich mit ihr identifizierte.«[210]

Die rechtliche Würdigung des Urteilspruches gegen Richardt erkannte auf »zwei Verbrechen, strafbar nach §§ 211 alter und neuer Fassung, 74 StGB«, da er »in zwei rechtlich selbständigen Handlungen jeweils aus niedrigen Beweggründen und mit Überlegung vorsätzlich je 45 Menschen getötet« habe. Die Argumentation entspricht in den grundsätzlichen Aspekten der Begründung gegenüber Mocek. Auch Richardt hatte sich nicht eigenhändig an den Erschießungen der Polen beteiligt. Seine Täterschaft ergab sich vor allem aus der Leitung der Erschießungsaktionen, im Unterschied zu Mocek kannte dieser deshalb »alle Merkmale des Geschehens, die dieses als eine im Sinne des § 211 StGB ›grausame‹ Tötung erscheinen lassen.«[211] Richardts Einlassungen im Verfahren, er habe persönlich »die ›Geiselerschießungen‹ nicht für richtig gehalten«, wurde in der Urteilsbegründung gegen ihn gewendet, da das Gericht ihm vorhielt, »dass sogar nach seinem von den nationalsozialistischen Ideen geprägtem Gefühl die Erschießungen *unrechtmässig* waren«.[212]

Sorgatz wurde verurteilt für ein »Verbrechen, strafbar nach §§ 211, 49, 44 (alter und neuer Fassung), 4 Abs. 2 Nr. 3 (alter Fassung StGB), in Verbindung mit Art. 225, 27 des polnischen StGB von 11. 7.1932«. Sorgatz hatte als »Täter bei Begehung eines 60fachen Mordes wissentlich Hilfe geleistet.[213] Das Gericht ging auch in seinem Fall davon aus, dass er als SS-Angehöriger den nationalsozialistischen Ideen verfallen war und um die Unrechtmäßigkeit der Erschießungen gewusst hatte. Außer der aktiven Beihilfe im Rahmen der dritten Exekution am 30. Oktober konnte ihm bei der ersten Exekution nur die Anwesenheit am Tatort, bei der zweiten Exekution nicht einmal diese mit Sicherheit nachgewiesen werden. Im Fall Wollenbergs, dem »jweils [sic!] 2 Verbrechen der Beihilfe zum 30fachen Mord, strafbar nach §§ 212, 211 (alter und neuer Fassung), 49 (73), 74, 4 Abs. 2 Nr. 3 (alter Fassung) StGB in Verbindung mit Art. 225, 27 des polnischen StGB vom 11. 7.1932« vorgeworfen worden waren, konnte das Gericht dagegen keinen Tätervorsatz feststellen: Er wollte »die Tat Richardts unterstützen, war also Gehilfe.«[214] Ihm war als einzigem der vier Angeklagten SS-Angehörigen »nicht zu widerlegen, dass er in einem vermeintlichen Befehlsnotstand gehandelt hat.« Als ehemaliger Angehöriger der *Zeugen Jehovas*, zum Tatzeitpunkt noch als *Ernste Bibelforscher* bezeichnet, glaubte er sich bei Zuwiderhandlung gegen den Befehl der Teilnahme an der Exekution einer persönlichen Gefahr ausgesetzt.[215] Dies auch deshalb, da öffentlich bekannt war, dass die Anhänger der *Zeugen Jehovas* im NS-System rücksichtslos verfolgt wurden und in einer großen Zahl in den Konzentrationslagern im Reichsgebiet umkamen.[216] Somit war

> »dem Angeklagten W. nicht zu widerlegen, dass er den Befehl zur Teilnahme an den Exekutionen nur deshalb ausgeführt hat, weil er einer zumindest vermeintlichen Leibes- und Lebensgefahr aus dem Wege gehen wollte. Dem Angeklagten W. war also nicht nachzuweisen, dass er schuldhaft eine Beihilfe zum Mord begangen hat. Er war daher mangels Beweises freizusprechen.«[217]

Die lokale Berichterstattung im *Mannheimer Morgen* setzte erst pünktlich zum Urteilsspruch wieder ein. Auf der Titelseite gab die Zeitung am 13. April 1965 die Urteile ihren Lesern bekannt. Ebenfalls auf dem Titel berichtete für eine breitere regionale Leserschaft die *Stuttgarter Zeitung*. Den einzigen persönlichen Verweis auf die Täter lieferte im *Mannheimer Morgen* der Hinweis, dass der Angeklagte Mocek nach der Urteilsverkündung unter Tränen zusammenbrach und die Sitzung für kurze Zeit unterbrochen werden musste.[218] Wie der anwesende Obermedizinalrat Henk später erklärte, habe dieser einen seelischen Schock erlitten.[219] Die *Stuttgarter Zeitung* ergänzte die Szenerie im Gerichtssaal in einem weiteren Artikel mit den Zusatz: »Im Zuhörerraum weinten auch die Angehörigen von Mocek laut. Desgleichen machte der 69jährige Angeklagte Richardt einen starren und niedergeschlagenen Eindruck.«[220] Auch im Rahmen der Berichte zur Urteilsverkündung hoben die Berichterstatter den historischen Kontext der Taten hervor: »Eine aufwendige, stets gewissenhafte Beweisaufnahme hat in den zurückliegenden Prozeßwochen nicht nur die Schuld oder Unschuld der Angeklagten erwiesen, sie hat auch *ein trübliches Kapitel deutscher Geschichte erhellt.*«[221] Ein Fazit, wie es für alle im Rahmen dieser Studie behandelten Fallbeispiele gezogen werden kann und von den Gerichten und den Prozessbeobachtern auch gezogen wurde.

Auch für das Täterbild in der Öffentlichkeit war die ausführliche rechtliche Würdigung von Interesse: Mocek und Richardt, so der *Mannheimer Morgen*, »seien Täter«, sie hätten sich beide »mit der Tat identifiziert« und »mit Ueberlegung« und aus »niedrigen Beweggründen« gehandelt, womit die entscheidenden Kriterien für den Straftatbestand des Mordes sowohl nach alter wie neuer Fassung des *StGB* erfüllt waren.[222] Die *Rhein-Neckar-Zeitung* hatte den Tuchel-Prozess kontinuierlich begleitet und in ihrer Berichterstattung fast keinen Sitzungstermin ausgelassen. Hinsichtlich der Aussage, die Angeklagten seien »Täter«, zitierte die Zeitung aus dem sechsstündigen Plädoyer des Staatsanwalts Klass:

»Gemordet wurde von Leuten, die den Mordbefehl nicht selbst gaben, aber ihn ehrgeizig befolgten, die von sich aus etwas dazutun wollten und davon überzeugt waren, daß es für die ›unterwürfigen Sklaven‹ kein Pardon gegen dürfe. [...]
Es war Mord, [...] Mord mit allen Merkmalen des Mordes: Geplant, aus niedrigen Beweggründen und grausam in der Ausführung!«[223]

Umfassend zitierte der *Mannheimer Morgen* aus der langen Grundsatzerklärung von Landgerichtsdirektor Wendt, der im Namen des gesamten Schwurgerichts darauf hingewiesen hatte, dass die Prozesse gegen die Henker des Dritten Reiches in Deutschland zwar unpopulär seien, soweit es sich dabei aber um die Kritik ehemaliger Nationalsozialisten handele, sei diese für ein Gericht in einem modernen Rechtsstaat nicht von Bedeutung. Man müsse gleichwohl die Bedenken ernst nehmen, dass Verbrechen an Angehörigen anderer Völker während des Zweiten Weltkriegs und der unmittelbaren Nachkriegszeit derzeit nur in Deutschland geahndet würden. Aus diesem Grund müsse betont werden, so Wendt weiter, »daß die Verfolgung der nationalsozialistischen Gewaltverbrecher durch die deutsche Justiz viel zu spät begonnen« habe und sich die Drahtzieher und Befehlsgeber dieser Taten oft der Strafverfolgung entzogen hätten.[224] Die Justiz sei insgesamt überfordert, wenn sie ein unrühmliches Kapitel der deutschen Vergangenheit beenden solle. In dieser Hinsicht wich das Geschehen im und um das Verfahren vor dem Mannheimer Landgericht nur wenig von der in der deutschen Öffentlichkeit diskutierten Argumentationslinie ab.

Auch der »Bromberger Blutsonntag« wurde ein letztes Mal zum Gegenstand der öffentlichen Erörterung: Gerade die Presseberichte und die Diskussionen um den historischen Kontext der Taten hatten vielfach für direkte Reaktionen der Bevölkerung gesorgt: Mit Verweis auf die während der Verhandlungswochen eingegangenen Briefe aus der Bevölkerung wurde Wendt abschließend zu den immer wieder lautstark geäußerten Vorwürfen, auch die Volksdeutschen hätten großes Leid erfahren, mit der Feststellung zitiert:

»Auf dem Marsch nach Lowitsch und beim Bromberger Blutsonntag seien nach den genauen Ermittlungen in diesem Prozeß lediglich 5.800 Volksdeutsche ums Leben gekommen, nicht jedoch 58.000, wie damals die deutsche Propaganda behauptet habe. Diese falsche Zahl kehre aber in empörten Briefen an das Mannheimer Schwurgericht immer noch wieder und werde offenbar noch geglaubt.«[225]

Im Rahmen der Erläuterung der Strafzumessungsgründe wich das Gericht von seiner vorherigen vergleichsweise »harten« Linie ab, in dem es auf die Möglichkeit der Aberkennung der bürgerlichen Ehrenrechte verzichtete, da den beiden Hauptangeklagten Mocek und Richardt, »bei aller Verwerflichkeit und Ungeheuerlichkeit ihres Tuns eine ehrlose Gesinnung nicht nachgewiesen werden« konnte.[226] Berücksichtigung fanden auch das fortgeschrittene Alter und der tadellose Lebenswandel der Verurteilten in der Nachkriegszeit:

»Durch die Verurteilung zweier Alter Männer nach über 25 Jahren zur lebenslangen Freiheitsstrafe wird dem Sühnebedürfnis nur unzulänglich Rechnung getragen. Die Angeklagten, beide aus unbescholtenen Familien stammend, *in keiner Weise kriminell vorbelastet, unbestraft und gut beleumundet*, hätten ihre Taten nicht verübt, wären sie nicht überzeugte Anhänger einer falschen, unhumanen [sic!] und intoleranten Ideologie gewesen, die ihnen Lebensinhalt und Lebensaufgabe bedeutet hat. Ohne den Nationalsozialismus [...] sind auch die von den Angeklagten verübten Verbrechen nicht denkbar. [...] Schließlich soll nicht unerwähnt bleiben, dass die Lebensführung der beiden Angeklagten nach dem Kriege sich in nichts von derjenigen anderer in geordneten Verhältnissen lebende [sic!] arbeitsamer Bürger unterschieden hat.«[227]

Bei Sorgatz wusste das Gericht ebenfalls zu berücksichtigen, dass »er nach dem Kriege ein einwandfreies Leben geführt hat und nicht vorbestraft ist«. Nicht zuletzt hatte »er sein Verhalten im Wesentlichen eingeräumt«.[228]

Auch diese Aspekte der Urteilsbegründung wurden in der regionalen Prozessberichterstattung hervorgehoben.[229] Ins Auge fällt, dass nicht die Vorgeschichte der Taten, die Sozialisation zur Gewalt, die Mocek und Richardt sowohl in der SS wie auch in anderen nationalsozialistischen Organisationen durch eigenen Beitritt erfahren hatten, auf die Frage, ob eine Aberkennung der bürgerlichen Ehrenrechte in Erwägung zu ziehen sei, Einfluss nahm, sondern allein das Verhalten *nach* den Taten in der Bundesrepublik nach 1945/1949.[230] Zur Betonung der sozialen Unauffälligkeit der Täter in der Nachkriegszeit sowie der Berücksichtigung der bisherigen festgestellten Straffreiheit kam ergänzend noch der Aspekt des langen Zurückliegens der Tat hinzu. Gerade mit diesem Verweis wurde der lange Zeitraum, in dem das Verbrechen nicht zur Anklage gebracht worden war, als *indirekt* strafmindernd gewertet.[231]

Dass die Strafregister aller vier Angeklagten vor Prozessbeginn über keinerlei Eintragungen verfügten, hatte auch damit zu tun, dass beispielsweise (Haft-)Strafen, die am Ende eines Entnazifizierungsverfahrens verhängt wurden oder auch Verurteilungen als Kriegsverbrecher durch ausländische (Militär-)Gerichte in der Bundesrepublik ohne strafrechtliche Konsequenzen blieben, wenn die ausgesprochenen Strafen entweder unter die beiden Amnestiegesetze der Jahre 1951 und 1954 subsumiert werden konnten oder die Urteile durch osteuropäische bzw. »kommunistische« Gerichte gesprochen worden waren: Mocek war nach längerem Aufenthalt in amerikanischen und britischen Internierungslagern als Angehöriger der Gruppe III (»Minderbelastete«) entnazifiziert worden. Die in diesem Zusammenhang gegen ihn verhängte Haftstrafe von zwei Jahren wurde dabei mit seiner langen Kriegsgefangenenschaft aufgerechnet. Nach längerer Krankheit in der Nachkriegszeit arbeitete er zum Prozesszeitpunkt als Betriebsschreiber in Duisburg. Richardt war nach Kriegsende erneut im Tabakgeschäft tätig. Zum Prozesszeitpunkt hatte er bereits das Rentenalter erreicht.[232] Sorgatz wurde 1948 aus amerikanischer Kriegsgefangenenschaft entlassen. In seinem Fall hatte das

Spruchkammerverfahren auf eine Einordnung in Gruppe IV (»Mitläufer«) entschieden. Er war zum Prozesszeitpunkt als Handelsvertreter tätig. Wollenberg war im Februar 1945 als Angehöriger des 14. Infanterieregiments der Waffen-SS in Ungarn in russische Kriegsgefangenenschaft geraten und zu 25 Jahren Zwangsarbeit verurteilt worden. 1950 wurde er über das Übergangslager Friedland entlassen und arbeitete seitdem in einer Möbelfabrik.[233]

Ende der Freiheit und neuerliche Ermittlungen

Ihre Bürgerlichkeit mochte den Angeklagten im Rahmen des Strafverfahrens vor dem Landgericht Mannheim zugute gehalten worden sein oder auch der Erwartungshaltung von Teilen der Bevölkerung entsprochen haben. Wie weit das Gericht mit seiner günstigen Prognose daneben gelegen hatte, sollte sich nur kurze Zeit später zeigen: Am 30. Juni 1965, keine zwei Monate nach dem Mannheimer Urteil, stellte die *ZSt* in Dortmund unter dem Aktenzeichen 45 Js 11/61 einen Antrag auf Eröffnung einer gerichtlichen Voruntersuchung gegen mehrere namentlich aufgeführte Personen wegen Beteiligung an nationalsozialistischen Gewaltverbrechen. Das Land Nordrhein-Westfalen hatte im Jahr 1961 zwei eigene *ZSt* in Dortmund und Köln eingerichtet, die als Schwerpunktstaatsanwaltschaften für die Bearbeitung von NS-Massenverbrechen in und außerhalb von Konzertrationslagern zu einem Anstieg der Verfolgungsintensität beitrugen.[234] Auch diesmal handelte es sich bei den vermuteten Tätern um ehemalige Angehörige des *Volksdeutschen Selbstschutzes* in Danzig-Westpreußen. Den Gegenstand der Untersuchung bildeten Tötungsverbrechen an Polen und Juden in Gefangenenlagern in Resmin, Kreis Zempelburg im Oktober 1939. Unter den Angeklagten befanden sich zwei bekannte Gesichter, der Rentner Wilhelm Heinrich Theodor Richardt und der Handelsvertreter Werner Erich Sorgatz.[235]

Abgesehen von diesen neuerlichen Vorermittlungen machten die Beteiligten des Mannheimer Tuchel-Prozesses auch in der Folgezeit weiter von sich reden: Bereits am 22. September 1965 war Richardt, trotz Verurteilung zu zweimal lebenslänglichem Zuchthaus wegen erwiesenen 45-fachen Mordes an polnischen Zivilisten und erwähnten laufenden Ermittlungen der *ZSt* in Dortmund wegen NS-Verbrechen im Internierungslager Resmin,[236] aufgrund eines amtsärztlichen Befundes Haftverschonung gewährt worden. Die Ärzte des Landesgefängnisses Mannheim sowie des Zentralkrankenhauses des baden-württembergischen Strafvollzugs auf dem Hohenasperg hatten bei ihm eine fortgeschrittene »generalisierte Gefäßsklerose«, einen »leichten Leberzellschaden« sowie »Angina pectoris« diagnostiziert – Richardt galt ihnen als »körperlich und psychisch schwer geschädigter Mann«.[237] Das Urteil des Mannheimer Landgerichts hatte zu diesem Zeitpunkt noch nicht einmal Rechtsgültigkeit erlangt.

Am 1. Juli 1966 beschloss der 1. Strafsenat des *BGH* in Karlsruhe in der Strafsache gegen Mocek, Richardt und Sorgatz »auf Antrag des Generalbundesanwalts und nach Anhörung der Beschwerdeführer [...] einstimmig«, Richardt auf eigene Kosten wegen »Versäumnis der Frist zur Begründung der Revision gegen das Urteil des Schwurgerichts beim Landgericht Mannheim vom 12. April 1965« wieder »in den vorigen Stand« zurückzuversetzen, d. h., Richardt konnte sein Revisionsgesuch ohne Folgen zurückziehen.[238] Zudem wurden die »Revisionen der Angeklagten Mocek, Richardt und Sorgatz gegen das vorbezeichnete Urteil [...] als unbegründet verworfen, da die Nachprüfung des Urteils auf Grund der Revisionsrechtfertigungen keinen Rechtsfehler ergeben hat (§ 349 Abs. 2 und 3 StPO).«[239] Im Stuttgarter Landtag kam es aus diesem Anlass zu einer »Großen Anfrage« der SPD-Fraktion in der »starke Zweifel« an der Haftuntauglichkeit Richardts laut wurden.[240] Es wurde dabei um Aufklärung bezüglich der medizinischen Gutachten gebeten, die zu Richardts Freilassung geführt hatten und weitergehende Informationen über die vorherrschende Praxis des Umgangs mit älteren, wegen NS-Tötungsverbrechen Verurteilten, verlangt: So äußerte sich der bereits erwähnte sozialdemokratische Landtagsabgeordnete Veit, »Er habe die Sorge [...], daß über die Prüfung der Haftunfähigkeit ein Ventil gesucht werde, um den NS-Verbrechern entgegenzukommen.«[241]

Die Tatsache, dass Richardt wieder auf freien Fuß gesetzt wurde, fand ihren Weg in die überregionale Presse wohl zum Teil auch deshalb, weil sich dieser gegenüber dem *Mannheimer Morgen* im April 1966 »ehrlich« dahingehend äußerte, dass »er täglich fünf bis sechs Stunden spazierengehe und zwei bis drei Zigarillos rauche«.[242] Eine alte Gewohnheit, da Richardt schon während des Verfahrens ausgeführt hatte, »er habe während seines Aufenthalts [sic!] in Polen meist Zigarren statt einer Pistole in seiner Pistolentasche mit sich geführt«.[243] Bereits am 20. April hatte die Mannheimer Staatsanwaltschaft beantragt, den Haftbefehl gegen Richardt wieder in Vollzug zu setzten. Die Staatsanwaltschaft lehnte zudem eine erneute medizinische Untersuchung auf dem Hohenasperg und beantragte hilfsweise ein sogenanntes Obergutachten.[244] Am 19. August 1966 wurde Richardt in seinem Wohnort Gütersloh[245] erneut verhaftet und zur Verbüßung seiner Strafe in das Gefängniskrankenhaus Bochum eingeliefert. Seine Verhaftung war von der Staatsanwaltschaft Mannheim veranlasst worden, nach dem Tübinger Professor Schmitt die »Haftfähigkeit des Verurteilten unter den Bedingungen des Bochumer Gefängniskrankenhauses befürwortet hatte«.[246] Am 12. November 1971 erhob die Staatsanwaltschaft Dortmund unter dem Aktentenzeichen 45 Js 11/61 Anklage gegen Sorgatz u. a. wegen der Vorgänge im Lager Resmin.[247] Richardt war in der Zwischenzeit verstorben.[248] Am 16. November 1973 sollte schließlich vom Landgericht Münster in diesem Verfahren das Urteil gefällt werden: Sorgatz wurde wegen erwiesener Misshandlung und Erschießung von polnischen Zivilisten, d. h. begangener Beihilfe zum Mord, erneut zu einer Zuchthausstrafe, diesmal von zwei Jahren und neun Monaten, verurteilt.[249]

4.2 Der Aufstieg der alten Männer: Täterbilder in den 1960er Jahren

Ab Beginn der 1960er Jahre lässt sich von einer zweiten Welle von NS-Verfahren sprechen. In der Justiz war ein Generationenwechsel erfolgt und der sich insgesamt wandelnde Zeitgeist führte zu einer Wiederbelebung des öffentlichen Interesses an NS-Verbrechen und deren Ahndung. Durch die Gründung der *ZSt* in Ludwigsburg im Jahr 1958 waren nun umfangreiche und systematische Vorermittlungen möglich: Es kam zu zahlreichen neuen Verfahren in deren Mittelpunkt bisher völlig unbearbeitete Tatkomplexe standen und die insbesondere das Personal der Vernichtungslager, die Einsatzgruppen und Einsatzkommandos sowie die Einheiten der Schutz-, Sicherheits- und Grenzpolizei umfassten.

Die im Rahmen des Tuchel-Prozesses in die Öffentlichkeit transportierten Täterbilder hatten, trotz oder gerade wegen des Eichmann-Prozesses in Jerusalem 1961 und des noch parallel laufenden Frankfurter Auschwitz-Prozesses, insbesondere im Vergleich mit den ersten beiden Fallbeispielen, an Schärfe verloren: Die Berichterstattung sprach von *Tätern* nicht mehr von *Bestien* oder *Exzesstätern* und die lange Zeit, die seit Kriegsende vergangen war, hatte für eine vollständige Integration der Täter in das politische und gesellschaftliche Leben in der Bundesrepublik gesorgt. Statt Versuchen die Täter zu externalisieren, wurde nun ihre unauffällige Rolle in der Normalität Bundesrepublik betont. Ein größeres öffentliches oder gar überregionales Interesse blieb dem Tuchel-Verfahren verwehrt. Die Wechselwirkungen in den Medien ergaben sich insbesondere mit Blick auf spektakuläre Vorgänge in der Politik, wie dem Rücktritt des neuen Vertriebenenministers Krüger oder im Schatten des ersten Frankfurter Auschwitz-Prozesses. Ein nennenswerter regionaler Bezug zum Verhandlungsort Mannheim lässt sich weder für die Tat noch für Täter und Opfer nachweisen. Trotzdem stellen Verhandlungsgegenstand und Urteil quasi ein Lehrstück über die NS-Prozesse in den 1960er Jahren dar: Alle bekannten juristischen Denkfiguren wie Täter oder Beihelfer, subjektiver oder objektiver Täterwille, Befehlsnotstand, Fragen der Verjährung von Totschlag und der Hinzuziehungen von polnischen Untersuchungsakten zum Prozess wurden thematisiert.

Die Beiträge der unterschiedlichen lokalen und regionalen Tageszeitungen lehnten sich an den Prozessverlauf an und berichteten schwerpunktmäßig zum Auftakt und Abschluss des Prozesses. Wie aber erklärt sich das vergleichsweise geringe Interesse für ein NS-Verfahren dieser Größe und diesen »Inhalts«? Stahl der Frankfurter Auschwitz-Prozess den zeitgleich stattfindenden »kleineren« Verfahren die Schau? Wäre nicht umgekehrt zu erwarten gewesen, dass im Windschatten der Medienberichterstattung aus Frankfurt auch regionale Verfahren auf ein größeres öffentliches Interesse sowohl in der Lokal-, Regional- und in der überregionalen Tagespresse stießen?

Insgesamt lassen sich für die 25 Verhandlungstage beispielsweise im *Mannheimer Morgen* für nur vier Verhandlungstage insgesamt sieben Meldungen nachweisen, die alle aus der Feder eines einzigen namentlich gekennzeichneten Reporters stammen. Persönliche Merkmalszuschreibungen zu den Angeklagten waren rar gesät. Zwar gaben die Artikel weiterführende Informationen, da die Berichterstattung aber erst zur Urteilsverkündung wieder aufgenommen wird, lag insgesamt wohl eher ein tages- als ein weiterreichendes gesellschaftspolitisches Interesse zugrunde – die Artikel »rutschten« im *Mannheimer Morgen* zudem immer weiter nach hinten. Die vom Gericht entworfenen Täterbilder wurden allenfalls reproduziert. Die Heidelberger *Rhein-Neckar-Zeitung* berichtete insgesamt viel ausführlicher vom Mannheimer Tuchel-Prozess. Es lassen sich hier 17 Artikel nachweisen, die aber, hier besteht kein Unterschied zwischen den beiden Regionalblättern, alle von einem einzigen journalistischen Prozessbeobachter stammen. Abweichend zum *Mannheimer Morgen* wurde hier durchweg im Mittelteil der Zeitung, in der Rubrik »Rhein-Main-Neckar« über das Verfahren berichtet. Zu einer Ausweitung der Berichterstattung kam es in den beiden regionalen Tageszeitungen erst wieder ein knappes Jahr später, als bekannt geworden war, dass Richardt aus gesundheitlichen Gründen aus der Haft entlassen worden war. Das »Nicht-Schweigen« der Täter über die Gründe und Umstände ihrer Haftentlassung erschien als das größere öffentliche Skandalon als der Vorgang selbst.

Auch eine Sonderveranstaltung des deutschen Juristentages in Essen Ende September 1966 sollte sich mit der Verfolgung und Ahndung nationalsozialistischer Verbrechen befassen und einige der aufgeworfenen Fragen und angeschnittenen Aspekte thematisieren. In diesem Fall war die Aufmerksamkeit der überregionalen Tagespresse gesichert.[250] Vor dem Hintergrund der großen NS-Verfahren, insbesondere des Auschwitz-Prozesses in Frankfurt, kamen die neuen »Erkenntnisse« aus Kreisen der Justiz bereits im vorläufigen Ergebnis einer rechtswissenschaftlichen Klausurtagung, die vom 1. bis 3. April 1966 in Königstein im Taunus stattgefunden hatte, zur Sprache:

> »Die Verfolgung und richterliche Ahndung von nationalsozialistischen Gewaltverbrechen ist Gegenstand lebhafter Erörterungen in der Öffentlichkeit. Eine Reihe von Urteilen hat Kritik hervorgerufen und die Besorgnis geweckt, die Ahndung solcher Verbrechen werde ihrem Unrechtsgehalt nicht gerecht. Es wird aber auch auf die zum Teil fast unüberwindlichen Schwierigkeiten hingewiesen, denen sich die Strafjustiz in diesem Komplex gegenübersieht.«[251]

Während dieser Zusammenkunft von 18 deutschen Sachverständigen, unter denen sich Strafrechtsgelehrte, aktive Juristen und mit Hans Buchheim auch ein Historiker befanden, wurde eine Entschließung gefasst, die das Bewusstsein zum Ausdruck bringen sollte, dass die für NS-Verfahren zuständigen Richter und Staatsanwälte »vor Aufgaben stehen, denen die Strafjustiz nach so langer Zeit in vollem Umfang kaum gewachsen sein« konnten.[252] Neben dem Umstand, dass es

– gegen vielfältige Widerstände – überhaupt zu einer Resolution kam, ist auch die Kennzeichnung von NS-Tätern von größerem Interesse:

»Täter ist nach Ansicht der Kommission auf jeden Fall, ohne Rücksicht auf seine Beweggründe im Übrigen,
a) wer ohne konkreten Befehl getötet hat;
b) wer mehr getan hat, als ihm befohlen war;
c) wer als Befehlsgeber mit selbständiger Entscheidungsgewalt oder eigenem Ermessenspielraum Tötungen befohlen hat.«[253]

Zusätzlich wurde eine engere Einbeziehung von Öffentlichkeit und wissenschaftlicher Expertise für die Verfahren gefordert.[254] Der Sinn einer Klausurtagung zu Problemen der juristischen Ahndung nationalsozialistischer Gewaltverbrechen, so der Präsident des 46. Deutschen Juristentages, Ernst Friesenhahn, habe in erster Linie darin bestanden, »der Öffentlichkeit im In- und Ausland zu zeigen, daß der deutsche Juristenstand sich dieser Frage stellt.«[255] Die Aufnahme der Prozesse in der deutschen Öffentlichkeit müsse mindestens als »zwiespältig« bezeichnet werden, andererseits würde immer wieder an Urteilen der Schwurgerichte Anstoß genommen, da »die verhängten Strafen in keinem rechten Verhältnis zu den im Tatbestand des Urteils festgelegten Handlungen« stünden und somit »dem Unrechtsgehalt dieser Verbrechen nicht gerecht« würden.[256] Strafbemessungsgründe und Beratungsergebnis klafften so unnötigerweise weit auseinander. Hier, so betonte Friesenhahn ausdrücklich, müssten aber zwei Dinge »scharf auseinandergehalten werden«, nämlich zum einen die Frage nach den »faktischen Möglichkeiten der Bewältigung der Aufgabe« und zum anderen die Frage der »rechtlichen Schwierigkeiten«.[257] Mit welchen praktischen Schwierigkeiten die Justiz umzugehen hatte, vermag der bei der Strafzumessung im dritten Fallbeispiel zu berücksichtigende mutmaßliche Nationalitätswechsel der Angeklagten Sorgatz und Wollenberg zwischen den einzelnen Taten, rückwirkend und aufgrund eines Führerbefehls, nur anzudeuten. Der Argumentation Friesenhahns lag die feste Annahme zugrunde, dass sich die Prozesse gegen NS-Gewaltverbrechen noch »bis zum Ende der siebziger Jahre« hinziehen würden. Die Ursachen für die Kritik an den Rechtsprechungsergebnissen wurde in einem »irrationalen Bestreben der Gerichte festgemacht«, das einem ebensolchen in großen Teilen des Volkes entspreche, »die Ahndung der NS-Gewaltverbrechen 20 Jahre nach Beendigung des Unrechtregimes und nach Wiedereinordnung der Täter in die bürgerliche Gesellschaft als notwendig anzuerkennen«.[258] Dies hatte das Mannheimer Verfahren deutlich gezeigt. Zudem flössen, so ein weiterer Beiträger im Rahmen der Sonderveranstaltung, Recht und Politik in der juristischen Aufarbeitung des NS-Systems zusammen:

»Die Schwierigkeiten, unter denen die Prozesse über die NS-Gewaltverbrechen leiden, sind letztlich alle darin begründet, daß hier eine politische Ära auf ihren

Rechts- und Unrechtsgehalt hin untersucht werden soll mit völlig untauglichen Mitteln, nämlich mit seiner Strafprozeßordnung, die an derartige Verfahren nie gedacht hat, nicht auf sie zugeschnitten ist und strenge rechtsstaatliche Gesichtspunkte in den Vordergrund rückt, nach denen dem Angeklagten ein möglichst großer Schutz gegen ein Fehlurteil gewährt wird.«[259]

Es wurden von den Vortragenden zudem hinsichtlich der den Gerichten zur Verfügung stehenden Täterbildern Unterschiede festgestellt zwischen »dem landläufigen Mörder und dem nicht exzessiven Täter«. Diese blieben in der Regel zwar unausgesprochen, schwängen aber in vielen Urteilen mit.[260] Auch den unzähligen propagandistischen Beeinflussungsfaktoren der einzelnen Bürger in einer Diktatur sollten die Gerichte Rechnung tragen: Es wurde vorgeschlagen, dem vom »Unrechtsstaat geprägten Täter« unter Zuhilfenahme eines »spezifischen übergesetzlichen Schuldminderungsgrundes« zu begegnen.[261] Die öffentliche Ausgangsbasis, vor deren Hintergrund die Gerichte auch in NS-Verfahren Recht »im Namen des Volkes« sprechen sollten, kennzeichnete sich nach Ansicht der versammelten Strafrechtler als schwierig. So sei insgesamt die Beobachtung zu machen, dass die

»Haltung eines Teils unserer Bevölkerung zu den NS-Verbrechen und ihrer gerichtlichen Verfolgung nicht auf einer fundierten Kenntnis des Sachverhalts und einer sorgfältigen Abwägung von Gründen und Gegengründen beruht, sondern vielfach aus unkontrollierbaren Gefühlen und namentlich aus einem emotionalen Streben nach Verdrängung einer schrecklichen Vergangenheit gespeist wird. Das Ergebnis einer solchen gefühlsbedingten Meinungsbildung ist dann häufig dieses ›irrationale Widerstreben‹ gegen alles, was mit den Gerichtsverfahren zusammenhängt.«[262]

Somit bestand die stete Gefahr, dass sich die von Lackner beobachtete negative emotionale Grundstimmung in der Bevölkerung auch in der Strafverfolgung unmittelbar niederschlug. Dies bedeutete, dass »unsachliche Gefühlsmomente« auch über »Art und Umfang der Ermittlungstätigkeit, die Auswahl der anzuklagenden Täter und den Inhalt der Urteile« mitzubestimmen drohten. Dies alles auch in den Fällen, in denen sich die Gefühle für die Beteiligten nicht unmittelbar ersichtlich im Unterbewusstsein abspielten.[263]

Gleichwohl ließ sich seit 1967 eine steigende Zahl von Freisprüchen in NS-Verfahren feststellen, die dem Verweis der Angeklagten, sich subjektiv in einem »Befehlsnotstand« befunden zu haben, in der Urteilsbegründung folgten. Diese »Spruch-Inflationierung« erschien einigen Kommentatoren als bewusster Bruch, als »sichtbare Zäsur« mit der bis dato gültigen Rechtsprechung, die einen Befehlsnotstand als Entlastungsargument in der Regel abgelehnt hatte.[264] Ein Kommentator des *Jüdischen Pressedienstes* bemerkte deshalb:

»Mögen Politologen und Soziologen danach fahnden, welchen Faktoren der bundesdeutschen Entwicklung die inflationäre Zusammenballung ähnlicher Urteile im letzten halben Jahr zugrundeliegt, hier sei festgestellt, daß die nicht zu leugnende und nicht geleugnete Beteiligung am Massenmord von Tausenden von Menschen und ein *Freispruch* Antagonismen sind.«[265]

Von national-konservativer Seite wurde auch zur Mitte der 1960er Jahre lautstark gegen eine Verlängerung der Verjährungsfristen für NS-Verbrechen bzw. für den Straftatbestand des Mordes polemisiert. Otto Kranzbühler, ehemaliger Flottenrichter und im Nürnberger Prozess Verteidiger von Großadmiral Dönitz, stellte auf der Basis von Meinungsumfragen in der rechtsnationalen *Deutschen Wochen-Zeitung* fest, dass die Bestrebungen für eine Verlängerung der Verjährungsfristen »ganz überwiegend *nicht aus dem Volk* herausgekommen (sind), sondern mit allen Mitteln der Pression und Propaganda *von außen*«. Für Kranzbühler handelte es sich dabei »in erster Linie – und das wird in beängstigendem Maße nicht erkannt – um eine Auseinandersetzung mit der Sowjetzone. [...] Angriffsziel ist der Bonner Staats- und Wirtschaftsapparat, der durch Diskreditierung Tausender seiner Träger unterminiert werden soll«.[266] Soweit die bekannte und seit Beginn der 1950er Jahre vertretende Position. Interessanter ist die Schlussfolgerung, die Kranzbühler aus einer Verlängerung der Verjährungsfrist zieht: »In all diesen Dingen liegt auch ein innenpolitischer Sprengstoff, dessen gefährlichste Wirkung die Bildung einer starken außerparlamentarischen Rechtsopposition wäre.«[267]

5. ZWISCHEN ÖFFENTLICHEM DESINTERESSE UND GESELLSCHAFTLICHEM ENGAGEMENT: NS-VERFAHREN UND TÄTERBILDER VIERZIG JAHRE DANACH

Juristische Vergangenheitsbewältigung ohne Zukunftsperspektive?

»Die Vergangenheit ist noch unter uns, aber sie kann nicht mehr bewältigt werden. [...] Der geruhsame Trott der Vergangenheitsbewältigung scheint allmählich zum Stillstand zu kommen.« So im Januar 1971 eine Bilanz, gezogen im *Handelsblatt* nach zweieinhalb Jahrzehnten »Sühne nationalsozialistischer Gewaltverbrechen«. Die Betonung des »geruhsamen Trotts« bezog sich auf das in Fachkreisen aus Justiz und Wissenschaft erwartete Auslaufen der zweiten großen Welle von NS-Verfahren seit Beginn der 1960er Jahre und beschrieb deren quasi »natürliches Ende«. Aber auch das Interesse der bundesdeutschen Bevölkerung an NS-Prozessen stand zur Diskussion: »Das Sühnebedürfnis ist in dem Bewußtsein des Volkes nach zwei Jahrzehnten nicht mehr so groß und wird mit dem Alibi-Argument entschuldigt, daß die Zeit einen Schleier des Vergessens über die Leiden der Opfer und Tränen der Angehörigen gezogen hat.«[1] Gleichwohl fanden auch in den 1970er Jahren Verfahren wegen NS-Gewaltverbrechen vor deutschen Gerichten statt, die in ihrer Argumentationsführung nahtlos an die Urteilspraxis der »guten alten Zeiten« in den späten 1940er und 1950er Jahren anschlossen: So charakterisierte beispielsweise ein Urteil des Berliner Schwurgerichts noch im Sommer 1972 zwei ehemalige Angehörige der Gestapo, die in 20 bzw. 25 Fällen des Mordes für schuldig befunden worden waren, mit Täterzuschreibungen, die in ihrer Undifferenziertheit an längst überwundene Urteilsbegründungen erinnern sollten. Bei den Verurteilten handele es sich, so der zuständige Staatsanwalt, um »ausgesprochene Exzesstäter«. Und auch der Richter konnte in ihnen ebenfalls nur »primitive Persönlichkeiten« sehen.[2]

Die stete Betonung des Kontinuitätsbruchs gegenüber der Weimarer Republik, »Bonn ist nicht Weimar«,[3] und des doppelten antitotalitären Konsenses gegenüber NS *und* Kommunismus hatte eine wichtige Funktion: Sie vertrieb Restaurationsgespenster.[4] Aus der traumatisierten deutschen Nachkriegsgesellschaft war zwischen den 1950er und den 1970er Jahren nach politisch-kultureller Neuorientierung, weitreichendem soziostrukturellen Wandel und andauernder Reformerwartung die pluralistische Gesellschaft der Bundesrepublik hervorgegangen.[5] Je länger die gesellschaftliche Auseinandersetzung mit dem Nationalsozialismus und seinen Verbrechen andauerte, desto mehr klaffte die Schere zwischen Rechtsprechungspraxis auf der einen, öffentlichem Umgang, wissenschaftlichem Forschungsstand und allgemeinem Rechtsempfinden auf der anderen Seite, auseinander. In der Bundesrepublik zeichnete sich trotzdem ein allmählicher Klimawandel ab, »in dem sich jener selbstkritische Umgang mit der NS-Vergangenheit herauszubilden vermochte, der spätestens seit den achtziger Jahren in signifikanter Weise das Selbstverständnis der zweiten Republik und ihrer politische Klasse prägt«.[6] Diese posthume Bewertung der Entwicklung durch den Zeithistoriker Norbert Frei lag am Ende der 1970er Jahre allerdings nicht so nah, wie es von heute aus betrachtet erscheinen mag: Zum Beginn des Jahres 1979, als noch nicht absehbar war, ob nicht mit dem 31. Dezember des Jahres alle NS-Mordtaten nach geltendem Recht verjähren würden, legte der Leiter der *ZSt* Ludwigsburg, Adalbert Rückerl, dem Bundesminister der Justiz Hans Joachim Vogel (SPD) eine umfassende Dokumentation der strafrechtlichen Verfolgung nationalsozialistischer Gewaltverbrechen zwischen 1945 und 1978 vor.[7] Wie schwierig es selbst für den ausgewiesenen Experten Rückerl war, zu diesem Zeitpunkt eine abschließende Beurteilung des Erfolges oder Misserfolges der juristischen Aufarbeitung von NS-Verbrechen abzugeben, zeigt sich beispielsweise an seinen nahezu resignativen Schlussbemerkungen:

> »Die Aussichten, daß die in letzter Zeit neu eingerichteten Verfahren zur Verurteilung der Täter führen werden, schwinden angesichts der wegen des Zeitablaufs ständig wachsenden Ermittlungs- und Beweisschwierigkeiten und der auch unter günstigen Voraussetzungen nur schwer abzukürzenden Verfahrensdauer immer mehr. [...]
> Es ist damit zu rechnen, daß den Strafverfolgungsorganen der Bundesrepublik Deutschland auch nach 1979 bisher noch nicht bekannte nationalsozialistische Gewaltverbrechen zur Kenntnis gebracht werden. Dabei wird es sich aber allenfalls um Straftaten handeln, bei denen sowohl die Zahl der Tatbeteiligten wie auch der Opfer relativ gering ist. [...]
> Mit an Sicherheit grenzender Wahrscheinlichkeit kann ausgeschlossen werden, daß bisher noch unbekannte größere Tatkomplexe mit einer Vielzahl von Opfern festgestellt werden [...].
> Die Chancen, einen erst nach dem 31. Dezember 1979 entdeckten NS-Täter auf die Anklagebank zu bringen, sind jedoch aus den bereits genannten Gründen – Alter der Beschuldigten, zunehmende Ermittlungs- und Beweisschwierigkeiten, relativ lange Verfahrensdauer – nur noch äußerst gering.«[8]

Neben in der Öffentlichkeit wiederholt und zumeist lautstark geäußerten »Zweifeln« am Sinn einer weiteren Verfolgung von NS-Verbrechen meldeten sich jetzt aber auch immer wieder Stimmen zu Wort, die auch nach über 30 Jahren die Notwendigkeit der Verfahren betonten: Wie ein Leserbriefschreiber im April

1979 in der *Frankfurter Allgemeinen Zeitung* ausführte, dienten die Prozesse unter anderem auch dazu, »ein Geschichtsbewußtsein« zu erzeugen, »das unsere Glaubwürdigkeit unterstreicht, mit der NS-Vergangenheit endgültig gebrochen zu haben.«[9] Gerade den NS-Verfahren wurde an dieser Stelle eine größere Wirkung bei der »Erhellung des historischen Hintergrundes der Vernichtungsmaschinerie in den NS-Todeslagern« zugesprochen, als es »die *esoterische Geschichtswissenschaft* zu leisten vermocht« habe.[10] Die Prozessakten mit ihren vielen zehntausend Seiten waren im Verlauf der Jahre selbst zu »Geschichtsbüchern« geworden, so der eindrückliche Hinweis auf die Bedeutung der Verfahren in einem Dossier der Wochenzeitung *Die Zeit.*[11]

Den rechtlich-politischen Grundstein für die öffentliche Beschäftigung mit dem Nationalsozialismus in den 1980er Jahren hatten die vier teilweise intensiven Verjährungsdebatten im Bundestag der Jahre 1960, 1965, 1969 und 1979 gebildet.[12] In den Verjährungsdebatten stellte sich das Parlament insgesamt *gegen* die politische Demoskopie und die öffentliche »Schlussstrichmentalität«.[13] Als eines der Resultate dieser insgesamt zwanzig Jahre währenden intensiven öffentlichen Debatte wurde durch das *16. Strafrechtsänderungsgesetz* vom 16. Juli 1979 die Verjährung für Mord schließlich aufgehoben.[14] Wie die Mehrheit der Gesetze, die die Hinterlassenschaften des NS-Systems betrafen, so war auch in diesem Fall eine Entscheidung nur auf dem Wege des politischen Kompromisses erreicht worden: Das Gesetz galt nicht ausschließlich für NS-Morde, sondern für alle Straftatbestände des Mordes. Ob damit »die NS-Verbrechen in den allgemeinen Mord hineinnivelliert« wurden, wie Heribert Prantl in einem Kommentar der *Süddeutschen Zeitung* zum 25. Jahrestag der Verabschiedung des Gesetzes im Sommer 2004 bemerkte, muss hier offen bleiben. Prantl ist allerdings zuzustimmen, dass es eine wichtige Begleiterscheinung der Gesetzesinitiative gab: »Die NS-Verbrechen konnten weiter verfolgt werden.«[15]

Auch in der Wissenschaft war die Zeit nicht stehen geblieben, der Umgang mit dem Nationalsozialismus wurde zunehmend in breitere historische Kontexte, aber auch in nationale Identitätsdebatten eingebettet. 1981 unternahm der (Zeit-) Historiker und Politikwissenschaftler Peter Steinbach einen ersten »Versuch, die Diskussion über den Nationalsozialismus und insbesondere die nationalsozialistischen Gewaltverbrechen als Bestandteil einer Geschichte nationaler Identität und politischer Kultur der Bundesrepublik Deutschland nachzuzeichnen.«[16] Steinbach maß der öffentlichen Auseinandersetzung der Deutschen mit ihrer Vergangenheit seit den 1960er Jahren und damit insbesondere den bundesdeutschen Medien eine entscheidende Prägekraft für die politische Kultur der demokratischen Bundesrepublik bei:

> »In den Massenmedien wurden die Prozessgegenstände einer größeren Öffentlichkeit nahegebracht. Es ist unbestreitbar, daß sich die Medien zunächst mit dem Thema der NS-Verbrechen schwertaten, stand es doch gewiß nicht in der Gunst der Leser. Die Medien stellten wiederholt einzelne Schicksale von Opfern und Tätern

> heraus und wiesen damit auf die menschliche Dimension, aber auch auf die Verstrickung des einzelnen hin. So gelang es häufig, bei den Lesern eine gewisse Betroffenheit zu erzeugen.«[17]

In der öffentlichen Wahrnehmung der NS-Verbrechen und NS-Prozesse konnte zum Ende der 1970er Jahre hin durchaus ein Umschwung verzeichnet werden: Dies lag zum einen an der Ausstrahlung der amerikanischen Fernsehserie »Holocaust« im deutschen Fernsehen.[18] Während die Erstausstrahlung der 4-teiligen Mini-Serie den Programmverantwortlichen 1979 nur für die Dritten Programme geeignet schien, stellte die Medienwirkungsforschung schon bei der ersten Wiederholung der Serie im Jahr 1982 die Reaktionen der Zuschauer auf die Ausstrahlung des Jahres 1979 zur Diskussion.[19] Für Paul ist die Serie »eine folgenreiche, wenn nicht die folgenreichste Zäsur im geschichtskulturellen Diskurs der Bundesrepublik über Nationalsozialismus und Judenmord, die sich unter dem Titel ›Vom Beschweigen zur Medialisierung‹ zusammenfassen lässt«.[20] Zum anderen sah sich die bundesdeutsche Öffentlichkeit erneut mit großen NS-Prozessen konfrontiert. Die Urteilsverkündung im Schwurgerichtssaal 111 des Düsseldorfer Landgerichts in der ersten Juniwoche 1981 beendete nach einer Verfahrensdauer von fünf Jahren und sieben Monaten das Majdanek-Verfahren.[21] Die mediale Berichterstattung über NS-Prozesse fand seit dem Ende der 1960er Jahre nicht mehr allein in den Printmedien und im Hörfunk statt. Das Fernsehen war als wichtiger Stichwortgeber und Produzent von Erinnerungsbildern hinzugekommen.[22]

Wie die 1960er Jahre mit dem ersten Frankfurter Auschwitz-Prozess, so hatten auch die späten 1970er und frühen 1980er Jahre mit dem Verfahren gegen Kurt Lischka, Ernst Heinrichsohn und Herbert Martin Hagen vor der 15. Großen Strafkammer des Landgerichts Köln ihren »Schlüsselprozess«: Die Rolle des Verfahrens gegen Lischka, Heinrichsohn und Hagen lag nicht allein im inhaltlichen Bereich – die Angeklagten standen als mutmaßliche Organisatoren der Vernichtung der französischen Juden vor Gericht – sondern vor allem auch in seiner transnationalen medialen Wirkung begründet: »Der Öffentlichkeit hat der Prozeß noch einmal klar gemacht, was im Frankreich der Jahre 1941 und 1942 geschah. Die Deportation und anschließende Vernichtung der französischen Juden war das Werk einer umfassenden, vielschichtigen und in Teilen bewußt undurchsichtig gehaltenen Befehls- und Organisationsstruktur.«[23]

Der am 5. Mai 1955 in Kraft getretene *Überleitungsvertrag* hatte die letzten noch bestehenden Beschränkungen für die deutsche Justiz hinsichtlich der Strafverfolgung nationalsozialistischer Verbrechen aufgehoben. Der Vertragstext sah vor, dass diejenigen NS-Täter, die bereits von alliierten Gerichten in den drei westlichen Besatzungszonen verurteilt oder freigesprochen worden waren, in Deutschland für die fraglichen Taten nicht noch einmal vor Gericht gestellt werden konnten. Dieser Passus galt auch bei veränderter oder grundsätzlich neuer Beweislage. Da das *Grundgesetz* auch in Abwesenheit im Ausland verurteilte NS-

Täter vor einer Auslieferung schützte, kam es ab der zweiten Hälfte der 1960er Jahre aufgrund der geltenden Auslegung des *Überleitungsvertrages* durch die zuständigen deutschen Behörden wiederholt zu spektakulären und medienwirksamen Blockaden in der Strafverfolgung, die mehrfach auch die französische Öffentlichkeit aufschrecken ließen. Heiner Lichtenstein, Journalist und einer der bekanntesten Beobachter und Kommentatoren von NS-Verfahren vor deutschen Gerichten, bemerkte 1984 in der deutsch-jüdischen Wochenzeitung *Aufbau* nicht ohne Grund, dass die deutsche Justiz sich mit Blick auf bekannte NS-Verbrecher »in rasendem Schnecktempo« bewege: »Bonn und geflüchtete NS-Verbrecher – das ist ein Stück deutscher Gegenwart, das noch lange nicht aufgearbeitet ist.«[24] Der Zeithistoriker Bernhard Brunner hat diese Blockade-Politik der deutschen Seite unlängst mit dem Begriff »Frankreich-Komplex« bedacht.[25] Nach endlosen internen Diskussionen ratifizierte der Bundestag am 30. Januar 1975 das nach schwierigen Verhandlungen bereits am 2. Februar 1971 unterzeichnete *Deutsch-französische Zusatzabkommen zum Überleitungsvertrag*, das die Wiederaufnahme von NS-Verfahren in der Bundesrepublik grundsätzlich ermöglichte.[26] Wenn auch in der Praxis ein großer Teil der in Frage kommenden Verbrechen verjährt war und/oder die Täter bereits verstorben oder aufgrund ihres Alters als verhandlungsunfähig eingeschätzt wurden, so sollte dem Gesetz bei der Einleitung des Kölner Verfahrens eine wichtige Rolle zukommen: Werner Hagen beispielsweise war am 18. März 1955 von einem Militärgericht in Paris in Abwesenheit zu lebenslanger Zwangsarbeit verurteilt worden.[27]

Mit dem ehemaligen SS-Unterscharführer und Sachbearbeiter des Befehlshabers der SiPo und des SD in Paris (Heinrichsohn), dem ehemaligen Obersturmbannführer und Stellvertretenden Befehlshaber der SiPo und des SD in Frankreich und Kommandeur der SiPo in Paris (Lischka) und dem ehemaligen persönlichen Referenten des Höheren SS- und Polizeiführers für Nordfrankreich und Belgien (Hagen) standen zum ersten Mal in der Bundesrepublik Hauptverantwortliche für die »Endlösung« der Judenfrage in Frankreich vor Gericht – »NS-Schreibtischtäter«[28] bzw., so die Staatsanwaltschaft über Lischka, »typische Schreibtischtäter«.[29] Der Kölner Oberstaatsanwalt Johann Cohnen steuerte in seinem Abschlussplädoyer noch eine andere gängige Lesart des NS-Täters bei, er endete mit den Worten: »Die Angeklagten wären ohne die NS-Herrschaft nie zu Verbrechern geworden. Das Dritte Reich hätte freilich ohne Leute dieses Schlages nie diese Verbrechen begehen können.«[30] Während des Verfahrens machten die drei Angeklagten »äusserlich den Eindruck biederer Durchschnittsbürger«.[31] Noch deutlicher wurde Dietrich Strothmann in einem Kommentar in der Wochenzeitung *Die Zeit* unmittelbar nach Prozessende: In den Angeklagten sah der Zuschauer

> »drei angeblich anständige, in ihrer Umgebung wohlgelittene, wohlgeachtete Bürger [...] Keiner hatte ein ›Mördergesicht‹, keinem ging ein schlechter Ruf voraus, der ihn gezwungen hätte sich zu verstecken. Sie waren längst wieder wer, diese *Büro-*

> *kraten des Bösen.* [...] Sie halfen beim Töten aus weiter Distanz, am Schreibtisch, mit dem Federhalter. [...] Sie machten ihren Dienst nach Vorschrift und gingen abends in die Oper, nachdem sie Vollzug gemeldet hatten: ›Sind über die Abnahme von Juden dankbar‹.«[32]

In Frankreich wurde der Prozess ebenfalls mit großem öffentlichem Interesse verfolgt und intensiv in den Tageszeitungen kommentiert.[33] Die mit dem Urteil ergangenen hohen Haftstrafen, zehn Jahre Freiheitsstrafe für Lischka, zwölf für Hagen und sechs Jahre für Heinrichsohn, wurden im Inland wie im Ausland, besonders in Frankreich und Israel, in der Presse einhellig begrüßt.[34] Das Verfahren lieferte zudem einen Grund, erneut eine »Bilanz« der NS-Verfahren vor bundesdeutschen Gerichten zu ziehen. In der *Zeit* rückten dabei vor allem die durch die Justiz unbehelligt geblieben oder freigesprochenen Täter in den Blick, die

> »in ihren sauberen Städten oder friedlichen Dörfern, längst wieder die ›nette Oma‹, der ›liebe Opa‹ (waren). Einige standen jahrelang vor ihrem Richter, einige kamen erst gar nicht vor Gericht, viele waren verhandlungsunfähig. Ihre Namen wurden einmal genannt, dann verschwanden sie wieder in der Unauffälligkeit, Normalität, Anonymität, in der sie sich so lange so gut versteckt gehalten hatten: Deutsche, honorige Bürger, freundliche Leute von nebenan, Menschen ›wie Du und Ich‹, damals wie heute.«[35]

Als kennzeichnend für die gesellschaftliche Stimmung in der Bundesrepublik der 1980er Jahre sollten sich auch die Versuche Bundeskanzlers Helmut Kohl erweisen, durch »kommemorative Staatsakte«[36] aktiv Gedächtnis- und Geschichtspolitik zu betreiben, d. h., Geschichte gezielt als »politisches Argument« einzusetzen.[37] Die 1980er Jahre waren eine Hochzeit des öffentlichen Streites um das »richtige« Verständnis des Holocaust in der Entwicklung einer neuen politischen Kultur und einer »zeitgemäßen« Interpretation Deutschlands als Nation – symbolisiert in den aufgeladenen öffentlichen Debatten um *Bitburg*,[38] ein *Nationalmuseum für deutsche Geschichte*[39] oder den *Historikerstreit*[40]. Ermöglicht wurden diese Debatten durch den Umstand, dass seit den 1970er Jahren – ausgelöst durch den Kniefall Willy Brandts am Ehrenmal für die Toten des Warschauer Ghetto-Aufstandes im Jahr 1970[41] – der Holocaust ein integraler Bestandteil des offiziellen deutschen Gedächtnisses geworden war.[42] Die staatlich getragene Erinnerung kann zwar nicht mit der politischen Kultur eines Landes gleichgesetzt werden, der offizielle politische und gesellschaftliche Diskurs fungiert aber als wichtige Instanz, die in der Lage ist, Wertkategorien nicht nur anzubieten sondern diese auch erfolgreich zu institutionalisieren. Die Verantwortung Deutschlands für den Holocaust war zu einem entscheidenden Bestandteil der offiziellen Reden und Symbolik der Bundesregierungen geworden.[43] Die NS-Verbrechen wurden nun offiziell *erinnert* und zur Geschichte des Nationalsozialismus trat eine »zweite Geschichte« hinzu, die des Umganges mit seinen Hinterlassenschaften und Folgen.[44]

Es gab aber weiterhin Befürworter des »Schlussstriches«: So wurden in den 1980er Jahren auch Überlegungen laut, die Strafe lebenslang einsitzender NS-Täter, also in aller Regel verurteilter Mörder, nach deren Gnadengesuch auszusetzen. Diskutiert wurde auf Basis der gängigen juristischen Praxis, dass bei Verurteilungen nach dem *StGB* die Verurteilten nach 15 Jahren die Chance erhielten, freizukommen, diese Möglichkeit jedoch NS-Tätern, trotz Pflegebedürftigkeit, zumeist verweigert würde.[45] Besonders in der Presse der politischen Rechten wurde das Thema polemisch behandelt, wie zum Beispiel in der *Deutschen Wochen-Zeitung*, die ihre Leserschaft über den juristischen Zusammenhang »aufklärte«: »Muttermörder und Kinderschänder haben es jedenfalls besser hierzulande«.[46] Eine Entscheidung des BGH hatte im April 1986 die Aussetzung der Strafe bei einigen lang einsitzenden Gefangenen zufolge.[47] Das gesellschaftliche Klima wurde insgesamt wieder rauer: In der Wochenpresse der politischen Rechten galten die NS-Verfahren in den 1980er Jahren weiterhin als antinationale »Bewältigungs-Justiz« linksextremer Wortführer, »meineidige(r) Zeugen« und Richter, denen es »an Zivilcourage mangel(te)«.[48]

Die Gehilfen-Juridikatur: Täter oder (Bei-)Helfer?

Die Frage nach dem Sinn und Zweck von Strafe ist über den engen juristischen Kontext hinaus immer auch eine politische Frage, nicht nur in den Fällen, wo es um die Verurteilung von NS-Tätern ging bzw. geht. In der Bundesrepublik ließ sich bereits seit der Staatsgründung 1949 ein allgemeiner juristischer Trend zum allmählichen Abbau des klassischen Vergeltungs- und Sühnestrafrechts feststellen. Stattdessen sollten Abschreckung und Prävention als Strafziele allmählich die Oberhand gewinnen.[49] Die Entwicklung blieb nicht ohne Folgen für die Rechtsprechung in NS-Verfahren. Sie war darüber hinaus sogar in Teilen ideell, personell und institutionell mit der Forderung nach einer Beendigung der NS-Verfahren verzahnt.[50] Die allgemein-historische Betrachtungsweise erlaubt es grundsätzlich, einen weiten Personenkreis, d. h. alle in ein Tötungsdelikt oder eine NS-Vernichtungsmaßnahme verwickelten Personen, als Täter im *weitesten Sinne* zu bezeichnen.[51] Die Frage der Abgrenzung zwischen Täterschaft und Beihilfe beim Straftatbestand des Mordes stellte nun hinsichtlich der NS-Verfahren ein großes Problem dar. Mord wurde mit einer lebenslangen Freiheitsstrafe geahndet, die Strafe für »Beihilfe« aber konnte bis auf drei Jahre herabgesenkt werden. Im Folgenden werden deshalb die Abgrenzungen zwischen Mord und Totschlag und die beiden gängigen Teilnahmeformen der Täterschaft und der Beihilfe ausführlicher erörtert.

Als mordqualifizierende Merkmale nach § 211 *StGB* galten bzw. gelten: Mordlust, niedrige Beweggründe, Heimtücke und Grausamkeit. Alle vier Begriffe bedurften – auch mit Blick auf die NS-Verfahren – einer begrifflichen Konkretisierung durch die Rechtsprechungspraxis des *BGH*.[52] Liegen bei einem vorsätzlichen Tötungsverbrechen keine mordqualifizierenden Merkmale vor, so handelt es sich (in der Regel) um ein Totschlagsdelikt nach § 212 *StGB*. Ein Totschlagsvergehen ist mit einer zeitigen Freiheitsstrafe von mindestens 5 Jahren bedroht. Diese geringe(re) Höchststrafe schloss Totschlag ab 1960 wegen der geltenden Verjährungsgrenze von der Strafverfolgung der NS-Verfahren aus.[53] Der Ausdehnung der Verjährungsfrist für Totschlag auf 20 Jahre im Rahmen des *9. Strafrechtsänderungsgesetzes* von 1969 kam für Verbrechen aus der NS-Zeit keinerlei Relevanz mehr zu.[54] Auch Beihilfe zu Mordtaten, die vor dem 5. Dezember 1939 begangen worden waren, konnte seit dem 8. Mai 1960 nicht mehr juristisch verfolgt werden, wenn die Verjährung vorher nicht unterbrochen worden war.[55] Die Neufassung des *StGB*, die am 1. Januar 1975 in Kraft trat, sah hingegen wieder eine generelle Strafmilderung für »Gehilfen« vor.[56]

Somit drohte 1960 für alle NS-Tötungsverbrechen die Verjährung, mit der einzigen Ausnahme des Mordes, für den nicht eine 15-, sondern eine 20-jährige Frist galt. Durch den deutschen Gesetzgeber wurde deshalb im Jahr 1965 – als auch der Straftatbestand des Mordes zu verjähren drohte – beschlossen, die strafrechtliche Verjährungsfrist für Verbrechen, die mit lebenslangem Zuchthaus bedroht waren, auch für die Zeit zwischen dem 8. Mai 1945 und dem 31. Dezember 1949 ruhen zu lassen.[57] Die »Frist« verschob sich damit in der Folge um 5 Jahre nach hinten. In den Jahren 1969 und 1979 kam es jeweils zu einer weiteren Verlängerung der Verjährungsfrist für den Straftatbestand des Mordes: 1969 wurde die Verjährungsfrist für mit lebenslangem Freiheitsentzug bedrohte Straftaten von 20 auf 30 Jahre ausgedehnt[58] und 1979 schließlich die Verjährung für den Straftatbestand Mord ganz aufgehoben.[59] Es konnte in den NS-Verfahren grundsätzlich aber auch zu einem Schuldausschluss wegen »fehlenden Unrechtsbewusstseins« der Angeklagten kommen.[60] In diesen Fällen standen weder Tatbestand noch Teilnahmeform im Mittelpunkt der richterlichen Ausführungen, sondern allein die Frage nach der strafrechtlichen Schuld des Angeklagten: Verfügten die Angeklagten über ein Bewusstsein, mit ihrem Handeln ein Unrecht zu begehen?[61]

Das deutsche Strafrecht zog und zieht in § 211 *StGB* einen engen juristischen Rahmen bezüglich der Täterschaft bzw. der Beihilfe beim Straftatbestand des Mordes. Die klare Abgrenzung wurde ab dem Ende der 1950er Jahre durch die Unterscheidung einer *objektiven* von einer *subjektiven* Teilnahmelehre vorgenommen. Während die objektive Teilnahmelehre die einzelnen Tatbeiträge gewichtete, war im Rahmen der subjektiven Teilnahmelehre allein der Wille der Beteiligten zur Tat entscheidend. Die althergebrachte objektive Teilnahmelehre war auf den unmittelbaren Tatvollstrecker begrenzt. Sie machte es unmöglich, »reine« Befehlsgeber, sogenannte Schreibtischtäter, in den Täterkreis der NS-Verfahren mit einzubeziehen. Der objektiven Teilnahmelehre war auch aus Kreisen der deutschen Strafrechtler mehrfach vorgeworfen worden, sie vernachlässige die innere Einstellung der Täter zu ihren Taten.[62] Die subjektive Teilnahmelehre rückte nun das konkrete Interesse des Täters am »Erfolg« seiner Taten in den Mittelpunkt der juristischen Argumentation: Erst ein *Wille* zur Straftat, der sogenannte *animus auctoris* qualifizierte einen Angeklagten als Täter.[63] Ein Angeklagter »blieb« indessen *passiver* Gehilfe, wenn es ihm gelang, vor Gericht glaubhaft nachzuweisen, lediglich den Willen eines Anderen ausgeführt zu haben. Kurz: Wollte der Täter die Tat als eigene, hatte er ein Interesse am Taterfolg, so handelte er als Täter; ordnete er sich einem fremden Willen unter, so handelte er mit Gehilfenwillen.[64] Die Aushöhlung des Täterbegriffs durch die Gehilfenkonstruktion zu Gunsten der Administratoren und Exekutoren der Massenvernichtung resultierte aus einem interessegeleiteten Geschichtsbild der 1950er und beginnenden 1960er Jahre, das die Mitverantwortung der Funktionseliten des Militärs, der Justiz, der Wirtschaft, der Ärzteschaft oder auch der Universitäten an der NS-Herrschaft und den NS-Verbrechen fast vollständig verbannte. Dieses Geschichtsbild sicherte die Reintegration der Führungsschichten des NS-Regimes in die neue demokratische Bundesrepublik durch die Generalthese eines grundsätzlichen Gegensatzes zwischen NS-Führung und gesellschaftlichen Eliten.[65]

Eine weitere wichtige Gesetzesänderung betraf die Verkürzung der Verjährungsfrist für bestimmte Formen der Beihilfe zum Mord:[66] Durch das *Einführungsgesetz zum Ordnungswidrigkeitengesetz* vom 24. Mai 1968[67] trat zum 1. Oktober 1968 eine neue Fassung des § 50 Abs. 2 *StGB* (heute §§ 28, 29 *StGB*) in Kraft. Dieser unscheinbare Eingriff hatte entscheidende Folgen für die juristische Verfolgung von NS-Verbrechen.[68] In der Folge fielen »Beihilfehandlungen« zu aus »nationalsozialistischer Gesinnung begangenen Mordtaten« unter bestimmten Voraussetzungen unter die Verjährung.[69] In der alten Fassung kam es nicht darauf an, ob sich bei einem Gehilfen einer Tat *eigene* niedrige Beweggründe feststellen ließen oder ob diese nur beim Täter lagen. Mordqualifizierende Tatmerkmale wie »niedrige Beweggründe« waren *Tat*bestandsmerkmale, d. h. auch für einen Tatgehilfen konnte das volle Strafmaß, bis hin zu einer lebenslangen Freiheitsstrafe, verhängt werden. Hinsichtlich der Verjährung galt für die Verfolgung von Mordgehilfen dieselbe Frist wie bei Mördern. Nach der neuen Regelung musste die Strafe für Teilnehmer bzw. Gehilfen, wenn ihnen keine eigenen niedrigen Beweggründe nachgewiesen werden konnten, auf »Versuch« abgemildert werden.[70] Die Höchststrafe für Beihilfe reduzierte sich somit von zuvor »lebenslänglich« auf nur mehr maximal 15 Jahre. Damit war die im Jahr 1968 gültige Verjährungsfrist von 20 Jahren für mit lebenslanger Freiheitsstrafe bedrohte Taten bei Anklage wegen Beihilfe zum Mord auf 15 Jahre gesunken. Neben Totschlag war nun auch die sogenannte »neutrale« Beihilfe rückwirkend zum 8. Mai 1960 verjährt und konnte nicht mehr verfolgt werden, sofern die Verjährung nicht vorher offiziell vonseiten des Gerichts unterbrochen worden war. Künftig wurde ein Mordgehilfe nur noch dann bestraft, wenn ihm entweder nachzuweisen war, dass sein Tatbeitrag auf eigenen »niederen Beweggründen« beruhte oder aber, dass er zum Zeitpunkt seines Handelns die grausamen oder heimtückischen Umstände der Tatausführung kannte.

Die Rechtsprechung zementierte mit dieser sogenannten »Gehilfen-Juridikatur«[71] seit den 1960er Jahren im Rahmen der NS-Verfahren ein Schuldmodell, das mit dazu beitrug, dass eine adäquate Ahndung der NS-Verbrechen in der Folgezeit weiter erschwert und in vielen Fällen sogar unmöglich wurde: »Das auffälligste Ergebnis der meisten quantitativen Auswertungen zu ausgewählten Teilbereichen von NS-Verbrechen ist die Dominanz der ›Beihilfe‹-Konstruktion«.[72] Dabei zeigten sich zwei Tendenzen: In den frühen Verfahren bezog sich der Vorwurf der Mittäterschaft auf nahezu alle an der Mordmaschinerie Beteiligten. Später wurden Angeklagte nur noch dann als Mittäter verurteilt, wenn man ihnen individuell eine aktive Rolle und eine innere Zustimmung zur Tat nachweisen konnte. In den frühen Verfahren war die Mittäterschaft auch noch nicht von einer Hierarchisierung der Täter abhängig. Später wurden aus Mittätern oft »Nebentäter«, denen man nur eine reduzierte Verantwortlichkeit zubilligte. Gerade in den Strafverfahren, in denen die Strafverfolgung erst vergleichsweise spät eingesetzt hatte, wie z. B. den Verfahren gegen Angehörige des Reichssicherheitshauptamts (RSHA), waren die zur Ahndung stehenden Taten, wie die Beihilfe zum Mord, nun in vielen Fällen schon verjährt.[73] Laufende Verfahren mussten umgehend eingestellt werden, andere wurden trotz Erfolg versprechender Vorermittlungen erst gar nicht mehr eröffnet:

> »Fritz Bauer plädierte dafür, das Morden in Auschwitz als *eine* Tat zu behandeln und alle, die dabei wissentlich halfen, zur Verantwortung zu ziehen. Die Ironie der Geschichte will es, dass seine Idee einige Jahre später vom Bundestag zum Gesetz gemacht wurde. [...] Als 1985 über den Mord an Generalbundesanwalt Buback abermals verhandelt wurde, genügte es dem Gericht, dass ein Angeklagter Mitwisser war: Er wurde wegen Mordes verurteilt. [...] Im Hinblick auf die RAF ergab sich im Nu, was zuvor verhindert worden war. Das besagt einiges über den politischen Zustand der BRD in den sechziger Jahren.«[74]

Im Rahmen der Beihilfekonstruktion wurde ein Bild des »Dritten Reiches« entworfen, nach dem das deutsche Volk »aus Hitler und 60 Millionen Gehilfen« bestanden hatte.[75] Die Begründung von NS-Tötungsdelikten erfolgte nach dem bereits mehrfach angesprochenen Schema: Bei den Tötungen handelte es sich aus Sicht der Gerichte um Mord. Als NS-Haupttäter in Betracht kamen: Hitler, Himmler und Heydrich. Die Angeklagten hatten zu deren Taten Beihilfe geleistet. Ob die Tat vor Gericht als Beihilfe oder Mittäterschaft gewertet wurde, war nur anhand subjektiver Kriterien zu entscheiden: Tat- und täterbezogene Merkmale wurden voneinander getrennt. Jedem Täter musste ein persönlicher Wille zur Tat nachgewiesen werden. Mit welchen Schwierigkeiten dieser Nachweis verbunden sein konnte, hat zum Beispiel weiter oben die ausführliche Begründung des Urteils gegen Heinz Mocek und seine Mitangeklagten gezeigt. Um die Frage von Täterschaft oder Beihilfe entscheiden zu können, beschäftigen sich die Gerichte im Rahmen der NS-Verfahren dezidiert mit dem Nachweis einer Tatherrschaft, der »wahren« inneren Einstellung der Angeklagten zum Tatgeschehen, ihrem eigenen Interesse an einer erfolgreichen Ausführung der Tat bzw. dem konkreten Umfang ihrer eigenen Tatbestandsverwirklichung. Eine generelle Änderung bzw. Anpassung des *Allgemeinen Teils* des *StGB* trat am 1. Januar 1975 in Kraft.[76] Der neue Wortlaut verschiedener Paragrafen, wie zum Beispiel zur Frage der Täterschaft (§ 25, zuvor § 47), der Beihilfe (§ 27, zuvor § 49), zum rechtfertigenden und entschuldigenden Notstand (§§ 34, 35, zuvor §§ 52, 54) oder zur Verjährung (§§ 78b, 78c, zuvor §§ 68, 69) usw. – hatte zum Teil gravierende Folgen für den Fortgang der juristischen Ahndung von NS-Tötungsverbrechen.[77]

Im Rahmen von Urteilen auf Basis der subjektiven Teilnahmelehre verfügten die Richter über einen hohen tatrichterlichen Ermessensspielraum, der nach außen, in die Öffentlichkeit hinein, kaum verifizierbar war. Letztendlich entschied der Richter »intuitiv und aufgrund seiner Lebens- und Berufserfahrung«.[78] Persönlichkeitsstruktur und Sozialisation der Angeklagten bildeten die Grundlage für ein richterliches Personen- bzw. Täterbild, welches nun an den im Verfahren festgestellten Tathergang rückgebunden wurde bzw. von dem diesbezügliche Rückschlüsse erwartet wurden. Die Strafzumessung wurde insgesamt zu einem nahezu unangreifbaren »schöpferische(n) soziale(n) Gestaltungsakt« des Richters.[79] Dabei geriet wiederholt auch der soziale Status der Angeklagten in den Mittelpunkt der Argumentation: Ihnen wurde in der Urteilsbegründung bzw. Strafzumessung zugutegehalten, dass sie ihr ganzes Leben lang unbeanstandet geführt hätten und auch zum Prozesszeitpunkt noch frei von Schuld wären, wenn sich nicht die Lebensumstände im NS-System völlig ohne ihr Zutun grundlegend geändert hätten und sie deshalb in Straftaten verwickelt worden wären. In der Urteilsbegründung gegen Mocek findet sich diese geschlossene Argumentationskette nahezu wortgleich wieder.[80] Als Folge des Schuldmodells »Gehilfen-Juridikatur« fielen die Täter, die den verschiedenen Hierarchieebenen der Verwaltung des NS-Systems angehört hatten, die sogenannten Schreibtischtäter, in der Regel aus der Anklage heraus. Der Richter hatte zu befinden, ob diese die Tat als »eigene gewollte« oder, innerlich ablehnend, als »fremde ausgeführt« hatte. Konnte ihnen kein besonderer Wille zur Verwirklichung der von ihnen befohlenen Tötungshandlungen nachgewiesen werden, wurden sie »schlimmstenfalls« als Gehilfen zum Totschlag in einem ansonsten *fremden* Geschehen angeklagt.[81] Der Göttinger Strafrechtler Claus Roxin kritisierte deshalb bereits 1963 die subjektive Teilnahmelehre heftig. Seiner Meinung nach entzog sich die Prüfung, ob jemand die Tat als eigene oder fremde wolle, der »objektiven Norm« und führe zu einer »irrationalen richterlichen Gefühlsjurisprudenz, in welcher den Richtern mehr oder weniger überprüfbare individuelle Wertungen zugestanden werden«.[82]

In der Rechtsprechungspraxis wirkte die Trennung von »erfolgreicher« NS-Karriere und innerer Einstellung zur Tat nicht selten »konstruiert«. Eine hohe Funktion in der NS-Hierarchie wurde nicht als (alleiniges) Indiz für einen vorhandenen Täterwillen anerkannt. Wenn der Angeklagte auf Befehl tätig geworden und sich jeder Exzesstat im Sinne von eigenhändigen Willkürmorden enthalten hatte bzw. ihm eine solche nicht durch das Gericht nachgewiesen werden konnte, so genügten das Vorhandensein eines eigenen Ermessensspielraumes bei der Ausführung von Befehlen im Rahmen der Taten und eine exponierte Stellung im NS-System allein nicht aus, um die Gerichte mit der erforderlichen »letzten Sicherheit« auch auf einen eigenen Täterwillen schließen zu lassen. Einen »besonderen Eifer«, eine »auffallende Rücksichtslosigkeit« oder eine »über den Befehl hinausgehende Handlung« konnten die Gerichte in diesen Fällen dann nicht feststellen, allenfalls einen »einverständlichen Eifer«, der im Rahmen des Einsatzes für den rückhaltlosen Vollzug verbrecherischer Befehle aber »nachzuvollziehen« war.

Nicht nur die Gerichte, auch die Öffentlichkeit »akzeptierte« es als Strafmilderungsgrund, wenn die Angeklagten zwischen Tat und Ahndung ersichtlich an ihrer Schuld »getragen« hätten. Oft wurden die Angeklagten in den Urteilsbegründungen als neutrale Befehlstäter ohne Handlungsspielraum klassifiziert, als Rädchen im großen, von anderen gesteuerten Räderwerk: Als Persönlichkeit seien sie sauber und anständig geblieben. Sie seien zwar, so auch die Argumentation im ersten Fallbeispiel, Böse und seine beiden Mitangeklagten, der Propaganda ausgesetzt gewesen, nach dem Krieg hätten sie sich aber nichts weiter zuschulden kommen lassen. Diese Aufspaltung von »äußerlicher Mitwirkung« und »innerlicher Anständigkeit« trat umso häufiger auf, je länger das Kriegsende zurücklag und die Angeklagten sich wieder in ihrem »normalen« Lebensumfeld bewegt hatten, wie zum Beispiel Moeck, Richardt und ihre beiden Mitangeklagten im dritten Fallbeispiel. Die Angeklagten, so wurde wiederholt argumentiert, hätten einen Persönlichkeitswandel durchlaufen und nun mit dem Täter von einst nicht mehr viel gemein: Sie hätten in der Zwischenzeit ein »ordentliches bürgerliches Leben geführt«, sich »mit Fleiß und Tüchtigkeit in den Arbeitsprozess eingeordnet« und die Familie versorgt.[83] Dieser Argumentationslinie lag der Gedanke zugrunde, dass eine Wiederholung der Tat unter rechtsstaatlichen Bedingungen nicht zu erwarten war, die Strafjustiz in diesen Fällen also bei der Begründung von Urteil und/oder Strafmaß nicht auf die abschreckenden bzw. vorbeugenden Implikationen des Urteils verweisen musste.

5.1 Ein ehemaliger Gestapobeamter vor dem Landgericht Heidelberg 1984

Eichmann – Chiffre des Bösen?

Gegenstand und Inhalt der NS-Prozesse hatten sich seit Beginn der zweiten Verfahrenswelle grundlegend geändert: Hatten noch bis in die 1960er Jahre ca. 43 Prozent der Verfahren Endphaseverbrechen und weniger als 15 Prozent Massenvernichtungsverbrechen zum Gegenstand, so erhöhte sich seit der Mitte der 1960er Jahre die Quote der Massenvernichtungsverbrechen auf rund 60 Prozent der Verfahren.[84] Der Anteil jüdischer Opfer war folgerichtig von 29 auf 76 Prozent gestiegen und beim überwiegenden Teil der Ermordeten (86 Prozent) handelte es sich nicht um Deutsche.[85] Die Tatorte der NS-Verbrechen lagen nun in weit über 80 Prozent der Fälle im Ausland, zumeist in Polen (41 Prozent) und der Sowjetunion (31 Prozent).[86] Auch das Zugehörigkeitsspektrum der Angeklagten hatte sich grundlegend verschoben. Bei den Tätern handelte es sich nur noch in seltenen Fällen um Angehörige der Wehrmacht oder ehemalige Angehörige der NS-Justiz. Vor den deutschen Gerichten wurde nun hauptsächlich gegen das Personal von KZ-Wachmannschaften und Angehörige der verschiedenen Polizeieinheiten verhandelt. Während der Prozentsatz an Verfahren, die ohne Strafe endeten, gleich blieb (45 bzw. 48 Prozent), erhöhte sich die Zahl der zu lebenslangen Freiheitsstrafen verurteilten Angeklagten nach 1966 von vorher 5,5 auf 13 Prozent.[87]

Das bekannte Diktum, nach dem Formen der juristischen Vergangenheitsaufarbeitung immer ein zeitgebundenes Phänomen darstellen, bekam spätestens in den 1980er Jahren eine zusätzliche Bedeutung: Sowohl die deutschen Strafverfolgungsbehörden wie auch die deutsche Öffentlichkeit konnten bereits auf drei Jahrzehnte juristischer Aufarbeitung und öffentlicher Debatten zurückblicken. An positiven wie negativen Bilanzen herrschte, wie weiter oben bereits ausgeführt worden ist, kein Mangel. Diese Aussage gilt auch mit Blick auf die Breite der zeitgenössischen Überblicke über die juristische Aufarbeitung der NS-Diktatur in der Bundesrepublik.[88] Die Prozesse wirkten auch in die bundesdeutsche Geschichtswissenschaft hinein. Nicht nur die Tätigkeit einzelner NS-Forscher, wie zum Beispiel Wolfgang Scheffler[89] als historische Gutachter in den Prozessen, führte zu einer engen Bindung zwischen juristischer Aufarbeitung und zeithistorischer Forschung.[90] Die Verfahren bildeten auch einen unerschöpflichen Fundus an historischem Quellenmaterial:

> »Ohne die Staatsanwaltschaften und Gerichte stünde die Zeitgeschichtsforschung heute nicht so gut da, wie sie es tut. Die Justiz hat ihren Apparat eingesetzt, Zeugen und Dokumente in vielen Staaten der Erde aufgespürt, Wissenschaftler als Gutachter herangezogen und damit oft Voraussetzungen für Verfahren erst geschaffen. Das hätte die Forschung nicht bezahlen können.«[91]

In einigen Bilanzen wurde insbesondere das »Konto der Politiker« mit den »schlimmsten Versäumnissen« belastet: Weder habe die Politik von Anfang an die Justiz bei ihrer schweren Arbeit ausreichend unterstützt, noch hätten Politiker es »für angebracht gehalten, als Zuhörer NS-Prozesse zu beobachten«. Allein außenpolitisch hätten die NS-Prozesse geholfen, »die Aussöhnung mit den Völkern der Opfer zu fördern. Das gilt gewiss für Israel und die Volksrepublik Polen. Und das wäre schon ein Grund, den Staatsanwälten und Richtern für ihre schwere Arbeit zu danken.«[92] Für die späteren Verfahren, dies gilt im Jahr 2010 insbesondere auch mit Blick auf das Verfahren gegen John »Iwan« Demjanjuk vor dem Landgericht München,[93] wurden in der Folge vielfach »Sinn«-Fragen formuliert, die sich mit dem Zweck der Verfahren insgesamt auseinandersetzten:

> »Sollte man sie in Relation zu den bestehenden rechtlichen Möglichkeiten beantworten oder aber in Relation zu den tatsächlich begangenen Verbrechen? Zielt die Rechtsprechung auf Sühne oder Versöhnung? Geht es um nachholende Gerechtigkeit oder um die Prävention zukünftiger Verbrechen? Beurteilt man das ganze aus der Perspektive der Opfer oder der Täter? Und welche Rolle kommt der Justiz überhaupt bei der Herausbildung der moralischen Urteilskraft zu?«[94]

Auch Demjanjuk hatte sich bereits in den Jahren 1987/1988 vor einem Jerusalemer Gericht zu verantworten. Der amerikanische Rechtswissenschaftler Lawrence Douglas sprach von diesem Verfahren im Nachhinein als »einem juristischen Desaster«, von einem »Lehrstück über die Gefahren [...] die entstehen, wenn man das Strafrecht benutzt, um mit der Vergangenheit ins Reine zu kommen.«[95]

Immer wieder ließen sich in NS-Verfahren Täterbilder finden, die in einem entsprechenden »Label« mündeten: Als zwei besonders eindrückliche Fälle aus den Reihen der aus der Sowjetunion heimkehrenden ehemaligen Wehrmachtssoldaten wurden die beiden früheren SS-Untersturmführer Gustav Sorge und SS-Oberscharführer Wilhelm Schubert geschildert. Beide gehörten als Angehörige des Wachkommandos des Konzentrationslagers Sachsenhausen zu den sogenannten »Nichtamnestierten«, dem Teil der heimkehrenden Kriegsgefangenen, die die Sowjetunion nicht in die Freiheit entlassen wollte, sondern in die Hände der deutschen Justiz gab: Ihnen wurden die »Ehren«-Titel »Pistolen-Schubert« bzw. »Eiserner Gustav« zugedacht. Im Fall Sorges trat auch eine entsprechende stereotype Beschreibung seiner Person in der Presse hinzu, der »Eiserne Gustav« war ein »kleiner, gedrungener, stiernackiger Mann, der nur widerwillig antwortet.«[96] Handelte es sich in diesen Fällen um stereotype Zuschreibungen, die über die eigentlichen Taten hinaus eng mit dem Auftreten und der Persönlichkeit der Angeklagten verknüpft waren, so wurde in den späteren Verfahren auch gerne auf den Kanon der Täterbilder zurückgegriffen, der sich in über dreißig Jahren des juristischen Umgangs mit nationalsozialistischen Gewaltverbrechen gebildet hatte. Dabei wurde auch vor der Duplizierung konkreter Täternamen nicht haltgemacht. International bekannte und »gültige« Chiffren wie *Eichmann* standen dabei für Täter, die in den Augen der Opfer »das Böse schlechthin« repräsentierten.[97] Mag es auch zynisch klingen, Eichmann in den Rang einer »Täterikone« zu erheben, so spiegelt diese Zuspitzung doch einen Vorgang wider, der im Umgang mit visuellen Quellen, mit Fotos oder Bildern, ohne weiteres nachvollziehbar ist: Spricht man diesen den Rang einer (Bild-)Ikone zu, so setzt dieser Rang eine lange Auswahl aus der unendlichen Zahl vorhandener Bilder voraus, an deren Ende einige wenige, in spezifischer Weise »zu uns« sprechende Bilder stehen, die über einen hohen Bekanntheitsgrad und Wiedererkennungswert verfügen. Die Bilder müssen also über eine charakteristische Qualität verfügen, um zu einer Allegorie für eine mehrheitliche Lesart eines Ereignisses in der Gesellschaft werden zu können.[98]

Welche Folgen eine solche »eindeutige« Zuschreibung eines Täterbildes für den Verlauf von NS-Verfahren in der Praxis haben konnte und in welchem Maße »klassische« Täterbilder[99] aus den 1960er Jahren auch noch spätere Verfahren zu prägen vermochten, zeigt das vierte Fallbeispiel, der Prozess gegen Clemens Druschke,[100] der zwischen Mai und Oktober 1984 vor dem Heidelberger Schwurgericht verhandelt wurde.[101] Der Prozess, der sich trotz einer fast sieben Jahre währenden Vorermittlungszeit noch über 36 Verhandlungstage hinziehen sollte, endete für den Angeklagten schließlich mit einem Freispruch vom Vorwurf des Mordes. Das Verfahren kann auch über seine zeitliche Dauer hinaus als ein Paradebeispiel für einen »späten« NS-Prozess gelten, da es alle typischen Merkmale dieser Verfahren aufweist: Die dem Angeklagten vorgeworfenen Verbrechen fanden in Ost- bzw. Südosteuropa, konkret in Slowenien, statt. Bei den Opfern handelte es sich nicht um deutsche Staatsbürger, sondern um vermeintliche slowenische Partisanen. Der Angeklagte war nicht ein ehemaliger Wehrmachtsangehöriger, sondern in seiner Funktion als Leiter der Gestapo-Außenstelle in Jesenice (Aßling), Slowenien, im Polizeidienst tätig gewesen. Bei Beginn der ersten Ermittlungen war der Angeklagte 61, bei Ende des Prozesses bereits 68 Jahre alt. Als »typisch« für ein NS-Verfahren in den 1970er und 1980er Jahren, der Düsseldorfer Majdanek-Prozess bildet hier das »klassische« Beispiel, kann auch der enorme Zeitraum von fast einem Jahrzehnt gelten, der zwischen den ersten Vorermittlungen im Jahr 1974 und der Ablehnung der Revisionsbemühungen der Heidelberger Staatsanwaltschaft durch ein Urteil des *BGH* in Karlsruhe lag.[102] Die folgende Darstellung des Verfahrensverlaufes orientiert sich deshalb an der nahe liegenden Unterteilung zwischen den Vorermittlungen bis hin zur ersten offiziellen Anklageerhebung durch die Staatsanwaltschaft Heidelberg und dem eigentlichen Verfahren.

»Gate-Keeper« vs. »Agenda-Setter« – Die Rolle der regionalen Medien

Im Unterschied zu den ersten drei Fallbeispielen, in denen die Vorermittlungen keine oder nur eine sehr untergeordnete Rolle spielten, kommt der regionalen Presseberichterstattung im Vorfeld des Verfahrens im vierten Fallbeispiel eine größere Rolle zu. Im Gegensatz zum Berichterstattungsmonopol der 1960er Jahre war der einzigen Heidelberger Tageszeitung mit regionalem Verbreitungskreis, der *Rhein-Neckar-Zeitung*, mit der Wochenzeitung *Communale* zumindest zeitweise eine direkte Konkurrenz »vor Ort« erwachsen.[103] Auch in der politischen Grundausrichtung zeigten sich deutliche Unterschiede zwischen den beiden Blättern, die Redaktion der *Communale* tendierte zum linken politischen Spektrum, während die *Rhein-Neckar-Zeitung* ein bürgerlich-konservatives Klientel anzusprechen versuchte.

Medien setzen als gesellschaftliche Akteure Rahmen oder formulieren Deutungsmuster. Sie verfügen über eigene Filtermechanismen und Strategien bei der Auswahl von Themen. Am Beispiel des Verfahrens gegen Clemens Druschke lässt sich leicht die »Rollenverteilung« einzelner regionaler Presseorgane bei der gezielten Thematisierung bzw. Dethematisierung von NS-Verfahren nachzeichnen.[104] Nahm die *Rhein-Neckar-Zeitung* durch ihre neutral-zurückhaltende Berichterstattung eine starke »Gatekeeper«-Position ein, die das Bestreben zeigt, ein Thema zu »verhindern«,[105] so betrieb die *Communale* ein aktives »Agenda-Setting«.[106] Im Rahmen des Verfahrens sollte die Redaktion der *Communale* ihre Aktivität sogar weiter steigern, indem einzelne Redakteure in Kommentaren und Leitartikeln öffentlich Position zum laufenden Verfahren bezogen und die Ergebnisse eigener Recherchen zum Druschke-Prozess öffentlich lancierten.[107] Zwar lassen sich keine direkten »Inter-Media-Agenda-Setting-Effekte«[108] zwischen den einzelnen Heidelberger Zeitungen feststellen, Staatsanwaltschaft und Gericht fühlten sich jedoch im Verlauf des Verfahrens durch das Kommentariat der *Communale* durchaus angesprochen und schreckten vor entsprechend harschen Reaktionen nicht zurück.

Im Gegensatz zu den ersten drei Fallbeispielen kommt der lokalen und regionalen Presseberichterstattung im Druschke-Verfahren noch aus einem anderen Grund eine vergleichsweise große Bedeutung zu: Das maßgebliche Täterbild, die stereotype Zuschreibung an Druschke, ein bzw. *der* »Eichmann Sloweniens« gewesen zu sein, wird nicht erst innerhalb des Verfahrens durch die Zeugenaussagen entwickelt, sondern taucht bereits im öffentlichen Diskurs rund um den Prozess auf und gelangt auf diesem (Um-)Weg in das Verfahren und auch in die Zeugenaussagen zurück. Zwar wird das »Eichmann«-Stereotyp nicht den Verlauf des Prozesses bestimmen, es trägt aber doch nicht unwesentlich zur negativen Aufladung der Stimmung vor Gericht bei. Am Ende muss sogar von einer *misslungenen* Zuschreibung eines Täterstereotyps gesprochen werden.

Die Resonanz in der lokalen wie regionalen Presse war, verglichen mit den anderen hier behandelten Verfahren der Fallbeispiele 1 bis 3, sehr groß. Die Heidelberger *Communale* berichtete als einzige Zeitung sogar permanent vom Verfahren. Es lassen sich allein hier, verteilt über den Verhandlungszeitraum im Jahr 1984, weit über 20 Artikel und Kommentare zum Druschke-Prozess nachweisen. Die insgesamt breite Resonanz, die dem Verfahren auch in der übrigen regionalen Tagespresse in Baden-Württemberg zuteil wurde, lässt sich mit der »Konkurrenzsituation« auf dem Heidelberger Zeitungsmarkt allein allerdings nicht ausreichend erklären: Insbesondere die Frage, inwieweit die hohe öffentliche Aufmerksamkeit mit der in den 1980er Jahren nur noch geringen Anzahl von NS-Prozessen zu erklären ist, gilt es nicht aus den Augen zu verlieren. Gerade auf der lokalen Ebene waren NS-Verfahren nun, im scharfen Kontrast zu den späten 1940er und frühen 1950er Jahren (Böse- bzw. Herzog-Verfahren), eine Ausnahmeerscheinung. Insgesamt war das Wissen in der Bevölkerung bezüglich des NS-Systems und auch der Rolle der NS-Verfahren zu diesem Zeitpunkt weitaus höher als in den vorausgegangenen Jahrzehnten, sodass aufseiten der Leser doch mit einem gesteigerten Interesse für ein größeres regionales NS-Verfahren gerechnet werden konnte. Dass die Heidelberger Tagespresse im Eifer des Gefechtes die NS-Verfahren vor dem Heidelberger Landgericht nur unzureichend im Blick hatte, steht auf einem anderen Blatt. Ein diesbezügliches Informationsdefizit legt die Einleitung eines Sonderberichtes der *Communale* zur Situation der Heidelberger Nachkriegsjustiz nahe:

> »Der seit dieser Woche vor dem Heidelberger Schwurgericht ablaufende Prozeß gegen den ehemaligen Gestapo-Mann Clemens Druschke ist das *zweite* und wohl letzte NS-Verfahren vor einem hiesigen Gericht in der Nachkriegszeit. Nur 1957 wurde der KZ-Scherge Hugo Stahl zu einer Gefängnisstrafe verurteilt.«[109]

Stahl wurde vorgeworfen, als Angehöriger der Wachmannschaften des österreichischen Konzentrationslagers Gusen I[110] im Herbst 1940 vier polnische Häftlinge, die ohne (seine) Erlaubnis in der Effektenkammer des Lagers geraucht hatten, solange misshandelt zu haben, bis diese an ihren Verletzungen starben. Der Urteilsspruch des Landgerichts Heidelberg vom 27. September 1957 lautete auf 12 Jahre Freiheitsstrafe und Aberkennung der bürgerlichen Ehrenrechte für die Dauer von 10 Jahren.[111] Beim Prozess gegen Stahl, der »unter eindeutig größerer Anteilnahme der Presse als der Öffentlichkeit in drei Tagen über die Bühne« gegangen war, [112] handelte es sich allerdings, wie das Verfahren gegen Johann Herzog unzweideutig zeigt, nicht um das erste bzw. einzige NS-Verfahren vor einem Heidelberger Gericht bis in die 1980er Jahre.

»Jäger aus Kurpfalz« oder »Mörder in der Kneipe?«

Clemens Druschke, der spätere Angeklagte, wurde am 16. September 1915 in Elbing in Westpreußen geboren.[113] Nach Besuch von Volks- und Berufsschule im heimatlichen Elbing bewarb er sich erfolgreich um ein Volontariat in einer ortsansässigen Buchdruckerei. Im Jahr 1935 trat Druschke in den Polizeidienst ein und leistete nur ein Jahr später in der Wehrmacht seinen Wehrdienst ab, den er im Rang eines Gefreiten abschloss. Verglichen mit den Ordnungspolizisten Böse, Hecker und Lauber aus dem ersten Fallbeispiel gehörte Druschke somit einer Generation an, die über keine direkten Kriegserfahrungen aus dem Ersten Weltkrieg verfügte und auch nicht wie Mocek und Richardt aus dem dritten Fallbeispiel der »Gewaltsozialisation« der frühen Weimarer Republik ausgesetzt war. Der Beginn seines Erwachsenenlebens sowie seiner beruflichen Karriere lag allerdings ausschließlich in der NS-Zeit. Nachdem Druschke zwischenzeitlich als »Untervertreter« in einer Firma in seinem Heimatort gearbeitet hatte, kehrte er 1938 in den Polizeidienst zurück. In Lienz in Tirol wurde er ein Jahr später zum Kriminalassistentenanwärter befördert. Mit Kriegsbeginn zum 1. September 1939 erhielt er die Stelle eines außerplanmäßigen Kriminalassistenten. Nach Beginn des sogenannten »Balkanfeldzuges« im April 1941 und dem Einmarsch deutscher Truppen in Jugoslawien wurde er zuerst zum Grenzkommissariat Radovljica (Radmannsdorf) und später zur Außenstelle der Gestapo in Jesenice versetzt, deren Leiter er bis zum Kriegsende im Frühjahr 1945 bleiben sollte. Druschke durchlief dabei die SS-Ränge Unterscharführer (Mai 1940), Scharführer (November 1941) bis hin zum SS-Sturmführer. Als Leiter der Gestapo-Außenstelle wurde Druschke hauptsächlich im weiteren Rahmen der operativen Maßnahmen zur Partisanenbekämpfung eingesetzt.[114] Zur Bekämpfung der Partisaneneinheiten, die in den von der Wehrmacht besetzten Gebieten operierten, wurden in der Regel auch Polizeiverbände abkommandiert. Diese reagierten, zum Teil auch wegen hoher eigener Verluste, auf die in ihren Augen völkerrechtswidrige Kampfesweise der Partisanen häufig mit gnadenloser Härte und Grausamkeit.[115]

Druschkes persönliche Entwicklung in der Nachkriegszeit gestaltete sich, an den damaligen Gegebenheiten in den westlichen Besatzungszonen Deutschlands gemessen, nicht außergewöhnlich: In der unmittelbaren Nachkriegszeit hatte er verschiedene Anstellungen bei amerikanischen Dienststellen inne, wurde 1948 aber nach Verursachung eines Autounfalls entlassen. In den Jahren 1949 bis 1954 arbeitete er, erst als Handelsvertreter, dann als Verkaufsleiter, bei der kanadisch-amerikanischen Getränkefirma *Canada Dry* im südhessischen Pfungstadt. Zwischen 1955 und 1963 gibt Druschke an, Inhaber eines Getränkevertriebs in Mannheim gewesen zu sein. Nach einem gescheiterten Versuch, ein Spiel- und Schreibwarengeschäft in Viernheim zu betreiben (1968), wurde Druschke zum Inhaber der Gaststätte *Atzelhof* im Heidelberger Stadtteil Handschuhsheim (1968/1969). 1973 übernahm er die Gaststätte *Waldschenke* auf dem Heidelberger Heiligenberg. Ebenfalls im Heidelberger Stadtteil Handschuhsheim wurde Druschke ab 1976 als Inhaber einer Wäscherei geführt – alles in allem ein bürgerliches Leben.

Zu ersten Vorermittlungen gegen Druschke durch die deutschen Strafverfolgungsbehörden kam es, nachdem am 21. Februar 1974 eine Anfrage Simon Wiesenthals bezüglich dessen Aufenthalts bei der Staatsanwaltschaft Heidelberg eingegangen war. Dieser Anfrage war eine schriftliche »Anzeige« des *Dokumentationszentrums des Bundes jüdischer Verfolgter des Naziregimes* beigefügt.[116] Den zuständigen deutschen Justizstellen, inklusive der *ZSt* in Ludwigsburg, lagen bis dahin keine Informationen vor, aus denen hervorging, dass die slowenische *Kommission zur Feststellung von Verbrechen der Okkupatoren und deren Helfer* Druschke wie auch den späteren Mitangeklagten Lincke, bereits im Jahr 1947 offiziell zu Kriegsverbrechern erklärt hatte.[117] Über etwaige Ermittlungsbemühungen vonseiten der Heidelberger Staatsanwaltschaft in der Folgezeit schweigen sich die Akten aus. Erst mit Datum vom 4. Februar 1977 nimmt die Staatsanwaltschaft Heidelberg eine slowenische Zeugenaussage zu Protokoll, die nach erfolgreicher Gegenüberstellung zur Einleitung eines förmlichen Ermittlungsverfahren »gegen Clemens Druschke und Heinz Lincke wegen Mordes« führte.[118]

Die Presseberichterstattung zum Ermittlungsverfahren gegen Druschke und Lincke setzte am 10. Februar 1977 mit einem öffentlichen Paukenschlag ein: Sowohl in der lokalen wie auch in der regionalen Tagespresse widmeten sich zahlreiche Artikel dem, wie die *Bild*-Zeitung auf Basis von Informationen des *Jüdischen Dokumentationszentrums für NS-Verbrechen* (heute *Simon Wiesenthal Center*) in Wien in ihrer regionalen Ausgabe meldete, mutmaßlichen »Mörder in der Kneipe«.[119] Zumindest in den Überschriften der Berichte wurde der spätere Angeklagte namentlich noch nicht genannt.[120] Bereits am folgenden Tag meldete sich ein ehemaliger SS-Mann und Untergebener des Gestapochefs von Jesenice in einem Interview mit der in Graz erscheinenden *Kleinen Zeitung* als Augenzeuge zu den Hintergründen des Falles Druschke zu Wort.[121] Der gebürtige Slowene und ehemalige Unteroffizier der jugoslawischen Armee, Andreas Notsch, beschrieb in eigenen Worten auch die Gründe für seine Meldung zur SS, obwohl seine Brüder und Schwestern auf der Seite der Partisanen kämpften: Als »schreibkundiger Slowene unter 90 Prozent serbischen Analphabeten« hatte er zum ersten Mal Erfahrungen mit dem Partisanenkampf im Süden des Landes gemacht und daraus für sich eine eindeutige Schlussfolgerung gezogen: »lieber als den Sowjetstern nahm ich das Hakenkreuz«.[122] Sein persönliches Ziel, als SS-Angehöriger aus Slowenien »herauszukommen«, sollte sich aufgrund steigender deutscher Verluste allerdings nicht erfüllen, als Orts- und Sprachkundiger wurde Notsch nach Jesenice zurückkommandiert und nahm dort wiederholt an »Kampfaktionen gegen Partisanen« teil. Notsch teilte der Zeitung zudem in aller Offenheit mit, dass der wahre Grund für eine Vergeltungsaktion gegen Partisanen in Hrusica (Birnbaum) am 27. Juli 1942, die zu einem Massaker mit 45 zivilen slowenischen Opfern führte, der Unfall eines deutschen SS-Mannes gewesen sei, der von Druschke fälschlicherweise als Partisanenüberfall gemeldet worden war. Im März 1945 sei Druschke mit »gefälschten Papieren in einer deutschen Fliegeruniform geflüchtet«.[123] In der Folge dieses Augenzeugeninterviews wurde neues Belastungsmaterial gegen Druschke zutage gebracht, der noch bei der ersten Gegenüberstellung abgestritten hatte, während des Krieges überhaupt in Jesenice tätig gewesen zu sein und einen SS-Offiziersrang innegehabt zu haben.[124]

Obwohl offensichtlich seit dem 10. Februar der Zeuge Andreas Notsch namentlich bekannt war, meldete die »zuständige« Heidelberger *Rhein-Neckar-Zeitung* in der Wochenendausgabe vom 2./3. April 1977 nur, dass »Eichmann-Jäger Simon Wiesenthal« einen neuen Zeugen gefunden habe, der ebenfalls die »Erfindung« des Partisanenüberfalls bezeugen könne. Eine zum Artikel abgedruckte Abbildung zeigt den letzten Marschbefehl für Andreas Notsch vom 1. April 1945. Im Artikel der *Rhein-Neckar-Zeitung* wird Druschke weiterhin nicht namentlich erwähnt, der Bericht spricht stattdessen von »einem in Heidelberg ansässigen Gastwirt«.[125] In wie weit über die »Ortsansässigkeit« Druschkes in Heidelberg hinaus handfeste Gründe vorlagen, den Namen des Angeklagten nicht zu nennen, geht aus den überlieferten Verfahrensakten und Presseberichten direkt nicht hervor. Allerdings informierte das Landeskriminalamt Stuttgart die

Ludwigsburger *ZSt* in einem Fernschreiben, dass »Morddrohungen« gegen Druschke eingegangen seien – diese wurden aber nicht weiter spezifiziert.[126]

Verteilt über die nächsten Monate folgten weitere überregionale Presseberichte.[127] Besonders in den Auszügen aus den deutschlandweiten Statistiken des *VVN – Bund der Antifaschisten* des Jahres 1977 nahmen die Ermittlungen gegen Druschke einen breiten Raum in der Rubrik »Prozesse in Vorbereitung« ein.[128] An dieser Stelle wurde auch ausführlich aus einem Bericht der *PPA – Udo Leuschner*[129] zitiert, in der Druschkes Arbeitsort, die *Waldschenke* auf dem Heidelberger Heiligenberg, die zur Gesamtanlage der 1935 unter Anwesenheit von Propagandaminister Joseph Goebbels eingeweihten sogenannten *Thingstätte* gehörte, in die Argumentation mit einfloss: »Diese faschistische Kultstätte liefert die Kulisse für eine Szenerie, die wahrscheinlich jeder Hollywood-Regisseur als überzogen und abgeschmackt verwerfen würde«.[130] Neben dem bereits bekannten Massaker von Hrusica wurden Druschke hier noch die »Deportation Tausender slowenischer Bürger«, die »Ermordung Hunderter Partisanen und jugoslawischer Patrioten« zur Last gelegt.[131] Laute Kritik äußerte sich zudem an der Untätigkeit der »BRD-Behörden«, denen es nicht gelungen war, den Aufenthaltsort Druschkes ausfindig zu machen – ein Vorgang, der die slowenischen Augenzeugen zwar etwas persönliche Mühe gekostet hatte, aber nach Durchsicht deutscher Telefonbücher und einem Besuch in der Gaststätte ohne weiteres möglich gewesen war. Empört wurde die zuständige Staatsanwaltschaft zitiert, die trotz erwiesener Tötungsdelikte lapidar aber im juristischen Sinne vollkommen zutreffend erklärt hätte: »Zuerst müssen die strafrechtlichen Kriterien eines Mordes erfüllt sein«, so Oberstaatsanwalt Schäfer, »alles andere wäre Totschlag und damit verjährt«.[132]

Um die ungewohnte Wortgewalt und Bildhaftigkeit der Berichterstattung einordnen zu können, bedarf es einer zusätzlichen Hintergrundinformation: Die *Progress-Presse-Agentur* (PPA) war 1971 in Düsseldorf gegründet worden und lieferte ihr Material an osteuropäische Presseagenturen und die Presseorgane der kommunistischen Parteien Westeuropas. Ihre Mitglieder standen politisch in der Regel der *Deutschen Kommunistischen Partei* (DKP) nahe. Der Hauptabnehmer der Agenturmeldungen war aber der *Allgemeine Deutsche Nachrichtendienst* (ADN) in Ost-Berlin, über den auch die Finanzierung der *PPA* erfolgte.[133] Auch der lokalen Heidelberger Presse wurde vorgeworfen, »bisher so diskret über den Fall berichtet zu haben, daß weder der Name des Beschuldigten noch sein Lokal bekannt geworden sind.« Eine Ächtung durch die Heidelberger Öffentlichkeit sei also nicht zu erwarten.[134] Die Formulierung der *PPA*-Meldung zielt auf den DDR-typisch postulierten Gegensatz zwischen dem unbedingten Verfolgungswillen des deutschen Volkes gegenüber NS-Verbrechern auf der einen, dem fehlenden politischen Willen und der Untätigkeit der Behörden im »faschistischen« westdeutschen Staat auf der anderen Seite.[135] Auch in einer Stellungnahme des SED-Zentralorgans *Neues Deutschland* zum »Fall Fillbinger« wird die Bundesrepublik zur »Republik der Nazirichter und -henker«. Hier hätten »›solche Massenmörder‹ wie der SS-Führer Kappler, der Gestapochef Druschke, der in Jugoslawien ›hauste‹, der Gestapochef von Paris, Lischka, der ›Chef der Nazipolizei in Italien‹ Wolff, und andere ›ihre Schutzheimat‹ gefunden.« Für den Kommentator der *Frankfurter Allgemeinen Zeitung* ein Rückfall in die 1950er und 1960er Jahre, in die Hochzeit des Kalten Krieges.[136] In der Berichterstattung des *VVN* wurde ein Täterbild Druschkes vermittelt, indem seiner Person ein eiskaltes Wesen und ein nichtvorhandenes Schuldbewusstsein zugeschrieben wurden. Auch sprachlich zielten die Meldungen auf die Vermittlung eines Täterbildes, das einen Menschen zeigte, der während der Zeit des Nationalsozialismus ein kalter Mörder bzw. »Killer« gewesen sein musste:

> »Außerdem signiert Druschke die Quittung mit einem ›D‹. Es ist das gleiche ›D‹, das in der Unterschrift des SS-Untersturmbannführers [sic!] Druschke von der Gestapo-Stelle in Jesenice in jugoslawischen Dokumenten auftaucht. Hier quittiert es ein Schnitzel mit zwei Bier. Dort konnte es für Tod und Massenmord stehen.«[137]

Während die bürgerliche Presse also darum bemüht schien, Namen und Person des Mitbürgers Druschkes nicht zu thematisieren, ordnete die politisch weiter links orientierte Presse sowohl die vorgeworfenen Taten wie die schleppenden Ermittlungen in einen weiten politischen Kontext ein, der die BRD als »faschistischen Nachfolgestaat« ansah und hinsichtlich der Tatvorwürfe keine Unschuldsvermutung zuließ.[138] Diesem Vorgehen entsprach das Täterbild eines eiskalten Mörders, des »SS-Wirt in der Waldschenke zu Heidelberg«, das in den Presseartikeln durchaus »gepflegt« wurde – insbesondere in einem mit dem Titel »Ein Jäger aus Kurpfalz« überschriebenen Artikel des DDR-Reporters Hans Walde in der vom VVN herausgegebenen antifaschistischen Wochenzeitung *Die Tat* im November 1977.[139] Walde schilderte in seinen »Memories of Heidelberg« einen Besuch in der Waldschenke. Druschke selbst wurde zwar nicht direkt als »Ungeheuer« bezeichnet, durch eine entsprechende Beschreibung Heidelbergs sollte dem Leser diese Assoziation aber gleichwohl nahegelegt werden:

> »Ein Blick über den Neckar zurück auf Heidelbergs Altstadt mit den *ungeheuer* gemütlichen Kneipen und dem Kurpfälzischen Museum mit dem *ungeheuer* berühmten 12-Boten-Altar von Tilman Riemenschneider, auf die Universitätsbibliothek mit der *ungeheuer* interessanten Manessischen Handschrift, auf das *ungeheuer* malerische Schloss, in dem das *ungeheuer* große Faß (221.726 Liter) gezeigt wird. Alles wird gezeigt – nur nicht der *ungeheurer* Verbrechen angeklagte Gastwirt auf dem Heiligenberg.«[140]

Der Täter stellte sich in den Augen des ostdeutschen Autors als eine Mischung aus eiskaltem Mörder und deutschem Biedermann dar, der einen »scharfen, eingezäunten« deutschen Schäferhund besaß und die Gäste von zwei »großen, kräftigen, hemdsärmeligen sowie blonden Kellner(n)« bedienen ließ. Walde beschreibt Druschke zudem als »Lino-Ventura-Typ [...] das schwarze Haar streng gescheitelt«, die »roten Wangen glatt rasiert«. Der »Biedermann hinter dem Schanktisch« trug einen »grünen Westover überm weißen umgeschlagenen Hemd«, seine »Bewegungen sind knapp, kraftvoll. Er bedient den Hebel der Kaffeemaschine, als lade er ein Gewehr durch.«[141] Den berechtigten Tatvorwürfen zum Trotz eine Beschreibung, die auf kein gängiges Klischee und Täterstereotyp verzichten mochte.

Im Sommer 1978 sah sich das Landeskriminalamt Baden-Württemberg schlussendlich doch dazu veranlasst, Druschke dreimal in größerem Umfang zu Vernehmungen »zur Sache« einzubestellen, und die zuständigen österreichischen Stellen wegen der Zeugenvernehmung österreichischer Staatsbürger zu unterrichten und um Mithilfe zu bitten.[142] Zum Ende der ersten Untersuchungsetappe vermerkte die Heidelberger Staatsanwaltschaft im November 1978 in ihren Akten:

> »Die Durchsicht der Akten und Unterlagen ergab ein verwirrendes Bild von einer Vielzahl von Tötungshandlungen, Aussageerpressungen, Folterungen, Deportationen, Umsiedlungen und dergleichen. Da alle Straftaten mit Ausnahme von Mord verjährt sind, sind die weiteren Ermittlungen auf folgende Tötungshandlungen zu konzentrieren [...].«[143]

Als Folge weiterer Zeugenvernehmungen, vor allem österreichischer Staatsbürger, kam es am 10. Februar 1981 zu einer gleichzeitigen Teileinstellungsverfügung und Anklageerhebung gegen Clemens Druschke und Heinz Lincke durch die Staatsanwaltschaft Heidelberg:[144]

> »Sie hätten somit in den Fällen Ziffer 1 und 2 jeweils in zwei rechtlich selbständigen Handlungen als Mörder gemeinschaftlich grausam einen Menschen getötet; im Falle Ziffer 3 Druschke darüber hinaus versucht, als Mörder einen Menschen grausam zu töten. Verbrechen, strafbar gemäß §§ 211, 22, 23 Abs. 2, 53 StGB.«[145]

Druschke wurde unter Ziffer 1 der Anklageschrift der Mord an dem slowenischen Partisanen Lovro Ažman im Januar 1942 vorgeworfen. Ažman war nach erwiesenen schweren Misshandlungen durch den Angeklagten wenige Tage nach seiner Verhaftung im Gefängnis von Begunje (Vigaum) verstorben. Weitere Monate der Vorermittlungen sollten ins Land gehen. Ende Dezember 1981 lehnte das Schwurgericht am Landgericht Heidelberg die Eröffnung des Verfahrens mit Verweis auf einen nicht hinreichenden Tatverdacht gegenüber Clemens Druschke und Heinz Lincke ab.[146] Zudem würde das vorhandene Beweismaterial kaum Aussichten auf eine Verurteilung zulassen:

> »Die Eröffnung des Hauptverfahrens gegen Clemens Druschke wegen gemeinschaftlichen Mordes in zwei Fällen und eines versuchten Mordes sowie gegen Heinz Lincke wegen gemeinschaftlichen Mordes in zwei Fällen wird abgelehnt. [...]
> Die Kammer verneint vorliegend einen hinreichenden Tatverdacht der den Angeschuldigten angelasteten Tat. [...]

Die Kammer vertritt die Ansicht, daß die Verdachtsmomente die entlastenden Umstände nicht überwiegen – zudem ist die Beweislage so gestaltet, daß das vorhandene Beweismaterial aller Wahrscheinlichkeit nach nicht ausreichen wird, um in der Hauptverhandlung zu der für eine Verurteilung erforderlichen vollen Überzeugung zu gelangen.«[147]

Die Mühlen des Gesetzes mahlten weiter nur sehr langsam und auch die Presseberichterstattung verstummte. Erst die Ablehnung der Verfahrenseröffnung gegen Druschke und Lincke führte erneut zu – wenn auch nur vereinzelten – Reaktionen vonseiten der regionalen Tagespresse. So meldeten die *Stuttgarter Nachrichten* im Januar 1982: »Aus Sicht der Richter in Heidelberg sei angesichts der höchst schwierigen Beweisführung ein Freispruch wahrscheinlich.«[148]

Die Heidelberger Staatsanwaltschaft hatte umgehend Beschwerde eingelegt, die dem zuständigen Oberlandesgericht in Karlsruhe zur Entscheidung vorgelegt wurde.[149] Auch diesmal sollte die Entscheidung einige Zeit auf sich warten lassen: Das Oberlandesgericht gab der Beschwerde der Staatsanwaltschaft erst knapp zwei Jahre später, im Dezember 1983, statt.[150] Ein Hauptverfahren gegen Clemens Druschke konnte nun, über sechs Jahre nach Beginn der ersten Ermittlungen und ganze neun Jahre nach Eingang der Anzeige, offiziell eröffnet werden:

»Auf die sofortige Beschwerde der Staatsanwaltschaft wird der Beschluß des Landgerichts Heidelberg vom 29. Dezember 1981 abgeändert, die Anklage der Staatsanwaltschaft Heidelberg vom 10. Februar 1981 zugelassen und das Hauptverfahren vor der Schwurgerichtskammer des Landgericht Heidelberg eröffnet, soweit dem Angeschuldigten Druschke zur Last gelegt wird, den Lovro Ažman als Mörder getötet zu haben (Ziff. 1 der Anklageschrift). [...]
Nach alledem besteht gegen den Angeschuldigten Druschke der hinreichende Verdacht, den Lovro Ažman durch die Mißhandlung in Begunje zumindest bedingt vorsätzlich getötet zu haben, und dies grausam im Sinne von § 211 StGB. [...] Der Vorgang der Tat ist nicht verjährt. [...]
»Nach alledem war gegen den Angeschuldigten Druschke wegen Verdachts des Mordes z. N. Ažman das Hauptverfahren zu eröffnen. Im Übrigen hat es bei dem angefochtenen Beschluß sein Bewenden. Zu einer Eröffnung des Hauptverfahrens vor einer anderen Schwurgerichtskammer des Landgerichts Heidelberg oder der eines anderen Landgerichts (§ 210 Abs. 3 Satz 1 StPO) bestand kein Anlaß.«[151]

Alles in allem gestaltete sich die Berichterstattung in der bürgerlich-konservativen Presse hinsichtlich eines Täterbildes sehr zurückhaltend. Das Alter des Angeklagten, der lange Abstand zu den Taten, aber auch die Nationalität der Opfer und der Umstand, dass es sich um einen »unbescholtenen« Mitbürger der eigenen Stadt handelte, trugen dazu bei, den Fall nicht an die große Glocke zu hängen. Im Gegensatz zum Düsseldorfer Majdanek-Prozess oder zum Kölner Verfahren gegen Lischka, Heinrichsohn und Hagen, handelte es sich nicht um Opfer des

Holocaust bzw. Vernichtungskrieges, sondern um vermeintlich dem Völkerrecht entgegenhandelnde slowenische Partisanen. Auch ein negativer Einfluss der Berichterstattung in den osteuropäischen Medien auf die deutsche Politik wurde nicht befürchtet.

Nur die Presse des linken politischen Spektrums wie auch die Berichterstattung der Opferverbände, die sich zum Teil auf die Hintergrundberichterstattung osteuropäischer Medien berief, fällte klare Werturteile: Es wurde zum einen als »Skandal« gebrandmarkt, dass die west-deutsche Justiz offensichtlich »mal wieder« nicht willens oder nicht in der Lage war, einen gesuchten mutmaßlichen NS-Verbrecher ausfindig zu machen. Die Nicht-Berichterstattung in der regionalen Tagespresse wurde dabei zu einem Spiegelbild der Verdrängung der NS-Verbrechen in der deutschen Gesellschaft. Zum anderen fiel das Täterbild überraschend stereotyp und holzschnittartig aus. Druschke wurde zu einer Reinkarnation des deutschen Gestapo- oder SS-Angehörigen: Als Erscheinung kraftvoll und schneidig, gleichzeitig aber auch bieder und vom Gefühlsleben her ein Mensch, dem man einen (eis-)kalten Mord ohne weiteres zutraute, ein potenzielles Ungeheuer, wenn auch kein Dämon in Menschengestalt. Der Angeklagte in seiner Rolle als Täter wurde auch nicht aus der Gesellschaft externalisiert, eher stand er in dieser Lesart für die Gesellschaft selbst – für ihr Vergessenwollen wie auch ihr nicht vorhandenes Schuldbewusstsein. Solch klar und eindeutig formulierte Täterzuschreibungen waren »von außen« (DDR-Presse) oder »von oben« (überregionale Tagespresse) allerdings leichter zu leisten als aus der Mitte der Gesellschaft heraus, wie sich an der lokalen Berichterstattung unschwer nachweisen lässt.

Die Täterbeschreibung als »technokratischer Mörder«, die im Prozessverlauf durch die Bezeichnung Druschkes als »Eichmann von Slowenien« hinzutreten sollte, ist in der Berichterstattung in der Phase der Vorermittlungen noch nicht auszumachen. Allenfalls der Verweis darauf, dass die Anzeige gegen Druschke vom »Eichmann-Jäger Simon Wiesenthal« erstattet wurde, ließe sich an dieser Stelle aufführen.[152] Hier wird allerdings einer der Schlüssel liegen, wenn es um das Täterbild Druschkes geht: In aller Deutlichkeit wurde vor Gericht und in der Berichterstattung ein sehr bekanntes, wenn auch beinahe 25 Jahre altes, Täterbild aus dem Jerusalemer Prozess gegen Adolf Eichmann im Jahr 1961 in das Verfahren hinein projiziert. Allerdings: Als ein Stereotyp, bei dem der genaue bzw. reale Bezug zu Eichmann auch im Verlauf des Prozesses keine Konturen zu gewinnen vermochte: War Druschke wie Eichmann eine Verkörperung des kalten aber nicht selbst aktiv mordenden Technokraten? War Druschke ein Organisator von Massendeportationen? Auch wenn Druschke mit hoher Wahrscheinlichkeit für die Einweisung slowenischer Zivilisten in Konzentrationslager verantwortlich war, so schienen die übrigen Aspekte des Täterbildes *Eichmann* nicht greifen zu wollen. Weder konnte Druschke eine auch nur annähernd vergleichbare Zahl an Deportationen vorgeworfen werden, noch erfüllte er als Direkttäter über jene Distanz zu den Taten, die die Grundlage bildeten, um aus Eichmann ein sprachliches Synonym, eine Chiffre für NS-Verbrecher aus den Reihen der höheren NS-Verwaltungshierarchie zu machen. Alles in allem deutet sich schon in diesen Überlegungen an, dass ein derart zugespitztes Täterbild im Verfahren gegen Druschke auch zu einem kontraproduktiven Ende führen konnte. Andererseits zeigt der Vorgang die Wirkmächtigkeit von Täterbildern in einer europäischen, zumindest transnationalen Öffentlichkeit. Eichmann stand als Person für die Brutalität des NS-Systems und wurde so, wenn auch im Nachhinein, für die Opferzeugen im Verfahren gegen Druschke zu einer Chiffre, mit der sie das Ausmaß ihres persönlichen Leidens in einer breiten Öffentlichkeit darstellen konnten. Das Täterbild »Eichmann« signalisierte grenz- und damit in den frühen 1980er Jahren auch systemüberschreitend den Aspekt »des abgrundtief Bösen« im Nationalsozialismus.

Heidelberg im Sommer 1984: Ein quälend langes Verfahren

Den insgesamt 36 Verhandlungstagen vor dem Schwurgericht des Landgerichtes Heidelberg zwischen dem 8. Mai und dem 24. Oktober 1984[153] lag die erneuerte Anklageerhebung der Staatsanwaltschaft Heidelberg vom 9. April 1984 zugrunde,[154] in der Clemens Druschke vorgeworfen wurde, als ehemaliger Leiter der Außenstelle der Gestapo in Jesenice im Rahmen der Partisanenbekämpfung

> »aus einer gefühllosen, gegenüber den Leiden anderer Menschen unbarmherzigen Gesinnung und in der Absicht, Kenntnisse über die örtliche Partisanenbewegung zu gewinnen in bewussten und gewollten Zusammenwirken mit dem bereits verstorbenen Phillipp Zwick und einem weiteren nicht ermittelten Angehörigen der Gestapo-Außenstelle am Abend des 12. Januar 1942 in einem im Erdgeschoß des sogenannten Kovac-Hauses in Jesenice gelegenen Vernehmungszimmer auf den in der Nacht zuvor festgenommenen Kassierer der slowenischen Befreiungsfront in Jesenice, Lovro Azam [Ažman], im Verlauf einer Vernehmung mit einer Peitsche brutal und unmenschlich eingeprügelt, und schließlich den am Boden liegenden, sich vor Schmerzen krümmenden Mann mit den beschuhten Füßen mit aller Wucht in die Nieren getreten, wobei er erkannt und billigend in Kauf nahm, daß sein Opfer die schweren Mißhandlungen nicht überstehen würde. Vorgefaßtem gemeinsamen Plan entsprechend habe zumindest der Angeklagte den bereits schwerverletzten und heftige Schmerzen leidenden Ažman an einem oder mehreren der folgenden Tage weiter mißhandelt und am 23. Januar 1942 in die Zelle 12 des Gefängnisses in Begunje eingeliefert. Dort hätten sich weder der Angeklagte noch dessen Untergebene um Azam [Ažman] gekümmert oder dafür Sorge getragen, daß dem so zugerichteten ärztliche Hilfe zuteil wurde, so daß Ažman an den Folgen seiner schweren Verletzungen in der Nacht zum 24. Januar 1942 gegen 1.25 Uhr verstarb. Er habe somit – *als Mörder gemeinschaftlich grausam einen Menschen getötet* – Verbrechen, Strafbar [sic!] gemäß §§ 211, 25 Abs. 2 StGB.«[155]

Der Anklage lag ein umfangreicher Korpus an Aussagematerial jugoslawischer bzw. slowenischer Zeugen zugrunde. Das Landeskriminalamt Baden-Württemberg in Stuttgart sprach in seinem abschließenden Bericht an die Staatsanwaltschaft am Landgericht Heidelberg von insgesamt neun Sonderbänden Akten, die »Aussagen jugoslawischer Zeugen vor dem Landgericht Krajn« enthielten.[156] Das Belastungsmaterial enthielt »Tötungs- und Körperverletzungsvorwürfe gegen die Beschuldigten Druschke und Lincke«,[157] Bezichtigungen »der Beteiligung an Tötungen und an Misshandlungen slowenischer Bürger«[158] und Zeugenaussagen, die Druschke und Lincke beschuldigen, »schwerste Folterungen und Misshandlungen, hauptsächlich im Polizeigefängnis Vigaum [Begunje; C. A.], begangen zu haben«.[159] Eine detaillierte Beschreibung des in der Anklageschrift ausgeführten Tatherganges beim Mord an Lovro Ažman findet sich beispielsweise im Vernehmungsprotokoll des Zeugen Andrej Bohinc vor dem Landgericht Krajn vom 25. April 1977.[160] Bohinc hatte gleichfalls zu Protokoll gegeben, »Druschke sei der böse Geist des Landes gewesen«.[161]

Mit dem Prozessauftakt am 8. Mai 1984 setzte dann eine zweite, heiße Phase der Berichterstattung ein. Über die in den Justizakten dokumentierten Quellen hinaus, trägt gerade die unterschiedliche Schwerpunktsetzung der Presseberichte, die *Rhein-Neckar-Zeitung* fungierte als »Gate-Keeper«, die *Communale* als »Agenda-Setter«, dazu bei, dass sowohl vom Verlauf des Prozesses als auch von der Person des Angeklagten ein genaueres Bild gezeichnet werden kann. Die Mehrzahl der Artikel in der Tagespresse konzentrierte sich auf Prozessauftakt und Urteil. Da sich das Verfahren über 36 Verhandlungstage, dies entsprach mit den üblichen Verhandlungspausen und Urlaubszeiten im Sommer des Jahres 1984 einem realen Zeitraum von über sechs Monaten, hinzog, konnte wohl nur von der auf den Heidelberger Umkreis beschränkten Lokalpresse eine durchgehende begleitende Berichterstattung erwartet werden. Eine solche lässt sich allerdings schon nicht für die auflagenstärkste Zeitung im Heidelberger Stadtgebiet, der *Rhein-Neckar-Zeitung*, nachweisen. Das einzige Blatt, welches sich in der Person des Prozessberichterstatters Mario Damolin ausführlich und in der Regel sehr kritisch in Artikeln und Kommentaren mit dem Verfahren beschäftigte, war die Heidelberger Wochenzeitung *Communale*. Sie stellte sowohl eine in der politischen Ausrichtung links-alternative Konkurrenz wie gleichzeitig ein offensiv-kritisches Äquivalent zur »zurückhaltenden« Berichterstattung der *Rhein-Neckar-Zeitung* dar.

»Es waren Bestien« – so zitierte die *Rhein-Neckar-Zeitung* zum Prozessauftakt die Äußerung eines jugoslawischen Korrespondenten über die deutschen Besatzer am Ende des ersten Verhandlungstages. Dieses Statement schien im Einklang mit dem Beinamen zu stehen, den der Angeklagte Druschke während seiner Tätigkeit in der Gegend von Jesenice und Begunje in den Jahren zwischen 1941 und 1945 erhalten hatte und der hier zum ersten Mal auch ausführlich in der Presse zitiert wurde: »Eichmann von Slowenien«.[162] So das sehr allgemein gefasste wie auch stereotype Täterbild, das sich aufseiten der slowenischen Opferzeugen festgesetzt hatte. Druschke hingegen zeichnete von sich selbst das Bild eines beflissenen und schuldlosen Befehlsempfängers, der »sich immer an die Vorschriften gehalten« habe. Auch wenn die Partisanenbekämpfung seine »Pflicht und Aufgabe« gewesen sei, so habe er nie »jemanden grausam mißhandelt«.[163] Der bereits weiter oben beschriebene Inszenierungscharakter vieler NS-Verfahren wurde auch in diesem Fall schon zum Prozessauftakt durch den Hinweis bestätigt, dass »das Bild, das Druschke *von sich gezeichnet* hatte« von der Staatsanwaltschaft umgehend mit Verweis auf die vorliegenden Zeugenaussagen »korrigier(t)« werden musste.[164]

In weiteren regionalen Berichten zum Prozessauftakt fand zudem Erwähnung, dass im Vorfeld des Verfahrens »24 weitere Tatvorwürfe gegen den Angeklagten eingestellt worden seien« und nur noch dieser einzige Mordvorwurf für die deutsche Justiz »beweisbar« zu sein scheine.[165] Im Weiteren setzte sich besagter Artikel der *Stuttgarter Zeitung* sehr kritisch mit dem »Vorlauf« des Verfahrens auseinander, indem er auch auf Vorwürfe der »Verschleppung« des Verfahrens durch die Heidelberger Staatsanwaltschaft eingeht und den Lesern erläuterte, dass die Untersuchungen am Ende erst durch den »Wechsel eines zuständigen Sachbearbeiters« beschleunigt werden konnten.[166] Das Selbstbild des allein nach den Vorschriften handelnden Angeklagten wurde von Druschke um die Aussage ergänzt, »er und seine Mitarbeiter hätten die Menschenrechtskonventionen gekannt und sich immer daran gehalten.«[167] Indirekte »Bestätigung« fanden diese Angaben durch die Aussage des geladenen Täterzeugen Heinz Lincke, der, obwohl sowohl sein Sohn wie auch ein psychiatrisches Gutachten seine Aussagefähigkeit verneinten, Angaben zu den gegen Druschke erhobenen Vorwürfen machen wollte. Diese sollten sich aber als nicht deckungsgleich mit früheren Aussagen erweisen.[168] Lincke war in der ersten Anklageschrift des Jahres 1980 auf der Basis der slowenischen Zeugenaussagen ebenfalls noch als Täter geführt worden. Für eine Anklage wegen Mordes reichten die gegen ihn vorgebrachten Beschuldigungen, wie auch der überwiegende Teil der Vorwürfe gegen Druschke, der für den Fall zuständigen Heidelberger Staatsanwaltschaft allerdings nicht aus.

Die Heidelberger *Communale* hatte bereits am 3. Mai 1984 das Verfahren gegen Clemens Druschke angekündigt und den Lesern einen kurzen Überblick über die bereits siebenjährige Geschichte des Verfahrens gegeben: »Die Geschichte des Ermittlungsverfahrens ist zugleich eine Geschichte der Heidelberger Justiz. Denn wie kein anderer Fall hat dieses Verfahren den Heidelberger Richtern Bauchschmerzen bereitet.«[169] Auch hier findet sich ein klassisches Täter*bild*: Es zeigt Druschke mit vier weiteren SS-Angehörigen vor einer überdimensionalen SS-Flagge und einem mickrigen Weihnachtsbäumchen während einer Weihnachtsfeier in Jesenice.[170] In der gleichen Ausgabe der *Communale* war zusätzlich die komplette »Seite 3« unter dem Titel »Eine deutsche Karriere« dem anstehenden Verfahren gegen Druschke gewidmet. In der Berichterstattung schälte sich schnell das Bild einer »blutigen Bestie« heraus. Druschke sei den älteren Menschen der Region Oberkrain auch heute noch als »Bestie«, »Eichmann Sloweniens« oder als »Metzger« bekannt.[171] Besonders das letzte Bild schien in den Köpfen der Opfer haften geblieben zu sein:

> »Seine erste Frau Hilda, Mutter seiner drei Kinder, beklagte sich beim Apotheker von Jesenice, daß es für sie kaum aushaltbar sei, ihren Mann jeden Abend mit blutiger Kleidung und blutigen Stiefeln nach Hause kommen zu sehen. Eine Schreibkraft in Druschkes Büro bot ihrem Chef an, lieber eine Fleischhauerin zur Sekretärin zu nehmen, sie könne das nicht mehr ertragen. [...]
> Fuhr Herrenmensch Druschke mit seinem neuen Statussymbol, einem Opel Kapitän, vor dem Geisellager Begunje vor, brach unter den Gefangenen regelmäßig Unruhe aus – Angst vor neuen Folterungen.«[172]

Zugleich teilte die *Communale* ihr Bedauern mit, dass der Fall des einzigen noch lebenden Tat- bzw. Zeitzeugen, Franz Koritnik, nicht noch einmal aufgrollt werde. Das Oberlandesgericht Karlsruhe hatte den Punkt in der Anklage gegen Druschke zurückgewiesen. Im nebenstehend abgedruckten Interview mit Kranz Koritnik verwies dieser darauf, dass Druschke »heute noch in Slowenien als der größte Mörder bekannt« sei: »Der Name Druschke hat auch heute noch in Jesenice die Bedeutung von ›Tod‹«.[173] Die Seite ist zudem mit mehreren Fotos illustriert, die sowohl ein Bild einer Geiselerschießung wie auch ein Porträt Druschkes in SS-Uniform zeigen – ein weiteres klassisches Täterfoto. Auch bei der Aufnahme der Leichen könnte es sich um das Foto eines Täters von seinen Opfern handeln.[174]

Die Berichterstattung der *Communale* für die erste Verhandlungswoche verzeichnete nur ein mäßiges öffentliches Interesse – auch aufseiten der professionellen Prozessbeobachter: »Nur am ersten Verhandlungstag war die Pressebank vollbesetzt.«[175] Druschke wurde während der ersten drei Verhandlungstage als »Herr des Prozesses« geschildert, »(e)r ist braungebrannt, sieht erholt und gesund aus und ist sich seiner Stärke sicher.«[176] Druschke und seine Verteidiger »profitierten« dabei nicht nur von erfolgreichen angewandten Verteidigungsstrategien, die sich im Verlauf von fast 40 Jahren juristischem Aufarbeitungsgeschehen ergeben hatten und auf die je nach Gegenstand der Anklage zurückgegriffen werden konnte. Die Tätigkeit des Angeklagten als Spezialist für Verhöre der Gestapo gereichte Druschke auch im hin und her der Verhandlung – einer Art des »Verhörs« – zum Vorteil:

> »Sieben Jahre hat Clemens Druschke Zeit gehabt, sich auf diesen Prozeß vorzubereiten. Er tat dies mit einer Gewissenhaftigkeit, die er sich nicht im Rentenalter erworben hat. Hier steht ein Mann vor Gericht, dessen Gewissenhaftigkeit, Energie, Dienstpflicht und Zielgerichtetheit in den Jahren 1941 bis 1945 im okkupierten Slowenien berüchtigt waren. Ein routinierter Verhörspezialist der Gestapo, dessen Erfahrung ausreicht, vor den Schranken des Heidelberger Schwurgerichts dem Verhör zumindest in den ersten Tagen standhalten zu können. [...]
> Aus Druschke etwas herauszubekommen, wird gleichwohl schwierig sein, denn als Jäger kennt er die Tricks, die zu diesem Handwerk gehören. Im Gegensatz zu den Angeklagten früherer NS-Prozesse reagiert er nicht mit barem Schweigen auf die Vorwürfe, er hat sich eine Strategie der Offensive zurechtgelegt.[177]

Auch hier scheint das vermittelte Täterbild gleichsam die Taten und das zeitgenössische Verhalten vor Gericht zu spiegeln. Es kamen aber weitere Aspekte hinzu, mit denen Druschke zumindest verbal seinen Auftritt vor dem Heidelberger Landgericht zu inszenieren vermochte:

> »Die Uniform ist es, die einen Mann zum wahren Kämpfer macht und nicht zu einem Nobody – Druschke: ›Damals haben wir einen Kampf gekämpft.‹ Einen Kampf kämpfen hat schon sportliche Dimensionen und dazu gehört eben auch die dementsprechende sportliche Kleidung. In Druschkes Mund wird der Krieg Deutschlands gegen Jugoslawien zu einer Analoghandlung etwa eines Endspiels im Fußball-Europapokal zwischen Bayern München und Partizan Belgrad. Mit der Anmerkung eben, daß diese Südländer eh für ihre Unfairness bekannt sind.«[178]

Trotz allem sah sich Druschke selbst nur als »kleinen Mann«. Der vorgeblich »heitere« Plauderton des Angeklagten stellt indessen keinen Einzelfall dar. Insbesondere für die erste Hälfte der 1950er Jahre lassen sich auffallend viele Beispiele dafür finden, dass sich Angeklagte ihrer Lage im Gerichtssaal nicht bewusst waren, die Tatvorwürfe gar nicht begriffen zu haben schienen – oder sich ihrer selbst so sicher waren, dass sie darauf verzichteten vor Gericht zumindest »neutral« aufzutreten: So auch der Angeklagte Matschke in einem Kölner Schwurgerichtsverfahren, der sich während Aussagen jüdischer Opferzeuginnen, »ostentativ gelangweilt« zeigte und sich oft lächelnd mit Mitangeklagten unterhielt. Auf die Frage des Gerichts, ob es etwa seine Vorstellung gewesen sei, die zur Deportation versammelten jüdischen Mitbürger kämen im Osten »ins gelobte Land«, antwortete Matschke: »Das nicht [...] ich nahm an, sie kämen in eine Art Zwangsreservation – so etwa, wie die Indianer in Amerika.«[179]

Schon in der zweiten Verhandlungswoche zeigten sich erstmals die Gräben, die sich zwischen Staatsanwaltschaft, vertreten durch Staatsanwalt Manfred Münstermann und dem Gericht, namentlich dem Vorsitzenden Richter Georg Weidner, auftun sollten: Diese entzündeten sich immer wieder auch an der Einschätzung der Glaubwürdigkeit der Opferzeugen, erst recht, nachdem der als Gutachter auftretende Rechtsmediziner Georg Schmidt zu Protokoll gegeben hatte, dass es bei Zeugen nach 40 Jahren durchaus zu »Erinnerungstrübungen« oder gar einer »Pseudoerinnerung« kommen könne, bei der Erlebtes und spätere Informationen zusammenkämen.[180] Vernehmungsprotokolle geben keine Auskunft über historische Fakten, sondern schildern Fakten allein in der Erinnerung der Täter (bzw. Opfer). Diese Erinnerungsfragmente sind dabei vielfach »vermittelt« oder gebrochen, sie sind das Ergebnis sozialer Konstruktionen in einem gesellschaftlichen Referenzrahmen.[181] Auf die Chiffre »Eichmann« im slowenischen Kontext wird hier noch zu sprechen kommen sein. Täter stellten sich oft »dumm« – sie zeigten sich, wie auch Druschke, ihrem Selbstverständnis nach als gehorsame, ahnungslose Befehlsempfänger, denen die Ziele der nationalsozialistischen Vernichtungs- und Verfolgungspolitik nicht bekannt gewesen sein wollen. Die Angeklagten suggerierten vor Gericht, sie hätten hinsichtlich der Tatvorwürfe über keinen eigenen Willen verfügt, seien allein passive Befehlsempfänger gewesen, die sich die Ziele der Taturheber nicht zu eigen gemacht hätten – eine Argumentation und Selbstdarstellung, die von den Gerichten im Rahmen der Unterscheidung zwischen Täterschaft und Teilnahme nur allzu gern übernommen worden ist.[182]

Die Staatsanwaltschaft hatte deshalb größte Mühe, ihre Beweise zu untermauern, die Aussagen der vom jugoslawischen Richter Anton Zitko gesammelten Zeugenaussagen erwiesen sich als durchweg »problematisch« – nicht nur hinsichtlich der klaren Übersetzungsfehler.[183] Aufgrund der vielen offensichtlichen und sinnentstellenden Übersetzungsfehler entfuhr es der vom Gericht bestellten Dolmetscherin Alma Auer, selbst Slowenin und phasenweise Hauptakteurin des Verfahrens: »Jugoslawische Schlamperei«.[184] Eine auf nur geringe Motivation des zuständigen Richters deutende Beweissammlung, das Fernbleiben wichtiger slowenischer Belastungszeugen und die von einigen der Opferzeugen öffentlich geschilderte Erwartung, dass aus dem »Prozess eh nichts werden wird«, trugen ihr Übriges zur allgemein herrschenden Missstimmung vor Gericht bei.[185] Richter Weidner legte eine große Penibilität an den Tag, wenn es um genaue Daten, Uhrzeit oder Nebenereignisse ging. Die Verteidigung Druschkes erschien hingegen »gut auf den Prozess vorbereitet«.[186] Insgesamt hatte es für die *Communale* den Anschein, »daß sich Staatsanwaltschaft und Gericht zwar juristisch auf diesen Prozess vorbereitet haben, nicht aber auf das, was die soziale Dimension eines solchen Prozesses ausmacht«.[187] Die von Druschke und seinen beiden Verteidigern »angefachte Hysterie, daß die slowenischen Zeugen präpariert seien, hat sich inzwischen wie ein Virus bei den Prozeßbeteiligten ausgebreitet. Eine Gesundung scheint nicht in Sicht«.[188]

Vorschriften für ein härteres Zugreifen im Partisanenkampf seien für ihn überflüssig gewesen, so Druschke in einer Sitzung in der dritten Verhandlungswoche: »Die konnten mir nicht vorschreiben, wie ich Partisanenkampf zu machen hatte; da mußte ich in meiner täglichen Arbeit schon selbst entscheiden.«[189] Für einen »kleinen Mann«, der »nur« die ihm erteilten Befehle umzusetzen wusste, ein durchaus breit bemessener Handlungsspielraum. Einen interessanten Punkt in Bezug auf die im Prozess auftauchenden Täterbilder lieferte ein weiterer Täterzeuge, Josef Stacheder, ehemaliger SS-Hauptscharführer und Gestapokollege Druschkes in Jesenice, der mutmaßte, »Druschkes Auftreten« sei in Slowenien »vielleicht falsch verstanden worden.«[190] Auch ein ehemaliger Ausbilder aus der Gestapo-Zentrale in Klagenfurt, zum Prozesszeitpunkt Justiziar im Ruhestand, schilderte den Angeklagten, als »korrekt, aktiv«, er habe »sich am Unterricht rege beteiligt«.[191]

Mittlerweile war das Verfahren in die fünfte Woche gegangen und während der Behandlung der ausführlichen Beweisanträge des Staatsanwalts Münstermann zeigten die Beteiligten erste deutliche Ermüdungserscheinungen:

»Clemens Druschke ist ermatteter, stiller geworden, und dem Staatsanwalt unterläuft der Fehler, einen Zeugen laden zu wollen, der schon tot ist. Allein Richter Weidner scheint mit der besten Kondition ausgestattet, je länger das Verfahren dauert, desto deutlicher wird, daß er der einzige ist, der diesen Prozeß noch in der Hand hat.«[192]

Auch in der elften Verhandlungswoche war ein Urteil nicht absehbar. Von Interesse ist aber, dass nun auch die Presseberichterstattung selbst zum Verhandlungsgegenstand wurde und das Gericht der Heidelberger *Communale* eine Weitergabe von falschen oder nicht überprüften Informationen an andere Zeitungen, insbesondere die in Ljubljana (Laibach) erscheinende *DELO* (»Arbeit«), und somit eine gezielte Beeinflussung des laufenden Prozesses zum Vorwurf machte.[193] Teile der veröffentlichten Meinung standen hier in einem direkten Austauschverhältnis mit den juristischen Aspekten des NS-Verfahrens.

In Jugoslawien selbst traf das Verfahren auf ein gespaltenes Interesse, selbst die Familie des Opfers Lovro Ažman war nicht zu einer Aussage zu bewegen. Ažman wurde in Slowenien offiziell nur als »Geisel« der deutschen Besatzung, nicht aber als gefallener »Partisanen-Angehöriger« memoriert und der Familie kam von den staatlichen Stellen somit keine »Kämpferrente« zu. Auch slowenische Lokalpolitiker und leitende Angehörige verschiedener Partisanen-Veteranenverbände meldeten sich wiederholt zu Wort. Das wenig erwartungsfrohe Verhältnis der jugoslawischen Zeugen zum Heidelberger Verfahren kam dann in einer Aussage des Zeugen Ivan Jansa deutlich zum Ausdruck: »Ich habe Druschke verziehen, Sie können ihn ruhig zum General befördern.«[194]

Als der Prozess im September nach einer 30-tägigen Verhandlungspause (Sommerferien) fortgesetzt wurde und einer der jugoslawischen Opferzeugen seine Vorwürfe gegen Druschke zurücknahm bzw. stark relativierte, schien auch für die *Communale* »die Wende zugunsten Clemens Druschke(s)« eingetreten zu sein und ein Freispruch des Angeklagten »von Tag zu Tag wahrscheinlicher« zu werden.[195] Nur eine Woche später hatte sich die Situation aber schon wieder grundlegend verändert: Aus Jugoslawien war neues Belastungsmaterial nach Heidelberg versandt worden, der lakonische Kommentar der *Communale* lautete: »Das Verfahren [...] nimmt immer unkontrollierbarere Züge an«.[196] Die neuen Zeugenaussagen schienen Druschke wieder schwer zu belasten, das Verfahren indes kam weiter nicht von der Stelle, über eine neuerliche Reise nach Jugoslawien – diesmal wegen der Reiseunfähigkeit eines der hinzugekommenen Belastungszeugen – wurde bereits laut nachgedacht.[197] Nach 33 zum Teil quälenden Verhandlungstagen war im Oktober 1984 zumindest die Beweisaufnahme abgeschlossen.[198] Das fünfstündige Plädoyer der Staatsanwaltschaft auf »lebenslänglich und Ausstellung eines Haftbefehls« sowie der Verteidiger auf »Freispruch« wurden von der *Communale* als wenig überzeugend eingestuft.[199] Die »These« des Staatsanwalts, dass »›der Eifer und die Hingabe‹ des Angeklagten bei seiner blutigen Arbeit *allein* auf die ›gehorsame Dienerschaft‹ Druschkes gegenüber dem ›Unrechtsstaat‹ zurückzuführen« sei, erschien als vorgeschoben, auch wenn für Staatsanwalt Münstermann »kein Zweifel an der Täterschaft Druschkes« bestand. Auch an der Verteidigung ließ die Berichterstattung kein gutes Haar:

> »Herr Fuchs [einer der beiden Pflichtverteidiger Druschkes; C. A.] hält ein Plädoyer, das nicht juristisch, sondern politisch begründet ist. Seine leidenschaftliche Rede zugunsten des Angeklagten wird von der Riege ehemaliger SS-Mitglieder, die sich im Gerichtssaal zusammengefunden haben, wohlwollend goutiert. Herr Fuchs ist ihr Mann. Endlich einer mit den richtigen Geschichtskenntnissen. [...]
> Druschkes zweiter Pflichtverteidiger Auffenberg [...] fordert, daß im Falle vernünftiger Zweifel immer für den Angeklagten entschieden werden müsse.«[200]

Goldener Herbst: Freispruch für Druschke

Am 24. Oktober 1984 erging vor dem Landgericht Heidelberg schließlich das Urteil: »Der Angeklagte Clemens Druschke aus Elbing wird vom Vorwurf des Mordes freigesprochen. [...] Der Angeklagte ist für die vom 27. 3. bis 28. 3.1979 erlittene Freiheitsentziehung nach vorläufiger Festnahme zu entschädigen.«[201] Verglichen mit Verfahren aus den vorangegangen Jahrzehnten bzw. den anderen Fallbeispielen fällt mit insgesamt 181 Druckseiten vor allem die Länge von Urteil und Urteilsbegründung ins Auge.[202] Bei der Begründung des Freispruchs hatte eine Vielzahl von juristischen Paragrafen berücksichtigt und abgewogen werden müssen. Den Vorwurf der Anklage, durch Misshandlungen den Tod des Partisanen Lovro Ažman herbeigeführt zu haben, sah das Gericht dem Angeklagten als nicht nachweisbar an: »Dieser Tat [Mord; C. A.] hält die Strafkammer den Angeklagten für nicht überführt.«[203] Gleichwohl erkannte das Gericht an, dass das Opfer durch den Angeklagten schwer misshandelt worden war: »Daß eine – soeben beschriebene – langandauernde Misshandlung zwischen dem Festnahmezeitpunkt beziehungsweise Ankunft im Stanovnik-Haus und dem 16. Januar 1942 (abends) stattgefunden hat, ist die volle Überzeugung der Strafkammer.«[204] Auch der anfänglichen Verteidigungsstrategie Druschkes, seine Anwesenheit am Tatort zu leugnen und sogar von einer Verschwörung gegen seine Person zu sprechen, vermochte das Gericht nicht zu folgen:

> »Der Angeklagte hat die Anschuldigungen aller jugoslawischer Zeugen als ein Komplott bezeichnet, das gegen ihn in den 70-er Jahren von Seiten der jugoslawischen Behörden geschmiedet worden sei. [...] Diese Angaben des Angeklagten sind zum überwiegenden Teil ganz eindeutig widerlegt (und wurden gegen Ende des Verfahrens vom Angeklagten zum Teil nicht mehr aufrechterhalten), [...] zum Teil sind sie wenig wahrscheinlich, aber nicht widerlegbar. Letzteres betrifft die Angabe des Angeklagten, sich nicht an den Todesfall Lovro Azmann [sic!] zu erinnern.«[205]

Stattdessen sprachen »schon alle äußeren Umstände dafür, daß Lovro Azman von dem Angeklagten selbst oder auf seinen entsprechenden Befehl hin gefoltert wurde, um von ihm Angaben zu erhalten.« Dass dies auch tatsächlich so gewesen sei, ergab sich für das Gericht in hinreichender Form aus den Beweismitteln.[206] Das Gericht sah deshalb den »Schluss gerechtfertigt, daß alle Misshandlungen, die um diese Zeit auf dem Sitz der Gestapo in Jesenice von den Beamten ausgeführt wurden, auf Geheiß beziehungsweise mit direkter Billigung des Angeklagten durchgeführt wurden.«[207] Gleichwohl konnten die Aussagen der slowenischen Opferzeugen das Gericht nur bedingt überzeugen, da präzise Angaben aufgrund der über 40 Jahre zurückliegenden Tat bei den Opferzeugen nur selten zu finden waren: »Daß im Falle des Lovro Azman der Angeklagte eigenhändig diesen während der gesamten Zeit mißhandelt hat, hat die Strafkammer nicht feststellen können. Kein Zeuge hat solches von dem Angeklagten hinsichtlich der Mißhandlung seiner Person berichten können.«[208]

Verweise auf Zweifel an der »Glaubwürdigkeit« der slowenischen Zeugen durchziehen nahezu die gesamte Urteilsbegründung. Das Gericht begründete die Annahme der eingeschränkten Glaubwürdigkeit der Zeugen insbesondere damit, dass diese seit dem Beginn der ersten Ermittlungen im Jahr 1977 und ihren persönlichen Befragungen nach 1980 selbst Erlebtes und Berichte der Medien vermischt hätten. So findet sich im Urteil auch ein Hinweis auf eine nicht näher verifiziere slowenische Fernsehdokumentation aus dem Jahr 1977, die der Sender *Radio-Television Ljubljana* zusammen mit dem Kriegerbund Jesenice erstellt hatte und in der Clemens Druschke zum ersten Mal als »Eichmann von Slowenien« bezeichnet worden war.[209] Die Durchsicht der drei Bände mit Protokollen der Vernehmung der jugoslawischen Belastungszeugen brachte, trotz einer Vielzahl an Tötungs- und Misshandlungsvorwürfen, keinerlei Anzeichen für die Bezeichnung Druschkes als »Eichmann von Slowenien« zutage.[210] So ist für Staatsanwalt, Gericht und Öffentlichkeit anzunehmen, dass die Chiffre »Eichmann« erst während des laufenden Verfahrens bzw. in der begleitenden Zeitungsberichterstattung gebraucht wurde. Da die Dokumentation in Zusammenarbeit mit dem slowenischen Veteranenverband des ehemaligen Tatortes erstellt wurde, ist gleichzeitig aber davon auszugehen, dass sowohl die Dokumentation wie auch die Zuschreibung »Eichmann von Slowenien« bekannt gewesen sein kann oder sogar muss. Ob die Aussage im Film von einem der späteren Opferzeugen oder einem offiziellen slowenischen Veteranenfunktionär stammt, bleibt indessen im Dunkeln.

Für die Einordnung des Verbrechens, d. h. die Frage, ob die Tat als Mord im Sinne § 211 *StGB* gewertet werden musste, war es von besonderer Bedeutung, dass Druschke sowohl die Tat als auch ein gezielter Wille zur Tat – nicht eine bloße Beteiligung – nachgewiesen werden konnte. Eine direkte und für eine Verurteilung hinreichende Zurechnung der vorgeworfenen Verbrechen zur Person Druschkes sah die Strafkammer aufgrund der damaligen kriegsbedingten Situation »vor Ort« und dem selektiven Erinnerungsvermögen der Zeugen nach über vier Jahrzehnten als schwierig an:

»Aus einer kritischen Würdigung der Zeugenaussagen ergibt sich im Ergebnis zur Überzeugung der Strafkammer, daß unter den Beamten der SIPO-Außenstelle Jesenice *nicht allein der Angeklagte* derjenige war, welcher persönlich geschlagen und mißhandelt hat, denn viele Zeugen haben den Angeklagten vorher nicht gekannt, so daß davon auszugehen ist, daß vieles, was auf dieser Dienststelle geschah, ohne weiteres *dem Chef angelastet wurde*, sondern daß dies mehr oder weniger alle Beamten taten.«[211]

Daraus folgerte das Gericht, die Taten könnten Druschke nicht zugerechnet werden, schon aus dem Grund, dass sich einige der Zeugenaussagen als offensichtlich falsch erwiesen hätten, dergestalt, dass sie zwar hinsichtlich der Misshandlungsvorwürfe inhaltlich richtig waren, eine Zuschreibung zu Person des Angeklagten aber keinesfalls als erwiesen gelten konnte:

»Geht die Kammer auch davon aus, daß die Aussagen der Zeugen Marija Kokalj, Mirko Klinar, Ferdinand Mihelič und Ivan Čelesnik nicht richtig sind, soweit sie den Angeklagten belasten, so ist sie trotzdem davon überzeugt, daß der wesentliche Inhalt dieser Aussagen richtig ist, nämlich die Tatsache, daß mißhandelt wurde, aber von Beamten anderer Dienststellen. Daß der Angeklagte *nicht der einzige SIPO-Beamte in Oberkrain* war, *welcher brutal gefoltert hat* – und auf gar keinen Fall der ›*Eichmann Sloweniens*‹, wie er in einem der oben aufgeführten Artikel der Zeitung Politika vom Februar 1977 bezeichnet wurde, geht auch aus den Aussagen des Zeugen Kolb [...] hervor.«[212]

Ebenfalls als »strafmildernd« verbuchte das Gericht die gängige Praxis von Misshandlungen in Kriegszeiten, die der Angeklagte »in Gestalt der Dolmetscher wie auch der Schlaginstrumente (zum Beispiel ›Pendrek‹)« vorfand, eine Praxis, »die schon früher geprügelt hatte.« Und: »Ebenso sicher war ihm die Praxis der Gestapo im Reichsgebiet nicht unbekannt.«[213] Diese Form der »Zeugenbefragung« unter Anwendung körperlicher Gewalt wurde vom Gericht also als »gängig« eingestuft. Der vorhandene und vom Angeklagten explizit für sich selbst und sein Handeln in Anspruch genommene eigene Ermessensspielraum als Vorgesetzter der Dienststelle (s. o.) blieb völlig unberücksichtigt. Druschke hatte also nur eine vorhandene Unrechtspraxis »weitergeführt«. Deshalb ergab sich daraus auch kein Nachteil für den Angeklagten, stattdessen »drehte« das Gericht die Argumentation auf Basis der vorgefundenen Misshandlungspraxis am Tatort um – der in der Anklageschrift aufgeführte Tatvorwurf des Mordes wurde zu einer nicht intendierten Misshandlung mit Todesfolge, einem – ohne das das Gericht diese Worte benutzte – »Unfall«:

»Es ist aber nicht nur davon auszugehen, daß der Angeklagte *nicht mit dem Eintritt des Todes gerechnet hat*, sondern daß er *ihm auch unerwünscht gewesen wäre.* [...] Dann ist aber die Annahme gerechtfertigt, daß den Vernehmungsbeamten daran gelegen war, diesen Gefangenen, von welchem wertvolle (weitere) Angaben beziehungsweise Hilfe zu erwarten waren – und um einen solchen handelte es sich auch bei Lovro Azman – weiterhin zur Verfügung zu haben und nicht etwa ihn ohne ›Rücksicht auf Verluste‹ zu Tode zu prügeln.«[214]

Aus dem Gesagten ergab sich bezüglich der Begründung des Freispruchs zwar eine Misshandlung mit Todesfolge, für die der Angeklagte eine mindestens dienstliche Verantwortung zu tragen hatte, ein vorsätzliches Inkaufnehmen der Todesfolge oder gar ein Tötungsdelikt, welches den Anforderungen der Tatmerkmale für Mord, wie Vorsatz, Heimtücke oder besondere Grausamkeit entsprach, vermochte das Gericht allerdings nicht festzustellen:

»Nach alledem ist zwar die Strafkammer davon überzeugt, daß Lovro Azman aufgrund von Mißhandlungen, die er im Verantwortungsbereich des Angeklagten erhalten hatte, gestorben ist, daß dieser Tod dem Angeklagten jedoch nicht zugerechnet werden kann, weil er ihn nicht vorhergesehen hat. [...]
Der Angeklagte war deshalb vom Vorwurf des Mordes aus tatsächlichen Gründen freizusprechen.«[215]

Die Staatsanwaltschaft Heidelberg legte noch am selben Tag Revision gegen das Urteil ein. Die Begründung lautete auf Verletzung förmlichen und sachlichen Rechts. Diese wurde, für den bisherigen Verlauf des Verfahrens vergleichsweise schnell, bereits ein dreiviertel Jahr später vom *BGH* in Karlsruhe in allen Punkten verworfen:[216]

»Die Staatsanwaltschaft wendet sich mit der Revision gegen diesen Freispruch. Sie rügt die Verletzung förmlichen und sachlichen Rechts. Das vom Generalbundesanwalt vertretene Rechtsmittel hat keinen Erfolg. [...] Die Verfahrensrügen greifen nicht durch. [...]
Die Überprüfung des Urteils auf die Sachrüge hin hat keinen Rechtsfehler zum Vorteil des Angeklagten aufgedeckt. [...]
Die dem Angeklagten vorgeworfene Tat kann unter anderen rechtlichen Gesichtspunkten als Mord wegen Eintritts der Verjährung nicht mehr verfolgt werden. Die Revision der Staatsanwaltschaft muß nach allem verworfen werden.«[217]

Das Urteil vom 24. Oktober verzeichnete, nicht überraschend, wieder ein verstärktes lokales und regionales Presseecho.[218] Die *Stuttgarter Nachrichten* kommentierten nüchtern den Freispruch mit dem Verweis, wie »alle anderen NS-Verfahren krankte der Prozess an der schwierigen Beweislage«, so seien im Heidelberger Verfahren von 106 von der Staatsanwaltschaft benannten Zeugen nur 12 vor Gericht erschienen. Das Schwurgericht sei nach Ausschöpfung aller Beweismittel zu dem Schluss gekommen, man hätte »dem Angeklagten den Vorsatz zum Mord nicht nachweisen können«.[219] In die Berichterstattung der Tagespresse zur Begründung des Urteils aufgenommen wurde explizit auch der Verweis, Druschke könne keineswegs ein »Eichmann von Slowenien« genannt werden.[220] Und: »Was er in Jesenice praktiziert habe, sei auch anderswo so geschehen.« Der ehemalige Angeklagte, so der Vorsitzende Richter, sei zum Zeitpunkt der Tat ein »verhältnismäßig junger Mann« gewesen, »gewissenhaft, ehrgeizig, voller Energie.«[221] Eine nachvollziehbare, aber nach juristischen Maßstäben des Nachweises persönlicher Schuld wenig überzeugende Strategie, die zudem nahtlos an die Argumentation des »ungewollten« Vorfindens und Weiterführens einer Misshandlungspraxis anschließt. Einen nahezu sarkastischen Unterton findet man im Kommentar zum Freispruch Druschkes auf der Titelseite der *Communale*:

> »Richter Weidner hat mit dieser Urteilsbegründung die Ehre seiner Heidelberger Richterkollegen Bähr, Brunn und Reichardt gerettet.[222] [...]
> Wer foltert, will nicht töten – diese gedankliche Konstruktion, bar jeglichen Verständnisses der der Folter innewohnenden mörderischen Logik, scheint tiefer im Bewußtsein der Heidelberger Richter verankert zu sein, als bislang angenommen. [...]
> Die Heidelberger Schwurgerichtskammer befindet sich mit einem derart begründeten Freispruch durchaus im normalen Fluß der Geschichte. Insofern stimmt der Satz des Staatsanwalts in seinem Plädoyer, ›daß unser Staat, das zeigt dieser Prozeß, sich sehen lassen kann‹.«[223]

Zitiert wurde ausführlich aus der Begründung des Gerichts. Gegenstand einer besonders heftigen Richterschelte waren dabei besonders die Ausführungen Richter Weidners zur Einschätzung der Folter, die sich wie ein »roter Faden« durch die Verhandlungen gezogen hätten, aber am Ende kein anderes Urteil als den Freispruch zuließen, da Druschke die Inkaufnahme des Todes der Misshandelten nicht (eindeutig) nachzuweisen gewesen wäre. Hier finden sich auch wieder Zuschreibungen zum Bild des »Nicht-Täters« Druschke:

> »Auch beim Blick auf den Angeklagten schweben dem Richter, ganz im Gegenteil zu der Betrachtung der Zeugen, merkwürdige Schleier vor den Augen. Druschke ist in seinen Augen ein ›ganz normaler Beamter‹ der sich durch Gewissenhaftigkeit, Eifer, Ehrgeiz und Energie ausgezeichnet hat. Natürlich ›politisch indoktriniert‹ und mit einem Schuß Brutalität.«[224]

Das Täterbild wurde sogleich »eingeordnet«, wenn die *Communale* schrieb, dass der »normal(e) Beamt(e)« dem Gericht gerne abgenommen würde, habe es sich bei dem NS-Regime ja um eine »›ganz normale‹ Beamtenveranstaltung« gehandelt. Für die Zeitung blieb Druschke »ein unbeugsamer, zweifelsfreier Zögling des Nationalsozialismus«.[225] Auch zieht der Kommentator einen in diesem Zusammenhang nicht unwichtigen Schluss: Es ginge besonders auch darum, wie das Heidelberger Gericht in diesem NS-Prozess argumentiert hätte, wie es strafprozessual vorgegangen war und wie es sein Urteil begründete:

»Es geht darum, daß die mündliche Urteilsverkündung die alleinige Äußerung des Gerichts ist, die öffentlich gehört werden kann, weil das schriftliche Urteil nur wenige zu Gesicht bekommen. [...]
[S]o ist von dieser unpolitischen Justiz, [...] sind von den Heidelberger Richtern, klare Worte zu erwarten, klare Urteilsbegründungen und nicht ein minderwertiges Konglomerat zweifelhafter Gedankensprünge, wie im vorliegenden Fall zu beobachten. [...]
Nicht die Tatsache, daß etwa dem freigesprochenen Gestapo-Mann auch noch die Haftentschädigung für einen Tag Untersuchungshaft gewährt wird, ist das Übel, sondern die Tatsache, daß die Urteilsbegründung in weiten Teilen der Logik Druschkes folgt.«[226]

Als überraschend einzustufen ist, dass während des gesamten Prozesses im Jahr 1984 nur ein einziger Leserbrief zum Verfahren gegen Druschke in der Heidelberger Presse abgedruckt wurde: Knapp einen Monat nachdem das Urteil ergangen war, zugleich ein Aufruf der Grün-Alternativen-Liste zu einer Veranstaltung mit dem Titel »Der Druschke-Freispruch – eine deutsche Tradition?« am 27. November 1984. Der Tenor des Leserbriefs:

»Selbstverständlich ist die deutsche Justiz heute nicht dieselbe wie die nationalsozialistische. Aber der Urteilsspruch des Heidelberger Gerichts im Druschke-Prozeß und seine Begründung bestätigen in einem gewissen Sinne den Satz, daß Richter furchtbarer sind, wenn sie Recht sprechen als wenn sie Unrecht tun.«[227]

5.2 Kein »Eichmann von Slowenien«: Täterbilder in den 1980er Jahren

Etwa zur gleichen Zeit, in der das Verfahren gegen Clemens Druschke vor dem Heidelberger Schwurgericht stattfinden sollte, ermittelte die zuständige Abteilung des Ministeriums für Staatssicherheit (MfS) gegen den bis dahin »verdeckt« lebenden ehemaligen Dresdner Gestapo-Beamten Henry Schmidt.[228] Bei Schmidt handelte es sich um den ehemaligen Leiter des Judenreferats der Dresdner Gestapo. Im Verlauf der 1980er hatte die NS-Judenverfolgung auch in der DDR als »singuläres Unrecht« Konturen angenommen. Die neue Offenheit der offiziellen Stellen der DDR resultierte dabei hauptsächlich aus politischen Gründen, sie sollte die Beziehungen zwischen der DDR und den Vereinigten Staaten verbessern helfen. Der internationalen Anerkennung der DDR als Staat wurde über den »Umweg« Israel eine hohe Bedeutung beigemessen. Ein letztes großes NS-Verfahren galt in diesem Sinne als Beweis für den vollzogenen Paradigmenwechsel der DDR und konnte zudem erneut die Unterschiede zur Strafverfolgung in der Bundesrepublik aufzeigen.[229] Vom 15. bis 28. September 1987 kam es dann schließlich zum Prozess gegen Henry Schmidt, den »Mann mit zwei Gesichtern«,[230] den »trockenen Beamtentyp, der noch bei jeder unangenehmen Frage Eis in den Augen zu zeigen scheint«.[231]

Bei Henry Schmidt handelte es sich um niemand geringeren als den sogenannten »Eichmann von Dresden«.[232] Hatten die Aussagen der jugoslawischen Zeugen vor dem Heidelberger Landgericht schon darauf verwiesen, dass es nicht einen, sondern »viele Druschkes« [233] gegeben habe, so liegt es nahe, diesen Tätertypus zu übertragen und von vielen »Eichmännern« zu sprechen. Dass die Chiffre *Eichmann* auf ein Täterbild verweist, das auf Zuschreibungselementen wie »Schreibtischtäter«, »eiskalter Bürokrat« usw. basierte, konnte seit dem Jerusalemer Eichmann-Prozess als öffentlicher Konsens vorausgesetzt werden.[234] Das vierte Fallbeispiel hat aber auch die Grenzen eines (zu) eindeutigen Täterbildes in der Öffentlichkeit aufgezeigt: Das Gericht sah sich mit Blick auf die entsprechenden Zuschreibungen an den Angeklagten in den Aussagen der Opferzeugen abschließend nicht in der Lage, eigene Erfahrungen der Opfer und Elemente des Täterdiskurses der 1960er und 1970er Jahren auseinanderzuhalten.

Die Berichterstattung über das Verfahren gegen Clemens Druschke selbst griff aber nicht nur beim direkten Täterbild auf den in den dreieinhalb Jahrzehnten zuvor »erprobten« Kanon an Zuschreibungen und Bildern zurück. Am vierten Beispiel lässt sich auch das eingeübte Wechselspiel zwischen einzelnen Presseorganen nachzeichnen, wenn es um die »späten« NS-Verfahren ging: Auch bei vergleichsweise »kleinen« Verfahren war spätestens in den 1980er Jahren den Beteiligten eine breite Medienöffentlichkeit sicher, die die Dominanz juristischer Kriterien aufzubrechen half und über die eingeschränkte Gerichtsöffentlichkeit hinauswies. Vor dem Hintergrund des Fallbeispiels rückt zudem die direkte Wechselwirkung zwischen überregionaler und lokaler Berichterstattung in den Blick – auch wenn sich eindeutige Inter-Media-Agenda-Setting-Effekte im strikten medienwissenschaftlichen Sinn nur schwer nachzeichnen lassen.

Während sich im Heidelberger Verfahren gegen Druschke die bürgerlich-konservativen Pressestimmen auf eine »neutrale« und faktennahe Minimal-Berichterstattung zurückgezogen haben (*Rhein-Neckar-Zeitung*), neigten die Meldungen und Kommentare der dem linken politischen Spektrum zuzuordnenden Presse teilweise zu einer schrilleren Tonlage und »übereindeutigen« Täterbildern. Während erstere in Druschke einen späten »Einzelfall« sahen, den es unter »Berücksichtigung der Umstände« auch nur als solchen zu betrachten galt, stellten die späten NS-Verfahren für letztere im übergeordneten politischen Gesamtkontext der Bundesrepublik nur eines der vielen Symptome für die gescheiterte Aufarbeitung der NS-Vergangenheit dar: Unter lokalen Vorzeichen (*Communale*) oder als »kritische Stimme« im Rahmen der verschlungenen deutsch-deutschen Beziehungsgeschichte seit 1949. Der hier am Beispiel eines einzelnen Verfahrens herausgearbeitete Befund, dass gerade auch auf lokaler Ebene einzelne Tageszeitungen bei Verfahren wegen nationalsozialistischer Gewaltverbrechen die Rolle eines »Gate-Keepers« oder »Agenda-Setters« einnehmen und teilweise sogar eine nachweisbare »Wirkung« in den Prozessen erzielen, gilt es für die Zeitgeschichtsforschung in der Zukunft an weiteren regionalen Beispielen zu verifizieren.

Es ist aber auch deutlich geworden, dass eine »erfolgreiche« Prozessberichterstattung sehr eng mit dem persönlichen Engagement einzelner Prozessberichterstatter verbunden ist, die als Journalisten über einen privilegierten Zugang sowohl zu den Verfahren wie auch zur Öffentlichkeit verfügen. Sie dienen als Multiplikatoren der Informationen zu Verfahrensablauf und -inhalt, agieren gleichzeitig aber auch als kritische Beobachter und Kommentatoren. Bei der Übertragung von Täterbildern kommt ihnen die Rolle eines Transmissionsriemens zu: Als »Geschichtsschreiber« halten sie einzelne Verfahren für die Nachwelt fest. Sie dokumentieren aber auch die lange Geschichte der NS-Verfahren insgesamt. Gerade in diesem Sinne agieren die Prozessberichterstatter als Produzenten *neuer* wie auch als *Re*produzenten *alter* bzw. bekannter Täterbilder.[235] An die Stelle einer breiten, aber oberflächlichen täglichen Berichterstattung über unterschiedliche NS- oder Schwurgerichtsverfahren in den 1940er und frühen 1950er Jahren ist seit den 1960er Jahren eine bis in die juristische Tiefe der Verfahrensgegenstände reichende Berichterstattung getreten. Die Berichterstattung ist zumeist sehr detailreich, neben dem durch die Zeitgeschichtswissenschaft gut erforschten historischen Hintergrund der Verbrechen berücksichtigt sie auch die juristischen Implikationen und rechtlichen Grundlagen. Infolge der Länge selbst »kleiner« Verfahren – der Fall Druschke beschäftigte die Heidelberger Justiz ein knappes Jahrzehnt – wirken die Presseberichte auf den ersten Blick hin trotzdem nur als punktuell oder wahllos gestreut.

Eine tiefergehende Analyse dieser neuen Art der Berichterstattung, hier am Beispiel des Heidelberger Verfahrens gegen Druschke, erhärtet schon für die 1980er Jahre den Eindruck, dass die »alten« und »eindeutigen« Täterbilder aus den 1940er und 1950er in der Öffentlichkeit noch auf einen Resonanzboden trafen bzw. treffen oder sogar wieder verstärkt zurückkehren. Die Universal-Chiffre *Eichmann* stellt dabei nur eine Variante aus einem heute sehr breiten Arsenal von Möglichkeiten dar. Im juristischen Alltag der späten NS-Verfahren kommt ihnen aber allenfalls eine untergeordnete Bedeutung zu. Hier haben sich juristische Verfahrensweisen und Argumentationsfiguren »eingeschliffen«. Gleichwohl bleibt festzustellen, dass juristischer und öffentlicher Diskurs bzw. Täterdiskurs trotzdem nicht aneinander vorbeilaufen.

6. FERNAB DER GROSSEN PROZESSE: TÄTERBILDER IN REGIONALEN NS-VERFAHREN

Ein entscheidendes Charakteristikum der zurückliegenden zwei Jahrzehnte besteht darin, dass eine zunehmende Zahl von Ländern sich nach dem Ende der globalen Blockkonfrontation 1989/1990 intensiv mit ihrer *eigenen* Geschichte im 20. Jahrhundert beschäftigt und dabei die dunklen Seiten – in Europa vor allem die vielfältigen Ebenen und Aspekte der Kollaboration mit dem NS-Besatzungsregime – nicht mehr ausgespart hat. Der Zweite Weltkrieg endete vor über 65 Jahren und mit ihm auch das nationalsozialistische Herrschaftssystem: Die »langen Schatten der Vergangenheit«,[1] so zeigt sich in der Rückschau noch einmal in aller Deutlichkeit, fielen aber nicht allein auf die deutschen Bemühungen der Aufarbeitung der NS-Diktatur. Die Schwierigkeiten, die auch in anderen europäischen Ländern auftraten, wenn es galt, die nationale Geschichte als Ganzes zu reflektieren, hat der britische Historiker Tony Judt unlängst in seiner *Geschichte Europas* unter Rückgriff auf den französischen Zeithistoriker Henry Rousso auf folgenden Nenner gebracht: »Jedes europäische Land, das besetzt gewesen war, entwickelte sein eigenes ›Vichy-Syndrom‹«.[2] Vergleichbare Problemlagen lassen sich heute weltweit in all denjenigen Gesellschaften vorfinden, die sich nach dem Ende von Kriegen oder Diktaturen im Übergang zu einem demokratischen politischen System befinden.

Mit einer über sechs Jahrzehnte währenden Geschichte der Aufarbeitung des NS-Systems und einer ebenfalls schon über 20 Jahre praktizierten Aufarbeitung der Hinterlassenschaften der SED-Herrschaft kommt Deutschland bei der praktischen Ausgestaltung von politischen und gesellschaftlichen Systemübergängen unweigerlich eine Vorreiterrolle zu. Auch die Geschichte der juristischen Aufarbeitung nimmt – trotz aller notwendiger Kritik an den deutschen Aufarbeitungsbemühungen im Einzelnen – im internationalen Maßstab eine durchaus solitäre Stellung ein. Sie dient in unterschiedlichen Weltregionen und mit Blick auf verschiedene Arten der Systemtransition als elementare Vergleichsfolie. Das internationale Strafrecht des Nürnberger *IMT* ist dabei zu einem wichtigen »Auslöser« der juristischen Aufarbeitung von Diktaturgeschicht*en* geworden. Trotz nicht zu leugnender und in vielen Bereichen von Politik, Wirtschaft und Gesellschaft sogar überdeutlicher Kontinuitätslinien, so das diesbezügliche Fazit des Sozialhistorikers Jürgen Kocka, fanden in Westdeutschland nach 1945/1949 eben auch tiefgreifende Veränderungen statt.[3] Die Identität der Deutschen als »Täternation«

war keine selbst gewählte, sie nahm Bezug auf eine unabänderliche Vergangenheit, die nicht vergehen wollte und in Anbetracht des kaum fassbaren Ausmaßes der NS-Verbrechen auch nicht vergehen konnte.[4] Die vielfältigen persönlichen Verstrickungen der Deutschen in das NS-System versperrten sich deshalb zunächst der Erzählbarkeit und gelangten erst allmählich aus dem Stadium der Latenz heraus. Hierbei gilt es aber, die Ebene der privaten Kommunikation von den nationalen Masternarrativen zu trennen. Wie die Fallbeispiele vor Augen führen, kann nicht davon die Rede sein, dass es keine öffentlichen Diskurse über NS-Verbrechen und Täter gegeben hätte. Neben den überregionalen Tageszeitungen berichtete auch die Lokal- und Regionalpresse, dies zeigen gerade die dichten Beschreibungen ersten beiden hier ausgewählten NS-Verfahren ganz deutlich, sowohl über Spruchkammerverfahren wie auch Prozesse wegen nationalsozialistischer Gewaltverbrechen in der Regel sogar ausführlich. Beim ersten Verfahren, dem Mannheimer Prozess gegen Hugo Otto Böse und seine beiden Mitangeklagten 1946/1947, ergab sich der starke Einfluss lokaler und regionaler Gegebenheiten schon aus dem Umstand, dass es sich um ein Endphaseverbrechen handelte, dass in Mannheim verübt wurde und bei dessen Opfern es sich um Bürger der Stadt handelte. Verlängert man die *dichte Beschreibung* aber über die eigentliche Tat und das spätere Verfahren hinaus, ergeben sich, wie am Beispiel der lokalen Mannheimer Erinnerungskultur eindrucksvoll nachzuvollziehen, gerade bei der Analyse regionaler NS-Verfahren neue und aussagekräftige Perspektiven für den wissenschaftlichen wie nichtwissenschaftlichen Umgang mit der juristischen Aufarbeitung von Diktaturfolgen. Eine Vielzahl lokaler bzw. regionaler Mikrostudien ist deshalb besonders geeignet, die bisherigen (zeit-)historischen Deutungen des Umgangs der Westdeutschen mit den Hinterlassenschaften des NS-Systems argumentativ zu unterfüttern und um notwendige empirische Beispiele zu ergänzen.

Der Holocaust ist heute Teil der deutschen Identität, und mit dem Ende des Sozialismus und Kommunismus nach 1989/1990 kam es »tatsächlich zur lange überfälligen Aussprache über die bundesdeutsche Strafverfolgung von NS- und Kriegsverbrechen [...] vor der Folie einer strafrechtlichen Auseinandersetzung mit DDR-Systemunrecht«.[5] Gleichzeitig hat der Bedarf an Aussprache über die Konflikthaftigkeit der eigenen nationalen Vergangenheit in allen Regionen der Welt in den letzten beiden Jahrzehnten einen sprunghaften Anstieg zu verzeichnen. Dass heute in Deutschland immer noch Verfahren wegen NS-Verbrechen stattfinden, liegt aber auch in den Versäumnissen der Nachkriegsjustiz begründet, deren führende Protagonisten teils aus innen-, teils aus außenpolitischen oder auch persönlichen Gründen daran gelegen war, das anfangs harte Durchgreifen der alliierten Siegermächte gegen deutsche Täter und Funktionäre schnell »zu den Akten« zu legen und die »Siegerjustiz« zumindest ex post in Frage zu stellen. In einigen, wenn auch nur wenigen großen NS-Prozessen gelang es in der Folgezeit, der Bevölkerung die Gräueltaten vor Augen zu führen und die öffentliche Auseinandersetzung anzustoßen.[6] Solche Möglichkeiten, sich mit Verfahren wegen nationalsozialistischer Gewaltverbrechen direkt zu beschäftigen, gab es für die Bevölkerung – und dies gilt bis heute – aber auch vor der eigenen Haustür, in den kleinen und mittleren NS-Verfahren, die über eine lokale oder allenfalls regionale Reichweite verfügten. Mit ihren Inhalten und Abläufen sowie mit ihrer öffentlichen Wirkung hat sich die zeithistorische, juristische und politikwissenschaftliche Forschung bis dato bedauerlicherweise nur sehr selten beschäftigt. Wie aufschlussreich die Untersuchung von NS-Verbrechen und Tätern gerade im Rahmen einzelner regionaler NS-Verfahren sein kann, haben die dichten Beschreibungen der Prozesse vor baden-württembergischen Landgerichten hinlänglich gezeigt.

Da Mord nicht verjährt, ermittelte die deutsche Justiz weiter, seit den späten 1960er Jahren in vielen Fällen mit gestiegenem Engagement und oft auch zur Genugtuung der Opfer bzw. ihrer Angehörigen. Und auch für die 1960er, 1970er und 1980er Jahre lassen sich ohne Schwierigkeit regionale Prozesse ausmachen, über die umfassend in den lokalen Tageszeitungen berichtet wurde und in denen sich im Nahbereich für die Bevölkerung exemplarisch der Status quo der juristischen Aufarbeitung der NS-Verfahren zeigte. Viele Täter sind trotzdem unbehelligt geblieben und mittlerweile verstorben; anderen »alten Männern« wurde, wie auch die beiden letzten Fallbeispiele, das Mannheimer Verfahren gegen Heinrich Mocek und seine drei Mitangeklagten im Jahr 1965 und der Heidelberger Prozess gegen Clemens Druschke 1984, gezeigt haben, noch im hohen Alter der Prozess gemacht: Wenn es auch nicht in allen Fällen zu einer Verurteilung kam und Freisprüche, obwohl juristisch kaum anfechtbar, zunehmend auf Unverständnis sowohl in der Presseberichterstattung wie auch in der Bevölkerung stießen. Selbst der in der Einleitung angesprochene Heinrich Boere, ein ehemaliger Angehöriger der *Germanischen SS in den Niederlanden*, wurde am 23. März 2010 und damit noch 66 Jahre nach seiner Tat, im Alter von 88 Jahren wegen »Mordes in drei Fällen« durch das Aachener Landgericht zu »lebenslanger Haft verurteilt«.[7] Und auch das Verfahren gegen John Demjanjuk endete am 12. Mai 2011 mit einer Verurteilung. Diese lautete auf fünf Jahre Haft wegen »Beihilfe zum Massenmord an geschätzten 28060 Menschen«. Das Urteil war im Sommer 2011 noch nicht rechtskräftig. Aufgrund des hohen Alters des Angeklagten wurde der Haftbefehl aufgehoben und Demjanjuk in einem Pflegeheim untergebracht.[8] Ob die Strafe noch vollstreckt werden kann, ist auch im Fall Boere mehr als ungewiss: »Wir gehen, wenn wir ehrlich sind, nicht davon aus«, so der Vorsitzende Richter Günther Nohl.[9] Obwohl Boere bis zur Rechtskraft des Urteils auf freiem Fuß bleibt, zeigten sich die Angehörigen der Opfer mit dem Urteil zufrieden: Es sei »ein ›befreiendes‹ Ereignis« und ein »Beweis dafür, dass Gerechtigkeit auch nach so langer Zeit noch möglich‹« sei.[10] Und in dieser Anerkennung der Opfer der NS-Verbrechen als Menschen, denen Gerechtigkeit zusteht,[11] liegt die Bedeutung der juristischen Aufarbeitung der nationalsozialistischen Gewaltverbrechen vor deutschen Gerichten – zu unterschiedlichen Zeitpunkten, in verschiedenen politischen und gesellschaftlichen Kontexten sowie der Beteiligung von

Akteuren mit unterschiedlichem generationellen Hintergrund. So war es auch Aufgabe der vier Fallbeispiele

> »zu zeigen, daß die Effizienz der Strafjustiz nicht das alleinige Kriterium der zeitgeschichtlichen Beurteilung sein kann. Was deutsche Justiz und Jurisprudenz bei der Strafverfolgung von NS-Verbrechen an faktischer Aufklärung und begrifflicher Erfassung des NS-Unrechtsregimes leisteten, war möglicherweise von größerer Bedeutung als die individuellen Strafen, die Gerichte verhängten oder nicht verhängten.«[12]

Spätestens seit Mitte der 1990er Jahre werden NS-Täter nicht mehr nur als Exponenten anonymer Institutionen im weitesten Sinne wie der SS, der Wehrmacht oder der Ordnungspolizei, sondern auch als selbstständig handelnde Akteure in ihren konkreten sozialen Bezugssystemen wahrgenommen. Dabei ist in der Täterforschung die lange Zeit vorherrschende Beschränkung auf strafrechtlich verfolgte Täter aufgebrochen worden. Dies ist zu begrüßen, auch wenn die vielgestaltigen Verbindungsstränge und Schnittflächen zwischen Politik, Justiz und Öffentlichkeit, die in den Gerichtsverhandlungen wegen nationalsozialistischer Gewaltverbrechen zusammenliefen, gleichwohl nichts von ihrer Bedeutung für die Nachzeichnung eines umfassenden Täterbildes eingebüßt haben. Neben den Tätern stand immer auch ein Stück »Geschichte vor Gericht«,[13] selbst dann, wenn ein großes öffentliches Interesse – und mit ihm dokumentierbare Täterbilder – ohne ein gewisses Maß an Skandalpotenzial in vielen Fällen ausgeblieben ist. Die angeführten regionalen Beispiele haben gezeigt, dass es sich in vielerlei Hinsicht als ergiebig erweist, in geschichtswissenschaftlichen Untersuchungen die Schnittstellen bzw. Überschneidungsflächen zwischen den realen und mentalen Täterbildern zukünftig noch stärker in den Blick zu nehmen und an weiteren Definitionsrastern für NS-Täter(-schaft) zu arbeiten.

Täterbilder und -zuschreibungen entstehen jeweils für ein konkretes Publikum vor dem Hintergrund zeitgenössischer gesellschaftlicher und/oder politischer Problemlagen. Bei der Nachzeichnung dieser Bilder durch (Zeit-)Historiker nachfolgender Generationen oder mit anderem kulturellen Hintergrund gilt es deshalb in erster Linie, zu den zeitgenössischen Fragen zurückzufinden, auf welche die benutzten Bilder eine Antwort geben sollten. Dazu ist ein tiefes Eintauchen in das historische, juristische, politische und gesellschaftliche Beziehungsgeflecht vergangener Zeiten notwendig. Dies kann auf der nationalen Ebene (allein) nicht geleistet werden. Das enge Beziehungsgeflecht zwischen den juristischen Kategorien, Täterbildern und gesellschaftspolitischen Folgerungen kann aber in lokalen NS-Verfahren wie unter einem Brennglas nachvollzogen werden. Im Rahmen der Untersuchung von ausgewählten NS-Prozessen vor den Landgerichten Mannheim und Heidelberg hat sich zum einen gezeigt, dass die großen Entwicklungslinien, analytischen Kategorien und Theorien, die sich im Rahmen der Analyse bekannter NS-Großverfahren herausgebildet haben, sich auch in kleineren Prozessen vor Ort mit Gewinn anwenden lassen. Dies gilt zumindest ansatzweise auch für die Ergebnisse historischer bzw. politikwissenschaftlicher Untersuchungen zur Resonanz der NS-Verfahren in der Bevölkerung und der »teil-aktiven« Rolle der Tages- und Wochenzeitungen, sei es als »Gate-Keeper« oder als »Agenda-Setter«. Gleichwohl, und hier gilt es in zukünftigen Untersuchungen nachzuhaken, haben die dichten Beschreibungen deutlich gemacht, dass dem jeweils hochsensiblen zeitgenössischen Kontext *vor Ort* für den *Ablauf* und zum Teil auch für den *Ausgang* der NS-Verfahren eine nicht zu unterschätzende Bedeutung zukommt, die im Rahmen breit angelegter Untersuchungen auf nationaler oder auch auf Ebene einzelner Bundesländer, unweigerlich aus dem Blick geraten muss. Diese direkte Nähe zum historischen Gegenstand, den NS-Prozessen, gewinnt ihren Wert aber auch durch die »Sichtbarkeit« der Verfahren für die potenziellen Rezipienten, die lokalen und regionalen Teilöffentlichkeiten. Für diese bestand zumindest die Möglichkeit, Handlungsrahmen und Handlungsspielräume, die jeweils exemplarisch für eine bestimmte Zeit, einen bestimmten Abschnitt der Geschichte der Bundesrepublik wie auch der juristischen Aufarbeitung von NS-Unrecht standen, direkt in Augenschein zu nehmen: durch persönliche Teilnahme an den Verfahren auf den Zuschauerbänken oder durch das Verfolgen der Berichterstattung in den lokalen Tageszeitungen. Die NS-Verbrechen wurden damit auch vor Ort, im Nahbereich der lokalen gesellschaftlichen Erfahrungsräume historisiert bzw. *re*kontextualisiert. In diesem Sinne können die vier ausgewählten NS-Prozesse als Mikrostudien jeweils erste Antworten auf die Makrofrage nach den *realistischen* Möglichkeiten sowie den immanenten zeitlichen und inhaltlichen Grenzen der juristischen Aufarbeitung von Diktaturen geben.

In allen vier Fallbeispielen hat der Nahbereich, das Geschehen in den regionalen Prozessen vor Ort, als wichtiges Element der Erinnerung bzw. der Tradierung der juristischen Aufarbeitung im Mittelpunkt der dichten zeithistorischen Beschreibungen gestanden. Dieser gesellschaftliche Nahbereich korrespondiert aber auch mit den heute in unzähligen soziologischen, politikwissenschaftlichen und historischen Studien skizzierten deutschen Familiengedächtnissen. Auch diese haben sich nicht allein auf der nationalen Ebene herausgebildet, sondern wurden auch oft durch Ereignisse vor Ort geformt, angestoßen, oder, zum Beispiel durch ein regionales NS-Verfahren, *re*aktiviert. Seit dem Ende der 1980er Jahre kam es in Deutschland zu einer neuen Diskursformation bezüglich der Geschehnisse des »Dritten Reiches«. Diese, getragen von der Generation der Kinder der unmittelbaren Zeitgenossen, rückte das Vergessensverbot in den Mittelpunkt. Mahnung und Erinnerung wurden als selbstverständliche Pflicht gegenüber den Opfern des NS-Systems betrachtet und gleichzeitig auch als ein Schutz vor neuen totalitären Versuchungen verstanden. Nicht mehr allein die Tat wurde zur Schuld, sondern auch das Schweigen über die Vergangenheit.[14] In den Blickpunkt rückten in den folgenden Jahren insbesondere Fragen nach den Formen der Tradierung von Schuld, nach den Auswirkungen auf die Nachgeborenen bzw. die Generationen der Kinder und Enkel.[15] Dies trotz der nicht zu leugnenden Tatsache, dass auf der Ebene der individuellen bzw. privaten Erinnerung das »Dritte Reich«, nicht nur für die direkt Beteiligten, zum Teil auch eine faszinierende Zeit bzw. eine Phase persönlichen Leidens blieb, wird:

> »Geschichtsbewusstsein [...wird] weder in den Schulen noch in den Universitäten geprägt, sondern an den Schneidetischen von Spielfilmproduktionen, auf Theaterbühnen und manchmal in Romanen, zuweilen auch in Gedenkstätten, deren Bildhaftigkeit und Gegenständlichkeit sich ebenfalls zu erzählter, dramatischer Geschichte verdichtet. Vor allem aber in jenen Geschichten, die in Familien erzählt (und manchmal von Schweigen punktiert) werden und die oftmals, so wie auch der Film, frappante Ähnlichkeit mit Märchen haben.«[16]

Auch der Gerichtssaal, obwohl er in dieser Aufzählung nicht vorkommt, war zumindest einer der Orte, an dem sich ein Geschichtsbewusstsein herausbilden konnte. Inwieweit die öffentliche Berichterstattung über NS-Verfahren geholfen hat, dem »irrationalen Widerstreben«[17] der deutschen Bevölkerung gegen NS-Prozesse zu begegnen, kann aber nur von Fall zu Fall bzw. von konkretem Fallbeispiel zu Fallbeispiel und auf dem Weg einer dichten Beschreibung, die versucht, möglichst viele der lokalen Besonderheiten zu berücksichtigen, geklärt werden. Der Gerichtssaal war nur eine kleine Bühne, vor der zumeist nur wenige Zuhörer Platz fanden. Und in der Regel sollte das »Provinztheater« auch nicht die Zuschauermengen anlocken, wie die großen »Produktionen« auf nationaler Ebene. Diese Einschränkung gilt auch für die Verfahrensbeobachter in ihrer Rolle als »Kritiker«. Aber: Nicht nur die traditionelle Kultur, gerade auch die juristische Aufarbeitung von Diktaturerfahrungen und -folgen lebt von einer flächendekkenden »Versorgung« der Bevölkerung. Auch dieser Zusammenhang wird durch die gewählten Fallbeispiele noch einmal besonders hervorgehoben. Mit Blick auf die internationalen Bemühungen realisierbare Maßnahmenkataloge für eine Transitional Justice zu definieren, lässt sich so die These formulieren, dass der Erfolg dieser Maßnahmen jeweils in besonderem Maße von der flächendeckenden Streuung und der Tiefe der juristischen Aufarbeitung vor Ort, im Nah- bzw. Erfahrungsbereich der Bevölkerung, abhängt – ganz gleich, ob dabei in der Praxis aus gesellschaftshistorischen Gründen Strafverfahren oder Wahrheitskommissionen der Vorzug gegeben wird.

Ohne die mediale Vermittlung der juristischen Denkfiguren und Täterbilder in der lokalen Presse wären die Prozesse allerdings in den meisten Fällen ohne einen nachweisbaren gesellschaftlichen Widerhall geblieben. Die Berichterstattung ließ die Wirklichkeit der Gerichte nach außen treten und half so mit, hinsichtlich der Formung von Täterbildern demokratische Wandlungsprozesse einzuleiten. Auch wenn es dabei immer wieder zu einer Tradierung traditioneller und wirkungsmächtiger Täterbilder gekommen ist wie nicht zuletzt das vierte Fallbeispiel, der Prozess gegen der ehemaligen Gestapo-Dienststellenleiter Clemens

Druschke vor dem Landgericht Heidelberg im Sommer 1984, gezeigt hat. Für die Geschichtswissenschaft stellen die Berichte der Prozessbeobachter eine wichtige, wenn auch jeweils kritisch zu hinterfragende Quelle dar. Nur in den Presseberichten finden wir, über die übrigen Justizdokumente hinausgehend, gleichzeitig signifikante Bezüge zur Präsentation und Selbstinszenierung der Angeklagten sowie zu den Erwartungen und Reaktionen des Publikums. Und deshalb stellen regionale NS-Verfahren auch heute noch wichtige Lehrstücke für einen reflektierten Umgang mit der deutschen Geschichte in der zweiten Hälfte des 20. Jahrhunderts dar. Sie bieten einen nicht zu unterschätzenden Anknüpfungspunkt, im persönlichen Umfeld, im Nahbereich des politischen, sozialen und kulturellen Beziehungsgeflechts vor Ort, Antworten auf Fragen nach den Gründen von Täterschaft zu finden und Interesse für Geschichte wie für die persönliche Eingebundenheit in die Geschichte zu wecken. Damit ist gleichsam auch der Weg vorgezeichnet, auf dessen Basis die Versuche der juristischen Aufarbeitung von Diktaturerfahrungen besser und »fairer« eingeordnet werden können. Die Bewertung historischer Vorgänge setzt ein möglichst reflektiertes Wissen um die eigenen Geschicht*en* voraus:

> »Die Unterscheidung zwischen dem Erbe, das wir antreten, und dem, welches wir zurückweisen wollen, verlangt ebenso viel Umsicht wie die Entscheidung über die Lesart, in der wir es uns aneignen. Historische Erfahrungen kandidieren nur für eine bewusste Aneignung, ohne die sie eine identitätsbildende Kraft nicht erlangen.«[18]

Trotz oder gerade wegen der Internationalisierung der Erinnerung an den Holocaust steht zu befürchten, dass wichtige Verbindungslinien zum gesellschaftlichen Nahbereich der regionalen Vergangenheit*en* auf mittlere Sicht gekappt werden könnten. Dem gegenüber versteht sich die Arbeit als Beitrag, gerade den konkreten Situationen vor Ort bei der Untersuchung juristischer Aufarbeitungsbemühungen in der Zukunft einen höheren Stellenwert einzuräumen. Die analytische Beschäftigung mit *einer* Form der Visualisierung nationalsozialistischer Gewaltverbrechen, den öffentlichen Täterbildern *vor*, *in* und *nach* regionalen NS-Verfahren trägt entscheidend dazu bei, dass die Wellenbewegung der sich abwechselnden Forderungen nach Aufarbeitung der NS-Vergangenheit und Wiederherstellung von Normalität nicht zu einem »Verschwinden der Täter«[19] führt.

ANMERKUNGEN

Einleitung

1 *Süddeutsche Zeitung* 9. 7.2009, S. 7 (Politik): *Anklage nach 65 Jahren* [Hans Holzhaider].

2 Zur Prozessvorbereitung u. a. *Süddeutsche Zeitung* 11. 11.2008, S. 8 (Politik): *Mutmaßlicher NS-Scherge Demjanjuk soll in München vor Gericht* [rop]; zum Verfahrensgegenstand *Der Spiegel* 16. 3.2009, S. 150-155 (Kultur): *Mord nach Vorschrift* [Georg Bönisch et al.]; zum Prozessauftakt *Süddeutsche Zeitung* 27./29. 11.2009, S. 5 (Politik): *Eine Reise durch die Finsternis* [Robert Probst]; ebd. *Juristisches Hindernis-Rennen* [Alexander Krug]; ebd. 1. 12.2009, S. 3 (Die Seite Drei): *Du glaubst nicht, was hier los ist* [Alexander Krug; Monika Maier-Albang; Florian Fuchs]. Zum Tatort Sobibor siehe auch Adalbert Rückerl, *NS-Vernich-tungslager im Spiegel deutscher Strafprozesse. Belzec, Sobibor, Treblinka, Chelmno,* München [2]1978, S. 84ff., 145-197.

3 Eine detaillierte Beschreibung der drei Tötungsverbrechen in *Süddeutsche Zeitung* 27. 10. 2009, S. 3 (Die Seite Drei): *Im Zweifel für den Täter* [Hans Holzhaider]; zum Verfahrensverlauf ebd. 29. 10.2009, S. 8 (Politik), *Mordprozesse gegen SS-Mann* [Dirk Graalmann]. Zum historischen Kontext der Morde im Rahmen der Aktionen »Silbertanne« und »Blümchenpflücken« siehe bereits *Die Zeit* 8. 6.1984, S. 64f. (Modernes Leben): *Wo die Gerechtigkeit ihre Grenzen hat* [Dietrich Strothmann], hier S. 64.

4 Zur Gründung der *Zentralen Stelle der Landesjustizverwaltungen zur Verfolgung nationalsozialistischer Verbrechen* (ZSt) in Ludwigsburg 1958 siehe den entsprechenden Abschnitt im vierten Kapitel. Zu den beiden *Zentralstellen im Land Nordrhein Westfalen für die Bearbeitung von nationalsozialistischen Massenverbrechen* in Dortmund und Köln, die seit 1961 als Schwerpunktstaatsanwaltschaften agieren, siehe u. a. Justizministerium des Landes Nordrhein-Westfalen (Hg.), *Die Zentralstellen zur Verfolgung nationalsozialistischer Gewaltverbrechen. Versuch einer Bilanz,* Düsseldorf 2001; Eberhard Rondholz, *Dortmund zum Beispiel. Eine deutsche Zentralstelle für die Bearbeitung nationalsozialistischer Massenverbrechen,* in: Blätter für deutsche und internationale Politik 11 (1996), S. 1339-1348; Wolfgang Weber, *Die Kölner Zentralstelle zur Aufklärung von NS-Verbrechen,* in: Anne Klein; Jürgen Wilhelm (Hg.), NS-Unrecht vor Kölner Gerichten nach 1945, Köln 2003, S. 57-71.

5 Kurt Schrimm, Leiter der *ZSt* in Ludwigsburg, ging im November 2008 von noch 61 »erfolgversprechenden« Fällen aus. Vgl. *Süddeutsche Zeitung* 11. 11.2008, S. 8. Zu den zukünftigen Aufgaben der *ZSt* ders.; Joachim Riedel, *50 Jahre Zentrale Stelle in Ludwigsburg. Ein Erfahrungsbericht über die letzten zweieinhalb Jahrzehnte,* in: Vierteljahrshefte für Zeitgeschichte 56 (2008), S. 525-555, bes. S. 536-542.

6 »Diesen Sommer will die Berliner Anklagebehörde ein neues NS-Verfahren in Gang setzten. Kommt es zustande, wird es das letzte große seiner Art sein – das Verfahren gegen noch lebende Richter des Volksgerichtshofes.« *Die Zeit* 8. 6.1984, S. 64f. Zur geringen Zahl von Verfahren gegen ehemalige NS-Richter ebd. 7. 1.1983, S. 3 (Politik): *Unter dem Fallbeil der Zeit* [Dietrich Strothmann]. »Das Kapitel ›NS-Prozesse‹ ist de facto zu Ende,

obwohl in der Zentralen Stelle in Ludwigsburg bei Stuttgart noch immer ermittelt wird. Aber es steht wohl fest, daß Hauptverfahren wegen der erwähnten ›biologischen Verjährung‹ nicht mehr eröffnet werden dürften.« Heiner Lichtenstein, *NS-Prozesse*, in: Ders.; Otto R. Romberg (Hg.), *Täter – Opfer – Folgen. Der Holocaust in Geschichte und Gegenwart*, Bonn 1995, S. 114-124, Zitat S. 123.

7 Zu den Gründen für die langen Vorermittlungen wie die »späten« Verfahren siehe Schrimm; Riedel, *50 Jahre*, S. 536-541. Zur Bilanz der bundesdeutschen NS-Verfahren siehe v. a. Michael Greve, *Neuere Forschungen zu NS-Prozessen. Ein Überblick*, in: Kritische Justiz 32 (1999), S. 472-480; ders., *Der justitielle und rechtspolitische Umgang mit den NS-Gewaltverbrechen in den sechziger Jahren*, Frankfurt am Main et al. 2001, S. 11-42, bes. S. 11ff.; Andreas Eichmüller, *Die Strafverfolgung von NS-Verbrechen durch westdeutsche Justizbehörden seit 1945. Eine Zahlenbilanz*, in: Vierteljahrshefte für Zeitgeschichte 56 (2008), S. 621-640.

8 *Süddeutsche Zeitung* 16. 4.2009, S. 2 (Thema des Tages): *Alte Männer, späte Urteile* [Eigenbericht]. Gegenstand des Berichts waren öffentlichkeitswirksame NS-Verfahren der 1990er Jahre, u. a. gegen Friedrich Engel, Anton Malloth, Erich Priebke, Josef Schwammberger und Julius Viel.

9 Zum Massaker von Sant'Anna di Stazzema mit ca. 560 getöteten italienischen Zivilisten im August 1945: *Der Spiegel* 19. 4.2004, S. 42f. (Deutschland): *Unvorstellbare Grausamkeiten* [Georg Bönisch]; *Süddeutsche Zeitung* 27. 7.2004, S. 3 (Hintergrund): *Die späten Qualen der Erinnerung* [Christiane Kohl]. Zur Ermordung von 14 italienischen Zivilisten im toskanischen Dorf Falzano di Cortona im Januar bzw. Juni 1944: *Süddeutsche Zeitung* 24./25. 5.2008, S. 42 (München-Bayern): *Das Blutbad in der Casa Cannicci* [Alexander Krug]; *Die Presse* 14. 11.2008 (Online): *Für die Mörder von Morgen* [Winfried R. Garscha; Claudia Kuretsidis-Haider].

10 In Auswahl seien angeführt: Eric Conan; Henry Rousso, *Vichy. Un Passé qui ne passe pas*, Paris 1994; Marc Olivier Baruch, *Das Vichy-Regime. Frankreich 1940-1944*, Stuttgart 2000; Henry Rousso, *Vichy. Frankreich unter deutscher Besatzung 1940-1944*, München 2009; Harald Fühner, *Nachspiel. Die niederländische Politik und die Verfolgung von Kollaborateuren und NS-Verbrechern, 1945-1989*, Münster 2005; Filippo Focardi, *La Guerra della Memoria. La Resistenza nel dibattio politico italiano dal 1945 a oggi*, Rom 2005; Heidemarie Uhl, *Zwischen Versöhnung und Verstörung. Eine Kontroverse um Österreichs historische Identität fünfzig Jahre nach dem Anschluss*, Wien et. al. 1992.

11 Siehe als Überblick die Beiträge in Norbert Frei (Hg.), *Transnationale Vergangenheitspolitik. Der Umgang mit deutschen Kriegsverbrechen in Europa nach dem Zweiten Weltkrieg*, Göttingen 2006.

12 Harald Welzer; Claudia Lenz, *Opa in Europa. Erste Befunde einer vergleichenden Tradierungsforschung*, in: Harald Welzer (Hg.), Der Krieg der Erinnerung. Holocaust, Kollaboration und Widerstand im europäischen Gedächtnis, Frankfurt am Main 2007, S. 7-40, bes. S. 7, Zitat S. 34, Hervorhebung C. A.

13 Saul Friedländer, *History, Memory, and the Historian. Facing the Shoah*, in: Michael S. Roth; Charles G. Salas (Hg.), Disturbing Remains. Memory, History, and Crisis in the Twentieth Century, Los Angeles 2001, S. 271-281, bes. S. 276f., Zitat S. 277, Hervorhebung C. A.

14 Vgl. z. B. Dan Diner (Hg.): *Zivilisationsbruch. Denken nach Auschwitz*, Frankfurt/Main 1988; ders., *Den* Zivilisationsbruch *erinnern. Über Enstehung und Geltung eines Begriffs*, in: Heidemarie Uhl (Hg.), Zivilisationsbruch und Gedächtniskultur. Das 20. Jahrhundert in der Erinnerung des beginnenden 21. Jahrhunderts, Innsbruck 2003, S. 17-34; Peter Novick, *Nach dem Holocaust. Der Umgang mit dem Massenmord*, Stuttgart/München 2000, bes. S. 333-354; Daniel Levy; Nathan Sznaider, *Erinnerung im globalen Zeitalter: Der Holocaust*, Frankfurt am Main 2001; Klas-Göran Karlsson; Ulf Zander (Hg.), *Echoes of the*

Holocaust. Historical Cultures in Contemporary Europe, Lund 2003; Moshe Zimmermann, *Die transnationale Holocaust-Erinnerung*, in: Gunilla Budde; Sebastian Conrad; Oliver Janz (Hg.), Transnationale Geschichte. Themen, Tendenzen und Theorien, Göttingen 2006, S. 202-216; Jens Kroh, *Transnationale Erinnerung. Der Holocaust im Fokus geschichtspolitischer Initiativen*, Frankfurt am Main 2008; siehe auch die länderspezifischen Beiträge in Jan Eckel, Claudia Moisel (Hg.), *Universalisierung des Holocaust? Erinnerungskultur und Geschichtspolitik in internationaler Perspektive*, Göttingen 2008; Emmanuel Droit, *Die Shoah: Von einem westeuropäischen zu einem transeuropäischen Erinnerungsraum?*, in: Kirstin Buchinger; Claire Gantet; Jakob Vogel (Hg.), Europäische Erinnerungsräume, Frankfurt am Main/New York 2009, S. 257-266.

15 Charles Maier, *Consigning the Twentieth Century to History. Alternative Narratives for the Modern Era*, in: American Historical Review 105 (2000), S. 807-831, Zitat S. 811f. Zu dieser Lesart siehe auch Hans-Heinrich Nolte, *Weltgeschichte des 20. Jahrhunderts*, Wien et. al. 2009, S. 307-325.

16 Siehe Oliver Marchart, *Umkämpfte Gegenwart. Der »Zivilisationsbruch Auschwitz« zwischen Singularität, Universalität und der Globalisierung der Erinnerung*, in: Heidemarie Uhl (Hg.), Zivilisationsbruch und Gedächtniskultur. Das 20. Jahrhundert in der Erinnerung des beginnenden 21. Jahrhunderts, Innsbruck 2003, S. 35-66.

17 Vgl. Stuart E. Eizenstat, *Unvollkommene Gerechtigkeit. Der Streit um die Entschädigung der Opfer von Zwangsarbeit und Enteignung*, München 2003, S. 424-445; Kroh, *Erinnerung*, S. 229-237.

18 Die niederländische Staatsangehörigkeit hatte Boere nach dem Krieg verloren, und eine entsprechende deutsche Staatsangehörigkeit war nicht mit letzter Sicherheit zu klären, sie kam aufgrund der Zugehörigkeit zur Waffen-SS nach Ansicht des OLG Köln aber unter Umständen in Betracht. Vgl. mit zum Teil abweichenden Detailangaben *Der Spiegel* 24. 8.2007 (Online): *Ein SS-Killer genießt den Ruhestand* [Jörg Diehl]; ebd. 14. 4.2008 (Online): *Staatsanwalt will 86-Jährigen wegen SS-Morden anklagen* [jdl; Agenturmeldung AFP]. Der Fall Boere hier stellt keinen Einzelfall dar. Mit Berufung auf den Führer-Erlass vom 19. Mai 1943 (Zuerkennung der deutschen Staatsangehörigkeit für deutschstämmige Angehörige der Wehrmacht, Waffen-SS oder Polizei) bewahrte die deutsche Justiz auch andere niederländische Angehörige der Waffen-SS vor ihrer Auslieferung in die Niederlande. Wiederholt, wie bei Klaas Carel Faber, auch einem europäischen Haftbefehl zum Trotz. Im Dezember 1953 hatte der *Bundesgerichtshof* (BGH) entschieden, dass der entsprechende Führer-Erlass innerstaatliches Recht sei. Vgl. *Süddeutsche Zeitung* 20. 04.2011, S. 3 (Die Seite Drei): *Der Mann von nebenan* [Hans Holzhaider].

19 *Gesetz zu dem Übereinkommen vom 13. 11.1991 zwischen den Mitgliedstaaten der europäischen Gemeinschaft über die Vollstreckung ausländischer strafrechtlicher Verurteilungen vom 7. 7.1997*, hier bes. Art. II. Das EU-Vollstreckungsabkommen wurde im Jahr 2009 nur von Deutschland und den Niederlanden angewandt. Es ermöglicht den zuständigen Justizbehörden, rechtsgültige strafrechtliche Verurteilungen auch im jeweils anderen Staat vollstrecken zu lassen.

20 Der zuständige Strafsenat verwies in seiner Begründung u. a. darauf, dass der Angeklagte im Herbst 1949 nicht durch einen Pflichtverteidiger vertreten und damit nicht angemessen verteidigt worden sei. Das Urteil beruhe somit in *formaler* Hinsicht auf einem Verstoß gegen völkerrechtliche Mindeststandards eines fairen Gerichtsverfahrens. Siehe *Der Spiegel* 24. 8.2007; *Süddeutsche Zeitung* 9. 7.2009, S. 7.

21 *Süddeutsche Zeitung* 8. 7.2009, S. 7 (Politik): *NS-Prozess in Aachen* [Dirk Graalmann]; ebd. 9. 7.2009, S. 7. Der Beginn des Verfahrens wurde für den 28. 10.2009 angesetzt; siehe ebd. 4. 8.2009, S. 5 (Politik): *SS-Verfahren in Aachen* [Agenturmeldung dpa].

22 *Frankfurter Rundschau* 7. 5.2005, S. 1 (Beilage »Deutschland danach«): *Nervtötende Erzählungen* [Harald Welzer].

23 Die notwendige Aufarbeitung von Menschenrechtsverbrechen, Systemunrecht oder staatlicher Gewalt mit dem Verfahren der *Transitional Justice* hat mit der Jahrhundertwende erst richtig begonnen. Dies zeigt die wachsende Zahl staatlicher und nicht-staatlicher Organisationen, die sich mit Versöhnungsprozessen in Afrika, Europa, Südostasien oder Lateinamerika beschäftigen. Ziel von *Transitional Justice* ist der politische Neubeginn durch Verbot der belasteten Organisationen, Bestrafung der Täter, Disqualifizierung belasteter Personen, Rehabilitierung und Entschädigung der Opfer und öffentliche Aufarbeitung der Vergangenheit. Die einzelnen Wege sind weder gleichrangig noch gleichzeitig zu realisieren. Verteilung und Intensität der Maßnahmen variieren von Fall zu Fall und können an Wirkung verlieren, wenn sie nicht in zeitlicher Nähe zum Ende des Regimes durchgeführt werden. Vgl. u. a. die Beiträge in Volkhard Knigge; Norbert Frei (Hg.), *Verbrechen erinnern. Die Auseinandersetzung mit Holocaust und Völkermord*, München 2002; Jon Elster, *Die Akten schließen. Nach dem Ende von Diktaturen*, Frankfurt/New York 2005; Alfons Kenkmann; Hasko Zimmer (Hg.): *Nach Kriegen und Diktaturen. Umgang mit Vergangenheit als internationales Problem – Bilanzen und Perspektiven für das 21. Jahrhundert*, Essen 2006; Kathrin Hammerstein et al. (Hg.), *Aufarbeitung der Diktatur – Diktat der Aufarbeitung? Normierungsprozesse beim Umgang mit diktatorischer Vergangenheit*, Göttingen 2009.

24 Gary Smith, *Ein normatives Niemandsland? Zwischen Gerechtigkeit und Versöhnungspolitik in jungen Demokratien*, in: Ders.; Avishai Margalit (Hg.), Amnestie oder Politik der Erinnerung in der Demokratie, Frankfurt am Main 1997, S. 11-20; Wolfgang Naucke, *Die strafjuristische Privilegierung staatsverstärkter Kriminalität*, Frankfurt am Main 1996.

25 Claus Leggewie sieht fast alle europäischen Nationen nach 1945 als Übergangsgesellschaften auf dem Weg zur Demokratie. Siehe ders., *Schlachtfeld Europa. Transnationale Erinnerung und europäische Identität*, in: Blätter für deutsche und internationale Politik 54 (2009), Heft 2, S. 81-93, hier S. 91.

26 Vgl. Smith, *Niemandsland*, S. 13.

27 *Welt am Sonntag*, 26. 3.2006, (Online): *Die Täter sind unter uns* [Hubertus Knabe], Zitate ebd. Siehe auch ders., *Die Täter sind unter uns. Über das Schönreden der SED-Diktatur*, Berlin 2007.

28 Jürgen Weber; Peter Steinbach (Hg.), *Vergangenheitsbewältigung durch Strafverfahren? NS-Prozesse in der Bundesrepublik Deutschland*, München 1984, S. 8 (Einleitung).

29 Helmut König; Michael Kohlstruck; Andreas Wöll, *Einleitung*, in: Dies. (Hg.), Vergangenheitsbewältigung am Ende des zwanzigsten Jahrhunderts, Opladen/Wiesbaden 1998, S. 7-14, Zitat S. 7.

30 Die »zweite Geschichte« des Nationalsozialismus umfasst vielfältige Formen der Überwindung, der Deutung und der Erinnerung – in beiden deutschen Teilstaaten. Es geht ihr um »dauerhafte Anstrengungen und Aktivitäten, die nicht nacheinander, auch nicht kumulativ und zielgerichtet, einem Plan, einer inneren Logik folgten, sondern gleichzeitig stattfanden, wenn auch jeweils in unterschiedlicher Intensität und inhaltlicher Akzentuierung, von Zufällen ebenso beeinflusst wie von strukturellen Faktoren.« Peter Reichel; Harald Schmid; Peter Steinbach, *Die »zweite Geschichte« der Hitler Diktatur. Zur Einführung*, in: Dies. (Hg.), Der Nationalsozialismus – Die zweite Geschichte. Überwindung, Deutung, Erinnerung, München 2009, S. 7-21, Zitat S. 8f.

31 Helmut König, *Von der Diktatur zur Demokratie oder Was ist Vergangenheitsbewältigung*, in: Ders.; Michael Kohlstruck; Andreas Wöll (Hg.), Vergangenheitsbewältigung am Ende des zwanzigsten Jahrhunderts, Opladen/Wiesbaden 1998, S. 371-392, Zitat S. 375.

32 Daniel Levy; Nathan Sznaider, *Memory Unbound. The Holocaust and the Formation of Cosmopolitan Memory*, in: European Journal of Social Theory 5 (2002), S. 87-106; siehe auch dies., *Erinnerung*, S. 35-49.

33 Knigge; Frei, *Verbrechen.*
34 Vgl. Cord Arendes, *Nichtbeachtung – Duldung – Anerkennung. Transnationale und gesamteuropäische Perspektiven einer geteilten Erinnerungskultur im Europa nach 1989*, in: Dirk Lange (Hg.), Entgrenzungen. Gesellschaftlicher Wandel und Politische Bildung, Schwalbach/Ts. 2011, S. 370-378. Siehe auch Kirstin Buchinger; Claire Gantet; Jacob Vogel (Hg.), *Europäische Erinnerungsräume.* Frankfurt am Main/New York 2009; kritisch Henry Rousso, *Das Dilemma eines europäischen Gedächtnisses*, in: Zeithistorische Forschungen / Studies in Contemporary History 1 (2004), S. 363-378.
35 Levy; Sznaider, *Erinnerung*, S. 11, 16. Zu den »lokalen Eigenheiten« globaler Entwicklungen siehe auch Ulrich Beck, *The Cosmopolitan Perspective: The Sociology of the Second Age of Modernity*, in: British Journal of Sociology 51 (2000), S. 79-105, bes. S. 98f.
36 Jan Nederveen Pietersee, *Der Melange-Effekt*, in: Ulrich Beck (Hg.), Perspektiven der Weltgesellschaft, Frankfurt am Main 1998, S. 87-124.
37 Vgl. z. B. Ruth Fuchs; Detlef Nolte, *Die Aufarbeitung von Regimeverbrechen und der Demokratisierungsprozess in Lateinamerika. Argentinien und Chile in vergleichender Perspektive*, in: Alfons Kenkmann; Hasko Zimmer (Hg.), Nach Kriegen und Diktaturen. Umgang mit Vergangenheit als internationales Problem – Bilanzen und Perspektiven für das 21. Jahrhundert, Essen 2005, S. 29-49. Siehe auch *Süddeutsche Zeitung* 16. 2.2010, S. 7 (Politik): *Ende der Straflosigkeit* [Peter Burghardt].
38 Siehe insbesonbere Edgar Wolfrum, *Geschichtspolitik in der Bundesrepublik Deutschland. Der Weg zur bundesrepublikanischen Erinnerung 1948-1990*, Darmstadt 1999, S. 13-38; ders., *Geschichte als Waffe. Vom Kaiserreich bis zur Wiedervereinigung*, Göttingen 2001; als Überblick siehe auch die Beiträge in Heinrich August Winkler (Hg.), *Griff nach der Deutungsmacht. Zur Geschichte der Geschichtspolitik in Deutschland*, Göttingen 2004.
39 Klaus Naumann, *Institutionalisierte Ambivalenz. Deutsche Erinnerungspolitik und Gedenkkultur nach 1945*, in: Mittelweg 36 13 (2004), Heft 2, S. 64-75, Zitat S. 70.
40 Sylvia Schraut; Sylvia Paletschek, *Erinnerung und Geschlecht – Auf der Suche nach einer transnationalen Erinnerungskultur in Europa*, in: Historische Mitteilungen 19 (2006), S. 15-28, Zitat S. 16.
41 Konrad H. Jarausch; Martin Sabrow, *»Meistererzählung« – Zur Karriere eines Begriffes*, in: Dies. (Hg.), Die historische Meistererzählung. Deutungslinien der deutschen Nationalgeschichte nach 1945, Göttingen 2002, S. 9-32.
42 Martin Broszat; Klaus-Dietmar Henke; Hans Woller (Hg.), *Von Stalingrad zur Währungsreform. Zur Sozialgeschichte des Umbruchs in Deutschland*, München 1988; Peter Graf Kielmansegg, *Lange Schatten. Vom Umgang der deutschen mit der nationalsozialistischen Vergangenheit*, Berlin 1989; Ulrich Herbert; Olaf Groehler (Hg.), *Zweierlei Bewältigung. Vier Beiträge über den Umgang mit der NS-Vergangenheit in den beiden deutschen Staaten*, Hamburg 1992; Ulrich Brochhagen, *Nach Nürnberg. Vergangenheitsbewältigung und Westintegration in der Ära Adenauer*, Hamburg 1994; Norbert Frei, *Vergangenheitspolitik. Die Anfänge der Bundesrepublik und die NS-Vergangenheit*, München 1996; Jeffrey Herf, *Zweierlei Erinnerung. Die NS-Vergangenheit im geteilten Deutschland*, Berlin 1998; Wilfried Loth; Bernd A. Rusinek (Hg.), *Verwandlungspolitik. NS-Eliten in der westdeutschen Nachkriegsgesellschaft*, Frankfurt/New York 1998; Aleida Assmann; Ulrike Frevert: *Geschichtsvergessenheit – Geschichtsversessenheit. Vom Umgang mit deutschen Vergangenheiten nach 1945*, Stuttgart 1999; Wolfrum, *Geschichtspolitik*; Annette Weinke, *Die Verfolgung von NS-Tätern im geteilten Deutschland. Vergangenheitsbewältigungen 1949-1969 oder: Eine deutsch-deutsche Beziehungsgeschichte im Kalten Krieg*, Paderborn et al. 2002; Dan Diner, *Gegenläufige Gedächtnisse. Über Geltung und Wirkung des Holocaust*, Göttingen 2007.
43 »Nicht die gesellschaftliche und die historische, sondern die strafrechtliche Aufarbeitung gilt als der typisch deutsche Weg beim Umgang mit einer diktatorischen Vergangenheit.« Weinke, *Verfolgung*, S. 351.

44 Bernhard Schlink, *Die Bewältigung von Vergangenheit durch Recht*, in: Helmut König; Michael Kohlstruck; Andreas Wöll (Hg.), Vergangenheitsbewältigung am Ende des zwanzigsten Jahrhunderts, Opladen 1998, S. 433-451, Zitat S. 449.

45 Dirk van Laak, *Der Platz des Holocaust im deutschen Geschichtsbild*, in: Konrad H. Jarausch; Martin Sabrow (Hg.), Die historische Meistererzählung. Deutungslinien der deutschen Nationalgeschichte nach 1945, Göttingen 2002, S. 163-193; Martin H. Geyer, *Im Schatten der NS-Zeit. Zeitgeschichte als Paradigma einer (bundes-)republikanischen Geschichtswissenschaft*, in: Alexander Nützenadel; Wolfgang Schieder (Hg.), Zeitgeschichte als Problem. Nationale Traditionen und Perspektiven der Forschung in Europa, Göttingen 2004, S. 24-53.

46 Marita Krauss, *Rechte Frauen. Mitläuferinnen, Profiteurinnen, Täterinnen in historischer Perspektive*, in: Dies. (Hg.), Sie waren dabei. Mitläuferinnen, Nutznießerinnen, Täterinnen im Nationalsozialismus, Göttingen 2008, S. 7-19, Zitat S. 10.

47 Anette Kretzer, *Täterschaft und Geschlecht. Der erste britische Ravensbrück-Prozess 1946/47 in Hamburg*, Berlin 2009, S. 18 (Fn. 25). Zur Gefahr der Überlagerung historischen Geschehens durch das hohe allgemeine Interesse an seinen Verarbeitungsformen bzw. einer »Tendenz zur Ablösung der Diskurs- von der Realgeschichte« siehe Jürgen Wilhelm, *Einführung*, in: Anne Klein; ders. (Hg.), NS-Unrecht vor Kölner Gerichten nach 1945, Berlin 2000, S. 7-19, Zitat S. 9.

48 Schraut; Paletschek, *Erinnerung*, S. 28.

49 Beispiele für kritische Bilanzen der strafrechtlichen Ahndung von NS-Verbrechen durch deutsche Gerichte: Jörg Friedrich, *Die kalte Amnestie. NS-Täter in der Bundesrepublik*, Frankfurt am Main 1984; Ralph Giordano, *Die zweite Schuld oder Von der Last Deutscher zu sein*, Hamburg 1987; Lichtenstein, *NS-Prozesse*; siehe zuletzt die Beiträge in Stephan Alexander Glienke; Volker Paulmann; Joachim Perels (Hg.), *Erfolgsgeschichte Bundesrepublik? Die Nachkriegsgesellschaft im langen Schatten des Nationalsozialismus*, Göttingen 2008. Joachim Perels spricht von einem »Mythos der Vergangenheitsbewältigung«, ihrem überwiegenden Scheitern, da die Nachkriegsprozesse in wichtigen Punkten sogar der Logik des NS-Rechts folgten. Die juristische Aufarbeitung wird damit zu einer der »lieb gewordenen Legenden der Bundesrepublik«. Joachim Perels, *Der Mythos von der Vergangenheitsbewältigung. Die rechtliche Aufarbeitung von Hitlers Verbrechen ist überwiegend gescheitert oder folgte sogar der Logik des NS-Rechts*, in: Fritz-Bauer-Institut zur Geschichte und Wirkung des Holocaust, Newsletter 15 (2006), Nr. 28 (Frühjahr), S. 17-19, Zitat S. 17. »Rückblickend muss man sagen, dass die Ahndung der NS-Staatsverbrechen – trotzt einiger wichtiger Verfahren wie dem Auschwitz-Prozess – ein Torso blieb.« ebd., S. 19. Andere Stimmen meinen, die Rechtsprechung in der Bundesrepublik habe zwar entscheidend zur moralischen Exkulpation der Nachkriegsgesellschaft beigetragen, eine wirkliche oder tiefer gehende gesellschaftliche Selbstreinigung letztendlich aber verhindert. Positive Bilanzen zogen so z. B. Peter Steinbach, *Nationalsozialistische Gewaltverbrechen. Die Diskussion in der deutschen Öffentlichkeit nach 1945*, Berlin 1981, bes. S. 79; Christa Hoffmann, *Stunden Null? Vergangenheitsbewältigung in Deutschland 1945 und 1989*, Bonn 1992 und Manfred Kittel, *Die Legende von der »zweiten Schuld«. Vergangenheitsbewältigung in der Ära Adenauer*, Berlin 1993.

50 Zu möglichen Anknüpfungspunkten transnationaler Erinnerungsformationen siehe auch Arendes, *Nichtbeachtung*.

51 Roland Robertson, *Glokalisierung: Homogenität und Heterogenität in Zeit und Raum*, in: Ulrich Beck (Hg.), Perspektiven der Weltgesellschaft, Frankfurt am Main 1998, S. 192-220.

52 In eine ähnliche Richtung argumentieren auch Levy; Sznaider, *Erinnerung*, S. 33-49.

53 Heimo Halbrainer; Claudia Kuretsidis-Haider (Hg.), *Kriegsverbrechen, NS-Gewaltverbrechen und die europäische Strafjustiz von Nürnberg bis Den Haag*, Graz 2007.

54 Trotz Defiziten bei der Einrichtung eines ständigen *Internationalen Strafgerichtshofes* und nur geringen Fortschritten bei der Kodifizierung internationaler Verbrechen kann doch von einem »Vermächtnis von Nürnberg« gesprochen werden, auf institutioneller, rechtlich-prozessualer und moralisch-ethischer Ebene. M. Cherif Bassiouni, *Das »Vermächtnis von Nürnberg«: eine historische Bewertung fünfzig Jahre danach*, in: Gerd Hankel; Gerhard Stuby (Hg.), Strafgerichte gegen Menschheitsverbrechen. Zum Völkerstrafrecht 50 Jahre nach den Nürnberger Prozessen, Hamburg 1995, S. 15-38, hier S. 15ff. Siehe auch die Beiträge in Patricia Heberer; Jürgen Matthäus (Hg.), *Atrocities on trial. Historical Perspectives on the Politics of Prosecuting War Crimes*, Lincoln 2008; Donald Bloxham, *Genocide on Trial: War Crimes Trials and the Formation of Holocaust History and Memory*, Oxford 2001.

55 So Kretzer, *Täterschaft*, S. 28. Siehe auch Bernhard Diestelkamp, *Die rechtliche Situation in den Westzonen und der jungen Bundesrepublik*, in: Ders., Rechtsgeschichte als Zeitgeschichte, Beiträge zur Rechtsgeschichte des 20. Jahrhunderts, Baden-Baden 2001, S. 67-84. 1966, also über zwanzig Jahre nach Kriegsende und unzähligen NS-Verfahren, beschäftigte sich der *Deutscher Juristentag* erstmals mit dem Problem der Verfolgung und Ahndung nationalsozialistischer Gewaltverbrechen. Siehe hierzu den Dokumentationsband *Verhandlungen des Deutschen Juristentages Essen 1966*, hier Bd. II, Abschnitt C.

56 Die Nähe bzw. Unmittelbarkeit der frühen westdeutschen NS-Verfahren zum NS-System führte dazu, dass es – im Gegensatz zu den späteren Holocaust-Verfahren – zumeist *neutrale* Zeugen gab, die weder mit den Tätern noch den Opfern in einer direkten Verbindung standen, sich aber trotzdem mit den lokalen und sozialen Gegebenheiten am Tatort auskannten und zudem über ein genuines Interesse an der Aufklärung der Tat verfügten. Vgl. hierzu insbesondere die ersten beiden Fallbeispiele aus den Jahren 1947/1948 bzw. 1949.

57 Welzer; Lenz, *Opa*, S. 7.

58 Ernst-Walter Hanack: *... dass man die Täter doch mit besonderen Maßstäben messen müsse*, in: Thomas Horstmann; Heike Litzinger, An den Grenzen des Rechts. Gespräche mit Juristen über die Verfolgung von NS-Verbrechen, Frankfurt/New York 2006, S. 68-97, Zitat S. 84.

59 Transdiziplinäre Verknüpfungen von Justiz und Zeitgeschichte hat es im 20. Jahrhundert immer wieder gegeben, der Begriff *Juristische Zeitgeschichte* weist über diese punktuellen Kooperationen hinaus: In der Rechtswissenschaft stellt die »rechtshistorisch(e) Erschließung des 20. Jahrhunderts«, welche auch die Weimarer Vorgeschichte und die deutsch-deutsche Nachgeschichte miteinschließt, eine »weitgehend anerkannte Notwendigkeit« dar. Zum Begriff Michael Stolleis (Hg.): *Juristische Zeitgeschichte – Ein neues Fach?* Baden-Baden 1993, S. 7ff. (Vorwort), Zitate ebd., S. 11.

60 Der Ansatz ist dabei nicht statisch angelegt: Die zeitgenössischen politischen Rahmenbedingungen, Gesellschaftsstrukturen und Denkstile werden einbezogen. Dabei gilt es, verschiedene Zeitphasen, Paradigmenwechsel und Schwerpunkte der inhaltlichen Deutungshegemonie voneinander abzusetzen.

61 Zu der Bedeutung der Repräsentationsweisen siehe auch Kretzer, *Täterschaft*, S. 18ff.

62 Marc von Miquel, *Ahnden oder amnestieren? Westdeutsche Justiz und Vergangenheitspolitik in den sechziger Jahren*, Göttingen 2004, S. 373.

63 Ebd., S. 144, Hervorhebung C. A.

1. NS-Verfahren, Täterforschung und Täterbilder

1 Helgard Kramer, *Tätertypologien*, in: Dies. (Hg.), NS-Täter aus interdisziplinärer Perspektive, München 2006, S. 253-309, hier S. 253.

2 Christopher R. Browning, *German Killers: Behavior and Motivation in the Light of New Evidence*, in: Ders., Nazi Policy, Jewish Workers, German Killers, Cambridge 2000, S. 143-169, Zitat S. 143.

3 Harald Welzer, *Täter. Wie aus ganz normalen Menschen Massenmörder werden*, Frankfurt am Main 2005, S. 7-17. Siehe z. B. auch *Der Spiegel* 10. 03.2008, S. 42-57 (Titel): *Die Täter. Warum soviele Deutsche zu Mördern wurden* [Georg Bönisch, Romain Leick, Klaus Wiegrefe].

4 Wenn es um genozidale Gewalthandlungen geht, so besteht eines der Ziele der Täter darin, die Opfer aus der menschlichen Gemeinschaft auszuschließen, d. h., ihnen ihre Stimme zu nehmen – mit der zusätzlich Erwartung, sie aus der Geschichte zu tilgen. Siehe David O. Pendas, *Testimony*, in: Miriam Dobson; Benjamin Ziemann (Hg.), Reading Primary Sources. The interpretation of texts from nineteenth- and twentieth-century history, London/New York 2009, S. 226-242, hier S. 228. Ähnlich wie die Opfer wird in den ersten Jahren der Nachkriegszeit auch eine Reihe der früheren Täter als Angeklagte im Rahmen von NS-Verfahren aus dem sozialen Kontext verdrängt: Sie werden zu »Tieren« oder »Bestien« und damit nicht mehr zu den menschlichen Wesen gezählt. Sie erhielten, anders als die Opfer, zwar die Möglichkeit, ihre Stimme zu erheben, ein Urteil wegen NS-Verbrechen führte für viele von ihnen dann aber auch zu einem offiziellen Verstummen.

5 Zu den »passive executors of orders« siehe auch Browning, *Behavior*, S. 156.

6 Gerhard Paul, *Von Psychopathen, Technokraten des Terrors und »ganz gewöhnlichen« Deutschen. Die Täter der Shoah im Spiegel der Forschung*, in: Ders. (Hg.), Die Täter der Shoah. Fanatische Nationalsozialisten oder ganz normale Deutsche? Göttingen 2002, S. 13-90, Zitat S. 15, Hervorhebung C. A.

7 Frances Yates, *Gedächtnis und Erinnerung. Mnemonik von Aristoteles bis Shakespeare*, Berlin [3]1994, S. 11-31, bes. S. 18ff.

8 *Der Spiegel* 10. 3.2008, S. 42-57 (Titel): *Morden für das Vaterland* [Georg Bönisch; Roman Leick; Klaus Wiegrefe], Zitat S. 45.

9 Hans Mommsen, *Probleme der Täterforschung*, in: Helgard Kramer (Hg.), NS-Täter aus disziplinärer Perspektive, München 2006, S. 425-432, hier S. 427f.

10 In den 1950er Jahren erfolgte die Aufarbeitung der NS-Vergangenheit noch allein in den Bahnen der Justiz, ab den 1960er Jahren dominierte die Politikwissenschaft das Themenfeld, das seit den 1970er Jahren fest in Händen der (Zeit-)Historiker liegt. In diesem Wechsel spiegelt sich auch die gesteigerte Erwartungshaltung wider, welche die Gesellschaft gegenüber der Geschichte eingenommen hat. Siehe Dirk van Laak, *Widerstand gegen die Geschichtsgewalt. Zur Kritik an der »Vergangenheitsbewältigung«*, in: Norbert Frei; ders.; Michael Stolleis (Hg.), Geschichte vor Gericht. Historiker, Richter und die Suche nach Gerechtigkeit, München 2000, S. 11-28, hier S. 11.

11 So schließt z. B. auch der Begriff *Täter des Holocaust* alle Personen ein, »die durch Vorbereitung, Anordnung oder Durchführung an der Ermordung als jüdisch stigmatisierter Männer, Frauen und Kinder durch den NS-Staat partizipierten.« In der Holocaustforschung soll der Täterbegriff »weit genug sein, um verschiedene Beteiligungsformen zu erfassen, und zugleich differenziert genug, um Unterschiede zwischen der Position von Gruppen und Individuen in Institutionen und Hierarchien, beim Ausmaß des befehlsmäßigen Zwanges, bei der Nähe oder Distanz zum Mordgeschehen, beim situativen Kontext, in dem die Täter standen usw. zuzulassen.« Thomas Sandkühler, *Die Täter des Holocaust.*

Neuere Überlegungen und Kontroversen, in: Karl Heinrich Pohl (Hg.), Wehrmacht und Vernichtungspolitik. Militär im nationalsozialistischen System, Göttingen 1999, S. 39-65, Zitate S. 40.

12 Gerhard Paul, *Psychopathen*, S. 15, trennt über den engen juristischen Bereich hinaus, grob zwischen »Tätern im *engeren* Sinne« und »Tätern im *weiteren* Sinne«. Die zweite Gruppe leitet dabei zu der Annahme über, alle am Nationalsozialismus Beteiligten hätten jeweils über ihren individuellen Anteil an der deutschen Täterschaft Rechenschaft abzulegen, nicht nur die aktiven Vollstrecker des Holocaust, Hervorhebung C. A.

13 Siehe auch die ähnlich lautende Argumentation bei Kathrin Kompisch, *Täterinnen. Frauen im Nationalsozialismus*, Köln et al. 2008, S. 15.

14 Reinhart Koselleck, *Fiktion und geschichtliche Wirklichkeit*, in: Ideengeschichte 1 (2007), Heft 3, S. 39-54, Zitat S. 47.

15 Vgl. Naucke, *Privilegierung*, S. 19-22; siehe auch Herbert Jäger, *Makrokriminalität. Studien zur Kriminologie kollektiver Gewalt*, Frankfurt am Main 1989.

16 Vgl. Welzer, *Täter*, S. 220-245; siehe auch Elster, *Akten*, S. 61-92; sowie die Beiträge in: Kenkmann; Zimmer, *Kriege*; Hammerstein et al., *Aufarbeitung*.

17 Als knapper Überblick Valentin Groebner, *Schock, Abscheu, schickes Thema. Die Kulturwissenschaften und die Gewalt*, in: Ideengeschichte 1 (2007), Heft 3, S. 70-83.

18 Klaus-Michael Mallmann; Gerhard Paul, *Sozialisation, Milieu und Gewalt. Fortschritte und Probleme der neueren Täterforschung*, in: Dies. (Hg.), Karrieren der Gewalt. Nationalsozialistische Täterbiographien, Darmstadt 2004, S. 1-32, Zitate S. 17.

19 Zur Rekonstruktion »objektiver Handlungsspielräume« siehe auch Harald Welzer, *Wer waren die Täter? Anmerkungen zur Täterforschung aus sozialpsychologischer Sicht*, in: Gerhard Paul (Hg.), Die Täter der Shoah. Fanatische Nationalsozialisten oder ganz normale Deutsche? Göttingen 2002, S. 237-253.

20 Sandkühler, *Täter*, S. 60. Zu NS-Tätern aus Sicht der Psychologie: Nele Reuleaux, *Nationalsozialistische Täter. Die intergenerative Wirkungsmacht des malignen Narzissmus*, Gießen 2006; als Überblick auch Kramer, *Tätertypologien*.

21 Gerhard Hirschfeld, *Einleitung*, in: Ders.; Thomas Jersak (Hg.), Karrieren im Nationalsozialismus. Funktionseliten zwischen Mitwirkung und Distanz, Frankfurt/New York 2004, S. 9-16, Zitat S. 9.

22 Sandkühler, *Täter*, S. 57. Sie kommt »ohne Berücksichtigung von historischen *und* kriminologischen Befunden nicht aus.«, ebd., S. 41, Hervorhebung im Original.

23 Mallmann; Paul, *Sozialisation*, S. 2.

24 Ebd., S. 4.

25 Siehe zum Folgenden insbesondere die Beiträge in Gerhard Paul (Hg.), *Die Täter der Shoah. Fanatische Nationalsozialisten oder ganz normale Deutsche?*, Göttingen 2002; Klaus-Michael Mallmann; Gerhard Paul (Hg.), *Karrieren der Gewalt. Nationalsozialistische Täterbiographien*, Darmstadt 2004; Marita Krauss (Hg.), *Sie waren dabei. Mitläuferinnen, Nutznießerinnen, Täterinnen im Nationalsozialismus*, Göttingen 2008.

26 Zur »Entwirklichung« der NS-Vergangenheit Peter Steinbach, *Nationalsozialistische Gewaltverbrechen in der deutschen Öffentlichkeit nach 1945. Einige Bemerkungen, Fragen und Akzente*, in: Jürgen Weber; ders. (Hg.), Vergangenheitsbewältigung durch Strafverfahren? NS-Prozesse in der Bundesrepublik Deutschland, München 1984, S. 13-39, hier S. 17; zu »entmaterialisierenden« und »enthistorisierenden« Tendenzen Michael Kohlstruck, *Zwischen Geschichte und Mythologisierung. Zum Strukturwandel der Vergangenheitsbewältigung*, in: Helmut König; ders.; Andreas Wöll (Hg.), Vergangenheitsbewältigung am Ende des zwanzigsten Jahrhunderts, Opladen/Wiesbaden 1998, S. 86-108, hier S. 89.

27 Ulrich Herbert, *Vernichtungspolitik. Neue Antworten und Fragen zur Geschichte des Holocaust*, in: Ders., (Hg.), Nationalsozialistische Vernichtungspolitik 1939-1945. Neue Forschungen und Kontroversen, Frankfurt am Main ^{4}2001, S. 9-66, hier S. 19.

28 Die Frage der Täterschaft ergab sich nach dem Grad der persönlichen Beteiligung. Wenigen Tätern hatten unzählige Gehilfen zur Seite gestanden, vgl. Herbert Jäger, *Verbrechen unter totalitärer Herrschaft. Studien zur nationalsozialistischen Gewaltkriminalität*, Frankfurt am Main, S. 21. Der heute klassische Begriff der »Ordinary Men« (Browning) fand zu diesem Zeitpunkt schon Verwendung bei Henry V. Dicks, *Licensed Mass Murder. A Social-psychological study of some SS killers*, Edinburgh 1972.

29 Der Nürnberger Hauptkriegsverbrecherprozess bildete die entscheidende Vorgabe zum Umgang mit den NS-Tätern, siehe auch Paul, *Psychopathen*, S. 16.

30 *Biedermann und Schreibtischtäter. Materialien zur deutschen Täter-Biographie*, Berlin 1987, S. 7 (Editorial).

31 Ebd., S. 10. Siehe auch Paul, *Psychopathen*, S. 14, 27-33.

32 Christoper R. Browning; *Ganz normale Männer. Das Reserve-Polizeibataillon 101 und die »Endlösung« in Polen*, Reinbek 1993; Daniel J. Goldhagen, *Hitlers willige Vollstrecker. Ganz gewöhnliche Deutsche und der Holocaust*, Berlin 1996; Hans-Günther Thiele (Hg.), *Die Wehrmachtsausstellung. Dokumentation einer Kontroverse*, Bremen 1997; Hamburger Institut für Sozialforschung (Hg.), *Vernichtungskrieg. Verbrechen der Wehrmacht 1941 bis 1944*, Hamburg 1999; dass. (Hg.), Eine Ausstellung und ihre Folgen. Zur Rezeption der Ausstellung »*Vernichtungskrieg. Verbrechen der Wehrmacht 1941 bis 1944*«, Hamburg 1999; Walter Manoschek, *Vernichtungskrieg. Verbrechen der Wehrmacht 1941 bis 1944. Innenansichten einer Ausstellung*, in: Zeitgeschichte 29 (2002), S. 64-75.

33 Paul, *Psychopathen*, S. 37, 41.

34 Zu den vielgestaltigen situativen Aspekten der »Tötungsarbeit« siehe insbesondere Welzer, *Täter*, S. 76-219.

35 Kramer, *Tätertypologien*, S. 282f., bes. 288, zur »Binnenmoral einer selbsternannten Elite« ebd., S. 295.

36 Klaus-Michael Mallmann, *Vom Fußvolk der »Endlösung«. Ordnungspolizei, Ostkrieg und Judenmord*, in: Jahrbuch für Geschichte 21 (1997), S. 355-391.

37 So beispielsweise in den Studien von Christian Gerlach, *Krieg, Ernährung, Völkermord. Deutsche Vernichtungspolitik im Zweiten Weltkrieg*, Hamburg 1998; ders., *Kalkulierte Morde. Die deutsche Wirtschafts- und Vernichtungspolitik in Weißrussland 1941 bis 1944*, Hamburg 1999; Wolf Kaiser, *Täter im Vernichtungskrieg. Der Überfall auf die Sowjetunion und der Völkermord an den Juden*, Berlin 2002; Andrej Angrick, *Besatzungspolitik und Massenmord. Die Einsatzgruppe D in der südlichen Sowjetunion 1941-1943*, Hamburg 2003. Zu einzelnen Tätern siehe auch Michael Wildt, *Generation des Unbedingten. Das Führungskorps des Reichssicherheitshauptamtes*, Hamburg 2003; Paul, *Täter*; Mallmann; Paul, *Karrieren*; als Überblick auch Dieter Pohl, *NS-Verbrechen. Eine historische Einführung*, in: Mitteilungen aus dem Bundesarchiv 16 (2008), Heft 3, S. 28-34.

38 Browning, *Männer*; Goldhagen, *Vollstrecker*; Welzer, *Täter*. Siehe auch *Die Zeit* 27. 10. 2005, S. 69 (Literatur: Politisches Buch): *Tötungsarbeit* [Christoper R. Browning].

39 Welzer, *Täter*, S. 48-67.

40 *Die Zeit* 27. 10.2005, S. 69.

41 *Frankfurter Rundschau* 26. 11.2002: *Die Grenzen der Biographie* [Hans Mommsen]; siehe auch ders, *Zeitgeschichtliche Kontroversen*, in: Neue Politische Literatur 49 (2004), S. 15-25; ders., *Probleme*.

42 Mommsen, *Kontroversen*, S. 17, 23, Hervorhebung C. A.

43 Ebd., S. 16. Diese Kritik bezieht sich vor allem auf die Studien von Nicolas Berg. Siehe Nicoals Berg, *Der Holocaust in der Geschichtswissenschaft. Kontroversen und Fragestellungen seit dem »Historikerstreit«*, in: Norbert Frei; Sybille Steinbacher (Hg.), Beschweigen und Bekennen. Die deutsche Nachkriegsgesellschaft und der Holocaust, Göttingen 2001, S. 103-126; ders., *Der Holocaust und die Westdeutschen Historiker. Erforschung und Erinnerung*, Göttingen 2003.

44 Mommsen, *Probleme*, S. 427.
45 Mommsen, *Kontroversen*, S. 19, Hervorhebung C. A.
46 Stefan Hördler, *Aspekte der Täterforschung. Eine kritische Bilanz*, in: Petra Frank; ders. (Hg.), Der Nationalsozialismus im Spiegel des öffentlichen Gedächtnisses. Formen der Aufarbeitung und des Gedenkens, Berlin 2005, S. 23-45, hier S. 27.
47 Prägende Personen- und Milieufelder sind nach Hördler in folgender Reihenfolge aufzudecken: Person, Personenumfeld, Funktions- und Handlungsrahmen, Mikrokosmos, Makrokosmos, ebd. S. 40-43, Zitat S. 41.
48 Ebd., S. 44.
49 Mallman; Paul, *Sozialisation*, S. 17f. Diese Typologie weist nur geringfügige Unterschiede zur Einteilung bei Paul, *Psychopathen*, S. 61f. auf, in der auch utilitaristisch motivierte und traditionelle »Befehlstäter« Erwähnung finden.
50 Kramer, *Tätertypologien*, S. 271.
51 Raul Hilberg, *Täter, Opfer, Zuschauer. Die Vernichtung der Juden 1933-1945*, Frankfurt am Main [3]1992; zu den Tätern siehe ebd., S. 15-120.
52 Als Neudeutsche bezeichnete man beispielsweise Österreicher oder die Deutschen, die aus dem Sudentenland stammten. Hilberg, *Täter*, S. 48.
53 Skizzen zu den Karrieren von Angehörigen der Funktionseliten im NS-System liefern die Beiträge in Gerhard Hirschfeld; Thomas Jersak (Hg.), *Karrieren im Nationalsozialismus. Funktionseliten zwischen Mitwirkung und Distanz*, Frankfurt/New York 2004 und Norbert Frei (Hg.), *Hitlers Eliten nach 1945*, München [2]2004.
54 Siehe auch Tobias Freimüller, *Mediziner: Operation Volkskörper*, in: Norbert Frei (Hg.), Hitlers Eliten nach 1945, München [2]2004, S. 13-65; Marc von Miquel, *Juristen: Richter in eigener Sache*, ebd., S. 165-214.
55 Vgl. Sandkühler, *Täter*; Paul, *Täter*; Mallmann; Paul, *Karrieren*.
56 So z. B. der *Tagesspiegel* 30. 1.2009: *Vielgesichtige Täter* [Tina Rohowski].
57 Claudia Brunner, *»Fürsorgeausnutzer werden ausgemerzt«. Die Sozialpolitik des Münchner Wohlfahrtsamtes am Ende der Weimarer Republik und in der frühen NS-Zeit*, in: Christoph Dieckmann et al. (Hg.), »Durchschnittstäter«. Handeln und Motivation, Berlin 2000, S. 53-72, Zitat S. 67.
58 Ebd., S. 68.
59 Christoph Dieckmann et al. (Hg.), *»Durchschnittstäter«. Handeln und Motivation*, Berlin 2000, S. 9 (Editorial). Der Inhalt dieses Bandes selbst trägt allerdings in keiner Weise zur weiteren Klärung des gewählten Begriffes bei.
60 Welzer, *Täter*, S. 76-219. Gleichzeitig wird so die Verantwortung der einzelnen Täter im Rahmen der Tat bzw. des Tatkomplexes partikularisiert und teilweise sogar marginalisiert. Dies zeigt sich in den NS-Verfahren ab den 1960er Jahren in den Verurteilungen wegen Beihilfe statt Täterschaft.
61 Susan Sontag, *Über Fotografie*, Frankfurt am Main, [17]2006, S. 27. Siehe auch Jens Jäger, *Fotografie und Geschichte*, Frankfurt/New York 2009, S. 162-168.
62 So z. B. die unzähligen Fotografien der Prozessbeteiligten und des Prozessgeschehens in Irmtrud Wojak (Hg.), *Auschwitz-Prozeß 4 Ks 2/63 Frankfurt am Main*, Köln 2004.
63 Als ein eindrückliches Beispiel siehe die Fotostrecke in Sabrina Müller, *Der Ulmer Einsatzgruppenprozess von 1958. Themen der Ausstellung*, in: Haus der Geschichte Baden-Württemberg (Hg.): Die Mörder sind unter uns. Der Ulmer Einsatzgruppenprozess 1958, Stuttgart 2008, S. 30-83, hier S. 52-59.
64 Die Basis dieser Täterbilder liefern beispielsweise *dichte Beschreibungen* der Tatvorgänge und des historischen Kontextes der Strafverfahren wegen NS-Verbrechen.
65 Tom Holert, *Bildfähigkeiten. Visuelle Kultur, Repräsentationskritik und Politik der Sichtbarkeit*, in: Ders. (Hg.), Imagineering. Visuelle Kultur und Politik der Sichtbarkeit, Köln 2000, S. 14-33, hier S. 23.

66 Cornelia Brink, *Ikonen der Vernichtung. Öffentlicher Gebrauch von Fotografien aus nationalsozialistischen Konzentrationslagern nach 1945*, Berlin 1998, S. 23-99; siehe auch Barbie Zelizer, *Remembering to Forget. Holocaust Memory through the Camera's Eye*, Chicago 1998.

67 Cornelia Brink, *Nach Bildern suchen – fotografische Erinnerung*, in: Peter Reichel; Harald Schmid; Peter Steinbach, (Hg.), Der Nationalsozialismus – Die zweite Geschichte. Überwindung, Deutung, Erinnerung, München 2009, S. 335-349, hier S. 338f. Zur »Dynamik der Zeitkritik« zwischen 1958 und 1965 siehe auch Christina von Hodenberg, *Konsens und Krise. Eine Geschichte der westdeutschen Medienöffentlichkeit 1945-1973*, Göttingen 2006, S. 293-360.

68 Brink, *Bilder*, S. 345. Vgl. auch Ahlrich Meyer (Hg.), *Der Blick des Besatzers. Propagandaphotographie der Wehrmacht aus Marseille 1942-1944*, Bremen 1999; Janina Struk, *Photographing the Holocaust. Interpretations of Evidence*, London 2004.

69 Vgl. Peter Jahn; Ulrike Schmiegelt, *Foto-Feldpost. Geknipste Kriegserlebnisse 1939-1945*, Berlin 2000.

70 Vgl. u. a. Habbo Knoch, *Die Tat als Bild. Fotografien des Holocaust in der deutschen Erinnerungsliteratur*, Hamburg 2001; Sven Kramer (Hg.), *Die Shoah im Bild*, München 2003; Klaus Hesse, *Bilder lokaler Judendeportationen. Fotographien als Zugänge zur Alltagsgeschichte des NS-Terrors*, in: Gerhard Paul (Hg.), Visual History. Ein Studienbuch, Göttingen 2006, S. 149-168. Eine Ausnahme bilden die wenigen von jüdischen Häftlingen in Auschwitz aufgenommenen Fotografien. Siehe Georges Didi-Huberman, *Bilder trotz allem*, München 2007.

71 Boris von Brauchitsch, *Kleine Geschichte der Fotografie*, Stuttgart 2002, S. 13.

72 *New York Times* 19. 9.2007: *In the Shadow of Horror, SS Guardians Frolic* [Neil A. Lewis]. Die Fotos sind über die Website des United States Holocaust Memorial Museum (USHMM) einsehbar: Auschwitz through the lens of the SS: Photos of Nazi leadership at the camp <http://www.ushmm.org/research/collections/highlights/auschwitz/> (25. 9.2009). Zur Darstellung in den führenden deutschsprachigen Zeitungen und Zeitschriften vgl. *Die Welt* 20. 9.2007, (Online): *Die entspannte Freizeit der Massenmörder* [Uwe Schmitt; Sven Felix Kellerhoff]; ebd. 21. 9.2007, (Online): *Blaubeeren essen, Blausäure verteilen* [Torsten Krauel]; *Süddeutsche Zeitung* 21. 9.2007, S. 14 (Feuilleton): *Blaubeerschlemmen in Auschwitz* [Alex Rühle]; *Frankfurter Allgemeine Zeitung* 21. 9.2007, (Online): *Wie man sich vom Massenmord entspannt* [Jordan Mejias].

73 Siehe in diesem Kontext auch die skizzenhaften Überlegungen zur Universalisierung bzw. Kosmopolitisierung des Holocausts in der Einleitung.

74 Susan A. Crane, *Choosing not to look. Representaion, Repatriation and Holocaust Atrocity Photography*, in: History and Theory 47 (2008), S. 309-330. Die Forschung zur visuellen Darstellung des Holocaust hat sich in den letzten Jahren stark ausgeweitet, als Auswahl: Sybil Milton, *Images of the Holocaust*, in: Holocaust and Genocide Studies 1 (1986), Heft 1, S. 27-61, Heft 2, S. 193-216; Marianne Hirsch, *Surviving Images. Holocaust Photographs and the Work of Postmemory*, in: Barbie Zelizer (Hg.), Visual Culture and the Holocaust, New Brunswick 2000, S. 214-246; Carolyn Dean, *Empathy, Suffering and Holocaust »Pornography«*, in: Dies. (Hg.), The Fragility of Empathy after the Holocaust, Ithaca 2004, S. 16-42. Siehe auch Zelizer, *Remembering*; Brink, *Ikonen*.

75 Brink, *Bilder*, S. 348.

76 Bryan F. Lewis, *Documentation or Decoration? Uses and Misuses of Photographs in the Historiography of the Holocaust*, in: John K. Roth; Elisabeth Maxwell (Hg.), Remembering for the Future. The Holocaust in an Age of Genocide, Basingstoke 2001, Bd. 3, S. 341-357.

77 Die Ausstellung solcher Täterfotos kann unfreiwillig den voyeuristischen und entwürdigenden Blick der Täter reproduzieren, da der Aufnahme der Fotos keinerlei »Freiwillig-

keit« auf Seiten der Opfer zugrunde lag. Siehe Crane, *Representaion*, S. 321; vgl. auch Meyer, *Blick*; Struk, *Holocaust*. Zum mitunter problematischen Verhältnis zwischen Geschichtswissenschaft und Gedächtnis hinsichtlich von Holocaustfotografien siehe auch Nicole Wiedenmann, *»So ist das, was das Bild dokumentiert, das Gegenteil dessen, was es symbolisiert. Holocaustfotografie zwischen Geschichtswissenschaft und Kulturellem Gedächtnis*, in: Fabio Crivelli u. a. (Hg.), Die Geschichte der Medien. Historizität und Medialität in interdisziplinärer Perspektive, Konstanz 2004, S. 315-350.

78 Martha Langford, *Suspended Conversations. The Afterlife of Memory in Photographic Albums*, Montreal 2001, bes. S. 3-21.

79 Ulrich Herbert, *Best. Biographische Studien über Radikalismus, Weltanschauung und Vernunft 1903-1989*, Berlin [2]1996, S. 16.

80 Ebd.

81 Die nur knapp einstündige Eröffnungssitzung in Berlin wird in der einschlägigen Literatur oft ausgespart. Die zuständigen Richter leisteten ihren Amtseid aber an einem symbolträchtigen Ort, nämlich im Saal des Berliner Kammergerichts, in dem zuletzt der von Roland Freisler geleitete Volksgerichtshof seine Urteile verkündete. Zum *IMT* zuletzt Klaus Kastner, *Die Völker klagen an. Der Nürnberger Prozess 1945-1946*, Darmstadt 2005; Hellmut Butterweck, *Der Nürnberger Prozess. Eine Entmystifizierung*, Wien 2005; Beth A. Griech-Polelle (Hg.), *The Nuremberg War Crimes Trial and its Policy Consequences Today*, Baden-Baden 2009.

82 Siehe z. B. *Süddeutsche Zeitung* 19. 10.1945, S. 1 (Titel): *Die Anklageschrift gegen die 24 Hauptkriegsverbrecher* [Eigenberichte; Agenturmeldungen DANA]. Siehe zuletzt auch *Der Spiegel* 16. 10.2006 (Titel): *Das Tribunal des Todes. Vor 60 Jahren in Nürnberg: NS-Verbrecher vor Gericht.*

83 Siehe z. B. *Süddeutsche Zeitung* 1. 10.1946, S. 1 (Titel): *Das Urteil in Nürnberg* [Eigenberichte; Agenturmeldungen DANA]; ebd. 4. 10.1946, S. 1 (Titel): *Ein Urteil, das uns und die Welt verpflichtet / Freiheit von Willkür und Gewalt* [W. E. Süskind; Agenturmeldungen DANA]. Siehe auch Whitney R. Harris, *Tyrannen vor Gericht. Das Verfahren gegen die deutschen Hauptkriegsverbrecher nach dem Zweiten Weltkrieg in Nürnberg 1945-1946*, Berlin 2008.

84 *Süddeutsche Zeitung* 6. 8.1946: *Wie stehen Sie zum Nürnberger Prozeß?* [Will Berthold]; ebd. 4. 10.1946, S. 3: *Das Nürnberger Urteil im Echo der Straße* [Eigenberichte; Agenturmeldungen DANA].

85 Anneke de Rudder, *»Warum das ganze Theater?« Der Nürnberger Prozess in den Augen der Zeitgenossen*, in: Jahrbuch für Antisemitismusforschung 6 (1997), S. 218-242. Neben dem Schriftsteller Erich Kästner (*Die Neue Zeitung*) berichteten u. a. John Dos Passos (*Life*), Erika Mann (u. a. *Evening Standard*) und Peter de Mendelssohn (*New Statesman, Nation*) vom Nürnberger Prozess, siehe z. B. *Die Neue Zeitung* 23. 11.1945: *Streiflichter aus Nürnberg* [Erich Kästner]. Für die *Süddeutsche Zeitung* berichtete Wilhelm Emanuel Süskind vom *IMT*, vgl. Robert Andrè, *Im Stillen. W. E. Süskinds, der Nürnberger Prozess und die Sprache des »Unmenschen«*, in: Stephan Braese (Hg.), Rechenschaften. Juristischer und literarischer Diskurs in den Auseinandersetzungen mit den NS-Massenverbrechen, Göttingen 2004, S. 25-46. Auzüge aus den Reportagen internationaler Schriftsteller vom *IMT* in: Steffen Radlmaier (Hg.), *Der Nürnberger Lernprozess. Von Kriegsverbrechern und Starreportern*, Frankfurt am Main 2001.

86 *Der Spiegel* 16. 10.2006, S. 66-186 (Titel): *Das Weltgericht* (Teil I) [Thomas Darnstädt], Zitat S. 68; ebd. 23. 10.2006, S. 160-174 (Zeitgeschichte): *Die Neuordnung der Welt* (Teil II) [Thomas Darnstädt]; zeitgenössisch: *Süddeutsche Zeitung* 21. 5.1946: *Sechs Monate Nürnberger Prozeß / Nürnberg in Zahlen* [Joe J. Heydecker]. Zu den »technischen Aspekten« des Nürnberger *IMT* siehe auch Cornelia Vismann, *Sprachbrüche im Nürnberger Kriegsverbrecherprozess*, in: Stephan Braese (Hg.), Rechenschaften. Juristischer und lite-

rarischer Diskurs in den Auseinandersetzungen mit den NS-Massenverbrechen, Göttingen 2004, S. 47-66.

87 Gleichwohl gingen beim *IMT* innerhalb nur eines Jahres »*20.000 Briefe, Karten und Telegramme*« ein, vgl. *Süddeutsche Zeitung* 31. 12.1946: *Der Nürnberger Prozeßbriefkasten* [Eigenbericht], Hervorhebung im Original gesperrt.

88 *Süddeutsche Zeitung* 30. 11.1945, S. 3: *Führung und Partei sind verantwortlich / Jämmerliche Gestalten* [Auszug aus der Anklageschrift Jacksons], Hervorhebungen im Original gesperrt. Siehe auch die eindrücklichen Skizzen der Hauptangeklagten durch Erich Kästner, der als Sonderberichterstatter am Nürnberger Prozess teilnahm, z. B. *Die Neue Zeitung* 23. 11.1945.

89 William L. Shirer, *Berliner Tagebuch*, Bd. II: Das Ende 1944-1945, Berlin 1999, S. 365. Hervorhebungen im Original.

90 Ebd. Vgl. auch Anneke de Rudder, *»Ein Prozess der Männer«. Geschlechterbilder in der Berichterstattung zum Nürnberger Hauptkriegsverbrecherprozess 1945/46*, in: Ulrike Weckel; Edgar Wolfrum (Hg.), »Bestien« und »Befehlsempfänger«. Frauen und Männer in NS-Prozessen nach 1945, Göttingen 2003, S. 38-65, hier S. 46f.

91 Shirer, *Berliner Tagebuch*, II, S. 95, Hervorhebung C. A.

92 So Golo Mann in einem Brief an Lise Bauer vom 4. 3.1933, abgedruckt in: Tilman Lahme; Kathrin Lüssi (Hg.), *Golo Mann. Briefe 1932-1992*, Göttingen 2006, S. 14.

93 Der Schriftsteller John Dos Passos beschrieb Göring als Mann »in einer Uniform mit Messingknöpfen und mit dem verhutzelten, an einen halbleeren Luftballon erinnernden Aussehen des fetten Mannes, der zu schnell und zuviel Gewicht verloren hat.« John Dos Passos, *Nürnberger Reportagen*, in: Ders., Das Land des Fragebogens, Frankfurt am Main 1997, S. 77-95, hier S. 83.

94 Alle Zitate bei Shirer, *Berliner Tagebuch*, II., S. 366-370, Hervorhebungen C. A. Zum »Froschgesicht« Funks und der Beschreibung Sauckels als »rundköpfiger Spießer« siehe auch *Die Neue Zeitung* 23. 11.1945.

95 Rudder, *Prozess*, S. 48ff.

96 *Die Neue Zeitung* 7. 12.1945: *Nürnberger Tagebuch* [Hans Habe].

97 Siehe auch Rudder, *Prozess*, S. 50ff., Zitat S. 50; vgl. Dos Passos, *Reportagen*, bes. S. 83-86.

98 *Süddeutsche Zeitung* 15. 1.1946, S. 2: *Gefügiger Diener seines Herrn* [Agenturmeldung DANA].

99 Ebd. 3. 4.1946, S. 3: *Der schlecht orientierte Außenminister* [W. E. Süskind].

100 Ebd. 5. 4.1946, S. 3: *Wie ein schlechter Schüler im Examen* [W. E. Süskind]; ebd.: *Dr. Gauß über das deutsch-sowjetische Abkommen* [Agenturmeldung DANA].

101 Ebd., *Keitel, ein Mann der allen diente* [Eigenbericht].

102 Ebd. 12. 4.1946, S. 2: *Keitels Verteidigung schlägt Wellen / Ein Vorstoß Jacksons / Der Chef der Reichskanzlei, ein ›routinierter Biedermann‹* [W. E. Süskind].

103 Ebd. 16. 4.1946, S. 3: *Kaltenbrunner – »das Ohr des Dritten Reiches«* [Eigenbericht]; ebd.: *Seine Methode: »Keine Ahnung«* [Agenturmeldung DANA].

104 Ebd. 3. 5.1946, S. 3: *Schacht getäuscht und belogen* [Eigenbericht].

105 Ebd. 28. 6.1946, S. 2: *Neurath: die Tragödie eines alten Mannes* [W. E. Süskind].

106 Ebd. 2. 8.1946, S. 2: *Es spricht – Hans Fritzsche* [W. E. Süskind].

107 Ebd. 3. 9.1946, S. 2: *»Hitler, der Urheber allen Unglücks ...«* [W. E. Süskind].

108 Christine Bartlitz, *Von »gewöhnlichen Ganoven« und »erbärmlichen Kreaturen«. Täterbilder in der Berichterstattung des Berliner Rundfunks über den Nürnberger Prozess 1945/46*, in: Ulrike Weckel; Edgar Wolfrum (Hg.), »Bestien« und »Befehlsempfänger«. Frauen und Männer in NS-Prozessen nach 1945, Göttingen 2003, S. 66-91; Zitat S. 71.

109 Ebd., S. 80-86.

110 Vgl. Harald Schmid, *Gender gap Erinnerungskultur. Frauen in der westdeutschen Auseinandersetzung mit dem Nationalsozialismus*, in: Ariadne 2011, Heft 59, S. 6-15, v. a. S. 6, 13.

111 So z. B. durch Zuwendungen an die »Heimatfront«, die nicht nur aus Waren- und Geschenksendungen der kämpfenden Ehemänner bestanden, sondern ein weitverzweigtes finanzielles und soziales Sicherungssystem umfassten, das Ehefrauen erstmals auf breiter Ebene die Verfügungsgewalt über die Haushaltseinnahmen zugestand – auch wenn die zu verteilenden Mittel zu großen Teilen aus Arisierungsmaßnahmen stammten oder von der Bevölkerung in den besetzten europäischen Nachbarländern »erwirtschaftet« werden mussten. Vgl. die Beschreibung der »NS-Profiteursgesellschaft« bei Götz Aly, *Hitlers Volksstaat. Raub, Rassenkrieg und nationaler Sozialismus*, Frankfurt am Main 2005, S. 66-77, 86-90.

112 Krauss, *Frauen*, S. 12. Einen Überblick über die politische Emanzipation der Frau in Deutschland im 20. Jahrhundert geben die Beiträge in Christine Hikel; Nicole Kramer; Elisabeth Zellmer (Hg.), *Lieschen Müller wird politisch. Geschlecht, Staat und Partizipation im 20. Jahrhundert*, München 2009.

113 Christina Herkommer, *Frauen im Nationalsozialismus – Opfer oder Täterinnen? Eine Kontroverse der Frauenforschung im Spiegel feministischer Theoriebildung und der allgemeinen historischen Aufarbeitung der NS-Vergangenheit*, München 2005, S. 9ff. Herkommer beschreibt Verlauf und Funktion der hegemonialen Diskurse und versucht diese in die Frauenforschung *und* die Geschichtswissenschaft einzuordnen. Siehe auch Susanne Lanwerd; Irene Stoehr, *Frauen- und Geschlechterforschung zum Nationalsozialismus seit den 1970er Jahren*, in: Johanna Gehmacher; Gabriella Hauch (Hg.), Frauen- und Geschlechtergeschichte des Nationalsozialismus. Fragestellungen, Perspektiven, neue Forschungen, Innsbruck et. al. 2007, S. 22-58; vgl. auch Kompisch, *Täterinnen*, bes. S. 7-18.

114 Erst die Generation der Enkel sollte ab dem Ende der 1990er Jahre, zum Teil in unheiliger Allianz mit der Großelterngeneration, diese Fragen aufwerfen: Harald Welzer; Sabine Tschuggnall; Karoline Moller, *»Opa war kein Nazi«. Nationalsozialismus und Holocaust im Familiengedächtnis*, Frankfurt am Main 2002; vergleichend im Kontext einer europäischen Erinnerungskultur Harald Welzer (Hg.), Der *Krieg der Erinnerung. Holocaust, Kollaboration und Widerstand im europäischen Gedächtnis*, Frankfurt am Main 2007; siehe auch *Süddeutsche* Zeitung 29. 11.2005, S. 8 (Politik): *Mein Opa, der Nazi* [Christine Langrock-Kögel].

115 Vgl. Nina Leonhard, *Politik- und Geschichtsbewusstsein im Wandel. Die politische Bedeutung der nationalsozialistischen Vergangenheit im Verlauf von drei Generationen in Ost- und Westdeutschland*, Münster 2002; Connie Schneider, *Abschied von der Vergangenheit? Umgangsweisen mit der nationalsozialistischen Vergangenheit in der dritten Generation in West- und Ostdeutschland*, München 2004.

116 Die nationalsozialistische Frauenpolitik konnte auch als eine Zeitphase verstanden werden in der »›Männerphantasien‹ Realität wurden«, so Marianne Lehker, *Frauen im Nationalsozialismus. Wie aus Opfern Handlanger der Täter wurden – eine nötige Trauerarbeit*, Frankfurt am Main 1984, S. 55.

117 Beispiele der frühen Beschäftigung mit der Rolle der Frau im Nationalsozialismus: Dorothee Klinksiek, *Die Frau im NS-Staat*, Stuttgart 1982; Michael H. Kater, *Frauen in der NS-Bewegung*, in: Vierteljahrshefte für Zeitgeschichte 31 (1983), S. 202-241; Renate Wiggershaus, *Frauen unterm Nationalsozialismus*, Wuppertal 1984; Gabi Dietz; Maruta Schmidt, *Frauen unterm Hakenkreuz: Eine Dokumentation*, Berlin 1985.

118 Zum zeitgenössischen Forschungsstand: Angelika Ebbinghaus (Hg.), *Opfer und Täterinnen. Frauenbiographien des Nationalsozialismus*, Nördlingen 1987; Lerke Gravenhorst; Carmen Tatschmurat (Hg.), *TöchterFragen. NS-Frauen-Geschichte*, Freiburg 1990; Ute Benz (Hg.), *Frauen im Nationalsozialismus. Dokumente und Zeugnisse*, München 1993; Ortrun Niethammer (Hg.), *Frauen im Nationalsozialismus. Historische und Kulturgeschichtliche Positionen*, Osnabrück 1996.

119 Lehker, *Frauen*; siehe auch Dagmar Reese, *Frauen im Nationalsozialismus. Opfer oder Täterinnen?*, Köln 1991.

120 Vgl. Karin Hausen, *Die Nicht-Einheit der Geschichte als historiographische Herausforderung. Zur historischen Relevanz und Anstößigkeit der Geschlechtergeschichte*, in: Hans Medick; Anne-Charlott Trepp (Hg.), Geschlechtergeschichte und allgemeine Geschichte. Herausforderungen und Perspektiven, Göttingen 1998, S. 15-55; Claudia Opitz, *Um-Ordnungen der Geschlechter. Einführung in die Geschlechtergeschichte*, Tübingen 2005, bes. S. 9-28, 58-86 und 221-245.

121 Herkommer, *Frauen*, S. 77. Claudia Koonz, *Mütter im Vaterland. Frauen im Dritten Reich*, Freiburg 1991, hatte den Frauen eine aktive und systemerhaltende Rolle im NS-System zugesprochen, Gisela Bock, *Die Frauen und der Nationalsozialismus. Bemerkungen zu einem Buch von Claudia Koonz*, in: Geschichte und Gesellschaft 15 (1989), S. 563-579, betonte weiterhin die Opferrolle, da die Frauen-»Karrieren« sich in die patriarchalen Strukturen im NS-System einzuordnen hatten.

122 Krauss, *Frauen*, S. 8; siehe auch Kompisch, *Täterinnen*, S. 10.

123 Zusammenfassend: Gudrun Brockhaus, *Opfer, Täterin, Mitbeteiligte. Zur Diskussion um die Rolle der Frauen im Nationalsozialismus*, in: Lerke Gravenhorst; Carmen Tatschmurat (Hg.), TöchterFragen. NS-Frauen-Geschichte, Freiburg 1990, S. 107-125; Annette Kuhn, *Dimensionen der Täterschaft deutscher Frauen im NS-System*, in: Annette Bertrams (Hg.), Dichotomie, Dominanz, Differenz. Frauen platzieren sich in Wissenschaft und Gesellschaft, Weinheim 1995, S. 27-55; Petra Schomburg, *Frauen im Nationalsozialismus. Ein Überblick über die historische Frauenforschung und die feministische Diskussion um Verantwortung und Beteiligung von Frauen am Nationalsozialismus*, in: Ortrun Niethammer (Hg.), Frauen im Nationalsozialismus. Historische und Kulturgeschichtliche Positionen, Osnabrück 1996, S. 42-56; Gisela Bock, *Ganz normale Frauen. Täter, Opfer, Mitläufer und Zuschauer im Nationalsozialismus*, in: Kirsten Heinsohn; Barbara Vogel; Ulrike Weckel (Hg.), Zwischen Karriere und Verfolgung. Handlungsräume von Frauen im nationalsozialistischen Deutschland, Frankfurt am Main 1997, S. 245-277; Birte Kundrus, *Widerstreitende Geschichte. Ein Literaturbericht zur Geschlechtergeschichte im NS*, in: Neue Politische Literatur 45 (2000), S. 67-92.

124 Gerda Szepanski, *»Blitzmädel, Heldenmutter und Kriegerwitwe«. Frauenleben im Zweiten Weltkrieg*, Frankfurt am Main 1986; Karin Fontaine, *Nationalsozialistische Aktivistinnen (1933-1945). Hausfrauen, Mütter, Berufstätige, Akademikerinnen. So sahen sie sich und ihre Rollen im »tausendjährigen Reich«*, Würzburg 2003; Sibylle Steinbacher (Hg.), *Volksgenossinnen. Frauen in der NS-Volksgemeinschaft*, Göttingen 2007; aus einer nichtdeutschen Perspektive siehe auch Jill Stephenson, *Women in Nazi Germany*, London 2001; Geraldine Theresa Horan, *Mothers, Warriors, Guardians of the Soul. Female Discourse in National Socialism 1924-1934*, Berlin/New York 2003.

125 Andrea Böltken, *Führerinnen im »Führerstaat«. Gertrud Scholtz-Klink, Trude Mohr, Jutta Rüdiger und Inge Viermetz*, Pfaffenweiler 1995; Massimiliano Livi, *Gertrud Scholtz-Klink: Die Reichsfrauenführerin. Politische Handlungsspielräume und Identitätsprobleme der Frauen im Nationalsozialismus am Beispiel der »Führerin aller Frauen«*, Münster 2005; Christiane Berger, *»Reichsfrauenführerin« Gertrud Scholtz-Klink: Eine nationalsozialistische Frauenkarriere in Verlauf, Retrospektive und Gegenwart*, Saarbrücken 2007.

126 Ursula Aumüller-Roske, *Weibliche Elite für die Diktatur? Zur Rolle der Nationalpolitischen Erziehungsanstalten für Mädchen im Dritten Reich*, Pfaffenweiler 1988; Lisa Kock, *Man war bestätigt und man konnte was! Der Bund Deutscher Mädel im Spiegel der Erinnerungen ehemaliger Mädelführerinnen*, Münster 1994; Sabine Hering; Kurt Schilde, *Das BDM-Werk »Glaube und Schönheit«. Die Organisation junger Frauen im Nationalsozialismus*, Berlin 2000; Gisela Miller-Kipp, *»Auch Du gehörst dem Führer«. Die Geschichte des Bundes Deutscher Mädel (BDM) in Quellen und Dokumenten*, Weinheim/München 2001; Dagmar Reese (Hg.) *Die BDM-Generation. Weibliche Jugendliche in Deutschland und Österreich im Nationalsozialismus*, Berlin 2007.

127 Siehe z. B. Elisabeth Kohlhaas, *Weibliche Angestellte der Gestapo 1933-1945*, in: Marita Krauss (Hg.), Sie waren dabei. Mitläuferinnen, Nutznießerinnen, Täterinnen im Nationalsozialismus, Göttingen 2008, S. 148-165. Zur »restlosen Erfassung« siehe Götz Aly; Karl-Heinz Roth, *Die restlose Erfassung. Volkszählen, Identifizieren, Aussondern im Nationalsozialismus*, Berlin 1984. Mit der »weibliche Kriegshilfe« junger Frauen, als Nachrichtenhelferinnen, Stabshelferinnen oder Flakhelferinnen beschäftigt sich Franka Maubach, *Die Stellung halten. Kriegserfahrungen und Lebensgeschichten von Wehrmachthelferinnen*, Göttingen 2009.

128 Esther Lehnert, *Die Beteiligung von Fürsorgerinnen an der Bildung und Umsetzung der Kategorie »minderwertig« im Nationalsozialismus. Öffentliche Fürsorgerinnen in Berlin und Hamburg im Spannungsfeld von Auslese und »Ausmerze«*, Frankfurt am Main 2003; Winfried Süß, *Der »Volkskörper« im Krieg. Gesundheitspolitik, Gesundheitsverhältnisse und Krankenmord im nationalsozialistischen Deutschland 1939-1945*, München 2003; Ulrike Gaida, *Zwischen Pflegen und Töten. Krankenschwestern im Nationalsozialismus*, Frankfurt am Main 2006.

129 Wiebke Lisner, *»Hüterinnen der Nation«. Hebammen im Nationalsozialismus*, Frankfurt/New York 2006.

130 Bock, *Frauen*, S. 246.

131 Kompisch, *Täterinnen*, S. 10, hat die Fülle der vorhandenen Veröffentlichungen herausgestellt, zugleich aber bemängelt, dass »dieses neue Wissen die Allgemeinheit kaum erreich[t]«, nicht zuletzt aufgrund der allgemein »nur wenig bekannten und rezipierten Veröffentlichungsorte in wissenschaftlichen Fachzeitschriften und Sammelbänden mit kleinster Auflage.«

132 Gudrun Brockhaus, *Schauder und Idylle. Faschismus als Erlebnisangebot*, München 1997.

133 Gudrun Schwarz, *Eine Frau an seiner Seite. Ehefrauen in der »SS-Sippengemeinschaft«*, Hamburg 1997, S. 11, geht davon aus, dass sich zwischen 1933 und 1945 die Zahl der Frauen, die einen SS-Mann heirateten, auf ca. 240.000 belief. Siehe auch Katrin Himmler, *»Herrenmenschenpaare«. Zwischen nationalsozialistischem Elitebewusstsein und rassenideologischer (Selbst-) Verpflichtung*, in: Marita Krauss (Hg.), Sie waren dabei. Mitläuferinnen, Nutznießerinnen, Täterinnen im Nationalsozialismus, Göttingen 2008, S. 62-82.

134 Zur Familie als der Instanz, die Werte und kulturelle Verhaltensmuster vermittelt und somit zum zentralen Objekt gesellschaftlicher Leitbilder und Normen des gemeinsamen Lebens und sozialen Verhaltens wird, siehe die Beiträge in José Brunner (Hg.), *Mütterliche Macht und väterliche Autorität. Elternbilder im deutschen Diskurs*, Göttingen 2008.

135 Brigitte Breiding, *Die braunen Schwestern. Ideologie – Struktur – Funktion einer nationalsozialistischen Elite*, Stuttgart 1998. Zum »schwarzen Engel« Carmen Mory siehe auch den Roman von Lukas Hartmann, *Die Frau im Pelz. Leben und Tod der Carmen Mory*, Zürich 1999.

136 Plavšić hatte am 17. 12.2002 ein umfassendes Geständnis abgelegt, das nach ihrer vorzeitigen Entlassung aus dem Gefängnis im Herbst 2009 Gegenstand umfangreicher Diskussionen wurde, da sie es selbst in ihrer Autobiografie in Frage gestellt hatte. *Frankfurter Allgemeine Sonntagszeitung* 25. 10.2009, S. 8 (Politik): *Das falsche Geständnis der Biljana Plavšić* [Michael Martens]. Überlegungen zu einer wissenschaftlichen Kategorie »Hauptkriegsverbrecherinnen« bei Kretzer, *Täterschaft*, S. 39.

137 Eichmüller, *Strafverfolgung*, S. 625.

138 Gudrun Schwarz, *Verdrängte Täterinnen. Frauen im Apparat der SS (1939-1945)*, in: Theresa Wobbe (Hg.), Nach Osten. Verdeckte Spuren nationalsozialistischer Verbrechen, Frankfurt am Main 1992, S. 197-227; dies., *»... möchte nochmals um meine Einberufung als SS-Aufseherin bitten.« Wärterinnen in den nationalsozialistischen Konzentrationslagern*, in: Barbara Distel; Wolfgang Benz (Hg.), Frauen im Holocaust, Gerlingen 2001, S. 331-352; siehe auch Claudia Taake, *SS-Frauen vor Gericht*, Oldenburg 1998 sowie die Beiträge in

Simone Erpel (Hg.), *Im Gefolge der SS. Aufseherinnen des Frauen-KZ Ravensbrück. Begleitband zur Ausstellung*, Berlin 2007.

139 Siehe Simone Erpel, *Im Gefolge der SS: Aufseherinnen des Frauen-Konzentrationslagers Ravensbrück*, in: Marita Krauss (Hg.), Sie waren dabei. Mitläuferinnen, Nutznießerinnen, Täterinnen im Nationalsozialismus, Göttingen 2008, S. 166-184.

140 Zu den Organisations- und Verwaltungsstrukturen der Konzentrationslager und der Rolle der SS-Wachmannschaften siehe beispielsweise Karin Orth, *Das System der nationalsozialistischen Konzentrationslager. Eine politische Organisationsgeschichte*, Hamburg 1999, S. 39ff., 62ff.

141 Vgl. Erpel, *Gefolge*.

142 Ort, *System*, S. 67ff.

143 Vgl. Insa Eschebach, *»Ich bin unschuldig.« Vernehmungsprotokolle als historische Quellen. Der Rostocker Ravensbrück-Prozeß 1966*, in: Werkstatt*Geschichte* 12 (1995), S. 65-70, hier S. 66; Ute Herwig, *Teufel in Verkleidung? Dämonisierung und Sexualisierung von nationalsozialistischen Gewalttäterinnen in den Medien der Nachkriegszeit*, in: Stephan Alexander Glienke, Volker Paulmann, Joachim Perels (Hg.), Erfolgsgeschichte Bundesrepublik? Die Nachkriegsgesellschaft im langen Schatten des Nationalsozialismus, Göttingen 2008, S. 217-237, hier S. 218f.; Kompisch, *Täterinnen*, S. 241f.

144 Claudia Kuretsidis-Haider, *Täterinnen vor Gericht. Die Kategorie Geschlecht bei der Ahndung von nationalsozialistischen Tötungsdelikten in Deutschland und Österreich*, in: Marita Krauss (Hg.), Sie waren dabei. Mitläuferinnen, Nutznießerinnen, Täterinnen im Nationalsozialismus, Göttingen 2008, S. 187-210.

145 Über die schon genannten Veröffentlichungen hinaus: Elisabeth Harvey, *Women and the Nazi East. Agents and Witnesses of Germanization*, New Haven/London 2003; Gabriele Pöschl, *Frauen als Täterinnen in der NS-Zeit. Ausgewählte Beispiele von Verfahren gegen Frauen nach dem Kriegsverbrechergesetz*, in: Heimo Halbrainer; Martin F. Polaschek (Hg.), Kriegsverbrecherprozesse in Österreich. Eine Bestandsaufnahme, Graz 2003, S. 149-160; Viola Schubert-Lehnhardt (Hg.), *Frauen als Täterinnen und Mittäterinnen im Nationalsozialismus*, Gerbstedt 2005; dies;. Silvia Koch (Hg.), *Frauen als Täterinnen und Mittäterinnen im Nationalsozialismus. Gestaltungsräume und Handlungsmöglichkeiten*, Halle 2006.

146 Kuretsidis-Haider, *Täterinnen*, S. 187f.

147 Zu den Zahlenangaben und deren Berechnungsgrundlagen ebd., S. 189-193.

148 Ebd., S. 187f. Eichmüller geht auf der Basis einer Gesamterhebung der NS-Verfahren der Nachkriegszeit von insgesamt 1.249 weiblichen Angeklagten aus. Dies entspricht einem Anteil von 7,5 Prozent. In 966 Fällen (5,5 Prozent) erging ein rechtskräftiges Urteil, das in 369 Fällen auch eine Haftstrafe nach sich zog. Siehe Eichmüller, *Strafverfolgung*, S. 636f.

149 Aus der Zählung ausgenommen sind die in den sogenannten Waldheim-Prozessen zwischen dem 21. 4. und dem 29. 6.1950 vor Strafkammern des Landgerichts Chemnitz gegen die noch verbliebenen Häftlinge der sowjetischen Internierungslager in Bautzen, Buchenwald und Sachsenhausen ergangenen Urteile.

150 Zu Denunziationsdelikten und Verbrechen im Rahmen der nationalsozialistischen Euthanasie siehe auch die Angaben und Erläuterungen bei Eichmüller, *Strafverfolgung*, S. 636.

151 Sheila Fitzpatrick; Robert Gellately (Hg.*), Accusatory Practices. Denunciations in modern European History*, 1789-1989, Chicago 1997; Günter Jerouschek; Inge Marzolek; Hedwig Röckelein (Hg.), *Denunziation. Historische, juristische und psychologische Aspekte*, Tübingen 1997.

152 Zur Denunziation im NS-System: Gisela Diewald-Kerkmann, *Politische Denunziation im NS-Regime oder Die kleine Macht der Volksgenossen*, Bonn 1995; Katrin Dördelmann, *Die Macht der Worte. Denunziation im nationalsozialistischen Köln*, Köln 1997; Stephanie Ab-

ke, *Sichtbare Zeichen unsichtbarer Kräfte. Denunziationsmuster und Denunziationsverhalten 1933-1949*, Tübingen 2003.

153 Helga Schubert, *Judasfrauen. Zehn Fallgeschichten weiblicher Denunziation im Dritten Reich*, Berlin/Weimar 1990; Benjamin Eckstein; Elmar Welter, *Denunziation: Ein Element der NS-Frauenöffentlichkeit*, in: Annette Kuhn (Hg.), Frauenleben im NS-Alltag, Pfaffenweiler 1994, S. 133-145; Rita Wolters, *Verrat für die Volksgemeinschaft. Denunziantinnen im Dritten Reich*, Pfaffenweiler 1996; Vandana Joshi, *Gender and Power in the Third Reich. Female Denouncers and the Gestapo (1933-45)*, Basingstoke 2003; Christoph Thonfeld, *Sozialkontrolle und Eigensinn. Denunziation am Beispiel Thüringens 1933-1949*, Weimar 2003; Heimo Halbrainer, *Das Verbrechen der Denunziation während der NS-Zeit und die juristische Ahndung in den Nachfolgestaaten des Dritten Reichs*, in: Ders.; Claudia Kuretsidis-Haider (Hg.), Kriegsverbrechen, NS-Gewaltverbrechen und die europäische Strafjustiz von Nürnberg bis Den Haag, Graz 2006, S. 106-114.

154 Insgesamt scheint es aber vor allem »ehemaligen KZ-Aufseherinnen, auch aufgrund geschlechtsabhängiger geringerer Verfolgungsintensität, leichter geglückt zu sein, sich unauffällig ins Zivilleben einzugliedern«, so das Fazit bei Kompisch, *Täterinnen*, S. 202.

155 Vgl. Kompisch, *Täterinnen*, S. 13.

156 So unlängst Nadine H. Pahlke, *Täterinnen im Nationalsozialismus. Ein kriminologischer Erklärungsversuch*, Baden-Baden 2009; siehe auch Kretzer, *Täterschaft* S. 13.

157 Kirsten Heinsohn; Barbara Vogel; Ulrike Weckel (Hg.), *Zwischen Karriere und Verfolgung. Handlungsräume von Frauen im nationalsozialistischen Deutschland*, Frankfurt am Main 1997; Johannes Schwartz, *Handlungsoptionen von KZ-Aufseherinnen. Drei alltags- und geschlechtergeschichtliche biographische Studien*, in: Helgard Kramer (Hg.), NS-Täter aus interdisziplinärer Perspektive, München 2006, S. 349-374.

158 Zum Konzept der *Legal Gender Studies* Lena Foljanty; Ulrike Lembke (Hg.), *Feministische Rechtswissenschaft. Ein Studienbuch*, Baden-Baden 2006, bes. S. 17-24. Zu den Forschungsverfahren der feministischen kritischen Kriminologie siehe auch Kretzer, *Täterschaft*, S. 23-63.

159 John Cramer, *»Tapfer, unbescholten, mit reinem Gewissen«. KZ-Aufseherinnen im ersten Belsen-Prozess eines britischen Militärgerichts 1945*, in: Simone Erpel (Hg.), Im Gefolge der SS. Aufseherinnen des Frauen-KZ Ravensbrück. Begleitband zur Ausstellung, Berlin 2007, S. 103-113; siehe auch Martina Ehlert, *»Umerziehung in Deutschland«. Der erste Bergen-Belsen-Prozeß in Zeitungsnachrichten*, in: Claus Füllberg-Stolberg; Martina Jung; Renate Riebe (Hg.), Frauen in Konzentrationslagern. Bergen-Belsen, Ravensbrück, Bremen 1994, S. 251-258.

160 Kretzer, *Täterschaft*. Ein weiterer großer NS-Prozess gegen 13 Aufseherinnen des KZ Ravensbrück folgte zwischen dem 8. 6. und 21. 7.1949 vor einem französischen Militärgericht in Rastatt.

161 Annette Kretzer, *»His or her special job.« Die Repräsentation von NS-Verbrecherinnen im ersten Hamburger Ravensbrück-Prozess und im westdeutschen Täterdiskurs*, in: KZ Gedenkstätte Neuengamme (Hg.), Entgrenzte Gewalt. Täterinnen und Täter im Nationalsozialismus, Bremen 2002, S. 134-150, Zitat S. 134; vgl. auch Kompisch, *Täterinnen*, S. 236.

162 Ulrike Weckel; Edgar Wolfrum, *NS-Prozesse und ihre öffentliche Resonanz aus geschlechtergeschichtlicher Perspektive*, in: Dies. (Hg.), *»Bestien« und »Befehlsempfänger«. Frauen und Männer in NS-Prozessen nach 1945*, Göttingen 2003, S. 9-21, Zitat S. 16.

163 Kuretsidis-Haider, *Täterinnen*, S. 200. Aus quellenkritischer Hinsicht ist zu berücksichtigen, dass die Justizakten, die uns einen Blick auf »Frauenkarrieren« ermöglichen, zu großen Teilen selbst einem traditionellen Gendervorbehalt unterliegen: In der Regel wurden sie von männlichen Justizbeamten für Verfahren erstellt, in denen sowohl Anklagevertreter wie Verteidiger ebenfalls Männer waren. Siehe Krauss, *Frauen*, S. 10.

164 Kuretsidis-Haider, *Täterinnen*, S. 200-206.

165 Ein männliches Pendant findet sich in der Figur des willenlosen Täters, der ohne eigenen Antrieb die Verbrechen beging, über keinen persönlichen Handlungsspielraum verfügte oder für sich keinen Handlungsspielraum auszumachen in der Lage gewesen war. Im Unterschied zu den NS-Verfahren in der unmittelbaren Nachkriegszeit, in denen regelmäßig auch Frauen auf der Anklagebank saßen, wurden die überwiegend männlichen Täter ab den 1960er Jahren in der Regel nur noch als Gehilfen verurteilt.

166 Kathrin Kompisch zieht dagegen ein analytisch weniger ausdifferenziertes Modell vor, das lediglich zwischen dem Typ der »junge(n) Naive(n), die in die Rolle der Täterin hineingeschlittert ist und aufgrund ihrer Jugend zwar brutal, aber nicht bewusst gehandelt« hat und der »Verführte(n), die von (SS-)Männern angeleitet worden war und nicht selbstständig handelte« unterscheidet. Dies., *Täterinnen*, S. 236.

167 Kompisch spricht in ihrer dritten Stereotypskategorie dementsprechend von »Bestie(n), deren angeblich deviante Natur als verkehrte Weiblichkeit gedeutet wurde.« Vgl. ebd. Die Täterinnen galten somit als »abnorm und unweiblich«, Kretzer, *Special job*, S. 134.

168 Ebd., S. 136.

169 Als Einführung in den Gender-Aspekt der strafrechtlichen Verfolgung von Kriegs- und Humanitätsverbrechen Claudia Kuretsidis-Haider, *Gender-Aspekte bei der strafrechtlichen Verfolgung und der Perzeption von Kriegs- und Humanitätsverbrechen. Deutsche und österreichische Diskurse*, in: Verein zur Förderung justizgeschichtlicher Forschungen und Verein zur Erforschung nationalsozialistischer Gewaltverbrechen und ihrer Aufarbeitung. Rundbrief 9 (2004), S. 1-24.

170 Kathrin Meyer, *»Die Frau ist der Frieden in der Welt«: Von Nutzen und Lasten eines Weiblichkeitsstereotyps in Spruchkammerentscheidungen gegen Frauen*, in: Ulrike Weckel, Edgar Wolfrum (Hg.), »Bestien« und »Befehlsempfänger«. Frauen und Männer in NS-Prozessen nach 1945, Göttingen 2003, S. 117-138.

171 Elissa Mailänder Koslov, *»Weil es einer Wienerin gar nicht liegt, so brutal zu sein ...«. Frauenbilder im Wiener Volksgerichtsverfahren gegen eine österreichische KZ-Aufseherin (1946-1949)*, in: Zeitgeschichte 32 (2005), Heft 3, S. 128-150.

172 Meyer, *Frau*, S. 131, bes. S. 137f.

173 *Der Spiegel* 8. 8.1977, S. 22-31 (Titel): *Frauen im Untergrund: »Etwas Irrationales«* [Eigenbericht], Zitat S. 22, Hervorhebung C. A. Siehe zuletzt Gisela Diewald-Kerkmann, *Frauen, Terrorismus und Justiz. Prozesse gegen weibliche Mitglieder der RAF und der Bewegung 2. Juni*, Düsseldorf 2009.

174 Irmtraud Heike, *Ehemalige KZ-Aufseherinnen in westdeutschen Strafverfahren*, in: KZ Gedenkstätte Neuengamme (Hg.), Schuldig. NS-Verbrechen vor deutschen Gerichten, Bremen 2005, S. 89-101, hier S. 87f.; siehe auch Kretzer, *Special job*.

175 Für die Darstellung weiblicher Angeklagter in ostdeutschen NS-Verfahren siehe Insa Eschebach, *Gespaltene Frauenbilder: Geschlechterdramaturgien im juristischen Diskurs ostdeutscher Gerichte*, in: Ulrike Weckel, Edgar Wolfrum (Hg.), »Bestien« und »Befehlsempfänger«. Frauen und Männer in NS-Prozessen nach 1945, Göttingen 2003, S. 95-116.

176 Vgl. Christina von Braun, *Die unterschiedlichen Geschlechtercodierungen bei NS-Tätern und Täterinnen unter medienhistorischer Perspektive*, ebd., S. 250-265, hier S. 256.

177 Eschebach, *Frauenbilder*, S. 107-115.

178 Das Interesse der Öffentlichkeit richtet sich neben den »dämonisierten« Angeklagten auch auf die Zeugen, die die »Abartigkeit« der Täter und Täterinnen »belegen« konnten. Vgl. Thomas Henne, *Zeugenschaft vor Gericht*, in: Michael Elm; Gottfried Kössler (Hg.), Zeugenschaft des Holocaust. Zwischen Trauma, Tradierung und Ermittlung, Frankfurt am Main 2007, S. 79-91, hier S. 88.

179 Kretzer, *Special job*, S. 153.

180 Constanze Jaiser, *Irma Greese. Zur Rezeption einer KZ-Aufseherin*, in: Simone Erpel (Hg.), Im Gefolge der SS. Aufseherinnen des Frauen-KZ Ravensbrück. Begleitband zur Ausstellung, Berlin 2007, S. 338-346.

181 Pierre Durand: *Die Bestie von Buchenwald*, Berlin (Ost) [4]1990, hatte das Bild der Angeklagten noch streng nach marxistischen Kriterien ausgelegt und zeichnete Ilse Koch als deviante Kriminelle. Eine Relativierung dieser einseitigen Sichtweise unter Berücksichtigung der amerikanischen Prozessunterlagen bei Arthur L. Smith, *Die »Hexe von Buchenwald«. Der Fall Ilse Koch*, Weimar et al. [3]1995. Siehe auch Alexandra Przyrembel, *Ilse Koch – »normale« SS-Ehefrau oder »Kommandeuse von Buchenwald«?*, in: Klaus-Michael Mallmann; Gerhard Paul (Hg.), Karrieren der Gewalt. Nationalsozialistische Täterbiographien, Darmstadt 2004, S. 126-133; dies., *Der Bann eines Bildes. Ilse Koch, die »Kommandeuse von Buchenwald«*, in: Insa Eschebach; Sigrid Jacobeit; Silke Wenk (Hg.), Gedächtnis und Geschlecht. Deutungsmuster in der Darstellung des nationalsozialistischen Genozids, Frankfurt am Main 2002, S. 245-267.

182 Barbara Schwindt, *Majdanek. Die Befreiung des Lagers und die Verfolgung der Täter*, in: TRIBÜNE 43 (2004), Heft 171, S. 168-179, hier S. 168, 179.

183 *Süddeutsche Zeitung* 13. 12.1996, S. 15-26 (SZ-Magazin): *Die Stute von Majdanek* [Thorsten Schmitz]; Mailänder Koslov, *Wienerin*, S. 128, 142f.

184 Hanna Elling; Ursula Krause-Schmitt, *Die Ravensbrück-Prozesse vor dem britischen Militärgericht in Hamburg*, in: Informationen. Studienkreis Deutscher Widerstand 17 (1992), Heft 35, S. 13-29, insbesondere S. 15f., 20; die Bezeichnung Morys als »das Monster« ebd., S. 20. Siehe auch Catarina Abbati, *Ich, Carmen Mory. Das Leben einer Berner Arzttochter und Gestapo-Agentin (1906-1947)*, Zürich 1999; Regula Ludi, *Von Verführern und Verführten – Repräsentationen der schweizerischen Kriegsverbrecherin Carmen Mory*, in: Ulrike Weckel, Edgar Wolfrum (Hg.), »Bestien« und »Befehlsempfänger«. Frauen und Männer in NS-Prozessen nach 1945, Göttingen 2003, S. 139-171; Hartmann, *Frau*.

185 Ein Umstand, auf den bei der Darstellung des zweiten Fallbeispiels noch einmal zurückzukommen sein wird.

186 Kretzer, *Special job*, S. 138. Siehe auch Jutta Mühlenberg, *Die Entnazifizierung ehemaliger NS-Helferinnen in der amerikanischen Besatzungszone. Verfahrensweisen, Entlastungsstrategien und Lügengeschichten*, in: Ariadne 2011, Heft 59, S. 38-44.

187 Ebd., S. 140.

188 Herwig, *Teufel*, S. 222f.

189 Zu den in der sowjetischen Besatzungszone verurteilten KZ-Aufseherinnen siehe Marlies Coburger, *Ehemaliger KZ-Aufseherinnen als Internierte und SMT-verurteilte Häftlinge im sowjetischen Speziallager Sachsenhausen (1945-1950)*, in: Simone Erpel (Hg.), Im Gefolge der SS. Aufseherinnen des Frauen-KZ Ravensbrück. Begleitband zur Ausstellung, Berlin 2007, S. 103-113. Im Rahmen von NS-Verfahren gegen Denunziantinnen wurde dagegen auf »übliche« Rollenzuschreibungen zurückgegriffen. Siehe Josephine Ulbricht, *Frauenbilder als Deutungs- und Interpretationsmuster. Die justizielle Ahndung von NS-Denunziationsverbrechen am Beispiel der Stadt Leipzig*, in: Ariadne 2011, Heft 59, S. 45-51.

190 Eschebach, *Vernehmungsprotokolle*; dies., *NS-Prozesse in der sowjetischen Besatzungszone und der DDR. Einige Überlegungen zu den Strafverfahrensakten ehemaliger NS-Aufseherinnen des Frauenkonzentrationslagers Ravensbrück*, in: Die frühen Nachkriegsprozesse, Bremen 1997, S. 65-74; Jens Ebert; dies. (Hg.), *»Die Kommandeuse«. Erna Dorn – zwischen Nationalsozialismus und Kaltem Krieg*, Berlin 1994. Vgl. auch die erstmals im Jahr 1954 veröffentlichte gleichnamige Novelle des ostdeutschen Schriftstellers Stephan Hermlin, *Die Kommandeuse*, in: Ders., Arkadien. Gesammelte Erzählungen, Leipzig 1985, S. 178-189.

191 *Hamburger Allgemeine Zeitung für christlich-demokratische Erneuerung* 18. 12.1946, S. 8 (Rückseite): *Siebzig Kranke und zwölf Quadratmeter Raum* [vth].

192 Weckel; Wolfrum, *NS-Prozesse*, S. 16.
193 *Die Welt* 12. 4.1947: *Ortes des Schreckens: Lidice und Buchenwald* [Eigenbericht].
194 *Die Zeit* 8. 9.1967: *Der Tod der Ilse Koch* [Eigenbericht].
195 Aushang abgedruckt in Elling; Krause-Schmitt, *Ravensbrück-Prozesse Hamburg*, S. 24.
196 Vgl. Herwig, *Teufel*, S. 217.
197 *Süddeutsche Zeitung* 13. 12.1996, S. 22.
198 Ebd., S. 24, Hervorhebung C. A.
199 *Der Spiegel* 1. 12.1975, S. 86-87 (Deutschland): KZ-Prozesse/*Blutige Brygida* [Eigenbericht], Hervorhebung C. A.
200 Smith, *Hexe*, S. 3. Weitere Beschreibungen umfassen »rothaarige, grünäugige Hexe von Buchenwald«, »tizianrote ›Kommandeuse‹« und »Symbol Nazi-Deutschlands«, siehe beispielsweise *Der Spiegel* 16. 2.1950, S. 12-16: *Ilse Koch. Lady mit Lampenschirm* [Eigenbericht], Zitate S. 14f.
201 *Süddeutsche Zeitung* 13. 12.1996, bes. S. 20; siehe auch Ludi, *Verführer*, S. 144ff., 167ff.
202 Siehe auch Kathrin Meyer, *Entnazifizierung von Frauen. Die Internierungslager der US-Zone Deutschlands 1945-1952*, Berlin 2004.
203 Auch wenn diese in der Presseberichterstattung zuweilen suggeriert wurde. Siehe Herwig, *Teufel*, S. 236.
204 Zur aktuellen Ausdifferenzierung vgl. die Zusammenfassung bei Paul, *Psychopathen*, S. 50-61.
205 So Lina Heydrich, *Leben mit einem Kriegsverbrecher*, Pfaffenhofen 1976; im weiteren Sinne auch Anna-Maria Siegmund, *Die Frauen der Nazis*, München 2005.
206 *die strasse* 10. 9.1950 (Titel): *Mein Mann – der Kriegsverbrecher. Neuer Tatsachenbericht.* [Eigenbericht]; ebd., S. 8ff.: *Rudolf Heß, mit den Augen seiner Frau gesehen* (Teil 1) [Eigenbericht]; Teil 2 ebd. 17. 9.1950, S. 1, 8f. (Titel). Siehe auch ebd. 22. 10.1950, S. 1, 9 (Titel): *So endete eine Musterehe*, unter der Titelschlagzeile: »Frau Schirach will von Schirach nichts mehr wissen« [Eigenbericht].
207 Dieses »irrationale Widerstreben«, so glaubte der Jurist Karl Lackner, beruhe »nicht auf einer fundierten Kenntnis des Sachverhalts und einer sorgfältigen Abwägung von Gründen und Gegengründen«, sondern würde »vielfach aus unkontrollierten Gefühlen und namentlich aus einem emotionalen Bestreben nach Verdrängung einer schrecklichen Vergangenheit gespeist.« Ders., *»Irrationales Widerstreben« gegen die Prozesse?* in: *Verhandlungen des Deutschen Juristentages Essen 1966*, Bd. II, C 59-C 64, Zitat C 59; vgl. auch ders., *»Insofern war ich kein Fortschrittsmensch«*, in: Thomas Horstmann; Heike Litzinger, An den Grenzen des Rechts. Gespräche mit Juristen über die Verfolgung von NS-Verbrechen, Frankfurt/New York 2006, S. 149-173, bes. S. 153.
208 Gerhard Paul, *Von der historischen Bildkunde zur Visual History. Eine Einführung*, in: Ders. (Hg.), Visual History, S. 7-36, hier S. 19.
209 Zum allgemeinen Unvermögen der Öffentlichkeit, die juristische »Teilsprache« im Alltag nachzuvollziehen siehe Rainer Stollmann, *Wovon man nicht reden kann, das ist gemeinsame Sache aller Teilsprachen. KZ, Krieg, politisches Verbrechen im Werk Alexander Kluges*, in: Stephan Braese (Hg.), Rechenschaften. Juristischer und literarischer Diskurs in den Auseinandersetzungen mit den NS-Massenverbrechen, Göttingen 2004, S. 146-164.
210 Sprach*brüche* fanden allerdings nicht nur auf der inhaltlichen Ebene statt. Gerade die beim *IMT* erstmals eingesetzte Simultanübersetzung prägte und veränderte den Verlauf des Nürnberger Prozesses, siehe Vismann, *Sprachbrüche*, S. 47-66.
211 Michael Wildt, *Differierende Wahrheiten. Historiker und Staatsanwälte als Ermittler von NS-Verbrechen*, in: Norbert Frei; Dirk van Laak; Michael Stolleis (Hg.), *Geschichte vor Gericht. Historiker, Richter und die Suche nach Gerechtigkeit*, München 2000, S. 46-59, hier S. 46.
212 Einen generellen Überblick über das Verhältnis von Sprachgeschichte und Zeitgeschichte gibt Martin Wengeler (Hg.), *Sprachgeschichte als Zeitgeschichte*, Hildesheim et al. 2005.

213 Miachael Stolleis, *Der Historiker als Richer – der Richter als Historiker*, in: Norbert Frei; Dirk van Laak; ders. (Hg.), Geschichte vor Gericht. Historiker, Richter und die Suche nach Gerechtigkeit, München 2000, S. 173-182, Zitat S. 181. Ähnlich argumentierend auch Schlink, *Bewältigung*.

214 Viktor Klemperer, *LTI. Notizen eines Philologen*, Leipzig [10]1975, bes. S. 15-23.

215 Siehe auch die Trias »Opfer – Täter – Zuschauer« bei Raul Hilberg, *Täter*. Der Begriff des *Nicht*täters verweist allerdings auf die begriffliche Negation von Täterschäft und trifft somit auch eine Aussage über die Täter. Heidrun Kämper, *Der Schulddiskurs in der frühen Nachkriegszeit. Ein Beitrag zur Geschichte des sprachlichen Umbruchs nach 1945*, Berlin 2005, S. 11.

216 Heidrun Kämper, *Opfer – Täter – Nichttäter. Ein Wörterbuch zum Schulddiskurs 1945-1955*, Berlin 2007, S. V-XVI.

217 Kämper, *Schulddiskurs*, S. 14, 41ff. Kämper unterscheidet als Täter: Mitglieder der Regierung, Planer, Exekutoren, Schrittmacher, Legitimatoren, Distributoren, Militärs und (Stell-) Vertreter, ebd., S. 43-51.

218 Ebd., S. 52.

219 Ebd., S. 471, 483, 496f.

220 Ebd., S. 497.

221 Die Ausstellung wurde vom Haus der Geschichte Baden-Württemberg in Zusammenarbeit mit dem Haus der Stadtgeschichte/Stadtarchiv Ulm und dem Stadthaus Ulm erarbeitet. Vgl. Paula Lutum-Lenger, *»Die Mörder sind unter uns«. Eine Ausstellung zum Ulmer Einsatzgruppenprozess von 1958*, in: Haus der Geschichte Baden-Württemberg (Hg.), Die Mörder sind unter uns. Der Ulmer Einsatzgruppenprozess 1958, Stuttgart 2008, S. 23-29, hier S. 24.

222 Für eine ähnliche Neuinterpreation der Vergangenheit, in diesem Fall durch »filmische Erinnerungsfindungen«, siehe Peter Reichel, *Erfundene Erinnerung. Weltkrieg und Judenmord in Film und Theater*, München/Wien 2004, hier S. 25.

223 Jürgen Wilke et al., *Holocaust und NS-Prozesse. Die Berichterstattung in Israel und Deutschland zwischen Aneignung und Ablehnung*, Köln et al. 1999, hier S. 9-18, Zitat S. 12.

224 Frei, *Vergangenheitspolitik*, S. 16, Hervorhebung C. A.

225 Axel Schildt, *Massenmedien im Umbruch der fünfziger Jahre*, in: Jürgen Wilke (Hg.), Mediengeschichte der Bundesrepublik Deutschland, Köln et al. 1999, S. 633-648, Zitat S. 633, Hervorhebung C. A.

226 Axel Schildt; Arnold Sywottek (Hg.), *Modernisierung im Wiederaufbau. Die westdeutsche Gesellschaft der 50er Jahre*, Bonn 1993; Ulrich Herbert (Hg.), *Wandlungsprozesse in Westdeutschland. Belastung, Integration, Liberalisierung 1945-1980*. Göttingen 2002.

227 Matthias Frese; Julia Paulus; Karl Teppe (Hg.), *Demokratisierung und gesellschaftlicher Aufbruch. Die sechziger Jahre als Wendezeit der Bundesrepublik*, Paderborn 2003, Zitat S. 1 (Einleitung).

228 Peter Steinbach, *NS-Prozesse und historische Forschung*, in: Heiner Lichtenstein; Otto R. Romberg (Hg.), *Täter – Opfer – Folgen. Der Holocaust in Geschichte und Gegenwart*, Bonn 1995, S. 136-153, Zitat S. 136.

229 Heiko Buschke, *Deutsche Presse, Rechtsextremismus und nationalsozialistische Vergangenheit in der Ära Adenauer*, Frankfurt am Main 2003, S. 363, 379. Siehe auch Stephan Buchloh, *»Pervers, jugendgefährdend, staatsfeindlich«. Zensur in der Ära Adenauer als Spiegel des gesellschaftlichen Klimas*, Frankfurt am Main 2002. Die politische Ausrichtung der Presse war in vielen Fällen einem signifikanten Wandel unterworfen, wie die Beispiele *Die Zeit*, *Der Spiegel* oder *Die Welt* zeigen. Zum »Rechtsdrall« der *Zeit* siehe beispielsweise Hodenberg, *Konsens*, S. 128-131. Dabei gilt es auch die Rolle einzelner Journalisten zu betonen: In einem negativen Sinn gilt dies besonders für die Publizisten und Zeitungswissenschaft-

ler, die sowohl im NS-System wie auch der frühen Bundesrepublik »Karriere« machten. Als Überblick siehe die Beiträge in Wolfgang Duchkowitsch; Fritz Hausjell; Bernd Semrad (Hg.), *Die Spirale des Schweigens. Zum Umgang mit der nationalsozialistischen Zeitungswissenschaft*, Münster 2004; siehe auch Matthias Weiß, *Journalisten: Worte als Taten*, in: Norbert Frei (Hg.), Hitlers Eliten nach 1945, München [2]2004, S. 218-265.

230 Weber; Steinbach, *Vergangenheitsbewältigung*, S. 12 (Einleitung).

231 So Steinbach, *Gewaltverbrechen*, S. 34. Dieser Ansatz erscheint im Nachhinein als verfehlt, viele der aus heutiger Sicht milden Urteile in NS-Verfahren lassen sich als ein Sonderrecht in der Praxis bezeichnen – mit dem Ziel des »Täterschutzes«, siehe Bernd Hey, *Zeitgeschichte und Vergangenheitsbewältigung*, in: Ders.; Peter Steinbach (Hg.), Zeitgeschichte und Politisches Bewußtsein, Köln 1986, S. 72-87, hier S. 74.

232 Lichtenstein, *NS-Prozesse*, S. 114. Ulrich Kröger geht davon aus, dass sich bis 1965 maximal 20 NS-Prozesse ausmachen lassen, die in der Berichterstattung wiederholt zur Sprache kamen. Die Gesamtzahl der wirklich »medienwirksamen« Prozesse beziffert er dagegen auf nur vier. Ullrich Kröger, *Die Ahndung von NS-Verbrechen vor westdeutschen Gerichten und ihre Rezeption in der deutschen Öffentlichkeit 1958 bis 1965 unter besonderer Berücksichtigung von »Spiegel«, »Stern«, »Zeit«, »SZ«, »FAZ«, »Welt«, »Bild«, »Hamburger Abendblatt«, »NZ« und »Neuem Deutschland«*, Hamburg 1973, S. 7f.

233 Jürgen Wilke, *Massenmedien und Vergangenheitsbewältigung*, in: Ders. (Hg.), Mediengeschichte der Bundesrepublik Deutschland, Köln et al. 1999, S. 649-671, Zitat, S. 655.

234 Vgl. Wolgang Scheffler, *Der Beitrag der Zeitgeschichte zur Erforschung der NS-Verbrechen – Versäumnisse, Schwierigkeiten und Aufgaben*, in: Jürgen Weber; Peter Steinbach (Hg.), *Vergangenheitsbewältigung durch Strafverfahren? NS-Prozesse in der Bundesrepublik Deutschland*, München 1984, S. 114-133, hier S. 118.

235 Zu den Mechanismen siehe Aleida Assmann; Jan Assmann, *Das Gestern im Heute. Medien und soziales Gedächtnis*, in: Klaus Merten; Siegfried Schmidt; Siegfried Weischenberg (Hg.), Die Wirklichkeit der Medien. Eine Einführung in die Kommunikationswissenschaft, Opladen 1994, S. 114-140.

236 Georg Wamhof, *Gerichtskultur und NS-Vergangenheit. Performativität – Narrativität – Medialität*, in: Ders. (Hg.), Das Gericht als Tribunal. oder: Wie der NS-Vergangenheit der Prozess gemacht wurde, Göttingen 2009, S. 9-37, Zitat S. 13.

237 So die Frei (s. o.) widersprechende Ansicht von Kittel, *Legende*. Kittel misst den Medien insgesamt keine aktiv gestaltende Rolle bei der juristischen Aufarbeitung der Vergangenheit zu.

238 Kommentare geben einen direkten Einblick in die Ansichten der Prozessbeobachter und -berichterstatter, durch die Artikel werden aber auch die Ansichten der Beschuldigten, ihrer Verteidiger sowie der Zeugen und schließlich die Urteile für die Öffentlichkeit transparent. Gerade für die ersten Nachkriegsjahre wird der Presse hierbei ein besonders großer Stellenwert eingeräumt, da in ihren Organen – mangels Alternativen – ein Großteil der öffentlichen Debatten ausgetragen wurde. Ingrid Laurien, *Politisch-kulturelle Zeitschriften in den Westzonen 1945-1949. Ein Beitrag zur politischen Kultur der Nachkriegszeit*, Frankfurt am Main 1991, S. 41.

239 »Charakteristisch für die Modernisierung des Zeitschriftensektors in den fünfziger Jahren war schließlich die gegenüber der Zwischenkriegszeit beträchtlich gestiegene Bedeutung der Rundfunkillustrierten.« Schildt, *Massenmedien*, S. 639.

240 Erst seit den 1980er Jahren haben visuelle Darstellungsformen die vormals dominierende wortfixierte Präsentation von Geschichte abgelöst. Siehe als Überblick Wulf Kansteiner, *In Pursuit of German Memory. History, Television, and Politics after Auschwitz*, Ohio 2006; zu einzelnen Zeitphasen Christoph Classen, *Bilder der Vergangenheit. Die Zeit des Nationalsozialismus im Fernsehen der Bundesrepublik Deutschland 1955-1965*, Köln 1999; Edgar Lersch; Reinhold Viehoff, *Geschichte im Fernsehen. Eine Untersuchung zur Entwicklung des*

Genres und der Gattungsästhetik geschichtlicher Darstellungen im Fernsehen 1995 bis 2003, Berlin 2007.

241 Wilke et al., *Holocaust*, S. 144.

242 Friedhelm Neidhardt, *Öffentlichkeit, öffentliche Meinung, soziale Bewegungen*, in: Kölner Zeitschrift für Soziologie und Sozialpsychologie, Opladen 1994, S. 7-41; vgl. auch Stephen Hilgartner; Charles L. Bosk, *The Rise and Fall of Social Problems: A Public Arenas Model*, in: The American Journal of Sociology 94 (1988), S. 444-460; Kurt Imhof, *Öffentlichkeitstheorien*, in: Günter Bentele; Hans-Bernd Brosius; Otfried Jarren (Hg.), Öffentliche Kommunikation. Handbuch Kommunikations- und Medienwissenschaft, Wiesbaden 2003, S. 193-209.

243 Christiane Eilders, *Massenmedien als Produzenten öffentlicher Meinungen – Pressekommentare als Manifestation der politischen Akteursrolle*, in: Barbara Pfetsch; Silke Adam (Hg.), Massenmedien als politische Akteure. Konzepte und Analysen, Wiesbaden 2008, S. 27-51, Zitat S. 33.

244 Annie Waldherr, *Gatekeeper, Diskursproduzenten und Agenda-Setter – Akteursrollen von Massenmedien in Innovationsprozessen*, in: Barbara Pfetsch; Silke Adam (Hg.), Massenmedien als politische Akteure. Konzepte und Analysen, Wiesbaden S. 171-195, Zitate S. 174.

245 Ebd., S. 175.

246 So schon David M. White, *The Gatekeeper. A Case Study in the Selection of News*, in: Journalism Quarterly 27 (1950), S. 383-390; zur »schwachen« Interpretation des Gate-Keepings, der *Auswahl* als Aufgabe der Medien siehe Jürgen Gerhards, *Welchen Einfluss haben die Massenmedien auf die Demokratie in der Bundesrepublik Deutschland?*, in: Gerhard Göhler (Hg.), Macht der Öffentlichkeit – Öffentlichkeit der Macht, Baden-Baden 1995, S. 149-177; siehe auch Benjamin I. Page; Robert Y. Shapiro; Glenn R. Dempsey, *What moves Public Opinion?*, in: American Political Science Review 81 (1987), S. 23-43.

247 Zur Interaktion zwischen den einzelnen Medienformaten, den »Inter-Media-Agenda-Setting-Effekten« siehe Barbara Pfetsch; Christiane Eilders; Friedhelm Neidhardt, *Das »Kommentariat«: Rolle und Status einer Öffentlichkeitselite*, in: Dies. (Hg.), Die Stimme der Medien. Pressekommentare und politische Öffentlichkeit in der Bundesrepublik, Wiesbaden 2004, S. 39-73, hier S. 45. Gerade in der überregionalen Qualitätspresse ist eine deutliche Fokussierung auf die »gleichen Themenbereiche bei gleichzeitig ausgeprägter Uneinigkeit auf der Meinungsebene« zu verzeichnen, so Eilders, *Massenmedien*, S. 42, 45. Wenn Medien gegenüber dem politischen System als »unified actor« auftreten, dann sind die Chancen der Resonanz am größten. Vgl. Benjamin I. Page, *The Mass Media as Political Actors*, in: Political Science & Politics 29 (1996), S. 20-24.

248 Waldherr, *Gatekeeper*, S. 178; siehe auch Jürgen Gerhards; Mike-Steffen Schäfer, *Die Herstellung einer öffentlichen Hegemonie: Humangenomforschung in der deutschen und US-amerikanischen Presse*, Wiesbaden 2006.

249 Friedhelm Neidhardt; Christiane Eilders; Barbara Pfetsch, *Die »Stimme der Medien« – Pressekommentare als Gegenstand der Öffentlichkeitsforschung*, in: Dies. (Hg.), Die Stimme der Medien. Pressekommentare und politische Öffentlichkeit in der Bundesrepublik, Wiesbaden 2004, S. 11-36, Zitat S. 12.

250 Ebd.

251 Pfetsch; Eilders; Neidhardt, *Kommentariat*, S. 59-62; Zitat S. 71.

252 Eilders, *Massenmedien*, S. 30. Zur »redaktionellen Linie« siehe auch Klaus Schönbach, *Trennung von Nachricht und Meinung. Empirische Untersuchung eines journalistischen Qualitätskriteriums*, Freiburg/München 1977.

253 Eilders, *Massenmedien*, S. 27. Pressekommentare sind »die dichteste Form medialer Relevanzzuweisungen und Meinungsäußerung«, so Pfetsch; Eilders; Neidhardt, *Kommentariat*, S. 39.

254 Eilders, *Massenmedien*, S. 31; zum Kommentariat als einer »funktionalistischen Elite« siehe auch Pfetsch; Eilders; Neidhardt, *Kommentariat*, S. 40f. Als meinungsführende Qualitätszeitungen gelten *Die WELT*, *Frankfurter Allgemeine Zeitung*, *Süddeutsche Zeitung*, *Frankfurter Rundschau* und die *taz*. In der *Bild*-Zeitung ist die Trennung zwischen Nachricht und politischem Kommentar oft nur noch schemenhaft wahrzunehmen.

255 Christiane Eilders, *Synchronization of issue agendas in news and editorials of the prestige press in Germany*, in: Communications 24 (1999), S. 301-328. Zu unterscheiden sind aber Kommentatoren, die als »Generalisten« oder »Themenexperten« auftreten Pfetsch; Eilders; Neidhardt, *Kommentariat*, S. 40.

256 Andreas Beierwaltes, *Demokratie und Medien. Der Begriff der Öffentlichkeit und seine Bedeutung für die Demokratie*, Baden-Baden 2000, S. 132ff.

257 Uwe Hasebrink, *Alles, was Recht ist: Recht und Justiz im Spiegel von Pressekommentaren*, in: Christiane Eilders; Friedhelm Neidhardt; Barbara Pfetsch (Hg.), Die Stimme der Medien. Pressekommentare und politische Öffentlichkeit in der Bundesrepublik, Wiesbaden 2004, S. 282-311, hier S. 282.

258 Für den deutschen Kontext zuerst die Beiträge in Rudolf Wassermann (Hg.), *Justiz und Medien*, Neuwied/ Darmstadt 1980.

259 Oliver Castendyk, *Rechtliche Begründungen in der Öffentlichkeit. Ein Beitrag zur Rechtskommunikation in Massenmedien*, Opladen 1994.

260 Vgl. Helmut Butterweck, *Der Gerichtssaalbericht als den Akt ergänzende Primärquelle*, in: Claudia Kuretsidis-Haider; Winfried Garscha (Hg.), Keine »Abrechnung«. NS-Verbrechen, Justiz und Gesellschaft, Leipzig/Wien 1998, S. 314-318; siehe auch ders., *Verurteilt & Begnadigt. Österreich und seine NS-Straftäter*, Wien 2003, S. 11-16.

261 Wilke et al., *Holocaust*, S. 20.

262 Jürgen Wilke, *Leitmedien und Zielgruppenorgane*, in: Ders. (Hg.), Mediengeschichte der Bundesrepublik Deutschland, Köln et al. 1999, S. 302-329, Zitat S. 302.

263 Verlässliche und regelmäßige Studien zur Langzeitbeobachtung der Mediennutzung setzten erst in der Mitte der 1960er Jahre ein. Klaus Berg; Marie Luise Kiefer (Hg.), *Massenkommunikation V. Eine Langzeitstudie zur Mediennutzung und Medienbewertung 1964-1995*, Baden-Baden 1996.

264 Siehe Walter Schütz, *Entwicklung der Tagespresse*, in: Jürgen Wilke (Hg.), Mediengeschichte der Bundesrepublik Deutschland, Köln et al. 1999, S. 109-134. Die Aufhebung der Vorzensur erfolgte in allen Besatzungszonen durch eine Direktive des Kontrollrates vom 12. Oktober 1946. Im gleichen Jahr wurden deutsche Nachrichtenagenturen zugelassen. Die Lizenzpflicht für Zeitungen wurde durch die Hohen Kommissare in Westdeutschland am 21. September 1949 aufgehoben. Siehe u. a. Jörg Osterloh; Clemens Vollnhals, *Einleitung*, in: Dies. (Hg.), NS-Prozesse und deutsche Öffentlichkeit. Besatzungszeit, Bundesrepublik und frühe DDR, Göttingen 2011, S. 11-31, hier S. 15ff.

265 Die Bedeutung der optischen Aufmachung spiegelt sich in Titelgröße, Platzierung, Titelumfang und Positionierung in der Ausgabe (von der ersten bis zur »bunten« Seite) wider. Zur gezielten Platzierung einzelner Nachrichten, durch gewählte Sprache und durch Bilder zur Veranschaulichung und Hervorhebung der Nachrichten siehe auch Neidhardt; Eilders; Pfetsch, *Stimme*, S. 11ff.

266 Für die in dieser Studie verwandten Zeitungs- und Magazinberichte wurde, so weit möglich, versucht, in den Fußnotenverweisen jeweils eine genaue Zuordnung der Veröffentlichung zu leisten: Zum einen durch die Angabe der Seite, auf der der Artikel veröffentlicht wurde, zum anderen durch Zuordnung der Artikel zu den entsprechenden Rubriken wie »Aus Südwestdeutschland« etc.

267 Anthony Smith, *The Long Road to Objectivity and Back again: The Kinds of Truth We Get in Journalism*, in: George Boyce; James Curran; Pauline Wingate (Hg.), Newspaper History from the Seventeenth Century to the Present Day, London 1978, S. 153-189, hier S. 168.

268 Ebd., S. 153.
269 Dies gilt auch für das vierte Fallbeispiel, ein NS-Verfahren, das im Jahr 1984 vor dem Heidelberger Landgericht verhandelt wurde. Es bestand kein nationales Interesse, welches eine umfassende überregionale und medienübergreifende Berichterstattung erfordert hätte. Eine Einschränkung, die heute nach dem medialen Boom der Zeitgeschichte seit Mitte der 1990er Jahre, insbesondere für das Thema »Drittes Reich« und im Zusammenhang mit den späten NS-Prozessen, so nicht mehr aufrechtzuerhalten ist.
270 Zu den wegen ihres Verbreitungsgebietes bzw. ihrer (über-) regionalen Bedeutung in Frage kommenden Tageszeitungen im südwestdeutschen Raum siehe die entsprechenden Ausführungen im zweiten Kapitel.
271 So im dritten und vierten Fallbeispiel, die jeweils erst nach jahrelangen Vorermittlungen zustande kamen.
272 Wilke, *Leitmedien*, S. 302.
273 Zu den Zielgruppenorganen werden Jugendzeitschriften, religiöses Schrifttum, politische Zeitschriften und Mitteilungsblätter, Unterhaltungsmagazine und Illustrierte, Magazine, satirische Zeitschriften oder auch wissenschaftliche Zeitschriften gezählt. Wilke, *Leitmedien*, bes. S. 304f. Entsprechende Zielgruppenorgane werden, je nach Ausgangslage, im Rahmen der einzelnen Fallbeispiele ergänzend oder zur Einordnung des Verfahrens in den überregionalen Kontext der juristischen Aufarbeitung des Nationalsozialismus, herangezogen.
274 Hey, *Zeitgeschichte*, S. 72.
275 *Der Tagesspiegel* 29. 11.1945, S. 3: *Nürnberg* [Peter de Mendelssohn].
276 *Frankfurter Allgemeine Sonntagszeitung* 24. 9.2006, S. 6f. (Politik): *Göring kam eines Tages mit einem knallroten Schal* [Peter Jochen Winters]. Siehe auch Bartlitz, *Ganoven.*
277 Vgl. *Der Spiegel* 23. 10.2006, S. 161.
278 Zur Schilderung des Gerichtssaals »als Bühne der Eitelkeiten« siehe *Süddeutsche Zeitung* 27. 6.2011, S. 16 (Das politische Buch): *Bühne für Ambivalenzen* [Robert Probst].
279 Zum Ensemble der Gerichtsverhandlung zählten neben den Richtern, Staatsanwälten und den Angeklagten unter anderem die Opfer-, Täter- und Entlastungszeugen sowie medizinische Sachverständige oder historische Gutachter. Siehe Regina Maier, *NS-Kriminalität vor Gericht. Strafverfahren vor den Landgerichten Marburg und Kassel 1945-1955*, Darmstadt/Marburg 2009, S. 99f.
280 Grundsätzlich muss hier zwischen Opfer- und Entlastungszeugen unterschieden werden. Bei der zweiten Gruppe handelte es sich nicht selten um Mitbeschuldigte oder Beschuldigte in weiteren NS-Verfahren, vgl. Grabitz, *NS-Prozesse – Psychogramme der Beteiligten*, Heidelberg [2]1986, S. 22-50, 64-90; Barbara Just-Dahlmann; Helmut Just, *Die Gehilfen. NS-Verbrechen und die Justiz nach 1945*, Frankfurt am Main 1988, S. 25.
281 Heiner Lichtenstein, *Im Namen des Volkes? Eine persönliche Bilanz der NS-Prozesse*, Köln 1984; Podiumsdiskussion *»Prozessberichterstattung und Bewusstseinsbildung – der Beitrag der Medien«*, in: Jürgen Weber; Peter Steinbach (Hg.), Vergangenheitsbewältigung durch Strafverfahren? NS-Prozesse in der Bundesrepublik Deutschland, München 1984, S. 192-207; Eberhard Groesdonk, u. a., *Die Vernichtung von Audrini, seine justizförmige Bearbeitung (1944-1994) und die Öffentlichkeit*, in: Justizministerium des Landes Nordrhein-Westfalen (Hg.), NS-Verbrechen und Justiz, Düsseldorf 1996, S. 1-206, bes. S. 1-10, 175-185; sowie die Intervies in Thomas Horstmann; Heike Litzinger, *An den Grenzen des Rechts. Gespräche mit Juristen über die Verfolgung von NS-Verbrechern*, Frankfurt/New York 2006.
282 Lichtenstein, *Namen*, S. 160f.
283 Herbert, *Best*, S. 493.
284 Grabitz, *NS-Prozesse*, S. 46, 112ff.
285 Cord Arendes, *Tondokumente zum Nürnberger Prozess*, in: Rundfunk und Geschichte 33 (2007), Heft 1-2, S. 88-90.

286 Werner Renz, *Tonbandmitschnitte von NS-Prozessen als historische Quelle*, in: Jürgen Finger; Sven Keller; Andreas Wirsching (Hg.), Vom Recht zur Geschichte. Akten aus NS-Prozessen als Quellen der Zeitgeschichte, Göttingen 2009, S. 142-153, hier S. 143.

287 Siehe *Das Protokoll im Strafprozeß. Sitzungsbericht der Verhandlungen der zweiten Arbeitsgemeinschaft am 7. und 8. September 1955*, in: Verhandlungen des einundvierzigsten Deutschen Juristentages (Berlin 1955), Bd. II, Tübingen 1956, G 1-G 25. Siehe auch die zumeist ablehnenden Stellungnahmen aus der Justiz: Max Kohlhaas, *Tonbandaufnahmen im Strafprozeß*, in: Deutsche Richterzeitung 33 (1955), S. 80-84; Eberhard Schmidt, *Zulässigkeit und Verwendbarkeit von Tonbandaufnahmen im Strafverfahren*, in: Juristenzeitung 11 (1956), S. 206-211; ders., *Der Stand der Rechtsprechung zur Verwendbarkeit von Tonbandaufnahmen im Strafprozeß*, in: Juristenzeitung 19 (1964), S. 537-542; Heinrich Henckel, *Die Zulässigkeit und die Verwendbarkeit von Tonbandaufnahmen bei der Wahrheitserforschung im Strafverfahren*, in: Juristenzeitung 12 (1957), S. 148-155; Werner Richtberg; Karl-Ludwig Täschner, *Zeugen und ihre Aussagen in einem sog. NS-Verfahren*, in: Kriminalistik 27 (1973) S. 201-206.

288 Hier liegt einer der Gründe dafür, dass nur sehr wenige Tonbandprotokolle von NS-Tötungsverfahren erhalten geblieben sind. Siehe Renz, *Tonbandmitschnitte*, S. 143f. Ein Überblick über das wenige noch vorhandene Tonbandmaterial, ebd., S. 150f.

289 *Der Spiegel* 1. 12.1975, S. 87.

290 *Süddeutsche Zeitung* 13. 12.1996, S. 20.

291 Vgl. u. a. Herwig, *Teufel*, S. 224f. Aus Hermine Braunsteiner-Ryan wird die »Wienerin, mit den stets wechselnden Kostümen, [...] die große Unnahbare.«, siehe *Süddeutsche Zeitung* 13. 12.1996, S. 20. Vgl. auch die Fotografie vom Tag der Urteilsverkündung, ebd., S. 22.

292 *Der Spiegel* 1. 12.1975, S. 87.

293 Hermann Görings Verhalten vor dem Nürnberger *IMT* stellt diesbezüglich eine Ausnahme dar. Vor dem Hintergrund eines nicht zu erwartenden Freispruchs zelebrierte er durch sein offensives Auftreten zum letzten Mal seine in der Realität bereits nicht mehr vorhandene Macht.

294 Siehe u. a. Lichtenstein, *Namen*, S. 13, 87.

295 Zu den immergleichen Argumentationsfiguren, mit denen die Angeklagten versuchten, sich selbst zu entlasten, siehe Wilke et al., *Holocaust*, S. 112ff.; Maier, *NS-Kriminalität*, S. 126-136.

296 Auf diese Strategie wurde besonders im Rahmen der Prozesse zu den sogenannten Endphaseverbrechen immer wieder zurückgegriffen, gleichgültig ob es sich bei den Opfern um deutsche »Volksgenossen« oder um »Fremdarbeiter« gehandelt hatte, vgl. die Beiträge in: Cord Arendes; Edgar Wolfrum; Jörg Zedler (Hg.), *Terror nach Innen. Verbrechen am Ende des Zweiten Weltkrieges*, Göttingen 2006.

297 Hanno Loewy, *Faustische Täter? Tragische Narrative und Historiographie*, in: Gerhard Paul (Hg.), *Die Täter der Shoah. Fanatische Nationalsozialisten oder ganz normale Deutsche?*, Göttingen 2002, S. 255-264, bes. S. 258ff; mit Ausrichtung auf deutsche Identität und Erinnerungskultur siehe auch Bernhard Giesen, *Triumph and Trauma*, Boulder et al. 2004; ders.; Christoph Schneider (Hg.), *Tätertrauma. Nationale Erinnerungen im öffentlichen Diskurs*, Konstanz 2004; zu den destruktiven Folgen der »gesellschaftskonformen Persönlichkeitsstörung« für die Täter zuletzt Reuleaux, *Täter*, bes. S. 111-139.

298 Zur Frage des Befehlsnotstandes Jäger, *Verbrechen*, S. 159; Adalbert Rückerl, *Die Strafverfolgung von NS-Verbrechen 1945-1978. Eine Dokumentation*, Heidelberg/Karlsruhe 1979, S. 81-84.

299 In den nordhessischen Verfahren der Jahre 1945 bis 1955, die unlängst von Maier ausgewertet wurden, findet sich kein Fall, in dem ein Angeklagter seine Schuld unumwunden zugegeben hätte. Siehe dies., *NS-Kriminalität*, S. 126, 143.

300 Vgl. Lichtenstein, *Namen*, S. 26ff., 48f., 58ff., 95ff.; siehe auch ders., *Majdanek. Reportage eines Prozesses*, Frankfurt am Main 1979.

301 Grabitz, *NS-Prozesse*, S. 112.

302 In diesem Sinne deutet auch die Formulierung »das bewährte System des Rechtsstaats« auf eine ritualisierte Form von Wahrheitsfindung hin. Zum Zeremoniell-Charakter von NS-Gerichtsverfahren zuletzt Mirjam Wenzel, *Gericht und Gedächtnis. Der deutschsprachige Holocaust-Diskurs der sechziger Jahre*, Göttingen 2009, hier S. 7ff.

303 In der einschlägigen Literatur findet man diesbezüglich nur autobiografische Erinnerungen an die Tätigkeit im Rahmen von NS-Prozessen, so z. B. Lichtenstein, *Namen*; Grabitz, *NS-Prozesse*; Just-Dahlmann; Just, *Gehilfen*; Groesdonk u. a., *Vernichtung*. Siehe zum diesem Aspekt auch Cord Arendes, *Teilnehmende Beobachter. Prozessberichterstatter als Vermittler von NS-Täterbildern*, in: Georg Wamhof (Hg.), Das Gericht als Tribunal. oder: Wie der NS-Vergangenheit der Prozess gemacht wurde, Göttingen 2009, S. 78-97.

304 Zu unterscheiden sind dabei polizeiliche, staatsanwaltliche oder richterliche Vernehmungen im Ermittlungsverfahren und die konkrete Aussage vor Gericht sowie die Rollen des Zeugen, Tatverdächtigen, Beschuldigten oder Angeklagten. Jürgen Finger; Sven Keller, *Täter und Opfer – Gedanken zu Quellenkritik und Aussagekontext*, in: Dies.; Andreas Wirsching (Hg.), Vom Recht zur Geschichte. Akten aus NS-Prozessen als Quellen der Zeitgeschichte, Göttingen 2009, S. 114-131, hier S. 115f.

305 Andreas Kunz, *NS-Gewaltverbrechen, Täter und Strafverfolgung. Die Unterlagen der Zentralen Stelle der Landesjustizverwaltungen in Ludwigsburg*, in: Zeithistorische Forschungen/Studies in Contemporary History 4 (2007), S. 233-245, hier S. 239f.

306 Finger; Keller, *Täter*, S. 117, sprechen von »arbeitsteiliger Autorschaft«.

307 Vgl. Ahlrich Meyer, *Täter im Verhör. Die »Endlösung der »Judenfrage« in Frankreich 1940-1944*, Darmstadt 2005, S. 299f.; Bernd A. Rusinek, *Vernehmungsprotokolle*, in: Ders., Einführung in die Interpretation historischer Quellen. Schwerpunkt Neuzeit, Paderborn 1992, S. 111-132.

308 Ausnahmen bilden die wenigen ostdeutschen NS-Verfahren der 1960er Jahre, die noch nach der Verabschiedung des *Gesetzes über die Nichtverjährung von Nazi- und Kriegsverbrechen* vom 1. 9.1964 stattfanden, so beispielsweise das Rostocker Verfahren gegen drei ehemalige Aufseherinnen des Frauen-KZ Ravensbrück 1965/1966, dessen Urteil in Auszügen als eine Selbstinszenierung eines »besseren Deutschlands« zu lesen ist. Vgl. Eschebach, *Vernehmungsprotokolle*, S. 66f. Siehe auch Christian Dirks, *»Die Verbrechen der anderen«. Auschwitz und der Auschwitz-Prozess der DDR: Das Verfahren gegen den KZ-Arzt Dr. Horst Fischer*, Paderborn u. a. 2005.

309 Katrin Stoll, *Selbst- und Fremddeutung von NS-Tätern im Bielefelder Byałistok-Prozess. Angeklagte und Richter zu den Deportationen aus Grodno*, in: Jürgen Finger; Sven Keller; Andreas Wirsching (Hg.), Vom Recht zur Geschichte. Akten aus NS-Prozessen als Quellen der Zeitgeschichte, Göttingen 2009, S. 154-166, hier S. 163.

310 Siehe Maier, *NS-Kriminalität*, S. 159.

311 Wamhof, *Gerichtskultur*, S. 19.

312 Christoph Wulf, *Ritual und Recht. Performatives Handeln und mimetisches Wissen*, in: Ludger Schwarte; ders. (Hg.), Körper und Recht. Anthropologische Dimensionen der Rechtsphilosophie, München 2003, S. 29-45, hier S. 33.

313 Siehe Ralph Christensen; Kent D. Lerch, *Performanz. Die Kunst, Recht geschehen zu lassen*, in: Kent D. Lerch (Hg.), Die Sprache des Rechts, Bd. 3: Recht vermitteln. Strukturen, Formen und Medien der Kommunikation im Recht, Berlin/New York 2005, S. 55-132 sowie das Sonderheft der *Internationalen Zeitschrift für Historische Anthropologie*: Paula Diel et al. (Hg.), *Performanz des Rechts. Inszenierung und Diskurs*, Berlin 2006.

314 Charles S. Maier, *Die »Aura« Buchenwald*, in: Volkhard Knigge; Norbert Frei (Hg.), Verbrechen erinnern. Die Auseinandersetzung mit Holocaust und Völkermord, München

2002, S. 347-361. Schon bei Maurice Halbwachs korrelierte die Herausbildung des sozialen bzw. kollektiven Gedächtnisses mit dem Raum einer Gruppe, vgl. ders., *Das kollektive Gedächtnis*, Frankfurt am Main 1985, S. 127-163. Für *die* Verbindung zwischen Gedächtnis und Raum steht der Begriff des »Erinnerungsorts« bei Pierre Nora, für eine kurze Skizze des Konzepts vgl. ders., *Zwischen Geschichte und Gedächtnis*, Berlin 1990.

315 Aleida Assmann, *Vier Grundtypen von Zeugenschaft*, in: Michael Elm; Gottfried Kössler (Hg.), Zeugenschaft des Holocaust. Zwischen Trauma, Tradierung und Ermittlung, Frankfurt am Main 2007, S. 33-51. Siehe auch dies., *History, Memory, and the Genre of Testimony*, in: Poetics today 27 (2006), S. 261-273.

316 Assmann, *Grundtypen*, S. 34.

317 Die »verkörperte Wahrheit« zeigen z. B. auch die Zeugen, die durch ihren Aufenthalt in einem Konzentrationslager auch in der Nachkriegszeit noch sichtbare und bleibende körperliche Schädigungen aufweisen können, wie einige der Zeugen aus dem KZ Buchenwald im zweiten Fallbeispiel.

318 Giesen, *Triumph*, S. 109-154.

319 Siehe auch Avishai Margalit, *The Ethics of Memory*, Cambridge 2002.

320 Nicht das Individuum sondern das Verfahren steht im Mittelpunkt. Assmann, *Grundtypen*, S. 36. Den juristischen Zeugen kennzeichnen Unparteilichkeit, eine unmittelbare sinnliche Wahrnehmung am Schauplatz der Gewalt, sowie seine Zuverlässigkeit und Glaubwürdigkeit, ebd.

321 In beiden deutschen Staaten lässt sich bezüglich dieser Frage ein Unterschied ausmachen: Während in den westdeutschen Verfahren mit dem Ziel einer (allein) auf den juristischen Grundlagen beruhenden Prozessführung seit den 1950er Jahren eine täterzentrierte Ermittlung im Mittelpunkt stand, zielten die ostdeutschen Verfahren in der Tendenz darauf ab, insbesondere die Opferzeugen in den Vordergrund zu rücken. Dies ist auch für andere osteuropäische Verfahren nachweisbar.

322 § 58, Abs. 1 *StPO*. Vgl. Henne, *Zeugenschaft*, S. 82. Siehe auch Jan Philipp Reemtsma, *Das Recht des Opfers auf Bestrafung des Täters – als Problem*, München 1999.

323 Vgl. Martha Minow, *Between Vengeance and Forgiveness: Facing History after Genocide and Mass Violence*, Boston 1998, S. 61-74; Gunnar Theißen, *Chancen und Grenzen von Wahrheitskommissionen*, in: Alfons Kenkmann; Hasko Zimmer (Hg.), Nach Kriegen und Diktaturen. Umgang mit Vergangenheit als internationales Problem – Bilanzen und Perspketiven für das 21. Jahrhundert, Essen 2006, S. 49-68.

324 Henne, *Zeugenschaft*, S. 86f.

325 Zur Figur des Zeugen als Verkörperung einer fundamentalen Wissenspraxis für das menschliche Zusammenleben siehe die Beiträge in Sibylle Schmidt; Sybille Krämer; Ramon Voges (Hg.), *Politik der Zeugenschaft. Zur Kritik einer Wissenspraxis*, Bielefeld 2010.

326 Henne, *Zeugenschaft*, S. 83ff., hier S. 85.

327 Pendas, *Testimony*, S. 230ff., Zitate S. 231.

328 Siehe Shoshana Felman, *The Juridical Unconsciousness: Trials and Traumas in the Twentieth Century*, Cambridge 2002.

329 Sowohl im religiösen wie auch im juristischen Kontext ist Wahrheit zuerst an den mündlichen Kontext gebunden. Pendas, *Testimony*, definiert Zeugenschaft wie folgt: » (I)t is a form of oral evidence of firsthand experience, gathered by others and accessed by the historian indirectly, usually through reading. It is a form of intentional evidence, in that it seeks to deliberately shape the response of its audience, but it is different from memoirs or oral history in that it ist not necessarily aimed directly at posterity.« Ebd., S. 230.

330 Roland Barthes, *Die helle Kammer*, Frankfurt am Main 1985, S. 96; Sontag, *Fotografie*, S. 11, 15.

331 Vgl. Wolfgang Kraushaar, *Der Zeitzeuge als Feind des Historikers? Neuerscheinungen zur 68er Bewegung*, in: Mittelweg 36 8 (1999), Heft 6, S. 49-72; ders., *Über Zeitzeugen und*

Zeithistoriker, in: Mittelweg 36 9 (2000), Heft 1, S. 62-64; siehe auch Konrad H. Jarausch, *Zeitgeschichte und Erinnerung. Deutungskonkurrenz oder Interdependenz?*, in: Ders.; Martin Sabrow (Hg.), Verletztes Gedächtnis. Erinnerungskultur und Zeitgeschichte im Konflikt, Frankfurt/New York 2002, S. 9-37.

332 Dorothee Wierling, *Zeitgeschichte ohne Zeitzeugen. Vom kommunikativen zum kulturellen Gedächtnis – drei Geschichten und zwölf Thesen*, in: BIOS 21 (2008), Heft 1, S. 28-36. Siehe u. a. auch Paul Thompson, *The Voice of the Past: Oral History*, in: Robert Perks; Alistair Thompson (Hg.), The Oral History Reader, London/New York [2]2006, S. 25-31.

333 Alexander von Plato, *Medialität und Erinnerung. Darstellung und »Verwendung« von Zeitzeugen in Ton, Bild und Film*, in: BIOS 21 (2008), Heft 1, S. 79-92. Zum verstärkten Rückgriff auf *Zeitzeugen* in Fernsehdokumentationen und -filmen Judith Keilbach, *Geschichtsbilder und Zeitzeugen. Zur Darstellung des Nationalsozialismus im bundesdeutschen Fernsehen*, Münster 2008, hier S. 237-240. Zum Siegeszug des Zeitzeugen dies., *Fernsehbilder der Geschichte. Anmerkungen zur Darstellung des Nationalsozialismus in den Geschichtsdokumentationen des ZDF*, in: 1999 17 (2002), Heft 2, S. 102-114; dies., *Zeugen, deutsche Opfer und traumatisierte Täter – zur Inszenierung von Zeitzeugen in bundesdeutschen Fernsehdokumentationen über den Nationalsozialismus*, in: Tel Aviver Jahrbuch für deutsche Geschichte 31 (2003), S. 287-307; siehe auch Michael Elm, *Zeugenschaft im Film. Eine erinnerungskulturelle Analyse filmischer Erzählungen des Holocaust*, Berlin 2008.

334 Vgl. Laak, *Widerstand*, S. 11f.

335 Conan; Rousso, *Vichy*, S. 170, Übersetzung C. A.

336 Antonia Grunenberg, *Die Lust an der Schuld. Von der Macht der Vergangenheit über die Gegenwart*, Berlin 2001, Zitat S. 193.

337 Groebner, *Schock*, S. 79.

338 Erich Haberer, *History and Justice: Paradigms of the Prosecution of Nazi-Crimes*, in: Holocaust & Genocide Studies 19 (2005), S. 484-519, Zitat S. 504.

339 *Handelsblatt* 20. 12.1970: *Zeugen sagen wenig – Dokumente alles* [Heinz Murmann].

340 Herbert Jäger: *... ich hatte die naive Vorstellung, Juristerei nach 1945 ist Auseinandersetzung mit dem Holocaust, dem Völkermord*, in: Thomas Horstmann; Heike Litzinger, An den Grenzen des Rechts. Gespräche mit Juristen über die Verfolgung von NS-Verbrechen, Frankfurt/New York 2006, S. 35-67, hier S. 54.

341 Grabitz, *NS-Prozesse*, S. 58. Siehe auch Peter-Christian Müller-Graf, *Zur Geschichte der Formel »Im Namen des Volkes«*, in: Zeitschrift für den Zivilprozeß (1975), S. 442-450.

342 Henne, *Zeugenschaft vor Gericht*, S. 89.

343 Siehe auch Edgar Wolfrum, *Täterbilder. Die Konstruktion der NS-Täter durch die deutsche Nachkriegsjustiz*, in: Hans Braun; Uta Gerhard; Everhard Holtmann (Hg.), Die lange Stunde Null. Gelenkter Wandel in Westdeutschland nach 1945, Baden-Baden 2008, S. 117-139, hier S. 120.

344 Vgl. Sven Keller, *Geschichte aus Gerichtsurteilen. Perspektiven auf die Gesellschaft der Kriegsendphase*, in: Jürgen Finger; ders.; Andreas Wirsching (Hg.), Vom Recht zur Geschichte. Akten aus NS-Prozessen als Quellen der Zeitgeschichte, Göttingen 2009, S. 180-192, hier S. 181f. Siehe auch ders., *Verbrechen in der Endphase des Zweiten Weltkrieges. Überlegungen zur Abgrenzung, Methodik und Quellenkritik*, in: Cord Arendes; Edgar Wolfrum; Jörg Zedler (Hg.), Terror nach innen. Verbrechen am Ende des Zweiten Weltkrieges, Göttingen 2006, S. 25-50, bes. S. 35-48.

345 Regionale Verfahrensbilanzen sind bereits für die Länder Hamburg und Hessen entstanden: Helge Grabitz, *Täter und Gehilfen des Endlösungswahns. Hamburger Verfahren wegen NS-Gewaltverbrechen 1946-1996*, Hamburg 1999; Friedrich Hoffmann, *Die Verfolgung der nationalsozialistischen Gewaltverbrechen in Hessen*, Baden-Baden 2001. Aktuelle Angaben zur Gesamtzahl der NS-Strafverfahren in einzelnen Bundesländern bei Eichmüller, *Strafverfolgung*, S. 637ff.

346 Exemplarische Untersuchungen zu den Gerichtsstandorten Düsseldorf, Marburg und Kassel: Justizministerium des Landes Nordrhein-Westfalen (Hg.), *NS-Täter vor Gericht. Düsseldorf und die Strafprozesse wegen nationalsozialistischer Gewaltverbrechen*, Düsseldorf 2001; Maier, *NS-Kriminalität.*

347 Vgl. Mommsen, *Probleme*, S. 427f.; Mommsen, *Kontroversen*, S. 18ff.; Hördler, *Aspekte*, S. 37-40. Ausgewählte Studien auf Basis des kollektivbiographischen Ansatzes: Tom Segev, *Die Soldaten des Bösen. Zur Geschichte der KZ-Kommandanten*, Hamburg 1992; Karin Orth, *Die Konzentrationslager-SS. Sozialstrukturelle Analysen und biographische Studien*, Göttingen 2000; Wildt, *Generation.*

348 Vgl. Eichmüller, *Strafverfolgung*, S. 640; Maier, *NS-Kriminalität*, S. 3f.; Kretzer, *Täterschaft*, S. 24.

349 Norbert Frei, *Die Rückkehr des Rechts. Justiz und Zeitgeschichte nach dem Holocaust*, in: Ders., 1945 und Wir. Das Dritte Reich im Bewusstsein der Deutschen, München 2005, S. 63-82, Zitat S. 72.

350 Auch die allgemeinen Grundlagen und Veränderungen in der deutschen Strafjustiz waren Gegenstand rechtspolitischer bzw. rechtshistorischer Studien: Greve, *Umgang mit den NS-Gewaltverbrechen in den sechziger Jahren*, Frankfurt am Main et al. 2001; Kerstin Freudiger, *Die juristische Aufarbeitung von NS-Verbrechen*, Tübingen 2002.

351 Zuletzt Kastner, *Völker*; Butterweck, *Prozess*; Griech-Polelle, *War Crimes.*

352 Als Überblick Haus der Geschichte Baden-Württemberg (Hg.), *Die Mörder sind unter uns. Der Ulmer Einsatzgruppenprozess 1958*, Stuttgart 2008.

353 Als Auswahl: Hermann Langbein, *Der Auschwitz-Prozess. Eine Dokumentation*, Frankfurt am Main 1995; Gerhard Werle; Thomas Wandres, *Auschwitz vor Gericht. Völkermord und bundesdeutsche Strafjustiz*, München 1995; Irmtrud Wojak (Hg.), *»Gerichtstag halten über uns selbst...«. Geschichte und Wirkung des ersten Frankfurter Auschwitz-Prozesses*, Frankfurt/New York 2001; dies., *Auschwitz-Prozeß*; Rebecca Wittmann, *Beyond Justice. The Auschwitz Trial*, Cambridge 2005; David O. Pendas, *The Frankfurt Auschwitz Trial, 1963-1965. Genocide, History, and the Limits of the Law*, Cambridge 2006.

354 Als Überblick mit weiteren Verweisen siehe die Beiträge in: Freia Anders; Hauke-Hendrik Kutscher; Karin Stoll (Hg.), *Białystok in Bielefeld. Nationalsozialistische Verbrechen vor dem Landgericht Bielefeld 1958 bis 1967*, Bielefeld 2003.

355 Siehe z. B. Lichtenstein, *Majdanek*; Ingrid Müller-Münch, *Die Frauen von Majdanek. Vom zerstörten Leben der Opfer und Täterrinnen*, Reinbek 1982; Dieter Ambach; Thomas Köhler (Hg.), *Lublin-Majdanek. Das Konzentrations- und Vernichtungslager im Spiegel von Zeugenaussagen*, Düsseldorf 2003.

356 Das Verfahren gegen Kurt Lischka u. a. behandeln: Bernhard Brunner, *Der Frankreich-Komplex. Die nationalsozialistischen Verbrechen in Frankreich und die Justiz der Bundesrepublik Deutschland*, Göttingen 2004, S. 340-358; Claudia Moisel, *Frankreich und die deutschen Kriegsverbrecher. Politik und Praxis der Strafverfolgung nach dem Zweiten Weltkrieg*, Göttingen 2004, S. 229-236.

357 Thomas Flemming; Bernd Ulrich, *Vor Gericht. Deutsche Prozesse in Ost und West nach 1945*, Berlin 2005.

358 So z. B. Wilke et al., *Holocaust.*

359 Freia Anders, *Kontinuität oder Diskontinuität? Plädoyer für eine rechtshistorische Perspektive bei der Nutzung von Strafakten als Quelle*, in: Jürgen Finger; Sven Keller; Andreas Wirsching (Hg.), Vom Recht zur Geschichte. Akten aus NS-Prozessen als Quellen der Zeitgeschichte, Göttingen 2009, S. 27-37, Zitat S. 34.

360 Auch die Analyse des Gewaltaktes im Prozessverlauf kann als *dichte Beschreibung* verstanden werden, so Trutz von Trotha, *Zur Soziologie der Gewalt*, in: Ders. (Hg.), Soziologie der Gewalt, Opladen 1997, S. 9-56.

361 »Es gibt also drei Merkmale der ethnografischen Beschreibung: sie ist deutend; das, was sie deutet, ist der Ablauf des sozialen Diskurses; und das Deuten besteht darin, das ›Gesagte‹

eines solchen Diskurses dem vergänglichen Augenblick zu entreißen. [...] Außerdem gibt es noch ein viertes Kennzeichen derartiger Beschreibungen, zumindest wie ich sie praktiziere: sie sind mikroskopisch.« Clifford Geertz, *Dichte Beschreibung. Bemerkungen zu einer deutenden Theorie von Kultur*, in: Ders. Dichte Beschreibung. Beiträge zum Verstehen kultureller Systeme, Frankfurt am Main 1983, S. 7-43, Zitat S. 30.

362 So Wamhof, *Gerichtskultur*, S. 18ff; siehe auch Wenzel, *Gericht*, S. 12f.

363 Levy; Sznaider, *Erinnerung*, S. 110f. Siehe auch die Beiträge in Norbert Frei; Dirk van Laak; Michael Stolleis (Hg.), *Geschichte vor Gericht. Historiker, Richter und die Suche nach Gerechtigkeit*, München 2000.

364 Butterweck, *Gerichtssaalbericht*; ders., *Verurteilt*, S. 11-16.

365 Vgl. Geertz, *Beschreibung*, S. 9-15.

366 Grabitz, *NS-Prozesse*, S. 50.

367 Lichtenstein, *Namen*, S. 138f., 140f.

368 Ebd., S. 7 (Vorwort von R. W. Kempner). Zur Einordnung der Quellen, aus denen wir Wissen über NS-Verbrechen beziehen und die Konsequenzen der Quellenwahl für die Darstellung im Rahmen der Geschichtswissenschaft siehe James E. Young, *Beschreiben des Holocaust. Darstellung und Folgen der Interpretation*, Frankfurt am Main 1997, S. 19.

369 Arendes, *Beobachter*, S. 84f., 93f., 96f.

370 Jürgen Habermas, *Deutsch-polnische Befindlichkeiten*, in: Ders., Der gespaltene Westen, S. 59-67, hier S. 60f. Siehe auch Helmut König, *Die Zukunft der Vergangenheit. Der Nationalsozialismus im politischen Bewusstsein der Bundesrepublik*, Frankfurt am Main 2003, S. 15-47; Peter Reichel, *Politik mit der Erinnerung. Gedächtnisorte im Streit um die nationalsozialistische Vergangenheit*, München/Wien 1999, S. 11-30; ders., *Vergangenheitsbewältigung in Deutschland. Die Auseinandersetzung mit der NS-Diktatur von 1945 bis heute*, München 2001, S. 199-210; ders., *Erinnerung*, S. 9-29.

371 Siehe insbesondere Rückerl, *Strafverfolgung*, S. 120-136; ders., *NS-Verbrechen vor Gericht. Versuch einer Vergangenheitsbewältigung*, Heidelberg [2]1984, S. 329-332.

372 *Die Verfolgung von NS-Verbrechen durch westdeutsche Justizbehörden seit 1945. Datenbank aller Strafverfahren und Inventar der Verfahrensakten*, bearbeitet im Auftrag des *IfZ* München-Berlin von Andreas Eichmüller und Edith Raim.

373 Andreas Eichmüller, *Die Verfolgung von NS-Verbrechen durch westdeutsche Justizbehörden seit 1945 – Inventarisierung und Teilverfilmung der Verfahrensakten. Ein neues Projekt des Instituts für Zeitgeschichte*, in: Vierteljahrshefte für Zeitgeschichte 50 (2002), S. 507-516; ders., *Strafverfolgung*; ders., *Die Datenbank des Instituts für Zeitgeschichte München-Berlin zu allen westdeutschen Strafverfahren wegen NS-Verbrechen*, in: Jürgen Finger; Sven Keller; Andreas Wirsching (Hg.), Vom Recht zur Geschichte. Akten aus NS-Prozessen als Quellen der Zeitgeschichte, Göttingen 2009, S. 231-237.

374 Dabei sollte von einer Abweichung von bis zu drei Prozent ausgegangen werden, vgl. Eichmüller, *Strafverfolgung*, S. 624f.

375 Ebd., S. 625.

376 Bis 1961 hatte es keine offizielle Statistik zu den NS-Verfahren gegeben. Erst nach der Gründung der *ZSt* in Ludwigsburg im Dezember 1958 kam es zu Initiativen einzelner Landesjustizverwaltungen. Die erste einheitliche Liste auf »Wunsch« der Bundesjustizverwaltung datiert auf Dezember 1964. Vgl. hierzu den Bestand des Bundesarchivs Koblenz, BArch 141/78801 bis 78863 (insgesamt 63 Bde.).

377 Der *ZSt*-Bestand umfasst eine Zentralkartei mit ca. 16 Millionen Karteikarten, eine Personenkartei mit fast 700.000 Namenseinträgen, eine Ortskartei mit mehr als 26.000 Orten und geografischen Begriffen, eine Einheitenkartei mit ca. 4.200 Institutionen, Einrichtungen und Einheiten des NS-Staates sowie eine Verfahrensübersicht. Siehe Andreas Kunz, *Die Unterlagen der Zentralen Stelle der Landesjustizverwaltungen zur Aufklärung nationalsozialistischer Verbrechen. Bestandsbeschreibung und Forschungsmöglichkeiten*, in: Jür-

gen Finger; Sven Keller; Andreas Wirsching (Hg.), Vom Recht zur Geschichte. Akten aus NS-Prozessen als Quellen der Zeitgeschichte, Göttingen 2009, S. 225-230, hier S. 226f.

378 *Justiz und NS-Verbrechen. Sammlung deutscher Strafurteile wegen nationalsozialistischer Tötungsverbrechen 1945-1999*, hgg. v. Adelheit Rüter-Ehlermann; Christiaan F. Rüter, Amsterdam 1968ff. Ende 2009 waren insgesamt 41 Bände der auf 50 Bände veranschlagten Edition erschienen. Eine Online-Übersicht zu den Verfahren findet sich unter: http://www1.jur.uva.nl/junsv/ (28. 1.2010). Zu Konzeption, Grundlagen und Problemen der Edition zuletzt Christiaan F. Rüter, *Erfassen – Erhalten – Erschließen. Erfahrungen und Erkenntnisse bei der Edition deutscher Urteile wegen NS-Gewaltverbrechen*, in: Claudia Kuretsidis-Haider; Winfried Garscha (Hg.), Keine »Abrechnung«. NS-Verbrechen, Justiz und Gesellschaft, Leipzig/Wien 1998, S. 265-279; Dick de Mildt; ders., *Justiz und NS-Verbrechen. Sammlung deutscher Strafurteile wegen nationalsozialistischer Tötungsverbrechen*, in: Jürgen Finger; Sven Keller; Andreas Wirsching (Hg.), Vom Recht zur Geschichte. Akten aus NS-Prozessen als Quellen der Zeitgeschichte, Göttingen 2009, S. 250-253.

379 Für eine Würdigung der Edition siehe die entsprechenden Beiträge in Dick W. de Mildt (Hg.), *Staatsverbrechen vor Gericht*, Amsterdam 2003. Eine kurze Projektgeschichte unter Berücksichtigung der zeitweiligen Mitherausgeber Karl Dietrich Bracher, Hans Heinz Jeschek, Fritz Bauer und Jürgen Baumann bei Michael S. Bryant, *Justiz und Verbrechen: Sammlung deutscher Strafurteile wegen nationalsozialistischer Tötungsverbrechen 1945-1999 [...] DDR-Justiz und NS-Verbrechen: Sammlung ostdeutscher Strafurteile wegen nationalsozialistischer Tötungsverbrechen*, in: Holocaust and Genocide Studies 17 (2003), S. 501-505.

380 *Justiz und NS-Verbrechen*, Register I, S. 4. Die Zahlenbasis der Datenbank des *IfZ* ist breiter angelegt, sie umfasst auch Verbrechen, die vor Kriegsbeginn begangen wurden, insbesondere »Verbrechen an politischen Gegnern in der ersten Zeit nach der Machtübernahme, Verbrechen im Rahmen der sogenannten Reichskristallnacht oder andere progromartige Ausschreitungen gegen Juden in der Vorkriegszeit und Verbrechen an Fremdarbeitern«. Eichmüller, *Strafverfolgung*, S. 628 (Fn. 24).

381 *Justiz und NS-Verbrechen*, Register I, S. 4 Die Datenbank des *IfZ* schließt auch »Nicht-Tötungsverbrechen« mit ein. Eichmüller, *Strafverfolgung*, S. 628 (Fn. 24).

382 Es wurden nur Urteile aufgenommen, die mindestens hinsichtlich eines Angeklagten Rechtskräftigkeit erlangt haben. Urteile, die nur teilweise rechtskräftig geworden sind, weil z. B. die ergangene Entscheidung später wieder aufgehoben wurde, sind nur dann enthalten, wenn sie zum Verständnis des späteren Urteils notwendig waren. Vollständig aufgehobene Urteile wurden nicht automatisch veröffentlicht, es sei denn, dass die Aufhebung im Rahmen einer Wiederaufnahme erfolgte. Auf (Revisions-)Beschlüsse ohne eine entsprechende Begründung wird nur in Fußnoten verwiesen. Siehe *Justiz und NS-Verbrechen*, Register 1, S. 5.

383 Straftatbestände der Körperverletzung, Freiheitsberaubung, Rechtsbeugung oder Denunziation fanden nur dann Eingang in die Urteilssammlung, wenn in ihrer Folge der Tod eines Menschen herbeigeführt wurde bzw. versucht wurde, diesen herbeizuführen. Maßgeblich war auch in diesen Fällen nicht die Verurteilung, sondern eine entsprechende Anklage durch die Staatsanwaltschaft. Siehe *Justiz und NS-Verbrechen*, ebd., S. 4.

384 Zu kulturgeschichtlichen Aspekten juristischer Akten Stephan Lehnstaedt, *Täterforschung als Kulturgeschichte: Ein neuer Blick auf die Ludwigsburger Akten*, in: Mitteilungen aus dem Bundesarchiv 16 (2008), Heft 3, S. 70-79; siehe ders., *Mehr als nur die Verbrechen. Kulturgeschichtliche Fragen an Justizakten*, in: Jürgen Finger; Sven Keller; Andreas Wirsching (Hg.), Vom Recht zur Geschichte. Akten aus NS-Prozessen als Quellen der Zeitgeschichte, Göttingen 2009, S. 167-179, bes. S. 170f.

385 Die Verfahren sind dementsprechend durch umfangreiche Register erschlossen. Die Rubriken umfassen Angeklagte, Dienststellen, Gerichtsentscheidungen, Opfer, Tatbestände

und -komplexe, Tatland, -ort, und -zeit, sowie Urteile und ggf. Wiederaufnahmeverfahren.

386 *Justiz und NS-Verbrechen*, Register I, S. 7.

387 Ebd., S. 7ff. Zum »Problem« der Anonymisierung von Daten gerade für die zeithistorische Forschung siehe Martin Broszat, *Datenschutz und zeitgeschichtliche Forschung*, in: Vierteljahrshefte für Zeitgeschichte 37 (1989), S. 545-561, bes. S. 560.

388 *Westdeutsche Strafverfahren*, S. 1.

389 »Je nach Archivgesetz endet die Schutzfrist 10 bis 30 Jahre nach dem Tode des Betroffenen oder, wenn das Todesjahr nicht feststellbar ist, 90 bis 110 Jahre nach dessen Geburt.« Andreas Kunz, *Weder Täterschutz noch bürokratischer Selbstzweck. Archivgesetzliche Grundlagen der Benutzung von NSG-Verfahrensakten*, in: Jürgen Finger; Sven Keller; Andreas Wirsching (Hg.), Vom Recht zur Geschichte. Akten aus NS-Prozessen als Quellen der Zeitgeschichte, Göttingen 2009, S. 219-224, Zitat S. 223. Siehe auch Heinz Ludger Borgert, *»Justizunterlagen und Archive«. Zum Umgang mit personenbezogenen Daten am Beispiel besonderer Unterlagen des Bundesarchiv – Außenstelle Ludwigsburg*, in Rainer Polley (Hg.), Archivgesetzgebung in Deutschland. Ungeklärte Rechtsfragen und neue Herausforderungen, Marburg 2003, S. 127-153.

390 Jürgen Finger, *Zeithistorische Quellenkunde von Strafprozessakten*, in: Ders.; Sven Keller; Andreas Wirsching (Hg.), Vom Recht zur Geschichte. Akten aus NS-Prozessen als Quellen der Zeitgeschichte, Göttingen 2009, S. 97-113, hier S. 98. Auskunfterteilung und Akteneinsicht regeln §§ 474ff. *StGB*. Die Akten zu NS-Verfahren vor ostdeutschen Gerichten unterliegen den Vorschriften des Stasi-Unterlagen-Gesetzes (StUG). Vgl. *DDR-Justiz und NS-Verbrechen*, Register, S. 3-12.

391 Edith Raim, *Der Wiederaufbau der Justiz in Westdeutschland und die Ahndung von NS-Verbrechen in der Besatzungszeit 1945-1949*, in: Jürgen Finger; Sven Keller; Andreas Wirsching (Hg.), Vom Recht zur Geschichte. Akten aus NS-Prozessen als Quellen der Zeitgeschichte, Göttingen 2009, S. 52-62 plädiert vor dem Hintergrund massenhafter Ermittlungsverfahren und Prozesse dafür, das negative Urteil über die nachsichtige und strafverfolgungsunwillige Justiz der Nachkriegsjustiz der Jahre vor der Gründung der Bundesrepublik zumindest in Teilen einer Revision zu unterziehen, ebd., S. 61f.

392 Ob die Ermittlungstätigkeit von der deutschen Justiz ausging oder von den Alliierten mit Nachdruck eingefordert wurde, kann nur von Fall zu Fall geklärt werden, siehe Maier, *NS-Kriminalität*, S. 276-290.

393 Die Landgerichte Heidelberg und Mannheim gehören zum Oberlandesgerichtsbezirk Karlsruhe, die Justizunterlagen werden nach rechtsgültigem Abschluss der Verfahren im Rahmen der Übergabefristen an das Generallandesarchiv Karlsruhe abgegeben.

394 Finger, *Quellenkunde*, S. 101; siehe auch Eichmüller, *Datenbank*, S. 232ff.

395 Kunz, *Unterlagen*, S. 225.

396 Für die Ludwigsburger Bestände gilt seitdem die Zuordnung zum Bereich B 162. Das Aktenzeichen AR-Z verwies zuvor auf ein Vorermittlungsverfahren, das Kürzel Js auf ein förmliches Ermittlungsverfahren durch die Staatsanwaltschaft. Siehe Melanie Wehr, *Die Unterlagen der Zentralen Stelle der Landesjustizverwaltungen zur Aufklärung nationalsozialistischer Verbrechen. Der Bestand B 162*, in: Mitteilungen aus dem Bundesarchiv 16 (2008), Heft 3, S. 7-9; Schrimm; Riedel, *50 Jahre*, S. 527.

397 Claudia Verhoeven, *Court Files*, in: Miriam Dobson; Benjamin Ziemann (Hg.), Reading Primary Sources. The interpretation of Texts from nineteenth- and twentieth-century history, London/New York 2009, S. 90-105, Zitat S. 90, Hervorhebungen im Original; Übersetzung C. A.

398 Zusätzlich können Gerichtsakten auch Gutachten und Memoranden, stenografische Mitschriften, Gesuche und Eingaben sowie andere Beweisstücke enthalten sein, ebd., S. 91.

399 Weckel; Wolfrum, *NS-Prozesse*, S. 12.

400 Ursula Solf, *Wenn das Recht im Auge des Betrachters liegt: NS-Täter aus juristischer Perspektive*, in: Helgard Kramer (Hg.), NS-Täter aus interdisziplinärer Perspektive, München 2006, S. 79-93, Zitate S. 79.

401 Nach dem juristischen Grundsatz »nulla poena sine lege« kann eine Tat »nur bestraft werden, wenn die Strafbarkeit gesetzlich bestimmt war, bevor die Tat begangen wurde«, § 1 *StGB* (Fassung vom 13. 11.1998).

402 Solf, *Recht*, S. 81.

403 Ebd., S. 92.

404 In die Berechnung fließen auch die Verfahren ein, die in den beiden in der französischen Besatzungszone liegenden Ländern Baden und Württemberg-Hohenzollern wegen NS-Verbrechen geführt wurden. Die Berücksichtigung der Gerichte erfolgt auf Basis der späteren Landesgrenzen Baden-Württembergs. Die vier ausgewählten Fallbeispiele an den Landgerichten Heidelberg und Mannheim sind den Bereichen des Landes Württemberg-Baden zugeordnet, das neben Bayern und Groß-Hessen am 19. 9.1945 in der amerikanischen Zone gegründet worden war.

405 Staatsanwaltschaftliche Vorermittlungen oder Anklagen, die zu keinem Verfahren bzw. Urteil führten, finden in dieser Zahlenbilanz keine Berücksichtigung. In der Datenbank des *IfZ* sind für den Zeitraum von 1945 bis 2005 insgesamt 3.149 »Staatsanwaltschaftliche Ermittlungsverfahren, Anklagen und rechtskräftige Verurteilungen wegen NS-Verbrechen« für Baden-Württemberg verzeichnet, bei denen es zu 1.413 Anklagen und 735 Urteilen kam. Siehe Eichmüller, *Strafverfolgung*, S. 638.

406 Die Sammlung der Urteile erfolgte in chronologischer Reihenfolge der Leiturteile (Kürzel »a«). Die Folgeurteile, die »Entscheidungen der Rechtsmittelgerichte [...], durch welche das Leiturteil rechtskräftig geworden ist«, sind durch die Kürzel »b«, »c« und »d« gekennzeichnet, siehe *Justiz und NS-Verbrechen*, Register I, S. 5. Das [(*)] verweist auf noch nicht in die Sammlung *Justiz und NS-Verbrechen* aufgenommene Urteile.

407 Zu den LG-Entscheidungen siehe *Justiz und NS-Verbrechen*, Register I, S. 53-68; Register II, S. 19-27; siehe auch *Westdeutsche Strafverfahren*, S. 263-283.

408 Lfd. Nr. 739 b (Baden-Baden), 89 (Konstanz).

409 Lfd. Nr. 506, 640 a.

410 Lfd. Nr. 22 a, 457 a, 625 a (Hechingen), 188, 451, 891 a[(*)] (Heidelberg), 59 c, 656, 742 (Rottweil).

411 Lfd. Nr. 6, 90, 121, 151, 153 (Offenburg), 59 a, 116, 388, 423, 918 a[(*)] (Ravensburg), 47 b, 47 a, 122, 358, 893 Waldshut).

412 Lfd. Nr. 38 a, 111 a, 201, 251, 507 a, 575 (Ellwangen), 63 b, 63 a, 366 a, 590, 853 b[(*)], 811[(*)] (Mannheim), 247 b, 247 a, 465 a, 499, 536, 717 a[(*)] (Ulm).

413 Lfd. Nr. 80, 155 a, 509, 520 a, 528 a, 584, 714 a, 908[(*)].

414 Lfd. Nr. 33 b, 19, 23 a, 33 a, 205 b, 205 a, 386 a, 551 b, 551 a, 793 (Heilbronn), 298 b, 252 a, 298 a, 309 a, 470, 517 a, 526 a, 560, 566, 739 a (Karlsruhe).

415 Lfd. Nr. 31 a, 62 a, 79 a, 211 b, 174 a, 211 a, 417, 555 a, 593, 626, 655, 815[(*)].

416 Lfd. Nr. 8 a, 31/I, 60 a, 100 a, 231 b, 206 a, 222 a, 224, 231 a, 245, 295, 614, 322 a, 615 a, 399, 443 a, 513, 531 a, 622 b, 562 a, 622 a, 634 a, 658, 671 a, 679, 701 a, 797[(*)], 853 a[(*)], 877[(*)], 884[(*)], 911[(*)], 916[(*)].

417 Zu den OLG-Entscheidungen siehe *Justiz und NS-Verbrechen*, Register I, S. 51ff.; Register II, S. 19; siehe auch *Westdeutsche Strafverfahren*, S. 260ff.

418 Lfd. Nr. 22 b, 59 b, 155 b.

419 Lfd. Nr. 47 c, 31 b, 62 b, 79 b, 211 c, 174 b.

420 Lfd. Nr. 8 b, 33 c, 23 b, 38 b, 60 b, 100 b, 111 b, 206 b, 205 c, 247 c, 252 b, 231 c, 205 d, 206 c, 222 b, 231 d, 298 c.

421 Zu den BGH-Entscheidungen siehe *Justiz und NS-Verbrechen*, Register I, S. 46-49, Register II, S. 18f.

422 Lfd. Nr. 247 d, 298 d, 309 b, 322 b, 366 b, 386 b, 443 c, 443 b, 457 b, 465 b, 507 b, 517 b, 520 b, 526 b, 528 b, 531 b, 551 d, 551 c, 555 b, 562 b, 615 b, 622 c, 625 b, 634 b, 640 b, 671 b, 701 b, 714 b, 717 b*, 739 c, 853 d[(*)], 853 c[(*)], 891 b[(*)], 893b, 918 b[(*)].

423 Die Tabellen, in denen auf Basis des Datensatzes *NS-Verfahren in Baden-Württemberg* die Ergebnisse zusammengestellt wurden, befinden sich im Tabellenanhang der Studie.

424 So u. a. im ersten Fallbeispiel, dem Verfahren gegen Böse u. a. vor dem LG Mannheim 1947/1948.

425 Als aktueller Überblick: Halbrainer, *Denunziation*; siehe auch Diewald-Kerkmann, *Denunziation*; Dördelmann, *Macht*; Abke, *Zeichen*.

426 Ein anschauliches Beispiel für diesen Zusammenhang liefern die Verfahren vor den nordhessischen Landgerichten Marburg und Kassel zwischen 1945 und 1955. Zu den Verfahrensinhalten Maier, *NS-Kriminalität*, S. 41-69, zu den Verfahren »wegen Landfriedensbruch und Körperverletzung«, ebd., S. 42-50.

427 Sieht man von der rein bilanzierenden Ermittlung von Urteilssprüchen ab, so zeigen insbesondere die Fallbeispiele 1 und 4, dass der Urteilsspruch für die öffentliche Rezeption zwar von einiger Bedeutung ist und hier in der Regel auch die Berichterstattung der Tagespresse ihren Höhepunkt erreicht. Für die öffentliche Rezeption und Reaktion bedeutsamer scheinen aber spektakuläre (Vor-)Ermittlungen (soweit darüber berichtet wird) oder, so in der unmittelbaren Nachkriegszeit, das Eingreifen alliierter Instanzen in den juristischen Entscheidungsprozess zu sein.

428 Zum juristischen Binnendiskurs der 1960er Jahre siehe die entsprechenden Kapitel bei Greve, *Umgang*. Zu den entsprechenden strafrechtlichen Urteilsfiguren siehe Freudiger, *Aufarbeitung*.

429 Siehe Pfetsch; Eilders; Neidhardt, *Kommentariat*; Hasebrink, *Recht*, S. 282ff.

430 Nicht erfasst ist die Anzahl der Personen, gegen die ursprünglich ermittelt wurde. Die Zahl der Angeklagten bei Verfahrensbeginn entsprach gerade ab Mitte der 1960er Jahre nur noch selten dem vergleichsweise großen Personenkreis, gegen den zuvor staatsanwaltschaftliche Vorermittlungen aufgenommen worden waren. So dürfte es keine Ausnahme darstellen, wenn wie beim Mannheimer Verfahren gegen Mocek u. a. im Jahr 1965 von einer Liste mit knapp dreißig Namen, die im Rahmen der Vorermittlungen zusammengestellt worden war, am Ende nur gegen vier Personen Anklage erhoben wurde – einige der ursprünglich Tatverdächtigen traten als Täterzeugen im Prozess auf.

431 Siehe hierzu Kuretsidis-Haider, *Täterinnen*; siehe auch Kretzer, *Täterschaft*, S. 14-19, 47-54.

432 *Justiz und NS-Verbrechen*, Register I, S. 4f., 76ff.; Register II, S. 33ff.; Eichmüller, *Strafverfolgung*, S. 428f. Eine ausführliche Vorstellung und Diskussion der ursprünglich zwölf Deliktgruppen liefert Raimond Reiter, *30 Jahre Justiz und NS-Verbrechen. Die Aktualität einer Urteilssammlung*, Frankfurt am Main 1998. Zur Übernahme der Kategorien im Rahmen der justiziellen Vergangenheitsaufarbeitung in Österreich siehe Kuretsidis-Haider, *Täterinnen*, S. 188.

433 Auf die Veränderungen im historischen Verlauf der juristischen Aufarbeitung von NS-Tötungsverbrechen in Deutschland wird den entsprechenden Abschnitten der folgenden Kapitel jeweils noch ausführlich eingegangen.

434 Die von der Gesamtzahl der NS-Verfahren abweichende Zahl an Opfergruppen ergibt sich aus der großen Zahl der Verfahren, in denen die Opfer verschiedenen Opferkategorien zugeordnet werden mussten.

435 Eine zeitige Freiheitsstrafe reichte von einer Mindeststrafe von sechs Monaten bis zu einer Höchststrafe von 15 Jahren.

436 Nur die *Frankfurter Rundschau* hatte einen eigenen Prozessberichterstatter nach Ulm geschickt. Siehe Müller, *Einsatzgruppenprozess*, S. 76ff., hier S. 76.

437 Vgl. Axel Schildt, *Der Umgang mit der NS-Vergangenheit in der Öffentlichkeit der Nachkriegszeit*, in: Wilfried Loth; Bernd A. Rusinek (Hg.), Verwandlungspolitik. NS-Eliten in

der westdeutschen Nachkriegsgesellschaft, Frankfurt/New York 1998, S. 19-54, hier S. 48; Weinke, *Verfolgung*, S. 340; Christiaan F. Rüter, *Ost- und westdeutsche Strafverfahren gegen die Verantwortlichen für die Deportation der Juden*, in: Anne Klein; Jürgen Wilhelm (Hg.), NS-Unrecht vor Kölner Gerichten, Köln 2003, S. 45-56, hier S. 53; Miquel, *Ahnden*, S. 158f.; zuletzt Osterloh; Vollnhals, *Einleitung*, S. 13.

438 Die Einordnung der vier Fallbeispiele in die Überblickstabellen im Tabellenteil kann aufgrund der entsprechenden Zuordnungskürzel leicht nachvollzogen werden.

439 Steinbach, *Gewaltverbrechen*, S. 15.

440 Als Überblicke Rückerl, *Strafverfolgung*, S. 11-24: (Erste) Gewaltmaßnahmen gegen politische Gegner; »Röhm-Putsch«; (frühe) Konzentrationslager; »Kristallnacht«; »Euthanasie«; Verbrechen der Einsatzgruppen und des volksdeutschen Selbstschutzes in Polen; Verbrechen der Einsatzgruppen, der Sicherheitspolizei und des SD in Osteuropa; Verbrechen im Rahmen der Partisanenbekämpfung; »Endlösung der Judenfrage«; Verbrechen an Kriegsgefangenen; andere Verbrechen. Steinbach, *Gewaltverbrechen*, S. 14-20: Terror der ersten Stunde – Verbrechen an den politischen Gegnern des NS; Ermordung innerparteilicher Konkurrenz; System nationalsozialistischer Konzentrationslager; alltägliche Entrechtung einzelner Bevölkerungsgruppen; Euthanasie; Massentötungen durch Einsatzgruppen in Osteuropa; Errichtung von Vernichtungslagern in Osteuropa; Vernichtung der Juden (Holocaust, Shoah); Ermordung von Kriegsgefangenen und Fremdarbeitern. Siehe auch die einführenden Bemerkungen bei Pohl, *NS-Verbrechen.*

441 Hermann Lübbe, *Der Nationalsozialismus im deutschen Nachkriegsbewusstsein*, in: Historische Zeitschrift 236 (1983), S. 579-599, bes. S. 587; siehe auch Werner Bergmann, *Kommunikationslatenz und Vergangenheitsbewältigung*, in: Helmut König; Michael Kohlstruck; Andreas Wöll (Hg.), Vergangenheitsbewältigung am Ende des zwanzigsten Jahrhunderts. Opladen/Wiesbaden 1998, S. 393-408. Michael Thomas Greven argumentiert gegen die angebliche »Stille« und verweist auf eine Vielzahl intellektueller Texte und Stellungnahmen, die in der unmittelbaren Nachkriegszeit dazu angebracht waren, eine öffentliche Auseinandersetzung und Debatte mit dem Nationalsozialismus und seinen Verbrechen anzustoßen. Michael Thomas Greven, *Politisches Denken in Deutschland nach 1945. Erfahrung und Umgang mit der Kontingenz in der unmittelbaren Nachkriegszeit*, Opladen & Farmington Hills 2007, S. 28.

442 Conan; Rousso, *Vichy*; zu den Entwicklungen in den 1970er Jahren siehe bes. S. 195-248; vgl. auch Moisel, *Frankreich*, S. 211-228.

443 Die in den Fallbeispielen herangezogenen Urteilstexte weisen eine Vielzahl unterschiedlicher juristischer Abküzungen auf: Für die LG verweist das Kürzel »KLs« auf ein Verfahren vor der Großen Kammer, »Ks« auf ein Verfahren vor dem zuständigen Schwurgericht. »Js« steht für ein durch die StA eingeleitetes Ermittlungverfahren. Bei Rechtsmittelentscheidungen verweisen die Kürzel »Ss« und »Ws« auf die zuständigen OLG, »StR« und »GSSt« auf (Revisions-) Entscheidungen des BGH. Vgl. *Justiz und NS-Verbrechen*, Register I, S. 6.

2. Alliierte Rechtssetzung oder traditionelles deutsches Strafrecht? NS-Verfahren und Täterbilder im Nachkriegsdeutschland

1 Eine ausführliche Darstellung dieser Entwicklung aus französischer Sicht bei Moisel, *Frankreich*, S. 41-96.

2 Die Delegationen vertraten die Tschechoslowakei, Polen, die Niederlande, Belgien, Luxemburg, Norwegen, Frankreich Jugoslawien und Griechenland. Der *Franc Libre* unter

Führung de Gaulles verfügte als insgesamt neunte Delegation über einen Sonderstatus, vgl. ebd., S. 53.

3 Wolfgang Form, *Justizpolitische Aspekte westalliierter Kriegsverbrecherprozesse 1942-1950*, in: Ludwig Eiber; Robert Sigl (Hg.), Dachauer Prozesse – NS-Verbrechen vor amerikanischen Militärgerichten in Dachau 1945-1948, Göttingen 2007, S. 41-66, hier S. 47f. Siehe auch die Edition *The History of the United Nations War Crimes Commission and the Development of the Laws of War.*

4 *Proklamation Nr. 1 betreffend der Aufstellung des Kontrollrats* vom 30. August 1945. Zur Arbeit des Alliierten Kontrollrats siehe Gunther Mai, *Der Alliierte Kontrollrat in Deutschland 1945-1948. Alliierte Einheit – deutsche Teilung?*, München 1995, hier S. 17-72.

5 Die Protokolle des *IMT* liegen vor als *Der Prozess gegen die Hauptkriegsverbrecher vor dem Internationalen Militärgerichtshof [IMG] Nürnberg 14. November 1945-1. Oktober 1946*, 42 Bde., Nürnberg 1947-1949. Die Charter ist abgedruckt ebd., Bd. 1, S. 7ff. Siehe zuletzt Kastner, *Völker*; als knappe Zusammenfassung Peter Steinbach, *Der Nürnberger Prozess gegen die Hauptkriegsverbrecher*, in: Gerd R. Ueberschär (Hg.), Der Nationalsozialismus vor Gericht. Die alliierten Prozesse gegen Kriegsverbrecher und Soldaten 1943-1952, Frankfurt Main 1999, S. 32-44.

6 Lawrence Douglas, *History and Memory in the Courtroom: Reflections on Perpetrator Trials*, in: Herbert R. Reginbogin; Christoph J. M. Safferling (Hg.), The Nuremberg Trials. International Criminal Law Since 1945, München 2006, S. 95-105.

7 So z. B. Christoph Kleßmann, *Die Doppelte Staatsgründung. Deutsche Geschichte 1945-1955*, Göttingen [5]1991, S. 78ff. Als erster umfassender Überblick über die Entnazifizierung in den westlichen Besatzungszonen Justus Fürstenau, *Entnazifizierung. Ein Kapitel deutscher Nachkriegspolitik*, Neuwied/Berlin 1969; siehe auch Klaus-Dietmar Henke; Hans Woller (Hg.), *Politische Säuberung in Europa. Die Abrechnung mit Faschismus und Kollaboration nach dem Zweiten Weltkrieg*, München 1991; Clemens Vollnhals (Hg.), *Entnazifizierung. Politische Säuberung und Rehabilitierung in den vier Besatzungszonen 1945-1949*, München 1991, hier S. 7-46.

8 Als kurzer Überblick zum alliierten Kriegsverbrecherprozess in Tokio: Robert B. Herde, *Das Internationale Militärtribunal für den Fernen Osten in Tokyo*, in: Gerd R. Ueberschär (Hg.), Der Nationalsozialismus vor Gericht. Die alliierten Prozesse gegen Kriegsverbrecher und Soldaten 1943-1952, Frankfurt Main 1999, S. 217-226; zu den Wirkungen auf die japanische Gesellschaft zuletzt Madoka Futamura, *War Crimes Tribunals and Transitional Justice. The Tokyo Trial and the Nuremberg Legacy*, London 2008; Yuma Totani, *The Tokyo War Crimes Trial. The Pursuit of Justice in the Wake of World War II*, Cambridge 2008.

9 Für die sowjetische Zone Andreas Hilger; Ute Schmidt; Mike Schmeitzner (Hg.), *Sowjetische Militärtribunale*, 2 Bde., Köln 2001-2003; als Überblick siehe auch Andreas Hilger, *Sowjetische Justiz und Kriegsverbrechen. Dokumentation zu den Verurteilungen deutscher Kriegsgefangener, 1941-1949*, in: Vierteljahrshefte für Zeitgeschichte 54 (2006), S. 461-515.

10 Vgl. die Edition *Trials of War Criminals before the Nuremberg Military Tribunals under Control Council Law Nr. 10.* Knappe inhaltliche Zusammenfassungen der Folgeprozesse in Gerd R. Ueberschär (Hg.), *Der Nationalsozialismus vor Gericht. Die alliierten Prozesse gegen Kriegsverbrecher und Soldaten 1943-1952*, Frankfurt am Main 1999, S. 73-212.

11 Robert Sigel, *Im Interesse der Gerechtigkeit. Die Dachauer Kriegsverbrecherprozesse 1945-1948*, Frankfurt am Main 1992; Holger Lessing, *Der erste Dachauer Prozeß 1945/46*, Baden-Baden 1993; Ludwig Eiber; Robert Sigel (Hg.), *Dachauer Prozesse. NS-Verbrechen vor amerikanischen Militärgerichten in Dachau 1945-1948*, Göttingen 2007.

12 Für die britische Zone siehe die Edition *War Crime Trials*; siehe auch Katrin Hassel, *Kriegsverbrechen vor Gericht. Die Kriegsverbrecherprozesse vor Militärgerichten in der britischen Besatzungszone unter dem Royal Warrant vom 18. Juni 1945 (1945-1949)*, Baden-Baden 2008. Zu den insgesamt sieben Ravensbrück-Verfahren in der britischen Besatzungszone in Hamburg zwischen Dezember 1946 und Mai 1948 vgl. auch die Dokumentation von Elling; Krause-Schmitt, *Ravensbrück-Prozesse Hamburg*; siehe auch Simone Erpel, *Die britischen Ravensbrück-Prozesse 1946-1948*, in: Dies. (Hg.), *Im Gefolge der SS. Aufseherinnen des Frauen-KZ Ravensbrück. Begleitband zur Ausstellung*, Berlin 2007, S. 114-128; zum ersten Hamburger Ravensbrück-Prozess, dem sogenannten Main Trial, jetzt auch Kretzer, *Täterschaft*.

13 Für die französische Zone Yveline Pendaries, *Les procés de Rastatt (1946-1950). Le jugement des crimes de guerre en zone française d'occupation en Allemagne*, Bern 1995. Zu den Ravensbrück-Verfahren in Reutlingen und Rastatt siehe auch die Dokumentation von Hanna Elling; Ursula Krause-Schmitt, *Die Ravensbrück-Prozesse vor den französischen Militärgerichten in Rastatt und Reutlingen*, in: Informationen. Studienkreis Deutscher Widerstand 18 (1993), Heft 37/38, S. 22-36. Zum Rastatter Militärtribunal gegen den letzten Kommandanten des KZ Ravensbrück, Fritz Suhren, vgl. die Dokumentation *»Jedoch verlangte ich stets Zucht und Ordnung«. Flucht und Entlastungslegenden des letzten Kommandanten von Ravensbrück, Fritz Suhren*, in: Informationen. Studienkreis Deutscher Widerstand 17 (1992), Heft 35, S. 30-37. Zum politischen Kontext der Ravensbrück-Verfahren vor französischen Gerichten siehe auch Moisel, *Frankreich*, S. 83-96.

14 In den meisten Zeitungsberichten wurde neben dem Malmédy-Prozess auch auf weitere laufende oder bevorstehende Verfahren verwiesen – zum Teil nicht durch Originalberichte sondern durch Übernahme entsprechender Agenturmeldungen. So z. B. *Die Neue Zeitung* 17. 5.1946: *Sepp Dietrich vor Gericht* [Eigenbericht]; *Schwäbische Landeszeitung* 19. 5.1946: *SS-Truppen in amerikanischen Uniformen* [Agenturmeldung DANA]; *Die Neue Zeitung* 20. 5.1946: *Mord auf höchsten Befehl* [Agenturmeldung DANA]; ebd. 24. 5.1946: *Karl Hermann Frank gehängt* [Agenturmeldung DANA]; ebd. 7. 6.1946, S. 5: *Ritterkreuz für Gefangenenmord* [Agenturmeldung DANA, dpd]; ebd. 24. 6.1946: *Verteidigung im Malmedy-Prozeß* [Agenturmeldung DANA, Reuter, AP].

15 Als knappe zeitgenössische Überblicke: Rückerl, *Strafverfolgung*, S. 25-32, 104-114; Steinbach, *Gewaltverbrechen*, S. 21-30.

16 Detaillierte Informationen über den Verlauf und die Intensität von NS-Verfahren in den europäischen Nachbarländern liefern die Beiträge in Frei, *Transnationale Vergangenheitspolitik*.

17 Martin Broszat, *Siegerjustiz oder strafrechtliche »Selbstreinigung«. Aspekte der Vergangenheitsbewältigung der deutschen Justiz während der Besatzungszeit 1945-1949*, in: Vierteljahrshefte für Zeitgeschichte 29 (1981), S. 477-544; Bernd Boll, *Wehrmacht vor Gericht. Kriegsverbrecherprozesse der Vier Mächte nach 1945*, in: Geschichte und Gesellschaft 24 (1998), S. 570-594; Ludwig Eiber, *Nach Nürnberg. Alliierte Prozesse in den Besatzungszonen*, in: Jürgen Finger; Sven Keller.; Andreas Wirsching (Hg.), Vom Recht zur Geschichte. Akten aus NS-Prozessen als Quellen der Zeitgeschichte, Göttingen 2009, S. 38-51.

18 Vgl. Matthias Etzel, *Die Aufhebung von nationalsozialistischen Gesetzen durch den Alliierten Kontrollrat (1945-1948)*, Tübingen 1992, S. 80-132.

19 *Kontrollratsgesetz Nr. 1 (Aufhebung nationalsozialistischer Gesetze)* vom 20. 9.1945; *Kontrollratsgesetz Nr. 11 (Aufhebung einzelner Bestimmungen des deutschen Strafrechts)* vom 30. 1.1946; *Kontrollratsgesetz Nr. 34 (Auflösung der Wehrmacht)* vom 20. 8.1946; *Kontrollratsgesetz Nr. 55 (Aufhebung von Vorschriften auf dem Gebiet des Strafrechts)* vom 20. 6.1947.

20 *Allgemeine Anweisung der Militärregierung an die Richter* (unveröffentlicht).

21 *Militärregierungsgesetz Nr. 1 (Aufhebung nationalsozialistischer Gesetze)* vom 18. September 1944; *Militärregierungsgesetz Nr. 2 (Deutsche Gerichte)* vom 18. September 1944. Beide Gesetze traten sukzessive in Kraft, als amerikanische Truppen die deutsche Grenze überschritten.
22 *KRG NR. 1*, Art. I.
23 *KRG NR. 11*, Art. II. *RStGB* in der Fassung vom 15. 5.1871.
24 *KRG NR. 34*, Art. III.
25 *MRG NR. 1*, Art. I.
26 Ebd., Art. II.
27 Ebd., Art. III.
28 *MRG Nr. 2*, Art. I.
29 Ebd., Art. III, IV.
30 Ebd., Art. VI.
31 So beispielsweise für Baden die *Landesverordnung über die Aufhebung von Urteilen der Strafgerichte und die Beseitigung nationalsozialistischer Eingriffe in die Strafrechtspflege* vom 23. 12.1946; für Württemberg-Baden das *Gesetz Nr. 28 zur Ahndung nationalsozialistischer Straftaten* vom 31. 5.1946 und für Württemberg-Hohenzollern die *Rechtsanordnung zur Beseitigung nationalsozialistischen Unrechts in der Strafrechtspflege* vom 16. 5.1947.
32 *Kontrollratsgesetz Nr. 4 bezüglich der Umgestaltung des deutschen Gerichtswesens* vom 30. 10.1945, Art. II. In der Folge wurden neue Revisionsgerichte eingesetzt, so durch die *Verordnung Nr. 98* der Britischen Militärregierung vom 1. 9.1947 der *Oberste Gerichtshof für die Britische Zone* (OGHBT) im Jahr 1947. Erst Ende 1950 wurde mit dem *Bundesgerichtshof* (BGH) wieder eine alleinige Revisionsinstanz für Strafsachen westdeutscher Gerichte installiert. Siehe auch Reinhard Zimmermann, *Der oberste Gerichtshof für die Britische Zone (1948-1950) und die Fortbildung des Bürgerlichen Rechts*, in: Zeitschrift für Neuere Rechtsgeschichte 3 (1981), S. 158-183.
33 Eckhard G. Franz; Hans Hubert Hofmann; Meinhard Schaab, *Gerichtsorganisation in Baden-Württemberg, Bayern und Hessen im 19. und 20. Jahrhundert*, Hannover 1989, S. 13-18; 71ff., 183ff.
34 »Die Amerikanische Militärregierung hat nunmehr entschieden, daß das deutsche Volk die Verantwortung für die Befreiung von Nationalsozialismus und Militarismus auf allen Gebieten mitübernehmen kann. [...] Zur einheitlichen und gerechten Durchführung dieser Aufgabe wird gleichzeitig für Bayern, Groß-Hessen und Württemberg-Baden das folgende Gesetz beschlossen und verkündet.« *Gesetz Nr. 104 zur Befreiung von Nationalsozialismus und Militarismus* vom 5. 3.1946, hier Präambel 5, 6.
35 Zur Reorganisation bzw. Rekonstruktion der deutschen Justiz in der unmittelbaren Nachkriegszeit Bernhard Distelkamp; Susanne Jung, *Die Justiz in den Westzonen und der frühen Bundesrepublik*, in: Aus Politik und Zeitgeschichte B 13/14 1989, S. 19-29; vgl. auch Distelkamp, *Situation.*
36 Broszat, *Siegerjustiz*, S. 479.
37 Klaus-Dietmar Henke, *Die Trennung von Nationalsozialismus. Selbstzerstörung, politische Säuberung, »Entnazifizierung«, Strafverfolgung*, in: Ders.; Hans Woller (Hg.), Politische Säuberung in Europa. Die Abrechnung mit Faschismus und Kollaboration nach dem Zweiten Weltkrieg, München 1991, S. 21-83; siehe auch Vollnhals, *Entnazifizierung*, S. 7-64.
38 Helga A. Welsh, *»Antifaschistisch-demokratische Umwälzung« und politische Säuberung in der sowjetischen Besatzungszone Deutschlands*, in: Klaus-Dietmar Henke; Hans Woller (Hg.), Politische Säuberung in Europa. Die Abrechnung mit Faschismus und Kollaboration nach dem Zweiten Weltkrieg, München 1991, S. 84-107; vgl. auch Vollnhals, *Entnazifizierung*, S. 43-55; Alexander Sperk, *Entnazifizierung und Personalpolitik in der sowjetischen Besatzungszone Köthen/Anhalt. Eine Vergleichsstudie (1945-1948)*, Dössel 2003.

39 Broszat, *Siegerjustiz*, S. 508.

40 *Verfügung Nr. 118* des Ministerpräsidenten von Württemberg-Baden vom 21. 3.1946. Siehe auch die Angaben im *Handbuch politischer Institutionen und Organisationen 1945-1949*, S. 57ff., hier S. 58; siehe hierzu auch *Communale* 10. 5.1984, S. 3 (Region): *Die Mörder sind noch immer unter uns* [Peter Köster].

41 »Gemäß ihren Verfassungen haben die Länder Hessen, Württemberg-Baden und Bayern volle gesetzgebende, vollziehende und richterliche Gewalt, die lediglich durch die folgenden, von dem stellvertretenden Militärgouverneur in den die Verfassungen bestätigenden Schreiben gemachten Vorbehalte eingeschränkt ist: a) Internationale Vereinbarungen, an denen die Vereinigten Staaten beteiligt sind; b) Vier-Mächte-Gesetzgebung; c) Befugnisse, die von der Militärregierung zur Verwirklichung grundlegender Ziele der Besatzungspolitik vorbehalten sind.« Vgl. *Proklamation Nr. 4* der amerikanischen Militärregierung vom 1. 3.1947, Art. I.

42 *Justiz und NS-Verbrechen*, Register I, S. 13.

43 Broszat, *Siegerjustiz*, S. 531.

44 Vgl. u. a. Hinrich Rüping, *Zwischen Recht und Politik: Die Ahndung von NS-Taten in beiden deutschen Staaten nach 1945*, in: Herbert R. Reginbogin; Christoph J. M. Safferling (Hg.), The Nuremberg Trials. International Criminal Law Since 1945, München 2006, S. 199-208, hier S. 199-203.

45 Zur zeitgenössischen Diskussion um *KRG Nr. 10* unter Juristen siehe die Debatte zwischen Gustav Radbruch, Freiherr Bodo von Hodenberg und August Wimmer in: Süddeutsche Juristenzeitung 2 (1947), Sondernummer »Humanitätsverbrechen und ihre Bestrafung« Märzausgabe, Sp. 113-135. Nach Ansicht Broszats der »Höhepunkt der Diskussion um das Verhältnis von KRG 10 und deutschem Strafrecht«, Broszat, *Siegerjustiz*, S. 524. Siehe zum Kontext der Debatten auch Susanne Jung, *Die Rechtsprobleme der Nürnberger Prozesse*, Tübingen 1992.

46 *KRG Nr. 4*, Art. III. Zu den einzelnen Tatbeständen, die zu einer Anklage führten, den zu ergreifenden Maßnahmen und den Zuständigkeiten der einzelnen Zonenbefehlshaber siehe auch *KRG Nr. 10*, Art. II (Tatbestände) und Art. III (Maßnahmen und Zuständigkeiten).

47 Vgl. Rüping, *Recht*, S. 200.

48 Vgl. Donald Bloxham, *The Genocidal Past in Western Germany and the Experience of Occupation, 1945-6*, in: European History Quarterly 34 (2004), S. 305-335.

49 Knappe Überblicke über die gesetzlichen Grundlagen, die materielle und personelle Situation im Nachkriegsdeutschland sowie die sich daraus ergebenden »Schwierigkeiten« in der Justizpraxis: Edith Raim, *Der Wiederaufbau der westdeutschen Justiz unter alliierter Aufsicht und die Verfolgung von NS-Verbrechen 1945 bis 1949/50*, in: Hans Braun; Uta Gerhard; Everhard Holtmann (Hg.), Die lange Stunde Null. Gelenkter Wandel in Westdeutschland nach 1945, Baden-Baden 2008, S. 141-173; dies., *Der Wiederaufbau der Justiz in Westdeutschland und die Ahndung von NS-Verbrechen in der Besatzungszeit 1945-1949*, in: Jürgen Finger; Sven Keller.; Andreas Wirsching (Hg.), Vom Recht zur Geschichte. Akten aus NS-Prozessen als Quellen der Zeitgeschichte, Göttingen 2009, S. 52-62. Aus rechtswissenschaftlicher Sicht Michael Stolleis, *Besatzungsherrschaft und Wiederaufbau deutscher Staatlichkeit 1945-1949*, in: Josef Isensee; Paul Kirchof (Hg.), Handbuch des Staatsrechts der Bundesrepublik Deutschland, Heidelberg [3]2003, Bd. 1, S. 269-313.

50 Vgl. zur Ausweitung der Zuständigkeit deutscher Gerichtsbarkeit nach ausdrücklicher Ermächtigung durch die Britische Militärregierung, *Verordnung Nr. 29* vom 16. 4.1946 (Art. I, II). Zur (zeitweisen) Ausweitung der Zuständigkeit der deutschen Justiz auf »Verbrechen gegen die Menschlichkeit« und der Möglichkeit der Alternativklage, falls ein (solches) Verbrechen auch nach geltenden deutschen Gesetzen verfolgt werden konnte, siehe *Verordnung Nr. 47* vom 30. 8.1946. *VO Nr. 47* wurde in der Folgezeit durch verschiedene

Erlasse zuerst eingeschränkt und dann erneut sukzessive ausgedehnt, vgl. *Justiz und NS-Verbrechen*, Register I, S. 15. Zum politischen und gesellschaftlichem Umfeld Joachim Reinhold Wenzlau, *Der Wiederaufbau der Justiz in Nordwestdeutschland 1945-1949*, Königstein 1979.

51 *2. Gesetz der Militärregierung zur Änderung des MRG Nr. 2*: »Kein deutsches Gericht darf sich ohne ausdrückliche Ermächtigung durch ein Gesetz, eine Verordnung oder eine Anordnung des Kontrollrats oder der Militärregierung, oder durch einen Befehl des Direktors der zuständigen Landesmilitärregierung in den folgenden Fällen oder Arten von Fällen zuständig erklären oder Gerichtsbarkeit ausüben.« (Art. I). Zur zeitgenössischen Einordnung auf amerikanischer Seite Karl Loewenstein, *Reconstruction of the Administration of Justice in American Occupied Germany*, in: Harvard Law Review 61 (1948), S. 419-467; Eli E. Nobleman, *The Administration of Justice in the United States Zone of Germany*, in: Federal Bar Journal 8 (1946), S. 70-97; ders., *American Military Courts in Germany*, in: Annals of the American Academy of Political and Social Science 267 (1950), S. 87-97.

52 Siehe mit weiteren Belegen Maier, *NS-Kriminalität*, S. 22 (Fn. 67).

53 *Gesetz Nr. 28* (WB) vom 31. 5.1946. Das Gesetz klärt u. a. die Vergehen, wegen denen sich die Angeklagten nicht auf Amnestie oder Verjährung berufen können, »insbesondere Verbrechen und Vergehen, die mit Gewalttaten und Verfolgungen aus politischen, rassischen oder religionsfeindlichen Gründen verbunden sind.«, ebd., Art. 1.

54 Laut *Anweisung der Militärregierung Baden* vom 2. 5.1946 ergab sich die Zuständigkeit der deutschen Gerichte für die »Verhandlung und Aburteilung der im Kontrollratsgesetz Nr. 10 aufgeführten Verbrechen [...] sofern sich die Straftat gegen deutsche Staatsangehörige oder Staatenlose gerichtet hat«. Vgl. Michael S. Bryant, *The Appropriation by German Courts in French-Occupied Baden of Control Council Law No. 10's Definition of Crimes against Humanity in the Prosecution of Nazi-Era Defendants 1946-1951*, in: Beth A. Griech-Polelle (Hg.), The Nuremberg War Crimes Trial and its Policy Consequences Today, Baden-Baden 2009, S. 43-54. Zum allgemeinen politischen und juristischen Rahmen Joachim Groß, *Die deutsche Justiz unter französischer Besatzung 1945-1949. Der Einfluß der französischen Militärregierung auf die Wiedererrichtung der deutschen Justiz in der französischen Besatzungszone*, Baden-Baden 2007.

55 Französische Militärregierung, *Verordnung Nr. 173* vom 23. 9.1948: »Die deutschen Gerichte sind vorbehaltlich der Bestimmungen dieser Verordnung und der besonderen Vorschriften, die den Gerichten der Besatzungsbehörde eine ausschließliche Zuständigkeit zuerkennen, für *alle* Sachen zuständig.«, Hervorhebung C. A.

56 Zur Praxis der »supervision« durch die amerikanische Militärregierung (MR) Maier, *NS-Kriminalität*, S. 26-29. Die MR machte den deutschen Behörden zur Auflage, vor allem politisch interessante Verfahren zu melden, es konnten unangekündigte Inspektionen von Seiten der MR stattfinden und diese behielt sich vor, nicht zur Anklage gebrachte Verfahren »von oben« durchzusetzen, ebd., S. 27.

57 Eine kurze Erläuterung des Terminus »Kriegsverbrechen« findet sich in Lessing, *Prozeß*, S. 36-42.

58 Heinz Artzt, *Zur Abgrenzung von Kriegsverbrechen und NS-Verbrechen*, in: Adalbert Rükkerl (Hg.), NS-Prozesse: Nach 25 Jahren Strafverfolgung. Möglichkeiten – Grenzen – Ergebnisse, Karlsruhe 1972, S. 163-194.

59 Freudiger, *Aufarbeitung*, S. 8f.

60 Freudiger, *Aufarbeitung*, S. 10. Siehe Artzt, *Abgrenzung*, S. 164; Rückerl, *NS-Verbrechen*, S. 113; Reinhard Henkys, *Die nationalsozialistischen Gewaltverbrechen. Geschichte und Gericht*, Berlin [2]1965, S. 202; Jäger, *Verbrechen*, S. 329 (Fn. 41).

61 *Justiz und NS-Verbrechen*, Register I, S. 10f.

62 Gustav Radbruch, *Gesetzliches Unrecht und übergesetzliches Recht*, in: Süddeutsche Juristenzeitung 1 (1946), Sp. 105-108.

63 »Eine Tat kann nur bestraft werden, wenn die Strafbarkeit gesetzlich bestimmt war, bevor die Tat begangen wurde.« Art. 103, Abs. 2 *GG*.

64 *BVerfGE* 95, 96 (Mauerschützen) vom 24. 10.1996. Zu den »Problemen« bei der juristischen Aufarbeitung des DDR-Unrechts siehe u. a. Knut Amelung, *Die juristische Aufarbeitung des DDR-Unrechts. Strafrechtsdogmatik und politische Faktizität im Widerstreit*, in: Alfons Kenkmann; Hasko Zimmer (Hg.), Nach Kriegen und Diktaturen. Umgang mit Vergangenheit als internationales Problem – Bilanzen und Perspektiven für das 21. Jahrhundert, Essen 2005, S. 97-107; als Bilanz Klaus Marxen; Gerhard Werle, *Die strafrechtliche Aufarbeitung von DDR-Unrecht. Eine Bilanz*, Berlin 1999.

65 Helmut König, *Juristische Feinheiten auf politischem Glatteis. Vergangenheitsbewältigung und Rückwirkungsverbot*, in: Leviathan 25 (1997), S. 445-451, Zitat S. 451.

66 Broszat, *Siegerjustiz*, S. 486f. Zur juristischen Diskussion Radbruch, *Unrecht*.

67 Bryant, *Appropriation*, S. 45.

68 *Gesetz Nr. 13 bezüglich der Gerichtsbarkeit auf den vorbehaltenen Gebieten* vom 25. 11. 1949.

69 *Erstes Gesetz zur Aufhebung des Besatzungsrechts* vom 30. 5.1956.

70 *Gesetz zur Wiederherstellung der Rechtseinheit auf dem Gebiete der Gerichtsverfassung, der bürgerlichen Rechtspflege, des Strafverfahrens und des Kostenrechts* vom 12. 9.1950.

71 Ebd., Art. VIII, Nr. 41-87.

72 Volker Gallé et al. (Hg.), *Kurpfalz und Rhein-Neckar. Kollektive Identitäten im Wandel*, Heidelberg 2008.

73 Zum Kriegsende in Deutschland vgl. Jörg Hillmann; John Zimmermann (Hg.), *Kriegsende 1945 in Deutschland*, München 2002; Gerd R. Ueberschär; Rolf Dieter Müller, *1945. Das Ende des Krieges*, Darmstadt [2]2005; für den deutschen Südwesten siehe auch Rolf Dieter Müller; Gerd R. Ueberschär; Wolfram Wette (Hg.), *Wer zurückweicht wird erschossen! Kriegsalltag und Kriegsende in Südwestdeutschland*, Freiburg 1985; Klaus-Dietmar Henke, *Die amerikanische Besetzung Deutschlands*, München 1995, S. 777-795.

74 Landau wurde im März 1945 zuerst von amerikanischen und dann im April von französischen Truppen besetzt; siehe Falko Heinz, *Landau in der Pfalz unter französischer Besatzung 1945-1949*, Frankfurt am Main et al. 2008, S. 13.

75 Reinhold Weber; Hans-Georg Wehling, *Geschichte Baden-Württembergs*, München 2007, S. 53ff.; siehe ergänzend auch die entsprechenden Beiträge in: Michael Erbe (Hg.), *Das Elsaß. Historische Landschaft im Wandel der Zeit*, Stuttgart 2002.

76 Zu den Auswirkungen der untereinander konkurrierenden Verwaltungsebenen für den Alltag der Bevölkerung in der französischen Zone Heinz, *Landau*, bes. S. 431-488.

77 *Proklamation Nr. 2* vom 19. September 1945. Vgl. Elmar Krautkrämer, *Kriegsende und Besatzungszonen*, in: Landeszentrale für politische Bildung Baden-Württemberg (Hg.), Der Weg zum Südweststaat, Karlsruhe 1991, S. 17-38.

78 Steinbach, *Gewaltverbrechen*, S. 31-37.

79 Reinhard Grohnert, *Die Entnazifizierung in Baden. Konzeption und Praxis der »Epuration« am Beispiel eines Landes der französischen Besatzungszone*, Stuttgart 1991; zu den Auswirkungen auf den Alltag der deutschen Bevölkerung Heinz, *Landau*, S. 293-317.

80 Als einzige von der Potsdamer Konferenz ausgeschlossene alliierte Siegermacht sah sich Frankreich in den ersten Jahren nach dem Krieg nicht zu der dort vereinbarten »ordnungsmäßigen Überführung deutscher Bevölkerungsteile«, so die Bezeichnung der Vertreibung der verbliebenen deutschen Bevölkerung im Text der amtlichen Verlautbarung, veranlasst. Siehe z. B. Heinz, *Landau*, S. 265-282, bes. S. 272.

81 Thomas Schnabel; Harald Schneider, *Die Vertriebenen in Südwestdeutschland*, in: Landeszentrale für politische Bildung Baden-Württemberg (Hg.), Der Weg zum Südweststaat, Karlsruhe 1991, S. 112-131; siehe auch Thomas Grosser, *Die Integration der Heimatvertriebenen in Württemberg-Baden (1945-1961)*, Stuttgart 2006; Christian Jung, *Ankunft im*

Ungewissen, Integration der Heimatvertriebenen und Flüchtlinge in der Rhein-Neckar-Region nach 1945, Heidelberg 2008.

82 Jürgen Habermas, *Der Strukturwandel der Öffentlichkeit. Untersuchungen zu einer Kategorie der bürgerlichen Gesellschaft*, Frankfurt am Main 1990, zur öffentlichen Meinung ebd., S. 343-359.

83 Frank Bösch; Norbert Frei, *Die Ambivalenz der Medialisierung. Eine Einführung*, in: Dies. (Hg), Medialisierung und Demokratie im 20. Jahrhundert, Göttingen 2006, S. 7-23, Zitat S. 7.

84 Wilke, *Massenmedien*, S. 658.

85 Ebd., S. 655f.

86 Karl Christian Führer, *»Aufmerksamkeit« und »Vertrauen« als Kategorien der Mediengeschichte*, in: Bernd Weisbrod (Hg.), Die Politik der Öffentlichkeit – Die Öffentlichkeit der Politik. Politische Medialisierung in der Geschichte der Bundesrepublik, Göttingen 2003, S. 151-174; zu den Bewertungshierarchien in Meinungsumfragen siehe bes. S. 161ff.

87 Siehe Hans-Bernd Brosius, *Agenda-Setting nach einem Vierteljahrhundert Forschung: Methodischer und theoretischer Stillstand?*, in: Publizistik 33 (1994), S. 269-288; Waldherr, *Gatekeeper*.

88 *Gesetz Nr. 104 zur Befreiung von Nationalsozialismus und Militarismus* vom 5. 3.1946, bes. Art. V-XIII. Siehe auch Henke, *Trennung*, S. 32-66; Vollnhals, *Entnazifizierung*, S. 7-64.

89 *Das neue Vaterland* erschien anfangs als Halbmonatsschrift, später in wöchentlicher Abfolge. Die Rubrik »Vor der Spruchkammer« findet sich in den späteren Jahrgängen nicht mehr im Haupttext sondern in der vierzehntägigen Beilage *Der Demokrat*.

90 Die *Volksstimme*, Mitteilungsblatt der Kommunistischen Partei Deutschlands, Bezirk Württemberg-Baden erschien zwischen 1946 und 1950. Zur »Beobachtung« der Wochenblätter der KPD in Württemberg-Baden, *Badisches Volksecho* und *Volksstimme* durch die amerikanischen Besatzungsbehörden siehe Ulrich M. Bausch, *Die Kulturpolitik der US-amerikanischen Information Control Division in Württemberg-Baden von 1945 bis 1949. Zwischen militärischem Funktionalismus und schwäbischem Obrigkeitsdenken*, Stuttgart 1992, S. 68-71.

91 Zum Gesamtkonzept Harold Hurwitz, *Die Stunde Null der deutschen Presse. Die amerikanische Pressepolitik in Deutschland 1945-1949*, Köln 1972; zu Lizenzierungsprogramm und -praxis, ebd., S. 118-153; als Fallbeispiel Norbert Frei, *Amerikanische Lizenzpolitik und deutsche Pressetradition. Die Geschichte der Nachkriegszeitung Südost-Kurier*, München 1986.

92 Zur Geschichte der Zeitung u. a. Franz Wilhelm Koch: *R 1, 4-6, ein Haus am Markt im Wandel der Zeit.* Mannheim 1959. Eine »kritische« Geschichte aus Sicht der politischen Linken durch einen ehemaligen Lokalredakteur der Zeitung: Udo Leuschner, *Zeitungs-Geschichte. Die Entwicklung einer Tageszeitung über zwei Jahrhunderte: Vom »Intelligenzblatt« zum Kabelfernsehprojekt am Beispiel Mannheims. Ein Buch über das Geschäft mit Zeitungen*, Berlin 1981, bes. S. 125-157. Zu den Gründungsmodalitäten und der raschen Entlassung Hörles wegen eines gefälschten Fragebogens im Lizenzierungsverfahren Bausch, *Kulturpolitik*, S. 65f. Auf Hörle folgte Karl Ackermann, der zuvor bereits zum Herausgebergremium der *Stuttgarter Zeitung* gehört hatte (ebd.). Siehe auch Leuschner, *Zeitungs-Geschichte*, S. 135ff., 139ff.

93 Die sozialdemokratische *Abend-Zeitung für Nordbaden und die Pfalz*, später in *Abend-Zeitung* umbenannt erschien ab dem 1. 8.1949. Das chronisch defizitäre Blatt ging zum 1. 7.1967 de facto an den *Mannheimer Morgen* über, nach einem gescheiterten Wiederbelebungsversuch wurde das Blatt 1971 endgültig eingestellt. Vgl. Leuschner, *Zeitungs-Geschichte*, S. 157-160.

94 Die Nachrichten zur engeren Region mit den städtischen Schwerpunkten Mannheim, Ludwigshafen und Heidelberg, befinden sich in der Hauptausgabe: Der Regio-

nalteil Südwest (bzw. später Südwest/Hessen) im ersten Buch, die Lokalseiten im zweiten Buch.

95 Wilke, *Massenmedien*, S. 654.

96 Schildt, *Massenmedien*, S. 633.

97 Die *Süddeutschen Mitteilungen* erschienen zwischen April und September in insgesamt 21 Ausgaben. Die Auflage lag bei bis zu 586.000 Exemplaren. Vgl. Uwe Mönninghoff, *Lizenzen – Grenzen – Turbulenzen. Der Südweststaat im Spiegel der Presse*, in: Landeszentrale für politische Bildung Baden-Württemberg (Hg.), Der Weg zum Südweststaat, Karlsruhe 1991, S. 276-289, hier S. 277. Aus der überregionalen Ausgabe der *Mitteilungen* entstand die ab dem 17. Oktober 1945 in München erscheinende *Die Neue Zeitung*. Vgl. Bausch, *Kulturpolitik*, S. 55f. Zu den Armeegruppenzeitungen auch Hurwitz, *Stunde*, S. 79-87.

98 Sie erschienen zwischen dem 16. 6. und dem 1. 9.1945. Zur amerikanischen Informationspolitik während des Kriegsendes und im Nachkrieg siehe Elisabeth Matz, *Die Zeitungen der US-Armee für die deutsche Bevölkerung (1944-1946)*, Münster 1969; siehe auch Bausch, *Kulturpolitik*, S. 54ff.

99 Später wurden die grundlegenden Informationen für die Bevölkerung wieder in eigenen städtischen Veröffentlichungen, so beispielsweise in Heidelberg in dem seit Januar 1946 wöchentlich erscheinenden *Heidelberger Amtsblatt*, publiziert.

100 Die CDU war zu diesem Zeitpunkt noch nicht gegründet worden. Zur Auswahl des Heidelberger Herausgebertrios und den Diskussionen um die Personalien Heuss und Agricola siehe Mönninghoff, *Lizenzen*, S. 277; Bausch, *Kulturpolitik*, S. 59-62.

101 Mönninghoff, *Lizenzen*, S. 277. Die *Rhein-Neckar-Zeitung* gehörte zu insgesamt 16 Lizenzzeitungen in Württemberg-Baden.

102 Die Gründungsumstände bei Bausch, *Kulturpolitik*, S. 62-64.

103 Zu den Gründungsumständen siehe Bausch, *Kulturpolitik*, S. 62-64. Das Herausgebergremium der *Stuttgarter Zeitung* hatte sich bereits im Herbst 1946 aufgelöst, ebd., S. 64.

104 Der Umfang der *Volksstimme* variierte anfänglich zwischen einem halben und einem ganzen Bogen, d. h. zwei oder vier Seiten. Die späteren Jahrgänge umfassten in der Regel zwei Bögen, d. h. acht Seiten.

105 *The Heidelberg Post* erschien im Auftrag der *Headquarters Heidelberg Military Post.*

106 *The Heidelberg Post* erschien wöchentlich und hatte einen Umfang von zwei Bögen, d. h. acht Seiten.

107 Eine Auswahl der Berichte aus dem zweiten Halbjahr 1949: *The Heidelberg Post* 23. 6. 1949, S. 1 (Titel): *Mannheim Youth Jailed For Theft* [Eigenbericht]; ebd. 21. 7.1949, S. 1, S. 6 (Titel): *Dope Ring Broken; Narcotics Seized By Army Agents* [Eigenbericht]; ebd. 21. 7. 1949, S. 2: *German Arrested For Soldiers Death* [Eigenbericht]; ebd. 25. 8.1949, S. 1 (Titel): *Counterfaiters Nabbed; 6 Get Jail Sentences* [Eigenbericht]; ebd. 29. 12.1949, S. 2: *Mannheim Court Convicts German Gasoline Thieves* [Eigenbericht].

108 Vgl. *Westdeutsche Strafverfahren*, S. X-XIV.

109 *Westdeutsche Strafverfahren*, S. X. Diese grobe zeitliche Entwicklung bestätigt, mit leichten Verschiebungen aufgrund einer abweichenden Zahlenbasis bei der Zusammenstallung der Verfahren, auch Eichmüller, *Strafverfolgung*, S. 625-629.

110 Eichmüller, *Strafverfolgung*, S. 628f. kommt zu stark abweichenden Zahlen. Unter zusätzlicher Berücksichtigung der Verfahren, die sich auf Verbrechen vor Kriegsbeginn beziehen, nimmt das Delikt der Denunziation mit über 38 Prozent den ersten Rang ein. In diese Auflistung sind aber auch Verbrechen »ohne Todesfolge«, also sogenannte minderschwere Tatvorwürfe wie Körperverletzung, Landfriedensbruch oder Freiheitsberaubung mit eingeschlossen, ebd., S. 629. Als Überblick zu den Endphaseverbrechen die Beiträge in Cord Arendes; Edgar Wolfrum; Jörg Zedler (Hg.), *Terror nach Innen. Verbrechen am Ende des Zweiten Weltkrieges*, Göttingen 2006; siehe auch Henke, *Besetzung*, S. 844-861; Edgar Wolfrum, *Widerstand in den letzten Kriegsmonaten und »Endphase-Verbrechen«*, in:

Peter Steinbach; Johannes Tuchel (Hg.), Widerstand gegen die nationalsozialistische Diktatur 1933-1945, Bonn 2004, S. 430-445; Stephen G. Fritz, *Endkampf. Soldiers, Civilians, and the Death of the Third Reich*, Lexington 2004.

111 Eichmüller, *Strafverfolgung*, S. 629, geht davon aus, dass 95 Prozent der zwischen 1945 und 1949 eingeleiteten Strafverfahren »innerhalb des Reichsgebietes in den Grenzen von 1938 begangen worden waren«.

112 Vgl. *KRG Nr. 4*, Art. III (Zuständigkeit); *KRG Nr. 10*, Art. II (Tatbestände) und Art. III (Maßnahmen und Zuständigkeiten). Siehe auch *Westdeutsche Strafverfahren*, S. Xf.; Eichmüller, *Strafverfolgung*, S. 629.

113 Keller, *Verbrechen*, passim.

114 Keller, *Verbrechen*, S. 42. Zum »Krieg nach innen« auch Elisabeth Kohlhaas, *1945 – Krieg nach innen. NS-Verbrechen in Aschaffenburg und an Aschaffenburgern*, Aschaffenburg 2005, S. 13ff.

115 Elisabeth Kohlhaas, *»Aus einem Haus, aus dem eine weiße Fahne erscheint, sind alle männlichen Personen zu erschießen«. Durchhalteterror und Gewalt gegen Zivilisten am Kriegsende 1945*, in: Cord Arendes; Edgar Wolfrum; Jörg Zedler (Hg.), Terror nach innen. Verbrechen am Ende des Zweiten Weltkrieges, Göttingen 2006, S. 51-79, Zitat S. 51.

116 Vgl. Paul, *Psychopathen*; Paul; Mallmann, *Sozialisation*; zuletzt Welzer, *Täter*.

117 Gerd Tolzien, *Macht der Nürnberger Trichter endlich alle Köpfe lichter?* in: Die Grosse Not. Sammelbroschüre 1946/1947, Meisenheim/Glan 1947.

118 In wie weit sich hierbei ein rein nationalsozialistisches Menschenbild wirklich durchsetzen konnte oder die Annahmen sich mit den konservativen Anschauungen aus der Zeit der Weimarer Republik überschnitten, kann an dieser Stelle nicht geklärt werde. Für die 1950er Jahre legt die zeithistorische Forschung insgesamt aber einen Rückgriff auf die nicht oder nur wenig durch den Nationalsozialismus desavouierten Normen und Werte aus der Zeit der Weimarer Republik oder sogar des Kaiserreiches nahe. Vgl. insbesondere die entsprechenden Beiträge in Herbert, *Wandlungsprozesse*.

119 Falko Kruse, *Zweierlei Maß für NS-Täter? Über die Tendenz schichtenspezifischer Privilegierungen in Urteilen gegen nationalsozialistische Gewaltverbrecher*, in: Kritische Justiz 11 (1978), S. 236-253.

120 Explizit thematisiert wurde dieser Zusammenhang zuletzt von Kuretsidis-Haider, *Täterinnen*.

121 *Frankfurter Rundschau* 25. 7.1981, S. 14 (Dokumentation): *»... unterlagen sie einem fast übermächtigen Befehlsdruck«* [Lea Rosh; Jörg Friedrich].

122 Zum Kriegsende in Mannheim: Friedrich Walter, *Schicksal einer deutschen Stadt. Geschichte Mannheims 1907-1945*, 2. Bde., Bd. 2: 1925-1945, Frankfurt am Main 1950, S. 288-295; Jörg Schadt (Hg.), *Der Anfang nach dem Ende. Mannheim 1945-49*, Mannheim [2]1986, S. 13-26; Joachim Irek, *Mannheim in den Jahren 1945-1949. Geschichte einer Stadt zwischen Diktatur und Republik. Darstellung*, Stuttgart u. a. 1983, S. 27-32; Jörg Schadt, *Kriegsende am unteren Neckar*, in: Ders.; Michael Caroli (Hg.), *Mannheim im Zweiten Weltkrieg. Ein Bildband*, Mannheim 1993, S. 150-178; Volker Keller, *Mannheim 1945. Kriegsende und Neubeginn*, Gudensberg-Gleichen 2004, S. 4-29; zuletzt Ulrich Nieß; Michael Caroli (Hg.), *Geschichte der Stadt Mannheim*, Bd. 3: 1914-2007, Heidelberg et al. 2009, S. 422-427.

123 Originalflugblatt StaMa, S 2/1828, 6. Zum Kriegsende in Südwestdeutschland die Beiträge in Müller; Ueberschär; Wette, *Kriegsalltag*, siehe auch Henke, *Besetzung*, S. 777-795, bes. S. 777f.

124 Handzettel der NSDAP-Ortsgruppe Mannheim Rheinau, abgedruckt in Jörg Schadt; Michael Caroli, *Mannheim im Zweiten Weltkrieg. Ein Bildband*, Mannheim 1993, S. 156 bzw. im Wortlaut in Jörg Schadt (Hg.), *Mannheim in den Jahren 1945-1949. Dokumente*, Stuttgart u. a. 1983, S. 12 (Dokument 4).

125 Vgl. Irek, *Mannheim*, S. 29. Der »Nero-Befehl« Hitlers vom 19. 3.1945 sah eine Selbstzerstörung Deutschlands auf dem Weg der »verbrannten Erde« vor, bei dem die Infrastruktur insbesondere der großen Städte sowie Versorgungseinrichtungen und Lebensmittel zu vernichten waren, um nicht in die Hände der Alliierten zu fallen. Vgl. Heinrich Schwendemann, *»Verbrannte Erde«? Hitlers »Nero-Befehl« vom 19. März 1945*, in: Kriegsende in Deutschland, Hamburg 2005, S. 158-167.

126 Für die beschriebenen Zusammenhänge siehe beispielsweise das Gedächtnisprotokoll im Nachlass des zum 1. 4.1945 von den Amerikanern eingesetzten kommissarischen Mannheimer Oberbürgermeisters Josef Braun, StaMA Braun 53/1970 oder den Bericht es späteren CDU-Stadtrates Karl Barber, StaMa, Barber 24/1967. Auszüge abgedruckt in Schadt, *Mannheim*, S. 13-18. Weitere Auszüge aus Augenzeugenberichten der letzten Tage bei Keller, *Mannheim*, S. 25-29. In der Regel nicht weiter spezifizierte und zum Teil anonyme Zeitzeugenberichte sowie persönliche Erinnerungen finden sich beispielsweise auch in den Sonderausgaben des *Mannheimer Morgens* bezüglich der 50 Jahre zurückliegenden schweren Bombenangriffe, *Mannheimer Morgen* 4./5. 9.1993 (Beilage) und der 50. Wiederkehr des Kriegsendes in Mannheim, *Mannheimer Morgen* 25./26. März 1995 (Beilage).

127 Jörg Friedrich, *Der Brand. Deutschland im Bombenkrieg 1940-1945*, Berlin/München 2002, S. 278ff. Ein knapper bebilderter Überblick bei Volker Keller, *Mannheim im Bombenkrieg 1940-1945*, Gudensberg-Gleichen 2003.

128 Irek, *Mannheim*, S. 30f.

129 Walter, *Schicksal*, S. 289f. »Wegen Hissens einer weißen Fahne Angestellte des Hauses »Samt und Seide« N 7 in den Lauerschen Gärten erschossen.«, ebd. S. 378 (Zeittafel 28. 3.1945). Walter rekurriert in seinen Bemerkungen nur auf das erste Verfahren im Jahr 1947.

130 Schadt, *Anfang*, S. 19. Siehe zuletzt auch Nieß; Caroli, *Geschichte*, S. 424.

131 Vgl. LG Mannheim, I KMs 1/47. Die vollständigen Urteile sind abgedruckt in *Justiz und NS-Verbrechen*, Bd. II, lfd. Nr. 63, S. 619-658.

132 Keller, *Mannheim*, S. 16f., alle Zitate ebd. Keller rekurriert auf beide Verfahren.

133 *Justiz und NS-Verbrechen*, Bd. II, S. 647f. (Urteil LG Mannheim 1947) bzw. 626f. (Urteil LG Mannheim 1948). Im Folgenden abgekürzt als LG Ma 1 und LG Ma 2.

134 Die Bekanntgabe des Befehls an die Untergebenen blieb zwischen den Angeklagten und Zeugen im Rahmen der Vernehmungen strittig: *Justiz und NS-Verbrechen*, Bd. II, S. 648f. (LG Ma 1). Aufgrund der Beweisaufnahme im Wiederaufnahmeverfahren sah das Gericht die vorgestellte Lesart aber als erwiesen an und ging beim Angeklagten Böse von einem »Erinnerungsirrtum« aus, *Justiz und NS-Verbrechen*, Bd. II, S. 626f. (LG Ma 2).

135 »Diesen Befehl [den Flaggenbefehl; C. A.] vollstreckte der Polizeioffizier Böse am 28. März 1945 in Mannheim gegen drei Männer. Sie waren in dem Turmhaus N 1 [sic!], an dem weiße Fahnen gehißt waren, angetroffen worden.« Diese fehlerhafte Angabe bei Schadt, *Kriegsende*, S. 160.

136 Vgl. Andreas Schenk, *Einzelhandel*, in: Ders. (Hg.), Mannheim und seine Bauten 1907-2007. Bd. 2: Bauten für Verwaltung, Handel und Gewerbe, Mannheim 2000, S. 40-63, hier S. 45f.; Barbara Kilian, *Geschäftsbauten in der Weimarer Republik*, in: Architektur in Mannheim 1918-1939, Mannheim 1994, S. 124-139, hier S. 137ff.

137 Vgl. Barbara Kilian, *Mannheim, die filmfreudige Stadt*, in: Architektur in Mannheim 1918-1939, Mannheim 1994, S. 140-147, hier 143f.; Andreas Schenk, *Kinos*, in: Ders. (Hg.), Mannheim und seine Bauten 1907-2007. Bd. 3: Bauten für Bildung, Kultus, Kunst und Kultur, Mannheim 2002, S. 146-157, hier S. 149f.

138 Vgl. Schenk, *Einzelhandel*, S. 46. Nach dem Krieg wurde an gleicher Stelle ein Neubau von der Kaufhauskette Horten genutzt; heute befindet sich dort ein Kaufhof Warenhaus.

139 *Justiz und NS-Verbrechen*, Bd. II, S. 649f. (LG Ma 1). »Da sich auf die allgemeine Bekanntgabe des Befehls hin und auf die Weisung, die drei Festgenommenen im Lauer-

Garten zu erschiessen, kein Mensch rührt, da vielmehr jeder innerlich ablehnt und sich äußerlich passiv verhält, erteilt B. schließlich den direkten Befehl an seine alten Reservemänner H. und L., die schon eine gewisse Zeit unter seinem Kommando standen und ihm daher höriger waren als die anderen«, ebd. S. 631 (LG Ma 2).

140 Ebd., S. 632.

141 Vgl. Christmut Präger; Andreas Schenk, *Grünanlagen und Plätze*, in: Andreas Schenk (Hg.), Mannheim und seine Bauten 1907-2007. Bd. 5: Bauten für Wohnen, Soziales, Plätze und Grünanlagen, Mannheim 2005, S. 136-151, hier S. 142f.

142 Präger; Schenk, *Grünanlagen*, S. 142.

143 Geboren am 26. 7.1900 in Eichfier in Pommern. Nachdem er sich im Ersten Weltkrieg als Freiwilliger gemeldet hatte, diente Böse nach Kriegsende beim Westpreußischen Grenzschutz und in der Reichswehr. Vgl. die sich zum Teil ergänzenden Angaben zum Lebenslauf: *Justiz und NS-Verbrechen*, Bd. II, S. 645 (LG Ma 1) bzw. S. 622ff. (LG MA 2).

144 Geboren am 17. 7.1901 in Müllheim. Nach einer kurzen Dienstzeit in der Reichswehr trat Hecker in seiner Heimatstadt in den Polizeidienst ein. Vgl. die sich zum Teil ergänzenden Angaben zum Lebenslauf: ebd., S. 646 (LG Ma 1) bzw. S. 624. (LG MA 2).

145 Geboren am 27. 6.1905 in Mannheim. Vgl. zu den sich zum Teil ergänzenden Angaben zum Lebenslauf: ebd., S. 646f. (LG Ma 1) bzw. S. 624f. (LG MA 2).

146 Vgl. Hans Peter Klausch, *Tätergeschichten. Die SS-Kommandanten der frühen Konzentrationslager im Emsland*, Bremen 2005, S. 265-278; Herbert, *Best*, S. 88-131; Mallmann; Paul, *Sozialisation*, S. 16-21.

147 Eine *Verfügung Chef der deutschen Polizei im Reichsministerium des Inneren* vom 21. 6. 1939 ermöglichte einer Zahl von ca. 60 Angehörigen der Polizei, in die Offizierslaufbahn übernommen zu werden. Anlass war ein akuter Mangel an geeigneten Offiziersanwärtern. Zu diesem Verweis siehe *und NS-Verbrechen*, Bd. II, S. 622 (LG MA 2).

148 Wilhelm Martens war unmittelbar nach Kriegsende von den amerikanischen Behörden als Landgerichtspräsident für Mannheim und Heidelberg eingesetzt worden, im Dezember 1945 übernahm er das Amt des Landesdirektors der Justiz in der Landesverwaltung Württemberg-Badens. Martens und Silberstein kannten sich von ihrer gemeinsamen Tätigkeit in der Mannheimer Justiz vor Silbersteins Entlassung im Jahr 1933. Vgl. Reiner Haehling von Lanzenauer, *Das Oberlandesgericht Karlsruhe und sein Präsident Max Silberstein*, in: Jahrbuch der Juristischen Zeitgeschichte 6 (2004/05), S. 399-412.

149 *KRG Nr. 10*, Art. II, 4b: »Die Tatsache, daß jemand unter dem Befehl seiner Regierung oder seines Vorgesetzten gehandelt hat, befreit ihn nicht von der Verantwortlichkeit für ein Verbrechen; sie kann aber als strafmildernd berücksichtigt werden.« In der Praxis kam aber nicht *KRG Nr. 10*, sondern das *Gesetz Nr. 28* (WB) zur Anwendung. Vgl. *Justiz und NS-Verbrechen*, Bd. II, S. 655 (LG Ma 1) bzw. S. 637 (LG Ma 2). Siehe auch *Mannheimer Morgen* 1. 3.1947, S. 5: *Der Mord in den Lauerschen Gärten* [Eigenbericht].

150 *Justiz und NS-Verbrechen*, Bd. II, S. 651 (LG Ma 1).

151 Ebd., S. 655.

152 Ebd., S. 645.

153 Ebd., S. 655.

154 Ebd., S. 652.

155 Ebd. »Die sofortige Erschiessung der Personen, die die weisse Flagge gezeigt hatten, war hiernach rechtswidrig, der darauf abzielende Befehl bezweckte auch insoweit ein Verbrechen der vorsätzlichen und rechtswidrigen Tötung und der den Befehl ausführende vollbrachte es.« Ebd. S. 654.

156 Ebd.

157 *Gesetz Nr. 28* (WB), Art. II. Vgl. auch *Justiz und NS-Verbrechen*, Bd. II, S. 654 (LG Ma 1).

158 Ebd., S. 656.
159 Ebd., S. 658.
160 Reichel, *Vergangenheitsbewältigung*, S. 66f.; Steinbach, *Prozeß*, S. 32f.
161 *Mannheimer Morgen* 1. 3.1947, S. 5.
162 Ebd.
163 Der Mannheimer Rosengarten, heute ein internationales Kongresszentrum im Herzen der Stadt, war im Zuge der 300-Jahr-Feier der Stadt (1907) bereits im April 1903 feierlich der Bevölkerung übergeben worden. Vgl. Andreas Schenk, *Veranstaltungshallen*, in: Ders. (Hg.), Mannheim und seine Bauten 1907-2007. Bd. 3: Bauten für Bildung, Kultus, Kunst und Kultur, Mannheim 2002, S. 158-171, zum Rosengarten S. 159-163.
164 *Mannheimer Morgen* 4. 3.1947, S. 1 (Titel): *Mannheimer Protest gegen das Urteil im Böse-Prozess* [Eigenbericht].
165 Paul Schreck (1892-1942) war zwischen 1911 und 1918 Mitglied der SPD, ab 1918 der KPD. In dieser Funktion war zwischen 1925 und 1928 Mitglied des Badischen Landtages, von 1928 bis 1932 Reichstagsabgeordneter für den badischen Wahlkreis 32 (Mannheim). Als bekannter Kommunist war er während der NS-Zeit der politischen Verfolgung ausgesetzt und in den Konzentrationslagern Heuberg und Kislau (1935) sowie in Buchenwald (1939-1945) inhaftiert. Noch im Jahr 1945 wurde Schreck zum Vorsitzenden der Mannheimer Ortsgruppe der KPD gewählt. Er war Mitglied des Beirats des ersten Mannheimer Oberbürgermeisters Braun (1945/46) und des ersten Gemeinderates der Stadt in der Nachkriegszeit (1946-1948). Schreck engagierte sich für den Wiederaufbau der Mannheimer IG Metall und wurde als Abgeordneter in den ersten Landtag für Württemberg-Baden gewählt. Vgl. StaMa S 1/1816; siehe auch Hermann Weber; Andreas Herbst: *Deutsche Kommunisten. Biographisches Handbuch 1918 bis 1945*, Berlin 2004, S. 697f.
166 *Mannheimer Morgen* 4. 3.1947, S. 1, Hervorhebung im Original gesperrt.
167 Ebd., Hervorhebung im Original gesperrt.
168 Ebd. Jakob Sommer (1893-1955) war zwischen 1946 und 1955 für die SPD im Mannheimer Stadtrat vertreten. Vgl. StaMa S 1/0800.
169 *Mannheimer Morgen* 4. 3.1947, S. 1.
170 Ebd. Zur Anklage vgl. *Justiz und NS-Verbrechen*, Bd. II, S. 651 (LG Ma 1).
171 Im Rahmen des ersten Berichtes war noch sehr differenziert über einzelne Punkte in Anklage, Urteil und Strafmaß berichtet worden. Vgl. *Mannheimer Morgen* 1. 3.1947, S. 5.
172 *Mannheimer Morgen* 4. 3.1947, S. 2: *Die Antwort des Volkes* [Die Forderungen der »Rosengarten«-Kundgebung].
173 Ebd. Zu den Spruchkammerverfahren als »Drehtür, bei deren Durchschreiten Absolution erteilt wurde und an deren Ausgang ein Anfang ohne NS-Vergangenheit stand« siehe Christina Ullrich, *»Ich fühl' mich nicht als Mörder!«. Die Integration von NS-Tätern in die Nachkriegsgesellschaft*, Darmstadt 2011, Zitat S. 83f.
174 *Mannheimer Morgen* 4. 3.1947, S. 2 (Kommentar): *Böse-Urteil – Herausforderung!* [Fritz Wecker].
175 Ebd., Hervorhebung im Original gesperrt.
176 Ebd., Hervorhebung im Original gesperrt.
177 *Solinger Tageblatt* 23. 10.1955: *Gericht soll sich einen Dokumentarfilm ansehen* [Eigenbericht], Hervorhebungen C. A.
178 Rückerl, *Strafverfolgung*, S. 81-84; Erläuterungen und Abgrenzungen aus dem Umfeld der Begriffe »Befehlsnotstand« bzw. »Putativer Befehlsnotstand« finden sich in den Auszügen aus einer Handreichung der *ZSt* aus dem Jahr 1963, BArch B 162/193, Bl. 7-18, abgedruckt in Mitteilungen aus dem Bundesarchiv 16 (2008), Heft 3, S. 63-69.
179 Zum Inhalt der entsprechenden *BVerfGE* siehe Rückerl, *Strafverfolgung*, S. 82f.
180 *Mannheimer Morgen* 4. 3.1947, S. 2, Hervorhebung im Original gesperrt.
181 *Volksstimme* 13. 3.1947, S. 3: *Ein Justizskandal in Mannheim* [Eigenbericht].

182 Ebd.
183 *Rhein Neckar Zeitung* 6. 3.1947, S. 2: *Unverständliches Urteil* [Eigenbericht].
184 *Badische Neueste Nachrichten,* 8. 3.1947, S. 2 (Kommentar): *Ein unverständliches Urteil* [W. B.].
185 Zitat ebd. Zum Inhalt des Verfahren gegen Tillessen und den juristischen Argumentationsfiguren: Cord Gebhardt, *Der Fall des Erzberger-Mörders Heinrich Tillessen. Ein Beitrag zur Justizgeschichte nach 1945,* Tübingen 1995.
186 *Badische Neueste Nachrichten,* 8. 3.1947, S. 2.
187 Ebd.
188 Ebd.
189 *Mannheimer Morgen* 1. 3.1947, S. 5: *Mannheimer Spruchkammer* [W. L.].
190 Ebd.
191 Ebd.
192 *Communale* 10. 5.1984, S. 3 (Region): *Die Mörder sind noch immer unter uns* [Peter Köster].
193 So der Tenor eines Doppelberichts aus der Landtagssitzung vom 27. 3.1947. *Volksstimme* 3. 4.1947, S. 3: *Verschleppungsproblem vor dem Landtag. Will der Justizminister das Mannheimer Schandurteil decken?* [Eigenbericht].
194 *Justiz und NS-Verbrechen,* Bd. II, S. 658 (LG Ma 1) bzw. S. 621 (LG Ma 2).
195 Ebd., S. 622.
196 Ebd., S. 621.
197 *Volksstimme* 22. 4.1948, S. 2: *Der Justizminister in der Klemme* [Eigenbericht].
198 Ebd.
199 Maier, *NS-Kriminalität,* S. 276-290, Zitat S. 281. Henkys, *Gewaltverbrechen,* dehnte die »merkwürdige Zurückhaltung« der Alliierten sogar auf die Übergabe von Belastungsdokumenten an deutsche Stellen aus, ebd., S. 203.
200 *Süddeutsche Allgemeine/Neue Karlsruher Zeitung* 16. 4.1948, S. 2: *Militärregierung maßregelt deutsche Justiz* [tz].
201 Ebd.: *Mr. LaFollette ist ermutigt* [tz].
202 *KRG Nr. 4,* Art. IV.
203 Harry Reicher, *The Jurist's Trial at Nuremberg,* in: Herbert R. Reginbogin; Christoph J. M. Safferling (Hg.), The Nuremberg Trials. International Criminal Law Since 1945, München 2006, S. 175-181; siehe auch Jörg Friedrich; Jörg Wollenberg (Hg.), *Licht in den Schatten der Vergangenheit. Zur Enttabuisierung der Nürnberger Kriegsverbrecherprozesse,* Berlin 1987; Jörg Friedrich, *Freispruch für die Nazijustiz. Die Urteile gegen NS-Richter seit 1948. Eine Dokumentation,* Berlin 1998.
204 Vgl. Ingo Müller, *Furchtbare Juristen. Die unbewältigte Vergangenheit unserer Justiz,* München 1987; Eva Schumann (Hg.), *Kontinuitäten und Zäsuren. Rechtswissenschaft und Justiz im »Dritten Reich« und in der Nachkriegszeit,* Göttingen 2008.
205 Brochhagen, *Nürnberg,* S. 176, 179f.
206 Siehe z. B. Helga A. Welsh, *Revolutionärer Wandel auf Befehl? Entnazifizierung und Personalpolitik in Thüringen und Sachsen (1945-1948),* München 1989, S. 131-165.
207 Dieses Vorgehen lässt sich besonders für die britische Besatzungszone nachweisen. Vgl. Friedrich, *Freispruch,* S. 139-147; Müller, *Juristen.*
208 Woll wurde, trotz bekannter persönlicher Affinität zu ehemaligen Nazi-Richtern, am Ende seiner Karriere 1956 auf den Posten des Generalstaatsanwalts in Karlsruhe befördert. Gleichzeitig gilt er als »Verhinderer« der Karriere der bekannten Mannheimer Staatsanwältin Barbara Just-Dahlmannm, die sich in der Öffentlichkeit wiederholt kritisch zur Nachkriegsjustiz geäußert hatte. Vgl. Heidrun Kämper, *»Gehorsamspflicht statt Menschenpflicht«. Die Urteile Max Silbersteins zu den Erschießungen in den Lauerschen Gärten am 28. März 1945,* in: Badische Heimat. Zeitschrift für Landes- und Volkskunde, Natur-, Um-

welt- und Denkmalschutz 87 (2007), Heft 1, S. 124-132, Zitat S. 130, 132. Zur Tätigkeit des Mannheimer Sondergerichts siehe die Sammlung von Zeitungsausschnitten in StaMa S2/1412; siehe auch Christiane Oehler, *Die Rechtsprechung des Sondergerichts Mannheim 1933-1945*, Berlin 1997.

209 Vgl. die biografischen Angaben bei Haehling von Lanzenauer, *Oberlandesgericht*, S. 406-412.

210 Im Juni 1949 wurde er zum Präsidenten des Mannheimer Landgerichts berufen, im Jahr 1955 zum Präsidenten des Oberlandesgerichts Karlsruhe. Zum Lebenslauf und zur Person Silbersteins siehe auch StaMA S 1/0788; Kämper, *Gehorsamspflicht*, S. 131. Zur Diskussion um die Rolle Silbersteins im Böse-Verfahren siehe die Stellungnahmen von Erich Krämer und Walter Kircher zum Artikel Kämpers in StaMA Bestand D1, lfd. Nr. 308. Abweichende Daten, 1. 7.1946 für die Wiedereinstellung, 1.5.1949 für die Präsidendschaft am Landgericht: Holger Radke; Günter Zobeley, *Die Gerichte im Landesgerichtsbezirk Mannheim*, in: Werner Münchbach (Hg.), Festschrift 200 Jahre Badisches Oberhofgericht, Oberlandesgericht Karlsruhe, Heidelberg 2003, S. 425-464, hier S. 450.

211 *Justiz und NS-Verbrechen*, Bd. 2, S. 622 (LG Ma 2).

212 *Mannheimer Morgen* 12. 6.1948, S. 3: *Die zweite Verhandlung gegen Böse* [mle].

213 LG Mannheim, I KMs 1/47 (Urteil vom 11. 6.1948), abgedruckt in *Justiz und NS-Verbrechen*, Bd. 2, S. 621-644, hier S. 621 (LG Ma 2). Der Zusatz »in gleichartigem rechtlichen Zusammentreffen begangener Verbrechen des Totschlags von drei Menschen« sollte verdeutlichen, dass es sich trotz dreier Toter nicht um drei einzelne Totschlagsdelikte handelte, sondern den Verbrechen eine einzige Ansprache bzw. nur ein Befehl vorausging und somit auch nur eine Verurteilung rechtmäßig war. Diese Interpretation rekurrierte auf die gleichartige Idealkonkurrenz nach §§ 73, 74 *RStGB* (Tateinheit, Tatmehrheit). Vgl. auch die Begründung des LG Mannheim, ebd. S. 639f..

214 Ebd., S. 633.

215 Ebd.

216 *Mannheimer Morgen* 12. 6.1948, S. 3.

217 Der *Mannheimer Morgen* führte den Rechtsanwalt Förderer als Beistand des Hauptangeklagten Böse, Fränkel und Härle als Rechtsbeistände der Mitangeklagten Hecker und Lauber auf, siehe ebd.

218 So auch Kämper, *Gehorsamspflicht*, S. 132.

219 Dies geht aus Abschnitt V, Rechtliche Feststellungen bezüglich der Straftat B., hervor: *Justiz und NS-Verbrechen*, Bd. II, S. 633-640 (LG Ma 2). Siehe auch III.A, Rechtliche Feststellungen bezüglich der Straftat B., ebd., S. 652-657 (LG Ma 1).

220 *MStGB* vom 10. 10.1940, § 47: »Wird durch die Ausführung eines Befehls in Dienstsachen ein Strafgesetz verletzt, so ist dafür der befehlende Vorgesetzte allein verantwortlich. Es trifft jedoch den gehorchenden Untergebenen die Strafe des Teilnehmers: 1. wenn er den erteilten Befehl überschritten hat, oder 2. wenn ihm bekannt gewesen ist, dass der Befehl des Vorgesetzten eine Handlung betraf, welche ein allgemeines oder militärisches Verbrechen oder Vergehen bezweckte. Ist die Schuld des Untergebenen gering, so kann von einer Bestrafung abgesehen werden.«

221 *KRG Nr. 10*, Art. II, 4b; *Gesetz Nr. 28* (WB), Art. I. Siehe auch *Justiz und NS-Verbrechen*, Bd. II, S. 636f. (LG Ma 2). »Die sofortige Erschiessung der Personen, die die weiße Flagge gezeigt hatten, war hiernach unter jedem Gesichtswinkel rechtswidrig, der darauf abzielende Befehl bezweckte auch insoweit ein Verbrechen der vorsätzlichen und rechtswidrigen Tötung und der den Befehl ausführende vollbrachte es.«, ebd., S. 636.

222 Ebd., S. 640-643.

223 Ebd., S. 640.

224 Ebd.

225 »Wenn zwei das Gleiche tun, ist es noch lange nicht das Gleiche.«, ebd.

226 Ebd.
227 *Justiz und NS-Verbrechen*, Bd. II, S. 656 (LG Ma 1), alle Zitate ebd.
228 Ebd., S. 657.
229 Ebd., S. 623 (LG MA 2). Auch wenn Böse nachweislich dienstliche Schreiben mit einem der Ordnungspolizei entsprechenden SS-Rang, in diesem Fall Hauptsturmführer, unterzeichnet und zweitweise entsprechende Runenabzeichen getragen haben soll, findet sich in der Personalakte kein Hinweis darauf, dass er Mitglied der SS war. Siehe auch ebd., S. 646 (LG Ma 1).
230 Ebd., S. 623f. (LG MA 2).
231 Ebd., S. 625.
232 Ebd., S. 624.
233 *Süddeutsche Zeitung* 2. 7.1954, S. 10: *Die Folterkammer von Struthof* [Eigenbericht].
234 *Justiz und NS-Verbrechen*, Bd. II, S. 623f. (LG Ma 2)
235 Ebd., S. 641. Vgl. auch *Mannheimer Morgen* 12. 6.1948, S. 3. Die beiden ostfriesischen Städte Aurich und Emden waren vor dem Jahr 1941 jeweils Dienstorte in der Polizeikarriere Böses gewesen. Der Umstand, dass ein ehemaliger Vorgesetzter Böses nun für die Entnazifizierung der Polizei zuständig war und als Täterzeuge aussagte, stellte in der Nachkriegszeit keine erwähnenswerte Ausnahme dar. Vgl. Stephan Linck, *Der Ordnung verpflichtet. Deutsche Polizei 1933-1949. Der Fall Flensburg*, Paderborn 2000; siehe auch Gerhard Fürmetz; Herbert Reinke; Klaus Weinhauer (Hg.), *Nachkriegspolizei. Sicherheit und Ordnung in Ost- und Westdeutschland 1945-1969*, Hamburg 2001; Christian Groh (Hg.), *Öffentliche Ordnung in der Nachkriegszeit*, Ubstadt-Weiher 2002; Stefan Noethen, *Alte Kameraden und neue Kollegen. Polizei in Nordrhein-Westfalen 1945-1953*, Essen 2002; Christian Groh, *Kommunale Polizei im Wiederaufbau. Sozialgeschichte der Pforzheimer und Heilbronner Polizei von 1945 bis 1959*, Ubstadt-Weiher 2003.
236 *Justiz und NS-Verbrechen*, Bd. II, S. 641 (LG Ma 2).
237 Ebd. Nahezu wortgleich auch schon ebd., S. 656 (LG Ma 1).
238 Ebd., S. 642 (LG Ma 2). In Teilen der Ausführung nahezu wortgleich auch schon ebd., S. 657 (LG Ma 1).
239 Zu den Argumentationsfiguren, mit denen die »strafmildernden Gründe« beschrieben wurden siehe Kruse, *Maß*; Maier, *NS-Kriminalität*, S. 182-200, bes. S. 188ff., 193f.
240 *Justiz und NS-Verbrechen*, Bd. II, S. 642 (LG Ma 2).
241 Ebd., Hervorhebung C. A.
242 *Mannheimer Morgen* 12. 6.1948, S. 1 (Titel): *Drei Jahre Gefängnis für Böse* [mle].
243 Ebd., S. 3, Hervorhebungen im Original gesperrt.
244 Ebd.
245 Diese individuellen Rettungshandlungen waren stets an die gesellschaftlichen Rahmenbedingungen rückgebunden, ohne deren Beachtung es nicht möglich ist, das Handeln der Beteiligten historisch wie ethisch angemessen einzuschätzen. Siehe besonders Wolfram Wette (Hg.), *Retter in Uniform. Handlungsspielräume im Vernichtungskrieg der Wehrmacht*, Frankfurt am Main 2003; ders. (Hg.), *Zivilcourage. Empörte Helfer und Retter aus Wehrmacht, Polizei und SS*, Frankfurt am Main 2003.
246 So ein Kommentar zu einigen aktuellen Urteilen im Frühjahr 1948. Siehe *Volksstimme* 24. 6.1948, S. 2: *Justiz unter der Lupe* [bi].
247 *Rhein Neckar Zeitung* 15. 6.1948, S. 3: *Polizeihauptmann Böse* [Eigenbericht].
248 *Mannheimer Morgen* 15. 6.1948, S. 2 (Kommentar): *Vorsätzlich, aber nicht fahrlässig* [Eigenbericht].
249 Ebd., Hervorhebung C. A..
250 Ebd. Zu Wehrmachtsjustiz und Wehrmachtsstrafrecht siehe die Edition *Das Wehrmachtstrafrecht im Zweiten Weltkrieg. Sammlung der grundlegenden Gesetze, Verordnungen und Erlasse*; vgl. auch Manfred Messerschmidt; Fritz Wüllner, *Die Wehmachtsjustiz im Dienste*

des Nationalsozialismus. Zerstörung einer Legende, Baden-Baden 1987; Gerhard Paul, *Ungehorsame Soldaten. Dissens, Verweigerung und Widerstand deutscher Soldaten (1939-1945)*, Sankt Ingbert 1994; Norbert Haase; Gerhard Paul (Hg.), *Die anderen Soldaten. Wehrkraftzersetzung, Gehorsamverweigerung und Fahnenflucht im Zweiten Weltkrieg*, Frankfurt am Main 1995; Fritz Wüllner, *Die NS-Militärjustiz und das Elend der Geschichtsschreibung. Ein grundlegender Forschungsbericht*, Baden-Baden [2]1997; Manfred Messerschmidt, *Die Wehrmachtsjustiz 1933-1945*, Paderborn 2005.

251 *Mannheimer Morgen* 15. 6.1948, S. 2.

252 Vgl. Jürgen Bertram, *Das Drama von Brettheim. Eine Dorfgeschichte am Ende des Zweiten Weltkrieges*, Frankfurt am Main 2005; siehe auch *Münchner Merkur* 8. 6.1953: *Grausame Hinrichtung vor Kinderaugen* [Eigenbericht]; *Süddeutsche Wochen-Zeitung* Nr. 45 1955, S. 1f. (Titel): *Brettheim. 4 Tage hingen die Leichen* [Eigenbericht].

253 *Frankfurter Rundschau* 20. 10.1955: *Standgerichts-Richter freigesprochen* [Agenturmeldung dpa]; *Frankfurter Allgemeine Zeitung* 21. 10.1955: *Freispruch für ein Standgericht des SS* [Agenturmeldung AP/dpa].

254 *Stuttgarter Zeitung* 15. 3.1958: *Erst ein Spaziergang, dann ein Todesurteil* [wfm]; ebd. 20. 3.1958: *Simon verteidigt die Todesurteile* [wfm].

255 *Frankfurter Allgemeine Zeitung* 25. 7.1960: *Der Schatten Brettheim* [Benno Reifenberg]; ebd.: *Abermals Unrecht* [Carl-Christian Kaiser]; ebd., S. 6f. (Deutschland und die Welt): *Das dritte Urteil im Simon-Prozeß* [Bernd Naumann]; siehe auch *Der Spiegel* 3. 8.1960, S. 17-21: *Kriegsverbrechen* [Eigenbericht].

256 Vgl. Hans Schultheiss (Hg.), *Die Männer von Brettheim. Lesebuch zur Erinnerungsstätte*, Villingen-Schwenningen 1993.

257 Zum ursprünglichen Konzept des »Erinnerungsortes« als einer Form kollektiv geteilter nationaler Erinnerung: Nora, *Geschichte*; zu nationalen Erinnerungsorten in Deutschenland siehe die Beiträge in Etienne François; Hagen Schulze (Hg.), *Deutsche Erinnerungsorte*, 3 Bde., München 2002.

258 Die Ausstellung wurde zusammengestellt von Walter Pahl und Marie-Luise Zürcher. Eine Onlinedokumentation der Ausstellung ist einsehbar unter http://www.widerstandsausstellung.m-o-p.de (25. 9.2007).

259 »Zu erinnern ist an drei Angestellte der Firma ›Samt & Seide‹, Hermann Adis, Adolf Doland und Erich Paul, die auf dem späteren Hortenhaus eine weiße Fahne gehisst hatten und dort von der Schutzpolizei verhaftet wurden. Am 28. März 1945, kurz vor dem Einmarsch der amerikanischen Truppen wurden sie von der NS-Polizei an der Mauer der Lauerschen Gärten standrechtlich erschossen. In der späteren Gerichtsverhandlung begründeten die Polizisten ihr Tun mit der »unvermeidlichen Erfüllung ihrer Gehorsamspflicht«. Ebd.

260 Die Entwicklung auf den Punkt bringen die zu diesem Themenkomplex gesammelten Aufsätze von Norbert Frei. Norbert Frei, *1945 und Wir. Das Dritte Reich im Bewusstsein der Deutschen*, München 2005. Siehe insbesondere den Beitrag *Die Gegenwart der Vergangenheit*, ebd., S. 7-22.

261 Zum Konzept der Alltagsgeschichte und den Geschichtswerkstätten »vor Ort« vgl. als Überblicke Alf Lüdtke (Hg.), *Alltagsgeschichte. Zur Rekonstruktion historischer Erfahrungen und Lebensweisen*, Frankfurt am Main 1989 und die Reihen *Geschichtswerkstatt* und *Berliner Geschichtswerkstatt*.

262 *Die Welt* 30. 4.2005 (Online): *Untergang vor Ort.* [René Nehring]. Der Verweis auf die Ereignisse in Mannheim ergibt sich durch die Veröffentlichung von Keller, *Mannheim.*

263 Ebd.

264 Zum Konzept der »Stolpersteine«: NS-Dokumentationszentrum der Stadt Köln (Hg.), *Stolpersteine – Gunter Demnig und sein Projekt*, Köln 2007.

265 *Mannheimer Morgen* (Online) 20. 9.2007: *Auf den Spuren der Opfer* [räu].
266 Zum Konzept der Stadtpunkte: http://www.stadt-punkte.de. Die Stadtpunkte verdanken sich einem Wettbewerb, der an der Jahreswende 1999/2000 ausgeschrieben worden war, um im Jahr des 400. Stadtjubiläums 2007 ein umfassendes und abgestimmtes Bild der Stadtgeschichte präsentieren zu können (20. 12.2009).
267 1. »Festung, Planstadt, Residenz«; 2. »Migration, Toleranz, Verfolgung«; 3. »Bürgertum, Handel, Industrie«; 4. »Demokratie, Arbeiterbewegung, Widerstand« und 5. »Lebendige Stadt, Geschundene Stadt, Moderne Großstadt«. Vgl. http://www.mannheim.de/io2/browse/webseiten/stadtgeschichte/stadtpunkte (20. 12.2009).
268 Eigene Abschrift C. A.
269 So unter der Rubrik »Sehenswert: Naturschutzgebiete, Parks und Friedhöfe« die »Lauerschen Gärten«: »Eine Gedenktafel erinnert an Hermann Adis, Adolf Dohland und Erich Paul, drei Mannheimer Bürger, die hier am 28. März 1945 kurz vor dem Einrücken der Amerikaner die weiße Fahne hissten. Sie wurden deswegen in den Lauer-Gärten [sic!] von ***kadavertreuen Verfechtern*** des Naziregimes ›standrechtlich‹ erschossen«. DUMONT direkt Mannheim, Ostfildern 2006, S. 100, Hervorhebung C. A. Das zum 400. Jubiläum der Stadt veröffentlichte Lexikon *Mannheim. 400 Jahre Quadratestadt – das Lexikon*, Mannheim/Leipzig 2006 verzichtet auf die Wiedergabe des Ereignisses, obwohl unter dem Stichwort »Lauersche Gärten« die Festungsanlage inklusive der Gedenktafel für die drei Getöteten abgebildet ist, ebd., S. 188.
270 *Der Oberbürgermeister der Stadt Mannheim, Beschlussvorlage Nr. 275/2001* vom 2. 5.2001, Mahnmal für die jüdischen Opfer des Nationalsozialismus, Aktenzeichen V-41.92.21, Anlage 1: Gedenkstätten, Denkmäler und Gedenktafeln in Mannheim, die an die Opfer des NS-Regimes erinnern, Listenpunkt C: Hauptfriedhof. Anlage 1 enthält die Auskunft des Mannheimer Stadtarchiv vom 21. 2.2000, Aktenzeichen 16.74.10-Gedenkst. NS, Sachbearbeiter Michael Caroli.
271 *Der Oberbürgermeister der Stadt Mannheim, Beschlussvorlage Nr. 91/2004* vom 30. 1.2004, Ehrengräber. Bildung einer Kommission zur Begutachtung der im Buch »Die Friedhöfe in Mannheim« beschriebenen Grabstätten, Aktenzeichen FM, III, Bestehende Liste der Gräber, Listenpunkt D: Dauernde Grabpflege ehrenhalber [bzw. aus besonderen Anlässen; C. A.].
272 Dies ergibt sich aus den Angaben über die jeweilige Grabbelegung in den entsprechenden Beschlussvorlagen der Stadt Mannheim. Stadt Mannheim, Beschlussvorlage Nr. 91/2004, Bestehende Liste der Gräber, Listenpunkt D: Dauernde Grabpflege ehrenhalber [bzw. aus besonderen Anlässen; C. A.] »Die nachfolgend aufgeführten befinden sich in einer Grabstätte: Adis, Hermann – Dohland, Adolf – Link, Viktor – Paul, Erich.«, Hervorhebung im Original fett. Zu den Mannheimer Ehrengräbern vgl. auch die Angaben im Bestand StaMa 13/1977, lfd. Nr. 1588.
273 Stadt Mannheim, Beschlussvorlage Nr. 275/2001, Anlage 1, Listenpunkt H: Gedenktafeln für einzelne NS-Verfolgte. Der Text der Tafel lautet: »Am 28. März 1945 wurden in den ›lauerschen Gärten‹ die Mannheimer Bürger Hermann Adis, Adolf Dohland und Erich Paul Opfer der nationalsozialistischen Willkürjustiz.« Eine Abbildung der Gedenktafel in Michael Caroli, *Vergangenheit, die nicht vergeht*, in: Jörg Schadt; ders. (Hg.), Mannheim im Zweiten Weltkrieg. Ein Bildband, Mannheim 1993, S. 179-189, Foto (mit Datum) S. 179. Siehe auch Kämper, *Gehorsamspflicht*, S. 129.
274 Kämper, *Gehorsamspflicht*, S. 124.
275 Stefan Klemp, *»Nicht ermittelt«. Polizeibataillone und die Nachkriegsjustiz. Ein Handbuch*, Münster 2005, hier S. 351-401. Zur Rolle der Schutz- und Kriminalpolizei in der NS-Zeit Heiner Lichtenstein, *Himmlers grüne Helfer. Die Schutz- und Ordnungspolizei im »Dritten Reich«*, Köln 1990. Zum beschriebenen Übergang in der Nachkriegszeit und der

frühen Bundesrepublik siehe auch Fürmetz; Reinke; Weinhauer, *Nachkriegspolizei*; Groh, *Ordnung*; Noethen, *Kameraden*; Groh, *Polizei*.

276 Levy; Sznaider, *Erinnerung*, S. 68-109. Siehe auch Tom Segev, *Die siebte Million. Der Holocaust und Israels Politik der Erinnerung*, Hamburg 1995; Tony Judt, *Die Vergangenheit ist ein anderes Land. Politische Mythen im Nachkriegseuropa*, in: Transit 6 (1993), Herbstheft, S. 87-120; Novick, *Holocaust*.

3. Revisionsforderungen »an allen Fronten«: NS-Verfahren und Täterbilder in der frühen Bundesrepublik

1 Vgl. *Gesetz Nr. 13 bezüglich der Gerichtsbarkeit auf den vorbehaltenen Gebieten* vom 25. 11.1949.

2 Am 31. 8.1951 hatten die britische (*Verordnung Nr. 234*) und die französische Militärregierung (*Verordnung Nr. 171*) die nach *KRG Nr. 10*, Art. III ergangene Ermächtigung der deutschen Justiz in ihren Zuständigkeitsbereichen aufgehoben. Die amerikanische Militärregierung hatte diese Ermächtigung nur im Einzelfall erteilt. In der Praxis war somit eine Verurteilung von NS-Verbrechen nur noch nach deutschem Strafrecht möglich. *KRG Nr. 10* wurde erst durch das *Erste Gesetz zur Aufhebung des Besatzungsrechts* vom 30. 5.1956 vollständig aufgehoben.

3 *Vertrag zur Regelung aus Krieg und Besatzung entstandener Fragen und Gesetz zur Beseitigung der Wirksamkeit und Aufhebung bestimmter Vorschriften des Besatzungsrechts* vom 5. 5.1955, Art. 7, 1 (Erster Teil. Allgemeine Bestimmungen).

4 Siehe in diesem Zusammenhang auch das Zusatzabkommen zum Überleitungsvertrag zwischen Deutschland und Frankreich von 1971 bzw. 1975 Moisel, *Frankreich*, S. 211-228.

5 Uwe Wesel, *Geschichte des Rechts. Von den Frühformen bis zum Vertrag von Maastricht*, München 1997, S. 517.

6 Joachim Perels, *Das juristische Erbe des »Dritten Reiches«. Beschädigungen der demokratischen Rechtsordnung*, Frankfurt/New York 1999, S. 92.

7 Weinke, *Verfolgung*, passim; siehe auch Christian Meyer-Seitz, *Die Verfolgung von NS-Straftaten in der Sowjetischen Besatzungszone*, Berlin 1998; Hermann Wentker, *Die juristische* Ahndung von NS-Verbrechen in der sowjetischen Besatzungszone und in der DDR, in: Kritische Justiz 35 (2002), S. 60-78; zuletzt Henry Leide, *NS-Verbrecher und Staatssicherheit. Die geheime Vergangenheitspolitik der DDR*, Göttingen 2005.

8 Als Überblicke Heimo Halbrainer; Martin F. Polaschek (Hg.), *Kriegsverbrecherprozesse in Österreich. Eine Bestandsaufnahme*, Graz 2003; Thomas Albrich; Winfried R. Garscha; Martin F. Polaschek (Hg.), *Holocaust und Kriegsverbrechen vor Gericht. Der Fall Österreich*, Innsbruck 2006; als einführende Zusammenfassung zuletzt Claudia Kuretsidis-Haider, *Die strafrechtliche Verfolgung von NS-Verbrechen durch die österreichische Justiz*, in: Jürgen Finger; Sven Keller.; Andreas Wirsching (Hg.), Vom Recht zur Geschichte. Akten aus NS-Prozessen als Quellen der Zeitgeschichte, Göttingen 2009, S. 74-83.

9 Vgl. Rückerl, *Strafverfolgung*, S. 33-72; Freudiger, *Aufarbeitung*, S. 12-34.

10 So beispielsweise gegenüber Israel im *Luxemburger Abkommen* vom 10. 9.1952. Vgl. Niels Hansen, *Aus dem Schatten der Katastrophe. Die deutsch-israelischen Beziehungen in der Ära Konrad Adenauer und David Ben Gurion. Ein dokumentarischer Bericht*, Düsseldorf 2002, S. 155-366; zum deutsch-israelischen Verhältnis auch Axel Frohn (Hg.), *Holocaust und Shilumin. The Policy of Wiedergutmachung*, Washington D. C. 1991; Yeshayahu A. Jelinek

(Hg.), *Zwischen Moral und Realpolitik. Deutsch-israelische Beziehungen 1945-1965. Eine Dokumentensammlung*, Gerlingen 1999; Dominique Trimbur, *De la Shoah à la résoncilisation ? La question des relations RFA-Israeël*, Paris 2002. In der Bundesrepublik selbst regelte umfassendere Ansprüche zuerst das *Bundesergänzungsgesetz zur Entschädigung für Opfer nationalsozialistischer Verfolgung* vom 18. 9.1953. Als Überblicke Konstantin Goschler, *Wiedergutmachung. Westdeutschland und die Verfolgten des Nationalsozialismus 1945-1954*, München 1992; Hans Günter Hockerts; Christiane Kuller (Hg.), *Nach der Verfolgung. Wiedergutmachung nationalsozialistischen Unrechts in Deutschland?*, Göttingen 2003; Constantin Goschler, *Schuld und Schulden. Die Politik der Wiedergutmachung für NS-Verfolgte seit 1945*, Göttingen 2005. Insgesamt beruhigte die Wiedergutmachung – allen Vorbehalten zum Trotz – das deutsche Gewissen. Den Tätern blieb auf diesem Weg, anders als in späteren Jahren in den großen NS-Verfahren, der Anblick der Opfer erspart. Weitere Opfer wurden in der Folge ausgespart: Kommunisten blieben »Verfassungsfeinde«, störende Minoritäten wie Homosexuelle oder Zigeuner wurden zu »Nichtopfern« deklariert, die »lediglich« kriminalpräventiven Maßnahmen ausgesetzt gewesen seien, vgl. beispielsweise Gilad Margalit, *Die deutsche Zigeunerpolitik nach 1945*, in: Vierteljahrshefte für Zeitgeschichte 45 (1997), S. 557-588.

11 Zu den gesetzlichen Grundlagen der Ahndung von NS-Verbrechen in Österreich Claudia Kuretsidis-Haider, *»Das Volk sitzt zu Gericht«. Österreichische Justiz und NS-Verbrechen am Beispiel der Engerau-Prozesse 1945-1954*, Innsbruck 2006, bes. S. 33-64.

12 *Verfassungsgesetz über das Verbot der NSDAP* vom 8. 5.1945.

13 *Verfassungsgesetz über Kriegsverbrechen und andere nationalsozialistische Untaten* vom 26. 6.1945.

14 Vgl. Karl Marschall, *Volksgerichtsbarkeit und Verfolgung von nationalsozialistischen Gewaltverbrechen in Österreich. Eine Dokumentation*, Wien ^{2}1987.

15 *Bundesverfassungsgesetz womit Bestimmungen des Nationalsozialistengesetzes abgeändert oder aufgehoben werden* vom 14. 3.1957.

16 Meyer-Seitz, *Verfolgung*, S. 345-348; siehe auch Weinke, *Verfolgung*, S. 24-49, bes. S. 43-47; am Beispiel Thüringens und Sachsens Welsh, *Wandel*, S. 43-85. Zu einzelnen Zeitphasen des juristischen Umgangs mit der NS-Vergangenheit in der DDR und aktuellen Forschungsproblemen Annette Weinke, *Strafverfolgung von NS-Verbrechen in der sowjetischen Besatzungszone und der DDR. Diskussion und Perspektiven*, in: Jürgen Finger; Sven Keller; Andreas Wirsching (Hg.), Vom Recht zur Geschichte. Akten aus NS-Prozessen als Quellen der Zeitgeschichte, Göttingen 2009, S. 63-73.

17 Zu Verbrechen gegen die Menschlichkeit vor ostdeutschen Gerichten Meyer-Seitz, *Verfolgung*, S. 102-117.

18 Vgl. *Direktive Nr. 38* des *AKR*. In der amerikanischen und französischen Zone legitimiert die Direktive die Einrichtung von Spruchkammern zur politischen Säuberung, in der britischen Zone die Entnazifizierungsausschüsse. Vgl. Rüping, *Recht*, S. 205f.; Meyer-Seitz, *Verfolgung*, S. 155-161.

19 *Befehl Nr. 201 der Sowjetischen Militäradministration (Richtlinien der Anwendung der Direktiven Nr. 24 und Nr. 38 des Kontrollrats)* vom 21. August 1947 sah die vollständige Säuberung aller öffentlichen Ämter und der Wirtschaft »von aktiven Faschisten, Militaristen und Kriegsverbrechern« vor. Vgl. Rüping, *Recht*, S. 104f.; zur Anwendung Meyer-Seitz, *Verfolgung*, S. 162-171; siehe auch Weinke, *Verfolgung*, S. 63-67.

20 *Befehl Nr. 43 der Sowjetischen Militäradministration (Amnestie anlässlich des 100. Jahrestages der Revolution von 1848 in der sowjetischen Besatzungszone Deutschlands)* vom 18. 3. 1948, hier Punkte 1, 2.

21 *Gesetz über den Erlaß von Sühnemaßnahmen und die Gewährung staatsbürgerlicher Rechte für ehemalige Mitglieder und Anhänger der Nazipartei und Offiziere der faschistischen Wehrmacht* vom 11. November 1949.

22 Annette Weinke, *»Alliierter Angriff auf die nationale Souveränität«? Die Strafverfolgung von Kriegs- und NS-Verbrechen in der Bundesrepublik, der DDR und Österreich*, in: Norbert Frei (Hg.), Transnationale Vergangenheitspolitik. Der Umgang mit deutschen Kriegsverbrechern in Europa nach dem Zweiten Weltkrieg, Göttingen 2006, S. 37-93, hier S. 92f.

23 Udo Wengst, *1969. Das vorzeitige Ausscheiden von Heinrich Lübke aus dem Bundespräsidentenamt. Zweierlei »Vergangenheitsbewältigung« im Systemkonflikt*, in: Ders.; Hermann Wentker (Hg.), Das doppelte Deutschland. 40 Jahre Systemkonkurrenz, Berlin 2008, S. 161-182, Zitat S. 179. Wengst bezieht sich hier ausdrücklich auch auf Weinke, *Verfolgung*, S. 354 bzw. dies., *Angriff*, S. 93.

24 Frei, *Vergangenheitspolitik*. Als Überblick über Veröffentlichungen zur Vergangenheitspolitik Kay Schiller, *The Presence of the Nazi Past in the Early Decades of the Bonn Republic*, in: Journal of Contemporary History 39 (2004), S. 285-294; zur Rezeption der Vergangenheitspolitik in der englischsprachigen Geschichtswissenschaft John P. Teschke, *Hitler's Legacy. West Germany Confronts the Aftermath of the Third Reich*, New York 1999.

25 Greve, *Umgang*, S. 15.

26 Vgl. Klaus Naumann, *Einleitung*, in: Ders. (Hg.), Nachkrieg in Deutschland, Hamburg 2001, S 9-26, hier S. 9; zur zeitlichen Abgrenzung der Nachkriegszeit Axel Schildt, *Nachkriegszeit. Möglichkeiten und Probleme der westdeutschen Geschichte nach dem Zweiten Weltkrieg und ihre Einordnung in die westdeutsche Geschichte des 20. Jahrhunderts*, in: Geschichte in Wissenschaft und Unterricht 44 (1993), S. 567-584.

27 Reichel, *Erinnerung*, S. 25.

28 Robert G. Moeller, *War Stories: The Search for a Usable Past in the Federal Republic of Germany*, in: American Historical Review 101 (1996), S. 1008-1048, hier S. 1011ff., 1019; ders., *War Stories. The Search for a Usable Past in the Federal Republic of Germany*, Berkeley 2001; zu verschobenen bzw. partiellen Erinnerungen Klaus Neumann, *Shifting Memories. The Nazi Past in the New Germany*, Ann Arbor 2000.

29 Wilfried Loth, *Verschweigen und Überwinden. Versuch einer Bilanz*, in: Ders.; Bernd A. Rusinek (Hg.), Verwandlungspolitik. NS-Eliten in der westdeutschen Nachkriegsgesellschaft, Frankfurt/New York 1998, S. 353-360, Zitat S. 353.

30 Norbert Frei, *Vergangenheitspolitik in den fünfziger Jahren*, in: Ebd., S. 79-92, Zitat S. 79.

31 Zusammenfassend: Joachim Perels, *Amnestien für NS-Täter in der Bundesrepublik*, in: Redaktion Kritische Justiz (Hg.), Die juristische Aufarbeitung des NS-Unrechts, Baden-Baden 1998, S. 677-687.

32 *Gesetz über die Gewährung von Straffreiheit* vom 31. 12.1949. Eine detaillierte Nachzeichnung des Entstehungsprozesses des Gesetzes bei Frei, *Vergangenheitspolitik*, S. 29-53.

33 Ebd., S. 51ff.

34 *Justiz und NS-Verbrechen*, Register II, S. 16.

35 Frei, *Vergangenheitspolitik*, S. 29. Vgl. auch ders., *Amnestiepolitik der Bonner Anfangsjahre: Die Westdeutschen und die NS-Vergangenheit*, in: Universitas – Zeitschrift für interdisziplinäre Wissenschaft, Nr. 606 (1996), S. 1147-1169.

36 *Gesetz zur Regelung der Rechtsverhältnisse der unter Artikel 131 des Grundgesetzes fallenden Personen* vom 11. 5.1951. Eine detaillierte Nachzeichnung des Entstehungsprozesses des Gesetzes bei Frei, *Vergangenheitspolitik*, S. 69-100.

37 Zitat nach Art. 131 *GG*.

38 Siehe auch Bert-Oliver Manig, *Die Politik der Ehre. Die Rehabilitierung der Berufssoldaten in der frühen Bundesrepublik*, Göttingen 2004.

39 Zu Transition, Entnazifizierung und folgender Rehabilitation siehe auch Ullrich, *Mörder*.

40 Für einen Überblick über die Maßnahmen zur Wiedergutmachung nationalsozialistischen Unrechts in Deutschland seit den 1950er Jahren Hans Günter Hockerts, *Wiedergutmachung. Ein umstrittener Begriff und ein weites Feld*, in: Ders.; Christiane Kuller (Hg.), Nach der Verfolgung. Wiedergutmachung nationalsozialistischen Unrechts in Deutschland?,

Göttingen 2003, S. 7-33. Zur Geschichte der Wiedergutmachung aus rechtswissenschaftlicher Sicht Hermann-Josef Brodesser et al., *Wiedergutmachung und Kriegsfolgenliquidation. Geschichte – Regelungen – Zahlungen*, München 2000.

41 Steinbach führt an, das Gesetz sei, trotz einstimmigen Votums des Bundestages, in der Öffentlichkeit durchaus umstritten gewesen, gleichwohl habe es das *BVerfG* in mehreren Entscheidungen »für rechtmäßig und verfassungskonform« erklärt. Es sei deshalb, bei aller notwendigen Kritik, zumindest als ein Versuch anzuerkennen, die Entnazifizierungsproblematik endgültig zu lösen: auf dem Wege einer umfassenden politischen und sozialen Integration ehemaliger Nationalsozialisten. Vgl. ders., *Gewaltverbrechen*, S. 39.

42 *Gesetz zur Regelung der Wiedergutmachung nationalsozialistischen Unrechts für Angehörige des öffentlichen Dienstes* vom 11. Mai 1951. Das Gesetz sah »relativ günstige Entschädigungsansprüche« für Angehörige des öffentlichen Dienstes, die vom NS-Regime verfolgt worden waren, vor. Siehe Hockerts, *Wiedergutmachung*, S. 8.

43 Vgl. Freudiger, *Aufarbeitung*, S. 21; exemplarisch Noethen, *Kameraden*. Siehe auch Linck, *Ordnung*; Fürmetz; Reinke; Weinhauer, *Nachkriegspolizei*; Groh, *Ordnung*; ders., *Polizei*.

44 *Gesetz über den Erlass von Strafen und Geldbußen und die Niederschlagung von Strafverfahren und Bußgeldverfahren* vom 17. 7.1954.

45 Vgl. Frei, *Vergangenheitspolitik*, S. 100-131, hier S. 123; Perels, *Amnestien*, S. 679.

46 *Straffreiheitsgesetz* vom 17. 7.1954, § 1.

47 Ebd., § 9.

48 Steinbach, *Gewaltverbrechen*, S. 42.

49 Perels, *Erbe*; ders., *Mythos*; siehe auch ders., *Entsorgung der NS-Herrschaft? Konfliktlinien im Umgang mit dem Hitler-Regime*, Hannover 2004.

50 Herbert, *Best*, S. 436.

51 *Christ und Welt* 15. 3.1951: *Werl – das Landsberg der Briten* [Eigenbericht].

52 Einen luziden Überblick über den Umgang mit deutschen Kriegsverbrechen in den übrigen europäischen Staaten bieten die Beiträge in Frei, *Transnationale Vergangenheitspolitik*.

53 Die Gruppen bildeten die operativen Einsatz-Einheiten der Geheimen Feldpolizei (GFP). Die Aufgaben der GFP lagen im Zweiten Weltkrieg darin, alle volks- und staatsgefährdenden Bestrebungen in den jeweiligen nicht-deutschen Operationsgebieten zu bekämpfen. Hierzu zählten Spionage, Sabotage, feindliche Propaganda sowie Zersetzung im Operationsgebiet. Vgl. Klaus Gessner, *Geheime Feldpolizei. Zur Funktion und Organisation des geheimpolizeilichen Exekutivorgans der faschistischen Wehmacht*, Berlin (Ost) 1986.

54 *Kieler Nachrichten* 11. 9.1950, S. 2 (Zur Lage): *Wer ist in Belgien schuldig geworden?* [Hans Schäfer], Hervorhebung im Original gesperrt. Der Erschießung belgischer Staatsbürger widmete sich auch das Verfahren gegen den später von Hitler abgesetzten obersten militärischen Befehlshaber im besetzten Belgien, General Alexander von Falkenhausen. Vgl. *Die Neue Zeitung* 13. 10.1950, S. 6: *Falkenhausen steht vor seinem Richter* [Eigenbericht].

55 *Schwäbische Landeszeitung* 20. 8.1952 (Zum Tage...): *Recht für alle* [fst], Hervorhebung C. A.

56 *Die Zeit* 8. 3.1951, S. 1 (Titel): *Todesurteile und Drohbriefe* [Marion Gräfin Dönhoff].

57 Ebd. Zur These von der vermeintlichen deutschen »Kollektivschuld« beispielsweise Jan Friedmann; Jörg Später, *Britische und deutsche Kollektivschuld-Debatte*, in: Ulrich Herbert (Hg.), Wandlungsprozesse in Westdeutschland. Belastung, Integration, Liberalisierung 1945-1980, S. 53-90.

58 *Die Zeit* 26. 9.1950, S. 3: *Die Kriegsverbrecherprozesse* [Paul Leverkuehn].

59 Siehe auch Jörg Friedrich, *Das Gesetz des Kriegs: Das deutsche Heer in Rußland 1941 bis 1945. Der Prozeß gegen das Oberkommando der Wehrmacht*, München et al. 1993; Oliver von Wrochem, *Erich von Manstein: Vernichtungskrieg und Geschichtspolitik*, Paderborn et al. 2006, hier S. 164-192.

60 Als Beispiel unter vielen *Die Neue Zeitung* 18. 5.1951 (Norddeutschland): *Acht Generale warten auf ein gerechtes Urteil* [Eigenbericht].
61 *Darmstädter Echo* 5. 6.1951 (Das Echo des Lesers): *Ein Ruf an das Gewissen der Welt* [H. Krämer, Student, Darmstadt].
62 *Westdeutsches Tageblatt*, 14. 10.1950: *Macht- und rechtlose »Kriegsverbrecher«* [Eigenberichte].
63 Vgl. *Christ und Welt* 15. 3.1951.
64 Ebd. 18. 2.1951: *Auf Nürnberger Boden* [Eigenbericht].
65 Peter Köpf, *Schreiben nach jeder Richtung. Goebbels-Propagandisten in der westdeutschen Nachkriegspresse*, Berlin 1995, S. 74.
66 Ebenfalls über einen großen Leserkreis verfügten die Zeitschriften *Quick*, *Neue Revue* und *Hör Zu!* vgl. Rainer Rutz, *Alte Netze – neu gestrickt. Von der NS-Auslandpropaganda zur konservativen Nachkriegspresse: Die Netzwerker von »Signal«*, in: Erhard Schütz; Peter Uwe Hohendahl (Hg.), Solitäre und Netzerker. Akteure des kulturpolitischen Konservatismus nach 1945 in den Westzonen Deutschlands, Essen 2009, S. 167-184.
67 *Ost-West-Kurier* 3. 1.1951: *»Den Landsleuten die Schlinge um den Hals«* [Sepp Schwarz]; *Frankfurter Allgemeine Zeitung* 13. 1.1951 (Literaturblatt): *Recht-Haben* [ri]. In eine ähnliche Richtung argumentierte auch der ehemalige Dekan der Londoner St. Pauls Cathedral, W. R. Inge im *Offenburger Tageblatt* 12. 2.1951: *Fragwürdigkeit der Nürnberger Prozesse* [W. R. Inge]; siehe auch den Bischof von Chichester in einem Schreiben an die Londoner *Times*, zitiert nach den *Nürnberger Nachrichten* 22. 10.1952: *Zeit zum Erbarmen gekommen* [Agenturmeldung AP].
68 *Mittelbayerische Zeitung* 15. 10.1952 (Der kurze Kommentar): *Im Schatten von Nürnberg* [h-r]; siehe auch *Pfälzische Volkszeitung* 13. 10.1952: *Das Recht und der Generalvertrag* [A. K.]; *Heilbronner Stimme* 16. 10.1952 (Pressestimmen): *Nürnbergs Schatten* [Auszug aus einem Kommentar der deutsch-amerikanischen Wochenzeitung *Sonntagspost*, Winona].
69 *Aachener Nachrichten* 30. 5.1953: *Noch 100 »Kriegsverbrecher« in Werl* [Armin Koblitz].
70 *Cellesche Zeitung* 26. 1.1951 (Unsere Glosse...): *Nürnberg soll Vorbild bleiben* [Eigenbericht]; *Frankfurter Allgemeine Zeitung* 12. 2.1951: *Sieger als Richter* [gr], Zitat ebd.
71 *Kasseler Post* 31. 3.1951: *Faules Nürnberger Ei* [Kj].
72 So der Tenor der Befragung von Korrespondenten in Frankreich, den USA, Italien, England und Skandinavien, vgl. *Süderländer Volksfreund* 27. 3.1951: *Die Welt denkt heute anders* [eigene Korrespondentenberichte].
73 *Die Neue Zeitung 4. 6.1951*: *Verbrecher dürfen nicht straffrei bleiben* [F. A.]. Ebenfalls in abwägendem Ton *Der Tagesspiegel* 18. 10.1952: *Problematik der »Kriegsverbrecher«-Prozesse* [Alex Schmalfuß].
74 *Frankfurter Neue Presse* 24. 4.1952: *Kriegsverbrecher gestern, heute – morgen?* [Michael Mansfeld].
75 Vgl. *Ost-West-Kurier* 3. 1.1951; siehe auch *Frankfurter Allgemeine Zeitung* 13. 1.1951.
76 *Pfälzische Volkszeitung* 13. 10.1952, Hervorhebung C. A.
77 *Der Landbote* 21. 8.1952: *Die deutschen Kriegsgefangenen* [L. Spahl, Studienrat, Essen].
78 *The Spectator* 7. 11.1952, S. 591ff.: *The War Criminals* [Ernst Friedländer], Zitat S. 591. Siehe auch *The Jewish Way* 12 (1952), Nr. 3 (Dezember), S. 1f. (Titel): *Zur Begnadigung der Kriegsverbrecher* [Bruno Blau]; *Sie* 29. 7.1951, S. 4: *Sind alle Kriegsverbrecher „Kriegsverbrecher"?* [Albert Willy Meyer].
79 Für eine französische Reaktion siehe z. B. den Kommentar des Mitgliedes der Académie Français, des Rechtsanwalts und Schriftstellers Maurice Garçon, im Kairoer Ägyptischen Börsenblatt *Bourse Egyptienne Le Caire* 20. 8.1951: *A Propos Des Proces De Nuremberg* [Maurice Garçon].
80 *Westdeutsche Allgemeine* 16. 5.1952 (Aus dem Westen): *WERL – 2.557 Tage und Nächte* [»Heimkehrerberichte«, zusammengestellt von Rolf Butler]; siehe auch die rechtskonser-

vative Zeitung *Die Deutsche Zukunft* 10. 10.1953: *Was geschieht hinter den Mauern von Werl?* [Eigenbericht].

81 *Post* 25. 11.1953: *Werl-Kommandant verweigert Menschenrecht* [Eigenbericht].

82 *Die Zeit* 8. 10.1953, S. 1 (Titel): *Kriegsverbrecher* [Marion Gräfin Dönhoff].

83 Ebd.

84 *Der Notweg* 5 (1953), Nr. 1 (Januar), S. 1f. (Titel): *Grußwort für die Januar-Ausgabe des »Notweg«* [Franz Blücher], Zitat im Original gesperrt. Auf dem Titelblatt gibt es noch einen Bericht über die Situation der in Berlin Spandau inhaftierten ehemaligen Großadmirale Dönitz und Raeder sowie einen Kommentar, der sich für »die Freilassung aller unserer ehrenhaften Gefangenen ohne Unterlass« einsetzt. Ebd., *Nichts gelernt* [F. H. P.]; ebd., *Die Großadmirale* [Generaladmiral a. D. Hermann Boehm].

85 *NWDR* 19. 12.1955, 22:00 Uhr (»10 Minuten Politik«): *Aufruf für eine Gnadenaktion zugunsten der im westlichen Gewahrsam befindlichen deutschen Kriegsverurteilten* [Eugen Huth].

86 *Neues Deutschland* 15. 12.1955, S. 3: *Kreaturen der imperialistischen Kriegspolitik* [Eigenbericht].

87 Eichmüller, *Strafverfolgung*, S. 626 kommt zu folgenden Zahlen für neu eingeleitete Strafverfahren wegen NS-Verbrechen: 4.135 (1947), 4.160 (1948), 3.346 (1949), 1951 (1950), 957 (1951) [...] 162 (1954). Erst im Zuge neuer Ermittlungen im Umfeld der Gründung der *ZSt* in Ludwigsburg stiegen die Werte wieder an: 1.075 (1959) bzw. 1.326 (1960).

88 Kurze Überblicksdarstellungen zur Landesgeschichte: Reinhold Weber; Hans-Georg Wehling (Hg.), *Baden-Württemberg. Gesellschaft, Geschichte, Politik*, Stuttgart 2006; dies., *Geschichte Baden-Württembergs*, München 2007; Birgit Wilhelm, *Das Land Baden-Württemberg. Entstehungsgeschichte – Verfassungsrecht – Verfassungspolitik*, Köln et al. 2007.

89 In der Originalfassung *The London Documents: Directives regarding the future political organization of Germany, drafted at the London Conference of the Western Foreign Ministers in June 1948 and handed to the Minister President of the Western Zones of Germany by the Military Governors at their Joint Meeting on 1 July 1948* bezeichnet, abgedruckt in: Documents on Germany under Occupation 1945-1954, S. 315-318.

90 *Frankfurter Dokumente* vom 1. 7.1948, *Dokument Nr. 2 (Aufforderung zur Überprüfung der Ländergrenzen)*: »Änderungen sollten den überlieferten Formen Rechnung tragen und möglichst die Schaffung von Ländern vermeiden, die im Vergleich mit anderen Ländern zu groß oder zu klein sind.«

91 Art. 29 *GG* (II. Der Bund und die Länder) lautete in seinen ersten beiden Abschnitten: »(1) Das Bundesgebiet kann neugegliedert werden, um zu gewährleisten, daß die Länder nach Größe und Leistungsfähigkeit die ihnen obliegenden Aufgaben wirksam erfüllen können. Dabei sind landsmannschaftliche Verbundenheit, die geschichtlichen und kulturellen Zusammenhänge, die wirtschaftliche Zweckmäßigkeit sowie die Erfordernisse der Raumordnung und Landesplanung zu berücksichtigen. (2) Maßnahmen zur Neugliederung des Bundesgebietes ergehen durch Bundesgesetz, das der Bestätigung durch Volksentscheid bedarf. Die betroffenen Länder sind zu hören.«

92 Art. 188 *GG* (XI. Übergangs- und Schlussbestimmungen) lautet: »Die Neugliederung in dem die Länder Baden, Württemberg-Baden und Württemberg-Hohenzollern umfassenden Gebiete kann abweichend von den Vorschriften des Artikels 29 durch Vereinbarung der beteiligten Länder erfolgen. Kommt eine Vereinbarung nicht zustande, so wird die Neugliederung durch Bundesgesetz geregelt, das eine Volksbefragung vorsehen muss.« Zur Rolle Eschenburgs vgl. die vergnügliche Schilderung seines eigenen Beitrages in seinen Erinnerungen. Ders., *Letzten Endes meine ich doch: Erinnerungen 1933-1999*, Berlin 2000, S. 138-142. Der im Zuge der Wiedervereinigung hinzugefügte Art. 118a *GG* sieht ein gleichlautendes Verfahren für die Länder Berlin und Brandenburg vor.

93 Weber; Wehling, *Geschichte*, S. 110-115.
94 Zu den einzelnen Entwicklungen auf dem Weg zum Volksentscheid siehe auch Carola Bury, *Der Volksentscheid in Baden. Die »Arbeitsgemeinschaft der Badener« und die »Arbeitsgemeinschaft für die Vereinigung Baden-Württemberg«. Ein Beitrag zu den Auseinandersetzungen um die Bildung des Landes Baden-Württemberg*, Frankfurt am Main et al. 1985.
95 Ebd., S. 115.
96 So Theodor Heuss in einer *Ansprache im Landtag Baden-Württemberg* vom 26. 1.1954.
97 Die Angaben zum Prozess gegen Herzog erfolgen auf Grundlage der entsprechenden Akte im Bundesarchiv, Bestand der *ZSt* Ludwigsburg (BArch ZSt 429 AR 31/84). Die Akte ist im Vergleich mit anderen Akten aus der Frühzeit der NS-Verfahren vergleichsweise vollständig überliefert. Sie enthält neben dem Haftbefehl und der Anklage ein umfangreiches Sitzungsprotokoll, den Urteilstext sowie den Revisionsbeschluss und die Sterbeurkunde des Angeklagten. Vgl. auch StA Heidelberg I Js 6435/48, 1 Ks 2/49 und I KLs 8/49 sowie für den Urteilstext *Justiz und NS-Verbrechen*, Bd. V, lfd. Nr. 188, S. 671-681.
98 Siehe hierzu Vollnhals, *Entnazifizierung*, S. 7-64.
99 Vgl. Lutz Niethammer, *Die Mitläuferfabrik. Die Entnazifizierung am Beispiel Bayerns*, Berlin/Bonn 1982.
100 Vgl. Welsh, *Wandel*; Sperk, *Entnazifizierung*; siehe auch Damian van Melis, *Entnazifizierung in Mecklenburg-Vorpommern. Herrschaft und Verwaltung 1945-1948*, München 1999.
101 Auch in den Verfahren in den europäischen Nachbarländern wurde zum Teil auf juristische Grundlagen zurückgegriffen, die von diesem Grundsatz abwichen, so im der Fall der deutschen Kriegsverbrecher vor französischen Gerichten in den frühen 1950er Jahren. Auch hier musste von den Angeklagten der Nachweis erbracht werden, zum Dienst in der Waffen-SS einerseits gezwungen worden zu sein, andererseits an den Massakern aber nicht persönlich teilgenommen zu haben. Zum Oradour-Prozess vgl. Moisel, *Frankreich*, S. 148-158, 183-195.
102 Vgl. insbesondere Wolfgang Eisert, *Die Waldheimer Prozesse. Der stalinistische Terror nach 1950 – Ein dunkles Kapitel der DDR-Justiz*, Esslingen/München 1993, passim; Falco Werkentin, *Politische Strafjustiz in der Ära Ulbricht*, Berlin 1995, S. 174-197. Zu den Urteilen siehe auch: *DDR-Justiz und NS-Verbrechen*, Bd. XIV, lfd. Nr. 2001ff., passim.
103 Zu Entwicklung und Struktur des nationalsozialistischen Systems der Konzentrationslager siehe Ulrich Herbert; Karin Orth; Christoph Diekmann (Hg.), *Die nationalsozialistischen Konzentrationslager. Entwicklung und Struktur*, 2 Bde., Göttingen 1998.
104 Vgl. Laak, *Platz*, S. 17.
105 Orth, *System*, S. 9.
106 Ein Vorschlag zu einer differenzierteren Einordnung ebd., S. 21
107 Ebd., S. 95-112, zu den deutschen Häftlingsgruppen S. 102-106. Zum Funktionswandel des Konzentrationslagers Buchenwald Harry Stein, *Funktionswandel des Konzentrationslagers Buchenwald im Spiegel der Lagerstatistiken*, in: Ulrich Herbert; Karin Orth; Christoph Diekmann (Hg.), Die nationalsozialistischen Konzentrationslager. Entwicklung und Struktur, Göttingen 1998, Bd. 1, S. 167-192.
108 Orth, *System*, S. 60f. Zum Prinzip der »Machtstaffelung« in den Konzentrationslagern siehe auch Wolfgang Sofsky, *Die Ordnung des Terrors. Zur Soziologie der Konzentrationslager*, Frankfurt am Main 1993, S. 152-168.
109 Orth, *System*, S. 61.
110 Zur Rolle der kommunistischen bzw. »roten« Kapos im Konzentrationslager Buchenwald Karin Hartewig, *Wolf unter Wölfen? Die prekäre Macht der kommunistischen Kapos im Konzentrationslager Buchenwald*, in: Ulrich Herbert; Karin Orth; Christoph Diekmann (Hg.), Die nationalsozialistischen Konzentrationslager. Entwicklung und Struktur, Göttingen 1998, Bd. 2, S. 939-958; siehe auch Lutz Niethammer (Hg.), *Der »gesäuberte« Antifa-*

schismus. Die SED und die roten Kapos von Buchenwald. Dokumente, Berlin 1994. Zur Gruppe der sozialdemokratischen Häftlinge Wolfgang Röll, *Sozialdemokraten im Konzentrationslager Buchenwald 1937-1945. Unter Einbeziehung biographischer Skizzen*, Göttingen 2000, bes. S. 25-43; zu den Beziehungen zwischen Kommunisten und Sozialdemokraten ebd., S. 231-245.

111 So der Wortlaut des offiziellen Ermittlungsergebnis der StA Heidelberg, Anklageschrift vom 16. 5.1949, BArch ZSt 429 AR 31/84, Bl. 113-118, Zitat Bl. 116.

112 Schreiben Vize-Generalstaatsanwalt LG Freiburg vom 13. 10.1948, ebd., Bl. 9.

113 Die biografischen Angaben verweisen nur auf im Rahmen des Verfahrens wichtige Stationen im Lebenslauf. Vgl. *Justiz und NS-Verbrechen*, Bd. V, S. 673f. sowie Herzogs eigene Angaben im Schlussbericht zur Vernehmung durch die Polizeidirektion Heidelberg, Abt. Kriminalpolizei vom 6. 2.1949, BArch ZSt 429 AR 31/84, Bl. 45-53, hier Bl. 47f. sowie die Korrekturen auf Nachfrage bei den französischen Verwaltungsstellen, ebd., Bl. 52, 87 und Herzogs eigene Korrekturen im Zuge der Gnadengesuche, ebd., Bl. 297f. Siehe auch Gedenkstätte Buchenwald (Hg.), *Konzentrationslager Buchenwald 1937-1945. Begleitband zur ständigen historischen Ausstellung*, Göttingen 1999, S. 299 (Biographische Skizzen (Häftlinge) in der Ausstellung).

114 Die *Légion Étrangère* setzt sich als eine im völkerrechtlichen Sinne reguläre Einheit der französischen Armee aus Freiwilligen anderer Nationen zusammen, die als Zeitsoldaten Dienst in den französischen Streitkräften leisten. Vgl. Eckard Michels, *Deutsche in der Fremdenlegion. 1870-1965. Mythen und Realitäten*, Paderborn 2000, S. 19-34.

115 Herzog gibt abweichend an, den Rang eines Unteroffiziers (*Sergent* oder *Sergent-chef*) bekleidet zu haben. Aufgrund der langen Dienstzugehörigkeit kann dies nicht ausgeschlossen werden. Im Rahmen der Prozessakten wie in der Presseberichterstattung finden sich wiederholt die irreführenden Bezeichnungen Korporal bzw. Unteroffizier, die beide den gebräuchlichen Rängen in der Fremdenlegion nicht eindeutig zuzuordnen sind. Zu den Statuten der Fremdenlegion, ebd., S. 19ff.

116 Ehemalige Mitglieder der französischen Fremdenlegion wurden durch die NS-Regierung »automatisch« beim Grenzübertritt ins Deutsche Reich in Arrest genommen, da man sie als mögliche Spione und Werbeträger für die Fremdenlegion einstufte, vgl. ebd., S. 105.

117 Im »Arbeitshaus« Kislau wurden zwischen Mai 1936 und dem Kriegsausbruch 1939 ca. 1.800 ehemalige Fremdenlegionäre während eines jeweils vierwöchigen Aufenthalts im nationalsozialistischen Sinne »umerzogen«, ebd.

118 Gedenkstätte Buchenwald, *Konzentrationslager*, S. 118. Vgl. auch Michels, *Deutsche*, S. 103-108.

119 Das Lager war nach dem Ausbau der Konzentrationslager Sachsenhausen und Buchenwald von 1939 bis in den Winter 1940/41 als Kaserne und Ausbildungsstätte für das II. Ersatzbataillon der SS-Totenkopfverbände genutzt worden. Nach deren Verlegung fungierte Lichtenburg als Bekleidungslager der SS, sowie ab dem Frühjahr 1942 als SS-Hauptzeugamt. Vgl. Stefan Hördler; Sigrid Jacobeit (Hg.), *Lichtenburg. Ein deutsches Konzentrationslager*, Berlin 2009.

120 Zu den Arbeitsbedingungen im Steinbruch siehe Gedenkstätte Buchenwald, *Konzentrationslager*, S. 118ff.

121 Orth, *System*, S. 60f.

122 So die Angaben im von der StA Heidelberg angeforderten Bericht der französischen Militärverwaltung vom 29. 4.1949, BArch ZSt 429 AR 31/84, Bl. 113-118, Zitat Bl. 87.

123 Verfahren No. 59/1/19750 der Spruchkammer Heidelberg. Die erfolgreiche Entnazifizierung Herzogs geht aus einem Schreiben des französischen Verbindungsoffiziers bei der Militärregierung Mannheim-Heidelberg an Staatsanwalt Stahlmann vom 25. 3.1949 hervor. Gegenstand des Briefwechsels bildete die Frage, ob Herzog französischer Staatsbürger

sei, um aus diesem Grund eventuell aus der Untersuchungshaft entlassen zu werden. Die französische Seite teilte mit, dass es einen Antrag auf Naturalisation im Jahr 1946 gegeben habe, dieser aber (noch) nicht bearbeitet worden sei, ebd., Bl. 244f.

124 Die französische Staatsangehörigkeit kann nach dreijähriger Zugehörigkeit zur Fremdenlegion beantragt werden. Die Ableistung von mindestens fünf Jahren Armeedienst führt zu einem Anspruch auf Aufenthalt in Frankreich von bis zu maximal zehn Jahren. Vgl. Michels, *Deutsche*, S. 21f.

125 Während im Urteil der Antrag auf französische Staatsbürgerschaft als Grund für die Entlassung aufgeführt wird, legt der Bericht der französischen Militärregierung den Schluss nahe, dass die Entlassung erfolgte, weil Herzog fälschlicherweise vorgegeben hatte, bereits französischer Staatsbürger zu sein. Vgl. *Justiz und NS-Verbrechen*, Bd. V, S. 674 bzw. Erklärung Herzog über französische Staatsbürgerschaft, BArch ZSt 429 AR 31/84, Bl. 113-118, Zitat Bl. 57; Bericht der französischen Militärverwaltung, ebd. Bl. 87.

126 Erklärung Herzog über französische Staatsbürgerschaft, ebd., Bl. 57.

127 Eidesstattliche Versicherung des Zeugen Peter Kleschinski vom 23. 11.1948, ebd., Bl. 31, Schreibweise Plural im Original.

128 Ebd., Bl. 10-42. Von eingen Zeugen sind zwischen August 1948 und Juli 1949 auch mehrfach eidesstattliche Versicherungen abgegeben worden.

129 So die Zeugen Paul Glaser, Martin Griesser und Arthur Keck. Hier spiegelt sich die für die Etablierung politischer Mythen in der frühen DDR grundlegende Unterscheidung zwischen Opfern *des* Faschismus und Kämpfern *gegen* den Faschismus. Der offizielle Status »Anerkannter Kämpfer gegen den Faschismus« hatte für die damit Ausgezeichneten positive Auswirkungen – finanziell, sozial und insbesondere politisch. Vgl. Constantin Goschler, *Zwei Wege der Wiedergutmachung? Der Umgang mit NS-Verfolgten in West- und Ostdeutschland im Vergleich*, in: Hans Günter Hockerts; Christiane Kuller (Hg.), Nach der Verfolgung. Wiedergutmachung nationalsozialistischen Unrechts in Deutschland?, Göttingen 2003, S. 115-137. Siehe auch Herf, *Erinnerung*, S. 130-193; zu den antifaschistischen Gründungsmythen der DDR u. a. Cord Arendes, *Mythen und Legenden in der DDR*, in: Zeitschrift für Geschichtsdidaktik 4 (2005), S. 27-46, bes. 30-35.

130 Christoph Klessmann, *Die doppelte Staatsgründung. Deutsche Geschichte 1945-1955*, Göttingen [5]1991.

131 Vgl. *Heidelberger Tageblatt*, 16. 12.1949, S. 3 (Die Stadtseite): *Ehemaliger Fremdenlegionär aus Sandhausen wurde grausamer KZ-Kapo* [Eigenbericht]; *Rhein-Neckar-Zeitung*, 16. 12. 1949, S. 5 (Rund um Heidelberg): *»Die wahren Himmelfahrts-Kommandos«* [JUST].

132 Detlef Garbe, *Äußerliche Abkehr, Erinnerungsverweigerung und »Vergangenheitsbewältigung«: Der Umgang mit dem Nationalsozialismus in der frühen Bundesrepublik*, in: Axel Schildt; Arnold Sywottek (Hg.), Modernisierung im Wiederaufbau. Die westdeutsche Gesellschaft der 50er Jahre, Bonn 1993, S. 693-716, Zitat S. 712.

133 *Die Neue Zeitung 4. 6.1951*: *Verbrecher dürfen nicht straffrei bleiben* [F. A.].

134 Kurt Dittmer (Gotha), Alfred Erler (Jena) und Albert Frehse (Jena). Vgl. Sitzungsprotokoll LG Heidelberg vom 15./16. 12.1949, BArch ZSt 429 AR 31/84, Bl. 129-166, hier Bl. 129. Sechs geladene Zeugen für den ersten Sitzungstag waren allerdings bis Sitzungsschluss nicht erschienen, vier weitere Zeugen für den zweiten Verhandlungstag durch ärztliche Atteste entschuldigt, ebd., Bl. 150f.

135 Vgl. Weinke, *Verfolgung*, S. 48f., 76-82, 110-114, 141-160; Miquel, *Ahnden*, S. 23-142.

136 Zum KZ Buchenwald und der dortigen Häftlingsgesellschaft siehe auch Paul Martin Neurath, *Die Gesellschaft des Terrors. Innenansichten der Konzentrationslager Dachau und Buchenwald*, Frankfurt am Main 2004.

137 Eidesstattliche Versicherung Martin Griesser vom 12. 8.1948, BArch ZSt 429 AR 31/84, Bl. 11, Hervorhebung C. A.

138 Vernehmungsprotokoll Ludwig Scharnagel vom 2. 12.1948, ebd., Bl. 33f. »Herzog galt damals als einer der *gefürchtesten* [sic!] *Schläger* im Steinbruch.« Vernehmungsprotokoll Josef Treffer vom 2. 12.1948, ebd., Bl. 35, Hervorhebungen C. A.
139 Eidesstattliche Versicherung Peter Kleschinski vom 24. 8.1948, ebd., Bl. 16, Hervorhebung C. A.
140 Befragung Caim Tyson vom 1. 6.1949, ebd., Bl. 95, Hervorhebung C. A. Siehe auch Eidesstattliche Versicherung Peter Kleschinski vom 12. 8.1948, ebd., Bl. 16.
141 Eidesstattliche Versicherung Albert Frehse vom 3. 12.1948, ebd., Bl. 41f.
142 Eidesstattliche Versicherungen der Zeugen, ebd., Bl. 11-42.
143 Siehe beispielsweise Gedenkstätte Buchenwald, *Konzentrationslager*, S. 119f.
144 Eidesstattliche Versicherung Martin Griesser, BArch ZSt 429 AR 31/84, Bl. 11; Eidesstattliche Versicherung Arthur Keck vom 12. 8.1948, ebd., Bl. 12; Eidesstattliche Versicherung Paul Glaser vom 12. 8.1948, ebd., Bl 14f.; Eidesstattliche Versicherung Viktor Drewnitzki vom 2. 12.1948, ebd., Bl. 23.
145 Eidesstattliche Versicherung Arthur Keck vom 12. 8.1948, ebd., Bl. 12; Eidesstattliche Versicherung Gustav Wawok vom 13. 8.1948, ebd., Bl. 18; Eidesstattliche Versicherung Gustav Wawok vom 23. 11.1948, ebd., Bl. 29; Vernehmungsprotokoll Adolf Dunschen vom 29. 6.1949, ebd., Bl. 103f.; Eidesstattliche Versicherung Albert Frehse vom 16. 8.1948, ebd., Bl. 13.
146 Eine detaillierte Beschreibung dieses Vorgehens durch die Kapos sowie Angehörige der Wachmannschaften oder der Lagerleitung bei Klausch, *Tätergeschichten*, S. 34ff., 149ff., 201ff. Siehe auch Gedenkstätte Buchenwald, *Konzentrationslager*, S. 119f.
147 Auch im Verfahren gegen Herzog wird dieser Verdacht von einem Zeugen angesprochen. Für die Urteilsfindung war diese Frage aber nicht von Bedeutung. Herzog galt inoffiziell als »verlängerter Arm der SS«, siehe beispielsweise Eidesstattliche Versicherung Paul Glaser, BArch ZSt 429 AR 31/84, Bl. 14f. »Besonders tat er [Herzog; C. A.] sich hervor, wenn Angehörige der SS in der Nähe waren.« Befragung Julius Josef Schleichert vom 11.5.1949, ebd., Bl. 89.
148 So verzeichnet im Buchenwald-Report David A. Hackett (Hg.), *Der Buchenwald-Report. Bericht über das Konzentrationslager Buchenwald bei Weimar*, München 1996, S. 192 (Bericht Josef Schappe). Allerdings findet sich hier auch die nachweislich falsche Aussage, der ehemalige Fremdenlegionär Herzog sei nach seiner Entlassung von einem ehemaligen Mithäftling erkannt und getötet worden, ebd. Siehe auch ebd., S. 210 (Bericht Ferdinand Römhild).
149 Vgl. Maier, *NS-Kriminalität*, S. 68f. Allerdings findet sich in diesem Verfahren auch ein Zeuge, der vermutet, dass »in der Nachkriegspropaganda die Todesfälle gewaltsamer Art im KZ alle maßlos übertrieben« wurden, Zitat ebd., S. 303.
150 Vernehmungsprotokoll Arthur Keck vom 16. 5.1949, BArch ZSt 429 AR 31/84, Bl. 196.
151 Vernehmungsprotokoll Ludwig Scharnagel, ebd., Bl. 33f. Scharnagel hatte die Funktion des 2. Kapo inne. Die Vernehmung erfolgte auf Hinweis des Zeugen Gustav Wawok. Auf Bemerkungen Scharnagels hin wurde auch Josef Treffer vernommen, der die Aussagen bestätigte, siehe Vernehmungsprotokoll Josef Treffer, ebd., Bl. 35f.
152 Eidesstattliche Versicherungen Kurt Dittmar vom 16. 8.1948 bzw. 2. 12.1948, ebd., Bl. 19f. bzw. 27f.
153 Vernehmungsprotokoll Viktor Drewnitzki, ebd., Bl. 23.
154 Vernehmungsprotokoll Gustav Wawok, ebd. Bl. 29; Vernehmungsprotokoll Kurt Dittmar, ebd. Bl. 27f.; Vernehmungsprotokoll Alfred Erler vom 12. 8.1948, ebd., Bl. 21; Vernehmungsprotokoll Viktor Drewnitzki, ebd., Bl. 22; Befragung Fritz Schnapper vom 11. 5.1949, ebd., Bl. 90; Vernehmungsprotokoll Adolf Dunschen, ebd., Bl. 103f.
155 Vernehmungsprotokoll Max Filgur vom 1. 6.1949, ebd., Bl. 94.

156 Haftbefehl LG Heidelberg vom 28. 1.1949, ebd., Bl. 43f. Eine Beschwerde des Beschuldigten gegen den Haftbefehl wurde von der I. Strafkammer des LG Heidelberg am 17. 2.1949 zurückgewiesen, ebd., Bl. 241. Der Haftbefehl wurde durch die genannte Kammer später noch zweimal bestätigt, so am 29. 6.1949 und am 28. 9.1949.

157 Vernehmung durch die Polizeidirektion Heidelberg, Kriminalpolizei vom 6. 2.1949, ebd., Bl. 45-53 (Schlussbericht). Zum »starke(n) kriminelle(n) Einschlag unter einem Teil der Belegschaft«, namentlich »Kapo Herzog, ein ehemaliger Fremdenlegionär« siehe auch Hackett, *Buchenwald-Report*, S. 271 (Bericht Max Papst).

158 Anklage StA Heidelberg vom 16. 5.1949, BArch ZSt 429 AR 31/84, Bl. 113-118, Zitat Bl. 113f.

159 Herzog wird hier vorgeworfen, in zahllosen Fällen Häftlinge mit einem Stock misshandelt und niedergeschlagen zu haben, so dass diese bewusstlos liegen blieben (§ 223a), ebd., Bl. 113, vgl. *Justiz und NS-Verbrechen*, Bd. V, S. 674.

160 Herzog wird unter Punkt 2 vorgeworfen, zwei Häftlinge, einen katholischen Geistlichen und einen vierfachen Familienvater, so geschlagen zu haben, dass beide in der Folge zu Tode kamen (§ 226), ebd., Bl. 114, vgl. *Justiz und NS-Verbrechen*, ebd.

161 Herzog wird hier vorgeworfen, einen Pickel über die Postenkette geworfen und einen Häftling befohlen zu haben, den Pickel zurückzuholen. Der Häftling wurde beim Überschreiten der Postenkette erschossen (§§ 212, 43), ebd., vgl. *Justiz und NS-Verbrechen*, ebd.

162 Herzog wird unter Punkt 4 vorgeworfen, einen ruhrkranken und typhusverdächtigen polnischen Häftling in die Postenkette der SS-Wachmannschaften gejagt zu haben, wo dieser seiner Absicht entsprechend erschossen wurde (§ 212), ebd., vgl. *Justiz und NS-Verbrechen*, ebd.

163 Anklage StA Heidelberg vom 16. 5.1949, BArch ZSt 429 AR 31/84, Zitate Bl. 117.

164 Ebd. So auch im Sitzungsprotokoll LG Heidelberg vom 15./16. 12.1949, ebd., Bl. 133; siehe auch *Justiz und NS-Verbrechen*, Bd. V, S. 676.

165 *Süddeutsche Zeitung* 30. 4.1946: »250 Mann auftragsgemäß vergast« [M. Weber]; der Mauthausen-Prozess endete im Mai 1946 mit Todesurteilen gegen 58 der insgesamt 61 Angeklagten, siehe hierzu beispielsweise *Die Neue Zeitung* 17. 5.1946: *Sepp Dietrich vor Gericht* [Eigenbericht].

166 *Aachener Nachrichten* 2. 12.1953: *Die Tragödie des 6. September 1944* [hn]. Zum Verfahren siehe auch ebd. 1. 12.1953: *War es wirklich ein »Gnadenschuß«?* [Eigenbericht]; ebd. 8. 12.1953: *Die Strafe für den »Gnadenschuß«* [Eigenbericht].

167 Sitzungsprotokoll LG Heidelberg vom 15./16. 12.1949, BArch ZSt 429 AR 31/84, Bl. 129-166. Beim Protokoll einer Hauptverhandlung handelt es sich in der Regel um ein Verlaufsprotokoll, nicht ein Wortprotokoll, vgl. Finger, *Quellenkunde*, S. 101.

168 »Ich habe es beschworen und auch habe sein Bild gesehen, aber ich sehe ihn jetzt in Wirklichkeit. Wenn ich das gewusst hätte, hätte ich es nicht so bestimmt angegeben.« Aussage Albert Frehse, ebd., Bl. 137.

169 »Ich kenne Herzog. Es ist kein Zeifel [sic!], dass es der Angeklagte ist. Er ist etwas abgemagert. Ich täusche mich nicht.« Aussage Alfred Erler, ebd., Bl. 143.

170 Aussage Josef Mildenberger, ebd., Bl. 146.

171 Aussage Peter Kleschinski, ebd., Bl. 139, Hervorhebung C. A.

172 Insa Eschebach, *SS-Aufseherinnen des Frauenkonzentrationslagers Ravensbrück. Erinnerungen ehemaliger Häftlinge*, in: Werkstatt*Geschichte* 13 (1996), S. 39-48, Zitat S. 41.

173 Ebd., S. 45f.

174 Aussage Johann Wörlein, Sitzungsprotokoll LG Heidelberg vom 15./16. 12.1949, BArch ZSt 429 AR 31/84, Bl. 147; ein vergleichbares Argumentationsmuster in der Aussage Albert Schulze, ebd., Bl. 159f.

175 Aussage Otto Roth, ebd., Bl. 151f.

176 Hackett, *Buchenwald-Report*, S. 209 (Bericht Ferdinand Römhild).
177 Aussage des Sachverständigen Rauch, Sitzungsprotokoll LG Heidelberg vom 15./16. 12.1949, BArch ZSt 429 AR 31/84, Bl. 149f.
178 Aussage Rauch, ebd.
179 Zum Beispiel Aussage Otto Roth, ebd., Bl. 151f.
180 »Er behandelte die Häftlinge nicht als Menschen und er tat dies vornehmlich[,] um der SS zu gefallen.«, ebd., Bl. 152. »Wenn er wütete war er *kein Mensch* mehr.« Aussage Fritz Schnapper, ebd., Bl. 157, Hervorhebung C. A.
181 Aussage Adolf Dunschen, ebd., Bl. 155, 160, Hervorhebung C. A.
182 Aussage Albert Schulze, ebd., Bl. 158.
183 Aussage Fritz Schnapper, ebd., Bl. 157.
184 Eugen Kogon, *Der SS-Staat. Das System der deutschen Konzentrationslager*, München 1946. Kogons Studie basierte auf dem Buchenwald-Report, der erst im Rahmen der Forschungen der 1990er Jahre (wieder) entdeckt und vollständig veröffentlicht wurde: Hackett, *Buchenwald-Report*.
185 Kogon, *SS-Staat*, S. 65-68. Zitat S. 65 – Herzog wird als Kapo von Kogon, trotz namentlicher Nennung knapp eines Dutzends der Verantwortlichen im Steinbruch, nicht genannt. Siehe auch den Auszug in BArch ZSt 429 AR 31/84, Bl. 77-79 sowie den Rekurs auf Kogon in der Presseberichterstattung zum Verfahren *Rhein-Neckar-Zeitung* 16. 12.1949, S. 5; *Heidelberger Tageblatt* 16. 12.1949, S. 3.
186 Urteil Schwurgericht LG Heidelberg vom 16. 12.1949, BArch ZSt 429 AR 31/84, Bl. 167-183; als Grundlage für die Zitate aus dem Urteilstext *Justiz und NS-Verbrechen*, Bd. V, S. 671-681.
187 Ebd., S. 677-681.
188 Ebd., S. 678f.
189 Ebd., S. 677f.
190 Ebd., S. 677.
191 Ebd., S. 676f.
192 Ebd., S. 679f., Hervorhebung C. A.
193 Ebd., S. 680.
194 Alle Zitate ebd., Hervorhebungen C. A.
195 *Heidelberger Tageblatt* 16. 12.1949, S. 3.
196 *Rhein-Neckar-Zeitung* 16. 12.1949, S. 5.
197 *Heidelberger Tageblatt* 16. 12.1949, S. 3.
198 *Rhein-Neckar-Zeitung* 17./18. 12.1949, S. 10 (Rund um Heidelberg): *Herzog leugnet bis zum Schluß* [Eigenbericht], Hervorhebungen im Original gesperrt.
199 Ebd.
200 *Heidelberger Tageblatt* 16. 12.1949, S. 3, Hervorhebungen im Original gesperrt.
201 Ebd.; *Rhein-Neckar-Zeitung* 16. 12.1949, S. 5.
202 *Heidelberger Tageblatt* 17./18. 12.1949, S. 7 (Landkreis Heidelberg und Umgebung): *Zwölf Jahre Zuchthaus für den schuldigen KZ-Kapo Herzog* [Eigenbericht]; *Rhein-Neckar-Zeitung* 17./18. 12.1949, S. 10.
203 *Mannheimer Morgen* 16. 12.1949, S. 4 (Mannheim): *KZ-Prozeß in Heidelberg* [Eigenbericht]; ebd. 17. 12.1949, S. 1 (Titel): *Zwölf Jahre Zuchthaus für KZ-Kapo* [i-tu].
204 Revisionsantrag des Offizialverteidigers Keim (Heidelberg) vom 17. 12.1949, BArch ZSt 429 AR 31/84, Bl. 184. Siehe auch Revisionsbegründung vom 23. 1.1950, ebd., Bl. 186-190.
205 »Die Revision des Angeklagten Johann Herzog gegen das am 16. Dezember 1949 verkündete Urteil des Schwurgerichts Heidelberg wird gemäss § 349 Abs. 2 StPO verworfen, da das Revisionsgericht sie einstimmig für offensichtlich unbegründet erachtet.« Revisionsbeschluss des OLG Stuttgart, Nebensitz Karlsruhe, 1. Strafsenat vom 14. 2.1950, ebd., Bl. 271.

206 Aufnahmeersuchen StA Heidelberg an die LSA Bruchsal vom 7. 3.1950, ebd., Bl. 276f.
207 Erstes Gnadengesuch Herzog, LSA Bruchsal vom 22. 3.1954, als Anlage zum Schreiben des Vorstands vom 7. 4.1954, ebd., Bl. 281ff. Zweites Gnadengesuch Herzog, LSA Bruchsal vom 6. 1.1955, als Anlage zum Schreiben des Vorstands vom 20. 1.1955, ebd., Bl. 286ff. Drittes Gnadengesuch Herzog, LSA Bruchsal vom 18. 1.1956, als Anlage zum Schreiben des Vorstands vom 11. 2.1956, ebd., Bl. 292ff.
208 Zu persönlichen und rechtlichen Argumenten für eine vorzeitige Haftentlassung, die besonders die »doppelte Opferrolle« der Verurteilten thematisierten, d. h. NS-Zeit, Nachkriegszeit und/oder Nachkriegsjustiz, siehe auch Maier, *NS-Kriminalität*, S. 235-246.
209 Vgl. erstes Gnadengesuch Herzog, BArch ZSt 429 AR 31/84, Bl. 284.
210 Ebd., Bl. 284.
211 Ebd., Hervorhebungen C. A.
212 Ebd., Bl. 285.
213 Vgl. zweites Gnadengesuch Herzog, ebd., Bl. 291.
214 Vgl. Drittes Gnadengesuch Herzog, ebd., Bl. 293. Siehe zu diesem Gegenstand auch Anfrage StA Heidelberg an die LSA Bruchsal vom 25. 2.1956, ebd., Bl. 295f.
215 Stellungnahme Herzog gegenüber ap. Verw.-Inspektor Müller, LSA Bruchsal vom 5. 3.1956, ebd., Bl. 297f. Zitat Bl. 298, Hervorhebungen C. A.
216 Vgl. drittes Gnadengesuch Herzog, ebd., Bl. 294, Hervorhebung C. A.
217 StA Heidelberg, Schreiben vom 14. 3.1956, ebd., Bl. 299.
218 Zu den persönlichen Argumenten bei der Bitte um Strafverkürzung oder -aufhebung siehe Maier, *NS-Kriminalität*, S. 235-243. Zu den »familiären« Gründen wie einer »finanziellen Notlage« wegen »Abwesenheit« des Familienoberhauptes, ebd., S. 236, 239f.
219 Justizministerium Baden-Württemberg Stuttgart, Schreiben vom 18. 9.1956, ebd., Bl. 300: »Der Herr Justizminister hat mit Entscheidung vom 14. 9.1956 dem Verurteilten Johann Herzog unter Ablehnung des weitergehenden Gesuchs seiner Ehefrau *ab 1. 10. 1956* für den bis dahin noch nicht verbüßten Teil der Strafe aus dem Urteil des Schwurgerichtes Heidelberg vom 16. 12.1949 im Wege der Gnade Strafaussetzung mit 5 Jahren Bewährungsfrist bewilligt.«, Hervorhebung im Original unterstrichen.
220 Sterbeurkunde Johann Herzog vom 14. 3.1958, ebd., Bl. 279.
221 *Rhein-Neckar-Zeitung* 16. 12.1949, S. 3 (Aus Südwestdeutschland): *Lebenslängliches Zuchthaus für Rübe* [hs]. Siehe auch den kurzen Hinweis auf den Prozessauftakt, *Rhein-Neckar-Zeitung* 6. 12.1949, S. 3 (Aus Südwestdeutschland): *Des mehrfachen Mordes angeklagt* [hs]. Zum den Urteilen im Fall Rübe: LG Karlsruhe (3 AKs 2/49) vom 15. 12.1949; Urteil OLG Stuttgart (2 Ss 52/50) vom 29. 6.1951; Urteil LG Karlsruhe (3 Aks 2/49) vom 7. 11.1951 und Urteil BGH (1 StR 135/52) vom 18. 7.1952, vgl. auch *Justiz und NS-Verbrechen*, Bd. IX, lfd. Nr. 298, S. 2-57.
222 *Rhein-Neckar-Zeitung* 16. 12.1949, S. 3.
223 Ebd.
224 *Karlsruher Neue Zeitung* 13. 12.1949, S. 3: *Anklagevertreter fordert sechsmal »lebenslänglich«* [lt].
225 *Rhein-Neckar-Zeitung* 16. 12.1949, S. 3; siehe auch *Karlsruher Neue Zeitung* 16. 12.1949, S. 3: *»Lebenslänglich« für den Henker von Minsk!* [lt].
226 *Mannheimer Morgen* 17. 12.1949, S. 1.
227 Ebd., S. 4 (Mannheim): *SA-Obergruppenführer »kann sich an nichts mehr erinnern«* [Eigenbericht].
228 Ebd. Aus der Meldung geht hervor, dass der zuständige Oberstaatsanwalt NS-Verfahren generell als »politische Prozesse« verstanden hat. Er rekurriert dabei auf »50 politisch(e) Prozess(e), die er während der Nachkriegszeit anzuklagen hatte.«, Zitat ebd.
229 Ebd., S. 7 (Mannheim-Ludwigshafen): *Blitzlichter aus dem Neustadter Synagogen-Prozeß* [Eigenbericht].

230 Vgl. Kämper, *Schulddiskurs*; vgl. auch Horst Dieter Schlosser, *Es wird zwei Deutschland geben. Zeitgeschichte und Sprache im Nachkriegsdeutschland*, Frankfurt am Main 2005; Dirk Deissler, *Die entnazifizierte Sprache. Sprachpolitik und Sprachregelung in der Besatzungszeit*, Frankfurt am Main [2]2006. Zum Forschungsstand im Bereich Sprache im Nationalsozialismus vgl. beispielsweise Michael Kinne; Johannes Schwitalla, *Sprache im Nationalsozialismus*, Heidelberg 1994.

231 Zur Rezeption des Urteils in Südwestdeutschland vgl. z. B. *Karlsruher Neue Zeitung* 20. 12.1949, S. 1 (Titel): *18 Jahre Gefängnisstrafe für Manstein* [Agenturmeldung dpa]. Zum Tenor der Presseberichterstattung im In- und Ausland siehe auch von Wrochem, *Manstein*, S. 192-202

232 Zu den folgenden Angaben siehe von Wrochem, *Manstein*, S. 28-106.

233 von Wrochem, *Manstein*, S. 248.

234 *Volksstimme* 22. 12.1949, S. 7: *18 Jahre Gefängnis für Manstein* [Agenturmeldung dpa].

235 *Deutsche Kommentare* 26. 12.1949, S. 1f. (Titel): *Ein Nachwort zum Manstein-Prozeß* [D. K.].

236 Als Auszug aus der Berichterstattung in Südwestdeutschland *Karlsruher Neue Zeitung* 16. 12.1949, S. 1 (Titel): *Tumult um Ex-General Remer* [Agenturmeldung dpa]. Die SRP, deren 2. Vorsitzender Remer war, wurde im Oktober 1952 wegen ihrer offenen Bezugnahme auf die NSDAP durch einen entsprechenden Entschluss des *BVerfG* verboten, siehe *BVerfGE* 2,1 (SRP Verbot) vom 23. 10.1952.

237 Frei, *Vergangenheitspolitik*, S. 326-360.

238 Norbert Frei, *Erinnerungskampf. Zur Legitimationsproblematik des 20. Juli 1944 im Nachkriegsdeutschland*, in: Gewerkschaftliche Monatshefte 46 (1995), S. 664-676, Zitat S. 673.

239 Bei Durchsicht des *Heidelberger Tageblatts* und der *Rhein-Neckar-Zeitung* nach einer Fortsetzung der Berichterstattung über das Verfahren gewinnt man leicht den Eindruck, es habe so etwas wie eine weihnachtliche »Nachrichtensperre« geherrscht. Bis zum Jahreswechsel 1949/50 lassen sich keine weiteren Berichte über den Prozess in der regionalen Presse nachweisen.

240 *Mannheimer Morgen* 17. 12.1949, S. 1 (Titel): *Staatsbesuch des Bundespräsidenten in Heidelberg* [Eigenbericht]; *The Heidelberg Post* 15. 12.1949, S. 1 (Titel): *New Neckar River Bridge Opens Saturday Morning* [Eigenbericht].

241 *Deutsche Kommentare* 26. 12.1949, S. 2: *Der Tribut an den Neckar* [D. K.].

242 *Heidelberger Amtsblatt* 15. 12.1949, S. 1 (Titel): *Das Heidelberger Festprogramm* [Eigenbericht]. Bei dieser Ausgabe des Heidelberger Amtsblattes handelt es sich um eine 12-seitige Sonderausgabe zur feierlichen Brückeneröffnung, inklusive eines detaillierten Festprogrammes. Eine ausführliche Darstellung der Entstehungsgeschichte der neuen Brücke: Ebd., S. 3f.: *Brückenschlag in Heidelberg* [Hermann Hussong]; siehe auch *Deutsche Kommentare* 26. 12.1949, S. 8: *Technik eines modernen Brückenbaus* [Hermann Hussong].

243 *Heidelberger Tageblatt* 16. 12.1949, S. 3.

244 Frei, *Vergangenheitspolitik*, S. 163-195; zur Bedeutung der Kriegsverbrecherfrage für die deutsch-französischen Beziehungen siehe Moisel, *Frankreich*, S. 128-158.

245 So durch die Straffreiheitsgesetze der Jahre 1949 und 1954 vgl. Frei, *Vergangenheitspolitik*, S. 25-131.

246 Weinke, *Verfolgung*, S. 63-67.

247 Ebd., S. 73.

248 Ulrich Herbert, *Liberalisierung als Lernprozess: Die Bundesrepublik in der deutschen Geschichte. Eine Skizze*, in: Ders. (Hg.), *Wandlungsprozesse in Westdeutschland. Belastung, Integration, Liberalisierung 1945-1980*. Göttingen 2002, S. 7-49. Grundlegende Überlegungen zum Kontinuitätsproblem bereits in den 1980er Jahren bei M. Rainer Lepsius, *Die Bundesrepublik Deutschland in der Kontinuität und Diskontinuität historischer Entwicklungen: Einige methodische Überlegungen*, in: Werner Conze; ders. (Hg.), Sozialgeschichte der

Bundesrepublik Deutschland. Beiträge zum Kontinuitätsproblem, Stuttgart 1983, S. 11-19.

249 Schildt, *Nachkriegszeit*, S. 576f.

250 Peter Reichel, *Zwischen Dämonisierung und Verharmlosung: Das NS-Bild und seine politische Funktion in den 50er Jahren. Eine Skizze*, in: Axel Schildt; Arnold Sywottek (Hg.), Modernisierung im Wiederaufbau. Die westdeutsche Gesellschaft der 50er Jahre, Bonn 1993, S. 679-692, hier S. 679f.

251 Heidrun Kämper, *»Übergesetzliches Recht«. Reflexionen nationalsozialistischen Unrechts in der frühen Nachkriegszeit*, in: Ulrike Haß-Zumkehr (Hg.), Sprache und Recht, Berlin/New York 2002, S. 284-299, Zitat S. 284.

252 Ebd., S. 286.

253 Reichel, *Dämonisierung*, S. 679ff.

254 Ulrike Weckel; Edgar Wolfrum (Hg.), *»Bestien« und »Befehlsempfänger«. Frauen und Männer in NS-Prozessen nach 1945*, Göttingen 2003.

255 Naumann, *Einleitung*, S. 23.

256 Das Leiden des deutschen Volkes, seine Rolle als (eigentliches) Opfer des NS-Systems, prägte als »Viktimisierungsdiskurs« auch die historiografischen Diskussionen über die Rolle der deutschen Wehrmacht in NS-System und Vernichtungskrieg. Diesem Deutungsmuster zu erliegen – oder sich ihm unreflektiert hinzugeben – bezeichnet Thomas Kühne als »Viktimisierungsfalle«. Vgl. ders., *Die Viktimisierungsfalle. Wehrmachtsverbrechen, Geschichtswissenschaft und symbolische Ordnung des Militärs*, in: Michael Thomas Greven; Oliver von Wrochem (Hg.), Der Krieg in der Nachkriegszeit. Der Zweite Weltkrieg in Politik und Gesellschaft der Bundesrepublik, Opladen 2000, S. 183-196, hier S. 183f.

257 Reichel, *Erinnerung*, S. 25.

258 Siehe Kämper, *Recht*, S. 287.

259 Ebd., S. 288.

260 Ebd.

261 Ebd., S. 299.

262 *Rheinische Post* 20 10.1958: *»Der König von Ostpreußen«* [Joachim Steinmayr].

263 *Frankfurter Rundschau* 19. 3.1955 (Freie Aussprache): *Nicht kommentarlos hinnehmen* [A. N. Simmedinger, Frankfurt am Main], Hervorhebung C. A.

264 *Vorwärts* 11. 7.1958, S. 3 (Politik): *Aus den Kontobüchern des Todes* [JR], Hervorhebung C. A.

4. Verjährung, Schlussstrich und »Mord-Gehilfen«: NS-Verfahren und Täterbilder in der Hochzeit der strafrechtlichen Aufarbeitung

1 Durch *VO Nr. 234* in der britischen und *VO Nr. 171* in der französischen Besatzungszone.

2 *Die Zeit* 26. 1.2006 (Feuilleton): *Der Mythos der Vergangenheitsbewältigung* [Joachim Perels].

3 Ebd. Siehe auch die Beiträge in Micha Brumlik; Susanne Meinl; Werner Renz (Hg.), *Gesetzliches Unrecht im 20. Jahrhundert*, Frankfurt/New York 2005.

4 Vgl. Jäger, *Verbrechen*; Naucke, *Privilegierung*; Friedrich, *Freispruch*.

5 Die »Blutrichterkampagne« verweist auf die Auseinandersetzung um ehemalige NS-Richter im westdeutschen Justizsystem im deutsch-deutschen »Systemkampf«. Die vermeintlich justizpolitische Offensive der DDR zielte politisch auf eine Destabilisierung der Bundesrepublik. Vgl. Weinke, *Verfolgung*, S. 76-108, bes. 76-82; siehe auch Miquel, *Ahnden*, S. 27-70.

6 *Allgemeine Wochenzeitung der Juden in Deutschland* 3. 10.1958: *Keine Zeit zu verlieren* [Karl Marx].

7 Dieter Gosewinkel, *Politische Ahndung an den Grenzen des Justizstaats. Die Geschichte der nationalsozialistischen Justiz im Deutschen Richtergesetz von 1961*, in: Norbert Frei; Dirk van Laak; Michael Stolleis (Hg.), Geschichte vor Gericht. Historiker, Richter und die Suche nach Gerechtigkeit, München 2000, S. 60-71, hier S. 61.

8 Jörg Requate, *Vergangenheitspolitik in der Debatte um eine Reform der Justiz in den sechziger Jahren*, in: Ebd., S. 72-92. Zur Wirkung des »Höchstmaß an personeller Kontinuität« als Ahndungsblockade »im Sinne einer strukturellen Hypothek« siehe auch Axel von der Ohe, *Der Bundesgerichtshof und die NS-Verbrechen*, in: Stephan Alexander Glienke; Volker Paulmann; Joachim Perels (Hg.), Erfolgsgeschichte Bundesrepublik? Die Nachkriegsgesellschaft im langen Schatten des Nationalsozialismus, Göttingen 2008, S. 293-318, Zitat S. 314.

9 Zur Demokratisierung des deutschen Justizwesens in den 1960er Jahren Jörg Requate (Hg.), *Recht und Justiz im gesellschaftlichen Aufbruch (1960-1975). Bundesrepublik Deutschland, Italien und Frankreich im Vergleich*, Baden-Baden 2003, S. 9-32 (Einleitung), bes. S. 12-16, 20-24; zuletzt ders., *Der Kampf um die Demokratisierung der Justiz. Richter, Politik und Öffentlichkeit in der Bundesrepublik*, Frankfurt/New York 2008, hier S. 130-167.

10 Bergmann, *Kommunikationslatenz*, S. 394.

11 Glienke; Paulmann; Perels, *Erfolgsgeschichte*, S. 11 (Einleitung).

12 Beispiele für die neuen Karrieremöglichkeiten der alten Funktionseliten in Verwaltung, Bürokratie, Wehrmacht und Wissenschaft in Hirschfeld; Jersak; *Karrieren*; siehe auch die Beiträge in Bernd Weisbrod (Hg.), *Akademische Vergangenheitspolitik. Beiträge zur Wissenschaftskultur der Nachkriegszeit*, Göttingen 2002 sowie Frei, *Eliten*.

13 Frei, *Eliten*, S. 10 (Vorwort).

14 Miquel, *Juristen*; ders., *Der befangene Rechtsstaat. Die westdeutsche Justiz und die NS-Vergangenheit*, in: Alfons Kenkmann; Hasko Zimmer (Hg.), Nach Kriegen und Diktaturen. Umgang mit Vergangenheit als internationales Problem – Bilanzen und Perspektiven für das 21. Jahrhundert, Essen 2006, S. 81-96.

15 Greve, *Umgang*, S. 18.

16 Ders., *Neuere Forschungen zu NS-Prozessen. Ein Überblick*, in: Kritische Justiz 32 (1999), S. 472-480, hier S. 473.

17 Als Überblicke Rückerl, *Strafverfolgung*; Helge Grabitz; Klaus Bästlein; Johannes Tuchel (Hg.), *Die Normalität des Verbrechens. Bilanz der Forschung zu den nationalsozialistischen Gewaltverbrechen*, Berlin 1994; Claudia Kuretsidis-Haider; Winfried R. Garscha (Hg.), *Keine »Abrechnung«. NS-Verbrechen, Justiz und Gesellschaft in Europa nach 1945*, Leipzig/Wien 1998.

18 Greve, *Forschungen*, S. 395.

19 Zur Frage nach den personellen Kontinuitäten der NS-Justiz in der Bundesrepublik und ihrem Umgang mit der eigenen Vergangenheit am Beispiel lokaler Göttinger Netzwerke und ihrer gesamtgesellschaftlichen Einflussnahmeversuche siehe beispielsweise die Beiträge in Schumann, *Kontinuitäten*.

20 Weinke, *Angriff*, S. 40f.

21 Bergmann, *Kommunikationslatenz*, S. 396. Dieser Begriff verweist auf Hermann Lübbes Begriff des »Beschweigens«, siehe Lübbe, *Nationalsozialismus*, bes. S. 587 und dessen vielfach postulierte Integrationsfunktion, so z. B. Steinbach, *Gewaltverbrechen*, S. 27.

22 Eine vergleichbare Situation lag auch in der DDR vor. Auch hier wurden die NS-Opfer, die sich nicht dem kommunistischen Widerstand zurechnen ließen, als »Störer« der offiziellen staatlichen Interpretationslinie empfunden, vgl. Herf, *Erinnerung*, S. 130-193.

23 »There were many accounts of Germany's ›most recent history‹ that circulated in the 1950s; remembering selectively was not the same as forgetting.« Moeller, *War Stories*, S. 1013. Zu den »multiple restorations«, der Vielgestaltigkeit der Erinnerungen in Ost- und Westdeutschland nach 1945 vgl. Herf, *Erinnerung*, S. 12. Siehe auch Constantin Goschler, *Versöhnung und Viktimisierung. Der deutsche Opferdiskurs und die Vertriebenen*, in: Zeitschrift für Geschichtswissenschaft 53 (2005), S. 873-884.

24 Henne, *Zeugenschaft*, S. 88.

25 Weinke, *Verfolgung*, S. 333.

26 Habermas, *Befindlichkeiten*, S. 60.

27 Reinhart Koselleck, *Formen und Traditionen des negativen Gedächtnisses*, in: Volkhard Knigge; Norbert Frei (Hg.), Verbrechen Erinnern. Die Auseinandersetzung mit Holocaust und Völkermord, München 2002, S. 21-32, hier S. 32.

28 *Westdeutsche Strafverfahren*, S. XI. »Staatsanwalt Zufall« sollte beispielsweise die Ermittlungen im Ulmer Einsatzgruppenprozess ins Rollen bringen. Vgl. hierzu Müller, *Einsatzgruppenprozess*, S. 36f.

29 *Neue Presse* 13. 2.1958: *Verrutscht die Binde der Justitia?* [Ernst Trip].

30 *Der Tagesspiegel* 14. 2.1958: *»Das Arnsberger Urteil ist ein Mord am Recht«* [Eigenbericht].

31 Rückerl, *Strafverfolgung*, S. 53. Zu den Verjährungsdebatten Freudiger, *Aufarbeitung*, S. 28-34; Steinbach, *Gewaltverbrechen*, S. 54-68; Miquel, *Ahnden*, S. 224-248; Greve, *Umgang*, S. 87-87; Weinke, *Verfolgung*, S. 187-201.

32 *Der Spiegel* 9. 7.1979, S. 46-55: *»Ein Toter gleich zehn Minuten Gefängnis«* [Eigenbericht], Zitat S. 55. Zum gestiegenen Engagement der deutschen Justiz ab den 1960er Jahren siehe auch Rebecca Wittmann, *The Normalization of Nazi Crime in Postwar West German Trials*, in: Herbert R. Reginbogin; Christoph J. M. Safferling (Hg.), The Nuremberg Trials. International Criminal Law since 1945, München 2006, S. 209-215. Wittmann schreibt die Veränderungen insbesondere dem Generationenwechsel bei Richtern und Staatsanwälten zu.

33 Zum Ulmer Verfahren vgl. Sabrina Müller, *Zum Drehbuch einer Ausstellung. Der Ulmer Einsatzgruppenprozess von 1958*, in: Jürgen Finger; Sven Keller; Andreas Wirsching (Hg.), Vom Recht zur Geschichte. Akten aus NS-Prozessen als Quellen der Zeitgeschichte, Göttingen 2009, S. 205-216. Zum zeithistorischen Kontext Claudia Fröhlich, *Die Gründung der »Zentralen Stelle« in Ludwigsburg – Alibi oder Beginn einer systematischen justitiellen Aufarbeitung der NS-Vergangenheit*, in: Gerhard Pauli; Thomas Vormbaum (Hg,), Justiz und Nationalsozialismus – Kontinuität und Diskontinuität, Berlin 2003, S. 213-249; siehe auch Miquel, *Ahnden*, S. 150-162. Zum konkreten Gegenstand des Verfahrens George Hendrik van Dam (Hg.), *KZ-Verbrechen vor deutschen Gerichten, Bd. 2: Einsatzkommando Tilsit. Der Prozeß zu Ulm*, Frankfurt am Main 1966; zum Urteil siehe auch *Justiz und NS-Verbrechen*, Bd. XV, lfd. Nr. 465, S. 11-265.

34 Eindrücklich dargestellt in einer »Fotostrecke« bei Müller, *Einsatzgruppenprozess*, hier S. 52-59.

35 Greve, *Umgang*, S. 145-170, bes. S. 153; Müller, *Einsatzgruppenprozess*, S. 62-72, bes. S. 70.

36 *Frankfurter Allgemeine Zeitung* 30. 8.1958: *»Das Bild des kalten Henkers«* [ma].

37 Siehe z. B. Schildt, *Umgang*, S. 48; Kröger, *Ahndung*, S. 63-67; Osterloh; Vollnhals, *Einleitung*, S. 13.

38 *Allgemeine Sonntags-Zeitung* 27. 12.1959: *Sühne – nicht Vergeltung* [Marko Wolf].

39 Ebd.

40 Stefan Alexander Glienke, *Die Darstellung der Shoah im öffentlichen Raum. Die Ausstellung »Die Vergangenheit mahnt« (1960-1962)*, in: Ders.; Volker Paulmann; Joachim Perels (Hg.), Erfolgsgeschichte Bundesrepublik? Die Nachkriegsgesellschaft im langen Schatten des Nationalsozialismus, Göttingen 2008, S. 147-183.

41 Ebd., S. 163. Sie stellte keinen unmittelbareren Gegenwartsbezug her wie z. B. die Ausstellung *Ungesühnte Nazijustiz* im Jahr zuvor. Vgl. Stephan Alexander Glienke, *Die Ausstellung »Ungesühnte Nazijustiz« (1959-1962). Zur Geschichte der Aufarbeitung nationalsozialistischer Justizverbrechen*, Baden-Baden 2008.

42 Benedikt Widmaier, *Die Bundeszentrale für politische Bildung. Ein Beitrag zur Geschichte staatlicher politischer Bildung in der Bundesrepublik Deutschland*, Frankfurt am Main et al. 1987; siehe auch Werner Maibaum, *Ostkolleg der Bundeszentrale für Heimatdienst. Gründungsgeschichte und Aufbauphase*, Bonn 2004.

43 Olaf Blaschke, *»Die Hand am Puls der Forschung«. Konjunkturen der Zeitgeschichtsschreibung und ihre Verleger seit 1945*, in: Vierteljahrshefte für Zeitgeschichte 57 (2009), S. 99-115, Zitat S. 105.

44 Paradigmatisch für diese Entwicklungen steht der vielbeachtete Rundfunkvortrag von Theodor W. Adorno im Jahr 1959, *Was bedeutet: Aufarbeitung der Vergangenheit*, in: Ders., Eingriffe. Neun kritische Modelle, Frankfurt am Main 1963, S. 125-146.

45 Zum Gegenstand und zur Wirkung des Eichmann-Prozesses in der israelischen und internationalen Öffentlichkeit Hanna Yablonka, *The State of Israel vs. Adolf Eichmann*, New York 2004; siehe auch Christina Große, *Der Eichmann-Prozess zwischen Recht und Politik*, Frankfurt am Main 1995; Irmtrud Wojak, *Eichmanns Memoiren. Ein kritischer Essay*, Frankfurt am Main 2001; Levy; Sznaider, *Erinnerung*, S. 120-128.

46 Peter Krause, *Der Eichmann-Prozess in der deutschen Presse*, Frankfurt/New York 2002; siehe auch Wilke et al., *Holocaust*.

47 Sabine Horn, *Erinnerungsbilder. Auschwitz-Prozess und Majdanek-Prozess im westdeutschen Fernsehen*, Essen 2009.

48 Hanna Yablonka, *Nazi-Prozesse und Holocaust-Überlebende. Israel 1950-1967*, in: Irmtrud Wojak (Hg.): *»Gerichtstag halten über uns selbst...«. Geschichte und Wirkung des ersten Frankfurter Auschwitz-Prozesses*, Frankfurt/New York 2001, S. 277-292; siehe auch Levy, Sznaider, *Erinnerung*, S. 110ff.

49 Hannah Arendt, *Eichmann in Jerusalem. Ein Bericht über die Banalität des Bösen*, München [13]2004, bes. S. 15ff., 56f., 400f. Zur Einordnung des Berichts in Arendts Gesamtwerk siehe auch Julia Schulze Wessel, *Ideologie der Sachlichkeit. Hannah Arendts Theorie des Antisemitismus*, Frankfurt am Main 2006.

50 So beispielsweise Wojak, *Eichmann*, S. 191-207, hier S. 198-203; zur Kritik siehe auch Peter Krause, *Kann das Böse »banal« sein? Hannah Arendts Bericht aus Jerusalem*, in: Zeithistorische Forschungen/Studies in Contemporary History 6 (2009), S. 153-158, bes. S. 154f.

51 »So untersucht die Täterforschung inzwischen die Wirkung von Faktoren wie Sozialisation, Karriereambitionen, Anpassungs- und Gewaltbereitschaft sowie Abstumpfung und Gruppendruck.« Weckel; Wolfrum, *NS-Prozesse*, S. 15. Siehe auch Browning, *Männer*; Goldhagen, *Vollstrecker*; Welzer, *Täter*, hier bes. S. 48-75.

52 Siehe Raul Hilberg, *Unerbetene Erinnerung. Der Weg eines Holocaust-Forschers*, Frankfurt am Main 1994, S. 130.

53 *Die Zeit* 11. 12.2003, S. 82 (Zeitläufte): *Am Anfang der Wahrheit* [Richard Herzinger].

54 Siehe unter anderem: Langbein, *Auschwitz-Prozess*; Werle; Wandres, *Auschwitz*; Fritz-Bauer-Institut (Hg.), *»Gerichtstag halten über uns selbst...«. Geschichte und Wirkung des ersten Frankfurter Auschwitz-Prozesses*, Frankfurt/New York 2001; Wittmann, *Justice*; Devin O. Pendas, *The Frankfurt Auschwitz Trial, 1963-1965. Genocide, History, and the Limits of the Law*, Cambridge 2006. Rund 100 Stunden der originalen Tonbandmitt-

schnitte und die Transkription der Vernehmung von über 300 Zeugen sowie Quellen zur Vorgeschichte des Prozesses und eine Auswahl an Fotografien liegen darüber hinaus auf DVD vor: Fritz-Bauer-Institut; Staatliches Museum Auschwitz-Birkenau (Hg.), *Der Auschwitz-Prozess. Tonbandmitschnitte, Protokolle und Dokumente*, Berlin 2004.

55 Vgl. den Katalog zur Frankfurter Ausstellung, die in der Folgezeit auch in anderen deutschen Städten, u. a. Berlin, gezeigt wurde. Wojak, *Auschwitz-Prozeß*.

56 Friedrich-Martin Balzer; Werner Renz (Hg.), *Das Urteil im Frankfurter Auschwitz-Prozess (1963-1965). Erste selbständige Veröffentlichung*, Bonn 2004; Auszüge aus dem Urteil in Werle; Wandres, *Auschwitz*, S. 94-211, ein erster Gesamtabdruck in *Justiz und NS-Verbrechen*, Bd. XXI, lfd. Nr. 595, S. 361-837.

57 So zum Beispiel des Redakteurs der *Frankfurter Allgemeinen Zeitung* Bernd Naumann oder des Journalisten Conrad Taler, der für das monatlich erscheinende offizielle Organ der israelitischen Kultusgemeinde Wien, *Die Gemeinde*, vom Prozess berichtete. Bernd Naumann, *Auschwitz. Bericht über die Strafsache gegen Mulka u. a. vor dem Schwurgericht Frankfurt*, Berlin 2004; Conrad Taler, *Asche auf vereisten Wegen. Eine Chronik des Grauens – Berichte vom Frankfurter Auschwitz-Prozess*, Köln 2003.

58 So auch Devin O. Pendas, *»I didn't know what Auschwitz was«. The Frankfurt Auschwitz Trial and the German Press 1963-1965*, in: Yale Journal of Law & Humanities 12 (2000), S. 397-446.

59 Diese Lücke zu füllen ist der Auftrag der Prozessberichterstatter. Zu deren Rolle Arendes, *Beobachter*; als Beispiel Peter Jochen Winters, *Berichterstatter im Auschwitz-Prozess 1963/1965*, in: Alfred Gottwaldt; Norbert Kampe; Peter Klein (Hg.), NS-Gewaltherr-schaft. Beiträge zur historischen Forschung und juristischen Aufarbeitung, Berlin 2005, S. 378-390.

60 Einen Eindruck von der Entstehung des Stückes, seinen Hintergründen und Debatten vor und nach der Aufführung – inklusive der Lesung in der Volkskammer – liefert eine von der Bundeszentrale für politische Bildung herausgegebene Edition Bundeszentrale für politische Bildung (Hg.), *Auschwitz auf der Bühne. Peter Weiß: »Die Ermittlung« in Ost und West*, Bonn 2008 (2 DVD-ROM).

61 Levy; Sznaider, *Erinnerung*, S. 114. Vgl. auch die konzise Kritik am Selbstverständnis des dokumentarischen Theaters am Beispiel der *Ermittlung* von Peter Weiss bei Young, *Holocaust*, S. 110-136.

62 Wenzel, *Gericht*, S. 12f.

63 Als kurze Zusammenfassung Werner Renz, *40 Jahre Auschwitz-Prozess. Ein unerwünschtes Verfahren*, in: Fritz-Bauer-Institut zur Geschichte und Wirkung des Holocaust. Newsletter 13 (2004), Nr. 26, S. 13-16.

64 Zu Person und Lebensgeschichte Fritz Bauers zuletzt ausführlich Claudia Fröhlich, *Wider die Tabuisierung des Ungehorsams. Fritz Bauers Widerstandsbegriff und die Aufarbeitung von NS-Verbrechen*, Frankfurt/New York 2006; Irmtrud Wojak, *Fritz Bauer 1903-1968. Eine Biographie*, München 2009.

65 Renz, *40 Jahre*, S. 13.

66 Hans Hofmeyer, *Prozessrechtliche Probleme und praktische Schwierigkeiten bei der Durchführung der Prozesse*, in: Verhandlungen des Deutschen Juristentages Essen 1966, Bd. II, C 38-C 44, Zitat C 39.

67 Renz, *40 Jahre*, S. 15.

68 Lutum-Lenger, *Mörder*, S. 24.

69 Vgl. Miquel, *Ahnden*, S. 146-185; Greve, *Umgang*, S. 48-52.

70 Siehe Miquel, *Ahnden*, S. 27-70; Weinke, *Verfolgung*, S. 76-108, 141-160.

71 Zur Gründungsgeschichte und den Aufgaben der *ZSt* Eberhard Rondholz, *Die Ludwigsburger Zentrale Stelle zur Aufklärung von NS-Verbrechen*, in: Redaktion Kritische Justiz (Hg.): Die juristische Aufarbeitung des NS-Unrechts, Baden-Baden 1998, S. 669-678;

Rüdiger Fleiter, *Die Ludwigsburger Zentrale Stelle – eine Strafverfolgungsbehörde als Legitimationsinstrument? Gründung und Zuständigkeit 1958 bis 1965*, in: Kritische Justiz 35 (2002), S. 253-272; Kunz, *NS-Gewaltverbrechen*; Schrimm; Riedel, *50 Jahre*. Zusammenfassend Hans H. Pöschko (Hg.), *Die Ermittler von Ludwigsburg. Deutschland und die Aufklärung nationalsozialistischer Verbrechen*, Berlin 2008; zuletzt Annette Weinke, *Eine Gesellschaft ermittelt gegen sich selbst. Die Geschichte der Zentralen Stelle Ludwigsburg 1958-2008*, Darmstadt 2008.

72 Die *Verwaltungsvereinbarung über die Errichtung einer Zentralen Stelle der Landesjustizverwaltungen zur Aufklärung nationalsozialistischer Verbrechen* bildet seitdem die Grundlage für die Tätigkeit der *ZSt*, siehe Schrimm; Riedel, *50 Jahre*, S. 525; Fröhlich, *Gründung*.

73 Von einem »Wendepunkt« in der Strafverfolgung von NS-Verbrechen spricht Steinbach, *Gewaltverbrechen*, S. 48. Zum Paradigmenwechsel bzw. zur »klare(n) Trendwende« in der juristischen Aufarbeitung Grabitz, *Täter*, S. 31; siehe auch Rückerl, *NS-Verbrechen*, S. 139-151; Greve, *Umgang*, S. 43-56, 305-409.

74 Werner Bergmann, *Antisemitismus vor Gericht. Die Hakenkreuzschmierereien an der Kölner Synagoge 1959 und andere Übergriffe*, in: Anne Klein; Jürgen Wilhelm (Hg.), NS-Unrecht vor Kölner Gerichten, Köln 2003, S. 131-149.

75 Das Weißbuch der Bundesregierung *Die antisemitischen und nationalsozialistischen Vorfälle in der Zeit vom 25. Dezember 1959 bis zum 28. Januar 1960* wurde am 17. 2.1960 dem Bundestag und damit der Öffentlichkeit vorgelegt. Es enthielt neben der Dokumentation der einzelnen Vorfälle und dem Versuch einer Analyse der Beweggründe der Täter u. a. einen Überblick über den Stand der Strafverfolgung sowie den Versuch, die Einflüsse verfassungsfeindlicher Kräfte zu deuten, wobei der Instrumentalisierung durch die Presse und die amtlichen Verlautbarungen der DDR eine besondere Bedeutung zugemessen wurde. Siehe auch Hans Herzfeld, *Ein ungelöstes Problem. Der Antisemitismus – eine deutsche Schicksalsfrage*, in: Die Politische Meinung 5 (1960), S. 39-50; Peter Schönbach, *Reaktionen auf die antisemitische Welle im Winter 1959/69*, Frankfurt am Main 1961.

76 Zur »Blutrichter-Kampagne« siehe Weinke, *Verfolgung*, S. 76-108, 141-160; Miquel, *Ahnden*, S. 27-70. Zur Gründung der *ZSt* in unmittelbarer Folge der DDR-Kampagnen, ebd., S. 146-185.

77 Zum Verlauf der Debatte und ihren Folge vgl. Shida Kiani, *Zur politischen Auseinandersetzung mit Antisemitismus in der Bundesrepublik. Die Schmierwelle im Winter 1959/1969*, in: Stephan Glienke; Volker Paulmann; Joachim Perels (Hg.), *Erfolgsgeschichte Bundesrepublik? Die Nachkriegsgesellschaft im langen Schatten des Nationalsozialismus*, Göttingen 2008, S. 115-145.

78 Weinke, *Verfolgung*, S. 341.

79 Vorlagefassung für den Bundesjustizminister vom 4. 12.1959 betreffend Gründung und Aufgaben der Zentralen Stelle in Ludwigsburg, BArch B 141/33771, Bl. 25-29, Zitat Bl. 25.

80 Ebd., Bl. 27, Hervorhebungen unterstrichen im Original, Hervorhebung kursiv C. A.

81 So Werner Best, zitiert nach Herbert, *Best*, S. 493.

82 *Vereinbarung für die Übernahme der Unterlagen der Zentralen Stelle der Landesjustizverwaltungen zur Aufklärung nationalsozialistischer Verbrechen in Ludwigsburg durch das Bundesarchiv*, in: Mitteilungen aus dem Bundesarchiv 16 (2008), Heft 3, S. 4-6. Siehe auch *Frankfurter Allgemeine Zeitung* 16. 04.2003, S. 12 (Zeitgeschehen): *Alles unter dem Ludwigsburger Dach* [Rainer Blasius].

83 Wehr, *Unterlagen*, S. 8.

84 Andreas Kunz, *Archivbenutzung der Unterlagen der Zentralen Stelle. Rahmenbedingungen und Recherchemöglichkeiten*, in: Mitteilungen aus dem Bundesarchiv 16 (2008), Heft 3, S. 10-17.

85 Kunz, *NS-Gewaltverbrechen*, S. 234. 2007 umfasste der Bestand der *ZSt* (Zentralkartei) insgesamt über 1,6 Millionen Namens-, Einheiten- und Ortskarteien. Hinzukamen eine

Verfahrensübersicht und eine separate Dokumentensammlung (ca. 500.000 Blatt) mit Archivmaterialen aus dem In- und Ausland. Vgl. Schrimm; Riedel, *50 Jahre*, S. 526f.

86 *Süddeutsche Zeitung* 24./25. 3.2005, S. 3 (Hintergrund): *Ein Schleppnetz für die letzten Fische* [Christiane Kohl].

87 Frei, *Vergangenheitspolitik*, S. 21; Moisel, *Frankreich*, S. 15.

88 Kunz, *NS-Gewaltverbrechen*, S. 35.

89 Schrimm; Riedel, *50 Jahre*, S. 525.

90 Dass ihre Arbeit nicht erfolgreicher verlaufen ist, lag vor allem am »Mangel an politischem Willen zur effizienten Strafverfolgung«, so Hans-Jörg Albrecht, *Eine kritische Bilanz. Die Zentrale Stelle Ludwigsburg für NS-Verbrechen*, in: TRIBÜNE 43 (2004), Heft 171, S. 188-194, Zitat S. 194.

91 Ebd., S. 189.

92 Schrimm; Riedel, *50 Jahre*, S. 555.

93 Garbe, *Abkehr*, S. 707; siehe auch Steinbach, *Gewaltverbrechen*, S. 48; Frei, *Vergangenheitspolitik*, S. 399.

94 Greve, *Umgang*, S. 395f.; Wengst, *Ausscheiden*, S. 173.

95 Weinke, *Verfolgung*, S. 340.

96 Ebd.

97 Rüter, *Strafverfahren*, S. 53.

98 Filippo Focardi, *Das Kalkül des »Bumerangs«. Politik und Rechtsfragen im Umgang mit deutschen Kriegsverbrechern in Italien*, in: Norbert Frei (Hg.), Transnationale Vergangenheitspolitik. Der Umgang mit deutschen Kriegsverbrechen in Europa nach dem Zweiten Weltkrieg, Göttingen 2006, S. 536-566, hier S. 559-564.

99 Marc von Miquel, *Aufklärung, Distanzierung, Apologie. Die Debatten über die Strafverfolgung von NS-Verbrechen in den sechziger Jahren*, in: Norbert Frei; Sybille Steinbacher (Hg.), Beschweigen und Bekennen. Die deutsche Nachkriegsgesellschaft und der Holocaust, Göttingen 2001, S. 51-70, hier S. 52.

100 *Die Zeit* 16. 2.1968: *Bilanzen* [Horst Kröger].

101 *Die Welt* 30. 5.1963: *Das furchtbare Erbe der Hitler-Diktatur* [Fritz Böhmel]. Zur »Lawine solcher Prozesse«, so Fritz Bauer, Generalstaatsanwalt in Frankfurt am Main, siehe auch *Die Zeit* 6. 10.1966, S. 7 (Politik): *Milde für die Mörder?* [Dietrich Strothmann].

102 So Oberkirchenrat Erwin Wilkens, vgl. *Rheinischer Merkur* 7. 6.1963, S. 4: *Schlußstrich unter die NS-Verbrechen?* [Erwin Wilkens]. Siehe bereits *BULLETIN des Presse- und Informationsamtes der Bundesregierung* 8. 5.1963: *Die Prozesse wegen nationalsozialistischer Verbrechen* [Erwin Wilkens]. Vgl. auch den Bericht über eine von der Arbeitsgemeinschaft *Christentum und Sozialismus* sowie des Landesverbandes der SPD Berlin organisierte Podiumsdiskussion vor 600 Zuhörern in der Berliner Kongresshalle zum Thema »Prozesse gegen NS-Gewaltverbrecher nach 18 Jahren?« in *Allgemeine Wochenzeitung der Juden in Deutschland* 12. 5.1963: *Diskussion über NS-Verbrechen* [tra]; *Stuttgarter Zeitung* 20. 3. 1963, S. 3 (Die dritte Seite): *Die bittere Lehre der NS-Prozesse* [Auszüge aus der Erklärung des Rates der EKD zu NS-Verfahren in Deutschland].

103 Eigentlich Eugen Wilhelm Otto Baron von Saß.

104 *Quick* 13. 6.1963 (Kolumne): *Dialog ums eigene Nest* [Matthias Walden], Hervorhebung im Original gesperrt.

105 *Stuttgarter Zeitung* 12. 7.1963, S. 18 (Südwestdeutsche Zeitung): *Kritik an Urteilen gegen NS-Gewaltverbrecher* [eru].

106 Ebd.

107 Bundestagsdrucksache IV/3124 vom 22. 2.1965. Siehe auch Rückerl, *Strafverfolgung*, S. 61. Als Beispiel für die Reaktion in der Presse: *Die Welt* 13. 8.1963, S. 1f. (Titel): *10.000 Urteile wegen NS-Verbrechen/Deutsche Gerichte verurteilten bisher 5.426 Personen* [tra]. Auszüge aus dem Parlamentsbericht des Bundesministers der Justiz, hier am Beispiel

des Reichsicherheitshauptamt (RSHA), finden sich in der *Frankfurter Allgemeinen Zeitung* 10. 3.1965, S. 11f.: *Zum Beispiel das Reichssicherheitshauptamt.*

108 Christoph Kleßmann, *Einleitung*, in: Ders. (Hg.), September 1939. Krieg, Besatzung, Widerstand in Polen. Acht Beiträge, Göttingen 1989, S. 5-15, Zitat S. 5; siehe auch Wolfgang Jacobmeyer, *Der Überfall auf Polen und der neue Charakter des Krieges*, ebd., S. 16-37.

109 Günter Schubert, *Das Unternehmen »Bromberger Blutsonntag«. Tod einer Legende*, Köln 1989; Włodzimierz Jastrzębski, *Der Bromberger Blutsonntag. Legende und Wirklichkeit*, Poznań 1990.

110 Zum Widerstand gegen die »mörderische Radikalität der nationalsozialistischen Besatzungspolitik« siehe Włodzimierz Borodziej, *Soziale und politische Konturen des polnischen Widerstandes*, in: Christoph Kleßmann (Hg.), September 1939. Krieg, Besatzung, Widerstand in Polen. Acht Beiträge, Göttingen 1989, S. 95-113, Zitat S. 95

111 Schreiben des *Reichsführer SS und Chef der Deutschen Polizei im Reichsministerium des Inneren*, Heinrich Himmler vom 26. 9.1939 mit dem Auftrag der Gründung eines Selbstschutzes in den besetzten (Ost-) Gebieten Danzig-Westpreußen, Posen und Schlesien, siehe auch *Justiz und NS-Verbrechen*, Bd. XXI, S. 14, Bd. XXXIX, S. 472. Vgl. auch Christian Jansen; Arno Weckbecker, *Der ›Volksdeutsche Selbstschutz‹*, München 1992.

112 Herbert, *Best*, S. 234-240. Siehe auch Rückerl, *Strafverfolgung*, S. 17f.; Helmut Krausnick; Hans Heinrich Wilhelm, *Die Truppe des Weltanschauungskrieges. Die Einsatzgruppen der Sicherheitspolizei und des SD 1938-1942*, Stuttgart 1981; Michael Wildt (Hg.), *Nachrichtendienst, politische Elite und Mordeinheit. Der Sicherheitsdienst des Reichsführers SS*, Hamburg 2003.

113 Herbert, *Best*, S. 240-249. Siehe auch Włodzimierz Borodziej, *Terror und Politik. Die deutsche Polizei und die polnische Widerstandsbewegung im Generalgouvernement 1939-1944*, Mainz 1999. Zu Nachkriegsverfahren gegen Angehörige des »Volksdeutschen Selbstschutzes«, ders., *»Hitleristische Verbrechen«. Die Ahndung deutscher Kriegs- und Besatzungsverbrechen in Polen*, in: Norbert Frei (Hg.), Transnationale Vergangenheitspolitik. Der Umgang mit deutschen Kriegsverbrechen in Europa nach dem Zweiten Weltkrieg, Göttingen 2006, S. 399-437.

114 Vgl. Helmut Krausnick, *Hitler und die Morde in Polen. Ein Beitrag zu dem Konflikt zwischen Heer und SS um die Verwaltung der besetzten Gebiete*, in: Vierteljahrshefte für Zeitgeschichte 11 (1963), S 196-209; Czesław Madajczyk, *Die Okkupationspolitik Nazideutschlands in Polen 1939-1945*, Berlin 1987; Borodziej, *Terror*; Klaus-Michael Mallmann; Bogdan Musial (Hg.), *Genesis des Genozids: Polen 1939-1941*, Darmstadt 2004.

115 Zur »Volkstumspolitik« auch Jacobmeyer, *Überfall*, S. 16-37.

116 Richardt wurde am 6. 8.1895 in Lemgo geboren. Nach Besuch der Volks- und Bürgerschule absolvierte er eine kaufmännische Lehre. Nach seiner Entlassung aus dem Militärdienst 1918 arbeitete er in verschiedenen Firmen und betrieb zwischen 1923 und 1934 in Stendal einen Tabakwarengroßhandel. Mocek wurde am 10. 9.1901 in Duisburg geboren. Nach Besuch der Volksschule schloss er eine Lehre als technischer Zeichner ab. Zwischen 1928 und 1933 war er ohne Arbeit. Neben der Mitgliedschaft in der bündischen Jugend (Wandervogel), dem Bund Oberland, dem Schlageterbund und der Nationalen Jugend nahm er aktiv am Kampf gegen die französische Besatzung des Ruhrgebietes teil. Siehe *Justiz und NS-Verbrechen*, Bd. XXI, S. 5-8.

117 Sorgatz wurde am 21. 8.1911 in Groß Paglau in Westpreußen geboren. Nach Besuch des Gymnasiums arbeitete er als Müller und Mühlenkaufmann. Nachdem aufgrund des Versailler Friedensvertrages Teile Westpreußens polnisch geworden waren, wurde Sorgatz 1920 polnischer Staatsangehöriger und leistete seine Wehrpflicht 1934/1935 im polnischen Heer ab. Wollenberg wurde am 21. 1.1913 in Tuchel in Westpreußen geboren. Nach dem Besuch der Volksschule arbeitete er bis kurz vor dem Kriegsausbruch in der

Tischlerei seines Vaters. Auch Wollenberg hatte 1920 die polnische Staatsbürgerschaft angenommen. Vgl. ebd., S. 8f.

118 Richardt gehörte ab 1923 dem Stahlhelm an und war 1930 erst der NSDAP, dann der SS beigetreten. Von Mai 1935 bis zum Kriegsende war er hauptamtlicher SS-Führer, zuletzt im Range eines SS-Oberführers. Moceks Mitgliedschaft in SA und NSDAP datierten bereits aus dem Jahr 1925, er trat 1930 der SS bei und wurde im Mai 1933 hauptamtlicher SS-Sturmbannführer. Ebd., S. 5-8.

119 Sorgatz trat im Herbst 1939 der SS bei, in der er hauptberuflich bis Februar 1940 blieb, Wollenberg meldete sich ebenfalls im Herbst 1939 zur SS. Ebd., S. 8f.

120 Vgl. Klausch, *Tätergeschichten*, S. 265-278, bes. S. 266; Herbert, *Best*, S. 74ff., 92ff.

121 Siehe beispielsweise Herbert, *Best*, S. 29-41.

122 Klausch, *Tätergeschichten*, S. 275f.

123 Rainer Fröbe, *Bauen und Vernichten. Die Zentralbauleitung Auschwitz und die »Endlösung«*, in: Christoph Dieckmann et al. (Hg.), »Durchschnittstäter«. Handeln und Motivation, Berlin 2000, S. 155-209, Zitat S. 68.

124 Zur deutschen Minderheit unter polnischer Verwaltung in der Zwischenkriegszeit siehe Marian Dobrosielski, *Die deutsche Minderheit in Polen in Geschichte und Gegenwart*, in: Die Deutsche Minderheit in Polen. Geschichte und Gegenwart, Warschau 1996, S. 41-103, hier S. 52-57; siehe auch Thomas Urban, *Deutsche in Polen. Geschichte und Gegenwart einer Minderheit*, München 1993, S. 27-65, bes. S. 29-46.

125 Der Versailler Friedensvertrag vom 28. 6.1919 sah vor, dass fast die gesamten Provinzen Posen und Westpreußen polnisch wurden. Der Vertrag war zum 20. 1.1920 in Kraft getreten, wie auch das neue polnische Staatsangehörigkeitsgesetz, vgl. Urban, *Deutsche*, S. 122ff.

126 Schreiben LG Mannheim an *ZSt* Ludwigsburg vom 21. 11.1961, BArch B 162/1980, Bl. 7. Die Untersuchungshaft dauerte bis zum 7. 6.1962, vgl. auch *Justiz und NS-Verbrechen*, Bd. XXI, S. 8.

127 Schreiben LG Mannheim an *ZSt* Ludwigsburg vom 4. 1.1962, ebd., Bl. 14.

128 Vgl. Schreiben LG Mannheim an *ZSt* Ludwigsburg vom 21. 12.1961, BArch B 162/1981, Bl. 264.

129 Anklageschrift des LG Mannheim vom 3. 1.1963 gegen Richardt, Wollenberg und Sorgatz (1 Js 1/63), BArch B 162/1980, Bl. 56-93. Siehe auch Schriftwechsel bezüglich benötigter Amtshilfe durch die polnischen Behörden, ebd., Bl. 131ff.

130 Zu Willy von Mühlenfels (1905-1990), Oberstaatsanwalt am Mannheimer Landgericht und später ebendort Landgerichtspräsident (1966-1970), siehe die Angaben in StaMa S 1/0547.

131 Haftbefehl LG Mannheim vom 11. 3.1964. Als einer der Haftgründe wird ein begründeter »Fluchtverdacht« angeführt, ebd., Bl. 185. Die Untersuchungshaft dauerte vom 24. 3. bis 16. 4.1964, vgl. *Justiz und NS-Verbrechen*, Bd. XXI, S. 7.

132 Einleitung eines Ermittlungsverfahrens StA Mannheim vom 6. 4.1964 gegen Heinz Mocek (1 Js 31/64), BArch B 162/1980, Bl. 184.

133 (Auszugsweise) Abschrift der Vernehmung Mocek durch StA Mannheim (Gerichtsassessor Klass), vom 2. 4.1964, BArch B 162/1988, Bl. 2504-2521.

134 Aussage Mocek StA Mannheim (Untersuchungsrichter Spitzner), vom 14./15. 4.1964, ebd., Bl. 2522-2531 (Teil 1), ebd., Bl. 2532-2536 (Teil 2), ebd., Bl. 2537-2546 (Teil 3).

135 Siehe Schreiben StA Mannheim vom 10. 4.1964 an *ZSt* Ludwigsburg wegen Beantragung der Voruntersuchung am 8. 4.1964, BArch B 162/1980, Bl. 205 (Tatvorwürfe); Schreiben StA Mannheim an *ZSt* Ludwigsburg wegen Beendigung der Voruntersuchung (16. 4.1964) vom 21. 4.1964, ebd., Bl. 208; die Protokolle der zwei Vernehmungen Moceks, ebd., Bl. 186-204.

136 Vgl. ebd., Bl. 56-93.

137 Vgl. Schreiben LG Mannheim an *ZSt* Ludwigsburg vom 27. 4.1964, BArch B 162/1981, Bl. 268.

138 So kommt es zum Verbund der Verfahren 1 Js 11/61 und 1 Js 10/61 zu 1 Js 1/63 und später 1 Ks 1/63. Neben Richardt, Wollenberg und Sorgatz befinden sich anfangs noch Paul Ziehlke und Hans Roesler unter den Angeklagten. Später kommt noch das Verfahren gegen Mocek 1 Js. 31/64 hinzu. Zum Stand der Vorermittlungen, den Inhalten der anderen Verfahren und der Zusammenlegung, siehe ebd., passim. Für die Vernehmungsprotokolle zur Person Richardts bzw. Moceks siehe u. a. auch BArch B 162/1983. Zum Hauptverfahren gegen Mocek, Richardt, Sorgatz und Wollenberger (1 Ks 1/64) siehe auch Sonderband XI (Register): Beschuldigtenübersicht (1), Aktenübersicht (2), Verzeichnis der wesentlichen Aktenstücke der Hauptbände (3), Verzeichnis der Vernehmungen von Beschuldigten und Zeugen (4), Verzeichnis der lediglich formularmäßig befragten Zeugen (5), BArch B 162/1984.

139 StA Mannheim, Anlage a zur Vernehmungsniederschrift Wehner vom 20. 5.1964, 3. Fertigung für *ZSt* Ludwigsburg, BArch B 162/19440. Die Anlage enthält als Sonderdruck die schriftliche Fassung eines ursprünglich als Referat auf der 29. Tagung der *Deutschen Gesellschaft für gerichtliche, sozial Medizin und Kriminalistik* in Innsbruck vom 15. bis 17. Mai 1940 gehaltenen Vortrags Wehners. Siehe Bernhard Wehner, *Kriminalistische Ergebnisse bei der Aufklärung polnischer Greuel an Volksdeutschen*, in: Deutsche Zeitschrift für die gesamte gerichtliche Medizin 34 (1940), Heft 1-3, S. 90-115. Der Aufsatz enthält auch 16 Abbildungen, im gleichen Heft finden sich weitere Referate zum »Bromberger Blutsonntag«, die sich medizinischen oder kriminaltechnischen Fragen, u. a. aus der Ballistik, widmen.

140 Wehner, *Ergebnisse*, S. 90, S. 114f., Hervorhebungen C. A.

141 StA Mannheim, Anlage b zur Vernehmungsniederschrift Wehner vom 20. 5.1964, 3. Fertigung für *ZSt* Ludwigsburg, BArch B 162/19441. Die Anlage enthält als Sonderdruck Bernhard Wehner, *Die polnischen Greueltaten. Kriminalpolizeiliche Ermittlungsergebnisse*, Berlin 1942, Zitate S. 107.

142 Wehner, *Greueltaten*, S. 10 (Vorwort).

143 Zur Legende vom »Bromberger Blutsonntag« mit weiteren Verweisen Schubert, *Unternehmen*; Jastrzębski, *Blutsonntag*.

144 (Auszugsweise) Abschrift Vernehmung Kriminaloberrat Wehner, StA Mannheim vom 20. 5.1964, BArch B 162/1982, Bl. 569ff., Zitat Bl. 570. Die Vernehmung erfolgte im Rahmen des ersten in der Sache Tuchel eingeleiteten Strafverfahrens, siehe LG Mannheim 1 Js 1/63 bzw. 1 Ks 1/63 (Richardt, Sorgatz).

145 Vernehmungsprotokoll Kriminaloberrat Wehner durch StA Mannheim vom 20. 5.1964, ebd., Bl. 570.

146 Zu Person und Rolle Nordens als »SED-Chefideologe« siehe beispielsweise Herf, *Erinnerung*, S. 203-209, 217-221.

147 Nordens Pressekonferenzen waren feste Bestandteile der »Braunbuch-Kampagnen« der SED. Siehe beispielsweise Weinke, *Verfolgung*, S. 151-157; Miquel, *Ahnden*, S. 27-38, 57-70.

148 *Der Spiegel* 8. 1.1964, S. 20 (Deutschland): *Vertriebenenminister: Es kam auf ihn zu* [Eigenbericht].

149 Zur Demission Krügers ebd. 29. 1.1964, S. 18f. (Deutschland): *Krüger: Amtsvertrieben* [Eigenbericht]; siehe auch *Die Zeit* 31. 1.1964 (Zeitgeschehen der Woche): *Minister mit Vergangenheit* [Eigenbericht] und den Kommentar *Krügers Vergeßlichkeit* [R. S.] (ebd.).

150 *Der Spiegel* 22. 1.1964, S. 19f. (Deutschland): *Vertriebenenminister: Einfach durchhalten* [Eigenbericht].

151 Zitat Ebd.

152 Ebd. 26. 2.1964, S. 10 (Briefe): *Leserbrief* [Hermann Elmers].

153 Vernehmungsprotokoll Hermann Elmers vom 12. 3.1964, Polizeistation Achim bei Bremen (Kreis Verden), BArch B 162/1982, Bl.553-558; siehe auch Vernehmungsprotokoll Hermann Elmers StA Mannheim vom 3. 4.1964, ebd., Bl. 559-564.
154 StA Mannheim, II. Strafkammer LG Mannheim vom 6. 10.1964, BArch B 162/1985 Bl. 1732-1734.
155 Beschluss über vorläufige Verfahrenseinstellung, StA Mannheim, II. Strafkammer LG Mannheim vom 28. 10.1964, ebd., Bl. 1735; avisierter Hauptverhandlungstermin und Sitzungszeitplan, ebd., Bl. 1736-1743.
156 Schreiben StA Mannheim (StA Klass) an *ZSt* Ludwigsburg (Rückerl) vom 3. 12.1964; Antwort *ZSt* vom 18. 12.1964, BArch B. 162/1986, Bl. 1808.
157 Schreiben StA Mannheim (StA Klass) an *ZSt* Ludwigsburg vom 13. 1.1965, ebd., Bl. 2103ff., Zitat Bl. 2104, Hervorhebung C. A.
158 Arthur »Kurt« Merten-Feddler, Führer des Selbstschutzes in Tuchel, war bereits im Rahmen der Vorermittlungen schwer belastet worden. Zu den Ermittlungen gegen Merten-Feddler u. a.; Hans Brieske u. a., bzw. Jan Panske vgl. auch BArch B 162/1981.
159 Schreiben StA Mannheim an *ZSt* Ludwigsburg vom 13. 1.1965, BArch B. 162/1986, Bl. 2104.
160 Ebd.
161 Fotografien zum Tatumfeld: BArch B 162/1987, Bl. 3. Siehe auch *Rhein-Neckar-Zeitung* 18. 3.1965, S. 9 (Rhein-Neckar-Main): *Fangschüsse auf Polen* [tt].
162 *Stuttgarter Nachrichten* 28. 1.1965: *Erschießungsprozeß in Mannheim* [Isw]; siehe auch *Rhein-Neckar-Zeitung* 10. 2.1965, S. 8 (Rhein-Neckar-Main): *Das Soll mußte erfüllt werden* [tt].
163 So auch die entsprechende Prozessaussage eines ehemaligen SS-Führers mit dem Spitznamen »Blut-Meier« am 9. 2.1965, *Mannheimer Morgen* 10. 2.1965, S. 11: *»Wir empfanden keine Rachegefühle* [Dieter Preuss]; siehe auch *Rhein-Neckar-Zeitung* 10. 2.1965, S. 8.
164 Zu den Angaben, die zum Auslöser der Massenerschießungen werden sollten, siehe die entsprechenden Abschnitte des Urteils, *Justiz und NS-Verbrechen*, Bd. XXI, S. 16f.
165 Es handelte sich aber nicht um ein förmliches Kriegsgericht der Wehrmacht. Keiner der Täterzeugen konnte sich später daran erinnern, dass Ankläger oder Verteidiger vor Ort gewesen seien. Vgl. ebd., S. 31.
166 Vernehmungsniederschrift Ernst Gerth vom 6. 6.1964, BArch B 162/1986, Bl. 1750-1765. Zu den Vorwürfen gegen Gerth vgl. ebd., Bl. 1755f.
167 Ebd., siehe auch *Justiz und NS-Verbrechen*, Bd. XXI, S. 31f.
168 Ebd., S. 19, 32.
169 Ebd., S. 20.
170 Ebd., S. 21. Für eine detaillierte Nachzeichnung der Erschießungen siehe auch *Rhein-Neckar-Zeitung* 15. 3.1965, S. 8 (Rhein-Neckar-Main): *Schnaps für die Mörder* [tt].
171 Ebd., S. 21ff.
172 Ebd., S. 23ff.
173 Nach dem Krieg fanden sich im Wald zwischen Tuchel und Rudabrück sechs Massengräber, die 227 Leichen enthielten, ebd., S. 24. Zu weiteren Zeugenaussagen, die die Hinrichtungen an den drei erwähnten Tagen bestätigten, ebd., S. 33-39, bes. S. 33f.; vgl. *Rhein-Neckar-Zeitung* 15. 3.1965, S. 8; ebd. 18. 3.1965, S. 9.
174 Vernehmungsprotokoll Hermann Ludwig vom 23. 9.1964, BArch B 162, Bl. 1601-1611, Zitat Bl. 1604. Siehe hierzu auch *Rhein-Neckar-Zeitung* 26. 3.1965, S. 8 (Rhein-Neckar-Main): *»Mord mit allen Merkmalen des Mordes«* [tt].
175 *Justiz und NS-Verbrechen*, Bd. XXI, S. 28. Vgl. auch *Rhein-Neckar-Zeitung* 26. 2.1965, S. 5 (Rhein-Neckar-Main): *Verhaftet wegen Fluchtverdacht* [tt].
176 Ebd., S. 39f.
177 *Frankfurter Allgemeine Zeitung* 2. 2.1965, S. 9 (Deutschland und die Welt): *Anklage: Sechzig Polen »liquidiert«* [dpa].

178 *Mannheimer Morgen* 2. 2.1965, S. 8: *Auf den Freispruch folgte die Exekution* [Dieter Preuss]; *Rhein-Neckar-Zeitung* 2. 2.1965, S. 5 (Rhein-Neckar-Main): *»Tuchel«-Prozess hat begonnen* [tt].
179 *Mannheimer Morgen* 3. 2.1965, S. 8: *Erich Sorgatz: »Ich hegte niemals Haß gegen Polen* [Dieter Preuss]; *Rhein-Neckar-Zeitung* 3. 2.1965, S. 5 (Rhein-Neckar-Main): *Exekutionen mit geliehenen Gewehren* [tt].
180 *Mannheimer Morgen* 3. 2.1965, S. 5; siehe auch ebd. 10. 2.1965, S. 11.
181 Ebd. 3. 2.1965, S. 8. Das Foto wurde von der Deutschen Pressagentur (dpa) übernommen.
182 *Rhein-Neckar-Zeitung* 2. 2.1965, S. 5.
183 Ebd.
184 *Rhein-Neckar-Zeitung* 3. 2.1965, S. 5.
185 So *Rhein-Neckar-Zeitung* 3. 3.1965, S. 8 (Rhein-Neckar-Main): *Kein Talent zum Märtyrer* [tt].
186 Anklage gegen Mocek, Richardt, Sorgatz und Wollenberg wegen Mordes, StA Mannheim vom 10. 8.1964, BArch B 162/1985, Bl. 1509-1587.
187 Ebd., S. 29.
188 Ebd., S. 39f.
189 *Erlass des Führers und Reichskanzlers über die Gliederung und Verwaltung der Ostgebiete* vom 8. 10.1939.
190 *Justiz und NS-Verbrechen*, Bd. XXI, S. 40.
191 Ebd., S. 41.
192 Ebd., S. 42.
193 Ebd.
194 Ebd., S. 59.
195 *Rhein-Neckar-Zeitung* 4. 2.1965, S. 9 (Rhein-Neckar-Main): *»Die Nazis herbeigesehnt ...«* [tt].
196 Zeugenaussage Heinz Eckart, siehe *Mannheimer Morgen* 4. 2.1965, S. 5 (Mannheimer Lokalnachrichten): *»Nach einigen Monaten hatten wir moralischen Kater«* [Dieter Preuss]. Zum Aspekte der »Polonisierung« des ehemals deutschen Westpreußens siehe auch *Rhein-Neckar-Zeitung* 9. 2.1965, S. 5 (Rhein-Neckar-Main): *Todesstrafe oder Freispruch* [tt].
197 *Frankfurter Allgemeine Zeitung* 4. 2.1965, S. 5: *Die Wehrmacht hat protestiert* [dpa].
198 *Mannheimer Morgen* 4. 2.1965, S. 5. Erst am 24. 2.1965 wurden Richardt und Mocek während des laufenden Verfahrens erneut in Untersuchungshaft genommen, vgl. *Justiz und NS-Verbrechen*, Bd. XXI, S. 7f.; siehe auch *Rhein-Neckar-Zeitung* 26. 2.1965, S. 5.
199 *Mannheimer Morgen* 3. 2.1965, S. 8.
200 Ebd.10. 2.1965, S. 11, Hervorhebung C. A.
201 Siehe auch die ausführliche Berichterstattung in der *Rhein-Neckar-Zeitung* 17. 2.1965, S. 5 (Rhein-Neckar-Main): *»... zum Dank für die Befreiung«* [tt]; ebd. 19. 2.1965, S. 8 (Rhein-Neckar-Main): *Wahllose Verhaftungen in Tuchel* [tt]; ebd. 24. 2.1965, S. 7 (Rhein-Neckar-Main): *Zeugen mit »Gedächtnisschwund«* [tt].
202 Siehe auch die Schilderung der Opferzeugen in *Die Tat* 27. 3.1965: *Zynismus ohne Gleichen* [Eigenbericht].
203 Zu Heinrich Wendt, Landgerichtsdirektor am Mannheimer Landgericht, siehe StaMa S 1/0923.
204 Urteil des LG Mannheim (1 Ks 1/64) vom 12. 5.1964, BArch B 162/14176 (AR-Z 175/69), Bl. 3-118; als Zweitschrift: BArch B 162/1987, Bl. 86-202. Vgl. auch *Justiz und NS-Verbrechen*, Bd. XXI, S. 1-61.
205 Zum Strafmaß vgl. *Justiz und NS-Verbrechen*, Bd. XXI, S. 1-61, hier S. 55f., Zitate S. 55. Zu den Plädoyers der Staatsanwaltschaft siehe *Rhein-Neckar-Zeitung* 25. 3.1965 (Rhein-Neckar-Main): *Dreimal lebenslänglich beantragt* [tt]; ebd. 26. 3.1965, S. 8. Zu den Plä-

doyers der Verteidiger König (Mocek) und Buchert (Richardt) siehe ebd. 1. 4.1965, S. 7 (Rhein-Neckar-Main): *Anwälte beantragen Freispruch* [tt].
206 Ebd., Bd. XXI, S. 43-52, Zitat S. 43, Hervorhebung C. A.
207 Ebd., S. 45.
208 Ebd., S. 47f.
209 Ebd., S. 50.
210 Ebd., S. 51.
211 Ebd., S. 52ff., Zitate S. 52f.
212 Ebd., S. 53, Hervorhebung C. A.
213 Ebd., S. 54ff., Zitate S. 54.
214 Ebd., S. 56f., Zitat S. 56.
215 Siehe auch *Rhein-Neckar-Zeitung* 3. 3.1965, S. 8.
216 Detlef Garbe, *Zwischen Widerstand und Martyrium. Die Zeugen Jehovas im »Dritten Reich«*, München 1993, bes. S. 286ff.
217 *Justiz und NS-Verbrechen*, Bd. XXI, Zitate S. 57.
218 *Mannheimer Morgen* 13. 4.1965, S. 1 (Titel): *Zuchthausstrafen im Tucheler Prozeß* [Dieter Preuss]; *Stuttgarter Zeitung* 13. 4.1965, S. 1 (Titel): *Zweimal lebenslänglich Zuchthaus im Mannheimer Tuchel-Prozeß* [Agenturmeldung dpa]. Siehe auch *Rhein-Neckar-Zeitung* 13. 4.1965, S. 8 (Rhein-Neckar-Main): *Dreimal lebenslänglich Zuchthaus* [tt].
219 *Mannheimer Morgen* 13. 4.1965, S. 4 (Mannheimer Lokalnachrichten): *Lebenslänglich für Mocek und Richardt* [Dieter Preuss]. Die Situation erinnerte damit an den Prozessbeginn, hier hatte Mocek im Gerichtssaal ebenfalls gezittert und geweint, vgl. *Rhein-Neckar-Zeitung* 2. 2.1965, S. 5.
220 *Stuttgarter Zeitung* 13. 4.1965, S. 20 (Aus Südwestdeutland): *Zweimal lebenslänglich* [be]; *Frankfurter Allgemeine Zeitung* 13. 4.1965, S. 9 (Deutschland und die Welt): *Lebenslang im Tuchel-Prozess* [AP].
221 *Mannheimer Morgen* 13. 4.1965, S. 4, Hervorhebung C. A.
222 Ebd.
223 *Rhein-Neckar-Zeitung* 26. 3.1965, S. 8.
224 *Mannheimer Morgen* 13. 4.1965, S. 4 (Mannheimer Lokalnachrichten): *Martyrium unter deutscher Fremdherrschaft* [Auszug aus der Urteilsbegründung]; siehe auch *Rhein-Neckar-Zeitung* 13. 4.1965, S. 8; *Die Tat* 24. 4.1965: *Das Unrecht aufdecken* [Eigenbericht]; *Frankfurter Allgemeine Zeitung* 13. 4.1965, S. 9.
225 *Stuttgarter Zeitung* 13. 4.1965, S. 20.
226 *Justiz und NS-Verbrechen*, Bd. XXI, S. 59. Auch Richardts Rechtsbeistand hatte diesen in seinem Plädoyer mit Verweis auf eine Beurteilung durch die SS-Führerschule als »(b)ieder, gutmütig, kameradschaftlich, lerneifrig, aber keine Willensnatur« beschrieben, vgl. *Rhein-Neckar-Zeitung* 1. 4.1965, S. 7.
227 Ebd., Hervorhebung C. A.
228 Ebd.
229 *Mannheimer Morgen* 13. 4.1965, S. 4; *Stuttgarter Zeitung* 13. 4.1965, S. 20.
230 Und dies, obwohl das Gericht bei den drei Verurteilten ausdrücklich deren Affinität zur SS und ideologische Nähe zum Nationalsozialismus betont hatte, *Justiz und NS-Verbrechen*, Bd. XXI, S. 51, 53f.
231 Siehe auch *Allgemeine Wochenzeitung der Juden in Deutschland* 23. 4.1965: *Aus Überzeugung und Gehorsam.* [Eigenbericht].
232 Vgl. *Justiz und NS-Verbrechen*, Bd. XXI, S. 5-8.
233 Ebd., S. 8f.
234 Justizministerium des Landes Nordrhein-Westfalen, *Zentralstellen*; Weber, *Zentralstelle*; Rondholz, *Dortmund*; siehe auch Ulrich Maaß, *Beschreibung der Zentralstelle Dortmund und Darstellung der Verfolgung von NS-Tätern im 21. Jahrhundert an einem Fallbeispiel*, in:

Alfred Gottwaldt; Norbert Kampe; Peter Klein (Hg.), NS-Gewaltherrschaft. Beiträge zur historischen Forschung und juristischen Aufarbeitung, Berlin 2005, S. 409-419.

235 Zum Verfahrenskomplex siehe die Bestände BArch B 162/3501-3503 und BArch B 162/14517.

236 Vgl. *Justiz und NS-Verbrechen*, Bd. XXI, S. 16, 61. Im Internierungslager der Feldpolizei der Wehrmacht Resmin, dessen Leitung zwischenzeitlich Sorgatz innehatte, waren auf Anweisung der Gestapo eine größere Zahl polnischer Bürger ohne weitere Anhörung bzw. ein Verfahren erschossen worden. Siehe auch *Mannheimer Morgen* 3. 2.1965, S. 8.

237 Beschluss LG Mannheim vom 17. 9.1965; vgl. *Stuttgarter Nachrichten* 31. 8.1966 (Südwestdeutsche Zeitung): *Verhaftet – entlassen – verhaftet* [eru].

238 Beschluss *BGH*, 1. Strafsenat (1 StR 591/65) vom 1. 7.1966, BArch B 162/14176 (AR-Z 175/69), Bl. 1f., Zitate ebd., Bl. 2.

239 Ebd.

240 *Stuttgarter Nachrichten* 18./19. 5.1966 (Südwestdeutsche Zeitung): *Wer ist haftuntauglich?* [isw].

241 Ebd. 31. 8.1966; siehe auch *Rhein-Neckar-Zeitung* 3./4. 9.1966, S. 5 (Rhein-Neckar-Main): *Richardt wieder hinter Gittern* [lsw].

242 Siehe *Stuttgarter Zeitung* 31. 8.1966; *Rhein-Neckar-Zeitung* 3./4. 9.1966, S. 5. Vgl. auch *Die Zeit* 6. 10.1966, S. 7: Richardt »trinke regelmäßig seinen Schnaps und rauche Zigarren«.

243 *Justiz und NS-Verbrechen*, Bd. XXI, S. 27.

244 Das Gutachten des Universitätsklinikums Münster vom 21. 6.1966 bescheinigte Richardt eine fortgeschrittene Arteriosklerose. Vgl. *Stuttgarter Zeitung* 31. 8.1966.

245 Die *Stuttgarter Zeitung* 31. 8.1966 gab als Wohnort Richardts fehlerhaft »Bühlersloh« an.

246 *Stuttgarter Zeitung* 31. 8.1966; *Rhein-Neckar-Zeitung* 3./4. 9.1966, Zitat ebd.

247 Auch in diesem Fall waren mehrere noch anhängige Vorermittlungsverfahren zu einem Hauptverfahren zusammengelegt worden. Vgl. Bestand BArch B 162/3502.

248 Vgl. *Justiz und NS-Verbrechen*, Bd. XXI, S. 16, 61.

249 Urteil LG Münster 30 Ks 1/72 vom 16. 11.1973, BArch B 162/14517; siehe auch *Justiz und NS-Verbrechen*, lfd. Nr. 803, Bd. XXXIX, S. 462-529.

250 *Frankfurter Allgemeine Zeitung* 29. 09.1966: *Die Bestrafung nationalsozialistischer Verbrechen* [R. G.]; siehe auch *Die Zeit* 6. 10.1966, S. 7.

251 *Entschließung der Königsteiner Klausurtagung*, in: Verhandlungen des Deutschen Juristentages Essen 1966, Bd. II, C 7-C 11, Zitat C 7; als Kurzfassung: *Deutscher Juristentag: Ergebnis einer Klausurtagung über strafrechtliche Probleme der Ahndung von NS-Gewaltverbrechen, April 1966*, in: Mitteilungen aus dem Bundesarchiv 16 (2008), Heft 3, S. 101-104.

252 *Entschließung*, C 8.

253 Ebd., C 9.

254 So ausdrücklich in Punkt 6, ebd., C 9f.

255 Ernst Friesenhahn, *Probleme der Verfolgung und Ahndung von nationalsozialistischen Gewaltverbrechen. Bericht über eine von der Ständigen Deputation des Deutschen Juristentages veranstaltete Klausurtagung*, ebd., C 12-C 32, Zitat C 12.

256 Ebd., C 14.

257 Ebd., C 19.

258 Zitate ebd., C 29f.

259 Hofmeyer, *Probleme*, ebd., C 44.

260 K. Redeker, *Individualschuld und Mitverantwortung*, ebd., C 45-C 52, Zitat C 46. Zum Tätertyp des »nichtexzessiven Nazitäters« siehe auch Friesenhahn, *Probleme*, ebd., C 23f.

261 Ernst-Walter Hanack, *Zur Frage geminderter Schuld der vom Unrechtsstaat geprägten Täter*, ebd., C 53-C 58, Zitat C 56.
262 Karl Lackner, *»Irrationales Widerstreben« gegen die Prozesse?*, ebd., C 59-C 64., Zitat C 59.
263 Siehe auch ebd., C 61.
264 *Jüdischer Pressedienst* Nr. 7 1968, S. 11f.: *Verfolgung von Morden aus der NS-Zeit* [R. G.].
265 Zitat ebd., Hervorhebung im Original Fettdruck.
266 *Deutsche Wochen-Zeitung* 12. 3.1965: *Rückwirkendes Strafgesetz für NS-Verbrechen?* [Otto Kranzbühler], Hervorhebungen im Original Fettdruck. Kranzbühler war während der gesamten 1950er Jahre wiederholt in Zeitungskommentaren auf die »Mängel« des *IMT* eingegangen: Siehe z. B. *Frankfurter Allgemeine Zeitung* 12. 5.1953: *Warum war Nürnberg unvollkommen?* [Otto Kranzbühler].
267 *Deutsche Wochen-Zeitung* 12. 3.1965.

5. Zwischen öffentlichem Desinteresse und gesellschaftlichem Engagement: NS-Verfahren und Täterbilder vierzig Jahre danach

1 *Handelsblatt* 29/30. 1.1971: *Deutschlands Vergangenheit – noch zu bewältigen?* [Dieter Barth], Zitate ebd.
2 *Der Tagesspiegel* 24. 8.1973: *Lebenslang für zwei ehemalige SS-Führer* [Ws].
3 Fritz René Allemann, *Bonn ist nicht Weimar*, Köln/Berlin 1956.
4 Christoph Kleßmann, *»Das Haus wurde gebaut aus den Steinen, die vorhanden waren« – Zur kulturgeschichtlichen Kontinuitätsdiskussion nach 1945*, in: Tel Aviver Jahrbuch für deutsche Geschichte 19 (1990), S. 159-177.
5 Vgl. Herbert, *Liberalisierung*. Zu den 1960er Jahren als Wendezeit siehe auch Frese; Paulus; Teppe, *Demokratisierung*, Einleitung.
6 Norbert Frei, *Hitlers Eliten nach 1945 – eine Bilanz*, in: Ders. (Hg.), *Hitlers Eliten nach 1945*, München 2003, S. 269-299, Zitat S. 298.
7 Rückerl, *Strafverfolgung*. Zur Rezeption in der bundesdeutschen Öffentlichkeit siehe beispielsweise *Die Welt* 7. 2.1979, S. 4 (Deutschland): *Erst 1965 begann die umfassende Aufklärung von NS-Verbrechen* [Gottfried Capell]; *Der Spiegel* 9. 7.1979, S. 46ff.
8 Rückerl, *Strafverfolgung*, S. 122ff.
9 *Frankfurter Allgemeine Zeitung* 12. 4.1979, S. 11 (Briefe an die Herausgeber): *Recht und Geschichte* [H. Mitzka, Oberstudienrat, Bensheim]
10 Ebd., Hervorhebung C. A.
11 *Die Zeit* 10. 7.1981, S. 9-11 (Dossier): *Im Namen des Zweifels* [Dietrich Strothmann], Zitat S. 9.
12 Vgl. Greve, *Umgang*, S. 304-320, 349-358; Miquel, *Ahnden*, S. 224-369; Reichel, *Vergangenheitsbewältigung*, S. 182-198; Helmut Dubiel, *Niemand ist frei von Geschichte. Die nationalsozialistische Herrschaft in den Debatten des Deutschen Bundestages*, München 1999, S. 103-110. Zu Grundlagen und Folgen der Verjährungsdebatten aus rechtswissenschaftlicher Sicht siehe auch Anica Sambale, *Die Verjährungsdiskussion im Deutschen Bundestag. Ein Beitrag zur juristischen Vergangenheitsbewältigung*, Hamburg 2002.
13 Steinbach, *Gewaltverbrechen*, S. 56.
14 *16. Strafrechtsänderungsgesetz* vom 16. 7.1979. Die Aufhebung der Verjährung galt nur für bis zum Erlass des Gesetzes unverjährte Taten. Eine rückwirkende Verjährungsaufhebung

war ausgeschlossen. Vgl. zu dieser bis heute gültigen Verjährungsfrist auch § 78 Abs. 2 *StGB* in der Fassung vom 13. 11.1998.

15 *Süddeutsche Zeitung* 3./4. 7.2004, S. 4 (Kommentar): *»Du Idiot. Niemand will die Wahrheit wissen* [Heribert Prantl].

16 Steinbach, *Gewaltverbrechen*, S. 8.

17 Ebd., S. 78.

18 Zur Bedeutung dieser Serie für den Umgang mit der nationalsozialistischen Vergangenheit, aber auch ihre Auswirkungen auf die Medialisierung historischer Ereignisse im Allgemeinen, vgl. die gesammelten Beiträge und Materialien des Themenportals Zeitgeschichte Online: »Die Fernsehserie ›Holocaust‹ – Rückblicke auf eine ›betroffene Nation‹« unter http://www.zeitgeschichte-online.de/. (24. 1.2010). Als zeitgenössische Stimmen: Helmut Dahmer, *»Holocaust« und die Amnesie*, in: Aus Politik und Zeitgeschichte B 22 1979, S. 33-37; Tilman Ernst, *»Holocaust«. Impulse – Reaktionen – Konsequenzen. Das Fernsehereignis aus der Sicht politischer Bildung*, in: Ebd. B 34 1981, S. 3-22.

19 Bei den kritischen Stimmen zur Erstausstrahlung wurden dabei werkorientierte Kritik, produktionsorientierte Kritik sowie Kritik an der Zuschauerrezeption unterschieden. Friedrich Knilli; Siegfried Zielinski, *Kann Unterhaltung aufklären?*, in: Bild der Wissenschaft 19 (1982), Heft 11, S. 96-100, hier S. 96. Siehe auch dies., *Holocaust zur Unterhaltung. Anatomie eines internationalen Bestsellers*, Berlin 1982. In beiden Texten erläutern die Autoren den Erfolg der Reihe auch mit der marktstrategischen Promotion des amerikanischen Fernsehsenders NBC, sprechen der »Unterhaltungs-Sendung« insgesamt aber eine »aufklärerische und informative Wirkung« zu. Vgl. Knilli; Zielinski, *Unterhaltung*, S. 100. Siehe auch Joachim Siedler, *»Holocaust. Die Fernsehserie in der deutschen Presse. Eine Inhalts- und Verlaufsanalyse am Beispiel ausgewählter Printmedien*, Münster 1984.

20 Gerhard Paul, *Holocaust – Vom Beschweigen zur Medialisierung. Über Veränderungen im Umgang mit Holocaust und Nationalsozialismus*, in: Ders.; Bernhard Schoßig (Hg.), Öffentliche Erinnerung und Medialisierung des Nationalsozialismus. Eine Bilanz der letzten dreißig Jahre, Göttingen 2010, S. 15-38, Zitat S. 16.

21 Zu Verfahren und Urteil: Lichtenstein, *Majdanek*; Müller-Münch, *Frauen*; Ambach, Köhler, *Lublin-Majdanek*; zusammenfassend Falko Kruse, *Das Majdanek-Urteil*, in: Redaktion Kritische Justiz (Hg.): Die juristische Aufarbeitung des NS-Unrechts, Baden-Baden 1998, S. 595-620.

22 Zu den Erinnerungsbildern, die das Fernsehen im Rahmen der medialen Berichterstattung von den Verbrechen, den Tätern, den Opfern, der Justiz sowie der deutschen Gesellschaft zeichnete und wie diese Bilder sich bis in die 1980er Jahre veränderten Horn, *Erinnerungsbilder.*

23 *Frankfurter Allgemeine Zeitung* 13. 2.1980, S. 7f. (Deutschland und die Welt): *Die Dokumente der SS sind die stärksten Zeugen/Die Urteile im Lischka Prozeß* [Lothar Berwange], Zitat ebd. Zur langen »Vorgeschichte« des Kölner Verfahrens siehe auch *Der Spiegel* 17. 9.1979, S. 115-122 (Deutschland): *NS-Verbrechen* [Eigenbericht].

24 *Aufbau* 8. 6.1984, S. 6: *In rasendem Schneckentempo: Die deutsche Justiz und die Nazis* [Heiner Lichtenstein].

25 Brunner, *Frankreich-Komplex*, hier S. 191-261.

26 Das *Abkommen zwischen der Bundesrepublik Deutschland und der französischen Regierung über die Verfolgung bestimmter Verbrechen* vom 30. 1.1975 »gestattete« deutschen Gerichten ausdrücklich die Strafverfolgung von in Abwesenheit vor französischen Gerichten verurteilten deutschen NS-Tätern (Art. I). Gleichzeitig »verzichtete« Frankreich seinerseits auf Strafverfolgung, wenn die Taten auf deutschem Hoheitsgebiet verübt worden waren (Art. II). Zum Entstehungsumfeld und den praktischen Auswirkungen Brunner, *Frankreich-Komplex*, S. 262-279; Moisel, *Frankreich*, S. 211-228.

27 Gerhard Paul, *»Von Judenangelegenheiten hatte er bis dahin keine Ahnung.« Herbert Hagen, der Judenreferent des SD aus Neumünster*, in: Informationen zur schleswig-holsteinischen Zeitgeschichte 33/34 (1998), S. 63-78, hier S. 73.
28 *Frankfurter Rundschau* 3. 11.1979, S. 3 (Meinung und Bericht): *Später kamen die Nazis alleine zurecht* [Ingrid Müller].
29 *Frankfurter Rundschau* 24. 1.1980, S. 1 (Titel): *Staatsanwalt fordert 12 Jahre Gefängnis für Lischka und Hagen* [Ingrid Müller]. Die *Frankfurter Allgemeine Zeitung* bemüht sogar »das Bild vom reinen, für die Opfer anonymen Schreibtischtäter«, ebd. 25. 1.1980, S. 7f. (Deutschland und die Welt): *»Eine angemessene Sühne gibt es nicht«/Die Strafanträge im Lischka Prozeß* [Lothar Berwange].
30 *Frankfurter Rundschau* 24. 1.1980, S. 1. Mit leicht abweichendem Wortlaut auch in *Frankfurter Allgemeine Zeitung* 25. 1.1980, S. 7f. Der Wortlaut findet sich in fast allen Berichten zur Urteilsverkündung wieder.
31 *Neue Zürcher Zeitung* 8. 2.1980, S. 3f.: *Spätes Gericht über die Verantwortlichen der Judendeportation aus Frankreich* [R. M.].
32 *Die Zeit* 15. 2.1980: *Die Bürokraten des Bösen* [Dietrich Strothmann].
33 Als Auswahl: *Le Monde* 25. 1.1980: *Au procès de Cologne* [Jean Wetz]; ebd. 27/28. 1.1980, S. 1 (Titel): *Le procès de Cologne* [Jean Wetz]; ebd. 2. 2.1980, S. 6 (Europe): *Le procès de Kurt Lischka* [Jean Wetz].
34 *Abendzeitung* 12. 2.1980: *Tosender Beifall beim Urteil im Nazi-Prozeß* [Rolf Romberger; Martin Mall]; *Frankfurter Rundschau* 12. 2.1980, S. 1f. (Titel): *Haftstrafen im Lischka-Prozeß* [Ingrid Müller]; ebd. 12. 2.1980, S. 3 (Kommentar): *Verdiente Strafen* [R. R.]; *Süddeutsche Zeitung* 12. 2.1980, S. 1f. (Titel): *Hohe Freiheitsstrafen im Lischka-Prozeß* [Stefan Klein]; *Frankfurter Rundschau* 13. 2.1980, S. 1 (Titel): *Urteile begrüßt* [Agenturmeldung dpa; AP]; *Le Monde* 13. 2.1980, S. 1 (Titel): *Le verdict de Cologne* [Eigenbericht]; *Le Monde* 13. 2.1980, S. 7 (Étranger): *Le verdict de Cologne marque «un pas de plus pour la réconcilitation entre la France et l'Allemagne»* [Erklärung M. Jean Pierre-Bloch, Präsident der Internationalen Liga gegen Rassismus und Antisemitismus (LICRA)]; *Frankfurter Allgemeine Zeitung* 13. 2.1980, S. 7f. Die nationalen und internationalen Stimmen zusammenfassend *Der Spiegel* 18. 2.1980, S. 46-49 (Deutschland): *Neue Maßstäbe* [Eigenbericht].
35 *Die Zeit* 10. 7.1981, S. 9. Siehe auch *Aufbau* 1. 8.1986, S. 3, 5f.: *Eine Bilanz der NS-Prozesse: Versäumnisse und Verdienste* [Heiner Lichtenstein]. Zum Nationalsozialismus im deutschen Familiengedächtnis vgl. auch Welzer; Tschuggnall; Moller, *Opa.*
36 Levy; Sznaider, *Erinnerung*, S. 136.
37 Wolfrum, *Geschichte*, bes. S. 5-9; vgl. auch ders., *Geschichtspolitik.* Für einen historischen Längsschnitt der Geschichte vergangenheitspolitischer Strategien seit 1848 siehe die Beiträge in Winkler, *Deutungsmacht.*
38 Als prägnante Zusammenfassung der Diskussion Charles S. Maier, *Die Gegenwart der Vergangenheit. Geschichte und nationale Identität der Deutschen*, Frankfurt am Main 1992, S. 15-74, bes. S. 15-25.
39 Als Überblick Christoph Stölzl (Hg.), *Deutsches Historische Museum. Ideen – Kontroversen – Perspektiven*, Frankfurt am Main/Berlin 1988.
40 Mit dem klaren Ziel der Historisierung der Kontroverse aus Sicht der Politikwissenschaft Steffen Kailitz (Hg.), *Die Gegenwart der Vergangenheit. Der »Historikerstreit« und die deutsche Geschichtspolitik*, Wiesbaden 2008; Volker Kronenberg (Hg.), *Zeitgeschichte, Wissenschaft und Politik. Der »Historikerstreit« 20 Jahre danach*, Wiesbaden 2008. Aus Sicht der Geschichtswissenschaft ergiebiger Klaus Große Kracht, *Die Zankende Zunft. Historische Kontroversen in Deutschland seit 1945*, Göttingen 2005, S. 91-114.
41 *Frankfurter Allgemeine Zeitung* 8. 12.1970, S. 4 (Die Unterzeichnung des Vertrages mit Polen): *Brandt kniet im Getto* [sic!] *nieder* [Walter Henkeis]; *Der Spiegel* 14. 12.1970

S. 29f.: *Ein Stück Heimkehr* [Hermann Schreiber]. Siehe insbesondere auch die Beiträge von Valentin Rauer, Wolfgang Ludwig Schneider und Christoph Schneider in Bernhard Giesen; Christoph Schneider (Hg.); *Tätertrauma. Nationale Erinnerungen im öffentlichen Diskurs*, Konstanz 2004, S. 133-235.

42 Vgl. Dubiel, *Geschichte*, S. 129-175.

43 Vgl. Herf, *Erinnerung*; siehe auch Jeffrey K. Olick, *The Sins of the Fathers: The Third Reich and West German Legitimation, 1949-1989*, New Haven 1993.

44 Als Überblicke Knigge; Frei, *Verbrechen*; Peter Reichel; Harald Schmid; Peter Steinbach (Hg.), *Der Nationalsozialismus – Die zweite Geschichte. Überwindung, Deutung, Erinnerung*, München 2009.

45 *Frankfurter Allgemeine Zeitung* 19. 9.1985, S. 12: *Wieviel Einsicht ist des Menschen-Pflicht?* [Friedrich Karl Fromme].

46 *Deutsche Wochen-Zeitung* 20. 6.1986, S. 2: *Kinderschändern geht es besser* [Eigenbericht].

47 *BVerfGE* 72, 105 (Lebenslange Freiheitsstrafe) vom 24. 4.1986. Siehe auch *Frankfurter Allgemeine Zeitung* 22. 8.1986, S. 4: *Im Alter von 89 Jahren aus der Haft entlassen* [fr].

48 *Deutscher Anzeiger* 30. 12.1983, S. 1 (Titel): *20 Jahre unschuldig im Zuchthaus* [Eigenbericht]. Kritisch zum hier dargestellten Fall des SS-Arztes Strippel *Aufbau* 1. 8.1986, S. 3, 5f.: *Eine Bilanz der NS-Prozesse: Versäumnisse und Verdienste* [Heiner Lichtenstein].

49 Unterschieden wurden dabei die »positive Generalprävention«, die den mit dem Strafrecht verbundenen Zwang der Allgemeinheit zu normkonformem Verhalten hervorhob und die »negative Generalprävention«, die auf die Abschreckung potenzieller Täter zielte. Die Frage, wieweit die beiden Formen der Generalprävention überhaupt sinnvoll auf die Verbrechen aus der Zeit des Nationalsozialismus angewendet werden konnten, wurde auch in vielen Urteilsbegründungen nicht abschließend geklärt. Zu den diesbezüglichen juristischen Prämissen des deutschen Strafrechts siehe beispielsweise Winfried Hassemer, *Sicherheit durch Strafrecht*, in: HRRS. Online-Zeitschrift für Höchstrichterliche Rechtsprechung im Strafrecht 7 (2006), S. 130-143.

50 Zum politischen Rahmen Miquel, *Ahnden*, S. 23-122. Siehe hierzu vor allem die Arbeiten von Joachim Perels. Ders., *Die Restauration der Rechtslehre nach 1945*, in: Redaktion Kritische Justiz (Hg.): Die juristische Aufarbeitung des NS-Unrechts, Baden-Baden 1998, S. 237-264; ders., *Späte Entlegitimierung der NS-Justiz*, in: Ebd., S. 519-526; ders., *Erbe*; ders., *Die Umdeutung der NS-Diktatur in einen Rechtsstaat. Über ideologische Tendenzen in der Justiz der Bundesrepublik*, in: Wolfram Wette (Hg.): Filbinger – eine deutsche Karriere, Springe 2006, S. 81-97.

51 Greve, *Umgang*, S. 34.

52 Zur Frage der »Verurteilung wegen Mordes in Täterschaft« vgl. Freudiger, *Aufarbeitung*, S. 35-142.

53 Zur »Strafmilderung oder Straflosigkeit durch ›Totschlag‹ statt Mord« ebd., S. 271-325.

54 *9. Strafrechtsänderungsgesetz* vom 4. 8.1969. Infolge der zweiten Verjährungsdebatte wurde insbesondere die Verjährungsfrist für Taten, die mit einer lebenslangen Freiheitsstrafe bedroht waren, von 20 auf 30 Jahre heraufgesetzt sowie für Taten, die im Höchstmaß mit einer Strafe von über zehn Jahren bedroht waren auf 20 Jahre (»Strafverfolgungsverjährung« nach § 67 Abs. 1, 2). Ausgenommen von dieser Regelung blieben Verbrechen nach § 66 Abs. 2: »Die Strafverfolgung von Verbrechen nach § 220a (Völkermord) und die Vollstreckung von Strafen wegen Völkermordes (§ 200a) verjähren nicht.« Zur aktuellen Verfolgungsverjährung siehe § 78 *StGB* in der Fassung vom 13. 11.1998.

55 In § 4 der *Verordnung gegen Gewaltverbrecher* vom 5. 12.1939 war die zwingende Strafmilderung für Mordgehilfen durch eine Kann-Bestimmung ersetzt worden, d. h., für Versuch und Beihilfe konnte die volle Strafe verhängt werden. Zur Gewaltverbrecher-VO siehe Gerhard Werle, *Justiz-Strafrecht und polizeiliche Verbrechensbekämpfung im Dritten*

Reich, Berlin/New York 1989, S. 284-302. Zur »Strafmilderung durch ›Beihilfe‹ zum Mord« siehe auch Freudiger, *Aufarbeitung*, S. 143-270.

56 Freudiger, *Aufarbeitung*, S. 143. Vgl. auch §§ 27, 49 Abs. 1 *StGB*. Zur »›vorgezogenen‹ Verjährung von ›neutraler‹ Beihilfe zum Mord«, ebd., S. 144-151.

57 *Gesetz über die Berechnung strafrechtlicher Verjährungsfristen* vom 13. 4.1965, § I Abs. 1, 2 (Ruhen der Verfolgungsverjährung).

58 Im Rahmen des *9. Strafrechtsänderungsgesetz*.

59 Im Rahmen des *16. Strafrechtsänderungsgesetz*.

60 Vgl. Freudiger, *Aufarbeitung*, S. 328-406.

61 Grundlage ist hier die Kernbereichstheorie des BGH, die den »allgemeinen« normativen Gültigkeitsbereich des (Straf-)Rechts festlegt und nach »objektiven Rechtswidrigkeiten« fragt: Im »Bewusstsein aller zivilisierten Völker« bestehe »ein gewisser Kernbereich des Rechts, der nach allgemeiner Rechtsüberzeugung von keinem Gesetz und keiner sonstigen obrigkeitsstaatlichen Maßnahme verletzt werden darf.« Vgl. *BGHSt* 2, 234 (Deportationen I) vom 29. 1.1952. Siehe auch Freudiger, *Aufarbeitung*, S. 329-332, zum Urteil des BGH, ebd., S. 329.

62 Greve, *Umgang*, S. 35.

63 Jürgen Baumann, *Die strafrechtliche Problematik der nationalsozialistischen Gewaltverbrechen*, in: Reinhard Henkys, Die nationalsozialistischen Gewaltverbrechen, Berlin/Stuttgart 1964, S. 267-322, hier S. 307.

64 *BGHSt* 18, 87 (Staschynskij-Urteil) vom 19. 10.1962. Der Leitsatz der Entscheidung lautet: »Wer eine Tötung eigenhändig begeht, ist im Regelfalle Täter; jedoch kann er unter bestimmten, engen Umständen auch lediglich Gehilfe sein.« Abdruck der Entscheidung in Neue Juristische Wochenschrift 15 (1963), S. 355.

65 Perels, *Entsorgung*, S. 231f.

66 Vgl. *Justiz und NS-Verbrechen*, Register II, S. 49f.

67 *Einführungsgesetz zum Ordnungswidrigkeitengesetz* vom 24. 5.1968; siehe auch Miquel, *Ahnden*, S. 327ff.; Greve, *Umgang*, S. 358-385.

68 Für die Diskussion der Frage, in wieweit es sich bei dieser Gesetzesänderung um ein »Versehen« des Gesetzgebers oder um eine bewusste Lobbyarbeit »interessierter Kreise« gehandelt hat, siehe Michael Greve, *Amnestierung von NS-Gehilfen – Eine Panne? Die Novellierung des § 50 Abs. 2 StGB a. F. und dessen Auswirkungen auf die NS-Strafverfolgung*, in: Jahrbuch Juristische Zeitgeschichte 4 (2003), S. 295-311; vgl. auch Miquel, *Ahnden*, S. 327-343; Greve, *Umgang*, S. 386-393.

69 Rückerl, *Strafverfolgung*, S. 61.

70 § 50 Abs. 2, *StGB* (neue Fassung): »Fehlen besondere persönliche Eigenschaften, Verhältnisse oder Umstände (besondere persönliche Merkmale), welche die Strafbarkeit des Täters begründen, beim Teilnehmer, so ist dessen Strafe nach den Vorschriften über die Bestrafung des Versuchs zu mildern.«, zitiert nach *Justiz und NS-Verbrechen*, Register II, S. 49.

71 Vgl. ebd.

72 Freudiger, *Aufarbeitung*, S. 143.

73 Zum gescheiterten RSHA-Verfahren im Sommer 1969 siehe Weinke, *Verfolgung*, S. 287-313; Miquel, *Ahnden*, 327-343

74 *Süddeutsche Zeitung* 19. 5.2008, S. 11 (Feuilleton): *Richter, Mörder und Gehilfen* [Franziska Augstein].

75 So ein vielzitiertes Bonmot des Strafrechtlers Jürgen Baumann, das sich gegen die Beihilfekonstruktion und die Auffassung richtete, Mord sei gegenüber einer Tötung ein selbständiges Delikt. Jürgen Baumann, *Vorsicht bei Verjährung von NS-Gewaltverbrechen!*, in: Neue Juristische Wochenschrift 21 (1969), S. 1279-1282. Siehe auch *BGHSt* 22, 375 (Judenreferats-Fall) vom 20. 5.1969 mit dem Leitsatz »a) Die Beihilfe zu einem Tötungs-

verbrechen, das allein wegen niedriger Beweggründe des Täters ein Mord ist, verjährt nach 15 Jahren, wenn der Gehilfe nicht ebenfalls aus niedrigen Beweggründen handelte.« Die Entscheidung begünstigt eine »kalte Amnestie« für Mord-Gehilfen, denen ein persönliches Mordmerkmal fehlt bzw. nicht nachgewiesen werden kann. Das Urteil in Neue Juristische Wochenschrift 21 (1969), S. 1181.

76 Vgl. *Justiz und NS-Verbrechen*, Register II, S. 50-54.

77 Der Wortlaut der wichtigsten Änderungen der §§ 1-84, Ebd.

78 Greve, *Umgang*, S. 36.

79 Eduard Dreher, *Zur Spielraumtheorie als der Grundlage der Strafzumessungslehre des Bundesgerichtshofs* in: Juristenzeitung 22 (1967), S. 41-46, Zitat S. 46.

80 Vgl. *Mannheimer Morgen* 13. 4.1965, S. 4; *Stuttgarter Zeitung* 13. 4.1965, S. 20.

81 Jäger, *Verbrechen*, S. 21 unterscheidet *Exzess*taten, als befehlslose Verbrechen, von *Initiativ*taten, die als Taten auf eine relativ selbständige Form der Befehlsausübung verweisen und *Befehls*taten, bei denen kein individueller Einfluss auf das konkrete Geschehen bestand.

82 Als »Kompromiss« wurde die Kategorie einer »mittelbaren Täterschaft« bemüht. Siehe Claus Roxin, *Straftaten im Rahmen organisatorischer Machtapparate*, in: Goldtdammers Archiv Strafrecht 113 (1963), S. 193-207, Zitat ebd.; siehe auch ders., *Täterschaft und Tatherrschaft*, Berlin [3]1975.

83 Je höher der familiäre, der wirtschaftliche oder der soziale Status der Angeklagten waren, desto »günstiger« fiel zumeist das Urteil aus. Auch Kriegsgefangenschaft, Internierung, Kriegsverletzung, Vertreibung und Familien- oder Vermögensverlust konnten sich strafmildernd auswirken. Hierzu insbesondere Kruse, *Maß*; zu »strafmildernden Gründen« siehe auch Maier, *NS-Kriminalität*, S. 182-200, bes. S. 188ff., 193f; Michael Greve, *Täter oder Gehilfen? Zum strafrechtlichen Umgang mit NS-Gewaltverbrechen in der Bundesrepublik Deutschland*, in: Ulrike Weckel; Edgar Wolfrum (Hg.), »Bestien« und »Befehlsempfänger«. Frauen und Männer in NS-Prozessen nach 1945, Göttingen 2003, S. 194-221, hier S. 215-218.

84 Vgl. *Westdeutsche Strafverfahren*, S. XII. Eichmüller, *Strafverfolgung*, S. 628 kommt auf Basis seiner abweichenden Berechnungen auf einen Anteil von 73 Prozent für Kriegsverbrechen, Massenvernichtungsverbrechen und Verbrechen in KZ/Haftstätten. Der Anstieg bei den ersten beiden Verbrechensarten war signifikant, die Verbrechen in KZ/Haftstätten erreichten aber nicht mehr die hohen Werte aus den späten 1940er Jahren, ebd. S. 629 (Fn. 28).

85 Aufgrund der Verjährung von Totschlag im Jahr 1960 wurden nun nur noch die beiden Straftatbestände Mord und Beihilfe zum Mord angeklagt (s. o.), vgl. *Westdeutsche Strafverfahren*, S. XI.

86 Ebd.

87 Ebd., S. XII.

88 Überblicke über NS-Verbrechen in der Bundesrepublik bis zur Mitte der 1980er Jahre (chronologisch) Henkys, *Gewaltverbrechen*; Rückerl, *Strafverfolgung*; ders., *NS-Verbrechen*; Steinbach, *Gewaltverbrechen*; Weber; ders., *Vergangenheitsbewältigung*.

89 Wolfgang Scheffler (1929-2008) hatte 1961 im Auftrag des Auswärtigen Amtes den Eichmann-Prozess in Jerusalem »beobachtet«. Seit 1965 wirkte er als historischer Gutachter in NS-Verfahren, bevor er 1983 auf eine Professur am Zentrum für Antisemitismusforschung an der TU Berlin berufen wurde. Die Ergebnisse seiner Gutachtertätigkeit flossen besonders in den 1970er und 1980er Jahren in die Zeitgeschichtsforschung ein. Wolfgang Scheffler war seit 1988 in zweiter Ehe mit der Hamburger OStA Helge Grabitz (1934-2003) verheiratet, die neben der Mannheimer StA Barbara Just-Dahlmann zu den besonders engagierten Ermittlerinnen in Sachen NS-Verbrechen gehörte. Siehe *tageszeitung* 21. 11.2008 (Online): *Der Grundlagenforscher des Grauens* [Dieter Pohl]; Peter Jochen

Winters, *Helge Grabitz (2. August 1934-17. Juli 2003) – eine Würdigung*, in: Alfred Gottwaldt; Norbert Kampe; Peter Klein (Hg.), NS-Gewaltherrschaft. Beiträge zur historischen Forschung und juristischen Aufarbeitung, Berlin 2005, S. 531-538.

90 Als pointierte Zusammenfassung der sich vielfach überschneidenden Entwicklungslinien Geyer, *Schatten*.

91 *Aufbau* 1. 8.1986, S. 3, 5f., Zitat S. 6.

92 Alle Zitate ebd.

93 Zur Ankündigung des Prozesses z. B. *Süddeutsche Zeitung* 11. 11.2008, S. 8; *Frankfurter Allgemeine Zeitung* 11. 11.2008 (Online); *Frankfurter Rundschau* 11. 11.2008 (Online): *Letzte Chance für die Nazi-Jäger* [Volker Schmidt]; *Die Welt* 10. 11.2008 (Online): *KZ-Wächter droht Prozess in Deutschland* [Agentur-/Eigenbericht dpa/kami]; zum Verfahrensgegenstand *Der Spiegel* 16. 3.2009, S. 150-155; zum Verfahrensauftakt *Süddeutsche Zeitung* 27./29 11.2009, S. 5; *ebd.* 1. 12.2009, S. 3.

94 Wilhelm, *Einführung*.

95 *Frankfurter Allgemeine Sonntagszeitung* 12. 7.2009, S. 8 (Politik): *Desaster in Jerusalem* [Lawrence Douglas]; zur Einordnung der Aussagen siehe ders., *History and Memory in the Courtroom: Reflections on Perpetrator Trials*, in: Herbert R. Reginbogin; Christoph J. M. Safferling (Hg.), The Nuremberg Trials. International Criminal Law since 1945, S. 95-105.

96 *Frankfurter Rundschau* 16. 1.1956: *»Eiserner Gustav« und »Pistolen-Schubert«* [Barbara Groneweg]. Zur Frage, ob auch diese (kleine) Gruppe der Heimkehrer eine offizielle Entschädigung (6.000 DM) von Seiten der Bundesregierung erhalten sollte, vgl. beispielsweise *Hamburger Echo* 25. 1.1956: *Die »Heldentaten« des »Eisernen Gustav«* [Eigenbericht]. Für einen Kommentar, der die Haltung der Bundesregierung zur Frage der »Nichtamnestierten« scharf kritisiert, siehe *Die Andere Zeitung* 23. 2.1956: *Die Nichtamnestierten* [Dr. Hans-Werner Bartsch].

97 Die Chiffre *Eichmann* für einen »ultimativ bösen« NS-Täter nimmt in diesem Fall eine Entwicklung vorweg, die sich erst in den 1980er und 1990er Jahren in internationalem Maßstab durchsetzen sollte, nämlich der Chiffre *Auschwitz* für Völkermorde und das »Böse schlechthin«. Vgl. Novick, *Holocaust*, S. 265-333; Levy; Sznaider, *Erinnerung*, passim; Kroh, *Erinnerung*.

98 Detlef Hoffmann, *Architektur und bildende Kunst*, in: Volkhard Knigge; Norbert Frei (Hg.), Verbrechen erinnern. Die Auseinandersetzung mit Holocaust und Völkermord, München 2002, S. 410-431, hier S. 412.

99 So zum Beispiel der »willenlose Befehlsempfänger« oder »neutrale Befehlsempfänger«, der ohne eigenen Handlungsspielraum »handelte«, »Tat-Gehilfen«, die als »fremd gesteuerte Statisten in einem anonymen Getriebe« agierten, Offiziere und Beamte als »Täter mit berufbedingtem Pflichteifer« und Täter, die in der postdiktatorischen Zeit (wieder) zu gesellschaftlich angesehenen Bürgern geworden waren.

100 Die Schreibweise des Vornamens des Angeklagten bleibt während des gesamten Verfahrens »unklar«: Sowohl die Varianten Clement, Clemens, Clemes wie auch Klemens sind nachgewiesen. Die Schreibweise wurde deshalb durchgehend auf die Clemens vereinheitlicht.

101 Zu den bereits seit 1974 angängigen Vorermittlungen wie dem Verfahren im Jahr 1984 vgl. den Aktenbestand BArch 162/18299-18306 bei der *ZSt* in Ludwigsburg. Vgl. auch 40 JS 8/77 bzw. später 48 Js 7001/79.

102 Zu der ständig steigenden Dauer der NS-Verfahren, die als ein wichtiges Hemmnis bei der Strafverfolgung galt, hatte sich der Leiter der *ZSt* in Ludwigsburg, Erwin Schüle, schon im Oktober 1963 ausführlich geäußert. Siehe Auszug aus einem Bericht des Leiters der Zentralen Stelle Erwin Schüle zu den Gründen der langen Dauer von NSG-Verfahren im Oktober 1963 (Abschrift in Auszügen), BArch B 141/33772, Bl. 230-238.

103 Die alternative Stadt-Zeitung *Communale* erschien in Heidelberg von 1983 bis 1988 im wöchentlichen Rhythmus. Zwischen Februar und August 1984 erschien zudem eine *Mannheimer Communale.*

104 Waldherr, *Gatekeeper*, hier S. 174.

105 So schon White, *Gatekeeper*; zur »schwachen« Interpretation des Gate-Keepings als »Auswahl« siehe auch Gerhards, *Einfluss*; Page; Shapiro; Dempsey, *Opinion.*

106 Waldherr, *Gatekeeper*, S. 175.

107 Ebd., S. 178.

108 Werden Kommentarthemen in anderen Leitmedien aufgegriffen? Wie stellen sich die Reaktionen auf die Kommentare dar? Vgl. Pfetsch; Eilders; Neidhardt, *Kommentariat*, S. 45.

109 *Communale* 10. 5.1984, S. 3 (Region): *Die Mörder sind noch immer unter uns* [Peter Köster].

110 Das KZ Gusen I (»Polenlager«) befand sich im Bundesland Oberösterreich in der Nähe des KZ Mauthausen und diente ab Mai 1940 zuerst als provisorisches Schutzhaftlager der deutschen Wehrmacht, es wurde für tausende polnische Intellektuelle im Zusammenhang mit dem Polenfeldzug zur Stätte ihrer »Vernichtung durch Arbeit«. In der Stammbelegschaft des Wachpersonals setze die SS hauptsächlich »Berufsverbrecher« aus deutschen Gefängnissen ein. Siehe auch Stanisław Dobosiewicz, *Vernichtungslager Gusen*, Wien 2007.

111 LG Heidelberg (3a Ks 2/57). Zum Urteil vgl. *Justiz und NS-Verbrechen*, Bd. XIV, lfd. Nr 451, S. 335-355.

112 *Communale* 10. 5.1984, S. 3.

113 Die biografischen Angaben zu Druschke basieren auf der ersten Anklagerhebung der StA Heidelberg gegen Druschke und den damaligen Mitangeklagten Heinz Lincke sowie der späteren Urteilsschrift. Vgl. Anklage der StA LG Heidelberg vom 10. 2.1981, BArch B 162/13301, Bl. 804-911, hier Bl. 819-821, Urteil LG Heidelberg (4 Ks 1/81) vom 24. 10.1984, BArch B 162/18303, Bl. 1338-1518, hier Bl. 1354.

114 Zu den Hauptschauplätzen und den Kampfmaßnahmen des Partisanenkrieges in Jugoslawien Klaus Schmider, *Partisanenkrieg in Jugoslawien 1941-1944*, Hamburg et al. 2002.

115 Rückerl, *Strafverfolgung*, S. 20f. Zum »Alltag« der Partisanen in der Volksbefreiungsarmee siehe Barbara N. Wiesinger, *Partisaninnen. Widerstand in Jugoslawien 1941-1945*, Wien et al. 2008.

116 Vgl. die der Anfrage Wiesenthals beigefügten Materialien, BArch B 162/18299, Bl. 1-39. Zur Biografie Wiesenthals und zum *Dokumentationszentrum des Bundes jüdischer Verfolgter des Naziregimes* siehe Hella Pick, *Simon Wiesenthal. Eine Biographie*, Reinbek 1997.

117 Vgl. die Angaben zur Person und zum Vorleben Druschkes, BArch B 162/18301, Bl. 1819ff.

118 Zeugenaussage Franz Koritnik, BArch B 162/18299, Bl. 39-45. Zur Einleitung des Ermittlungsverfahrens durch StA Heidelberg vgl. Brief StA Heidelberg an *ZSt* Ludwigsburg vom 25. 2.1977, ebd., Bl. 95. Zur Vorgeschichte des Verfahrens und zur Rolle Simon Wiesenthals siehe auch *Die Tat* 25 2.1977: *Der Wirt von der Gestapo* [Eigenbericht]. Hier findet sich allerdings die »ungenaue« Feststellung, der spätere Angeklagte betreibe »seit Kriegsende in Heidelberg, von den Behörden unbelästigt, eine Gastwirtschaft«, ebd.

119 *Bild* 10. 2.1977: *Mörder in der Kneipe?* [Agenturmeldung AP]

120 Vgl. *Rhein-Neckar-Zeitung* 10. 2.1977: *Beschuldigung zurückgewiesen* [Eigenbericht]; *Heilbronner Stimme* 10. 2.1977, *Mit Blut an Stiefeln inmitten der Leichen* [Agenturmeldung AP]. Für eine erste überregionale Reaktion *Frankfurter Allgemeine Zeitung* 10. 2.1977: *Vorwürfe Simon Wiesenthals gegen Heidelberger Gastwirt* [Agenturmeldung AP].

121 *Kleine Zeitung* 11. 2.1977, S. 11 (Tagesgeschehen): *Der Gestapo-Chef Druschke entkam in Fliegeruniform* [Siegfried Kreuzberger]. In diesem Artikel findet sich auch ein Verweis auf Heinz Lincke, der in Funkstadt [sic!] bei Heidelberg ausgemacht worden sei. Gemeint ist

der südhessische Ort Pfungstadt in der Nähe von Darmstadt. Auch Druschke war in verschiedenen Funktionen in Pfungstadt und Umgebung tätig gewesen.

122 Ebd.

123 Ebd.

124 *Rhein-Neckar-Zeitung* 2./3. 4.1977: *Neues Belastungsmaterial* [Raymund Hörhager].

125 Alle Zitate ebd., Hervorhebung im Original gesperrt.

126 Telex LKA Stuttgart, Morddrohungen gegen Druschke, BArch B 162/18299, Bl. 134f.

127 So zum Beispiel *Die Tat*, 25. 11.1977: *Ein Jäger aus Kurpfalz* [Hans Walde]; ebd., 10. 2.1978: *»NS-Druschke erneut belastet«* [Eigenbericht].

128 *VVN – Bund der Antifaschisten* 1977, Heft 3, S. 9, Heft 6, S. 9-11. Bei der *Vereinigung der Verfolgten des Nazi-Regimes – Bund der Antifaschisten* (VVN-BdA) handelt es sich um einen überparteilichen Zusammenschluss von Verfolgten des Naziregimes, Widerstandskämpfern und Antifaschisten. Zu seinen Gründungsmitgliedern gehörten 1947 insbesondere Angehörige des sozialistischen und kommunistischen Widerstandes gegen das NS-System. Zur Rolle des VVN im linken bis linksextremen politischen Spektrum siehe Bettina Blank, *»Vereinigung der Verfolgten des Naziregimes – Bund der Antifaschistinnen und Antifaschisten« (VVN-BdA)*, in: Jahrbuch Extremismus & Demokratie 12 (2000), Baden-Baden 2000, S. 224-239.

129 Progress-Presse-Agentur (PPA). Der Journalist Udo Leuschner arbeitete für die PPA von 1973 bis 1990 als Redakteur und Büroleiter für den Südwesten der Bundesrepublik. 1972 war er wegen seines APO-Engagements u. a. im *Republikanische Club* (RC) als Lokalredakteur des *Mannheimer Morgens* entlassen worden. Zu den biografischen Angaben: http://www.udo-leuschner.de/zurperson.htm (25. 1.2010).

130 *VVN – Bund der Antifaschisten* 1977, Heft 6, S. 9.

131 Ebd.

132 Ebd., S. 10. Zu den strafrechtlichen Kriterien siehe auch die Ausführungen weiter oben.

133 Vgl. *Frankfurter Rundschau* 12. 12.1989: *Erzwungenes Ende mit offenen Fragen* [Eigenbericht]; siehe auch Klaus Arnold, *Kalter Krieg im Äther. Der Deutschlandsender und die Westpropaganda der DDR*, Münster et al. 2002.

134 Ebd. Vgl. hierzu auch die lokale Berichterstattung, z. B. *Rhein-Neckar-Zeitung* 2./3. 4.1977.

135 Eine Einschätzung der Auswirkungen des Systemkonflikts auf den Umgang der beiden deutschen Staaten mit der NS-Vergangenheit bei Weinke, *Verfolgung*, S. 333-356.

136 *Frankfurter Allgemeine Zeitung* 17. 7.1978, S. 2 (Politik): *DDR: Naziwirtschaft geht weiter* [Ws]; alle Zitate aus *Neues Deutschland*, ebd.

137 *VVN – Bund der Antifaschisten* 1977, Heft 6, S. 11.

138 *Frankfurter Allgemeine Zeitung* 17. 7.1978, S. 2.

139 *Die Tat* 25. 11.1977.

140 Ebd., alle Hervorhebungen C. A.

141 *Die Tat* 25. 11.1977.

142 Die Vernehmungen durch das LKA Baden-Württemberg Stuttgart fanden am 23. 5., 1. 6. und 3. 8.1978 statt. Vgl. die Vernehmungsprotokolle, BArch B 162/18299, Bl. 300-309, 310-315, 318-326. Für den umfangreichen Schriftwechsel zwischen dem LKA Stuttgart und den zuständigen österreichischen Stellen vgl. den Bestand BArch B 162/18300.

143 Aktenvermerk StA Heidelberg vom 10. 11.1978, BArch B 162/18300, Bl. 360-388, Zitat Bl. 361. Es folgt eine Auflistung von 17 zu diesem Zeitpunkt bestehenden Anklagepunkten.

144 Vgl. Teileinstellungsverfügung StA Heidelberg vom 10. 2.1981, BArch B 162/18301, Bl. 757-803 sowie Anklageschrift StA Heidelberg (4 Ks 1/81) vom 10. 2.1981, ebd. Bl. 804-911.

145 Vgl. Anklageschrift StA Heidelberg, ebd. Bl. 804-911, hier Bl. 807, Hervorhebungen im Original.

146 Beschluss 6. Strafkammer LG Heidelberg vom 29. 12.1981, BArch B 162/18302, Bl. 1277-1306. Vgl. auch Schreiben StA Heidelberg an *ZSt* Ludwigsburg vom 8. 3.1982, ebd., Bl. 1069.
147 Ebd., Zitate Bl. 1277, 1281, 1284.
148 *Stuttgarter Nachrichten* 22. 1.1982: *NS-Verfahren nicht eröffnet* [bert].
149 Beschwerde StA Heidelberg vom 7. 1.1982. Die umfassende Begründung der Beschwerde erfolgte am 15. 2.1982, vgl. BArch B 162/18302, Bl. 1069.
150 Beschluss OLG Karlsruhe (4 Ws 33/82) vom 20. 12.1983, ebd., Bl. 1252-1273.
151 Ebd., Zitate Bl. 1252, 1264, 1273.
152 Vgl. *Rhein-Neckar-Zeitung* 2./3. 4.1977.
153 Vgl. Einleitung Urteil LG Heidelberg (4 Ks 1/81) vom 24. 10.1984, BArch B 162/18303, Bl. 1338-1518.
154 Anklageschrift StA Heidelberg (48 Js 7001/79 u. 4 Ks 1/81) vom 9. 4.1984, BArch B 162/18302, Bl. 1307-1317.
155 Ebd., Bl. 1308f. Die Korrekturen des Opfernamens wurden handschriftlich in das Original eingefügt, kursive Hervorhebung C. A. Ein Liste der zugrundeliegenden Beweismittel, ebd., Bl. 1310-1316.
156 Sonderbände zum Ermittlungsverfahren gegen Druschke u. a. mit Zeugenvernehmungsprotokollen aus dem Jahr 1977, BArch B 162/18304 bis 18306. Siehe auch Schreiben zur Berichtsanfertigung LKA Stuttgart an StA Heidelberg vom 25. 7.1978, BArch B 162/18299, Bl. 288-298.
157 Ermittlungsverfahren gegen Druschke u. a., Sonderband I, BArch B 162/18304 (87 Bl.). Zitiert nach Schreiben LKA Stuttgart vom 25. 7.1978, BArch B 162/18299, Bl. 288-298.
158 Sonderband II, BArch B 162/18305 (105 Bl.). Zitiert nach ebd.
159 Sonderband III, BArch B 162/18306 (461 Bl.). Zitiert nach ebd.
160 Vgl. Ermittlungsverfahren gegen Druschke u. a., Sonderband II, BArch B 162/18305, slowenisches Original ebd., Bl. 79-81, deutsche Übersetzung Bl. 83-91.
161 Zeugenaussage Andrej Bohinc aus dem Jahr 1977, BArch B 162/18301, Bl. 898. Andrej Bohinc, wie auch sein Bruder Mihail, war zum Zeitpunkt des Todes von Lovro Ažman in dessen Zelle inhaftiert. Beide werden ihre Aussagen später in der Verhandlung vor dem LG Heidelberg wiederholen. Vgl. die ausführliche Darstellung in *Communale* 24. 5.1984, S. 16 (Lokales): *»Pseudoerinnerungen« – oder: Kampf um Glaubwürdigkeit* [Peter Köster; Mario Damolin].
162 *Rhein Neckar Zeitung* 9. 5.1984, S. 3 (Heidelberger Nachrichten): *»Ich habe mich immer an die Vorschriften gehalten«* [Eigenbericht]. Die Entstehungsgeschichte des Begriffes »Eichmann von Slowenien« weicht hier von der Erwähnung des »Namens« in einer jugoslawischen Fernsehdokumentation des Senders *Radio Television Ljubljana* sowie in einem Aufsatz der Zeitung *Politika* ab, die im Verlauf des Verfahrens noch eingegangen wird.
163 Ebd.
164 Ebd., Hervorhebung C. A.
165 *Stuttgarter Zeitung* 9. 5.1984: *Ehemaliger Gestapomann unter Mordanklage* [joe].
166 Ebd., siehe insbesondere auch *Communale* 3. 5.1984, S. 1 (Titel): *Gestapo-Chef vor Heidelberger Schwurgericht* [Mario Damolin]. Der Autor schildert die Verschleppung des Verfahrens durch StA Schäfer, der in den Ruhestand versetzt wurde, die Forcierung der Ermittlungen durch StA Münstermann sowie die Ablehnung eines Haftbefehls der StA (Münstermann) durch Richter Mattes im Jahr 1979. Die Begründung lautete, dass weder ein dringender Tatverdacht noch akute Fluchtgefahr bestehe. Die erste Klage Münstermanns gegen Druschke und Linke im Jahr 1981 war von den Heidelberger Richtern Bähr, Brunn und Reichert ebenfalls mehrheitlich abgewiesen worden. Erst die entsprechende Entscheidung des OLG in Karlsruhe führte schließlich zur Anklage.
167 *Stuttgarter Zeitung* 9. 5.1984.

168 *Rhein Neckar Zeitung* 11. 5.1984, S. 3 (Heidelberger Nachrichten): *Frühere Aussage widerrufen* [Eigenbericht].
169 Vgl. *Communale* 3. 5.1984, S. 1.
170 Ebd.; das Foto entstammte laut Bildunterschrift aus dem »Archiv Jesenice«.
171 Ebd., S. 3 (Druschke-Prozeß): *Von der Kripo zur Gestapo – Eine deutsche Karriere* [Mario Damolin].
172 Ebd.
173 Ebd., *»Ich kann nicht vergessen«* [Gespräch mit Druschke-Opfer Franz Koritnik].
174 Ebd. Das Foto der Opfer stammte laut Bildunterschrift ebenfalls aus dem »Archiv Jesenice«, die Herkunft des Porträts blieb unbekannt. Vgl. auch Brink, *Ikonen*; Meyer, *Blick*; Jahn; Schmiegelt, *Foto-Feldpost*; Knoch, *Tat*; Hesse, *Bilder*.
175 *Communale* 17. 5.1984, S. 1 (Titel): *Druschke – ein Lebensretter?* [Mario Damolin]; Ebd., S. 3 (Hintergrund): *»Ich muss vor niemanden knien und Abbitte leisten«* [Mario Damolin], Zitat ebd.
176 Ebd., S. 1.
177 Ebd., S. 3.
178 Ebd.
179 *Westdeutsche Neue Presse* 26. 6.1953: *»Das geht zu weit, Herr Matschke«* [cubeck].
180 *Communale* 24. 5.1984, S. 16. Zur »Rivalität« zwischen Staatsanwalt Münstermann und Richter Weidner siehe auch ebd. 30. 5.1984, S. 3 (Hintergrund): *Hysterie der Beeinflussung* [Mario Damolin]. Der Autor des Hintergrundberichts spricht einem anfangs »schwelenden Zwist«, auf den ein Zustand »enervierender Penetranz« folgte.
181 Meyer, *Täter*, S. 299f.
182 Siehe beispielsweise Stoll, *Fremddeutung*, S. 163.
183 Mehrer Zeugen verweisen darauf, dass sie ihre Aussagen ursprünglich in der schriftlich vorliegenden Form nicht gemacht hätten. Vgl. *Communale* 24. 5.1984, S. 16.
184 *Communale* 14. 6.1984, S. 6 (Lokales): *Scheinheiliger Angeklagter* [Mario Damolin].
185 Zum Umgang mit Opferzeugen in NS-Verfahren vor deutschen Gerichten siehe Merle Funkenberg, *»So waren hauptsächlich Hausfrauen mit einem Auto die besten Betreuer«. Die Betreuung der Opferzeugen während der NS-Prozesse der 1960er bis frühen 1980er Jahre*, in: Ariadne 2011, Heft 59, S. 52-57.
186 Druschke wird von den Rechtsanwälten Fuchs und Auffenberg verteidigt, alle Zitate ebd. 24. 5.1984, S. 16.
187 Ebd.
188 *Communale* 30. 5.1984, S. 3.
189 Ebd., S. 1 (Titel): *Druschkes Geschichten* [Mario Damolin].
190 Ebd. 7. 6.1984, S. 9 (Lokales): *»Gestapo falsch verstanden«* [Mario Damolin].
191 Ebd.
192 Ebd. 14. 6.1984. Zudem werden Teile der Zeugenbefragungen, wie von der Staatsanwaltschaft gefordert, nun »vor Ort«, d. h. in Jugoslawien durchgeführt, siehe ebd. 28. 6.1984, S. 2 (Nachrichten): *Gericht nach Jugoslawien* [Mario Damolin]; ebd. 5. 7.1984, S. 2 (Nachrichten): *Prozeßende ungewiß* [Mario Damolin]. Zu den »Ergebnissen« der Zeugenbefragung siehe auch ebd. 9. 8.1984, S. 7 (Lokales): *Beweißlage unverändert* [Mario Damolin].
193 Ebd. 19. 7.1984, S. 10 (Lokales): *Presse auf der Anklagebank* [Peter Köster].
194 Ebd. 16. 8.1984, S. 7 (Lokales): *Jugoslawische Probleme* [Mario Damolin].
195 Ebd. 13. 9.1984, S. 5 (Lokales): *Hauptbelastungszeuge im Druschke-Prozeß umgefallen* [Mario Damolin].
196 Ebd, 20. 9.1984, S. 1 (Titel): *Druschke-Prozeß: Neue Zeugen* [Mario Damolin].
197 Ebd. 27. 9.1984, S. 1f. (Titel): *Druschke schwer belastet* [kai]; ebd., S. 5 (Lokales): *Juristische Feinheiten* [Mario Damolin]. Schließlich entschlossen sich die Zeugen aber doch, vor

dem Heidelberger Gericht auszusagen, siehe ebd. 4. 10.1984, S. 1 (Titel): *Es gab viele Druschkes* [kai].

198 Ebd. 18. 10.1984, S. 5 (Lokales): *Druschke-Prozeß: Beweisaufnahme abgeschlossen* [Mario Damolin].

199 Ebd. 25. 10.1984, S. 1 (Titel): *Schwache Plädoyers* [Mario Damolin]; ebd., S. 5 (Lokales): *Ein mühevolles Prozeßende* [Mario Damolin].

200 Ebd.

201 Urteil LG Heidelberg (4 Ks 1/81 bzw. 40 Js 8/77) vom 24. 10.1984, BArch B 162/ 18303, Bl. 1338-1518, Zitat Bl. 1341, siehe auch *Rhein Neckar Zeitung* 24. 10.1984, S. 3 (Heidelberger Nachrichten): *Clemens Druschke von Mord-Anklage freigesprochen* [it].

202 Urteil LG Heidelberg vom 24. 10.1984, Teil A Bl. 1342-1406, Teil B Bl. 1407-1518.

203 Ebd., Bl. 1407f.

204 Ebd., Bl. 1412, Hervorhebung im Original.

205 Ebd., Bl. 1418f. Die nicht korrekten deutschen Schreibweisen »Azmann« oder »Azman« an Stelle des slowenischen »Ažman« findet sich im Urteilstext an mehreren Stellen.

206 Ebd., Bl. 1442.

207 Ebd., Bl. 1468.

208 Ebd., Hervorhebungen im Original.

209 Ebd., Bl. 1399f.

210 Sonderbände zum Ermittlungsverfahren gegen Druschke u. a. mit Zeugenvernehmungsprotokollen aus dem Jahr 1977, BArch B 162/18304 bis 18306. Dies gilt für die deutschen Übersetzungen und Zusammenfassungen, die Mitschriften der Aussagen in slowenischer Sprache konnten nur kursorisch überprüft werden.

211 Urteil LG Heidelberg vom 24. 10.1984, BArch B 162/18303, Bl. 1439f., Hervorhebungen kursiv C. A.

212 Ebd., Bl. 1439f, Hervorhebungen unterstrichen im Original, Hervorhebungen kursiv C. A.

213 Ebd., Zitate Bl. 1512.

214 Ebd., Bl. 1514, Hervorhebungen C. A.

215 Ebd., Bl. 1516f.

216 Urteil BGH Karlsruhe 3 StR 98/85 (Bedeutungslosigkeit von Hilfstatsachen) vom 26. 6.1985, BArch B 162/ 18302, Bl. 1326-1335, hier Bl. 1327. Der Kurzleitsatz der Entscheidung lautet »Der Tatrichter darf unter Beweis gestellte Hilfstatsachen als bedeutungslos ansehen, wenn er aus ihnen selbst für den Fall, daß sie erwiesen wären, nicht den vom Antragsteller erstrebten Schluß ziehen würde.« Abdruck des Urteils in: Neue Zeitschrift für Strafrecht 5 (1985), S. 516.

217 Ebd., Bl. 1327, 1333, 1335.

218 *Communale* 7. 6.1984, S. 9.

219 *Stuttgarter Nachrichten* 25. 10.1984: *Freispruch für Druschke* [Ingeborg Bördlein]. Für eine kurze überregionale Meldung zum Urteil siehe auch *Frankfurter Allgemeine Zeitung* 26. 10.1984, S. 8 (Deutschland und die Welt): *Freispruch in einem der letzten NS-Prozesse* [Agenturmeldung AP].

220 *Rhein Neckar Zeitung* 24. 10.1984, S. 3 (Heidelberger Nachrichten): *Clemens Druschke von Mord-Anklage freigesprochen* [it].

221 *Rhein Neckar Zeitung* 24. 10.1984, S. 3, Zitate ebd.

222 Diese hatten 1982 die erste Anklageerhebung der Staatsanwaltschaft mehrheitlich zurückgewiesen.

223 *Communale* 31. 10.1984, S. 1 (Titelkommentar): *Druschke freigesprochen* [Mario Damolin].

224 Ebd. 31. 10.1984, S. 5 (Lokales): *Kniebeugen des Gerichts vor Druschkes Unbeugsamkeit* [Mario Damolin].

225 Ebd.

226 Ebd.
227 Ebd. 22. 11.1984, S. 10 (Forum): *GAL zum Druschke-Urteil* [Dietrich Hildebrandt].
228 Zum »Fall Schmidt« Beate Meyer, *Der »Eichmann von Dresden«. ›Justizielle Bewältigung‹ von NS-Verbrechen in der DDR am Beispiel des Verfahrens gegen Henry Schmidt*, in: Jürgen Matthäus; Klaus-Michael Mallmann (Hg.): Deutsche, Juden, Völkermord. Der Holocaust als Geschichte und Gegenwart, Darmstadt 2006, S. 275-291, hier S. 275. Zur Tätigkeit der Stasi bei der Vorbereitung von NS-Strafverfahren Ursula Solf, *Die Ermittlungstätigkeit des Ministeriums für Staatssicherheit in NS-Verfahren*, in: Dick de Mildt (Hg.), Staatsverbrechen vor Gericht, Amsterdam 2003, S. 173-191; dies., *Methoden der operativen Aufklärung nationalsozialistischer Gewaltverbrechen in der ehemaligen DDR*, in: Alfred Gottwald; Norbert Kampe; Peter Klein (Hg.), NS-Gewaltherrschaft. Beiträge zur historischen Forschung und juristischen Aufarbeitung, Berlin 2005, S. 435-455.
229 Meyer, *Eichmann*, S. 275f.; siehe Herf, *Erinnerung*, S. 395-439.
230 Zum Prozessverlauf siehe die Prozessdokumentation des Anklägers (StA Horst Busse) Horst Busse; Udo Krause, *Lebenslänglich für NS-Verbrecher. Der Fall Schmidt*, Pfaffenweiler 1989, Zitat S. 11 und den DEFA-Dokumentarfilm *Herr Schmidt von der Gestapo – Filmische Dokumentation einer Beamtenkarriere*, DDR 1989.
231 Busse; Krause, *NS-Verbrecher*, S. 17.
232 Ebd., S. 8 (Vorwort Siegmund Rotstein, Präsident des Verbandes der Jüdischen Gemeinden der DDR). Zum Begriff »Eichmann von Dresden siehe auch Joachim Käppner, *Erstarrte Geschichte, Faschismus und Holocaust im Spiegel der Geschichtswissenschaft und Geschichtspropaganda der DDR*, Hamburg 1999, S. 246f.; Meyer, *Eichmann*, S. 289 (Fn. 39); *Süddeutsche Zeitung* 29. 5.2001: *Die letzten Versuche, Gräueltaten nicht in die Geschichte entrücken zu lassen* [Joachim Käppner].
233 So z. B. *Communale* 4. 10.1984, S. 1.
234 Mulisch, Harry: *Strafsache 40/61. Eine Reportage über den Eichmann-Prozess*, Berlin [3]2002; siehe auch Arendt, *Eichmann*; Wojak, *Eichmann*; Krause, *Eichmann-Prozess.*
235 Vgl. Arendes, *Beobachter*, S. 84f.

6. Fernab der großen Prozesse: Täterbilder in regionalen NS-Verfahren

1 Aleida Assmann, *Der lange Schatten der Vergangenheit. Erinnerungskultur und Geschichtspolitik*, München 2006.
2 Tony Judt, *Geschichte Europas von 1945 bis zur Gegenwart*, München/Wien 2006, S. 939. Vgl. auch Henry Rousso, *Le syndrome de Vichy, 1944-1987*, Paris 1987.
3 Jürgen Kocka, *Last der Geschichte – Chance des Neuanfangs*, in: Tel Aviver Jahrbuch für deutsche Geschichte 29 (2000), S. 391-398, hier S. 392.
4 Vgl. Bernhard Giesen, *Das Trauma der »Täternation«*, in: Christina Jostkleigrewe et al. (Hg.), Geschichtsbilder. Konstruktion – Reflexion – Transformation, Köln et al. 2005, S. 387-414, hier S. 397; siehe auch ders., *Triumph*, S. 109-154.
5 Weinke, *Angriff*, S. 90. Hans und Sophinette Becker sprechen hinsichtlich der doppelten Erblast von NS- und SED-Diktatur pointiert von einer »Wiedervereinigung der Schuld«, dies., *Die Wiedervereinigung der Schuld*, in: Psychosozial 14 (1991), S. 64-75.
6 Im Vergleich mit den allenfalls rudimentären Aufarbeitungsbemühungen der eigenen Diktaturgeschichte in Italien kann die Rolle der alliierten Ahndungsbemühungen und des *IMT* in Nürnberg für die juristische Aufarbeitung in Deutschland aber nicht hoch genug

angerechnet werden, vgl. Aram Mattioli, *»Viva Mussolini!« Die Aufwertung des Faschismus im Italien Berlusconis*, Paderborn et al. 2010, hier S. 147.

7 *Süddeutsche Zeitung* 24. 3.2010, S. 1 (Titel): *SS-Mann des Mordes schuldig* [Hans Holzhaider]; ebd., S. 5 (Politik): *Mord an der Haustür* [Hans Holzhaider], Zitate S. 1.

8 Eine Besprechung von Neuerscheinungen zum Urteil und zur Person John Demjanjuks in *Süddeutsche Zeitung* 27. 6.2011, S. 16. Zu Prozessverlauf und Urteil siehe auch Angelika Benz, *Der Henkersknecht. Der Prozess gegen John (Iwan) Demjanjuk in München*, Berlin 2011; Heinrich Wefing, *Der Fall Demjanjuk. Der letzte große NS-Prozess*, München 2011.

9 Im Dezember 2009 trat mit dem Lissabon-Vertrag der EU eine Klausel in Kraft, nach deren aktueller juristischer Auslegung die Frage nach der Gültigkeit des Amsterdamer Urteils von 1949 als zumindest strittig angesehen werden muss. Sollte sich der BGH dem Urteil des LG Aachen anschließen, könnte somit zusätzlich eine Entscheidung des Europäischen Gerichtshofes (EuGH) notwendig werden, vgl. ebd., S. 1.

10 Ebd., S. 5. Siehe auch die geäußerten Erwartungen der Angehörigen mit Blick auf die Urteilsverkündung, ebd. 19. 3.2010, S. 3 (Die Seite Drei): *Ansichten eines Mörders* [Hans Holzhaider].

11 Dieser Verweis erscheint angebracht, da die Mehrzahl der nationalsozialistischen Gewaltverbrechen auf einem solchen Ausschluss aus der Humanität beruhte, d. h. die Opfer der Verbrechen von den Tätern nicht (mehr) als (Mit-)Menschen angesehen wurden.

12 Broszat, *Siegerjustiz*, S. 543.

13 Frei; van Laak; Stolleis, *Geschichte*.

14 Zur Notwendigkeit des »Schweigens« Lübbe, *Nationalsozialismus*; kritisch Giordano, *Schuld*; als Gegenentwurf Kittel, *Legende*; zu den hemmenden Folgen einer permanenten »Schuld-Prüfung« für die Demokratie Grunenberg, *Lust*. Siehe auch Gabriele von Arnim, *Das große Schweigen. Von der Schwierigkeit, mit dem Schatten der Vergangenheit zu leben*, München 1989; Gesine Schwan, *Politik und Schuld. Die zerstörerische Macht des Schweigens*, Frankfurt/Main 1997.

15 Siehe z. B. Peter Sichrovsky, *Schuldig geboren. Kinder aus Nazifamilien*, Köln 1987; Dörte von Westernhagen, *Die Kinder der Täter. Das Dritte Reich und die Generation danach*, München 1987; Dan Bar-On, *Die Last des Schweigens. Gespräche mit Kindern von Nazi-Tätern*, Frankfurt/New York 1993. Zuletzt Welzer; Tschuggnall; Moller, *Opa*; Leonhard, *Politik*; Schneider, *Abschied*; siehe auch Gabriele Rosenthal (Hg.), *Der Holocaust im Leben von drei Generationen. Familien von Überlebenden der Shoah und von Nazi-Tätern*, Gießen 1997; Gerhard Botz (Hg.), *Schweigen und Reden einer Generation. Erinnerungsgespräche mit Opfern, Tätern und Mitläufern des Nationalsozialismus*, Wien 2005.

16 Loewy, *Täter*, S. 255.

17 Lackner, *Widerstreben*, C 59.

18 Jürgen Habermas, *Der 15. Februar – oder: Was die Europäer verbindet*, In: Ders., Der gespaltene Westen, S. 43-51, Zitat S. 49.

19 Hannes Heer, *Vom Verschwinden der Täter. Der Vernichtungskrieg fand statt, aber keiner war dabei.* Berlin 2004.

ABKÜRZUNGSVERZEICHNIS

ABl.	Amtsblatt
Abt.	Abteilung
a. D.	außer Dienst
ADN	Allgemeine Deutsche Nachrichtenagentur
a. F.	alte Fassung
AFP	Agence France-Presse
AG	Aktiengesellschaft
AHK	Alliierte Hohe Kommission
AHKABl.	Amtsblatt der Alliierten Hohen Kommission
AK	Arbeitskreis
AKR	Alliierter Kontrollrat
AKRABl.	Amtsblatt des Alliierten Kontrollrats
ap.	außerplanmäßig
AP	Associated Press
APO	außerparlamentarische Opposition
APuZ	Aus Politik und Zeitgeschichte
AR	Allgemeines Register
Art.	Artikel
AR-Z	Allgemeines Register-Zeichen
Bad.ABl.	Badisches Amtsblatt
BArch	Bundesarchiv (Koblenz)
Bd.	Band
BdA	Bund der Antifaschisten
BDM	Bund Deutscher Mädel
BGBl.	Bundesgesetzblatt
BGH	Bundesgerichtshof
BGHSt	Entscheidung des BGH in Strafsachen
BMJ	Bundesministerium der Justiz
bpb	Bundszentrale für politische Bildung
BRD	Bundesrepublik Deutschland
Brit.ABl.	Amtsblatt der britischen Militärregierung
BVerfG	Bundesverfassungsgericht
BVerfGE	Entscheidung des Bundesverfassungsgerichts
CDU	Christliche Demokratische Union
DANA	Deutsche Allgemeine Nachrichtenagentur

DEFA	Deutsche Film AG
DDR	Deutsche Demokratische Republik
DeBeWa	Warenhaus des deutschen Beamtenwirtschaftsverbunds
DGB	Deutscher Gewerkschaftsbund
DIZ	Dokumentations- und Informationstentrum (Emslandlager)
DKP	Deutsche Kommunistische Partei
DM	Deutsche Mark
dpa	Deutsche Presse-Agentur
dpd	Deutscher Pressedienst
EKD	Evangelischen Kirche in Deutschland
EU	Europäische Union
EuGH	Europäischer Gerichtshof
FDP	Freie Demokratische Partei
franz.	französisch
GBl.	Gesetzblatt der DDR
Gedenkst.	Gedenkstätte
Gestapo	Geheime Staatspolizei
GFP	Geheime Feldpolizei
GG	Grundgesetz
GmbH	Gesellschaft mit beschränkter Haftung
GStA	Generalstaatsanwalt, Generalstaatsanwaltschaft
HJ	Hitlerjugend
HRRS	Höchstrichtlerliche Rechsprechung Strafrecht
ICD	Information Control Division
IfZ	Institut für Zeitgeschichte (München)
IG	Industriegewerkschaft
IMT	Internationales Militärtribunal
JO	Journal Officiel du Commandement en Chef Français en Allemagne
Js	Ermittlungsverfahren StA LG
KLs	Erstinstanzliche Strafsache LG
KMK	(Westdeutsche) Kultusministerkonferenz
KPD	Kommunistische Partei Deutschlands
KRG	Kontrollratsgesetz
Ks	Strafsache Schwurgericht
KZ	Konzentrationslager
LG	Landgericht
LICRA	Internationale Liga gegen Rassismus und Antisemitismus
LKA	Landeskriminalamt
LTI	Lingua Tertii Imperii
LSA	Landesstrafanstalt
mbH	mit beschränkter Haftung
MfS	Ministerium für Staatssicherheit
MR	Militärregierung

MRABl.	Amtsblatt der Militärregierung
MRG	Militärregierungsgesetz
MStGB	Militärstrafgesetzbuch
NBC	National Broadcasting Company
n. F.	neue Fassung
Nr.	Nummer
NRW	Nordrhein-Westfalen
No.	Nummer
NS	Nationalsozialismus, nationalsozialistisch
NSDAP	Nationalsozialistische Deutsche Arbeiter Partei
NSG	nationalsozialistische Gewaltverbrechen
NStZ	Neue Zeitschrift für Strafrecht
NWDR	Nordwestdeutscher Rundfunk
OGHBT	Oberster Gerichtshof für die Britische Zone
o. J.	ohne Jahr
Ojs	Ermittlungsverfahren GStA OLG
OLG	Oberlandesgericht
OStA	Oberstaatsanwalt, Oberstaatsanwaltschaft
Ph D.	Philosphical Degree
PPA	Progreß-Presse-Agentur
RAF	Rote Armee Fraktion
RC	Republikanischer Club
RegBl.	Regierungsblatt
RFA	République fédérale d'Allemagne
RGBl.	Reichsgesetzblatt
RNZ	Rhein-Neckar-Zeitung
RStGB	Reichsstrafgesetzbuch
SA	Sturmabteilung
SD	Sicherheitsdienst
SED	Sozialistische Einheitspartei Deutschlands
SFB	Sender Freies Berlin
SiPo	Sicherheitspolizei
SMAD	Sowjetische Militäradministration in Deutschland
SMT	Sowjetisches Militärtribunal
Sp.	Spalte
SPD	Sozialdemokratische Partei Deutschlands
SRP	Sozialistische Reichspartei
SS	Schutzstaffel
Ss	Revisionsverfahren Strafsache OLG
StA	Staatsanwalt, Staatsanwaltschaft
StaMa	Stadtarchiv Mannheim
StGB	Strafgesetzbuch
StGBl.	Staatsgesetzblatt

StPO	Strafprozessordnung
StR	Revisionsverfahren Strafsache BGH
StUG	Stasi-Unterlagen-Gesetz
TH	Technische Hochschule
TU	Technische Universität
Ufa	Universum Film AG
Ujs	Vorermittlungsverfahren gegen Unbekannt
UN	United Nations
UNWCC	United Nations War Crimes Comission
US	United States, US-amerikanisch
USABl.	Amtsblatt der amerikanischen Militärsregierung
USHMM	United States Holocaust Memorial Museum
Verw.	Verwaltung
VVN	Vereinigung der Verfolgten des Naziregimes
VO	Verordnung
westpr.	westpreußisch
WB	Württemberg-Baden
WH	Württemberg-Hohenzollern
z. N.	zum Nachteil
ZRS	Zentrale Rechtsschutzstelle
ZSt	Zentrale Stelle
ZVOBl.	Zentralverordnungsblatt (für die sowjetische Zone)

TABELLEN

Tabelle 1: Verfahren mit Urteilen in mehreren Instanzen 1946-2002

Anzahl Urteile	Anzahl Verfahren	Anteil in Prozent
[a] 1	51	48,6
[b] 2	40	38,1
3	8	7,6
4	6	5,7
Gesamt	105	100

Quelle: Datensatz »NS-Verfahren Baden-Württemberg«; eigene Zählung.
[a] Fallbeispiele 2, 3; [b] Fallbeispiele 1, 4.

Tabelle 2: Verteilung (erstinstanzlicher) Urteile über den Zeitraum 1946-2002

Zeitraum	Anzahl Urteile	erstinstanzliche Urteile	Anteil in Prozent	
1945-1949	[a]53	34	29,6	32,4
1950-1959	50	24	27,9	22,9
1960-1969	[b]51	34	28,5	32,4
1970-1979	14	5	7,8	4,7
1980-1989	[c] 6	4	3,4	3,8
1990-2002	5	4	2,8	3,8
1945-2002	179	105	100	100

Quelle: Datensatz »NS-Verfahren Baden-Württemberg«; eigene Zählung.
[a] Fallbeispiele 1, 2; [b] Fallbeispiel 3; [c] Fallbeispiel 4.

Tabelle 3: Anzahl der Angeklagten in den Verfahren 1946-2002

Angeklagte im Verfahren	Anzahl Verfahren	Anzahl Angeklagte	Anteile in Prozent	
[a] 1	60	60	57,2	26,5
2	21	42	20,0	18,6
[b] 3	9	27	8,7	11,9
[c] 4	6	24	5,7	10,7
5	1	5	0,9	2,2
6	2	12	1,9	5,3
7	1	7	0,9	3,1
8	3	24	2,9	10,7
10	1	10	0,9	4,4
15	1	15	0,9	6,6
Gesamt	105	226	100	100

Quelle: Datensatz »NS-Verfahren Baden-Württemberg«; eigene Zählung.
[a] Fallbeispiele 2, 4; [b] Fallbeispiel 1; [c] Fallbeispiel 3.

Tabelle 4: Verteilung der Tatkomplexe in den Verfahren 1946-2002

Tatkomplex	Anzahl	Anteil in Prozent
Endphaseverbrechen [a]	27	21,6
Verbrechen in Haftstätten [b]	26	20,8
Massenvernichtungsverbrechen	23	18,4
Kriegsverbrechen	14	11,2
Denunziation	9	7,2
Massenvernichtungsverbrechen durch Einsatzgruppen	7	5,6
NS-Verbrechen [c]	6	4,8
Massenvernichtungsverbrechen in Lagern	6	4,8
Schreibtischverbrechen	3	2,4
Euthanasie	3	2,4
Justizverbrechen	1	0,8
Gesamt	125	100

Quelle: Datensatz »NS-Verfahren Baden-Württemberg«; eigene Zählung.
[a] Fallbeispiel 1; [b] Fallbeispiele 2, 4; [c] Fallbeispiel 3.

Tabelle 5: Geografische Verteilung der Tatländer in den Verfahren 1946-2002

Land	Anzahl	Anteil in Prozent
Deutschland [a]	57	50,4
Polen [b]	21	18,7
Sowjetunion	16	14,1
Baltische Staaten	9	7,9
Österreich	3	2,7
Jugoslawien [c]	3	2,7
Frankreich	2	1,7
Norwegen	1	0,9
Tschechoslowakei	1	0,9
Gesamt	113	100

Quelle: Datensatz »NS-Verfahren Baden-Württemberg«; eigene Zählung.
[a] Fallbeispiele 1, 2; [b] Fallbeispiel 3; [c] Fallbeispiel 4.

Tabelle 6: Verteilung der Opfergruppen in den Verfahren 1946-2002

Opfergruppe	Anzahl	Anteil in Prozent
Juden [a]	58	36,9
Zivilisten [b]	31	19,8
Häftlinge [a]	31	19,8
Soldaten	10	6,6
Kriegsgefangene	7	4,5
Zigeuner	5	3,1
Fremdarbeiter	4	2,5
Hilfswillige	4	2,5
Geisteskranke	3	1,9
Widerstandskämpfer [c]	3	1,9
Volkssturmangehörige	1	0,6
Gesamt	157	100

Quelle: Datensatz »NS-Verfahren Baden-Württemberg«; eigene Zählung.
[a] Fallbeispiel 2; [b] Fallbeispiele 1, 3; [c] Fallbeispiel 4.

Tabelle 7: Urteile in den Verfahren 1946-2002

Urteil	Anzahl	Anteil in Prozent
Todesstrafe	1	0,4
Lebenslage Freiheits- bzw. Zuchthausstrafe [(a)]	13	5,8
Zeitige Freiheits- bzw. Zuchthausstrafe bis zu 15 Jahren [(b)]	15	6,6
Zeitige Freiheits- bzw. Zuchthausstrafe bis zu 10 Jahren	32	14,1
Zeitige Freiheits- bzw. Zuchthausstrafe bis zu 5 Jahren [(c)]	66	29,3
Zeitige Freiheits- bzw. Zuchthausstrafe bis zu 1 Jahr [(a)]	16	7,0
Freispruch [(c)]	70	31,0
Verfahren eingestellt, Angeklagte(r) verstorben, u. a.	13	5,8
Gesamt	226	100

Quelle: Datensatz »NS-Verfahren Baden-Württemberg«; eigene Zählung.
[(a)] Fallbeispiel 3; [(b)] Fallbeispiel 2; [(c)] Fallbeispiele 1, 3; Fallbeispiele 1, 3, 4

QUELLENVERZEICHNIS

Unveröffentlichte Quellen

Bundesarchiv Koblenz, Abt. Ludwigsburg

Johann Herzog vor dem LG Heidelberg 1949
ZSt 429 AR 31/84 (u. a. Vernehmungsprotokolle, Anklage, Urteil LG Heidelberg 1949)

Heinrich Mocek u. a. vor dem LG Mannheim 1965
B 162/1980 (u. a. Vorermittlungen Richardt; Materialien StA Mannheim 1961-1964)
B 162/1981 (u. a. Vorermittlungen Sorgatz und Wollenberger; Schriftwechsel; Aktenauszüge)
B 162/1982 (u. a. Vernehmungsprotokolle)
B 162/1983 (u. a. Vernehmungsprotokolle)
B 162/1984 (u. a. Stand des Verfahrens; Übersichten Beschuldigte, Zeugen und Akten)
B 162/1985 (u. a. Anklage StA Manneinheim1964; Vernehmungsprotokolle)
B 162/1986 (u. a. Vernehmungsprotokolle; Schriftwechsel StA Mannheim ZSt Ludwigsburg)
B 162/1987 (u. a. Urteil LG Mannheim 1965)
B 162/1988 (u. a. Vernehmungsprotokolle; Aussagen Mocek StA Mannheim 1964)
B 162/3501 (u. a. Vorermittlungen Richardt, Sorgatz u. a., StA Dortmund 1965)
B 162/3502 (u. a. Anklage gegen Sorgatz u. a. StA Dortmund 1971)
B 162/3503 (u. a. Materialien und Schriftwechsel zum Verfahren gegen Sorgatz u. a.)
B 162/14176 (u. a. Urteil LG Mannheim 1965; Beschluss BGH 1966)
B 162/14517 (u. a. Urteil LG Münster 1973; Beschluss BGH 1975)
B 162/19440 (Wehner, Ermittlungsergebnisse »Polnischen Greueltaten« Stand 1940)
B 162/19441 (Wehner, Ermittlungsergebnisse »Polnischen Greueltaten« Stand 1942)

Clemens Druschke vor dem LG Heidelberg 1984
B 162/18299 (u. a. Materialien zu den gerichtlichen Vorermittlungen 1974-1978)
B 162/18300 (u. a. Schriftwechsel LKA Stuttgart mit österreichischen Stellen)
B 162/18301 (u. a. Schriftwechsel LKA Stuttgart mit österreichischen Stellen)
B 162/18302 (u. a. Beschlüsse StA und Gerichte; Anklage StA Heidelberg)
B 162/18303 (Urteil LG Heidelberg 1984)

B 162/18304 (Protokolle Vernehmung jugoslawischer Zeugen 1977 – Sonderband 1)
B 162/18305 (Protokolle Vernehmung jugoslawischer Zeugen 1977 – Sonderband 2)
B 162/18306 (Protokolle Vernehmung jugoslawischer Zeugen 1977 – Sonderband 3)

Bundesarchiv Koblenz

B 141/33771 (u. a. Gründung und Aufgaben ZSt Ludwigsburg 1959)
B 141/33772 (u. a. Brief Schüle ZSt Ludwigsburg 1963)
B 141/78801 bis 78863 (BMJ-Listen der StA mit bis 1965 durchgeführten NS-Verfahren)

Stadtarchiv Mannheim

Dokumentationen
D 1, lfd. Nr. 308 (Jüdische Geschichte, Silberstein, Max – Nachträge)

Nachlässe
Braun, Josef (53/1970), lfd. Nr. 1 (Handakten über die Besetzung der Stadt Mannheim und Entlassung von Nationalsozialisten)
Barber, Karl (24/1967), lfd. Nr. 1 (Bericht über persönliche Erlebnisse während der Besetzung Mannheims durch amerikanische Truppen März/April 1945)

Zeitgeschichtliche Sammlung / Personengeschichtliche Sammlung
S 1/0547 (Mühlenfels, Willy von)
S 1/0788 (Silberstein, Max)
S 1/0800 (Sommer, Jakob)
S 1/0923 (Wendt, Heinrich)
S 1/1170 (Doland, Adolf)
S 1/1816 (Schreck, Paul)
S 1/2107 (Böse, Otto Hugo)

Zeitgeschichtliche Sammlung / Ortsgeschichtliche Sammlung
S 2/1412 (Sondergericht)
S 2/1828 (feindliche Flugblätter aus dem II. Weltkrieg)

Stadt Mannheim, Oberbürgermeister
Beschlussvorlage Nr. 275/2001 (Stadtrat Mannheim)
Beschlussvorlage Nr. 91/2004 (Stadtrat Mannheim)

Dezernatsregistratur – Öffentliche Einrichtungen und Wirtschaftsförderung
13/1977, lfd. Nr. 1588 (Ehrengräber für die bei der Besetzung der Stadt in den Lauerschen Gärten erschossenen Bürger)

Veröffentlichte Quellen

Tages-, Wochenzeitungen und Magazine (Jahrgänge oder Einzelausgaben)

Aachener Nachrichten (Aachen)
Abend-Zeitung für Nordbaden und die Pfalz (Mannheim)
Abendzeitung (München)
Allgemeine Sonntags-Zeitung (Würzburg)
Allgemeine Wochen-Zeitung der Juden in Deutschland (Düsseldorf)
Allgemeine Zeitung für Heidelberg und Umgebung (Heidelberg)
Allgemeine Zeitung für Karlsruhe und Mittelbaden (Karlsruhe)
Allgemeine Zeitung für Mannheim und die Kurpfalz (Mannheim)
Allgemeine Zeitung der Lüneburger Heide (Lüneburg)
(Die) Andere Zeitung (Hamburg)
Aufbau (New York)

Badische Neueste Nachrichten (Karlsruhe)
Badische Zeitung (Freiburg im Breisgau)
Badisches Volksecho (Mannheim)
Bild (Hamburg)

Cellesche Zeitung (Celle)
Christ und Welt (Stuttgart)
(The) Christian Science Monitor (Boston)
Communale (Heidelberg)

Darmstädter Echo (Darmstadt)
Darmstädter Tagblatt (Darmstadt)
DELO (Ljubljana)
Deutsche Kommentare (Stuttgart)
Deutsche Korrespondenz (Bonn)
Deutsche Volkszeitung/die tat (Köln)
Deutsche Wochen-Zeitung (München)
Deutsche Zeitung mit Wirtschaftszeitung (Stuttgart)
(Die) Deutsche Zukunft (Düsseldorf)
Deutscher Anzeiger (München)

Eiderländer Volksfreund (Werdohl)

Frankfurter Allgemeine Sonntagszeitung (Frankfurt am Main)
Frankfurter Allgemeine Zeitung (Frankfurt am Main)
Frankfurter Neue Presse (Frankfurt am Main)
Frankfurter Rundschau (Frankfurt am Main)
Fränkisches Volksblatt (Würzburg)

Generalanzeiger Wuppertal (Wuppertal)

Hamburger Allgemeine Zeitung für christlich-demokratische Erneuerung (Hamburg)
Hamburger Echo (Hamburg)
Hannoversche Neueste Nachrichten (Hannover)
(The) Heidelberg Post (Heidelberg)
Heidelberger Amtsanzeiger (Heidelberg)
Heidelberger Amtsblatt (Heidelberg)
Heidelberger Tageblatt (Heidelberg)
Heilbronner Stimme (Heilbronn)
Hessische Nachrichten (Kassel)

Ipf- und Jagst-Zeitung (Ellwangen)

(The) Jewish Way (New York)
Jüdischer Pressedienst (Düsseldorf)

Karlsruher Neue Zeitung (Karlsruhe)
Kasseler Post (Kassel)
Kieler Nachrichten (Kiel)
Kleine Zeitung (Graz)
Kölner Stadtanzeiger (Köln)

(Der) Landbote (Winterthur)
Lüneburger Landeszeitung (Lüneburg)
Le Monde (Paris)

Mannheimer Communale (Mannheim)
Mannheimer Morgen (Mannheim)
Mittelbayerische Zeitung (Regensburg)
Münchner Merkur (München)

Neue Presse (Köln)
Das neue Vaterland (Stuttgart)
Das Neue Zeitalter (Hamburg)
Die Neue Zeitung (München)
Neue Zürcher Zeitung (Zürich)
Neues Deutschland (Berlin-Ost)
New York Times (New York)
Der Notweg (Detmold)
Nürnberger Nachrichten (Nürnberg)

Offenburger Tageblatt (Offenburg)
Ost-West-Kurier (Bremen)

Pfälzische Volkszeitung (Kaiserslautern)
Post (Hamburg)
Die Presse (Wien)

Quick (München)

Rhein-Neckar-Zeitung (Heidelberg)
Rheinische Post (Düsseldorf)
Rheinischer Merkur (Bonn)
Rheinpfalz (Ludwigshafen)

Schlesische Rundschau (Stuttgart)
Schwäbische Landeszeitung (Augsburg)
Sie (Berlin)
Solinger Tageblatt (Solingen)
Sonntagsblatt (Hamburg)
Der Sozialdemokrat (Stuttgart)
The Spectator (London)
Der Spiegel (Hamburg)
Stern (Hamburg)
die strasse (Hamburg)
Stuttgarter Nachrichten (Stuttgart)
Stuttgarter Zeitung (Stuttgart)
Südwest-Merkur (Stuttgart)
Süddeutsche Wochen-Zeitung (Stuttgart)
Süddeutsche Zeitung (München)

Der Tagesspiegel (Berlin)
tageszeitung (Berlin)
Die Tat (Frankfurt)

Volksstimme (Stuttgart)
Vorwärts (Bonn)

Die Welt (Hamburg)
Welt der Arbeit (Köln)
Westdeutsche Allgemeine (Essen)
Westdeutsche Neue Presse (Köln)
Westdeutsche Zeitung (Mönchen-Gladbach)
Die Wochenpost (Konstanz)
Württembergische Abendzeitung (Stuttgart)

Württembergische Allgemeine Zeitung (Stuttgart)
Württembergisches Abendblatt (Vaihingen/Enz)

Die Zeit (Hamburg)

Quellensammlungen, Tagebücher, Berichte u. a.

Arendt, Hannah: Eichmann in Jerusalem. Ein Bericht über die Banalität des Bösen, München [13]2004.

Balzer, Friedrich-Martin; Renz, Werner (Hg.): Das Urteil im Frankfurter Auschwitz-Prozess (1963-1965). Erste selbständige Veröffentlichung, Bonn 2004.

Bundeszentrale für politische Bildung (Hg.): Auschwitz auf der Bühne. Peter Weiß: »Die Ermittlung« in Ost und West (2 DVD-ROM), Bonn 2008.

Das Wehrmachtstrafrecht im Zweiten Weltkrieg. Sammlung der grundlegenden Gesetze, Verordnungen und Erlasse, hgg. v. Rudolf Absolon, Kornelimünster 1958.

DDR-Justiz und NS-Verbrechen. Sammlung ostdeutscher Strafurteile wegen nationalsozialistischer Tötungsverbrechen, hgg. v. Christiaan F. Rüter, Amsterdam et al. 2002-2009.

– Verfahrensregister und Dokumentenband, hgg. v. Christiaan F. Rüter, Amsterdam et al. 2002.

Die Proklamationen, Gesetze und Verordnungen der Militärregierung Deutschlands (Amerikanische Zone). Einschließlich der Proklamationen und Gesetze der Alliierten Kontrollbehörde Kontrollrat, Englischer und deutscher Text, hgg. v. Reinhard Anders, Karlsruhe [o. J.].

Die Westdeutschen Strafverfahren wegen nationalsozialistischer Tötungsverbrechen 1945-1997. Eine systematische Verfahrensbeschreibung mit Karten und Registern, hgg. v. Christiaan F. Rüter; Dick W. de Mildt, Amsterdam et al. 1998.

Documents on Germany under Occupation 1945-1954, hgg. v. Beate Ruhm von Oppen, London et al. 1955.

Dos Passos, John: Das Land des Fragebogens, Frankfurt am Main 1997.

DUMONT direkt Mannheim, Ostfildern 2006.

Fritz-Bauer-Institut; Staatliches Museum Auschwitz-Birkenau (Hg.): Der Auschwitz-Prozess. Tonbandmitschnitte, Protokolle und Dokumente (1 DVD-ROM), Berlin 2004.

»Führer-Erlasse« 1939-1945. Edition sämtlicher überlieferter, nicht im Reichsgesetzblatt abgedruckter, von Hitler während des Zweiten Weltkriegs schriftlich erteilter Direktiven aus den Bereichen Staat, Partei, Wirtschaft, Besatzungspolitik und Militärverwaltung, hgg. v. Martin Moll, Stuttgart 1997.

Gesetzgebung der Alliierten Hohen Kommission in Deutschland. Mit Gesetzgebung der drei Besatzungsmächte, hgg. v. Reinhard Anders, Karlsruhe [o. J.].

Hanack, Ernst-Walter: ... dass man die Täter doch mit besonderen Maßstäben messen müsse, in: Thomas Horstmann; Heike Litzinger, An den Grenzen des Rechts. Gespräche mit Juristen über die Verfolgung von NS-Verbrechen (Fritz-Bauer-Institut. Wissenschaftliche Reihe 14), Frankfurt/New York 2006, S. 68-97.

Handbuch politischer Institutionen und Organisationen 1945-1949 (Handbücher zur Geschichte des Parlamentarismus und der politischen Parteien 1), bearb. v. Heinrich Potthoff; Rüdiger Wenzel, Düsseldorf 1983.

Hartmann, Lukas: Die Frau im Pelz. Leben und Tod der Carmen Mory, Zürich 1999.

Hermlin, Stephan: Die Kommandeuse, in: Ders., Arkadien. Gesammelte Erzählungen, Leipzig 1985, S. 178-189.

Horstmann, Thomas; Litzinger, Heike: An den Grenzen des Rechts. Gespräche mit Juristen über die Verfolgung von NS-Verbrechern (Fritz-Bauer-Institut. Wissenschaftliche Reihe 14), Frankfurt /New York 2006.

Jäger, Herbert: ... ich hatte die naive Vorstellung, Juristerei nach 1945 ist Auseinandersetzung mit dem Holocaust, dem Völkermord, in: Thomas Horstmann; Heike Litzinger, An den Grenzen des Rechts. Gespräche mit Juristen über die Verfolgung von NS-Verbrechen (Fritz-Bauer-Institut. Wissenschaftliche Reihe 14), Frankfurt/New York 2006, S. 35-67.

»Jedoch verlangte ich stets Zucht und Ordnung«. Flucht und Entlastungslegenden des letzten Kommandanten von Ravensbrück, Fritz Suhren, in: Informationen. Studienkreis Deutscher Widerstand 17 (1992), Heft 35, S. 30-37.

Justiz und NS-Verbrechen. Sammlung deutscher Strafurteile wegen nationalsozialistischer Tötungsverbrechen 1945-1999, hgg. v. Adelheit Rüter-Ehlermann; Christiaan F. Rüter, Amsterdam 1968ff.

– Register zu den Bänden I-XXII, hgg. v. Christiaan F. Rüter; Dick W. de Mildt, Amsterdam et al. 1998.

– Register XXIIIff., hgg. v. Christiaan F. Rüter; Dick W. de Mildt, Amsterdam et al. 1998.

Lackner, Karl: »Insofern war ich kein Fortschrittsmensch«, in: Thomas Horstmann; Heike Litzinger, An den Grenzen des Rechts. Gespräche mit Juristen über die Verfolgung von NS-Verbrechen (Fritz-Bauer-Institut. Wissenschaftliche Reihe 14), Frankfurt/New York 2006, S. 149-173.

Lahme, Tilmann; Lüssi, Kathrin (Hg.): Golo Mann. Briefe 1932-1992 (Veröffentlichungen der Deutschen Akademie für Sprache und Dichtung 87), Göttingen 2006.

Langbein, Hermann: Der Auschwitz-Prozess. Eine Dokumentation, Frankfurt am Main 1995.

Mulisch, Harry: Strafsache 40/61. Eine Reportage über den Eichmann-Prozess, Berlin [3]2002.

Naumann, Bernd: Auschwitz. Bericht über die Strafsache gegen Mulka u. a. vor dem Schwurgericht Frankfurt, Berlin 2004.

Quellen zur Entstehung der Verfassung von Baden-Württemberg (Kommission für Geschichtliche Landeskunde in Baden-Württemberg 2-10), 9 Bde., bearb. v. Paul Fechte, Stuttgart 1986-1995.

Quellen zur Entstehung der Verfassung von Württemberg-Baden (Kommission für Geschichtliche Landeskunde in Baden-Württemberg 12-14), 3 Bde., bearb. v. Paul Sauer, Stuttgart 1995-2001.

Sammlung der vom Alliierten Kontrollrat und der amerikanischen Militärregierung erlassenen Proklamationen, Gesetze, Verordnungen, Befehle, Direktiven. Im englischen Originalwortlaut mit deutscher Übersetzung, hgg. v. Ruth Hemken, Stuttgart 1946.

Shirer, William L.: Berliner Tagebuch, Bd. II: Das Ende 1944-1945, Berlin 1999.

SMAD-Handbuch. Die Sowjetische Militäradministration in Deutschland 1945-1949, bearb. v. Jan Foitzek; Tatjana Zarewskaja-Djakina, München 2009.

Taler, Conrad: Asche auf vereisten Wegen. Eine Chronik des Grauens – Berichte vom Frankfurter Auschwitz-Prozess (Neue kleine Bibliothek 87), Köln 2003.

The History of the United Nations War Crimes Commission and the Development of the Laws of War, hgg. v. der United Nations War Crimes Commission London 1948.

Trials of War Criminals before the Nuremberg Military Tribunals under Control Council Law Nr. 10, 15 Bde., Washington 1950-1953.

Verhandlungen des Deutschen Juristentages Essen 1966, hgg. v. der Ständigen Deputation des Deutschen Juristentages, 2 Bde., München/Berlin 1967.

Verhandlungen des einundvierzigsten Deutschen Juristentages (Berlin 1955), hgg. v. der Ständigen Deputation des Deutschen Juristentages, 2 Bde., Tübingen 1956.

War Crime Trials, 9 Bde., hgg. v. Sir David Maxwell Fyfe, London 1948-1952.

Weber, Hermann; Herbst, Andreas: Deutsche Kommunisten. Biographisches Handbuch 1918 bis 1945, Berlin 2004.

Weißbuch der Bundesregierung. Die antisemitischen und nationalsozialistischen Vorfälle in der Zeit vom 25. Dezember 1959 bis zum 28. Januar 1960, Bonn 1960.

Gesetze, Gesetzestexte, Gesetzbücher

Alliierte Hohe Kommission

Gesetz Nr. 13 (Gerichtsbarkeit auf den vorbehaltenen Gebieten) vom 25. 11.1949 (AHKABl. S. 54).

Alliierter Kontrollrat

Proklamation Nr. 1 (Aufstellung des Kontrollrats) vom 30. 8.1945 (AKRABl. S. 4).

Gesetz Nr. 1 (Aufhebung Nationalsozialistischer Gesetze) vom 20. 9.1945 (AKRABl. S. 6).

Gesetz Nr. 4 (Umgestaltung des Deutschen Gerichtswesens) vom 30. 10.1945 (AKRABl. S. 26).

Gesetz Nr. 10 (Bestrafung von Personen, die sich Kriegsverbrechen, Verbrechen gegen den Frieden oder gegen die Menschlichkeit schuldig gemacht haben) vom 20. 12.1945 (AKRABl. S. 50).

Gesetz Nr. 11 (Aufhebung einzelner Bestimmungen des deutschen Strafrechts) vom 30. 1.1946 (AKRABl. S. 55).

Gesetz Nr. 34 (Auflösung der Wehrmacht) vom 20. 8.1946 (AKRABl. S. 172).

Direktive Nr. 38 (Verhaftung und Bestrafung von Kriegsverbrechern, Nationalsozialisten und Militaristen und Internierung, Kontrolle und Überwachung von möglicherweise gefährlichen Deutschen) vom 12. 10.1946 (AKRABl. S. 184).

Gesetz Nr. 55 (Aufhebung von Vorschriften auf dem Gebiet des Strafrechts) vom 20. 6.1947 (AKRABl. S. 284).

Militärregierung

Allgemeine Anweisung der Militärregierung an die Richter (unveröffentlicht).

Gesetz Nr. 1 (Aufhebung nationalsozialistischer Gesetze) vom 18. 9.1944 (MRABl. Nr. 3).

Gesetz Nr. 2 (Deutsche Gerichte) vom 18. 9.1944 (MRABl. Nr. 3).

Britische Militärregierung

Verordnung Nr. 29 (Beschränkung der Zuständigkeit deutscher Gerichte) vom 6. 4.1946 (Brit.ABl. S. 204).

Verordnung Nr. 47 (Verbrechen gegen die Menschlichkeit – KRG Nr. 10) vom 30. 8. 1946 (Brit.ABl. S. 306).

Verordnung Nr. 98 (Deutscher Oberster Gerichtshof für die Britische Zone) vom 1. 9. 1947 (Brit.ABl. S. 572).

Verordnung Nr. 234 (Aufhebung VO Nr. 47 MR – Verbrechen gegen die Menschlichkeit) vom 31. 8.1951 (AKRABl. S. 1138).

Amerikanische Militärregierung

2. Gesetz der Militärregierung zur Änderung des MRG Nr. 2 (Beschränkung der Zuständigkeit der deutschen Gerichte) vom 19. 9.1946 (USABl. B S. 1).

Proklamation Nr. 2 vom 19. 9.1945 (USABl. A S. 2).

Gesetz Nr. 104 zur Befreiung von Nationalsozialismus und Militarismus vom 5. 3.1946 (RegBl. WB S. 71).

Proklamation Nr. 4 vom 1. 3.1947 (USABl. C S. 1).

Französische Militärregierung

Anweisung der Militärregierung Baden vom 2. 5.1946 (Bad.ABl. S. 49).

Verordnung Nr. 173 (Abgrenzung der Zuständigkeit zwischen den Besatzungsgerichten und den deutschen Gerichten und über die Regelung der Kontrolle der deutschen Rechtspflege) vom 23. 9.1948 (JO S. 1684).

Verordnung Nr. 171 (Aufhebung gewisser Bestimmungen der VO Nr. 154 vom 1. 6. 1950 – Allgemeine Ermächtigung für die deutschen Gerichte zur Ausübung ihrer Gerichtsbarkeit) vom 31. 8.1951 (AKRABl. S. 1137).

Sowjetische Militärregierung

Befehl Nr. 201 (Richtlinien der Anwendung der Direktiven Nr. 24 und Nr. 38 des Kontrollrats) vom 16. 8.1947 (ZVOBl. Nr. 18 S. 185).

Befehl Nr. 43 (Amnestie anlässlich des 100. Jahrestages der Revolution von 1848 in der sowjetischen Besatzungszone Deutschlands) vom 18. 3.1948 (ZVOBl. Nr. 9 S. 97).

Deutsches Reich

Erlass des Führers und Reichskanzlers über die Gliederung und Verwaltung der Ostgebiete vom 8. 10.1939. (RGBl. I S. 2042).

Verordnung gegen Gewaltverbrecher vom 5. 12.1939 (RGBl. I S. 2378).

Verordnung über die Neufassung des Militärstrafgesetzbuches vom 10. 10.1940 (RGBl. I S. 1347).

Bundesrepublik

Grundgesetz vom 23. 5.1949 (BGBl. I S. 1).

Gesetz über die Gewährung von Straffreiheit vom 31. 12.1949 (BGBl. I S. 37).

Gesetz zur Wiederherstellung der Rechtseinheit auf dem Gebiete der Gerichtsverfassung, der bürgerlichen Rechtspflege, des Strafverfahrens und des Kostenrechts vom 12. 9. 1950 (BGBl. I S. 455).

Strafprozessordnung (Bekanntmachung des Wortlauts) vom 12. 9.1950 (BGBl. I S. 629).

Gesetz über das Bundesverfassungsgericht vom 12. 3.1951 (BGBl. I S. 243).

Gesetz zur Regelung der Wiedergutmachung nationalsozialistischen Unrechts für Angehörige des öffentlichen Dienstes vom 11. 5.1951 (BGBl. I S. 291).

Gesetz zur Regelung der Rechtsverhältnisse der unter Artikel 131 des Grundgesetzes fallenden Personen vom 11. 5.1951 (BGBl. I S. 307).

Strafgesetzbuch (Bekanntmachung des Wortlauts) vom 25. 8.1953 (BGBl. I S. 1083).

Bundesergänzungsgesetz zur Entschädigung für Opfer der nationalsozialistischen Verfolgung vom 18. 9.1953 (BGBl. I S. 1387).

Gesetz über den Erlass von Strafen und Geldbußen und die Niederschlagung von Strafverfahren und Bußgeldverfahren vom 17. 7.1954 (BGBl. I S. 203).

Vertrag zur Regelung aus Krieg und Besatzung entstandener Fragen und Gesetz zur Beseitigung der Wirksamkeit und Aufhebung bestimmter Vorschriften des Besatzungsrechts (Überleitungsvertrag) vom 30. 3.1955 (BGBl. II S. 405).

Erstes Gesetz zur Aufhebung des Besatzungsrechts vom 30. 5.1956 (BGBl. I S. 437).

Zweites Gesetz zur Aufhebung des Besatzungsrechts vom 30. 5.1956 (BGBl. I S. 446).

Drittes Gesetz zur Aufhebung des Besatzungsrechts vom 23. 7.1958 (BGBl. I S. 540).

Viertes Gesetz zur Aufhebung des Besatzungsrechts vom 19. 12.1960 (BGBl. I S. 1015).

Gesetz über die Berechnung strafrechtlicher Verjährungsfristen vom 13. 4.1965 (BGBl. I S. 315).

Einführungsgesetz zum Gesetz über Ordnungswidrigkeiten vom 24. 5.1968 (BGBl. I S. 503).

9. Strafrechtsänderungsgesetz vom 4. 8.1969 (BGBl. I S. 1065).

Gesetz zu dem Abkommen vom 2. 2.1971 zwischen der Regierung der Bundesrepublik Deutschland und der Regierung der Französischen Republik über die deutsche Gerichtsbarkeit für die Verfolgung bestimmter Verbrechen vom 9. 4.1975 (BGBl. II S. 431).

16. Strafrechtsänderungsgesetz vom 16. 7.1979 (BGBl. I. S. 1046).

Gesetz zu dem Übereinkommen vom 13. 11.1991 zwischen den Mitgliedstaaten der europäischen Gemeinschaft über die Vollstreckung ausländischer strafrechtlicher Verurteilungen vom 7. 7.1997 (BGBl. II S. 1350).

Strafgesetzbuch (Bekanntmachung der Neufassung) vom 13. 11.1998 (BGBl. I S. 3322).

Baden

Landesverordnung über die Aufhebung von Urteilen der Strafgerichte und die Beseitigung nationalsozialistischer Eingriffe in die Strafrechtspflege vom 23. 12.1946 (Bad.ABl. S. 151).

Württemberg-Baden

Verfügung Nr. 108 des Ministerpräsidenten über die Bildung eines Staatssekretariats für Sonderaufgaben (Ministerium für politische Befreiung) vom 21. 3.1946 (RegBl. WB S. 155).

Gesetz Nr. 28 (Ahndung nationalsozialistischer Straftaten) vom 31. 5.1946 (RegBl. WB S. 171).

Gesetz Nr. 29 (Wiedergutmachung nationalsozialistischen Unrechts in der Strafrechtspflege) vom 31. 5.1946 (RegBl. WB S. 205).

Gesetz Nr. 210 (Gewährung von Straffreiheit) vom 8. 5.1947 (RegBl. WB S. 39).

Württemberg-Hohenzollern

Rechtsanordnung zur Beseitigung nationalsozialistischen Unrechts in der Strafrechtspflege vom 16. 5.1947 (RegBl. WH S. 67).

Deutsche Demokratische Republik

Gesetz über den Erlaß von Sühnemaßnahmen und die Gewährung staatsbürgerlicher Rechte für ehemalige Mitglieder und Anhänger der Nazipartei und Offiziere der faschistischen Wehrmacht vom 11. 11.1949 (GBl. S. 59).

Gesetz über die Nichtverjährung von Nazi- und Kriegsverbrechen vom 1. 9.1964 (GBl. I S. 127).

Republik Österreich

Verfassungsgesetz über das Verbot der NSDAP (Verbotsgesetz) vom 8. 5.1945 (StGBl. S. 19).

Verfassungsgesetz über Kriegsverbrechen und andere nationalsozialistische Untaten (Kriegsverbrechergesetz) vom 26. 6.1945 (StGBl. S. 55).

Bundesverfassungsgesetz womit Bestimmungen des Nationalsozialistengesetzes abgeändert oder aufgehoben werden (NS-Amnestie 1957) vom 14. 3.1957 (BGBl. S. 607).

Entscheidungen des Bundesverfassungsgerichts

BVerfGE 95, 96 vom 24. 10.1996 (Mauerschützen).
BVerfGE 72, 105 vom 24. 4.1986 (Lebenslange Freiheitsstrafe).
BVerfGE 2, 1 vom 23. 10.1952 (SRP Verbot).

Urteile und Entscheidungen des Bundesgerichtshofs

BGH vom 26. 6.1985 / LG Heidelberg 3 StR 98/85 (Bedeutungslosigkeit Hilfstatsachen).
BGHSt 22, 375 vom 20. 5.1969 (Judenreferats-Fall).
BGHSt 18, 87 vom 19. 10.1962 (Staschynskij-Urteil).
BGHSt 2, 234 vom 29. 1.1952 (Deportationen).

LITERATURVERZEICHNIS

Abke, Stephanie: *Sichtbare Zeichen unsichtbarer Kräfte. Denunziationsmuster und Denunziationsverhalten 1933-1949* (Studien zum Nationalsozialismus 6), Tübingen 2003.

Adorno, Theodor W.: *Was bedeutet: Aufarbeitung der Vergangenheit*, in: Ders., Eingriffe. Neun kritische Modelle, Frankfurt am Main 1963, S. 125-146.

Albrecht, Hans-Jörg: *Eine kritische Bilanz. Die Zentrale Stelle Ludwigsburg für NS-Verbrechen*, in: Tribüne 43 (2004), Heft 171, S. 188-194.

Albrich, Thomas; Garscha, Winfried R.; Polaschek, Martin F. (Hg.): *Holocaust und Kriegsverbrechen vor Gericht. Der Fall Österreich*, Innsbruck et al. 2006.

Allemann, Fritz René: *Bonn ist nicht Weimar*, Köln/Berlin 1956.

Aly, Götz: *Hitlers Volksstaat. Raub, Rassenkrieg und nationaler Sozialismus*, Frankfurt am Main 2005.

– & Roth, Karl-Heinz: *Die restlose Erfassung. Volkszählen, Identifizieren, Aussondern im Nationalsozialismus*, Berlin 1984.

Ambach, Dieter; Köhler, Thomas (Hg.): *Lublin-Majdanek. Das Konzentrations- und Vernichtungslager im Spiegel von Zeugenaussagen* (Juristische Zeitgeschichte NRW 12), Düsseldorf 2003.

Amelung, Knut: *Die juristische Aufarbeitung des DDR-Unrechts. Strafrechtsdogmatik und politische Faktizität im Widerstreit*, in: Alfons Kenkmann; Hasko Zimmer (Hg.), Nach Kriegen und Diktaturen. Umgang mit Vergangenheit als internationales Problem – Bilanzen und Perspektiven für das 21. Jahrhundert, Essen 2005, S. 97-107.

Anders, Freia: *Kontinuität oder Diskontinuität? Plädoyer für eine rechtshistorische Perspektive bei der Nutzung von Strafakten als Quelle*, in: Jürgen Finger; Sven Keller; Andreas Wirsching (Hg.), Vom Recht zur Geschichte. Akten aus NS-Prozessen als Quellen der Zeitgeschichte, Göttingen 2009, S. 27-37.

– & Kutscher, Hauke-Hendrik; Stoll, Karin (Hg.): *Białystok in Bielefeld. Nationalsozialistische Verbrechen vor dem Landgericht Bielefeld 1958 bis 1967*, Bielefeld 2003.

Andrè, Robert: *Im Stillen. W. E. Süskind, der Nürnberger Prozess und die Sprache des »Unmenschen«*, in: Stephan Braese (Hg.), Rechenschaften. Juristischer und literarischer Diskurs in den Auseinandersetzungen mit den NS-Massenverbrechen (Fritz-Bauer-Institut. Veröffentlichungen der Gastprofessur für interdisziplinäre Holocaustforschung 1), Göttingen 2004, S. 25-46.

Angrick, Andrej: *Besatzungspolitik und Massenmord. Die Einsatzgruppe D in der südlichen Sowjetunion 1941-1943*, Hamburg 2003.

Arendes, Cord: *Nichtbeachtung – Duldung – Anerkennung. Transnationale und gesamteuropäische Perspektiven einer geteilten Erinnerungskultur im Europa nach 1989*, in: Dirk

Lange (Hg.), Entgrenzungen. Gesellschaftlicher Wandel und Politische Bildung (Schriftenreihe der DVPW), Schwalbach/Ts 2011, S. 370-378.
– *Teilnehmende Beobachter. Prozessberichterstatter als Vermittler von NS-Täterbildern*, in: Georg Wamhof (Hg.), Das Gericht als Tribunal. oder: Wie der NS-Vergangenheit der Prozess gemacht wurde (Veröffentlichungen des zeitgeschichtlichen Arbeitskreises Niedersachsen 25), Göttingen 2009, S. 78-97.
– *Tondokumente zum Nürnberger Prozess*, in: Rundfunk und Geschichte 33 (2007), Heft 1-2, S. 88-90.
– & Wolfrum, Edgar; Zedler, Jörg (Hg.), *Terror nach Innen. Verbrechen am Ende des Zweiten Weltkrieges* (Dachauer Symposien zur Zeitgeschichte 6), Göttingen 2006.
– *Mythen und Legenden in der DDR*, in: Zeitschrift für Geschichtsdidaktik 4 (2005), S. 27-46.
Arnim, Gabriele von: *Das große Schweigen. Von der Schwierigkeit, mit dem Schatten der Vergangenheit zu leben*, München 1989.
Arnold, Klaus: *Kalter Krieg im Äther. Der Deutschlandsender und die Westpropaganda der DDR* (Kommunikationsgeschichte 16), Münster et al. 2002.
Artzt, Heinz: *Zur Abgrenzung von Kriegsverbrechen und NS-Verbrechen*, in: Adalbert Rückerl (Hg.), NS-Prozesse: Nach 25 Jahren Strafverfolgung. Möglichkeiten – Grenzen – Ergebnisse (Recht – Justiz – Zeitgeschehen 12), Karlsruhe 1972, S. 163-194.
Assmann, Aleida: *Vier Grundtypen von Zeugenschaft*, in: Michael Elm; Gottfried Kössler (Hg.), Zeugenschaft des Holocaust. Zwischen Trauma, Tradierung und Ermittlung (Fritz-Bauer-Institut. Jahrbuch 11), Frankfurt am Main 2007, S. 33-51.
– *Der lange Schatten der Vergangenheit. Erinnerungskultur und Geschichtspolitik*, München 2006.
– *History, Memory, and the Genre of Testimony*, in: Poetics today 27 (2006), S. 261-273.
– & Frevert, Ulrike: *Geschichtsvergessenheit – Geschichtsversessenheit. Vom Umgang mit deutschen Vergangenheiten nach 1945*, Stuttgart 1999.
– & Assmann, Jan: *Das Gestern im Heute. Medien und soziales Gedächtnis*, in: Klaus Merten; Siegfried Schmidt; Siegfried Weischenberg (Hg.), Die Wirklichkeit der Medien. Eine Einführung in die Kommunikationswissenschaft, Opladen 1994, S. 114-140.
Aumüller-Roske, Ursula: *Weibliche Elite für die Diktatur? Zur Rolle der Nationalpolitischen Erziehungsanstalten für Mädchen im Dritten Reich*, in: Dies. (Hg.), Frauenleben – Frauenbilder – Frauengeschichte (Frauen in Geschichte und Gesellschaft 10), Pfaffenweiler 1988, S. 7-44.
Bar-On, Dan: *Die Last des Schweigens. Gespräche mit Kindern von Nazi-Tätern*, Frankfurt/New York1993.
Barthes, Roland: *Die helle Kammer. Bemerkungen zur Photographie*, Frankfurt am Main 1985.
Bartlitz, Christine: *Von »gewöhnlichen Ganoven« und »erbärmlichen Kreaturen«. Täterbilder in der Berichterstattung des Berliner Rundfunks über den Nürnberger Prozess 1945/46*, in: Ulrike Weckel; Edgar Wolfrum (Hg.), »Bestien« und »Befehlsempfänger«. Frauen und Männer in NS-Prozessen nach 1945, Göttingen 2003, S. 66-91.
Baruch, Marc Olivier: *Das Vichy-Regime. Frankreich 1940-1944*, Stuttgart 1999.

Bassiouni, M. Cherif: *Das »Vermächtnis von Nürnberg«: eine historische Bewertung fünfzig Jahre danach*, in: Gerd Hankel; Gerhard Stuby (Hg.), Strafgerichte gegen Menschheitsverbrechen. Zum Völkerstrafrecht 50 Jahre nach den Nürnberger Prozessen, Hamburg 1995, S. 15-38.

Baumann, Jürgen: *Vorsicht bei Verjährung von NS-Gewaltverbrechen!*, in: Neue Juristische Wochenschrift 21 (1969), S. 1279-1282.

– *Die strafrechtliche Problematik der nationalsozialistischen Gewaltverbrechen*, in: Reinhard Henkys, Die nationalsozialistischen Gewaltverbrechen. Geschichte und Gericht, Stuttgart/Berlin 1964, S. 267-322.

Bausch, Ulrich M.: *Die Kulturpolitik der US-amerikanischen Information Control Division in Württemberg-Baden von 1945 bis 1949. Zwischen militärischem Funktionalismus und schwäbischem Obrigkeitsdenken* (Veröffentlichungen des Archivs der Stadt Stuttgart 55), Stuttgart 1992.

Beck, Ulrich: *The Cosmopolitan Perspective: The Sociology of the Second Age of Modernity*, in: British Journal of Sociology 51 (2000), S. 79-105.

Becker, Hans; Becker, Sophinette: *Die Wiedervereinigung der Schuld*, in: Psychosozial 14 (1991), S. 64-75.

Beierwaltes, Andreas: *Demokratie und Medien. Der Begriff der Öffentlichkeit und seine Bedeutung für die Demokratie* (Schriften des Zentrums für Europäische Integrationsforschung 16), Baden-Baden 2000.

Benz, Angelika: *Der Henkersknecht. Der Prozess gegen John (Iwan) Demjanjuk in München* (ZeitgeschichteN 6), Berlin 2011.

Benz, Ute (Hg.): *Frauen im Nationalsozialismus. Dokumente und Zeugnisse*, München 1993.

Berg, Klaus; Kiefer, Marie Luise (Hg.): *Massenkommunikation. Eine Langzeitstudie zur Mediennutzung und Medienbewertung 1964-1995* (Schriftenreihe Media-Perspektiven 14), Baden-Baden 1996.

Berg, Nicolas: *Der Holocaust und die Westdeutschen Historiker. Erforschung und Erinnerung* (Moderne Zeit 3), Göttingen 2003.

– *Der Holocaust in der Geschichtswissenschaft. Kontroversen und Fragestellungen seit dem »Historikerstreit«*, in: Norbert Frei; Sybille Steinbacher (Hg.), Beschweigen und Bekennen. Die deutsche Nachkriegsgesellschaft und der Holocaust (Dachauer Symposien zur Zeitgeschichte 1), Göttingen 2001, S. 103-126.

Berger, Christiane: *»Reichsfrauenführerin« Gertrude Scholtz-Klink: Eine nationalsozialistische Frauenkarriere in Verlauf, Retrospektive und Gegenwart*, Saarbrücken 2007.

Bergmann, Werner: *Antisemitismus vor Gericht. Die Hakenkreuzschmierereien an der Kölner Synagoge 1959 und andere Übergriffe*, in: Anne Klein; Jürgen Wilhelm (Hg.), NS-Unrecht vor Kölner Gerichten, Köln 2003, S. 131-149.

– *Kommunikationslatenz und Vergangenheitsbewältigung*, in: Helmut König; Michael Kohlstruck; Andreas Wöll (Hg.), Vergangenheitsbewältigung am Ende des zwanzigsten Jahrhunderts (Leviathan. Sonderheft 18). Opladen/Wiesbaden 1998, S. 393-408.

Bertram, Jürgen: *Das Drama von Brettheim. Eine Dorfgeschichte am Ende des Zweiten Weltkrieges*, Frankfurt am Main 2005.

Biedermann und Schreibtischtäter. Materialien zur deutschen Täter-Biographie (Beiträge zur nationalsozialistischen Gesundheits- und Sozialpolitik 4), Berlin 1987.

Blank, Bettina: *»Vereinigung der Verfolgten des Naziregimes – Bund der Antifaschistinnen und Antifaschisten« (VVN-BdA)*, in: Jahrbuch Extremismus & Demokratie 12 (2000), S. 224-239.

Blaschke, Olaf: *»Die Hand am Puls der Forschung«. Konjunkturen der Zeitgeschichtsschreibung und ihre Verleger seit 1945*, in: Vierteljahrshefte für Zeitgeschichte 57 (2009), S. 99-115.

Bloxham, Donald: *The Genocidal Past in Western Germany and the Experience of Occupation, 1945-6*, in: European History Quarterly 34 (2004), Heft 3, S. 305-335.

– *Genocide on Trial: War Crimes Trials and the Formation of Holocaust History and Memory*, Oxford 2001.

Bock, Gisela: *Ganz normale Frauen. Täter, Opfer, Mitläufer und Zuschauer im Nationalsozialismus*, in: Kirsten Heinsohn; Barbara Vogel; Ulrike Weckel (Hg.), Zwischen Karriere und Verfolgung. Handlungsräume von Frauen im nationalsozialistischen Deutschland (Geschichte und Geschlechter 20), Frankfurt am Main 1997, S. 245-277.

– *Die Frauen und der Nationalsozialismus. Bemerkungen zu einem Buch von Claudia Koonz*, in: Geschichte und Gesellschaft 15 (1989), S. 563-579.

Boll, Bernd: *Wehrmacht vor Gericht. Kriegsverbrecherprozesse der Vier Mächte nach 1945*, in: Geschichte und Gesellschaft 24 (1998), S. 570-594.

Böltken, Andrea: *Führerinnen im »Führerstaat«. Gertrud Scholtz-Klink, Trude Mohr, Jutta Rüdiger und Inge Viermetz* (Forum Frauengeschichte 18), Pfaffenweiler 1995.

Borgert, Heinz Ludger: *»Justizunterlagen und Archive«. Zum Umgang mit personenbezogenen Daten am Beispiel besonderer Unterlagen des Bundesarchiv – Außenstelle Ludwigsburg*, in: Rainer Polley (Hg.), Archivgesetzgebung in Deutschland. Ungeklärte Rechtsfragen und neue Herausforderungen (Beiträge des 7. Archivwissenschaftlichen Kolloquiums der Archivschule Marburg), Marburg 2003, S. 127-153.

Borodziej, Włodzimierz: *»Hitleristische Verbrechen«. Die Ahndung deutscher Kriegs- und Besatzungsverbrechen in Polen*, in: Norbert Frei (Hg.), Transnationale Vergangenheitspolitik. Der Umgang mit deutschen Kriegsverbrechen in Europa nach dem Zweiten Weltkrieg (Beiträge zur Geschichte des 20. Jahrhunderts 4), Göttingen 2006, S. 399-437.

– *Terror und Politik. Die deutsche Polizei und die polnische Widerstandsbewegung im Generalgouvernement 1939-1944* (Veröffentlichungen des Instituts für Europäische Geschichte Mainz. Abteilung Universalgeschichte. Beiheft 28.), Mainz et al. 1999.

– *Soziale und politische Konturen des polnischen Widerstandes*, in: Christoph Kleßmann (Hg.), September 1939. Krieg, Besatzung, Widerstand in Polen. Acht Beiträge, Göttingen 1989, S. 95-113.

Bösch, Frank; Frei, Norbert: *Die Ambivalenz der Medialisierung. Eine Einführung*, in: Dies. (Hg), Medialisierung und Demokratie im 20. Jahrhundert (Beiträge zur Geschichte des 20. Jahrhunderts 5), Göttingen 2006, S. 7-23.

Botz, Gerhard (Hg.): *Schweigen und Reden einer Generation. Erinnerungsgespräche mit Opfern, Tätern und Mitläufern des Nationalsozialismus*, Wien 2005.

Brauchitsch, Boris von: *Kleine Geschichte der Fotografie* (Arte-Edition), Stuttgart 2002.

Braun, Christina von: *Die unterschiedlichen Geschlechtercodierungen bei NS-Tätern und -Täterinnen unter medienhistorischer Perspektive*, in: Ulrike Weckel; Edgar Wolfrum (Hg.), »Bestien« und »Befehlsempfänger«. Frauen und Männer in NS-Prozessen nach 1945, Göttingen 2003, S. 250-265.

Breiding, Birgit: *Die braunen Schwestern. Ideologie – Struktur – Funktion einer nationalsozialistischen Elite* (Beiträge zur Wirtschafts- und Sozialgeschichte 85), Stuttgart 1998.

Brink, Cornelia: *Nach Bildern suchen – fotografische Erinnerung*, in: Peter Reichel; Harald Schmid; Peter Steinbach, (Hg.), Der Nationalsozialismus – Die zweite Geschichte. Überwindung, Deutung, Erinnerung, München 2009, S. 335-349.

– *Ikonen der Vernichtung. Öffentlicher Gebrauch von Fotografien aus nationalsozialistischen Konzentrationslagern nach 1945* (Fritz-Bauer-Institut. Schriftenreihe 14), Berlin 1998.

Brochhagen, Ulrich: *Nach Nürnberg. Vergangenheitsbewältigung und Westintegration in der Ära Adenauer* (Schriftenreihe des Instituts für Sozialforschung), Hamburg 1994.

Brockhaus, Gudrun: *Schauder und Idylle. Faschismus als Erlebnisangebot*, München 1997.

– *Opfer, Täterin, Mitbeteiligte. Zur Diskussion um die Rolle der Frauen im Nationalsozialismus*, in: Lerke Gravenhorst; Carmen Tatschmurat (Hg.), Töchter-Fragen. NS-Frauen-Geschichte (Forum Frauenforschung 5), Freiburg 1990, S. 107-125.

Brodesser, Hermann-Josef et al.: *Wiedergutmachung und Kriegsfolgenliquidation. Geschichte – Regelungen – Zahlungen*, München 2000.

Brosius, Hans-Bernd: *Agenda-Setting nach einem Vierteljahrhundert Forschung: Methodischer und theoretischer Stillstand?*, in: Publizistik 33 (1994), S. 269-288.

Broszat, Martin; Henke, Klaus-Dietmar; Woller, Hans (Hg.): *Von Stalingrad zur Währungsreform. Zur Sozialgeschichte des Umbruchs in Deutschland* (Quellen und Darstellungen zur Zeitgeschichte 26), München 1988.

Broszat, Martin: *Datenschutz und zeitgeschichtliche Forschung*, in: Vierteljahrshefte für Zeitgeschichte 37 (1989), S. 545-561.

– *Siegerjustiz oder strafrechtliche »Selbstreinigung«. Aspekte der Vergangenheitsbewältigung der deutschen Justiz während der Besatzungszeit 1945-1949*, in: Vierteljahrshefte für Zeitgeschichte 29 (1981), S. 477-544.

Browning, Christopher R.: *German Killers: Behavior and Motivation in the Light of New Evidence*, in: Ders., Nazi Policy, Jewish Workers, German Killers, Cambridge 2000, S. 143-169.

– *Ganz normale Männer. Das Reserve-Polizeibataillon 101 und die »Endlösung« in Polen*, Reinbek 1993.

Brumlik, Micha; Meinl, Susanne; Renz, Werner (Hg.): *Gesetzliches Unrecht im 20. Jahrhundert* (Fritz-Bauer-Institut. Jahrbuch 9), Frankfurt/New York 2005.

Brunner, Bernhard: *Der Frankreich-Komplex. Die nationalsozialistischen Verbrechen in Frankreich und die Justiz der Bundesrepublik Deutschland* (Moderne Zeit 6), Göttingen 2004.

Brunner, Claudia: *»Fürsorgeausnutzer werden ausgemerzt«. Die Sozialpolitik des Münchner Wohlfahrtsamtes am Ende der Weimarer Republik und in der frühen NS-Zeit*, in: Christoph Dieckmann et al. (Hg.), »Durchschnittstäter«. Handeln und Motivation (Beiträge zu Geschichte des Nationalsozialismus 16), Berlin 2000, S. 53-72.

Brunner, Jose (Hg.): *Mütterliche Macht und väterliche Autorität. Elternbilder im deutschen Diskurs* (Tel Aviver Jahrbuch für deutsche Geschichte 36), Göttingen 2008.

Bryant, Michael S.: *The Appropriation by German Courts in French-Occupied Baden of Control Council Law No. 10's Definition of Crimes against Humanity in the Prosecution of Nazi-Era Defendants 1946-1951*, in: Beth A. Griech-Polelle (Hg.), The Nuremberg War Crimes Trial and its Policy Consequences Today, Baden-Baden 2009, S. 43-54.

– *Justiz und Verbrechen: Sammlung deutscher Strafurteile wegen nationalsozialistischer Tötungsverbrechen 1945-1999 [...] DDR-Justiz und NS-Verbrechen: Sammlung ostdeutscher Strafurteile wegen nationalsozialistischer Tötungsverbrechen* (Book Review), in: Holocaust and Genocide Studies 17 (2003), S. 501-505.

Buchinger, Kirstin; Gantet, Claire; Vogel, Jacob (Hg.): *Europäische Erinnerungsräume.* Frankfurt am Main 2009.

Buchloh, Stephan: *»Pervers, jugendgefährdend, staatsfeindlich«. Zensur in der Ära Adenauer als Spiegel des gesellschaftlichen Klima*, Frankfurt/New York 2002.

Bury, Carola: *Der Volksentscheid in Baden. Die »Arbeitsgemeinschaft der Badener« und die »Arbeitsgemeinschaft für die Vereinigung Baden-Württemberg«. Ein Beitrag zu den Auseinandersetzungen um die Bildung des Landes Baden-Württemberg* (Europäische Hochschulschriften. Reihe 3. Geschichte und ihre Hilfswissenschaften 271), Frankfurt am Main et al. 1985.

Buschke, Heiko: *Deutsche Presse, Rechtsextremismus und nationalsozialistische Vergangenheit in der Ära Adenauer*, Frankfurt/New York 2003.

Busse, Horst; Krause, Udo: *Lebenslänglich für NS-Verbrecher. Der Fall Schmidt*, Pfaffenweiler 1989.

Butterweck, Hellmut: *Der Nürnberger Prozess. Eine Entmystifizierung*, Wien 2005.

– *Verurteilt & Begnadigt. Österreich und seine NS-Straftäter*, Wien 2003.

– *Der Gerichtssaalbericht als den Akt ergänzende Primärquelle*, in: Claudia Kuretsidis-Haider; Winfried Garscha (Hg.), Keine »Abrechnung«. NS-Verbrechen, Justiz und Gesellschaft, Leipzig/Wien 1998, S. 314-318.

Castendyk, Oliver: *Rechtliche Begründungen in der Öffentlichkeit. Ein Beitrag zur Rechtskommunikation in Massenmedien*, Opladen 1994.

Christensen, Ralph; Lerch, Kent D.: *Performanz. Die Kunst, Recht geschehen zu lassen*, in: Kent D. Lerch (Hg.), Recht vermitteln. Strukturen, Formen und Medien der Kommunikation im Recht (Die Sprache des Rechts 3), Berlin/New York 2005, S. 55-132.

Classen, Christoph: *Bilder der Vergangenheit. Die Zeit des Nationalsozialismus im Fernsehen der Bundesrepublik Deutschland 1955-1965* (Medien in Geschichte und Gegenwart 13), Köln et al. 1999.

Coburger, Marlies: *Ehemalige KZ-Aufseherinnen als Internierte und SMT-verurteilte Häftlinge im sowjetischen Speziallager Schsenhausen (1945-1950)*, in: Simone Erpel (Hg.), Im Gefolge der SS. Aufseherinnen des Frauen-KZ Ravensbrück. Begleitband zur Ausstellung (Schriftenreihe der Stiftung Brandenburgische Gedenkstätten 17), Berlin 2007, S. 103-113.

Conan, Eric; Rousso, Henry: *Vichy. Un Passé qui ne passe pas* (Pour une histoire du XXe siècle), Paris 1994.

Cramer, John: *»Tapfer, unbescholten, mit reinem Gewissen«. KZ-Aufseherinnen im ersten Bel-sen-Prozess eines britischen Militärgerichts 1945*, in: Simone Erpel (Hg.), Im Gefolge der SS. Aufseherinnen des Frauen-KZ Ravensbrück. Begleitband zur Ausstellung (Schriftenreihe der Stiftung Brandenburgische Gedenkstätten 17), Berlin 2007, S. 103-113.

Crane, Susan A.: *Choosing not to look. Representation, Repatriation and Holocaust Atrocity Photography*, in: History and Theory 47 (2008), S. 309-330.

Dahmer, Helmut: *»Holocaust« und die Amnesie*, in: Aus Politik und Zeitgeschichte B 22 1979, S. 33-37.

Dam, George Hendrik van (Hg.): *KZ-Verbrechen vor deutschen Gerichten, Bd. 2: Einsatzkommando Tilsit. Der Prozeß zu Ulm*, Frankfurt am Main 1966.

Dean, Carolyn: *Empathy, Suffering and Holocaust «Pornography»*, in: Dies. (Hg.), The Fragility of Empathy after the Holocaust, Ithaca et al. 2004, S. 16-42.

Deissler, Dirk: *Die entnazifizierte Sprache. Sprachpolitik und Sprachregelung in der Besatzungszeit* (Variolingua 22), Frankfurt am Main [2]2006.

Dicks, Henry V.: *Licensed Mass Murder: A Social-psychological study of some SS killers*, London 1972.

Didi-Huberman, Georges: *Bilder trotz allem* (Bild und Text), München 2007.

Dieckmann, Christoph et al. (Hg.): *»Durchschnittstäter«. Handeln und Motivation* (Beiträge zu Geschichte des Nationalsozialismus 16), Berlin 2000.

Diel, Paula et al. (Hg.): *Performanz des Rechts. Inszenierung und Diskurs* (Paragrana 15.1), Berlin 2006.

Diestelkamp, Bernhard: *Die rechtliche Situation in den Westzonen und der jungen Bundesrepublik*, in: Ders. Rechtsgeschichte als Zeitgeschichte, Beiträge zur Rechtsgeschichte des 20. Jahrhunderts (Juristische Zeitgeschichte. Allgemeine Reihe 6), Baden-Baden 2001, S. 67-84.

– & Jung, Susanne: *Die Justiz in den Westzonen und der frühen Bundesrepublik*, in: Aus Politik und Zeitgeschichte B 13/14 1989, S. 19-29.

Diewald-Kerkmann, Gisela: *Frauen, Terrorismus und Justiz. Prozesse gegen weibliche Mitglieder der RAF und der Bewegung 2. Juni* (Schriften des Bundesarchivs 71), Düsseldorf 2009.

– *Politische Denunziation im NS-Regime oder Die kleine Macht der Volksgenossen*, Bonn 1995.

Diner, Dan: *Gegenläufige Gedächtnisse. Über Geltung und Wirkung des Holocaust* (Toldot 7), Göttingen 2007.

– *Den Zivilisationsbruch erinnern. Über Enstehung und Geltung eines Begriffs*, in: Heidemarie Uhl (Hg.), Zivilisationsbruch und Gedächtniskultur. Das 20. Jahrhundert in der Erinnerung des beginnenden 21. Jahrhunderts (Gedächtnis – Erinnerung – Identität), Innsbruck 2003, S. 17-34.

– (Hg.): *Zivilisationsbruch. Denken nach Auschwitz*, Frankfurt/Main 1988.

Dirks, Christian: *»Die Verbrechen der anderen«. Auschwitz und der Auschwitz-Prozess der DDR: Das Verfahren gegen den KZ-Arzt Dr. Horst Fischer*, Paderborn u. a. 2005.

Dobosiewicz, Stanisław: Vernichtungslager Gusen (Mauthausen-Studien 5), Wien 2007.

Dobrosielski, Marian: *Die deutsche Minderheit in Polen in Geschichte und Gegenwart*, in: Die Deutsche Minderheit in Polen. Geschichte und Gegenwart (Polen-Deutschland 3), Warschau 1996, S. 41-103.

Dördelmann, Katrin: *Die Macht der Worte. Denunziation im nationalsozialistischen Köln*, (Schriften des Dokumentationszentrums der Stadt Köln 4), Köln 1997.

Douglas, Lawrence: *History and Memory in the Courtroom: Reflections on Perpetrator Trials*, in: Herbert R. Reginbogin; Christoph J. M. Safferling (Hg.), The Nuremberg Trials. International Criminal Law Since 1945 (60th Anniversary International Conference), München 2006, S. 95-105.

Dreher, Eduard: *Zur Spielraumtheorie als der Grundlage der Strafzumessungslehre des Bundesgerichtshofs* in: Juristenzeitung 22 (1967), S. 41-46.

Droit, Emmanuel: *Die Shoah: Von einem westeuropäischen zu einem transeuropäischen Erinnerungsraum?* In: Kirstin Buchinger; Claire Gantet; Jakob Vogel (Hg.), Europäische Erinnerungsräume, Frankfurt am Main/New York 2009, S. 257-266.

Dubiel, Helmut: *Niemand ist frei von Geschichte. Die nationalsozialistische Herrschaft in den Debatten des Deutschen Bundestages*, München et al. 1999.

Duchkowitsch, Wolfgang; Hausjell, Fritz; Semrad, Bernd (Hg.): *Die Spirale des Schweigens. Zum Umgang mit der nationalsozialistischen Zeitungswissenschaft* (Kommunikation. Zeit. Raum 1), Münster 2004.

Durand, Pierre: *Die Bestie von Buchenwald*, Berlin 41989.

Ebbinghaus, Angelika (Hg.): *Opfer und Täterinnen. Frauenbiographien des Nationalsozialismus* (Schriften der Hamburger Stiftung für Sozialgeschichte des 20. Jahrhunderts 2), Nördlingen 1987.

Ebert, Jens; Eschebach, Insa (Hg.): *»Die Kommandeuse«. Erna Dorn – zwischen Nationalsozialismus und Kaltem Krieg*, Berlin 1994.

Eckel, Jan; Moisel, Claudia (Hg.): *Universalisierung des Holocaust? Erinnerungskultur und Geschichtspolitik in internationaler Perspektive* (Beiträge zur Geschichte des Nationalsozialismus 24), Göttingen 2008.

Eckstein, Benjamin; Welter, Elmar: *Denunziation: Ein Element der NS-Frauenöffentlichkeit*, in: Annette Kuhn (Hg.), Frauenleben im NS-Alltag, Pfaffenweiler 1994, S. 133-145.

Ehlert, Martina: *»Umerziehung in Deutschland«. Der erste Bergen-Belsen-Prozeß in Zeitungsnachrichten*, in: Claus Füllberg-Stolberg; Martina Jung; Renate Riebe (Hg.), Frauen in Konzentrationslagern. Bergen-Belsen, Ravensbrück, Bremen 1994, S. 251-258.

Eiber, Ludwig: *Nach Nürnberg. Alliierte Prozesse in den Besatzungszonen*, in: Jürgen Finger; Sven Keller; Andreas Wirsching (Hg.), Vom Recht zur Geschichte. Akten aus NS-Prozessen als Quellen der Zeitgeschichte, Göttingen 2009, S. 38-51.

– & Sigel, Robert (Hg.): Dachauer Prozesse. NS-Verbrechen vor amerikanischen Militärgerichten in Dachau 1945-1948 (Dachauer Symposien zur Zeitgeschichte 6), Göttingen 2007.

Eichmüller, Andreas: *Die Datenbank des Instituts für Zeitgeschichte München-Berlin zu allen westdeutschen Strafverfahren wegen NS-Verbrechen*, in: Jürgen Finger; Sven Keller;

Andreas Wirsching (Hg.), Vom Recht zur Geschichte. Akten aus NS-Prozessen als Quellen der Zeitgeschichte, Göttingen 2009, S. 231-237.

– *Die Strafverfolgung von NS-Verbrechen durch westdeutsche Justizbehörden seit 1945. Eine Zahlenbilanz*, in: Vierteljahrshefte für Zeitgeschichte 56 (2008), S. 621-640.

– *Die Verfolgung von NS-Verbrechen durch westdeutsche Justizbehörden seit 1945 – Inventarisierung und Teilverfilmung der Verfahrensakten. Ein neues Projekt des Instituts für Zeitgeschichte*, in: Vierteljahrshefte für Zeitgeschichte 50 (2002), S. 507-516.

Eilders, Christiane: *Massenmedien als Produzenten öffentlicher Meinungen – Pressekommentare als Manifestation der politischen Akteursrolle*, in: Barbara Pfetsch; Silke Adam (Hg.), Massenmedien als politische Akteure. Konzepte und Analysen, Wiesbaden 2008, S. 27-51.

– *Synchronization of issue agendas in news and editorials of the prestige press in Germany*, in: Communications 24 (1999), S. 301-328.

Eisert, Wolfgang: *Die Waldheimer Prozesse. Der stalinistische Terror nach 1950 – Ein dunkles Kapitel der DDR-Justiz*, Esslingen/München 1993.

Eizenstat, Stuart E.: *Unvollkommene Gerechtigkeit. Der Streit um die Entschädigung der Opfer von Zwangsarbeit und Enteignung*, München 2003.

Elling, Hanna; Krause-Schmitt, Ursula: *Die Ravensbrück-Prozesse vor den französischen Militärgerichten in Rastatt und Reutlingen*, in: Informationen. Studienkreis Deutscher Widerstand 18 (1993), Heft 37/38, S. 22-36.

– *Die Ravensbrück-Prozesse vor dem britischen Militärgericht in Hamburg*, in: Informationen. Studienkreis Deutscher Widerstand 17 (1992), Heft 35, S. 13-29.

Elm, Michael, *Zeugenschaft im Film. Eine erinnerungskulturelle Analyse filmischer Erzählungen des Holocaust*, Berlin 2008.

Elster, Jon: *Die Akten schließen. Recht und Gerechtigkeit nach dem Ende von Diktaturen*, Frankfurt/New York 2005.

Erbe, Michael (Hg.): *Das Elsaß. Historische Landschaft im Wandel der Zeit*, Stuttgart 2002.

Ernst, Tilman: *»Holocaust«. Impulse – Reaktionen – Konsequenzen. Das Fernsehereignis aus der Sicht politischer Bildung*, in: Aus Politik und Zeitgeschichte B 34 1981, S. 3-22.

Erpel, Simone: *Im Gefolge der SS: Aufseherinnen des Frauen-Konzentrationslagers Ravensbrück*, in: Marita Krauss (Hg.), Sie waren dabei. Mitläuferinnen, Nutznießerinnen, Täterinnen im Nationalsozialismus (Dachauer Symposien zur Zeitgeschichte 8), Göttingen 2008, S. 166-184.

– (Hg.): *Im Gefolge der SS. Aufseherinnen des Frauen-KZ Ravensbrück. Begleitband zur Ausstellung* (Schriftenreihe der Stiftung Brandenburgische Gedenkstätten 17), Berlin 2007.

– *Die britischen Ravensbrück-Prozesse 1946-1948*, in: Dies. (Hg.), *Im Gefolge der SS. Aufseherinnen des Frauen-KZ Ravensbrück. Begleitband zur Ausstellung* (Schriftenreihe der Stiftung Brandenburgische Gedenkstätten 17), Berlin 2007, S. 114-128.

Eschebach, Insa: *Gespaltene Frauenbilder: Geschlechterdramaturgien im juristischen Diskurs ostdeutscher Gerichte*, in: Ulrike Weckel, Edgar Wolfrum (Hg.), »Bestien« und »Befehlsempfänger«. Frauen und Männer in NS-Prozessen nach 1945, Göttingen 2003, S. 95-116.

– *NS-Prozesse in der sowjetischen Besatzungszone und der DDR. Einige Überlegungen zu den Strafverfahrensakten ehemaliger NS-Aufseherinnen des Frauenkonzentrationslagers Ravensbrück*, in: Die frühen Nachkriegsprozesse (Beiträge zur Geschichte der nationalsozialistischen Verfolgung in Norddeutschland 3), Bremen 1997, S. 65-74.

– *SS-Aufseherinnen des Frauenkonzentrationslagers Ravensbrück. Erinnerungen ehemaliger Häftlinge*, in: Werkstatt*Geschichte* 13 (1996), S. 39-48.

– *»Ich bin unschuldig«. Vernehmungsprotokolle als historische Quellen. Der Rostocker Ravensbrück-Prozeß 1966*, in: Werkstatt*Geschichte* 12 (1995), S. 65-70.

Eschenburg, Theodor: *Letzen Endes meine ich doch: Erinnerungen 1933-1999*, Berlin 2000.

Etzel, Matthias: *Die Aufhebung von nationalsozialistischen Gesetzen durch den alliierten Kontrollrat 1945-1948* (Beiträge zur Rechtsgeschichte des 20. Jahrhunderts 7), Tübingen 1992.

Felman, Shoshana: *The Juridical Unconsciousness: Trials and Traumas in the Twentieth Century*, Cambridge 2002.

Finger, Jürgen: *Zeithistorische Quellenkunde von Strafprozessakten*, in: Ders.; Sven Keller; Andreas Wirsching (Hg.), Vom Recht zur Geschichte. Akten aus NS-Prozessen als Quellen der Zeitgeschichte, Göttingen 2009, S. 97-113.

– & Keller, Sven: *Täter und Opfer – Gedanken zu Quellenkritik und Aussagekontext*, in: Dies.; Andreas Wirsching (Hg.), Vom Recht zur Geschichte. Akten aus NS-Prozessen als Quellen der Zeitgeschichte, Göttingen 2009, S. 114-131.

Fitzpatrick, Sheila; Gellately, Robert (Hg.): *Accusatory Practices. Denunciations in modern European History, 1789-1989* (Studies in European history from the Journal of modern history), Chicago 1997.

Fleiter, Rüdiger: *Die Ludwigsburger Zentrale Stelle – eine Strafverfolgungsbehörde als Legitimationsinstrument? Gründung und Zuständigkeit 1958 bis 1965*, in: Kritische Justiz 35 (2002), S. 253-272.

Flemming, Thomas; Ulrich, Bernd: *Vor Gericht. Deutsche Prozesse in Ost und West nach 1945*, Berlin 2005.

Focardi, Filippo: *Das Kalkül des »Bumerangs«. Politik und Rechtsfragen im Umgang mit deutschen Kriegsverbrechern in Italien*, in: Norbert Frei (Hg.), Transnationale Vergangenheitspolitik. Der Umgang mit deutschen Kriegsverbrechen in Europa nach dem Zweiten Weltkrieg (Beiträge zur Geschichte des 20. Jahrhunderts 4), Göttingen 2006, S. 536-566.

– *La Guerra della Memoria. La Resistenza nel dibattio politico italiano dal 1945 a oggi* (Storia e società), Rom 2005.

Foljanty, Lena; Lembke, Ulrike (Hg.): *Feministische Rechtswissenschaft. Ein Studienbuch*, Baden-Baden 2006.

Fontaine, Karin: *Nationalsozialistische Aktivistinnen (1933-1945). Hausfrauen, Müttern Berufstätige, Akademikerinnen. So sahen sie sich und ihre Rollen im »tausendjährigen Reich«*, Würzburg 2003.

Form, Wolfgang: *Justizpolitische Aspekte westalliierter Kriegsverbrecherprozesse 1942-1950*, in: Ludwig Eiber; Robert Sigel (Hg.), Dachauer Prozesse. NS-Verbrechen vor amerikanischen Militärgerichten in Dachau 1945-1948 (Dachauer Symposien zur Zeitgeschchichte 6), Göttingen 2007, S. 41-66.

François, Etienne; Schulze, Hagen (Hg.), *Deutsche Erinnerungsorte*, 3 Bde., München 2002.

Franz, Eckhard G.; Hofmann, Hans Hubert; Schaab, Meinhard: *Gerichtsorganisation in Baden-Württemberg, Bayern und Hessen im 19. und 20. Jahrhundert* (Behördliche Raumorganisation seit 1800. Grundstudie 14. Akademie für Raumforschung und Landesplanung 100), Hannover 1989.

Frei, Norbert (Hg.): *Transnationale Vergangenheitspolitik. Der Umgang mit deutschen Kriegsverbrechen in Europa nach dem Zweiten Weltkrieg* (Beiträge zur Geschichte des 20. Jahrhunderts 4), Göttingen 2006.

– *1945 und Wir. Das Dritte Reich im Bewusstsein der Deutschen*, München 2005.

– *Die Gegenwart der* Vergangenheit, in: Ders., 1945 und Wir. Das Dritte Reich im Bewusstsein der Deutschen, München 2005, S. 7-22.

– *Die Rückkehr des Rechts. Justiz und Zeitgeschichte nach dem Holocaust*, in: Ders., 1945 und Wir. Das Dritte Reich im Bewusstsein der Deutschen, München 2005, S. 63-82.

– (Hg.): *Hitlers Eliten nach 1945*, München ^{2}2004.

– *Hitlers Eliten nach 1945 eine Bilanz*, in: Ders. (Hg.), Hitlers Eliten nach 1945, München ^{2}2004, S. 269-299.

– & Laak, Dirk van; Stolleis, Michael (Hg.): *Geschichte vor Gericht. Historiker, Richter und die Suche nach Gerechtigkeit*, München 2000.

– *Vergangenheitspolitik in den fünfziger Jahren*, in: Wilfried Loth; Bernd A. Rusinek. (Hg.), Verwandlungspolitik. NS-Eliten in der westdeutschen Nachkriegsgesellschaft, Frankfurt/ New York 1998, S. 79-92.

– *Vergangenheitspolitik. Die Anfänge der Bundesrepublik und die NS-Vergangenheit*, München 1996.

– *Amnestiepolitik der Bonner Anfangsjahre: Die Westdeutschen und die NS-Vergangenheit*, in: Universitas – Zeitschrift für interdisziplinäre Wissenschaft, Nr. 606 (1996), S. 1147-1169.

– *Erinnerungskampf. Zur Legitimationsproblematik des 20. Juli 1944 im Nachkriegsdeutschland*, in: Gewerkschaftliche Monatshefte 46 (1995), S. 664-676.

– *Amerikanische Lizenzpolitik und deutsche Pressetradition. Die Geschichte der Nachkriegszeitung Südost-Kurier*, München 1986.

Freimüller, Tobias: *Mediziner: Operation Volkskörper*, in: Norbert Frei (Hg.), Hitlers Eliten nach 1945, München ^{2}2004, S. 13-65.

Frese, Matthias; Paulus, Julia; Teppe, Karl (Hg.): *Demokratisierung und gesellschaftlicher Aufbruch. Die sechziger Jahre als Wendezeit der Bundesrepublik* (Forschungen zur Regionalgeschichte 44), Paderborn 2003.

Freudiger, Kerstin: *Die juristische Aufarbeitung von NS-Verbrechen* (Beiträge zur Rechtsgeschichte des 20. Jahrhunderts 33), Tübingen 2002.

Friedländer, Saul: *History, Memory, and the Historian. Facing the Shoah*, in: Michael S. Roth, Charles G. Salas (Hg.), Disturbing Remains. Memory, History, and Crisis in the

Twentieth Century (The Getty Research Institute. Issues and Debates 7), Los Angeles 2001, S. 271-281.

Friedmann, Jan; Später, Jörg: *Britische und deutsche Kollektivschuld-Debatte*, in: Ulrich Herbert (Hg.), Wandlungsprozesse in Westdeutschland. Belastung, Integration, Liberalisierung 1945-1980 (Moderne Zeit 1), Göttingen 2002, S. 53-90.

Friedrich, Jörg: *Der Brand. Deutschland im Bombenkrieg 1940-1945*, Berlin/München 2002.

– *Freispruch für die Nazijustiz. Die Urteile gegen NS-Richter seit 1948. Eine Dokumentation*, Berlin 1998.

– *Das Gesetz des Kriegs: Das deutsche Heer in Rußland 1941 bis 1945. Der Prozeß gegen das Oberkommando der Wehrmacht*, München et al. 1993.

– & Wollenberg, Jörg (Hg.): *Licht in den Schatten der Vergangenheit. Zur Enttabuisierung der Nürnberger Kriegsverbrecherprozesse*, Berlin 1987.

– *Die kalte Amnestie. NS-Täter in der Bundesrepublik*, Frankfurt am Main 1984.

Fritz, Stephen G.: *Endkampf. Soldiers, Civilians, and the Death of the Third Reich*, Lexington 2004.

Fröbe, Rainer: *Bauen und Vernichten. Die Zentralbauleitung Auschwitz und die »Endlösung«*, in: Christoph Dieckmann et al. (Hg.), »Durchschnittstäter«. Handeln und Motivation (Beiträge zu Geschichte des Nationalsozialismus 16), Berlin 2000, S. 155-209.

Fröhlich, Claudia: *Wider die Tabuisierung des Ungehorsams. Fritz Bauers Widerstandsbegriff und die Aufarbeitung von NS-Verbrechen* (Fritz-Bauer-Institut. Wissenschaftliche Reihe 13), Frankfurt/New York 2006.

– *Die Gründung der »Zentralen Stelle« in Ludwigsburg – Alibi oder Beginn einer systematischen justitiellen Aufarbeitung der NS-Vergangenheit*, in: Gerhard Pauli; Thomas Vormbaum (Hg,), Justiz und Nationalsozialismus – Kontinuität und Diskontinuität (Fachtagung in der Justizakademie des Landes NRW), Berlin 2003, S. 213-249.

Fuchs, Ruth; Nolte, Detlef: *Die Aufarbeitung von Regimeverbrechen und der Demokratisierungsprozess in Lateinamerika. Argentinien und Chile in vergleichender Perspektive*, in: Alfons Kenkmann; Hasko Zimmer (Hg.), Nach Kriegen und Diktaturen. Umgang mit Vergangenheit als internationales Problem – Bilanzen und Perspektiven für das 21. Jahrhundert, Essen 2005, S. 29-49.

Fühner, Harald: *Nachspiel. Die niederländische Politik und die Verfolgung von Kollaborateuren und NS-Verbrechern, 1945-1989* (Niederlande-Studien 35), Münster 2005.

Führer, Karl Christian: *»Aufmerksamkeit« und »Vertrauen« als Kategorien der Mediengeschichte*, in: Bernd Weisbrod (Hg.), Die Politik der Öffentlichkeit – Die Öffentlichkeit der Politik. Politische Medialisierung in der Geschichte der Bundesrepublik (Veröffentlichungen des Zeitgeschichtlichen Arbeitskreises Niedersachsen 21), Göttingen 2003, S. 151-174.

Funkenberg, Merle: *»So waren hauptsächlich Hausfrauen mit einem Auto die besten Betreuer«. Die Betreuung der Opferzeugen während der NS-Prozesse der 1960er bis frühen 1980er Jahre*, in: Ariadne 2011, Heft 59, S. 52-57.

Fürmetz, Gerhard; Reinke, Herbert; Weinhauer, Klaus (Hg.): *Nachkriegspolizei. Sicherheit und Ordnung in Ost- und Westdeutschland 1945-1969* (Forum Zeitgeschichte 10), Hamburg 2001.

Fürstenau, Justus: *Entnazifizierung. Ein Kapitel deutscher Nachkriegspolitik* (Politica. Abhandlungen und Texte zur politischen Wissenschaft 40), Neuwied/Berlin 1969.

Futamura, Madoka: *War Crimes Tribunals and Transitional Justice. The Tokyo Trial and the Nuremberg Legacy*, London 2008.

Gaida, Ulrike: *Zwischen Pflegen und Töten. Krankenschwestern im Nationalsozialismus. Einführung und Quellen für Unterricht zum Selbststudium*, Frankfurt am Main 2006.

Gallé, Volker et al. (Hg.): *Kurpfalz und Rhein-Neckar. Kollektive Identitäten im Wandel* (Heidelberger Veröffentlichungen zur Landesgeschichte und Landeskunde 13), Heidelberg 2008.

Garbe, Detlef: *Zwischen Widerstand und Martyrium. Die Zeugen Jehovas im »Dritten Reich«* (Studien zur Zeitgeschichte 42), München 1993.

– *Äußerliche Abkehr, Erinnerungsverweigerung und »Vergangenheitsbewältigung«: Der Umgang mit dem Nationalsozialismus in der frühen Bundesrepublik*, in: Axel Schildt; Arnold Sywottek (Hg.), Modernisierung im Wiederaufbau. Die westdeutsche Gesellschaft der 50er Jahre (Politik und Gesellschaftsgeschichte 33), Bonn 1993, S. 693-716.

Gebhardt, Cord: *Der Fall des Erzberger-Mörders Heinrich Tillessen. Ein Beitrag zur Justizgeschichte nach 1945* (Beiträge zur Rechtsgeschichte des 20. Jahrhunderts 14), Tübingen 1995.

Gedenkstätte Buchenwald (Hg.): *Konzentrationslager Buchenwald 1937-1945. Begleitband zur ständigen historischen Ausstellung*, Göttingen 1999.

Geertz, Clifford: *Dichte Beschreibung. Bemerkungen zu einer deutenden Theorie von Kultur*, in: Ders., Dichte Beschreibung. Beiträge zum Verstehen kultureller Systeme, Frankfurt am Main 1983, S. 7-43.

Gerhards, Jürgen; Schäfer, Mike-Steffen: *Die Herstellung einer öffentlichen Hegemonie: Humangenomforschung in der deutschen und US-amerikanischen Presse*, Wiesbaden 2006.

Gerhards, Jürgen: *Welchen Einfluss haben die Massenmedien auf die Demokratie in der Bundesrepublik Deutschland?*, in: Gerhard Göhler (Hg.), Macht der Öffentlichkeit – Öffentlichkeit der Macht, Baden-Baden 1995, S. 149-177.

Gerlach, Christian: *Krieg, Ernährung, Völkermord. Deutsche Vernichtungspolitik im Zweiten Weltkrieg* (überarbeitete Ausgabe), Zürich 2001.

– *Kalkulierte Morde. Die deutsche Wirtschafts- und Vernichtungspolitik in Weißrussland 1941 bis 1944*, Hamburg 1999.

Gessner, Klaus: *Geheime Feldpolizei. Zur Funktion und Organisation des geheimpolizeilichen Exekutivorgans der faschistischen Wehmacht* (Militärhistorische Studien. N. F. 14), Berlin (Ost) 1986.

Geyer, Martin H.: *Im Schatten der NS-Zeit. Zeitgeschichte als Paradigma einer (bundes-)republikanischen Geschichtswissenschaft*, in: Alexander Nützenadel; Wolfgang Schieder (Hg.), Zeitgeschichte als Problem. Nationale Traditionen und Perspektiven der Forschung in Europa (Geschichte und Gesellschaft. Sonderheft 20), Göttingen 2004, S. 24-53.

Giesen, Bernhard: *Das Trauma der »Täternation«*, in: Christina Jostkleigrewe et al. (Hg.), Geschichtsbilder. Konstruktion – Reflexion – Transformation (Europäische Geschichtsdarstellungen 7), Köln et al. 2005, S. 387–414.

– *Triumph and Trauma* (The Yale Cultural Sociology Series 1), Boulder et al. 2004.
– & Schneider, Christoph (Hg.): *Tätertrauma. Nationale Erinnerungen im öffentlichen Diskurs* (Historische Kulturwissenschaft 2), Konstanz 2004.
Giordano, Ralph: *Die zweite Schuld oder Von der Last Deutscher zu sein*, Hamburg 1987.
Glienke, Stephan Alexander: *Die Ausstellung »Ungesühnte Nazijustiz« (1959-1962). Zur Geschichte der Aufarbeitung nationalsozialistischer Justizverbrechen* (Nomos Universitätsschriften Geschichte 20), Baden-Baden 2008.
– & Paulmann, Volker; Perels, Joachim (Hg.): *Erfolgsgeschichte Bundesrepublik? Die Nachkriegsgesellschaft im langen Schatten des Nationalsozialismus*, Göttingen 2008.
– *Die Darstellung der Shoah im öffentlichen Raum. Die Ausstellung »Die Vergangenheit mahnt« (1960-1962)*, in: Ders.; Volker Paulmann; Joachim Perels (Hg.), Erfolgsgeschichte Bundesrepublik? Die Nachkriegsgesellschaft im langen Schatten des Nationalsozialismus, Göttingen 2008, S. 147-183.
Goldhagen, Daniel J.: *Hitlers willige Vollstrecker. Ganz gewöhnliche Deutsche und der Holocaust*, Berlin 1996.
Goschler, Constantin: *Schuld und Schulden. Die Politik der Wiedergutmachung für NS-Verfolgte seit 1945* (Beiträge zur Geschichte des 20. Jahrhunderts 3), Göttingen 2005.
– *Versöhnung und Viktimisierung. Der deutsche Opferdiskurs und die Vertriebenen*, in: Zeitschrift für Geschichtswissenschaft 53 (2005), S. 873-884.
– *Zwei Wege der Wiedergutmachung? Der Umgang mit NS-Verfolgten in West- und Ostdeutschland im Vergleich*, in: Hans Günter Hockerts; Christiane Kuller (Hg.), Nach der Verfolgung. Wiedergutmachung nationalsozialistischen Unrechts in Deutschland? (Dachauer Symposien zur Zeitgeschichte 3), Göttingen 2003, S. 115-137.
– *Wiedergutmachung. Westdeutschland und die Verfolgten des Nationalsozialismus (1945-1954)* (Quellen und Darstellungen zur Zeitgeschichte 34), München 1992.
Gosewinkel, Dieter: *Politische Ahndung an den Grenzen des Justizstaats. Die Geschichte der nationalsozialistischen Justiz im Deutschen Richtergesetz von 1961*, in: Norbert Frei; Dirk van Laak; Michael Stolleis (Hg.), Geschichte vor Gericht. Historiker, Richter und die Suche nach Gerechtigkeit, München 2000, S. 60-71.
Grabitz, Helge: *Täter und Gehilfen des Endlösungswahns. Hamburger Verfahren wegen NS-Gewaltverbrechen 1946-1996*, Hamburg 1999.
– & Bästlein, Klaus; Tuchel, Johannes (Hg.): *Die Normalität des Verbrechens. Bilanz der Forschung zu den nationalsozialistischen Gewaltverbrechen* (Festschrift für Wolfgang Scheffler zum 65. Geburtstag), Berlin 1994.
– *NS-Prozesse – Psychogramme der Beteiligten* (Recht – Justiz – Zeitgeschehen 39), Heidelberg ²1986.
Greve, Michael: *Täter oder Gehilfen? Zum strafrechtlichen Umgang mit NS-Gewaltverbrechen in der Bundesrepublik Deutschland*, in: Ulrike Weckel; Edgar Wolfrum (Hg.), »Bestien« und »Befehlsempfänger«. Frauen und Männer in NS-Prozessen nach 1945, Göttingen 2003, S. 194-221.
– *Amnestierung von NS-Gehilfen – Eine Panne? Die Novellierung des § 50 Abs. 2 StGB a. F. und dessen Auswirkungen auf die NS-Strafverfolgung*, in: Jahrbuch Juristische Zeitgeschichte 4 (2003), S. 295-311.

– *Der justitielle und rechtspolitische Umgang mit den NS-Gewaltverbrechen in den sechziger Jahren* (Europäische Hochschulschriften, Reihe 3: Geschichte und ihre Hilfswissenschaften 911), Frankfurt am Main et al. 2001.

– *Neuere Forschungen zu NS-Prozessen. Ein Überblick*, in: Kritische Justiz 32 (1999), S. 472-480.

Greven, Michael Thomas: *Politisches Denken in Deutschland nach 1945. Erfahrung und Umgang mit der Kontingenz in der unmittelbaren Nachkriegszeit* (Sammlung Budrich – Texte zur Gesellschaft), Opladen/Farmington Hills 2007.

Griech-Polelle, Beth A. (Hg.): *The Nuremberg War Crimes Trial and its Policy Consequences Today*, Baden-Baden 2009.

Groebner, Valentin: *Schock, Abscheu, schickes Thema. Die Kulturwissenschaften und die Gewalt*, in: Ideengeschichte 1 (2007), Heft 3, S. 70-83.

Groesdonk, Eberhard u. a.: *Die Vernichtung von Audrini, seine justizförmige Bearbeitung (1944-1994) und die Öffentlichkeit*, in: Justizministerium des Landes Nordrhein-Westfalen (Hg.), NS-Verbrechen und Justiz (Juristische Zeitgeschichte 4), Düsseldorf 1996, S. 1-206.

Groh, Christian: *Kommunale Polizei im Wiederaufbau. Sozialgeschichte der Pforzheimer und Heilbronner Polizei von 1945 bis 1959* (Quellen und Studien zur Geschichte der Stadt Pforzheim 4), Ubstadt-Weiher 2003.

– (Hg.): *Öffentliche Ordnung in der Nachkriegszeit* (Pforzheimer Gespräche zur Sozial-, Wirtschafts- und Stadtgeschichte 2), Ubstadt-Weiher 2002.

Grohnert, Reinhard: *Die Entnazifizierung in Baden. Konzeption und Praxis der »Epuration« am Beispiel eines Landes der französischen Besatzungszone* (Kommission für Geschichtliche Landeskunde in Baden-Württemberg 123), Stuttgart 1991.

Groß, Joachim: *Die deutsche Justiz unter französischer Besatzung 1945-1949. Der Einfluß der französischen Militärregierung auf die Wiedererrichtung der deutschen Justiz in der französischen Besatzungszone* (Rheinische Schriften zur Rechtsgeschichte 4), Baden-Baden 2007.

Große, Christina: *Der Eichmann-Prozess zwischen Recht und Politik* (Europäische Hochschulschriften. Reihe 2. Rechtswissenschaft 1753), Frankfurt am Main et al. 1995.

Große Kracht, Klaus: *Die zankende Zunft. Historische Kontroversen in Deutschland nach 1945*, Göttingen 2005.

Grosser, Thomas: *Die Integration der Heimatvertriebenen in Württemberg-Baden (1945-1961)* (Kommission für Geschichtliche Landeskunde in Baden-Württemberg 158), Stuttgart 2006.

Grunenberg, Antonia*: Die Lust an der Schuld. Von der Macht der Vergangenheit über die Gegenwart*, Berlin 2001.

Haase, Norbert; Paul, Gerhard (Hg.): *Die anderen Soldaten. Wehrkraftzersetzung, Gehorsamverweigerung und Fahnenflucht im Zweiten Weltkrieg*, Frankfurt am Main 1995.

Haberer, Erich: *History and Justice: Paradigms of the Prosecution of Nazi-Crimes*, in: Holocaust & Genocide Studies 19 (2005), S. 484-519.

Habermas, Jürgen: *Der 15. Februar – oder: Was die Europäer verbindet*, In: Ders., Der gespaltene Westen (Kleine Politische Schriften X), S. 43-51.

– *Deutsch-polnische Befindlichkeiten*, in: Ders., Der gespaltene Westen (Kleine Politische Schriften X), Frankfurt am Main 2004, S. 59-67.

– *Strukturwandel der Öffentlichkeit. Untersuchungen zu einer Kategorie der bürgerlichen Gesellschaft* (Neuausgabe), Frankfurt am Main 1990.

Hackett, David A. (Hg.): *Der Buchenwald-Report. Bericht über das Konzentrationslager Buchenwald bei Weimar*, München 1996.

Haehling von Lanzenauer, Reiner: *Das Oberlandesgericht Karlsruhe und sein Präsident Max Silberstein*, in: Jahrbuch der Juristischen Zeitgeschichte 6 (2004/05), S. 399-412.

Halbrainer, Heimo; Kuretsidis-Haider, Claudia (Hg.): *Kriegsverbrechen, NS-Gewaltverbrechen und die europäische Strafjustiz von Nürnberg bis Den Haag* (Veröffentlichungen der Forschungsstelle Nachkriegsgeschichte 1), Graz 2007.

– *Das Verbrechen der Denunziation während der NS-Zeit und die juristische Ahndung in den Nachfolgestaaten des Dritten Reichs*, in: Ders.; Claudia Kuretsidis-Haider (Hg.), Kriegsverbrechen, NS-Gewaltverbrechen und die europäische Strafjustiz von Nürnberg bis Den Haag (Veröffentlichungen der Forschungsstelle Nachkriegsgeschichte 1), Graz 2007, S. 106-114.

– & Polaschek, Martin F. (Hg.): *Kriegsverbrecherprozesse in Österreich. Eine Bestandsaufnahme* (Historische und gesellschaftspolitische Schriften des Vereins CLIO 2), Graz 2003.

Halbwachs, Maurice: *Das kollektive Gedächtnis*, Frankfurt am Main 1985.

Hammerstein, Kathrin et al. (Hg.): *Aufarbeitung der Diktatur – Diktat der Aufarbeitung? Normierungsprozesse beim Umgang mit diktatorischer Vergangenheit* (Diktaturen und ihre Überwindung im 20. und 21. Jahrhundert 2), Göttingen 2009.

Harris, Whitney R.: *Tyrannen vor Gericht. Das Verfahren gegen die deutschen Hauptkriegsverbrecher nach dem Zweiten Weltkrieg in Nürnberg 1945-1946* (Juristische Zeitgeschichte. Abt. 4. Leben und Werk. Biographien und Werkanalysen 11), Berlin 2008.

Hartewig, Karin: *Wolf unter Wölfen? Die prekäre Macht der kommunistischen Kapos im Konzentrationslager Buchenwald*, in: Ulrich Herbert; Karin Orth; Christoph Diekmann (Hg.), Die nationalsozialistischen Konzentrationslager. Entwicklung und Struktur, Göttingen 1998, Bd. 2, S. 939-958.

Harvey, Elisabeth: *Women and the Nazi East. Agents and Witnesses of Germanization*, New Haven/London 2003.

Hasebrink, Uwe: *Alles, was Recht ist: Recht und Justiz im Spiegel von Pressekommentaren*, in: Christiane Eilders; Friedhelm Neidhardt; Barbara Pfetsch (Hg.), Die Stimme der Medien. Pressekommentare und politische Öffentlichkeit in der Bundesrepublik, Wiesbaden 2004, S. 282-311.

Hassel, Katrin: *Kriegsverbrechen vor Gericht. Die Kriegsverbrecherprozesse vor Militärgerichten in der britischen Besatzungszone unter dem Royal Warrant vom 18. Juni 1945 (1945-1949)* (Studien zur Geschichte des Völkerrechts 19), Baden-Baden 2009.

Hassemer, Winfried: *Sicherheit durch Strafrecht*, in: HRRS. Online-Zeitschrift für Höchstrichterliche Rechtsprechung im Strafrecht 7 (2006), S. 130-143.

Haus der Geschichte Baden-Württemberg (Hg.): *Die Mörder sind unter uns. Der Ulmer Einsatzgruppenprozess 1958* (Katalog zur Ausstellung im Stadthaus Ulm 16. Februar 2008 bis 13. Juli 2008), Stuttgart 2008.

Hausen, Karin: *Die Nicht-Einheit der Geschichte als historiographische Herausforderung. Zur historischen Relevanz und Anstößigkeit der Geschlechtergeschichte*, in: Hans Medick; Anne-Charlott Trepp (Hg.), Geschlechtergeschichte und allgemeine Geschichte. Herausforderungen und Perspektiven (Göttinger Gespräche zur Geschichtswissenschaft 5), Göttingen 1998, S. 15-55.

Heberer, Patricia; Matthäus, Jürgen (Hg.): *Atrocities on trial. Historical Perspectives on the Politics of Prosecuting War Crimes*, Lincoln 2008.

Heer, Hannes: *Vom Verschwinden der Täter. Der Vernichtungskrieg fand statt, aber keiner war dabei*. Berlin 2004.

Heike, Irmtraud: *Ehemalige KZ-Aufseherinnen in westdeutschen Strafverfahren*, in: KZ Gedenkstätte Neuengamme (Hg.), Schuldig. NS-Verbrechen vor deutschen Gerichten (Beiträge zur Geschichte der nationalsozialistischen Verfolgung in Norddeutschland 9), Bremen 2005, S. 89-101.

Heinsohn, Kirsten; Vogel, Barbara; Weckel, Ulrike (Hg.): *Zwischen Karriere und Verfolgung. Handlungsräume von Frauen im nationalsozialistischen Deutschland* (Geschichte und Geschlechter 20), Frankfurt am Main 1997.

Heinz, Falko: *Landau in der Pfalz unter französischer Besatzung 1945-1949* (Militärhistorische Untersuchungen 9), Frankfurt am Main et al. 2008.

Henckel, Heinrich: *Die Zulässigkeit und die Verwendbarkeit von Tonbandaufnahmen bei der Wahrheitserforschung im Strafverfahren*, in: Juristenzeitung 12 (1957), S. 148-155.

Henke, Klaus-Dietmar: *Die amerikanische Besetzung Deutschlands* (Quellen und Darstellungen zur Zeitgeschichte 27), München 1995.

– & Woller, Hans (Hg.): *Politische Säuberung in Europa. Die Abrechnung mit Faschismus und Kollaboration nach dem Zweiten Weltkrieg*, München 1991.

– *Die Trennung von Nationalsozialismus. Selbstzerstörung, politische Säuerung, »Entnazifizierung«, Strafverfolgung*, in: Ders.; Hans Woller (Hg.), *Politische Säuberung in Europa. Die Abrechnung mit Faschismus und Kollaboration nach dem Zweiten Weltkrieg*, München 1991, S. 21-83.

Henkys, Reinhard: *Die nationalsozialistischen Gewaltverbrechen. Geschichte und Gericht*, Stuttgart/Berlin ²1965.

Henne, Thomas: *Zeugenschaft vor Gericht*, in: Michael Elm; Gottfried Kössler (Hg.), Zeugenschaft des Holocaust. Zwischen Trauma, Tradierung und Ermittlung (Fritz-Bauer-Institut. Jahrbuch 11), Frankfurt am Main 2007, S. 79-91.

Herbert, Ulrich (Hg.): *Wandlungsprozesse in Westdeutschland. Belastung, Integration, Liberalisierung 1945-1980* (Moderne Zeit 1), Göttingen 2002.

– *Liberalisierung als Lernprozess: Die Bundesrepublik in der deutschen Geschichte. Eine Skizze*, in: Ders. (Hg.), Wandlungsprozesse in Westdeutschland. Belastung, Integration, Liberalisierung 1945-1980 (Moderne Zeit 1), Göttingen 2002, S. 7-49.

– *Vernichtungspolitik. Neue Antworten und Fragen zur Geschichte des Holocaust*, in: Ders., (Hg.), Nationalsozialistische Vernichtungspolitik 1939-1945. Neue Forschungen und Kontroversen, Frankfurt am Main [4]2001, S. 9-66.

– & Orth, Karin; Diekmann, Christoph (Hg.): *Die nationalsozialistischen Konzentrationslager. Entwicklung und Struktur*, 2 Bde., Göttingen 1998.

– *Best. Biographische Studien über Radikalismus, Weltanschauung und Vernunft 1903-1989*, Bonn [2]1996.

– & Groehler, Olaf (Hg.): *Zweierlei Bewältigung. Vier Beiträge über den Umgang mit der NS-Vergangenheit in den beiden deutschen Staaten*, Hamburg 1992.

Herde, Robert B.: *Das Internationale Militärtribunal für den Fernen Osten in Tokyo*, in: Gerd R. Ueberschär (Hg.), Der Nationalsozialismus vor Gericht. Die alliierten Prozesse gegen Kriegsverbrecher und Soldaten 1943-1952, Frankfurt Main 1999, S. 217-226.

Herf, Jeffrey: *Zweierlei Erinnerung. Die NS-Vergangenheit im geteilten Deutschland*, Berlin 1998.

Hering, Sabine; Schilde, Kurt: *Das BDM-Werk »Glaube und Schönheit«. Die Organisation junger Frauen im Nationalsozialismus*, Berlin 2000.

Herkommer, Christina: *Frauen im Nationalsozialismus – Opfer oder Täterinnen? Eine Kontroverse der Frauenforschung im Spiegel feministischer Theoriebildung und der allgemeinen historischen Aufarbeitung der NS-Vergangenheit* (Forum Deutsche Geschichte 9), München 2005.

Herwig, Ute: *Teufel in Verkleidung? Dämonisierung und Sexualisierung von nationalsozialistischen Gewalttäterinnen in den Medien der Nachkriegszeit*, in: Stephan Alexander Glienke, Volker Paulmann, Joachim Perels (Hg.), Erfolgsgeschichte Bundesrepublik? Die Nachkriegsgesellschaft im langen Schatte des Nationalsozialismus, Göttingen 2008, S. 217-237.

Herzfeld, Hans: *Ein ungelöstes Problem. Der Antisemitismus – eine deutsche Schicksalsfrage*, in: Die Politische Meinung 5 (1960), S. 39-50.

Hesse, Klaus: *Bilder lokaler Judendeportationen. Fotographien als Zugänge zur Alltagsgeschichte des NS-Terrors*, in: Gerhard Paul (Hg.), Visual History. Ein Studienbuch, Göttingen 2006, S. 149-169.

Hey, Bernd: *Zeitgeschichte und Vergangenheitsbewältigung*, in: Ders.; Peter Steinbach (Hg.), Zeitgeschichte und Politisches Bewußtsein (Internationale Tagung der Landeszentrale für politische Bildung des Landes Nordrhein-Westfalen am Zentrum für Interdisziplinäre Forschung der Universität Bielefeld), Köln 1986, S. 72-87.

Heydrich, Lina: *Leben mit einem Kriegsverbrecher*, Pfaffenhofen 1976.

Hikel, Christine; Kramer, Nicole; Zellmer, Elisabeth (Hg.): *Lieschen Müller wird politisch. Geschlecht, Staat und Partizipation im 20. Jahrhundert* (Zeitgeschichte im Gespräch 4), München 2009.

Hilberg, Raul: *Unerbetene Erinnerung. Der Weg eines Holocaust-Forschers*, Frankfurt am Main 1994.

– *Täter, Opfer, Zuschauer. Die Vernichtung der Juden 1933-1945*, Frankfurt am Main [3]1992.

Hilgartner, Stephen; Bosk, Charles L.: *The Rise and Fall of Social Problems: A Public Arenas Model*, in: The American Journal of Sociology 94 (1988), S. 444-460.

Hilger, Andreas: *Sowjetische Justiz und Kriegsverbrechen. Dokumentation zu den Verurteilungen deutscher Kriegsgefangener, 1941-1949*, in: Vierteljahrshefte für Zeitgeschichte 54 (2006), S. 461-515.

– & Schmidt, Ute; Schmeitzner, Mike (Hg.): *Sowjetische Militärtribunale* (Schriften des Hannah-Arendt-Instituts für Totalitarismusforschung 17), 2 Bde., Köln et al. 2001-2003.

Hillmann, Jörg; Zimmermann, John (Hg.): *Kriegsende 1945 in Deutschland* (Beiträge zur Militärgeschichte 55), München 2002.

Himmler, Katrin: *»Herrenmenschenpaare«. Zwischen nationalsozialistischem Elitebewusstsein und rassenideologischer (Selbst-)Verpflichtung*, in: Marita Krauss (Hg.), Sie waren dabei. Mitläuferinnen, Nutznießerinnen, Täterinnen im Nationalsozialismus (Dachauer Symposien zur Zeitgeschichte 8), Göttingen 2008, S. 62-82.

Hirsch, Marianne: *Surviving Images. Holocaust Photographs and the Work of Postmemory*, in: Barbie Zelizer (Hg.), Visual Culture and the Holocaust (Rudgers depth of fields series), New Brunswick 2001, S. 214-246.

Hirschfeld, Gerhard; Jersak, Thomas (Hg.): *Karrieren im Nationalsozialismus. Funktionseliten zwischen Mitwirkung und Distanz*, Frankfurt/New York 2004.

Hirschfeld, Gerhard: *Einleitung*, in: Ders.; Jersak, Thomas (Hg.), Karrieren im Nationalsozialismus. Funktionseliten zwischen Mitwirkung und Distanz, Frankfurt/New York 2004, S. 9-16.

Hockerts, Hans Günter; Kuller, Christiane (Hg.): *Nach der Verfolgung. Wiedergutmachung nationalsozialistischen Unrechts in Deutschland?* (Dachauer Symposien zur Zeitgeschichte 3), Göttingen 2003.

Hockerts, Hans Günter: *Wiedergutmachung. Ein umstrittener Begriff und ein weites Feld.* In: Ders.; Christiane Kuller (Hg.), Nach der Verfolgung. Wiedergutmachung nationalsozialistischen Unrechts in Deutschland? (Dachauer Symposien zur Zeitgeschichte 3), Göttingen 2003, S. 7-33.

Hodenberg, Christina von: *Konsens und Krise. Eine Geschichte der westdeutschen Medienöffentlichkeit 1945-1973* (Moderne Zeit 12), Göttingen 2006, S. 293-360.

Hoffmann, Christa: *Stunden Null? Vergangenheitsbewältigung in Deutschland 1945 und 1989* (Schriftenreihe Extremismus & Demokratie 2), Bonn 1992.

Hoffmann, Detlef: *Architektur und bildende Kunst*, in: Volkhard Knigge; Norbert Frei (Hg.), Verbrechen erinnern. Die Auseinandersetzung mit Holocaust und Völkermord, München 2002, S. 410-431.

Hoffmann, Friedrich: *Die Verfolgung der nationalsozialistischen Gewaltverbrechen in Hessen*, Baden-Baden 2001.

Holert, Tom: *Bildfähigkeiten. Visuelle Kultur, Repräsentationskritik und Politik der Sichtbarkeit*, in: Ders. (Hg.), Imagineering. Visuelle Kultur und Politik der Sichtbarkeit (Jahresring 47), Köln 2000, S. 14-33.

Horan, Geraldine Theresa: *Mothers, Warriors, Guardians of the Soul. Female Discourse in National Socialism 1924-1934* (Studia linguistica Germanica 68), Berlin/New York 2003.

Hördler, Stefan; Jacobeit, Sigrid (Hg.): *Lichtenburg. Ein deutsches Konzentrationslager*, Berlin 2009.

Hördler, Stefan: *Aspekte der Täterforschung. Eine kritische Bilanz*, in: Petra Frank; ders. (Hg.), Der Nationalsozialismus im Spiegel des öffentlichen Gedächtnisses. Formen der Aufarbeitung und des Gedenkens, Berlin 2005, S. 23-45.

Horn, Sabine: *Erinnerungsbilder. Auschwitz-Prozess und Majdanek-Prozess im westdeutschen Fernsehen*, Essen 2009.

Hurwitz, Harold: *Die Stunde Null der deutschen Presse. Die amerikanische Pressepolitik in Deutschland 1945-1949*, Köln 1972.

Imhof, Kurt: *Öffentlichkeitstheorien*, in: Günter Bentele; Hans-Bernd Brosius; Otfried Jarren (Hg.), Öffentliche Kommunikation. Handbuch Kommunikations- und Medienwissenschaft (Studienbücher zur Kommunikations- und Medienwissenschaft), Wiesbaden 2003, S. 193-209.

Irek, Joachim: *Mannheim in den Jahren 1945-1949. Geschichte einer Stadt zwischen Diktatur und Republik. Darstellung* (Veröffentlichungen des Stadtarchivs Mannheim 9), Stuttgart et al. 1983.

Jacobmeyer, Wolfgang: *Der Überfall auf Polen und der neue Charakter des Krieges*, in: Christoph Kleßmann (Hg.), September 1939. Krieg, Besatzung, Widerstand in Polen. Acht Beiträge, Göttingen 1989, S. 16-37.

Jäger, Herbert: *Makrokriminalität. Studien zur Kriminologie kollektiver Gewalt*, Frankfurt am Main 1989.

– *Verbrechen unter totalitärer Herrschaft. Studien zur nationalsozialistischen Gewaltkriminalität* (Neuausgabe), Frankfurt am Main 1982.

Jäger, Jens: *Fotografie und Geschichte* (Historische Einführungen 7), Frankfurt/New York 2009.

Jahn, Peter; Schmiegelt, Ulrike: *Foto-Feldpost. Geknipste Kriegserlebnisse 1939-1945*, Berlin 2000.

Jaiser, Constanze: *Irma Greese. Zur Rezeption einer KZ-Aufseherin*, in: Simone Erpel (Hg.), Im Gefolge der SS. Aufseherinnen des Frauen-KZ Ravensbrück. Begleitband zur Ausstellung (Schriftenreihe der Stiftung Brandenburgische Gedenkstätten 17), Berlin 2007, S. 338-346.

Jansen, Christian; Weckbecker, Arno: *Der »Volksdeutsche Selbstschutz« in Polen 1939/40* (Vierteljahrshefte für Zeitgeschichte. Schriftenreihe 64), München 1992.

Jarausch, Konrad H.: *Zeitgeschichte und Erinnerung. Deutungskonkurrenz oder Interdependenz?*, in: Ders./Martin Sabrow (Hg.), Verletztes Gedächtnis. Erinnerungskultur und Zeitgeschichte im Konflikt, Frankfurt/New York 2002, S. 9-37.

– & Sabrow, Martin: *»Meistererzählung« – Zur Karriere eines Begriffes*, in: Dies. (Hg.), Die historische Meistererzählung. Deutungslinien der deutschen Nationalgeschichte nach 1945, Göttingen 2002, S. 9-32.

Jastrzębski, Wlodzimierz: *Der Bromberger Blutsonntag. Legende und Wirklichkeit*, Poznań 1990.

Jerouschek, Günter; Marzolek, Inge; Röckelein, Hedwig (Hg.): *Denunziation. Historische, juristische und psychologische Aspekte* (Forum Psychohistorie 7), Tübingen 1997.

Joshi, Vandana: *Gender and Power in the Third Reich. Female Denouncers and the Gestapo (1933-45)*, Basingstoke 2003.

Judt, Tony: *Geschichte Europas von 1945 bis zur Gegenwart*, München/Wien 2006.

– *Die Vergangenheit ist ein anderes Land. Politische Mythen im Nachkriegseuropa*, in: Transit 6 (1993), Herbstheft, S. 87-120.

Jung, Christian: *Ankunft im Ungewissen, Integration der Heimatvertriebenen und Flüchtlinge in der Rhein-Neckar-Region nach 1945*, Heidelberg 2008.

Jung, Susanne: *Die Rechtsprobleme der Nürnberger Prozesse* (Beiträge zur Rechtsgeschichte des 20. Jahrhunderts 8), Tübingen 1992.

Just-Dahlmann, Barbara; Just, Helmut: *Die Gehilfen. NS-Verbrechen und die Justiz nach 1945*, Frankfurt am Main 1988.

Justizministerium des Landes Nordrhein-Westfalen (Hg.), *NS-Täter vor Gericht. Düsseldorf und die Strafprozesse wegen nationalsozialistischer Gewaltverbrechen* (Juristische Zeitgeschichte 10), Düsseldorf 2001.

– *Die Zentralstellen zur Verfolgung nationalsozialistischer Gewaltverbrechen. Versuch einer Bilanz* (Juristische Zeitgeschichte 9), Düsseldorf 2001.

Kailitz, Steffen (Hg.): *Die Gegenwart der Vergangenheit. Der »Historikerstreit« und die deutsche Geschichtspolitik*, Wiesbaden 2008.

Kaiser, Wolf: *Täter im Vernichtungskrieg. Der Überfall auf die Sowjetunion und der Völkermord an den Juden*, Berlin/München 2002.

Kämper, Heidrun: *Opfer – Täter – Nichttäter. Ein Wörterbuch zum Schulddiskurs 1945-1955*, Berlin 2007.

– *»Gehorsamspflicht statt Menschenpflicht«. Die Urteile Max Silbersteins zu den Erschießungen in den Lauerschen Gärten am 28. März 1945*, in: Badische Heimat 87 (2007), Heft 1, S. 124-132.

– *Der Schulddiskurs in der frühen Nachkriegszeit. Ein Beitrag zur Geschichte des sprachlichen Umbruchs nach 1945* (Studia Linguistica Germanica 78), Berlin 2005.

– *»Übergesetzliches Recht«. Reflexionen nationalsozialistischen Unrechts in der frühen Nachkriegszeit*, in: Ulrike Haß-Zumkehr (Hg.), Sprache und Recht (Institut für deutsche Sprache. Jahrbuch 2001), Berlin/New York 2002, S. 284-299.

Kansteiner, Wulf: *In Pursuit of German Memory. History, Television, and Politics after Auschwitz*, Athens 2006.

Käppner, Joachim: *Erstarrte Geschichte, Faschismus und Holocaust im Spiegel der Geschichtswissenschaft und Geschichtspropaganda der DDR* (Forum Zeitgeschichte 9), Hamburg 1999.

Karlsson, Klas-Göran; Zander, Ulf (Hg.): *Echoes of the Holocaust. Historical Cultures in Contemporary Europe*, Lund 2003.

Kastner, Klaus: *Die Völker klagen an. Der Nürnberger Prozess 1945-1946*, Darmstadt 2005.

Kater, Michael H.: *Frauen in der NS-Bewegung*, in: Vierteljahrshefte für Zeitgeschichte 31 (1983), S. 202-241.

Keilbach, Judith: *Geschichtsbilder und Zeitzeugen. Zur Darstellung des Nationalsozialismus im bundesdeutschen Fernsehen* (Medienwelten 8), Münster 2008.

– *Zeugen, deutsche Opfer und traumatisierte Täter – zur Inszenierung von Zeitzeugen in bundesdeutschen Fernsehdokumentationen über den Nationalsozialismus*, in: Tel Aviver Jahrbuch für deutsche Geschichte 31 (2003), S. 287-307.
– *Fernsehbilder der Geschichte. Anmerkungen zur Darstellung des Nationalsozialismus in den Geschichtsdokumentationen des ZDF*, in: 1999 17 (2002), Heft 2, S. 102-114.
Keller, Sven: *Geschichte aus Gerichtsurteilen. Perspektiven auf die Gesellschaft der Kriegsendphase*, in: Jürgen Finger; ders.; Andreas Wirsching (Hg.), Vom Recht zur Geschichte. Akten aus NS-Prozessen als Quellen der Zeitgeschichte, Göttingen 2009, S. 180-192.
– *Verbrechen in der Endphase des Zweiten Weltkrieges. Überlegungen zur Abgrenzung, Methodik und Quellenkritik*, in: Cord Arendes; Edgar Wolfrum; Jörg Zedler (Hg.), Terror nach innen. Verbrechen am Ende des Zweiten Weltkrieges (Dachauer Symposien zur Zeitgeschichte 6), Göttingen 2006, S. 25-50.
Keller, Volker: *Mannheim 1945. Kriegsende und Neubeginn*, Gudensberg-Gleichen 2004.
– *Mannheim im Bombenkrieg 1940-1945*, Gudensberg-Gleichen 2003.
Kenkmann, Alfons; Zimmer, Hasko (Hg.): *Nach Kriegen und Diktaturen. Umgang mit Vergangenheit als internationales Problem – Bilanzen und Perspektiven für das 21. Jahrhundert*, Essen 2006.
Kiani, Shida: *Zur politischen Auseinandersetzung mit Antisemitismus in der Bundesrepublik. Die Schmierwelle im Winter 1959/1969*, in: Stephan Glienke; Volker Paulmann; Joachim Perels (Hg.), Erfolgsgeschichte Bundesrepublik? Die Nachkriegsgesellschaft im langen Schatte des Nationalsozialismus, Göttingen 2008, S. 115-145.
Kielmansegg, Peter Graf: *Lange Schatten. Vom Umgang der deutschen mit der nationalsozialistischen Vergangenheit*, Berlin 1989.
Kilian, Barbara: *Geschäftsbauten in der Weimarer Republik*, in: Architektur in Mannheim 1918-1939, bearbeitet von Monika Ryll (Beiträge zur Mannheimer Architektur und Baugeschichte 2), Mannheim 1994, S. 124-139.
– *Mannheim, die filmfreudige Stadt*, in: Architektur in Mannheim 1918-1939, bearbeitet von Monika Ryll (Beiträge zur Mannheimer Architektur und Baugeschichte 2), Mannheim 1994, S. 140-147.
Kinne, Michael; Schwitalla, Johannes: *Sprache im Nationalsozialismus* (Studienbibliographien Sprachwissenschaft 9), Heidelberg 1994.
Kittel, Manfred: *Die Legende von der »zweiten Schuld«. Vergangenheitsbewältigung in der Ära Adenauer*, Berlin 1993.
Klausch, Hans Peter: *Tätergeschichten. Die SS-Kommandanten der frühen Konzentrationslager im Emsland* (DIZ-Schriften 13), Bremen 2005.
Klemp, Stefan: *»Nicht ermittelt«. Polizeibataillone und die Nachkriegsjustiz. Ein Handbuch* (Villa ten Hompel. Schriften 5), Münster 2005.
Klemperer, Viktor: *LTI. Notizen eines Philologen*, Leipzig [10]1975.
Kleßmann, Christoph: *Die doppelte Staatsgründung. Deutsche Geschichte 1945-1955*, Göttingen [5]1991.

– *»Das Haus wurde gebaut aus den Steinen, die vorhanden waren« – Zur kulturgeschichtlichen Kontinuitätsdiskussion nach 1945*, in: Tel Aviver Jahrbuch für deutsche Geschichte 19 (1990), S. 159-177.

– *Einleitung*, in: Ders. (Hg.), September 1939. Krieg, Besatzung, Widerstand in Polen. Acht Beiträge, Göttingen 1989, S. 5-15.

Klinksiek, Dorothee: *Die Frau im NS-Staat* (Vierteljahrshefte für Zeitgeschichte. Schriftenreihe 44), Stuttgart 1982.

Kocka, Jürgen: *Last der Geschichte – Chance des Neuanfangs*, in: Tel Aviver Jahrbuch für deutsche Geschichte 29 (2000), S. 391–398.

Knabe, Hubertus: *Die Täter sind unter uns. Über das Schönreden der SED-Diktatur*, Berlin 2007.

Knigge, Volkhard; Frei, Norbert (Hg.): *Verbrechen erinnern. Die Auseinandersetzung mit Holocaust und Völkermord*, München 2002.

Knilli, Friedrich; Zielinski, Siegfried: *Holocaust zur Unterhaltung. Anatomie eines internationalen Bestsellers. Fakten, Fotos, Forschungsreportagen* (VAS 12), Berlin 1982.

– *Kann Unterhaltung aufklären?*, in: Bild der Wissenschaft 19 (1982), Heft 11, S. 96-100.

Knoch, Habbo: *Die Tat als Bild. Fotografien des Holocaust in der deutschen Erinnerungsliteratur*, Hamburg 2001.

Koch, Franz Wilhelm: *R 1, 4-6, ein Haus am Markt im Wandel der Zeit*. Mannheim 1959.

Kock, Lisa: *Man war bestätigt und man konnte was! Der Bund Deutscher Mädel im Spiegel der Erinnerungen ehemaliger Mädelführerinnen* (Internationale Hochschulschriften 131), Münster 1994.

Kogon, Eugen: *Der SS-Staat. Das System der deutschen Konzentrationslager*, München 1946.

Kohlhaas, Elisabeth: *Weibliche Angestellte der Gestapo 1933-1945*, in: Marita Krauss (Hg.), Sie waren dabei. Mitläuferinnen, Nutznießerinnen, Täterinnen im Nationalsozialismus (Dachauer Symposien zur Zeitgeschichte 8), Göttingen 2008, S. 148-165.

– *»Aus einem Haus, aus dem eine weiße Fahne erscheint, sind alle männlichen Personen zu erschießen«. Durchhalteterror und Gewalt gegen Zivilisten am Kriegsende 1945*, in: Cord Arendes; Edgar Wolfrum; Jörg Zedler (Hg.), Terror nach innen. Verbrechen am Ende des Zweiten Weltkrieges (Dachauer Symposien zur Zeitgeschichte 6), Göttingen 2006, S. 51-79.

– *1945 – Krieg nach innen. NS-Verbrechen in Aschaffenburg und an Aschaffenburgern* (Veröffentlichungen des Geschichts- und Kunstvereins Aschaffenburg 54), Aschaffenburg 2005.

Kohlhaas, Max: *Tonbandaufnahmen im Strafprozeß*, in: Deutsche Richterzeitung 33 (1955), S. 80-84.

Kohlstruck, Michael: *Zwischen Geschichte und Mythologisierung. Zum Strukturwandel der Vergangenheitsbewältigung*, in: Helmut König; ders.; Andreas Wöll (Hg.), Vergangenheitsbewältigung am Ende des zwanzigsten Jahrhunderts (Leviathan. Sonderheft 18), Opladen/Wiesbaden 1998, S. 86-108.

Kompisch, Kathrin: *Täterinnen. Frauen im Nationalsozialismus*, Köln et al. 2008.

König, Helmut: *Die Zukunft der Vergangenheit. Der Nationalsozialismus im politischen Bewusstsein der Bundesrepublik*, Frankfurt am Main 2003.

– & Kohlstruck, Michael; Wöll, Andreas: *Einleitung*, in: Dies. (Hg.), Vergangenheitsbewältigung am Ende des zwanzigsten Jahrhunderts (Leviathan. Sonderheft 18), Opladen/Wiesbaden 1998, S. 7-14.

– *Von der Diktatur zur Demokratie oder Was ist Vergangenheitsbewältigung*, in: Ders.; Michael Kohlstruck; Andreas Wöll (Hg.), Vergangenheitsbewältigung am Ende des zwanzigsten Jahrhunderts (Leviathan. Sonderheft 18), Opladen/Wiesbaden 1998, S. 371-392.

– *Juristische Feinheiten auf politischem Glatteis. Vergangenheitsbewältigung und Rückwirkungsverbot*, in: Leviathan 25 (1997), S. 445-451.

Koonz, Claudia: *Mütter im Vaterland. Frauen im Dritten Reich*, Freiburg 1991.

Köpf, Peter: *Schreiben nach jeder Richtung. Goebbels-Propagandisten in der westdeutschen Nachkriegspresse*, Berlin 1995.

Koselleck, Reinhart: *Fiktion und geschichtliche Wirklichkeit*, in: Ideengeschichte 1 (2007), Heft 3, S. 39-54.

– *Formen und Traditionen des negativen Gedächtnisses*, in: Volkhard Knigge; Norbert Frei (Hg.), Verbrechen Erinnern. Die Auseinandersetzung mit Holocaust und Völkermord, München 2002, S. 21-32.

Kramer, Helgard: *Tätertypologien*, in: Dies. (Hg.), NS-Täter aus interdisziplinärer Perspektive, München 2006, S. 253-309.

Kramer, Sven (Hg.): *Die Shoah im Bild* (Edition text & kritik), München 2003.

Krause, Peter: *Kann das Böse »banal« sein? Hannah Arendts Bericht aus Jerusalem*, in: Zeithistorische Forschungen/Studies in Contemporary History 6 (2009), S. 153-158.

– *Der Eichmann-Prozess in der deutschen Presse* (Fritz-Bauer-Institut. Wissenschaftliche Reihe 8), Frankfurt; New York 2002.

Kraushaar, Wolfgang: *Über Zeitzeugen und Zeithistoriker*, in: Mittelweg 36 9 (2000), Heft 1, S. 62-64.

– *Der Zeitzeuge als Feind des Historikers? Neuerscheinungen zur 68er Bewegung*, in: Mittelweg 36 8 (1999), Heft 6, S. 49-72.

Krausnick, Helmut; Wilhelm, Hans Heinrich: *Die Truppe des Weltanschauungskrieges. Die Einsatzgruppen der Sicherheitspolizei und des SD 1938-1942* (Quellen und Darstellungen zur Zeitgeschichte 22), Stuttgart 1981.

Krausnick, Helmut: *Hitler und die Morde in Polen. Ein Beitrag zu dem Konflikt zwischen Heer und SS um die Verwaltung der besetzten Gebiete*, in: Vierteljahrshefte für Zeitgeschichte 11 (1963), S 196-209.

Krauss, Marita (Hg.): *Sie waren dabei. Mitläuferinnen, Nutznießerinnen, Täterinnen im Nationalsozialismus*, Göttingen 2008.

– *Rechte Frauen. Mitläuferinnen, Profiteurinnen, Täterinnen in historischer Perspektive*, in: Dies. (Hg.), Sie waren dabei. Mitläuferinnen, Nutznießerinnen, Täterinnen im Nationalsozialismus (Dachauer Symposien zur Zeitgeschichte 8), Göttingen 2008, S. 7-19.

Krautkrämer, Elmar: *Kriegsende und Besatzungszonen*, in: Landeszentrale für politische Bildung Baden-Württemberg (Hg.), Der Weg zum Südweststaat, Karlsruhe 1991, S. 17-38.

Kretzer, Anette: *Täterschaft und Geschlecht. Der erste britische Ravensbrück-Prozess 1946/47 in Hamburg*, Berlin 2009.

– *»His or her special job«. Die Repräsentation von NS-Verbrecherinnen im ersten Hamburger Ravensbrück-Prozess und im westdeutschen Täterdiskurs*, in: KZ Gedenkstätte Neuengamme (Hg.), Entgrenzte Gewalt. Täterinnen und Täter im Nationalsozialismus (Beiträge zur Geschichte der nationalsozialistischen Verfolgung in Norddeutschland 7), Bremen 2002, S. 134-150.

Kröger, Ulrich: *Die Ahndung von NS-Verbrechen vor westdeutschen Gerichten und ihre Rezeption in der deutschen Öffentlichkeit 1958 bis 1965 unter besonderer Berücksichtigung von »Spiegel«, »Stern«, »Zeit«, »SZ«, »FAZ«, »Welt«, »Bild«, »Hamburger Abendblatt«, »NZ«, und »Neuem Deutschland«*, Hamburg 1973.

Kroh, Jens: *Transnationale Erinnerung. Der Holcocaust im Fokus geschichtspolitischer Initiativen*, Frankfurt am Main 2008.

Kronenberg, Volker (Hg.): *Zeitgeschichte, Wissenschaft und Politik. Der »Historikerstreit« 20 Jahre danach*, Wiesbaden 2008.

Kruse, Falko: *Das Majdanek-Urteil*, in: Redaktion Kritische Justiz (Hg.): Die juristische Aufarbeitung des NS-Unrechts, Baden-Baden 1998, S. 595-620.

– *Zweierlei Maß für NS-Täter? Über die Tendenz schichtenspezifischer Privilegierungen in Urteilen gegen nationalsozialistische Gewaltverbrecher*, in: Kritische Justiz 11 (1978), S. 236-253.

Kuhn, Annette: *Dimensionen der Täterschaft deutscher Frauen im NS-System*, in: Annette Bertrams (Hg.), Dichotomie, Dominanz, Differenz. Frauen platzieren sich in Wissenschaft und Gesellschaft, Weinheim 1995, S. 27-55.

Kühne, Thomas: *Die Viktimisierungsfalle. Wehrmachtsverbrechen, Geschichtswissenschaft und symbolische Ordnung des Militärs*, in: Michael Thomas Greven; Oliver von Wrochem (Hg.), Der Krieg in der Nachkriegszeit. Der Zweite Weltkrieg in Politik und Gesellschaft der Bundesrepublik, Opladen 2000, S. 183-196.

Kundrus, Birte: *Widerstreitende Geschichte. Ein Literaturbericht zur Geschlechtergeschichte im NS*, in: Neue Politische Literatur 45 (2000), S. 67-92.

Kunz, Andreas: *Weder Täterschutz noch bürokratischer Selbstzweck. Archivgesetzliche Grundlagen der Benutzung von NSG-Verfahrensakten*, in: Jürgen Finger; Sven Keller; Andreas Wirsching (Hg.), Vom Recht zur Geschichte. Akten aus NS-Prozessen als Quellen der Zeitgeschichte, Göttingen 2009, S. 219-224.

– *Die Unterlagen der Zentralen Stelle der Landesjustizverwaltungen zur Aufklärung nationalsozialistischer Verbrechen. Bestandsbeschreibung und Forschungsmöglichkeiten*, in: Jürgen Finger; Sven Keller; Andreas Wirsching (Hg.), Vom Recht zur Geschichte. Akten aus NS-Prozessen als Quellen der Zeitgeschichte, Göttingen 2009, S. 225-230.

– *Archivbenutzung der Unterlagen der Zentralen Stelle. Rahmenbedingungen und Recherchemöglichkeiten*, in: Mitteilungen aus dem Bundesarchiv 16 (2008), Heft 3, S. 10-17.

– *NS-Gewaltverbrechen, Täter und Strafverfolgung. Die Unterlagen der Zentralen Stelle der Landesjustizverwaltungen in Ludwigsburg,* in: Zeithistorische Forschungen/Studies in Contemporary History 4 (2007), S. 233-245.

Kuretsidis-Haider, Claudia: *Die strafrechtliche Verfolgung von NS-Verbrechen durch die österreichische Justiz,* in: Jürgen Finger; Sven Keller.; Andreas Wirsching (Hg.), Vom Recht zur Geschichte. Akten aus NS-Prozessen als Quellen der Zeitgeschichte, Göttingen 2009, S. 74-83.

– *Täterinnen vor Gericht. Die Kategorie Geschlecht bei der Ahndung von nationalsozialistischen Tötungsdelikten in Deutschland und Österreich,* in: Marita Krauss (Hg.), Sie waren dabei. Mitläuferinnen, Nutznießerinnen, Täterinnen im Nationalsozialismus (Dachauer Symposien zur Zeitgeschichte 8), Göttingen 2008, S. 187-210.

– *»Das Volk sitzt zu Gericht«. Österreichische Justiz und NS-Verbrechen am Beispiel der Engerau-Prozesse 1945-1954* (Österreichische Justizgeschichte 2), Innsbruck 2006.

– *Gender-Aspekte bei der strafrechtlichen Verfolgung und der Perzeption von Kriegs- und Humanitätsverbrechen. Deutsche und österreichische Diskurse,* in: Verein zur Förderung justizgeschichtlicher Forschungen und Verein zur Erforschung nationalsozialistischer Gewaltverbrechen und ihrer Aufarbeitung. Rundbrief 9 (2004), S. 1-24.

– & Garscha, Winfried R. (Hg.): *Keine »Abrechnung«. NS-Verbrechen, Justiz und Gesellschaft in Europa nach 1945,* Leipzig/Wien 1998.

KZ-Gedenkstätte Neuengamme (Hg.): *Entgrenzte Gewalt. Täterinnen und Täter im Nationalsozialismus* (Beiträge zur .Geschichte der nationalsozialistischen Verfolgung in Norddeutschland 7), Bremen 2002.

Laak, Dirk van: *Der Platz des Holocaust im deutschen Geschichtsbild,* in: Konrad H. Jarausch; Martin Sabrow (Hg.), Die historische Meistererzählung. Deutungslinien der deutschen Nationalgeschichte nach 1945, Göttingen 2002, S. 163-193.

– *Widerstand gegen die Geschichtsgewalt. Zur Kritik an der »Vergangenheitsbewältigung«,* in: Norbert Frei; ders.; Michael Stolleis (Hg.), Geschichte vor Gericht. Historiker, Richter und die Suche nach Gerechtigkeit, München 2000, S. 11-28.

Langford, Martha: *Suspended Conversations. The Afterlife of Memory in Photographic Albums,* Montreal 2001.

Lanwerd, Susanne; Stoehr, Irene: *Frauen- und Geschlechterforschung zum Nationalsozialismus seit den 1970er Jahren,* in: Johanna Gehmacher; Gabriella Hauch (Hg.), Frauen- und Geschlechtergeschichte des Nationalsozialismus. Fragestellungen, Perspektiven, neue Forschungen (Querschnitte 23), Innsbruck et. al. 2007, S. 22-67.

Laurien, Ingrid: *Politisch-kulturelle Zeitschriften in den Westzonen 1945-1949. Ein Beitrag zur politischen Kultur der Nachkriegszeit* (Europäische Hochschulschriften. Reihe 3. Geschichte und ihre Hilfswissenschaften 502), Frankfurt am Main 1991.

Leggewie, Claus: *Schlachtfeld Europa. Transnationale Erinnerung und europäische Identität,* in: Blätter für deutsche und internationale Politik 54 (2009), Heft 2, S. 81-93, hier S. 91

Lehker, Marianne: *Frauen im Nationalsozialismus. Wie aus Opfern Handlanger der Täter wurden – eine nötige Trauerarbeit* (Diskussionsbeiträge. Institut für Politische Wissenschaft an der Universität Hannover 11), Frankfurt am Main 1984.

Lehnert, Esther: *Die Beteiligung von Fürsorgerinnen an der Bildung und Umsetzung der Kategorie »minderwertig« im Nationalsozialismus. Öffentliche Fürsorgerinnen in Berlin und Hamburg im Spannungsfeld von Auslese und »Ausmerze«* (Mabuse-Verlag Wissenschaft 69), Frankfurt am Main 2003.

Lehnstaedt, Stephan: *Mehr als nur die Verbrechen. Kulturgeschichtliche Fragen an Justizakten*, in: Jürgen Finger; Sven Keller; Andreas Wirsching (Hg.), Vom Recht zur Geschichte. Akten aus NS-Prozessen als Quellen der Zeitgeschichte, Göttingen 2009, S. 167-179.

– *Täterforschung als Kulturgeschichte: Ein neuer Blick auf die Ludwigsburger Akten*, in: Mitteilungen aus dem Bundesarchiv 16 (2008), Heft 3, S. 70-79.

Leide, Henry: *NS-Verbrecher und Staatssicherheit. Die geheime Vergangenheitspolitik der DDR* (Analysen und Dokumente der BStU), Göttingen 2005.

Leonhard, Nina: *Politik- und Geschichtsbewusstsein im Wandel. Die politische Bedeutung der nationalsozialistischen Vergangenheit im Verlauf von drei Generationen in Ost- und Westdeutschland* (Politik und Geschichte 3), Münster 2002.

Lepsius, M. Rainer: *Die Bundesrepublik Deutschland in der Kontinuität und Diskontinuität historischer Entwicklungen: Einige methodische Überlegungen*, in: Werner Conze; ders. (Hg.), Sozialgeschichte der Bundesrepublik Deutschland. Beiträge zum Kontinuitätsproblem (Industrielle Welt 34), Stuttgart 1983, S. 11-19.

Lersch, Edgar; Viehoff, Reinhold: *Geschichte im Fernsehen. Eine Untersuchung zur Entwicklung des Genres und der Gattungsästhetik geschichtlicher Darstellungen im Fernsehen 1995 bis 2003* (Schriftenreihe Medienforschung der Landesanstalt für Medien Nordrhein-Westfalen 54), Berlin 2007.

Lessing, Holger: *Der erste Dachauer Prozeß 1945/46* (Fundamenta Juridica 21), Baden-Baden 1993.

Leuschner, Udo: *Zeitungs-Geschichte. Die Entwicklung einer Tageszeitung über zwei Jahrhunderte: Vom »Intelligenzblatt« zum Kabelfernsehprojekt am Beispiel Mannheims. Ein Buch über das Geschäft mit Zeitungen*, Berlin 1981.

Levy, Daniel; Sznaider, Nathan: *Memory Unbound. The Holocaust and the Formation of Cosmopolitan Memory*, in: European Journal of Social Theory 5 (2002), S. 87-106.

– *Erinnerung im globalen Zeitalter: Der Holocaust* (Edition Zweite Moderne), Frankfurt am Main 2001.

Lewis, Bryan F.: *Documentation or Decoration? Uses and Misuses of Photographs in the Historiography of the Holocaust*, in: John K. Roth; Elisabeth Maxwell (Hg.), Remembering for the Future. The Holocaust in an Age of Genocide, Basingstoke 2001, Bd. 3, S. 341-357.

Lichtenstein, Heiner: *NS-Prozesse*, in: Ders.; Otto R. Romberg (Hg.); *Täter – Opfer – Folgen. Der Holocaust in Geschichte und Gegenwart*, Bonn 1995, S. 114-124.

– *Himmlers grüne Helfer. Die Schutz- und Ordnungspolizei im »Dritten Reich«*, Köln 1990.

– *Im Namen des Volkes? Eine persönliche Bilanz der NS-Prozesse*, Köln 1984.

– *Majdanek. Reportage eines Prozesses*, Frankfurt am Main 1979.

Linck, Stephan: *Der Ordnung verpflichtet. Deutsche Polizei 1933-1949. Der Fall Flensburg*, Paderborn 2000.

Linder, Joachim; Ort, Claus-Michael: *Zur sozialen Konstruktion der Übertretung und zu ihren Repräsentationen im 20. Jahrhundert*, in: Dies. (Hg.), Verbrechen – Justiz – Medien. Konstellationen in Deutschland von 1900 bis zur Gegenwart (Studien und Texte zur Sozialgeschichte der Literatur 70), Tübingen 1999, S. 3-80.

Lisner, Wiebke: *»Hüterinnen der Nation«. Hebammen im Nationalsozialismus* (Geschichte und Geschlechter 50), Frankfurt/New York 2006.

Livi, Massimiliano: *Gertrud Scholtz-Klink: Die Reichsfrauenführerin. Politische Handlungsspielräume und Identitätsprobleme der Frauen im Nationalsozialismus am Beispiel der »Führerin aller Frauen«* (Politische Soziologie 20), Münster 2005.

Loewenstein, Karl: *Reconstruction of the Administration of Justice in American Occupied Germany*, in: Harvard Law Review 61 (1948), S. 419-467.

Loewy, Hanno: *Faustische Täter? Tragische Narrative und Historiographie*, in: Gehard Paul (Hg.), Die Täter der Shoah. Fanatische Nationalsozialisten oder ganz normale Deutsche? Göttingen 2002 (Dachauer Symposien zur Zeitgeschichte 2), S. 255-264.

Loth, Wilfried: *Verschweigen und Überwinden. Versuch einer Bilanz*, in: Ders., Bernd A. Rusinek (Hg.), Verwandlungspolitik. NS-Eliten in der westdeutschen Nachkriegsgesellschaft, Frankfurt/New York 1998, S. 353-360.

– & Rusinek, Bernd A. (Hg.): *Verwandlungspolitik. NS-Eliten in der westdeutschen Nachkriegsgesellschaft*, Frankfurt/New York 1998.

Lübbe, Hermann: *Der Nationalsozialismus im deutschen Nachkriegsbewusstsein*, in: Historische Zeitschrift 236 (1983), S. 579-599.

Ludi, Regula: *Von Verführern und Verführten. Repräsentationen der schweizerischen Kriegsverbrecherin Carmen Mory*, in: Ulrike Weckel; Edgar Wolfrum (Hg.), »Bestien« und »Befehlsempfänger«. Frauen und Männer in NS-Prozessen nach 1945, Göttingen 2003, S. 139-174.

Lüdtke, Alf (Hg.): *Alltagsgeschichte. Zur Rekonstruktion historischer Erfahrungen und Lebensweisen*, Frankfurt am Main 1989.

Lutum-Lenger, Paula: *»Die Mörder sind unter uns«. Eine Ausstellung zum Ulmer Einsatzgruppenprozess von 1958*, in: Haus der Geschichte Baden-Württemberg (Hg.): Die Mörder sind unter uns. Der Ulmer Einsatzgruppenprozess 1958, Stuttgart 2008, S. 23-29.

Maaß, Ulrich: *Beschreibung der Zentralstelle Dortmund und Darstellung der Verfolgung von NS-Tätern im 21. Jahrhundert an einem Fallbeispiel*, in: Alfred Gottwaldt; Norbert Kampe; Peter Klein (Hg.), NS-Gewaltherrschaft. Beiträge zur historischen Forschung und juristischen Aufarbeitung (Publikationen der Gedenk- und Bildungsstätte Haus der Wannsee-Konferenz 11), Berlin 2005, S. 409-419.

Madajczyk, Czesław: *Die Okkupationspolitik Nazideutschlands in Polen 1939-1945*, Berlin 1987.

Mai, Gunther: *Der Alliierte Kontrollrat in Deutschland 1945-1948. Alliierte Einheit – deutsche Teilung?* (Quellen und Darstellungen zur Zeitgeschichte 37), München 1995.

Maibaum, Werner: *Ostkolleg der Bundeszentrale für Heimatdienst. Gründungsgeschichte und Aufbauphase*, Bonn 2004.

Maier, Charles S.: *Die »Aura« Buchenwald*, in: Volkhard Knigge; Norbert Frei (Hg.), Verbrechen erinnern. Die Auseinandersetzung mit Holocaust und Völkermord, München 2002, S. 347-361.

– *Consigning the Twentieth Century to History. Alternative Narratives for the Modern Era*, in: American Historical Review 105 (2000), S. 807-831.

– *Die Gegenwart der Vergangenheit. Geschichte und nationale Identität der Deutschen*, Frankfurt am Main 1992.

Maier, Regina: *NS-Kriminalität vor Gericht. Strafverfahren vor den Landgerichten Marburg und Kassel 1945-1955* (Quellen und Forschungen zur hessischen Geschichte 155), Darmstadt/Marburg 2009.

Mailänder Koslov, Elissa: *»Weil es einer Wienerin gar nicht liegt, so brutal zu sein ...«. Frauenbilder im Wiener Volksgerichtsverfahren gegen eine österreichische KZ-Aufseherin (1946-1949)*, in: Zeitgeschichte 32 (2005), Heft 3, S. 128-150.

Mallmann, Klaus-Michael; Musial, Bogdan (Hg.): *Genesis des Genozids: Polen 1939-1941* (Veröffentlichungen der Forschungsstelle Ludwigsburg der Universität Stuttgart 3), Darmstadt 2004.

Mallmann, Klaus-Michael; Paul, Gerhard (Hg.): *Karrieren der Gewalt. Nationalsozialistische Täterbiographien* (Veröffentlichungen der Forschungsstelle Ludwigsburg der Universität Stuttgart 2), Darmstadt 2004.

– *Sozialisation, Milieu und Gewalt. Fortschritte und Probleme der neueren Täterforschung*, in: Dies. (Hg.), Karrieren der Gewalt. Nationalsozialistische Täterbiographien (Veröffentlichungen der Forschungsstelle Ludwigsburg der Universität Stuttgart 2), Darmstadt 2004, S. 1-32.

Mallmann, Klaus-Michael: *Vom Fußvolk der »Endlösung«. Ordnungspolizei, Ostkrieg und Judenmord*, in: Jahrbuch für Geschichte 21 (1997), S. 355-391.

Manig, Bert-Oliver: *Die Politik der Ehre. Die Rehabilitierung der Berufssoldaten in der frühen Bundesrepublik* (Veröffentlichungen des Zeitgeschichtlichen Arbeitskreises Niedersachsen 22), Göttingen 2004.

Marchart, Oliver: *Umkämpfte Gegenwart. Der »Zivilisationsbruch Auschwitz« zwischen Singularität, Universalität und der Globalisierung der Erinnerung*, in: Heidemarie Uhl (Hg.), Zivilisationsbruch und Gedächtniskultur. Das 20. Jahrhundert in der Erinnerung des beginnenden 21. Jahrhunderts (Gedächtnis, Erinnerung, Identität 3), Innsbruck 2003, S. 35-66.

Margalit, Avishai: *The Ethics of Memory*, Cambridge 2002.

Margalit, Gilad: *Die deutsche Zigeunerpolitik nach 1945*, in: Vierteljahrshefte für Zeitgeschichte 45 (1997), S. 557-588.

Marschall, Karl: *Volksgerichtsbarkeit und Verfolgung von nationalsozialistischen Gewaltverbrechen in Österreich. Eine Dokumentation*, Wien ^{2}1987.

Marxen, Klaus; Werle, Gerhard: *Die strafrechtliche Aufarbeitung von DDR-Unrecht. Eine Bilanz*, Berlin 1999.

Mattioli, Aram: *»Viva Mussolini!« Die Aufwertung des Faschismus im Italien Berlusconis*, Paderborn et al. 2010.

Matz, Elisabeth: *Die Zeitungen der US-Armee für die deutsche Bevölkerung (1944-1946)* (Studien zur Publizistik 12), Münster 1969.

Maubach, Franka: *Die Stellung halten. Kriegserfahrungen und Lebensgeschichten von Wehrmachthelferinnen*, Göttingen 2009.

Melis, Damian van: *Entnazifizierung in Mecklenburg-Vorpommern. Herrschaft und Verwaltung 1945-1948* (Studien zur Zeitgeschichte 56), München 1999.

Messerschmidt, Manfred: *Die Wehrmachtsjustiz 1933-1945*, Paderborn et al. 2005.

– & Wüllner, Fritz: *Die Wehmachtsjustiz im Dienste des Nationalsozialismus. Zerstörung einer Legende*, Baden-Baden 1987.

Meyer, Ahlrich: *Täter im Verhör. Die »Endlösung der »Judenfrage« in Frankreich 1940-1944*, Darmstadt 2005.

– (Hg.): *Der Blick des Besatzers. Propagandaphotographie der Wehrmacht aus Marseille 1942-1944*, Bremen 1999.

Meyer, Beate: *Der »Eichmann von Dresden«. ›Justizielle Bewältigung‹ von NS-Verbrechen in der DDR am Beispiel des Verfahrens gegen Henry Schmidt*, in: Jürgen Matthäus; Klaus-Michael Mallmann (Hg.), Deutsche, Juden, Völkermord. Der Holocaust als Geschichte und Gegenwart (Veröffentlichungen der Forschungsstelle Ludwigsburg der Universität Stuttgart 7), Darmstadt 2006, S. 275-291.

Meyer, Kathrin: *Entnazifizierung von Frauen. Die Internierungslager der US-Zone Deutschlands 1945-1952* (Dokumente, Texte, Materialien 52), Berlin 2004.

– *»Die Frau ist der Frieden der Welt«. Von Nutzen und Lasten eines Weiblichkeitsstereotyps in Spruchkammergerichtsentscheidungen gegen Frauen*, in: Ulrike Weckel; Edgar Wolfrum (Hg.), »Bestien« und »Befehlsempfänger«. Frauen und Männer in NS-Prozessen nach 1945, Göttingen 2003, S. 117-138.

Meyer-Seitz, Christian: *Die Verfolgung von NS-Straftaten in der Sowjetischen Besatzungszone* (Schriftenreihe Justizforschung und Rechtssoziologie 3), Berlin 1998.

Michels, Eckard: *Deutsche in der Fremdenlegion 1870-1965: Mythen und Realitäten* (Krieg in der Geschichte 2), Paderborn 2000.

Mildt, Dick W. de (Hg.): *Staatsverbrechen vor Gericht* (Festschrift für Christiaan Frederick Rüter zum 65. Geburtstag), Amsterdam 2003.

Miller-Kipp, Gisela: *»Auch Du gehörst dem Führer«. Die Geschichte des Bundes Deutscher Mädel (BDM) in Quellen und Dokumenten* (Materialien zur historischen Jugendforschung), Weinheim/München 2001.

Milton, Sybil: *Images of the Holocaust*, in: Holocaust and Genocide Studies 1 (1986), Heft 1, S. 27-61, Heft 2, S. 193-216.

Minow, Martha: *Between Vengeance and Forgiveness: Facing History after Genocide and Mass Violence*, Boston 1998.

Miquel, Marc von: *Der befangene Rechtsstaat. Die westdeutsche Justiz und die NS-Vergangenheit*, in: Alfons Kenkmann; Hasko Zimmer (Hg.), Nach Kriegen und Diktaturen.

Umgang mit Vergangenheit als internationales Problem – Bilanzen und Perspektiven für das 21. Jahrhundert, Essen 2006, S. 81-96.

– *Ahnden oder amnestieren? Westdeutsche Justiz und Vergangenheitspolitik in den sechziger Jahren* (Beiträge zur Geschichte des 20. Jahrhunderts 1), Göttingen 2004.

– *Juristen: Richter in eigener Sache*, in: Norbert Frei (Hg.), Hitlers Eliten nach 1945, München 2003, S. 165-214.

– *Aufklärung, Distanzierung, Apologie. Die Debatte über die Strafverfahren NS-Verbrechen in den sechziger Jahren*, in: Norbert Frei, Sibylle Steinbacher (Hg.), Beschweigen und Bekennen. Die deutsche Nachkriegsgesellschaft und der Holocaust (Dachauer Symposien zur Zeitgeschichte 1), Göttingen 2001, S. 51-70.

Moeller, Robert G.: *War Stories. The Search for a Usable Past in the Federal Republic of Germany*, Berkeley 2001.

– *War Stories: The Search for a Usable Past in the Federal Republic of Germany*, in: American Historical Review 101 (1996), S. 1008-1048.

Moisel, Claudia: *Frankreich und die deutschen Kriegsverbrecher. Politik und Praxis der Strafverfolgung nach dem Zweiten Weltkrieg* (Beiträge zur Geschichte des 20. Jahrhunderts 2), Göttingen 2004.

Mommsen, Hans: *Probleme der Täterforschung*, in: Helgard Kramer (Hg.), NS-Täter aus interdisziplinärer Perspektive, München 2006, S. 425-432.

– *Zeitgeschichtliche Kontroversen*, in: Neue Politische Literatur 49 (2004), S. 15-25.

Mönninghoff, Uwe: *Lizenzen – Grenzen – Turbulenzen. Der Südweststaat im Spiegel der Presse*, in: Landeszentrale für politische Bildung Baden-Württemberg (Hg.), Der Weg zum Südweststaat, Karlsruhe 1991, S. 276-289.

Mühlenberg, Jutta: *Die Entnazifizierung ehemaliger NS-Helferinnen in der amerikanischen Besatzungszone. Verfahrensweisen, Entlastungsstrategien und Lügengeschichten*, in: Ariadne 2011, Heft 59, S. 38-44.

Müller, Ingo: *Furchtbare Juristen. Die unbewältigte Vergangenheit unserer Justiz*, München 1987.

Müller, Rolf Dieter; Ueberschär, Gerd R.; Wette, Wolfram (Hg.): *Wer zurückweicht wird erschossen! Kriegsalltag und Kriegsende in Südwestdeutschland*, Freiburg 1985.

Müller, Sabrina: *Zum Drehbuch einer Ausstellung. Der Ulmer Einsatzgruppenprozess von 1957*, in: Jürgen Finger; Sven Keller; Andreas Wirsching (Hg.), Vom Recht zur Geschichte. Akten aus NS-Prozessen als Quellen der Zeitgeschichte, Göttingen 2009, S. 205-216.

– *Der Ulmer Einsatzgruppenprozess von 1958. Themen der Ausstellung*, in: Haus der Geschichte Baden-Württemberg (Hg.): Die Mörder sind unter uns. Der Ulmer Einsatzgruppenprozess 1958, Stuttgart 2008, S. 30-83.

Müller-Graf, Peter-Christian: *Zur Geschichte der Formel »Im Namen des Volkes«*, in: Zeitschrift für den Zivilprozeß (1975), S. 442-450.

Müller-Münch, Ingrid: *Die Frauen von Majdanek. Vom zerstörten Leben der Opfer und Täterrinnen*, Reinbek 1982.

Naucke, Wolfgang: *Die strafjuristische Privilegierung staatsverstärkter Kriminalität* (Juristische Abhandlungen 29), Frankfurt am Main 1996.

Naumann, Klaus: *Institutionalisierte Ambivalenz. Deutsche Erinnerungspolitik und Gedenkkultur nach 1945*, in: Mittelweg 36 13 (2004), Heft 2, S. 64-75.

– *Einleitung*, in: Ders. (Hg.), Nachkrieg in Deutschland, Hamburg 2001, S. 9-26.

Neidhardt, Friedhelm; Eilders, Christiane; Pfetsch, Barbara: *Die »Stimme der Medien« – Pressekommentare als Gegenstand der Öffentlichkeitsforschung*, in: Dies. (Hg.), Die Stimme der Medien. Pressekommentare und politische Öffentlichkeit in der Bundesrepublik, Wiesbaden 2004, S. 11-36.

Neidhardt, Friedhelm: *Öffentlichkeit, öffentliche Meinung, soziale Bewegungen*, in: Kölner Zeitschrift für Soziologie und Sozialpsychologie (Sonderheft 34), Opladen 1994, S. 7-41.

Neumann, Klaus: *Shifting Memories. The Nazi Past in the New Germany* (Social History, Popular Culture, and Politics in Germany), Ann Arbor 2000.

Neurath, Paul Martin: *Die Gesellschaft des Terrors. Innenansichten der Konzentrationslager Dachau und Buchenwald*, Frankfurt am Main 2004.

Nieß, Ulrich; Caroli, Michael (Hg.), *Geschichte der Stadt Mannheim*, Bd. 3: 1914-2007, Heidelberg et al. 2009.

Niethammer, Lutz (Hg.): *Der »gesäuberte« Antifaschismus. Die SED und die roten Kapos von Buchenwald. Dokumente*, Berlin 1994.

– *Die Mitläuferfabrik. Die Entnazifizierung am Beispiel Bayerns*, Berlin/Bonn 1982.

Niethammer, Ortrun (Hg.): *Frauen im Nationalsozialismus. Historische und Kulturgeschichtliche Positionen*, Osnabrück 1996.

Nobleman, Eli E.: *American Military Courts in Germany*, in: Annals of the American Academy of Political and Social Science 267 (1950), S. 87-97.

– *The Administration of Justice in the United States Zone of Germany*, in: Federal Bar Journal 8 (1946), S. 70-97.

Noethen, Stefan: *Alte Kameraden und neue Kollegen. Polizei in Nordrhein-Westfalen 1945-1953* (Schriften Villa ten Hompel 3), Essen 2002.

Nolte, Hans-Heinrich: *Weltgeschichte des 20. Jahrhunderts*, Wien et. al. 2009.

Nora, Pierre: *Zwischen Geschichte und Gedächtnis* (Kleine Kulturwissenschaftliche Bibliothek 16), Berlin 1990.

Novick, Peter: *Nach dem Holocaust. Der Umgang mit dem Massenmord*, Stuttgart/München 2000.

NS-Dokumentationszentrum der Stadt Köln (Hg.): *Stolpersteine – Gunter Demnig und sein Projekt*, Köln 2007.

Oehler, Christiane: *Die Rechtsprechung des Sondergerichts Mannheim 1933-1945* (Freiburger rechtsgeschichtliche Abhandlungen. N. F. 25), Berlin 1997.

Ohe, Axel von der: *Der Bundesgerichtshof und die NS-Verbrechen*, in: Stephan Alexander Glienke; Volker Paulmann; Joachim Perels (Hg.), Erfolgsgeschichte Bundesrepublik? Die Nachkriegsgesellschaft im langen Schatten des Nationalsozialismus, Göttingen 2008, S. 293-318.

Olick, Jeffrey K.: *The Sins of the Fathers: The Third Reich and West German Legitimation, 1949-1989*, New Haven 1993 (Ph D.-Thesis, Yale University).

Opitz, Claudia: *Um-Ordnungen der Geschlechter. Einführung in die Geschlechtergeschichte* (Historische Einführungen 10), Tübingen 2005.

Oppitz, Ulrich-Dieter: *Strafverfahren und Strafvollstreckung bei NS-Gewaltverbrechen. Dargestellt an Hand von 542 rechtskräftigen Urteilen aus der Zeit von 1946-1975* (Forschungsunternehmen der Humboldt-Gesellschaft 9), Ulm [2]1979.

Orth, Karin: *Die Konzentrationslager-SS. Sozialstrukturelle Analysen und biographische Studien*, Göttingen 2000.

– *Das System der nationalsozialistischen Konzentrationslager. Eine politische Organisationsgeschichte*, Hamburg 1999.

Osterloh, Jörg; Vollnhals, Clemens: *Einleitung*, in: Dies. (Hg.), NS-Prozesse und deutsche Öffentlichkeit. Besatzungszeit, Bundesrepublik und frühe DDR (Schriften des Hannah-Arendt-Instituts für Totalitarismusforschung 45), Göttingen 2011, S. 11-31.

Page, Benjamin I.; *The Mass Media as Political Actors*, In: Political Science & Politics 29 (1996), S. 20-24.

– & Shapiro, Robert Y.; Dempsey, Glenn R.: *What moves Public Opinion?*, in: American Political Science Review 81 (1987), S. 23-43

Pahlke, Nadine H.: *Täterinnen im Nationalsozialismus. Ein kriminologischer Erklärungsversuch* (Nomos Universitätsschriften. Recht 622), Baden-Baden 2009.

Pape, Birgit: *Kultureller Neubeginn in Heidelberg und Mannheim 1945-1949*, Heidelberg 2000.

Paul, Gerhard: *Holocaust – Vom Beschweigen zur Medialisierung. Über Veränderungen im Umgang mit Holocaust und Nationalsozialismus*, in: Ders.; Bernhard Schoßig (Hg.): Öffentliche Erinnerung und Medialisierung des Nationalsozialismus. Eine Bilanz der letzten dreißig Jahre (Dachauer Symposien zur Zeitgeschichte 10), Göttingen 2010, S. 15-38.

– *Von der historischen Bildkunde zur Visual History. Eine Einführung*, in: Ders. (Hg.), Visual History. Ein Studienbuch, Göttingen 2006, S. 7-36.

– (Hg.): *Die Täter der Shoah. Fanatische Nationalsozialisten oder ganz normale Deutsche?* (Dachauer Symposien zur Zeitgeschichte 2), Göttingen 2002.

– *Von Psychopathen, Technokraten des Terrors und »ganz gewöhnlichen« Deutschen. Die Täter der Shoah im Spiegel der Forschung*, in: Ders. (Hg.), Die Täter der Shoah. Fanatische Nationalsozialisten oder ganz normale Deutsche? Göttingen 2002 (Dachauer Symposien zur Zeitgeschichte 2), S. 13-90.

– *»Von Judenangelegenheiten hatte er bis dahin keine Ahnung.« Herbert Hagen, der Judenreferent des SD aus Neumünster*, in: Informationen zur schleswig-holsteinischen Zeitgeschichte 33/34 (1998), S. 63-78.

– *Ungehorsame Soldaten. Dissens, Verweigerung und Widerstand deutscher Soldaten (1939-1945)* (Saarland-Bibliothek 9), Sankt Ingbert 1994.

Pendaries, Yveline: *Les procés de Rastatt (1946-1950). Le jugement des crimes de guerre en zone française d'occupation en Allemagne* (Contacts. Gallo-Germanica 16), Bern 1995.

Pendas, David O.: *Testimony*, in: Miriam Dobson; Benjamin Ziemann (Hg.), Reading Primary Sources. The interpretation of texts from nineteenth- and twentieth-century history, London/New York 2009, S. 226-242.

– *The Frankfurt Auschwitz Trial, 1963-1965. Genocide, History, and the Limits of the Law*, Cambridge 2006.

– *»I didn't know what Auschwitz was«. The Frankfurt Auschwitz Trial and the German Press 1963-1965*, in: Yale Journal of Law & Humanities 12 (2000), S. 397-446.

Perels, Joachim: *Die Umdeutung der NS-Diktatur in einen Rechtsstaat. Über ideologische Tendenzen in der Justiz der Bundesrepublik*, in: Wolfram Wette (Hg.): Filbinger – eine deutsche Karriere, Springe 2006, S. 81-97.

– *Der Mythos von der Vergangenheitsbewältigung. Die rechtliche Aufarbeitung von Hitlers Verbrechen ist überwiegend gescheitert oder folgte sogar der Logik des NS-Rechts*, in: Fritz-Bauer-Institut. Newsletter 15 (2006), Nr. 28 (Frühjahr), S. 17-19.

– *Entsorgung der NS-Herrschaft? Konfliktlinien im Umgang mit dem Hitler-Regime*, Hannover 2004.

– *Das juristische Erbe des »Dritten Reiches«. Beschädigungen der demokratischen Rechtsordnung* (Fritz-Bauer-Institut. Wissenschaftliche Reihe 7), Frankfurt/New York 1999.

– *Die Restauration der Rechtslehre nach 1945*, in: Redaktion Kritische Justiz (Hg.): Die juristische Aufarbeitung des NS-Unrechts, Baden-Baden 1998, S. 237-264.

– *Späte Entlegitimierung der NS-Justiz*, in: Redaktion Kritische Justiz (Hg.): Die juristische Aufarbeitung des NS-Unrechts, Baden-Baden 1998, S. 519-526.

– *Amnestien für NS-Täter in der Bundesrepublik*, in: Redaktion Kritische Justiz (Hg.): Die juristische Aufarbeitung des NS-Unrechts, Baden-Baden 1998, S. 677-687.

Pfetsch, Barbara; Adam, Silke (Hg.): *Massenmedien als politische Akteure. Konzepte und Analysen*, Wiesbaden 2008.

Pfetsch, Barbara; Eilders, Christiane; Neidhardt, Freidhelm: *Das »Kommentariat«: Rolle und Status einer Öffentlichkeitselite*, in: Dies. (Hg.), Die Stimme der Medien. Pressekommentare und politische Öffentlichkeit in der Bundesrepublik, Wiesbaden 2004, S. 39-73.

Pick, Hella: *Simon Wiesenthal. Eine Biographie*, Reinbek 1997.

Pietersee, Jan Nederveen: *Der Melange-Effekt*, in: Ulrich Beck (Hg.), Perspektiven der Weltgesellschaft (Edition Zweite Moderne), Frankfurt am Main 1998, S. 87-124.

Plato, Alexander von: *Medialität und Erinnerung. Darstellung und »Verwendung« von Zeitzeugen in Ton, Bild und Film*, in: BIOS 21 (2008), Heft 1, S. 79-92.

Podiumsdiskussion *»Prozessberichterstattung und Bewusstseinsbildung – der Beitrag der Medien«*, in: Jürgen Weber; Peter Steinbach (Hg.), Vergangenheitsbewältigung durch Strafverfahren? NS-Prozesse in der Bundesrepublik Deutschland, München 1984, S. 192-207.

Pohl, Dieter: *NS-Verbrechen. Eine historische Einführung*, in: Mitteilungen aus dem Bundesarchiv 16 (2008), Heft 3, S. 28-34.

Pöschko, Hans H. (Hg.): *Die Ermittler von Ludwigsburg. Deutschland und die Aufklärung nationalsozialistischer Verbrechen*, Berlin 2008.

Pöschl, Gabriele: *Frauen als Täterinnen in der NS-Zeit. Ausgewählte Beispiele von Verfahren gegen Frauen nach dem Kriegsverbrechergesetz*, in: Heimo Halbrainer; Martin F. Polaschek (Hg.), Kriegsverbrecherprozesse in Österreich. Eine Bestandsaufnahme (Historische und gesellschaftspolitische Schriften des Vereins CLIO 2), Graz 2003, S. 149-160.

Präger, Christmut; Schenk, Andreas: *Grünanlagen und Plätze*, in: Andreas Schenk (Hg.), Mannheim und seine Bauten 1907-2007. Bd. 5: Bauten für Wohnen, Soziales, Plätze und Grünanlagen, Mannheim 2005, S. 136-151.

Przyrembel, Alexandra: *Ilse Koch – »normale« SS-Ehefrau oder »Kommandeuse von Buchenwald«?*, in: Klaus-Michael Mallmann; Gerhard Paul (Hg.), Karrieren der Gewalt. Nationalsozialistische Täterbiographien (Veröffentlichungen der Forschungsstelle Ludwigsburg der Universität Stuttgart 2), Darmstadt 2004, S. 126-133.

– *Der Bann eines Bildes. Ilse Koch, die »Kommandeuse von Buchenwald«*, in: Insa Eschebach; Sigrid Jacobeit; Silke Wenk (Hg.), Gedächtnis und Geschlecht. Deutungsmuster in der Darstellung des nationalsozialistischen Genozids, Frankfurt am Main 2002, S. 245-267.

Radbruch, Gustav: *Gesetzliches Unrecht und übergesetzliches Recht*, in: Süddeutsche Juristenzeitung 1 (1946), S. 105-108.

Radke, Holger; Zobeley, Günter: *Die Gerichte im Landesgerichtsbezirk Mannheim*, in: Werner Münchbach (Hg.), Festschrift 200 Jahre Badisches Oberhofgericht, Oberlandesgericht Karlsruhe, Heidelberg 2003, S. 425-464.

Radlmaier, Steffen (Hg.): *Der Nürnberger Lernprozess. Von Kriegsverbrechern und Starreportern* (Die andere Bibliothek 199), Frankfurt am Main 2001.

Raim, Edith: *Der Wiederaufbau der Justiz in Westdeutschland und die Ahndung von NS-Verbrechen in der Besatzungszeit 1945-1949*, in: Jürgen Finger; Sven Keller; Andreas Wirsching (Hg.), Vom Recht zur Geschichte. Akten aus NS-Prozessen als Quellen der Zeitgeschichte, Göttingen 2009, S. 52-62.

– *Der Wiederaufbau der westdeutschen Justiz unter alliierter Aufsicht und die Verfolgung von NS-Verbrechen 1945 bis 1949/50*, in: Hans Braun; Uta Gerhard; Everhard Holtmann (Hg.), Die lange Stunde Null. Gelenkter Wandel in Westdeutschland nach 1945, Baden-Baden 2008, S. 141-173.

Reemtsma, Jan Philipp: *Das Recht des Opfers auf Bestrafung des Täters – als Problem* (Schriften der Juristischen Studiengesellschaft Regensburg 21), München 1999.

Reese, Dagmar (Hg.): *Die BDM-Generation. Weibliche Jugendliche in Deutschland und Österreich im Nationalsozialismus* (Potsdamer Studien 19), Berlin 2007.

– *Frauen im Nationalsozialismus: Opfer oder Täterinnen? Zu einer aktuellen Auseinandersetzung in der Frauenforschung zum Nationalsozialismus*, in: Berg, Christa; Ellger-Rüttgard, Sieglind (Hrsg.): »Du bist nichts, Dein Volk ist alles.« Forschungen zum Verhältnis zwischen Pädagogik und Nationalsozialismus, Weinheim 1991, S. 59-73.

Reichel, Peter; Schmid, Harald; Steinbach, Peter (Hg.): *Der Nationalsozialismus – Die zweite Geschichte. Überwindung, Deutung, Erinnerung*, München 2009.

– *Die »zweite Geschichte« der Hitler Diktatur. Zur Einführung*, in: Dies. (Hg.), Der Nationalsozialismus – Die zweite Geschichte. Überwindung, Deutung, Erinnerung, München 2009, S. 7-21.

Reichel, Peter: *Erfundene Erinnerung. Weltkrieg und Judenmord in Film und Theater*, Frankfurt am Main 2007.

– *Vergangenheitsbewältigung in Deutschland. Die Auseinandersetzung mit der NS-Diktatur von 1945 bis heute*, München 2001.

– *Politik mit der Erinnerung. Gedächtnisorte im Streit um die nationalsozialistische Vergangenheit*, München 1999.

– *Zwischen Dämonisierung und Verharmlosung: Das NS-Bild und seine politische Funktion in den 50er Jahren. Eine Skizze*, in: Axel Schildt; Arnold Sywottek (Hg.), Modernisierung im Wiederaufbau. Die westdeutsche Gesellschaft der 50er Jahre (Politik und Gesellschaftsgeschichte 33), Bonn 1993, S. 679-692.

Reicher, Harry: *The Jurist's Trial at Nuremberg*, in: Herbert R. Reginbogin; Christoph J. M. Safferling (Hg.), The Nuremberg Trials. International Criminal Law Since 1945 (60th Anniversary International Conference), München 2006, S. 175-181.

Reiter, Raimond: *30 Jahre Justiz und NS-Verbrechen. Die Aktualität einer Urteilssammlung*, Frankfurt am Main 1998.

Renz, Werner: *Tonbandmitschnitte von NS-Prozessen als historische Quelle*, in: Jürgen Finger; Sven Keller; Andreas Wirsching (Hg.), Vom Recht zur Geschichte. Akten aus NS-Prozessen als Quellen der Zeitgeschichte, Göttingen 2009, S. 142-153.

– *40 Jahre Auschwitz-Prozess. Ein unerwünschtes Verfahren*, in: Fritz-Bauer-Institut. Newsletter 13 (2004), Nr. 26, S. 13-16.

Requate, Jörg: *Der Kampf um die Demokratisierung der Justiz. Richter, Politik und Öffentlichkeit in der Bundesrepublik* (Campus Historische Studien 47), Frankfurt am Main 2009.

– (Hg.): *Recht und Justiz im gesellschaftlichen Aufbruch (1960-1975). Bundesrepublik Deutschland, Italien und Frankreich im Vergleich* (Interdisziplinäre Studien zu Recht und Staat 28), Baden-Baden 2003.

– *Vergangenheitspolitik in einer Debatte um eine Reform der Justiz in den sechziger Jahren*, in: Norbert Frei; Dirk van Laak; Michael Stolleis (Hg.), Geschichte vor Gericht. Historiker, Richter und die Suche nach Gerechtigkeit, München 2000, S. 72-92.

Reuleaux, Nele: *Nationalsozialistische Täter. Die intergenerative Wirkungsmacht des malignen Narzissmus* (Psyche und Gesellschaft), Gießen 2006.

Reutter, Friederike: *Heidelberg 1945-1949. Zur politischen Geschichte einer Stadt in der Nachkriegszeit* (Buchreihe der Stadt Heidelberg 5), Heidelberg 1994.

Richtberg, Werner; Täschner, Karl-Ludwig: *Zeugen und ihre Aussagen in einem sog. NS-Verfahren*, in: Kriminalistik 27 (1973) S. 201-206.

Robertson, Roland: *Glokalisierung: Homogenität und Heterogenität in Zeit und Raum*, in: Ulrich Beck (Hg.), Perspektiven der Weltgesellschaft (Edition Zweite Moderne), Frankfurt am Main 1998, S. 192-220.

Röll, Wolfgang: *Sozialdemokraten im Konzentrationslager Buchenwald 1937-1945. Unter Einbeziehung biographischer Skizzen*, Göttingen 2000.

Rondholz, Eberhard: *Die Ludwigsburger Zentrale Stelle zur Aufklärung von NS-Verbrechen*, in: Redaktion Kritische Justiz (Hg.): Die juristische Aufarbeitung des NS-Unrechts, Baden-Baden 1998, S. 669-678.

– *Dortmund zum Beispiel. Eine deutsche Zentralstelle für die Bearbeitung nationalsozialistischer Massenverbrechen*, in: Blätter für deutsche und internationale Politik 11 (1996), S. 1339-1348.

Rosenthal, Gabriele (Hg.): *Der Holocaust im Leben von drei Generationen. Familien von Überlebenden der Shoah und von Nazi-Tätern* (Edition psychosozial), Gießen 1997.

Rousso, Henry: *Vichy. Frankreich unter deutscher Besatzung 1940-1944*, München 2009.

– *Das Dilemma eines europäischen Gedächtnisses.* In: Zeithistorische Forschungen/Studies in Contemporary History 1 (2004), S. 363-378.

– *Le syndrome de Vichy, 1944-1987* (XXe siècle), Paris 1987.

Roxin, Claus: *Täterschaft und Tatherrschaft* (Hamburger Rechtsstudien 50), Berlin [3]1975.

– *Straftaten im Rahmen organisatorischer Machtapparate*, in: Goltdammers Archiv Strafrecht 113 (1963), S. 193-207.

Rückerl, Adalbert: *NS-Verbrechen vor Gericht. Versuch einer Vergangenheitsbewältigung* (Recht – Justiz – Zeitgeschehen 36), Heidelberg [2]1984.

– *Die Strafverfolgung von NS-Verbrechen 1945-1978. Eine Dokumentation* (Recht – Justiz – Zeitgeschehen 31), Heidelberg/Karlsruhe 1979.

– *NS-Vernichtungslager im Spiegel deutscher Strafprozesse. Belzec, Sobibor, Treblinka, Chelmno*, München [2]1978.

– (Hg.): *NS-Prozesse. Nach 25 Jahren Strafverfolgung: Möglichkeiten – Grenzen – Ergebnisse* (Recht – Justiz – Zeitgeschehen 12), Karlsruhe 1971.

Rudder, Anneke de: *»Ein Prozess der Männer«. Geschlechterbilder in der Berichterstattung zum Nürnberger Hauptkriegsverbrecherprozess 1945/46*, in: Ulrike Weckel; Edgar Wolfrum (Hg.), »Bestien« und »Befehlsempfänger«. Frauen und Männer in NS-Prozessen nach 1945, Göttingen 2003, S. 38-65.

– *»Warum das ganze Theater?« Der Nürnberger Prozess in den Augen der Zeitgenossen*, in: Jahrbuch für Antisemitismusforschung 6 (1997), S. 218-242.

Rüping, Hinrich: *Zwischen Recht und Politik: Die Ahndung von NS-Taten in beiden deutschen Staaten nach 1945*, in: Herbert R. Reginbogin; Christoph J. M. Safferling (Hg.), The Nuremberg Trials. International Criminal Law Since 1945 (60th Anniversary International Conference), München 2006, S. 199-208.

Rusinek, Bernd A.: *Vernehmungsprotokolle*, in: Ders., Einführung in die Interpretation historischer Quellen. Schwerpunkt Neuzeit, Paderborn 1992, S. 111-132.

Rüter, Christiaan F.: *Ost- und westdeutsche Strafverfahren gegen die Verantwortlichen für die Deportation der Juden*, in: Anne Klein; Jürgen Wilhelm (Hg.), NS-Unrecht vor Kölner Gerichten, Köln 2003, S. 45-56.

– *Erfassen – Erhalten – Erschließen. Erfahrungen und Erkenntnisse bei der Edition deutscher Urteile wegen NS-Gewaltverbrechen*, in: Claudia Kuretsidis-Haider; Winfried Garscha (Hg.), Keine »Abrechnung«. NS-Verbrechen, Justiz und Gesellschaft, Leipzig/Wien 1998, S. 265-279.

Rutz, Rainer: *Alte Netze – neu gestrickt. Von der NS-Auslandpropaganda zur konservativen Nachkriegspresse: Die Netzwerker von »Signal«*, in: Erhard Schütz; Peter Uwe Hohendahl (Hg.), Solitäre und Netzerker. Akteure des kulturpolitischen Konservatismus nach 1945 in den Westzonen Deutschlands, Essen 2009, S. 167-184.

Sambale, Anica: *Die Verjährungsdiskussion im Deutschen Bundestag. Ein Beitrag zur juristischen Vergangenheitsbewältigung* (Schriftenreihe Strafrecht in Forschung und Praxis 9), Hamburg 2002.

Sandkühler, Thomas: *Die Täter des Holocaust. Neuere Überlegungen und Kontroversen*, in: Karl Heinrich Pohl (Hg.), Wehrmacht und Vernichtungspolitik. Militär im nationalsozialistischen System, Göttingen 1999, S. 39-65.

Schadt, Jörg: *Kriegsende am unteren Neckar*, in: Ders.; Michael Caroli (Hg.), *Mannheim im Zweiten Weltkrieg. Ein Bildband* (Bildbände zur Mannheimer Stadtgeschichte, hg. vom Stadtarchiv Mannheim), Mannheim 1993, S. 150-178.

– & Caroli, Michael (Hg.): *Mannheim im Zweiten Weltkrieg. Ein Bildband* (Bildbände zur Mannheimer Stadtgeschichte, hg. vom Stadtarchiv Mannheim), Mannheim 1993, S. 179-189.

– (Hg.): *Der Anfang nach dem Ende. Mannheim 1945-49* (Sonderveröffentlichungen des Stadtarchivs Mannheim 12), Mannheim [2]1986.

– (Hg.) *Mannheim in den Jahren 1945-1949. Dokumente*, bearbeitet von Joachim Irek (Veröffentlichungen des Stadtarchivs Mannheim 10), Stuttgart u. a. 1983.

Schenk, Andreas: *Kinos*, in: Ders. (Hg.), Mannheim und seine Bauten 1907-2007. Bd. 3: Bauten für Bildung, Kultus, Kunst und Kultur, Mannheim 2002, S. 146-157.

– *Veranstaltungshallen*, in: Ders. (Hg.), Mannheim und seine Bauten 1907-2007. Bd. 3: Bauten für Bildung, Kultus, Kunst und Kultur, Mannheim 2002, S. 158-171.

– *Einzelhandel*, in: Ders. (Hg.), Mannheim und seine Bauten 1907-2007. Bd. 2: Bauten für Verwaltung, Handel und Gewerbe, Mannheim 2000, S. 40-63.

Schildt, Axel: *Massenmedien im Umbruch der fünfziger Jahre*, in: Jürgen Wilke (Hg.), Mediengeschichte der Bundesrepublik Deutschland, Köln et al. 1999, S. 633-648.

– *Fünf Möglichkeiten, die Geschichte der Bundesrepublik zu erzählen*, in: Blätter für Deutsche und Internationale Politik 44 (1999), S. 1234-1244.

– *Der Umgang mit der NS-Vergangenheit in der Öffentlichkeit der Nachkriegszeit*, in: Wilfried Loth; Bernd A. Rusinek (Hg.), Verwandlungspolitik. NS-Eliten in der westdeutschen Nachkriegsgesellschaft, Frankfurt/New York 1998, S. 19-54.

– & Sywottek, Arnold (Hg.): *Modernisierung im Wiederaufbau. Die westdeutsche Gesellschaft der 50er Jahre* (Politik und Gesellschaftsgeschichte 33), Bonn 1993.

– *Nachkriegszeit. Möglichkeiten und Probleme der westdeutschen Geschichte nach dem Zweiten Weltkrieg und ihre Einordnung in die westdeutsche Geschichte des 20. Jahrhunderts*, in: Geschichte in Wissenschaft und Unterricht 44 (1993), S. 567-584.

Schiller, Kay: *The Presence of the Nazi Past in the Early Decades of the Bonn Republic* (Review Article), in: Journal of Contemporary History 39 (2004), S. 285-294.

Schlink, Bernhard: *Die Bewältigung von Vergangenheit durch Recht*, in: Helmut König; Michael Kohlstruck; Andreas Wöll (Hg.), Vergangenheitsbewältigung am Ende des zwanzigsten Jahrhunderts (Leviathan. Sonderheft 18), Opladen 1998, S. 433-451.

Schlosser, Horst Dieter: *Es wird zwei Deutschland geben. Zeitgeschichte und Sprache im Nachkriegsdeutschland 1945-1949* (Frankfurter Forschungen zur Kultur- und Sprachwissenschaft 10), Frankfurt am Main 2005.

Schmid, Harald: *Gender gap Erinnerungskultur. Frauen in der westdeutschen Auseinandersetzung mit dem Nationalsozialismus*, in: Ariadne 2011, Heft 59, S. 6-15.

Schmider, Klaus: *Partisanenkrieg in Jugoslawien 1941-1944*, Hamburg et al. 2002.

Schmidt, Eberhard: *Der Stand der Rechtsprechung zur Verwendbarkeit von Tonbandaufnahmen, im Strafprozeß*, in: Juristenzeitung 19 (1964), S. 537-542.

– *Zulässigkeit und Verwendbarkeit von Tonbandaufnahmen im Strafverfahren*, in: Juristenzeitung 11 (1956), S. 206-211.

Schmidt, Maruta; Dietz, Gabi: *Frauen unterm Hakenkreuz: Ein Dokumentation*, München 1985.

Schmidt, Sibylle; Krämer, Sybille; Voges, Ramon (Hg.): *Politik der Zeugenschaft. Zur Kritik einer Wissenspraxis*, Bielefeld 2010.

Schnabel, Thomas; Schneider, Harald: *Die Vertriebenen in Südwestdeutschland*, in: Landeszentrale für politische Bildung Baden-Württemberg (Hg.), Der Weg zum Südweststaat, Karlsruhe 1991, S. 112-131.

Schneider, Connie: *Abschied von der Vergangenheit? Umgangsweisen mit der nationalsozialistischen Vergangenheit in der dritten Generation in West- und Ostdeutschland* (Forum Deutsche Geschichte 3), München 2004.

Schomburg, Petra: *Frauen im Nationalsozialismus. Ein Überblick über die historische Frauenforschung und die feministische Diskussion um Verantwortung und Beteiligung von Frauen am Nationalsozialismus*, in: Ortrun Niethammer (Hg.), Frauen im Nationalsozialismus. Historische und Kulturgeschichtliche Positionen, Osnabrück 1996, S. 42-56.

Schönbach, Klaus: *Trennung von Nachricht und Meinung. Empirische Untersuchung eines journalistischen Qualitätskriteriums*, Freiburg/München 1977.

Schönbach, Peter: *Reaktionen auf die antisemitische Welle im Winter 1959/69* (Frankfurter Beiträge zur Soziologie. Sonderheft 3), Frankfurt am Main 1961.

Schraut, Sylvia; Paletschek, Sylvia: *Erinnerung und Geschlecht – Auf der Suche nach einer transnationalen Erinnerungskultur in Europa*, in: Historische Mitteilungen 19 (2006), S. 15-28.

Schrimm, Kurt; Riedel, Joachim: *50 Jahre Zentrale Stelle in Ludwigsburg. Ein Erfahrungsbericht über die letzten zweieinhalb Jahrzehnte*, in: Vierteljahrshefte für Zeitgeschichte 56 (2008), S. 525-555.

Schubert, Günter: *Das Unternehmen »Bromberger Blutsonntag«. Tod einer Legende*, Köln 1989.

Schubert, Helga: *Judasfrauen. Zehn Fallgeschichten weiblicher Denunziation im Dritten Reich*, Berlin/Weimar 1990.

Schubert-Lehnhardt, Viola; Koch, Silvia (Hg.): *Frauen als Täterinnen und Mittäterinnen im Nationalsozialismus. Gestaltungsräume und Handlungsmöglichkeiten* (Beiträge zum 5. Tag der Frauen und Geschlechterforschung an der Martin-Luther-Universität Halle-Wittenberg), Halle 2006.

Schubert-Lehnhardt, Viola (Hg.): *Frauen als Täterinnen und Mittäterinnen im Nationalsozialismus.* (Protokollband der Fachtagung vom 17.-18. September 2004 in Bernburg, hg. im Auftrag des Kultur- und Bildungsvereins Elbe-Saale e. V. in Sachsen-Anhalt), Gerbstadt 2005.

Schultheiss, Hans (Hg.): *Die Männer von Brettheim. Lesebuch zur Erinnerungsstätte*, Villingen-Schwenningen 1993.

Schulze Wessel, Julia: *Ideologie der Sachlichkeit. Hannah Arendts Theorie des Antisemitismus*, Frankfurt am Main 2006.

Schumann, Eva (Hg.): *Kontinuitäten und Zäsuren. Rechtswissenschaft und Justiz im »Dritten Reich« und in der Nachkriegszeit*, Göttingen 2008.

Schütz, Walter: *Entwicklung der Tagespresse*, in: Jürgen Wilke (Hg.), Mediengeschichte der Bundesrepublik Deutschland, Köln et al. 1999, S. 109-134.

Schwan, Gesine: *Politik und Schuld. Die zerstörerische Macht des Schweigens* (ZeitSchriften), Frankfurt/Main 1997.

Schwartz, Johannes: *Handlungsoptionen von KZ-Aufseherinnen. Drei alltags- und geschlechtergeschichtliche biographische Studien*, in: Helgard Kramer (Hg.), NS-Täter aus interdisziplinärer Perspektive, München 2006, S. 349-374.

Schwarz, Gudrun: *»...möchte nochmals um meine Einberufung als SS-Aufseherin bitten«. Wärterinnen in den nationalsozialistischen Konzentrationslagern*, in: Barbara Distel; Wolfgang Benz (Hg.), Frauen im Holocaust, Gerlingen 2001, S. 331-352.

– *Eine Frau an seiner Seite. Ehefrauen in der »SS-Sippengemeinschaft«*, Hamburg 1997.

– *Verdrängte Täterinnen. Frauen im Apparat der SS (1939-1945)*, in: Theresa Wobbe (Hg.), Nach Osten. Verdeckte Spuren nationalsozialistischer Verbrechen, Frankfurt am Main 1992, S. 197-227.

Schwendemann, Heinrich: *»Verbrannte Erde«? Hitlers »Nero-Befehl« vom 19. März 1945*, in: Kriegsende in Deutschland, Hamburg 2005, S. 158-167.

Schwindt, Barbara: *Majdanek. Die Befreiung des Lagers und die Verfolgung der Täter*, in: Tribüne 43 (2004), Heft 171, S. 168-179.

Segev, Tom: *Die siebte Million. Der Holocaust und Israels Politik der Erinnerung*, Hamburg 1995.

– *Die Soldaten des Bösen. Zur Geschichte der KZ-Kommandanten*, Reinbek 1992.

Sichrovsky, Peter: *Schuldig geboren. Kinder aus Nazifamilien*, Köln 1987.

Siedler, Joachim: *»Holocaust. Die Fernsehserie in der deutschen Presse. Eine Inhalts- und Verlaufsanalyse am Beispiel ausgewählter Printmedien* (Medien und Kommunikation 7), Münster 1984.

Sigel, Robert: *Im Interesse der Gerechtigkeit. Die Dachauer Kriegsverbrecherprozesse 1945-1948*, Frankfurt am Main 1992.

Sigmund, Anna Maria: *Die Frauen der Nazis*, München 2005.

Smith, Anthony: *The Long Road to Objectivity and Back again: The Kinds of Truth We Get in Journalism*, in: George Boyce; James Curran; Pauline Wingate (Hg.), Newspaper History from the Seventeenth Century to the Present Day (Communication and society 11), London 1978, S. 153-171.

Smith, Arthur L.: *Die »Hexe von Buchenwald«. Der Fall Ilse Koch*, Köln 1983.

Smith, Gary: *Ein normatives Niemandsland? Zwischen Gerechtigkeit und Versöhnungspolitik in jungen Demokratien*, in: Ders.; Avishai Margalit (Hg.), Amnestie oder Politik der Erinnerung in der Demokratie, Frankfurt am Main 1997, S. 11-20.

Sofsky, Wolfgang: *Die Ordnung des Terrors: Das Konzentrationslager*, Frankfurt am Main 1993.

Solf, Ursula: *Wenn das Recht im Auge des Betrachters liegt: NS-Täter aus juristischer Perspektive*, in: Helgard Kramer (Hg.), NS-Täter aus interdisziplinärer Perspektive, München 2006, S. 79-93.

– *Methoden der operativen Aufklärung nationalsozialistischer Gewaltverbrechen in der ehemaligen DDR*, in: Alfred Gottwaldt; Norbert Kampe; Peter Klein (Hg.), NS-Gewaltherrschaft. Beiträge zur historischen Forschung und juristischen Aufarbeitung (Publikationen der Gedenk- und Bildungsstätte Haus der Wannsee-Konferenz 11), Berlin 2005, S. 435-455.

– *Die Ermittlungstätigkeit des Ministeriums für Staatssicherheit in NS-Verfahren*, in: Dick de Mildt (Hg.), Staatsverbrechen vor Gericht (Festschrift für Frederik Christiaan Rüter zum 65. Geburtstag), Amsterdam 2003, S. 173-191.

Sontag, Susan: *Über Fotografie*, Frankfurt am Main [17]2006.

Sperk, Alexander: *Entnazifizierung und Personalpolitik in der sowjetischen Besatzungszone Köthen/Anhalt. Eine Vergleichsstudie (1945-1948)* (Beiträge zur Geschichte 2), Dössel 2003.

Stein, Harry: *Funktionswandel des Konzentrationslagers Buchenwald im Spiegel der Lagerstatistiken*, in: Ulrich Herbert; Karin Orth; Christoph Diekmann (Hg.), Die nationalsozialistischen Konzentrationslager. Entwicklung und Struktur, Göttingen 1998, Bd. 1, S. 167-192.

Steinbach, Peter: *Der Nürnberger Prozess gegen die Hauptkriegsverbrecher*, in: Gerd R. Ueberschär (Hg.), Der Nationalsozialismus vor Gericht. Die alliierten Prozesse gegen Kriegsverbrecher und Soldaten 1943-1952, Frankfurt Main 1999, S. 32-44.

– *NS-Prozesse und historische Forschung*, in: Heiner Lichtenstein; Otto R. Romberg (Hg.), Täter – Opfer – Folgen. Der Holocaust in Geschichte und Gegenwart, Bonn 1995, S. 136-153.

– *Nationalsozialistische Gewaltverbrechen in der deutschen Öffentlichkeit nach 1945. Einige Bemerkungen, Fragen und Akzente*, in: Jürgen Weber; ders. (Hg.), Vergangenheitsbewältigung durch Strafverfahren? NS-Prozesse in der Bundesrepublik Deutschland, München 1984, S. 13-39.

– *Nationalsozialistische Gewaltverbrechen. Die Diskussion in der deutschen Öffentlichkeit nach 1945* (Beiträge zur Zeitgeschichte 5), Berlin 1981.

Steinbacher, Sybille (Hg.): *Volksgenossinnen. Frauen in der NS-Volksgemeinschaft* (Beiträge zur Geschichte des Nationalsozialismus 23), Göttingen 2007.

Stephenson, Jill: *Women in Nazi Germany*, London 2001.

Stoll, Katrin: *Selbst- und Fremddeutung von NS-Tätern im Bielefelder Białystok-Prozess. Angeklagte und Richter zu den Deportationen aus Grodno*, in: Jürgen Finger; Sven Keller; Andreas Wirsching (Hg.), Vom Recht zur Geschichte. Akten aus NS-Prozessen als Quellen der Zeitgeschichte, Göttingen 2009, S. 154-166.

Stolleis, Michael: *Besatzungsherschaft und Wiederaufbau deutscher Staatlichkeit 1945-1949*, in: Josef Isensee; Paul Kirchof (Hg.), Handbuch des Staatsrechts der Bundesrepublik Deutschland, Heidelberg ³2003, Bd. 1, S. 269-313.

– *Der Historiker als Richer – der Richter als Historiker*, in: Norbert Frei; Dirk van Laak; ders. (Hg.), Geschichte vor Gericht. Historiker, Richter und die Suche nach Gerechtigkeit, München 2000, S. 173-182.

– (Hg.): *Juristische Zeitgeschichte – Ein neues Fach?* Baden-Baden 1993.

Stollmann, Rainer: *Wovon man nicht reden kann, das ist gemeinsame Sache aller Teilsprachen. KZ, Krieg, politisches Verbrechen im Werk Alexander Kluges*, in: Stephan Braese (Hg.), Rechenschaften. Juristischer und literarischer Diskurs in den Auseinandersetzungen mit den NS-Massenverbrechen (Fritz-Bauer-Institut. Veröffentlichungen der Gastprofessur für interdisziplinäre Holocaustforschung 1), Göttingen 2004, S. 146-164.

Stölzl, Christoph (Hg.): *Deutsches Historische Museum. Ideen – Kontroversen – Perspektiven*, Frankfurt am Main/Berlin 1988.

Struk, Janina: *Photographing the Holocaust. Interpretations of Evidence*, London 2004.

Süß, Winfried: *Der »Volkskörper« im Krieg. Gesundheitspolitik, Gesundheitsverhältnisse und Krankenmord im nationalsozialistischen Deutschland 1939-1945* (Studien zur Zeitgeschichte 65), München 2003.

Szepansky Gerda: *»Blitzmädel, Heldenmutter und Kriegerwitwe«. Frauenleben im Zweiten Weltkrieg*, Frankfurt am Main 1986.

Taake, Claudia: *SS-Frauen vor Gericht* (Schriftenreihe des Fritz-Küster-Archivs), Oldenburg 1998.

Teschke, John P.: *Hitler's Legacy. West Germany Confronts the Aftermath of the Third Reich*, (Studies in Modern European History 31), New York 1999.

Theißen, Gunnar: *Chancen und Grenzen von Wahrheitskommissionen*, in: Alfons Kenkmann; Hasko Zimmer (Hg.), Nach Kriegen und Diktaturen. Umgang mit Vergangenheit als internationales Problem – Bilanzen und Perspketiven für das 21. Jahrhundert, Essen 2006, S. 49-68

Thiele, Hans-Günther (Hg.): *Die Wehrmachtsausstellung. Dokumentation einer Kontroverse*, Bremen 1997.

Thompson, Paul: *The Voice of the Past: Oral History*, in: Robert Perks; Alistair Thompson (Hg.), The Oral History Reader, London/New York ²2006, S. 25-31.

Thonfeld, *Sozialkontrolle und Eigensinn. Denunziation am Beispiel Thüringens 1933-1949*, Weimar 2003.

Tolzien, Gerd: *Macht der Nürnberger Trichter endlich alle Köpfe lichter?*, in: Die Grosse Not. Sammelbroschüre 1946/1947, Meisenheim/Glan 1947.

Totani, Yuma: *The Tokyo War Crimes Trial. The Pursuit of Justice in the Wake of World War II* (Havard East Asian Monographes 299), Cambridge 2008.

Trotha, Trutz von: *Zur Soziologie der Gewalt*, in: Ders. (Hg.), Soziologie der Gewalt (Kölner Zeitschrift für Soziologie und Sozialpsychologie. Sonderheft 37), Opladen 1997, S. 9-56.

Ueberschär, Gerd R.; Müller, Rolf Dieter: *1945. Das Ende des Krieges*, Darmstadt ²2005.

Ueberschär, Gerd R. (Hg.): *Der Nationalsozialismus vor Gericht. Die alliierten Prozesse gegen Kriegsverbrecher und Soldaten 1943-1952*, Frankfurt am Main 1999.

Uhl, Heidemarie: *Zwischen Versöhnung und Verstörung. Eine Kontroverse um Österreichs historische Identität fünfzig Jahre nach dem Anschluss* (Böhlaus Zeitgeschichtliche Bibliothek 17), Wien et. al. 1992.

Ulbricht, Josephine: *Frauenbilder als Deutungs- und Interpretationsmuster. Die justizielle Ahndung von NS-Denunziationsverbrechen am Beispiel der Stadt Leipzig*, in: Ariadne 2011, Heft 59, S. 45-51.

Ullrich, Christina: *»Ich fühl' mich nicht als Mörder!«. Die Integration von NS-Tätern in die Nachkriegsgesellschaft* (Veröffentlichungen der Forschungsstelle Ludwigsburg der Universität Stuttgart 18), Darmstadt 2011.

Urban, Thomas: *Deutsche in Polen. Geschichte und Gegenwart einer Minderheit*, München 1993.

Verhoeven, Claudia: *Court Files*, in: Miriam Dobson; Benjamin Ziemann (Hg.), Reading Primary Sources. The interpretation of texts from nineteenth- and twentieth-century history, London/New York 2009, S. 90-105.

Vismann, Cornelia: *Sprachbrüche im Nürnberger Kriegsverbrecherprozess*, in: Stephan Braese (Hg.), Rechenschaften. Juristischer und literarischer Diskurs in den Auseinandersetzungen mit den NS-Massenverbrechen (Fritz-Bauer-Institut. Veröffentlichungen der Gastprofessur für interdisziplinäre Holocaustforschung 1), Göttingen 2004, S. 47-66.

Vollnhals, Clemens (Hg.): *Entnazifizierung. Politische Säuberung und Rehabilitierung in den vier Besatzungszonen 1945-1949*, München 1991.

Waldherr, Annie: *Gatekeeper, Diskursproduzenten und Agenda-Setter – Akteursrollen von Massenmedien in Innovationsprozessen*, in: Barbara Pfetsch; Silke Adam (Hg.), Massenmedien als politische Akteure. Konzepte und Analysen, Wiesbaden 2008, S. 171-195.

Walter, Friedrich: *Schicksal einer deutschen Stadt. Geschichte Mannheims 1907-1945*, 2. Bde., Bd. 2: 1925-1945, Frankfurt am Main 1950.

Wamhof, Georg: *Gerichtskultur und NS-Vergangenheit. Performativität – Narrativität – Medialität*, in: Ders. (Hg.), Das Gericht als Tribunal. oder: Wie der NS-Vergangenheit der Prozess gemacht wurde (Veröffentlichungen des Zeitgeschichtlichen Arbeitskreises Niedersachsen 25), Göttingen 2009, S. 9-37.

Wassermann, Rudolf (Hg.): *Justiz und Medien*, Neuwied/Darmstadt 1980.

Weber, Jürgen; Steinbach, Peter (Hg.): *Vergangenheitsbewältigung durch Strafverfahren? NS-Prozesse in der Bundesrepublik Deutschland* (Akademiebeiträge zur Politischen Bildung 12), München 1984.

Weber, Reinhold; Wehling, Hans-Georg: *Geschichte Baden-Württembergs*, München 2007.

– *Baden-Württemberg. Gesellschaft, Geschichte, Politik* (Schriften zur politischen Landeskunde Baden-Württembergs 34), Stuttgart 2006.

Weber, Wolfgang: *Die Kölner Zentralstelle zur Aufklärung von NS-Verbrechen*, in: Anne Klein; Jürgen Wilhelm (Hg.), NS-Unrecht vor Kölner Gerichten nach 1945, Köln 2003, S. 57-71.

Weckel, Ulrike; Wolfrum, Edgar (Hg.): *»Bestien« und »Befehlsempfänger«. Frauen und Männer in NS-Prozessen nach 1945*, Göttingen 2003.

– *NS-Prozesse und ihre öffentliche Resonanz aus geschlechtergeschichtlicher Perspektive*, in: Dies. (Hg.), *»Bestien« und »Befehlsempfänger«. Frauen und Männer in NS-Prozessen nach 1945*, Göttingen 2003, S. 9-21.

Wefing, Heinrich: *Der Fall Demjanjuk. Der letzte große NS-Prozess*, München 2011.

Wehr, Melanie: *Die Unterlagen der Zentralen Stelle der Landesjustizverwaltungen zur Aufklärung nationalsozialistischer Verbrechen. Der Bestand B 162*, in: Mitteilungen aus dem Bundesarchiv 16 (2008), Heft 3, S. 7-9.

Weinke, Annette: *Strafverfolgung von NS-Verbrechen in der sowjetischen Besatzungszone und der DDR. Diskussion und Perspektiven*, in: Jürgen Finger; Sven Keller; Andreas Wirsching (Hg.), Vom Recht zur Geschichte. Akten aus NS-Prozessen als Quellen der Zeitgeschichte, Göttingen 2009, S. 63-73.

– *Eine Gesellschaft ermittelt gegen sich selbst. Die Geschichte der Zentralen Stelle Ludwigsburg 1958-2008* (Veröffentlichungen der Forschungsstelle Ludwigsburg der Universität Stuttgart 13), Darmstadt 2008.

– *»Alliierter Angriff auf die nationale Souveränität«? Die Strafverfolgung von Kriegs- und NS-Verbrechen in der Bundesrepublik, der DDR und Österreich*, in: Norbert Frei (Hg.), Transnationale Vergangenheitspolitik. Der Umgang mit deutschen Kriegsverbrechern in Europa nach dem Zweiten Weltkrieg (Beiträge zur Geschichte des 20. Jahrhunderts 4), Göttingen 2006, S. 37-93.

– *Die Verfolgung von NS-Tätern im geteilten Deutschland. Vergangenheitsbewältigungen 1949-1969 oder: Eine deutsch-deutsche Beziehungsgeschichte im Kalten Krieg*, Paderborn et al. 2002.

Weisbrod, Bernd (Hg.): *Akademische Vergangenheitspolitik. Beiträge zur Wissenschaftskultur der Nachkriegszeit* (Veröffentlichungen des Zeitgeschichtlichen Arbeitskreises Niedersachsen 20), Göttingen 2002.

Weiß, Matthias: *Journalisten: Worte als Taten*, in: Norbert Frei (Hg.), Hitlers Eliten nach 1945, München [2]2004, S. 218-265.

Welsh, Helga A.; *»Antifaschistisch-demokratische Umwälzung« und politische Säuberung in der sowjetischen Besatzungszone Deutschlands*, in: Klaus-Dietmar Henke; Hans Woller (Hg.), *Politische Säuberung in Europa. Die Abrechnung mit Faschismus und Kollaboration nach dem Zweiten Weltkrieg*, München 1991, S. 84-107.

– *Revolutionärer Wandel auf Befehl? Entnazifizierung und Personalpolitik in Thüringen und Sachsen (1945-1948)* (Vierteljahrshefte für Zeitgeschichte. Schriftenreihe 58), München 1989.

Welzer, Harald (Hg.): *Der Krieg der Erinnerung. Holocaust, Kollaboration und Widerstand im europäischen Gedächtnis*, Frankfurt am Main 2007.

– & Lenz, Claudia: *Opa in Europa. Erste Befunde einer vergleichenden Tradierungsforschung*, in: Ders. (Hg.), Der Krieg der Erinnerung. Holocaust, Kollaboration und Widerstand im europäischen Gedächtnis, Frankfurt am Main 2007, S. 7-40.

– *Täter. Wie aus ganz normalen Menschen Massenmörder werden*, Frankfurt am Main 2005.

– & Tschuggnall, Sabine; Moller, Karoline: *»Opa war kein Nazi«. Nationalsozialismus und Holocaust im Familiengedächtnis*, Frankfurt am Main 2002.

– *Wer waren die Täter? Anmerkungen zur Täterforschung aus sozialpsychologischer Sicht*, in: Gerhard Paul (Hg.), Die Täter der Shoah. Fanatische Nationalsozialisten oder ganz normale Deutsche? (Dachauer Symposien zur Zeitgeschichte 2), Göttingen 2002, S. 237-253.

Wengeler, Martin (Hg.): *Sprachgeschichte als Zeitgeschichte* (Germanistische Linguistik 180/181), Hildesheim et al. 2005.

Wengst, Udo: *1969. Das vorzeitige Ausscheiden von Heinrich Lübke aus dem Bundespräsidentenamt. Zweierlei »Vergangenheitsbewältigung« im Systemkonflikt*, in: Ders.; Hermann Wentker (Hg.), Das doppelte Deutschland. 40 Jahre Systemkonkurrenz, Berlin 2008, S. 161-182.

Wentker, Hermann: *Die juristische Ahndung von NS-Verbrechen in der sowjetischen Besatzungszone und in der DDR*, in: Kritische Justiz 35 (2002), S. 60-78.

Wenzel, Mirjam: *Gericht und Gedächtnis. Der deutschsprachige Holocaust-Diskurs der sechziger Jahre*, Göttingen 2009.

Wenzlau, Joachim Reinhold: *Der Wiederaufbau der Justiz in Nordwestdeutschland 1945-1949* (Justiz und Gesellschaft 8), Königstein 1979.

Werkentin, Falco: *Politische Strafjustiz in der Ära Ulbricht* (Forschungen zur DDR-Geschichte 1), Berlin 1995.

Werle, Gerhard; Wandres, Thomas: *Auschwitz vor Gericht. Völkermord und bundesdeutsche Strafjustiz*, München 1995.

Werle, Gerhard: *Justiz-Strafrecht und polizeiliche Verbrechensbekämpfung im Dritten Reich*, Berlin/New York 1989.

Wesel, Uwe: *Geschichte des Rechts. Von den Frühformen bis zum Vertrag von Maastricht*, München 1997.

Westernhagen, Dörte von: *Die Kinder der Täter. Das Dritte Reich und die Generation danach*, München 1987.

Wette, Wolfram (Hg.): *Zivilcourage. Empörte Helfer und Retter aus Wehrmacht, Polizei und SS*, Frankfurt am Main 2004.

– *Retter in Uniform. Handlungsspielräume im Vernichtungskrieg der Wehrmacht*, Frankfurt am Main 2003.

White, David M.: *The Gatekeeper. A Case Study in the Selection of News*, in: Journalism Quarterly 27 (1950), S. 383-390.

Widmaier, Benedikt: *Die Bundeszentrale für politische Bildung. Ein Beitrag zur Geschichte staatlicher politischer Bildung in der Bundesrepublik Deutschland* (Beiträge zur Politikwissenschaft 35), Frankfurt am Main et al. 1987.

Wiedenmann, Nicole: *»So ist das, was das Bild dokumentiert, das Gegenteil dessen, was es symbolisiert. Holocaustfotografie zwischen Geschichtswissenschaft und Kulturellem* Gedächtnis, in: Fabio Crivelli et al. (Hg.), Die Geschichte der Medien. Historizität und Medialität in interdisziplinärer Perspektive (Historische Kulturwissenschaft 4), Konstanz 2004, S. 315-350.

Wierling, Dorothee: *Zeitgeschichte ohne Zeitzeugen. Vom kommunikativen zum kulturellen Gedächtnis – drei Geschichten und zwölf Thesen*, in: BIOS 21 (2008), Heft 1, S. 28-36.

Wiesinger, Barbara N.: *Partisaninnen. Widerstand in Jugoslawien 1941-1945* (L'homme. Schriften 17), Wien et al. 2008.

Wiggershaus, Renate: *Frauen unterm Nationalsozialismus*, Wuppertal 1984.

Wildt, Michael (Hg.): *Nachrichtendienst, politische Elite und Mordeinheit. Der Sicherheitsdienst des Reichsführers SS*, Hamburg 2003.

– *Generation des Unbedingten. Das Führungskorps des Reichssicherheitshauptamtes*, Hamburg 2003.

– *Differierende Wahrheiten. Historiker und Staatsanwälte als Ermittler von NS-Verbrechen*, in: Norbert Frei; Dirk van Laak; Michael Stolleis (Hg.), Geschichte vor Gericht. Historiker, Richter und die Suche nach Gerechtigkeit, München 2000, S. 46-59.

Wilhelm, Birgit: *Das Land Baden-Württemberg. Entstehungsgeschichte – Verfassungsrecht – Verfassungspolitik*, Köln et al. 2007.

Wilhelm, Jürgen: *Einführung*, in: Anne Klein; ders. (Hg.), NS-Unrecht vor Kölner Gerichten nach 1945, Berlin 2000, S. 7-19.

Wilke, Jürgen: *Leitmedien und Zielgruppenorgane*, in: Ders. (Hg.), Mediengeschichte der Bundesrepublik Deutschland, Köln et al. 1999, S. 302-329.

– *Massenmedien und Vergangenheitsbewältigung*, in: Ders. (Hg.), Mediengeschichte der Bundesrepublik Deutschland, Köln et al. 1999, S. 649-671

– & et al.: *Holocaust und NS-Prozesse. Die Berichterstattung in Israel und Deutschland zwischen Aneignung und Abwehr* (Medien in Geschichte und Gegenwart 3), Köln et al. 1995.

Winkler, Heinrich August (Hg.): *Griff nach der Deutungsmacht. Zur Geschichte der Geschichtspolitik in Deutschland*, Göttingen 2004.

Winters, Peter Jochen: *Berichterstatter im Auschwitz-Prozess 193/1965*, in: Alfred Gottwaldt; Norbert Kampe; Peter Klein (Hg.), NS-Gewaltherrschaft. Beiträge zur historischen Forschung und juristischen Aufarbeitung (Publikationen der Gedenk- und Bildungsstätte Haus der Wannsee-Konferenz 11), Berlin 2005, S. 378-390.

– *Helge Grabitz (2. August 1934-17. Juli 2003) – eine Würdigung*, in: Alfred Gottwaldt; Norbert Kampe; Peter Klein (Hg.), NS-Gewaltherrschaft. Beiträge zur historischen Forschung und juristischen Aufarbeitung (Publikationen der Gedenk- und Bildungsstätte Haus der Wannsee-Konferenz 11), Berlin 2005, S. 531-538.

Wittmann, Rebecca: *The Normalization of Nazi Crime in Postwar West German Trials*, in: Herbert R. Reginbogin; Christoph J. M. Safferling (Hg.), The Nuremberg Trials. International Criminal Law Since 1945 (60th Anniversary International Conference), München 2006, S. 209-215.

– *Beyond Justice. The Auschwitz Trial*, Cambridge 2005.

Wojak, Irmtrud: *Fritz Bauer 1903-1968. Eine Biographie* (Fritz-Bauer-Institut. Schriftenreihe 23), München 2009.

– (Hg.): *Auschwitz-Prozeß 4 Ks 2/63 Frankfurt am Main* (Katalog zur gleichnamigen historisch-dokumentarischen Ausstellung mit zeitgenössischer Kunst. Wanderausstellung: 27. März bis 23. Mai 2004 im Haus Gallus, Frankfurt am Main und weiteren Ausstellungsstationen), Köln 2004.

– & Meinl, Susanne (Hg.): *Im Labyrinth der Schuld. Täter – Opfer – Ankläger* (Fritz-Bauer-Institut. Jahrbuch 7), Frankfurt/New York 2003.

– *Eichmanns Memoiren. Ein kritischer Essay*, Frankfurt am Main 2001.

– (Hg.): *»Gerichtstag halten über uns selbst…«. Geschichte und Wirkung des ersten Frankfurter Auschwitz-Prozesses* (Fritz-Bauer-Institut. Jahrbuch 5), Frankfurt/New York 2001.

Wolfrum, Edgar: *Täterbilder. Die Konstruktion der NS-Täter durch die deutsche Nachkriegsjustiz*, in: Hans Braun; Uta Gerhard; Everhard Holtmann (Hg.), Die lange Stunde Null. Gelenkter Wandel in Westdeutschland nach 1945, Baden-Baden 2008, S. 117-139.

– *Widerstand in den letzten Kriegsmonaten und »Endphase-Verbrechen«*, in: Peter Steinbach; Johannes Tuchel (Hg.), Widerstand gegen die nationalsozialistische Diktatur 1933-1945, Berlin 2004, S. 430-445.

– *Geschichte als Waffe. Vom Kaiserreich bis zur Wiedervereinigung*, Göttingen 2001.

– *Geschichtspolitik in der Bundesrepublik Deutschland. Der Weg zur bundesrepublikanischen Erinnerung 1948-1990*, Darmstadt 1999.

Wolters, Rita: *Verrat für die Volksgemeinschaft. Denunziantinnen im Dritten Reich* (Forum Frauengeschichte 19), Pfaffenweiler 1996.

Wrochem, Oliver von: *Erich von Manstein: Vernichtungskrieg und Geschichtspolitik* (Krieg in der Geschichte 27), Paderborn et al. 2006.

Wulf, Christoph: *Ritual und Recht. Performatives Handeln und mimetisches Wissen*, in: Ludger Schwarte; ders. (Hg.), Körper und Recht. Anthropologische Dimensionen der Rechtsphilosophie, München 2003, S. 29-45.

Wüllner, Fritz: *Die NS-Militärjustiz und das Elend der Geschichtsschreibung. Ein grundlegender Forschungsbericht*, Baden-Baden ^{2}1997.

Yablonka, Hanna: *The State of Israel vs. Adolf Eichmann*, New York 2004.

– *Nazi-Prozesse und Holocaust-Überlebende. Israel 1950-1967*, in: Irmtrud Wojak (Hg.), »Gerichtstag halten über uns selbst…«. Geschichte und Wirkung des ersten Frankfurter Auschwitz-Prozesses (Fritz-Bauer-Institut. Jahrbuch 5), Frankfurt/New York 2001, S. 277-292.

Yates, Frances: *Gedächtnis und Erinnerung. Mnemonik von Aristoteles bis Shakespeare*, Berlin ^{3}1994.

Young, James E.: *Beschreiben des Holocaust. Darstellung und Folgen der Interpretation*, Frankfurt am Main 1997.

Zelizer, Barbie: *Remember to forget. Holocaust Memory through the Camera's Eye*, Chicago et al. 1998.

Zimmermann, Moshe: *Die transnationale Holocaust-Erinnerung*, in: Gunilla Budde; Sebastian Conrad; Oliver Janz (Hg.), Transnationale Geschichte. Themen, Tendenzen und Theorien, Göttingen 2006, S. 202-216.

Zimmermann, Reinhard: *Der oberste Gerichtshof für die Britische Zone (1948-1950) und die Fortbildung des Bürgerlichen Rechts*, in: Zeitschrift für Neuere Rechtsgeschichte 3 (1981), S. 158-183.

PERSONEN- UND ORTSREGISTER

DANK

Beim vorliegenden Buch handelt es sich um die überarbeitete Fassung einer Forschungsarbeit, die im Sommersemester 2010 von der Philosophischen Fakultät der Ruprecht-Karls-Universität Heidelberg als Habilitation angenommen worden ist.

Ohne die großzügige Unterstützung zahlreicher Personen und Institutionen hätte das Buch in dieser Form nicht verwirklicht werden können: An erster Stelle gilt mein Dank Prof. Dr. Edgar Wolfrum. Er hat das Forschungsprojekt von Anfang an mit großem Engagement begleitet und unterstützt sowie das Endergebnis in diese Reihe aufgenommen. Vor allem hat er mich, wenn andere »Verpflichtungen« auf der Tagesordnung standen, immer wieder an die Bedeutung des *zweiten Buches* erinnert und freundschaftlich »gedrängt«, das Projekt abzuschließen. Für ungezählte hilfreiche Hinweise in den einzelnen Arbeitsphasen danke ich den Teilnehmerinnen und Teilnehmern verschiedenster Gesprächszusammenhänge, Colloquien, Workshops und Tagungen – sie alle haben durch die Diskussion von Teilergebnissen oder Gedankenanstöße zum Gelingen der Arbeit beigetragen.

Weiterer Dank gilt den Mitarbeiterinnen und Mitarbeitern unterschiedlicher Archive und Bibliotheken, u. a. in Berlin, Heidelberg und Mannheim; vor allem aber der Außenstelle Ludwigsburg des Bundesarchivs Koblenz und dem Institut für Zeitgeschichte in München. Ein nicht unwesentlicher Teil des Forschungsprojektes ist unter dem Titel »Das Bild der Holocaust-Täter in der deutschen Rechtsprechung nach 1945« durch die Volkswagenstiftung im Rahmen ihrer Initiative »Recht und Verhalten. Entstehung, Wirkung und Fortentwicklung von Recht im Kontext menschlichen Verhaltens« finanziell gefördert worden.

Bei der Material- und Quellenrecherche haben mich zu Beginn und Ende des Projektes Jörg Zedler und Felix Nothdurft unterstützt. Für die umfangreiche Lektüre der einzelnen Kapitel danke ich meinen Heidelberger Kolleginnen und Kollegen Angela Siebold, Sebastian Gehrig, Günther R. Mittler und besonders Catrin Weykopf – letzterer auch für ihre Unterstützung im Arbeitsalltag während der Schreibphase. Das Lektorat des Ferdinand Schöningh Verlages hat in Person von Dr. Christoph Selzer und Dr. Diethard Sawicki für eine zügige Publikation gesorgt. Ohne den Rückhalt und die Liebe meiner Frau, Morticia Zschiesche, wären die Mühen der Arbeit noch unendlich größer gewesen. Ihr ist dieses Buch gewidmet (HP!).

Heidelberg im Frühjahr 2012 — Cord Arendes